五十音順《ごじゅうおんじゅん》さくいん

学研 新レインボー

小学 ことわざ・四字熟語辞典

改訂第2版

【監修】金田一秀穂

オールカラー

Gakken

ケースに登場《とうじょう》することわざ

●一蓮托生《いちれんたくしょう》●雨後《うご》のたけのこ●同《おな》じ穴《あな》の狢《むじな》●画竜点睛《がりょうてんせい》●漁夫《ぎょふ》の利《り》●欣喜雀躍《きんきじゃくやく》●君子《くんし》は豹変《ひょうへん》す●鯨飲馬食《げいいんばしょく》●蛍雪《けいせつ》の功《こう》●犬《けん》猿《えん》の仲《なか》●紅一点《こういってん》●高嶺《たかね》の花《はな》●蛇足《だそく》●月《つき》とすっぽん●桃源郷《とうげんきょう》●蟷螂《とうろう》の斧《おの》●とどのつまり●虎《とら》の威《い》を借《か》る狐《きつね》●猫《ねこ》にかつおぶし●能《のう》ある鷹《たか》は爪《つめ》を隠《かく》す●百花繚乱《ひゃっかりょうらん》●瓢《ひょう》箪《たん》から駒《こま》●目白押《めじろお》し

これらのことわざが入《はい》っているよ。探《さが》してみよう！

監修●金田一秀穂（杏林大学客員教授）
世界のことわざコラム監修●北村孝一《よしかつ》（ことわざ研究家）
装丁・ケースイラスト●Indy Design 高橋 進
紙面設計・デザイン●佐藤かおり（クラップス）
マンガ●AUN 幸池重季　AUN 杏
笠原ひろひと　池田圭吾
イラスト●AUN 幸池重季　AUN 杏　もちつきかつみ
池田圭吾　笠原ひろひと　高村あゆみ
安田雅章　結城嘉徳（ピックアップ）　打道宗廣
なかさこかずひこ！　いけべけんいち。
高品吹夕子（青橙舎）
編集協力●平本智弥　渡辺美智子
鈴木瑞穂　宮永真之（tokyo immigrants design）
梅津由美子　奎文館
組版●凸版印刷株式会社（五十音順）
伊藤智基　今野綾香　尾﨑友輔　斉藤貢市
鈴木章浩　中込敏幸　福澤真理菜
細谷光成　松本雅仁
販売担当●森 康文　冨澤嵩史
製作管理●中野忠昭
編集●森川聡顯　鈴木かおり　田沢あかね　松橋 研

監修《かんしゅう》のことば

この辞書《じしょ》は普通《ふつう》の辞書《じしょ》と少《すこ》し違《ちが》います。

言葉《ことば》は、語《ご》をいくつか組《く》み合《あ》わせて文《ぶん》になります。私《わたし》たちが耳《みみ》にするすべての言葉《ことば》は文《ぶん》で、それは語《ご》に分解《ぶんかい》することができます。普通《ふつう》の辞典《じてん》は、それぞれの語《ご》の意味《いみ》や使《つか》い方《かた》が書《か》いてあります。ただし、語《ご》はいくつかの塊《かたまり》になって文《ぶん》の中《なか》で使《つか》われることがあります。その時《とき》、語《ご》は本来《ほんらい》持《も》っていた意味《いみ》を離《はな》れてしまいます。この本《ほん》は、そのような語《ご》の塊《かたまり》の辞典《じてん》です。

どのように語《ご》の塊《かたまり》ができるのか。

古《ふる》い本《ほん》で言《い》われたことを、故事成語《こじせいご》と言《い》います。ことわざというのは、昔《むかし》からきまった形《かたち》で言《い》われている教訓《きょうくん》やモノの見方《みかた》です。慣用句《かんようく》というのは、決《き》まった言葉《ことば》の言《い》い回《まわ》し、わかりやすい例《れい》などです。漢字《かんじ》の組《く》み合《あ》わせでできた熟語《じゅくご》もあります。

このような言葉《ことば》は、一《ひと》つ一《ひと》つの語《ご》ではなかなか表《あらわ》しにくいことを、上手《じょうず》に言《い》い表《あらわ》すことができます。例《たと》えば「守株《しゅしゅ》」。あるとき切《き》り株《かぶ》につまずいたウサギがいて、それをまんまと捕《つか》まえた農夫《のうふ》が、またそのようなことが起《お》きるのではないかと、切《き》り株《かぶ》のそばでウサギがつまずいて転《ころ》ぶのを一日中《いちにちじゅう》待《ま》ったという話《はなし》からできた言葉《ことば》です。とても運《うん》がよかったけれど、そんなことは何度《なんど》も起《お》きるはずがない、でもそのやり方《かた》に固執《こしつ》して、違《ちが》うことをしなくなることです。保守的《ほしゅてき》、と言《い》ってしまえばそれだけですが、保守的《ほしゅてき》という言葉《ことば》では済《す》まされない人《ひと》の心《こころ》の動《うご》きを感《かん》じさせると思《おも》います。

日本語《にほんご》にはこのような様々《さまざま》な物語《ものがたり》、知恵《ちえ》が古《ふる》くから積《つ》み重《かさ》なっています。私《わたし》たちが先人《せんじん》から受《う》け取《と》った宝物《たからもの》の言葉《ことば》を、この辞書《じしょ》は集《あつ》めています。皆《みな》さんが世界《せかい》を見《み》る目《め》がより正確《せいかく》になり、見《み》たもの感《かん》じたことを伝《つた》える力《ちから》がより豊《ゆた》かになると思《おも》います。それを知《し》ることで、いろいろなことを言《い》い表《あらわ》すことができるようになりますし、いろいろなことを理解《りかい》することもできるようになります。

このような昔《むかし》の人《ひと》からの贈《おく》り物《もの》がたくさんあるのです。それを使《つか》わないのはもったいないです。辞書《じしょ》ではなく読《よ》み物《もの》としても楽《たの》しく読《よ》めると思《おも》います。ぜひ活用《かつよう》してください。

金田一《きんだいち》　秀穂《ひでほ》

この辞典《じてん》の特長《とくちょう》

この辞典《じてん》の使《つか》い方《かた》と、収《おさ》めている言葉《ことば》の種類《しゅるい》（ことわざ・四字熟語《よじじゅくご》・慣用句《かんようく》・故事成語《こじせいご》）を説明《せつめい》します。

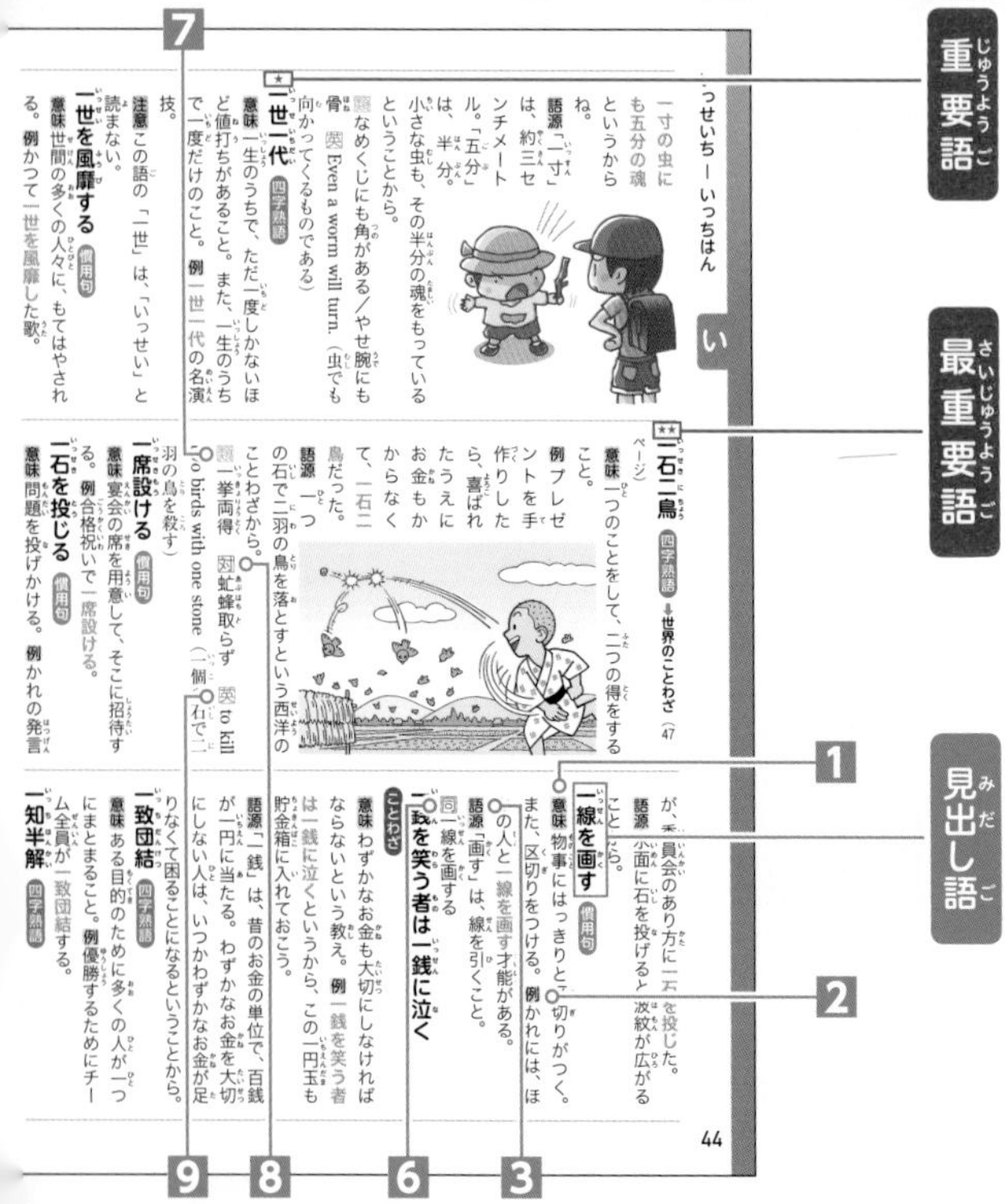

っせいち ー いっちはん

い

一寸の虫にも五分の魂というからね。

語源「一寸《いっすん》」は、約《やく》三センチメートル。「五分《ごぶ》」は、半分《はんぶん》。小《ちい》さな虫《むし》も、その半分《はんぶん》の魂《たましい》をもっているということから。

類 なめくじにも角《つの》がある／やせ腕《うで》にも骨《ほね》 英 Even a worm will turn.（虫《むし》でも向《む》かってくるものである）

★ **一世一代**《いっせいちだい》 四字熟語

意味 一生《いっしょう》のうちで、ただ一度《いちど》しかないほど値打《ねう》ちがあること。また、一生《いっしょう》のうちで一度《いちど》だけのこと。例 一世一代の名演《めいえん》技。

注意 この語《ご》の「一世」は、「いっせい」と読《よ》まない。

一世《いっせい》を風靡《ふうび》する 慣用句

意味 世間《せけん》の多《おお》くの人々《ひとびと》に、もてはやされる。例 かつて一世を風靡した歌《うた》。

★★ **一石二鳥**《いっせきにちょう》 四字熟語 ⇒世界のことわざ（47ページ）

意味 一《ひと》つのことをして、二《ふた》つの得《とく》をすること。

例 プレゼントを手《て》作《づく》りしたら、喜《よろこ》ばれたうえにお金《かね》もかからなくて、一石二鳥だった。

語源 一《ひと》つの石《いし》で二羽《にわ》の鳥《とり》を落《お》とすという西洋《せいよう》のことわざから。

類 一挙両得《いっきょりょうとく》 対 虻蜂《あぶはち》取《と》らず 英 to kill two birds with one stone（一個《いっこ》の石《いし》で二《に》羽の鳥《とり》を殺《ころ》す）

一席設《いっせきもう》ける 慣用句

意味 宴会《えんかい》の席《せき》を用意《ようい》して、そこに招待《しょうたい》する。例 合格祝《ごうかくいわ》いで一席設ける。

一石《いっせき》を投《とう》じる 慣用句

意味 問題《もんだい》を投《な》げかける。例 かれの発言《はつげん》が、委員会《いいんかい》のあり方《かた》に一石を投じた。

語源 水面《すいめん》に石《いし》を投《な》げると波紋《はもん》が広《ひろ》がることから。

一線《いっせん》を画《かく》す 慣用句

意味 物事《ものごと》にはっきりと区切《ぎ》りがつく。また、区切《くぎ》りをつける。例 かれには、ほかの人《ひと》と一線を画す才能《さいのう》がある。

語源「画《かく》す」は、線《せん》を引《ひ》くこと。

同 一線《いっせん》を画《かく》する

一銭《いっせん》を笑《わら》う者《もの》は一銭《いっせん》に泣《な》く ことわざ

意味 わずかなお金《かね》も大切《たいせつ》にしなければならないという教《おし》え。例 一銭を笑う者は一銭に泣くというから、この一円玉《いちえんだま》も貯金箱《ちょきんばこ》に入《い》れておこう。

語源「一銭」は、昔のお金の単位で、百銭が一円《いちえん》に当《あ》たる。わずかなお金《かね》を大切《たいせつ》にしない人《ひと》は、いつかわずかなお金《かね》が足《た》りなくて困ることになるということから。

一致団結《いっちだんけつ》 四字熟語

意味 ある目的《もくてき》のために多《おお》くの人《ひと》が一《ひと》つにまとまること。例 優勝《ゆうしょう》するためにチーム全員《ぜんいん》が一致団結する。

一知半解《いっちはんかい》 四字熟語

44

1 この辞典《じてん》に収《おさ》めている言葉《ことば》

小学校《しょうがっこう》の学習《がくしゅう》および中学受験《ちゅうがくじゅけん》に必要《ひつよう》とされる、または、日常生活《にちじょうせいかつ》でよく使《つか》われることわざ、四字熟語《よじじゅくご》、慣用句《かんようく》、故事成語《こじせいご》を、あわせて約《やく》3900語《ご》（類書中最多《るいしょちゅうさいた》）収《おさ》めています。

2 見出《みだ》し語《ご》

・見出《み》し語《ご》は、漢字《かんじ》とかなであらわし、漢字《かんじ》にはすべてふりがなをつけています。
・見出《みだ》し語《ご》は、五十音順《ごじゅうおんじゅん》（あいうえお順《じゅん》）に並《なら》べています。
・見出《みだ》し語《ご》の中《なか》で、中学入試《ちゅうがくにゅうし》によく出《で》る語《ご》には、最重要語《さいじゅうようご》★★・重要語《じゅうようご》★のマークをつけています。

3 解説《かいせつ》

見出《みだ》し語《ご》の解説《かいせつ》に用《もち》いている記号《きごう》

いっちょう ― いってんば

い

世界《せかい》のことわざ　一寸《いっすん》の虫《むし》にも五分《ごぶ》の魂《たましい》

ルーマニア　ちっぽけな草《くさ》にも影《かげ》がある

足元《あしもと》にひっそりと生《は》える小《ちい》さな草《くさ》にも、影《かげ》ができるように、小《ちい》さな者《もの》や弱《よわ》い者《もの》にも命《いのち》と意地《いじ》があり、あなどってはいけません。ドイツでは「一本《いっぽん》の髪《かみ》の毛《け》にも影《かげ》はある」といいます。

その他《た》　チェコ、スロバキア

韓国《かんこく》　みみずも踏《ふ》めばうごめく

どんなに弱《よわ》い立場《たちば》の者《もの》でも、ひどい侮辱《ぶじょく》を受《う》けると腹《はら》を立《た》てるというたとえです。

スペイン　蟻《あり》にも胆汁《たんじゅう》はある

胆汁《たんじゅう》

アリでも胆汁《たんじゅう》があって、いかることがあるという意味《いみ》です。

胆汁《たんじゅう》は肝臓《かんぞう》でつくられる消化液《しょうかえき》で、脂肪《しぼう》の消化《しょうか》・吸収《きゅうしゅう》を助《たす》けるはたらきがあります。古《ふる》くヨーロッパでは、胆汁《たんじゅう》はにくしみやいかりの元《もと》と考《かんが》えられていました。その他《た》　イギリス、フランス、ドイツ

フランス　引《ひ》っかかないほど小《ちい》さな猫《ねこ》はいない

ペットのネコでも、人《ひと》のいうとおりにはなりません。弱《よわ》いものでもみくびってはならないというたとえです。

意味 ある物事《ものごと》について十分理解《じゅうぶんりかい》していないこと。**例** 一知半解《いっちはんかい》の連中《れんちゅう》には、説明《せつめい》してもむだだ。

★★ **一朝一夕《いっちょういっせき》** 四字熟語

意味 わずかの間《あいだ》。**例** この発明《はつめい》は一朝一夕にできたものではない。

語源 ひと朝《あさ》とひと晩《ばん》ということから。

参考 後《あと》に打《う》ち消《け》しの言葉《ことば》がくる。

注意 「一鳥《いっ》一石《いっ》」は誤《あやま》り。

★★ **一長一短《いっちょういったん》** 四字熟語

意味 よいところもあるが悪《わる》いところもあること。**例** どちらの計画《けいかく》も一長一短がある。

語源 「長《ちょう》」は長所《ちょうしょ》、「短《たん》」は短所《たんしょ》のこと。

一点張《いってんば》り 慣用句

意味 一《ひと》つのことをおし通《とお》すこと。**例** 弟《おとうと》は「おもちゃを買《か》いたい。」の一点張りで、

一致団結《いっちだんけつ》

45

柱《はしら》

そのページにある見出《みだ》し語《ご》の、最初《さいしょ》と最後《さいご》の言葉《ことば》がわかります。

ツメ

見出《みだ》し語《ご》の一字目《いちじめ》。

4

5

ことわざ　**四字熟語**　**慣用句**　**故事成語**

それぞれの言葉《ことば》の区別《くべつ》。

は、次《つぎ》のとおりです。

1 **意味** 見出《みだ》し語《ご》の意味《いみ》。二《ふた》つ以上《いじょう》ある場合《ばあい》は、❶❷…、と分《わ》けています。

2 **例** 見出《みだ》し語《ご》を使《つか》った例文《れいぶん》。（必《かなら》ずしもイラストと合《あ》ってはいません）

3 **語源** 見出《みだ》し語《ご》の由来《ゆらい》や、言葉《ことば》の説明《せつめい》など。

4 **参考** 見出《みだ》し語《ご》の出典《しゅってん》や、見出《みだ》し語《ご》の使《つか》い方《かた》の説明《せつめい》など。「⬇」は参照《さんしょう》する項目《こうもく》。

5 **注意** まちがえやすい漢字《かんじ》や読《よ》み方《かた》など。

6 同 同《おな》じ意味《いみ》の言葉《ことば》。（同《おな》じ意味《いみ》で、見出《みだ》し語《ご》と表記《ひょうき》が似《に》ている言葉《ことば》。）

7 類 似《に》た意味《いみ》の言葉《ことば》。あるいは、同《おな》じ意味《いみ》の言葉《ことば》だが、表記《ひょうき》がまったく異《こと》なる言葉《ことば》。

8 対 反対《はんたい》の意味《いみ》の言葉《ことば》。

9 英 見出《みだ》し語《ご》と近《ちか》い意味《いみ》をもつ、英語《えいご》の表現《ひょうげん》や言《い》い回《まわ》しの一例《いちれい》。

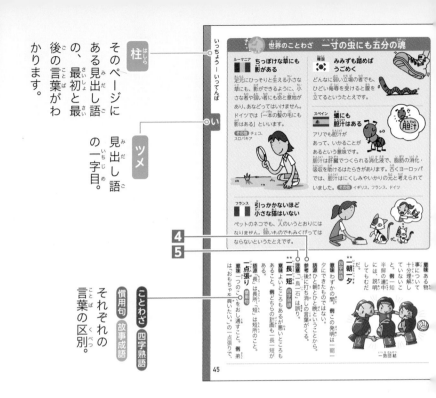

4 マンガとコラム

●マンガ de ことわざ

この本《ほん》で紹介《しょうかい》していることわざや故事成語《こじせいご》などの由来《ゆらい》を、わかりやすくマンガで解説《かいせつ》しています。その言葉《ことば》がたとえとして用《もち》いられた背景《はいけい》の解説《かいせつ》もあります。

マンガ de ことわざ　画竜点睛《がりょうてんせい》

中国《ちゅうごく》の梁《りょう》の時代《じだい》、張僧繇《ちょうそうよう》という優《すぐ》れた絵師《えし》がいて寺《てら》から竜《りゅう》の絵《え》を頼《たの》まれた。
我《われ》らが寺《てら》の壁《かべ》に竜《りゅう》をかいてくだされ
OK
見事《みごと》にかき上《あ》げられた四匹《よんひき》の竜《りゅう》しかしどういうわけか睛《ひとみ》がかかれていなかった。
できた
ドドーン
おおお！すごい迫力《はくりょく》！
どうして睛《ひとみ》をかかないのですか？
睛《ひとみ》をかけばたちまち飛《と》び去《さ》ってしまうからね
またまたー これじゃ未完成《みかんせい》ですよっ！
そうそう睛《ひとみ》をかいてー！
いいけど知《し》らないよホント
とりあえず二匹《にひき》の竜《りゅう》の睛《ひとみ》をかくね
ピカ
ドガ
残《のこ》りの竜《りゅう》にもかく？
かかなくていいですっ！

●世界《せかい》のことわざコラム

日本《にほん》のことわざと同《おな》じような意味《いみ》の外国《がいこく》のことわざを紹介《しょうかい》します。同《おな》じ意味《いみ》のことわざも、その表現《ひょうげん》は国《くに》によってずいぶん異《こと》なります。世界《せかい》の国々《くにぐに》では何《なん》というのか？　北村孝一先生《きたむらこういちせんせい》が文化《ぶんか》の背景《はいけい》を交《まじ》えて解説《かいせつ》していきます。

世界のことわざ　猿《さる》も木《き》から落《お》ちる

エストニア
利口《りこう》な狐《きつね》もわなに落《お》ちる

キツネは、猟犬《りょうけん》に追《お》われても水《みず》に入《はい》ったり木《き》に登《のぼ》ったりして逃げ、ニワトリ小屋《ごや》を金網《かなあみ》で囲《かこ》っていても地面《じめん》を掘《ほ》って襲《おそ》ったりします。しかし、りこうなキツネでも、わなにかかることがあります。

トラオ あぶない！
ウトウト…
説明しよう！ トラオはトラの中でも世界一スキがないのである！

ギャ!!
ツネオさん!!
説明しよう！ ツネオはキツネの中でも世界一かしこいのである！

中国《ちゅうごく》
虎《とら》も居眠《いねむ》りするときがある

トラは、優《すぐ》れた人物《じんぶつ》のたとえ。トラでさえ、うっかり居眠《いねむ》りをしてしまうことがあるように、優《すぐ》れた人物《じんぶつ》や強《つよ》い人《ひと》も油断《ゆだん》することがあるという意味《いみ》です。

イギリス
つまずいたことのない名馬《めいば》はない

ウマオがコケた?!
コケ
説明しよう！ ウマオはウマの中でも世界一歩くのが上手なのである！

4本足《ほんあし》で、しかも速《はや》く走《はし》る名馬《めいば》ですら、つまずくのだから、2本足《ほんあし》で歩《ある》く人間《にんげん》がつまずくのは当《あ》たり前《まえ》。だれだって失敗《しっぱい》することがあるのです。

その他《た》　フランス

●金田一先生《きんだいちせんせい》のことわざコラム

この本《ほん》の監修者《かんしゅうしゃ》、金田《きんだ》一秀穂先生《いちひでほせんせい》による、ことわざ、四字熟語《よじじゅくご》、慣用句《かんようく》、故事成語《こじせいご》についての楽《たの》しい読《よ》み物《もの》です。

金田一先生のことわざコラム

「的《まと》を射《い》る」

「的《まと》を射《い》る」は、形《かたち》をまちがえやすい言葉《ことば》です。「的《まと》を得《え》る」とまちがえて覚《おぼ》えている人《ひと》が、大人《おとな》にもいます。「気《き》が置《お》けない」は、意味《いみ》をまちがえやすい言葉《ことば》です。気軽《きがる》につきあえるというのが本来《ほんらい》の意味《いみ》ですから、逆《ぎゃく》の、気《き》が許《ゆる》せないという意味《いみ》で使《つか》うのは誤《あやま》りです。「情《なさ》けは人《ひと》のためならず」は、相手《あいて》にかけた情《なさ》けはいつか自分《じぶん》にいいこととして帰《かえ》ってくるという意味《いみ》です。情《なさ》けをかけることはあまやかすことになってしまい、かえって相手《あいて》のためにならないというのは誤《あやま》りです。

ただし、言葉《ことば》は変化《へんか》していきます。使《つか》う人《ひと》が多《おお》くなれば、本来《ほんらい》の意味《いみ》とちがっても、通用《つうよう》するようになることもあるのです。

5 この辞典《じてん》で調《しら》べられる言葉《ことば》

ことわざ

昔《むかし》から言《い》い伝《つた》えられてきた、生活《せいかつ》の知恵《ちえ》や教《おし》え、世《よ》の中《なか》の真理《しんり》などをあらわした言葉《ことば》です。

例「雨降《あめふ》って地固《じかた》まる」「急《いそ》がば回《まわ》れ」など

代表的《だいひょうてき》な特徴《とくちょう》には、次《つぎ》のようなものがあります。

❶多《おお》くは、作者《さくしゃ》がわからない。
❷同《おな》じ社会《しゃかい》のたくさんの人《ひと》に知《し》られている。
❸決《き》まった形《かたち》やルールがない。
❹おたがいに正反対《せいはんたい》の意味《いみ》のことわざもある。
❺生活《せいかつ》の知恵《ちえ》・教訓《きょうくん》・経験《けいけん》・批評《ひひょう》など、テーマはいろいろ。
❻たとえをよく使《つか》う。例「猿《さる》も木《き》から落《お》ちる」など
❼対句《ついく》になったりする。
例「借《か》りる時《とき》の地蔵顔《じぞうがお》返《かえ》す時《とき》の閻魔顔《えんまがお》」など
❽逆《ぎゃく》のことを言《い》って、より効果《こうか》を出《だ》す。
例「急《いそ》がば回《まわ》れ」など

これ以外《いがい》にもいろいろな特徴《とくちょう》があります。

四字熟語

漢字四字《かんじよじ》で、ある決《き》まった意味《いみ》をあらわす言葉《ことば》です。漢字四字《かんじよじ》を組《く》み合《あ》わせたり、漢字二字《かんじにじ》の熟語《じゅくご》を組《く》み合《あ》わせたりして作《つく》られています。中国《ちゅうごく》のお話《はなし》や仏教《ぶっきょう》の言葉《ことば》などに多《おお》いです。

例「温故知新《おんこちしん》」「諸行無常《しょぎょうむじょう》」「異口同音《いくどうおん》」など

代表的《だいひょうてき》な特徴《とくちょう》には、次《つぎ》のようなものがあります。

❶意味《いみ》が似《に》た熟語《じゅくご》を組《く》み合《あ》わせたもの。
例 完全無欠《かんぜんむけつ》　自由自在《じゆうじざい》　独立独歩《どくりつどっぽ》　など
❷意味《いみ》が反対《はんたい》の熟語《じゅくご》を組《く》み合《あ》わせたもの。
例 右往左往《うおうさおう》　半信半疑《はんしんはんぎ》　有名無実《ゆうめいむじつ》　など
❸中国《ちゅうごく》や日本《にほん》の古《ふる》い詩《し》や文章《ぶんしょう》などからできたもの。
例 温故知新《おんこちしん》　五里霧中《ごりむちゅう》　四面楚歌《しめんそか》　など
❹四字《よじ》がそれぞれ対等《たいとう》の関係《かんけい》にあるもの。
例 花鳥風月《かちょうふうげつ》　起承転結《きしょうてんけつ》　喜怒哀楽《きどあいらく》　など

慣用句

二《ふた》つ以上《いじょう》の言葉《ことば》が結《むす》びついて、元《もと》の意味《いみ》からはなれた特別《とくべつ》な意味《いみ》をあらわす言葉《ことば》です。なお、広《ひろ》い意味《いみ》では、ことわざも慣用句《かんようく》にふくめます。

例「油《あぶら》を売《う》る」「鯖《さば》を読《よ》む」「足《あし》を洗《あら》う」など

また、この辞典《じてん》では、慣用句《かんようく》ほど言葉《ことば》の結《むす》びつきが強《つよ》くなくても、日本語《にほんご》として決《き》まった言《い》い方《かた》になっているものも取《と》り上《あ》げています。

故事成語

おもに、中国《ちゅうごく》に「昔《むかし》から伝《つた》わる物語《ものがたり》（＝故事《こじ》）」が、「短《みじか》く決《き》まった形《かたち》で言《い》いあらわされてきた言《こと》葉《ば》（＝成語《せいご》）」で、物語《ものがたり》のタイトルとも言《い》えます。中国《ちゅうごく》のできごとや、本《ほん》に記《しる》されているもののほかに、日本《にほん》の話《はなし》から生《う》まれたものもあります。

例「矛盾《むじゅん》」「五十歩百歩《ごじっぽひゃっぽ》」「敵《てき》に塩《しお》を送《おく》る」など

●格言《かくげん》・金言《きんげん》・警句《けいく》

人生《じんせい》の真理《しんり》を教《おし》えやいましめとして説《と》いた短《みじか》い言葉《ことば》。聖人《せいじん》など、えらい人《ひと》が残《のこ》したもの。

●名言《めいげん》・名句《めいく》

人《ひと》の心《こころ》を動《うご》かすような、優《すぐ》れた言葉《ことば》。また、物事《ものごと》の本質《ほんしつ》や人生《じんせい》の機微《きび》などをたくみにとらえた短《みじか》い言葉《ことば》。有名人《ゆうめいじん》が残《のこ》したもの。

（作者《さくしゃ》がわかっている）

例「それでも地球《ちきゅう》は動《うご》く」（ガリレオ）など

これらは言葉《ことば》としての性格《せいかく》が重《かさ》なる部分《ぶぶん》が多《おお》く、はっきり区別《くべつ》できないものもたくさんあります。たとえば、故事成語《こじせいご》であって四字熟語《よじじゅくご》でもあり、格言《かくげん》であってことわざでもある、ということがよくあります。研究者《けんきゅうしゃ》によっても考《かんが》え方《かた》がちがいます。

6 最重要語《さいじゅうようご》、重要語《じゅうようご》

最重要語《さいじゅうようご》・重要語《じゅうようご》は、次《つぎ》の書籍《しょせき》を参考《さんこう》にしています。

『中学入試《ちゅうがくにゅうし》の最重要問題《さいじゅうようもんだい》 出《で》る速《そく》チェック ①国語《こくご》 慣用句《かんようく》・ことわざ』

『中学入試《ちゅうがくにゅうし》の最重要問題《さいじゅうようもんだい》 出《で》る速《そく》チェック ②国語《こくご》 四字熟語《よじじゅくご》』

（ともに学研教育出版発行《がっけんきょういくしゅっぱんはっこう》）

『小学《しょうがく》パーフェクトコース ?《はてな》に答《こた》える！ 小学国語《しょうがくこくご》 改訂版《かいていばん》』

（学研《がっけん》プラス発行《はっこう》）

あ

ああ言《い》えばこう言《い》う ことわざ

意味 あれこれと理屈《りくつ》をならべて、言《い》いのがれたり、逆《さか》らったりする。**例** 弟《おとうと》はああ言えばこう言うで、人《ひと》の意見《いけん》を受《う》け入《い》れようとしない。

合縁奇縁《あいえんきえん》 四字熟語

意味 人《ひと》と人《ひと》との関係《かんけい》で、気《き》が合《あ》ったり合《あ》わなかったりするのは、不思議《ふしぎ》な縁《えん》によるものであるということ。**例** 気難《きむずか》しいかれと長《なが》くつきあってこられたのも合縁奇縁によるものだろう。

類 縁《えん》は異《い》なもの味《あじ》なもの

愛嬌《あいきょう》を振《ふ》りまく 慣用句

意味 まわりの人《ひと》みんなに、にこやかで親《した》しみのある態度《たいど》をとる。**例** 市《し》のイベントにお笑《わら》い芸人《げいにん》が来《き》て愛嬌を振りまいた。

挨拶《あいさつ》は時《とき》の氏神《うじがみ》 ことわざ

意味 ものごとの仲裁《ちゅうさい》をしてくれる人《ひと》は、氏神《うじがみ》のようにありがたいものだから、素《す》直《なお》にその言葉《ことば》に従《したが》うのがよい。**例** 見《み》たいテレビ番組《ばんぐみ》をめぐって兄《あに》と言《い》い争《あらそ》いになったが、挨拶は時の氏神で、姉《あね》になだめられて仲直《なかなお》りできた。

語源 「挨拶《あいさつ》」は、仲裁《ちゅうさい》のこと。

同 仲裁《ちゅうさい》は時《とき》の氏神《うじがみ》

相性《あいしょう》がいい 慣用句

意味 人《ひと》や物《もの》の間《あいだ》で、性質《せいしつ》がよく合《あ》う。

例 わたしと友達《ともだち》は相性がいい。

愛想《あいそ》がいい 慣用句

意味 相手《あいて》に対《たい》する態度《たいど》や動作《どうさ》の感《かん》じがよい。**例** かれは、だれにでも愛想がいい。

語源 「愛想《あいそ》」は、人《ひと》に与《あた》えるよい感《かん》じ。「あいそう」ともいう。

愛想《あいそ》を言《い》う 慣用句

意味 相手《あいて》のきげんをとることを言《い》う。

例 店員《てんいん》がお客《きゃく》さんに愛想を言う。

語源 「愛想《あいそ》」は、おせじのこと。「あいそう」ともいう。

同 お愛想《あいそ》を言《い》う

愛想《あいそ》を尽《つ》かす 慣用句

意味 あきれて、相手《あいて》になるのがいやになる。**例** わがままばかり言《い》うかれに、みんなが愛想を尽かした。

語源 「愛想《あいそ》」は、人《ひと》への好意《こうい》。「あいそう」ともいう。

愛想《あいそ》を振《ふ》りまく 慣用句

意味 相手《あいて》に気《き》に入《い》られようとして、にこやかで親《した》しみのある態度《たいど》をとる。

例 パーティーで愛想を振りまく。

注意 本来《ほんらい》の言《い》い方《かた》は「愛嬌《あいきょう》を振《ふ》りまく」。

開《あ》いた口《くち》が塞《ふさ》がらない 慣用句

意味 おどろきあきれて何《なに》も言《い》えない。

例 パーティーにあんなだらしない身《み》なりであらわれるなんて、開いた口が塞がらない。

★**相槌《あいづち》を打《う》つ** 慣用句

意味 人《ひと》の話《はなし》に調《ちょう》子《し》を合《あ》わせて、うなずく。**例** 相槌を打ちながら人《ひと》の話《はなし》を聞《き》く。

語源 「相槌《あいづち》」は、金属《きんぞく》から物《もの》を作《つく》るとき、相手《あいて》とかわるがわる金属《きんぞく》を打《う》つ槌《つち》（＝物《もの》をたたく道具《どうぐ》）。

あいづち

合《あ》いの手《て》を入《い》れる 慣用句

意味 相手《あいて》の話《はなし》や動作《どうさ》の間《あいだ》に、言葉《ことば》や身《み》ぶりを入《い》れる。**例** すかさず「その通《とお》り」と合いの手を入れる。
語源「合《あ》いの手《て》」は、歌《うた》やおどりの調子《ちょうし》に合《あ》わせて入《い》れる、手拍子《てびょうし》やかけ声《ごえ》。
注意「合《あ》いの手《て》を打つ」は誤《あやま》り。

愛別離苦《あいべつりく》 四字熟語
意味 親《おや》・兄弟《きょうだい》・夫婦《ふうふ》など、愛《あい》する者《もの》と別《わか》れる苦《くる》しみ。
参考 (1)仏教《ぶっきょう》で人生《じんせい》における八《やっ》つの苦《くる》しみの一《ひと》つとされる。(2)➡四苦八苦《しくはっく》

曖昧模糊《あいまいもこ》 四字熟語
意味 話《はなし》の内容《ないよう》などが、あやふやではっきりしないようす。例 説明《せつめい》が曖昧模糊としていて、よくわからない。

合間を縫う《あいまをぬう》 慣用句
意味 物事《ものごと》の切《き》れ目《め》の時間《じかん》をうまく使《つか》う。
例 仕事《しごと》の合間を縫ってジョギングをする。

会うは別れの始め《あうはわかれのはじめ》 ことわざ
意味 この世《よ》で出会《であ》った人《ひと》とは、いつかは必《かなら》ず別《わか》れなければならないということ。
例 会うは別れの始めというが、このままずっといっしょにいたいものだ。
同 会《あ》うは別《わか》れの基《もとい》 類 会者定離《えしゃじょうり》 英 Even the best of friends must part.（最《さい》良《りょう》の友《とも》との間《あいだ》にも別《わか》れは来《く》る）

阿吽の呼吸《あうんのこきゅう》 慣用句
意味 二人《ふたり》以上《いじょう》で一《ひと》つのことをしようとするときに、おたがいの心《こころ》の動《うご》きがぴったり合《あ》うこと。
例 二人《ふたり》は阿吽の呼吸ですばらしい曲芸《きょくげい》を見《み》せた。
語源「阿吽《あうん》」の「阿《あ》」は吐《は》く息《いき》、「吽《うん》」は吸《す》う息《いき》のこと。
参考 二体《にたい》一組《ひとく》みで置《お》かれる狛犬《こまいぬ》や仁王《におう》像《ぞう》は、口《くち》を開《あ》けているものを「阿形《あぎょう》」、閉《と》じているものを「吽形《うんぎょう》」という。

こまいぬ

★**青息吐息**《あおいきといき》 四字熟語
意味 非常《ひじょう》に困《こま》っているときに出《で》る息《いき》。また、それが出《で》るようなようす。例 授業《じゅぎょう》に追《お》いつけず青息吐息だ。

青い鳥《あおいとり》 慣用句
意味 幸福《こうふく》。特《とく》に、身近《みぢか》にあるのになかなか気《き》づかない幸福《こうふく》。例 わたしの青い鳥は、どこにいるのだろうか。
語源 メーテルリンク作《さく》の童話劇《どうわげき》の題名《だいめい》。チルチルとミチルが幸《しあわ》せをもたらす青《あお》い鳥《とり》を探《さが》す旅《たび》に出《で》たが見《み》つからず、結《けっ》局《きょく》、家《いえ》の鳥《とり》かごの中《なか》にいたという話《はなし》から。

青柿が熟柿弔う《あおがきがじゅくしとむらう》 ことわざ
意味 それほど差《さ》がないのに、ほんの少《すこ》し優《すぐ》れているというだけで、あれこれ言《い》うことのたとえ。例 野球《やきゅう》でアドバイスをくれる友《とも》だが、青柿が熟柿弔うで、同《おな》じように下手《へた》だ。
語源 まだ青《あお》い柿《かき》が、となりの熟《じゅく》した柿《かき》が地面《じめん》に落《お》ちるのを見《み》て、いずれ自分《じぶん》もそうなるとも知《し》らずに気《き》の毒《どく》がるという意味《いみ》から。
類 大同小異《だいどうしょうい》／五十歩百歩《ごじっぽひゃっぽ》／目糞鼻糞《めくそはなくそ》を笑《わら》う 英 The pot calls the kettle black.（鍋《なべ》がやかんの黒《くろ》さを笑《わら》う）

青筋を立てる《あおすじをたてる》 慣用句
意味 こめかみに血管《けっかん》が青《あお》くうき出《で》るほど、かんかんになっておこる。例 父《ちち》は青筋を立てて兄《あに》をどなった。

青田買い《あおたがい》 慣用句
意味 会社《かいしゃ》が、まだ学校《がっこう》を卒業《そつぎょう》していない学生《がくせい》の採用《さいよう》を早《はや》い時期《じき》に決《き》めること。

例 青田買いが社会問題《しゃかいもんだい》になる。
語源 収穫高《しゅうかくだか》を見積《みつ》もって、とり入《い》れる前《まえ》に稲《いね》を買《か》うということから。
注意「青田刈《あおたが》り」は、本来《ほんらい》の言《い》い方《かた》ではない。

★青菜《あおな》に塩《しお》 慣用句

意味 元気《げんき》をなくして、しょんぼりすることのたとえ。
例 父《ちち》にしかられた妹《いもうと》は青菜に塩といったようすだ。
語源 青々《あおあお》とした菜《な》っ葉《ぱ》に塩《しお》をかけるとしおれることから。

青二才《あおにさい》 慣用句

意味 年《とし》が若《わか》く、まだ一人前《いちにんまえ》になっていない男《おとこ》。 例 かれのような青二才には、その仕事《しごと》は無理《むり》だろう。
参考 相手《あいて》をばかにしたり、自分《じぶん》がへりくだったりするときに用《もち》いる。

故事成語 青《あお》は藍《あい》より出《い》でて藍《あい》より青《あお》し

意味 教《おし》えを受《う》けた人《ひと》の方《ほう》が、教《おし》えた先生《せんせい》よりも立派《りっぱ》になることのたとえ。〈『荀《じゅん》子《し》』〉 例 青は藍より出でて藍より青しで、わたしの弟子《でし》は、わたしよりはるかに優秀《ゆうしゅう》だ。
語源 青色《あおいろ》の染料《せんりょう》は藍《あい》という植物《しょくぶつ》からとるが、その染料《せんりょう》は、もとの藍《あい》よりも青《あお》く美《うつく》しいことから。
参考 (1)先生《せんせい》が弟子《でし》をほめる言葉《ことば》なので、弟子《でし》が使《つか》うと失礼《しつれい》になる。(2)➡出藍《しゅつらん》の誉《ほま》れ
類 氷《こおり》は水《みず》より出《い》でて水《みず》より寒《さむ》し
英 The scholar may be better than the master.（弟子《でし》が師匠《ししょう》よりまさることがある）

あおりを食《く》う 慣用句

意味 あるできごとの強《つよ》い影響《えいきょう》を受《う》ける。
例 交通事故《こうつうじこ》のあおりを食って、バスが大《おお》はばにおくれた。

赤子《あかご》の手《て》をねじる 慣用句

➡赤子《あかご》の手《て》をひねる（3ページ）

赤子《あかご》の手《て》をひねる 慣用句

意味 赤子《あかご》（＝赤《あか》ん坊《ぼう》）の手《て》をひねるように、何《なん》の苦労《くろう》もなく簡単《かんたん》にできることや、簡単《かんたん》に負《ま》かすことのたとえ。 例 赤子の手をひねるように、敵《てき》をたおした。
同 赤子《あかご》の手《て》をねじる

赤《あか》の他人《たにん》 慣用句

意味 自分《じぶん》とまったく関係《かんけい》のない人《ひと》。
例 あの二人《ふたり》は同姓《どうせい》だが赤の他人だ。
語源「赤《あか》の」は、「まったくの」「あきらかな」という意味《いみ》。

赤恥《あかはじ》をかく 慣用句

意味 人前《ひとまえ》に出《で》られないような、ひどくはずかしい思《おも》いをする。 例 洋食《ようしょく》のマナーを知《し》らず赤恥をかいた。

秋風《あきかぜ》が立《た》つ 慣用句

意味 恋人同士《こいびとどうし》の愛情《あいじょう》が冷《さ》める。 例 あんなに仲《なか》がよかった二人《ふたり》に秋風が立つなんて信《しん》じられない。
参考「秋《あき》」に同《おな》じ読《よ》みの「飽《あ》き」の意味《いみ》をもたせている。

空《あ》き樽《だる》は音《おと》が高《たか》い ことわざ

意味 中身《なかみ》のない人《ひと》ほど、よくしゃべることのたとえ。 例 かれは、つまらないことを長々《ながなが》と話《はな》していた。まさに、空き樽は音が高い、だね。
語源 空《から》の樽《たる》は、たたくと高《たか》い音《おと》がするこ

とから。
英 Empty vessels make the most sound.（空《から》の器《うつわ》がいちばん大《おお》きな音《おと》を立《た》てる）

秋《あき》茄子《なすび》嫁《よめ》に食《く》わすな ことわざ
意味 ❶秋《あき》の茄子《なすび》（＝ナス）はおいしいので、嫁《よめ》に食《た》べさせるな。姑《しゅうとめ》が嫁《よめ》をいじめることのたとえ。例 秋《あき》茄子《なすび》嫁《よめ》に食《く》わすなといわれるくらい、秋《あき》のナスはおいしい。
類 秋鯖嫁《あきさばよめ》に食《く》わすな／秋《あき》かますは嫁《よめ》に食《く》わすな／五月《ごがつ》わらびは嫁《よめ》に食《く》わすな
❷秋《あき》の茄子《なすび》は体《からだ》が冷《ひ》えるので、嫁《よめ》に食《た》べさせるな。姑《しゅうとめ》が嫁《よめ》を大切《たいせつ》にすることのたとえ。
同 ❶❷秋茄子《あきなす》は嫁《よめ》に食《く》わすな

秋《あき》の日《ひ》は釣瓶《つるべ》落《お》とし ことわざ
意味 秋《あき》は日《ひ》が暮《く》れるのが早《はや》く、すぐ暗《くら》くなってしまうということ。例 秋の日は釣瓶落としというとおり、あっという間《ま》に夕方《ゆうがた》から夜《よる》になった。

つるべ

語源「釣瓶《つるべ》」は、井戸《いど》の水《みず》をくみ上《あ》げる、なわなどのついた、おけ。手《て》からはなすと、井戸《いど》の中《なか》にすとんと落《お》ちる。
同 秋《あき》の日《ひ》の鉈落《なたお》とし

灰汁《あく》が抜《ぬ》ける 慣用句
意味 人《ひと》の趣味《しゅみ》・性格《せいかく》・容姿《ようし》などに、いやみやあくどさがなくなる。すっきりして上品《じょうひん》な感《かん》じになる。例 かのじょは灰汁が抜けて、人当《ひとあ》たりがよくなった。

★**悪事千里《あくじせんり》** 四字熟語
⇒悪事千里《あくじせんり》を走《はし》る（4ページ）

悪事千里《あくじせんり》を走《はし》る 故事成語 ⇒世界のことわざ（5ページ）
意味 悪《わる》いおこないや悪《わる》いうわさは、すぐに広《ひろ》まる。例 悪事千里を走るで、そのうわさは半日《はんにち》で全国《ぜんこく》に知《し》れわたった。

語源 中国《ちゅうごく》の『北夢瑣言《ほくむさげん》』の中《なか》の「好事門《こうじもん》を出《い》でず、悪《あく》事千里《じせんり》を行《い》く」から。「千里《せんり》」は、非常《ひじょう》に長《なが》い距離《きょり》をあらわす。
同 悪事千里《あくじせんり》を行《い》く／悪事千里《あくじせんり》
英 Bad news travels fast.（悪《わる》いうわさに限《かぎ》って早《はや》いこと）

★**悪戦苦闘《あくせんくとう》** 四字熟語
意味 死《し》にものぐるいで戦《たたか》うこと。また、その苦《くる》しい戦《たたか》い。例 悪戦苦闘の末《すえ》にようやく勝利《しょうり》した。
参考「苦《くる》しい努力《どりょく》をする」という意味《いみ》でも用《もち》いる。

悪銭身《あくせんみ》に付《つ》かず ことわざ ⇒世界のことわざ（7ページ）
意味 悪《わる》いことをして手《て》に入《い》れたお金《かね》は、むだに使《つか》ってしまって、すぐになくなるということ。例 悪銭身に付かずというとおり、犯人《はんにん》グループはぬすんだお金《かね》をすぐに使《つか》い果《は》たしてしまったということだ。

英 Ill got, ill spent.（不当《ふとう》な手段《しゅだん》で得《え》たものは不当《ふとう》に使《つか》われる）

悪態《あくたい》をつく 慣用句

意味 ひどい悪口《わるくち》を言《い》う。例 腹立《はらだ》ちまぎれに**悪態をつく**のはやめてください。

悪法《あくほう》もまた法《ほう》なり ことわざ

意味 悪《わる》い法律《ほうりつ》であっても、法律《ほうりつ》である限《かぎ》り守《まも》らなければならない。例 **悪法もまた法なり**なので、従《したが》うのは当然《とうぜん》として、時《じ》代《だい》に合《あ》わない法《ほう》を改《あらた》めることも必要《ひつよう》だ。

参考 ギリシャの哲学者《てつがくしゃ》ソクラテスの言《こと》葉《ば》とされる。

悪夢《あくむ》から覚《さ》める 慣用句

意味 自分《じぶん》が悪《わる》いということに気《き》づいて、深《ふか》く反省《はんせい》する。例 友人《ゆうじん》に注意《ちゅうい》され、**悪夢から覚め**た。

悪名《あくめい》が高《たか》い 慣用句

意味 悪《わる》いうわさや、よくない評判《ひょうばん》が世《よ》の

世界《せかい》のことわざ　悪事千里《あくじせんり》を走《はし》る

チェコ

よい焼《や》き肉《にく》は遠《とお》くまでにおうが、悪《わる》いのはもっと遠《とお》くまでにおう

焼《や》き肉《にく》をニュースにたとえて、悪《わる》いニュースはよいニュースより遠《とお》くまで伝《つた》わっていくことをあらわしています。チェコは、ヨーロッパの内《ない》陸《りく》に位置《いち》するので、魚《さかな》よりも肉食中心《にくしょくちゅうしん》です。

その他《た》 スロバキア

エチオピア

悪《わる》い便《たよ》りは飛《と》んでいき、よい便《たよ》りは眠《ねむ》っている

アフリカでも同《おな》じく、悪《わる》い便《たよ》りはあっという間《ま》に遠《とお》くまで飛《と》んでいくが、よい便《たよ》りは眠《ねむ》ったまま広《ひろ》がる気配《けはい》もないという意味《いみ》です。

バングラデシュ

よい評判《ひょうばん》は亀《かめ》のようにはいずり、悪《わる》い評判《ひょうばん》は風《かぜ》のように疾駆《しっく》する

「疾駆《しっく》」は、速《はや》く走《はし》ること。悪《わる》い評判《ひょうばん》がまたたく間《ま》に広《ひろ》がっていくようすをあらわしています。

中《なか》に広《ひろ》く知《し》れわたっている。例強欲《ごうよく》で悪名が高い社長《しゃちょう》。

同悪名《あくみょう》が高《たか》い

あぐらをかく 慣用句

意味いい気《き》になって、努力《どりょく》をしなくなる。例人気《にんき》の上《うえ》にあぐらをかく。

★★**揚《あ》げ足《あし》を取《と》る** 慣用句

意味言《い》いそこなった言葉《ことば》やまちがいをとらえて、からかったり悪口《わるくち》を言《い》ったりする。例人《ひと》の揚げ足を取るのはよくない。語源「揚《あ》げ足《あし》」は、相撲《すもう》や柔道《じゅうどう》で、うきあがった足《あし》。この足《あし》を取《と》ってたおすことから。類言葉尻《ことばじり》をとらえる

挙《あ》げ句《く》の果《は》て 慣用句

意味結局《けっきょく》のところ。ついに。例激《はげ》しく言《い》い争《あらそ》い、挙げ句の果てに絶交《ぜっこう》した。参考「挙《あ》げ句《く》」を強《つよ》めた言《い》い方《かた》。同揚《あ》げ句《く》の果《は》て

上《あ》げ膳《ぜん》据《す》え膳《ぜん》 慣用句

意味自分《じぶん》が作《つく》ったり手伝《てつだ》ったりしなくても食事《しょくじ》が食《た》べられること。また、自分《じぶん》は何《なに》もせず、人《ひと》にすっかり準備《じゅんび》をしてもらうこと。例上げ膳据え膳のもてなし。参考「膳《ぜん》」は、昔《むかし》、食事《しょくじ》のときに用《もち》いた個《こ》人用《じんよう》の食台《しょくだい》。

開《あ》けて悔《くや》しい玉手箱《たまてばこ》 ことわざ

意味期待《きたい》がはずれて、がっかりすることのたとえ。例商店街《しょうてんがい》のくじで一等《いっとう》を当《あ》てたが、開けて悔しい玉手箱、大《たい》した景《けい》品《ひん》ではなくて残念《ざんねん》だった。語源玉手箱《たまてばこ》を開《あ》けたとたん、白《しろ》いけむりが出《で》てきて、あっという間《ま》に老人《ろうじん》になってしまったという浦島太郎《うらしまたろう》の伝説《でんせつ》から。同開《あ》けて悔《くや》しき玉手箱《たまてばこ》 英Prospect is often better than possession.（期待《きたい》はしばしば現実《げんじつ》にまさることがある）

明《あ》けても暮《く》れても 慣用句

意味夜《よ》が明《あ》けても日《ひ》が暮《く》れても。いつもいつも。例兄《あに》は明けても暮れても机《つくえ》に向《む》かって勉強《べんきょう》している。

顎《あご》が落《お》ちる 慣用句

意味とてもおいしいと感《かん》じることのたとえ。例この肉《にく》は顎が落ちるようなおいしさだ。同頰《ほお》が落《お》ちる／ほっぺたが落《お》ちる

顎《あご》が干《ひ》上《あ》がる 慣用句

意味お金《かね》がなくなって生活《せいかつ》ができなくなる。例仕事《しごと》をしなければ顎が干上がってしまう。同口《くち》が干《ひ》上《あ》がる

憧《あこが》れの的《まと》 慣用句

意味多《おお》くの人《ひと》が強《つよ》く心《こころ》ひかれる人《ひと》や物《もの》。例野球《やきゅう》のうまい兄《あに》は、クラスの女《おんな》の子《こ》の憧れの的だ。

顎《あご》で使《つか》う 慣用句

意味いばった態度《たいど》で人《ひと》を使《つか》う。例下級《かきゅう》生《せい》を顎で使う。語源顎《あご》を動《うご》かして人《ひと》に命令《めいれい》するということから。

顎《あご》を出《だ》す 慣用句

意味ひどくつかれて、どうにもならない。例マラソンに出場《しゅつじょう》したが、途中《とちゅう》で顎を出してしまった。

浅《あさ》い川《かわ》も深《ふか》く渡《わた》れ ことわざ

意味簡単《かんたん》なことでも油断《ゆだん》せず、注意《ちゅうい》しておこなわなければならないという教《おし》え。

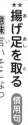

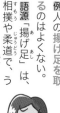

例 浅い川も深く渡れ というから、弱《よわ》い相《あい》手《て》とあなどらず、作戦《さくせん》を立《た》てよう。
語源 浅《あさ》い川《かわ》も、深《ふか》い川《かわ》と同《おな》じように用心《ようじん》して渡《わた》れということから。
類 用心《ようじん》は深《ふか》くして川《かわ》は浅《あさ》く渡《わた》れ／石橋《いしばし》を叩《たた》いて渡《わた》る 英 Cross a shallow river as if it were deep.（浅《あさ》い川《かわ》も深《ふか》いと思《おも》ってわたれ）

朝起《あさお》きは三文《さんもん》の得《とく》 ことわざ
➡早起《はやお》きは三文《さんもん》の得《とく》（349ページ）

朝虹《あさにじ》は雨《あめ》、夕虹《ゆうにじ》は晴《は》れ ことわざ ⬇
世界のことわざ（9ページ）
意味 朝《あさ》に虹《にじ》がかかると雨《あめ》の前《まえ》ぶれで、夕方《ゆうがた》の虹《にじ》は、翌日《よくじつ》晴《は》れの前《まえ》ぶれである。例 朝虹は雨、夕虹は晴れ というが、夕方《ゆうがた》に虹《にじ》が出《で》ていたので、明日《あす》の遠足《えんそく》は天気《てんき》がよさそうだ。

朝寝坊《あさねぼう》の宵《よい》っ張《ぱ》り ことわざ

世界《せかい》のことわざ　悪銭《あくせん》身《み》に付《つ》かず

フランス
満《み》ち潮《しお》のもたらしたものは引《ひ》き潮《しお》とともに去《さ》る
このことわざが使《つか》われているブルターニュ地方《ちほう》は、フランス北《ほく》西部《せいぶ》の大西洋《たいせいよう》に半島《はんとう》が突《つ》き出《で》た場所《ばしょ》。潮《しお》が満《み》ちたり引《ひ》いたりする差《さ》が大《おお》きいことで有名《ゆうめい》です。

ペルー
道《みち》で見《み》つけたナイフは道《みち》でなくなる
たまたま道《みち》でひろったナイフは、歩《ある》いているうちに道《みち》で落《お》として、なくしてしまいます。努力《どりょく》しないで得《え》たものは結局身《けっきょくみ》につかないというたとえです。
その他《た》 アルゼンチン、ウルグアイ

ジョージア
風《かぜ》がもたらすものは風《かぜ》が運《はこ》び去《さ》る
「もたらす」とは、持《も》ってくるの意味《いみ》。風《かぜ》が持《も》ってきたかと思《おも》うと、またたく間《ま》に風《かぜ》がどこかへ運《はこ》び去《さ》ってしまう。「悪銭《あくせん》身《み》につかず」の意味《いみ》を、自然現象《しぜんげんしょう》で説明《せつめい》することわざが外国《がいこく》にはいろいろあります。その他《た》 イラン、アルメニア

朝飯前《あさめしまえ》 慣用句
意味 朝《あさ》ごはんを食《た》べる前《まえ》でもできるほど、簡単《かんたん》なこと。例 そんな宿題《しゅくだい》は朝飯前だ。
↓宵《よい》っ張《ぱ》りの朝寝坊《あさねぼう》（440ページ）

類 お茶《ちゃ》の子《こ》さいさい

朝焼《あさや》けは雨《あめ》、夕焼《ゆうや》けは晴《は》れ ことわざ
意味 朝焼《あさや》けはその日《ひ》に雨《あめ》がふり、夕焼《ゆうや》けは次《つぎ》の日《ひ》がよい天気《てんき》になる。
同 朝焼《あさや》けは雨《あめ》、夕焼《ゆうや》けは日和《ひより》

足音《あしおと》を忍《しの》ばせる 慣用句
意味 足音《あしおと》がしないようにそっと歩《ある》く。例 赤《あか》ちゃんが目《め》を覚《さ》まさないように、足音を忍ばせて部屋《へや》から出《で》た。

味《あじ》が落《お》ちる 慣用句
意味 食《た》べ物《もの》の味《あじ》が悪《わる》くなる。まずくなる。例 あの店《みせ》は有名《ゆうめい》になったとたん味が落ちてしまった。

足《あし》がすくむ 慣用句
意味 おそろしさなどで、足《あし》が動《うご》かなくなる。例 人通《ひとどお》りのない夜道《よみち》では小《ちい》さな物《もの》音《おと》にも足がすくむ。

足《あし》が地《ち》に着《つ》かない 慣用句
意味 ❶緊張《きんちょう》や興奮《こうふん》のために、気持《きも》ちが落《お》ち着《つ》かない状態《じょうたい》になる。例 発表会《はっぴょうかい》の前《まえ》はいつも、緊張《きんちょう》して足が地に着かない。❷考《かんが》え方《かた》や行動《こうどう》がしっかりしていなくて着実《ちゃくじつ》ではない。例 大人《おとな》になっても足が地に着かない生活《せいかつ》を続《つづ》けている。

足《あし》が付《つ》く 慣用句
意味 犯人《はんにん》の身元《みもと》やにげた人《ひと》の行《い》き先《さき》がわかる。例 ぬすんだ車《くるま》から足が付き、犯《はん》人《にん》はすぐつかまった。
語源 足跡《あしあと》が発見《はっけん》されることから。

★**足《あし》が出《で》る** 慣用句
意味 予定《よてい》していたお金《かね》では足《た》りなくなる。また、損《そん》をする。例 高《たか》い買《か》い物《もの》をしてしまい、足が出た。

足《あし》が鈍《にぶ》る 慣用句
意味 ❶歩《ある》いたり走《はし》ったりするのがおそくなる。例 歩《ある》きつかれて足が鈍る。❷行《い》こうとする気持《きも》ちがうすれる。例 悪天候《あくてんこう》のせいか、観光客《かんこうきゃく》の足が鈍っているようだ。

★**足《あし》が早《はや》い** 慣用句
意味 ❶食《た》べ物《もの》がくさりやすい。例 サバ

「足《あし》が出《で》る」

この辞典《じてん》をぱらぱらっとめくってみてください。頭《あたま》、手《て》、足《あし》、目《め》、鼻《はな》、口《くち》…、体《からだ》の部分《ぶぶん》を使《つか》った言葉《ことば》が多《おお》いと思《おも》いませんか。

「足《あし》」という単語《たんご》で始《はじ》まる言葉《ことば》は、この辞典《じてん》では二十項目《にじっこうもく》もあります。ですが、よく見《み》てみると、その中《なか》で使《つか》われている「足《あし》」が意味《いみ》するところは、いろいろです。「足《あし》が出《で》る」の「足《あし》」は、体《からだ》のはしという場所《ばしょ》をあらわします。「足《あし》が棒《ぼう》になる」は、歩《ある》くのに使《つか》う部位《ぶい》としての足《あし》。「足《あし》を洗《あら》う」「足《あし》を引《ひ》っ張《ぱ》る」は、生《い》きている場所《ばしょ》や立場《たちば》をあらわしているのです。

「目《め》」という単語《たんご》で始《はじ》まる言葉《ことば》はさらに多《おお》く、その数何《かずなん》と八十項目以《はちじっこうもくい》上《じょう》。やはり、それぞれ、いろいろな意味《いみ》の「目《め》」がありますから、考《かんが》えてみてください。

は足が早い。

❷商品《しょうひん》の売《う》れ行《ゆ》きがよい。例このおもちゃは足が早い。

★★
足《あし》が棒《ぼう》になる 慣用句

意味 長《なが》い間立《あいだた》ち続《つづ》けたり歩《ある》き続《つづ》けたりして足《あし》が非常《ひじょう》につかれる。例山道《やまみち》を歩《ある》き続《つづ》けたので足が棒になってしまった。

同 ❶❷足《あし》が速《はや》い

語源 足《あし》が非常《ひじょう》につかれて、棒《ぼう》になったように感《かん》じるということから。

足《あし》が向《む》く 慣用句

意味 知《し》らず知《し》らずその方《ほう》へ行《い》く。例おかし屋《や》さんに足が向く。

足蹴《あしげ》にする 慣用句

意味 ひどい仕打《しう》ちをする。例仲間《なかま》を足蹴にするとは許《ゆる》せない。

語源 足《あし》で蹴《け》るということから。

注意 「足《あし》げりにする」は誤《あやま》り。

朝《あした》に紅顔《こうがん》ありて夕《ゆう》べに白骨《はっこつ》となる ことわざ

意味 朝《あさ》は顔色《かおいろ》がよくて元気《げんき》であっても、夜《よる》には死《し》んで骨《ほね》になってしまうようなことがある。この世《よ》は無常《むじょう》で、人《ひと》の生《い》き死《し》には予測《よそく》できないということ。例す

世界《せかい》のことわざ　朝虹《あさにじ》は雨《あめ》、夕虹《ゆうにじ》は晴《は》れ

イギリス

朝《あさ》の虹《にじ》は羊飼《ひつじか》いの憂《うれ》い、夕方《ゆうがた》の虹《にじ》は羊飼《ひつじか》いの喜《よろこ》び

朝《あさ》の虹《にじ》は雨《あめ》になるので、ヒツジの放牧《ほうぼく》がやりにくく羊飼《ひつじか》いはなげき、夕方《ゆうがた》の虹《にじ》は翌日《よくじつ》晴《は》れになるので喜《よろこ》びます。

中国《ちゅうごく》

朝焼《あさや》けには門《もん》を出《い》でず夕焼《ゆうや》けには千里《せんり》を行《い》く

朝焼《あさや》けは、天候《てんこう》がくずれ雨《あめ》になるから、外出《がいしゅつ》しないほうがよい。夕焼《ゆうや》けは、翌日広《よくじつひろ》い範囲《はんい》で晴《は》れるから、遠《とお》くまで出《で》かけることができます。

フランス

夕方《ゆうがた》が赤《あか》く、朝白《あさしろ》ければ巡礼日和《じゅんれいびより》だ

夕焼《ゆうや》けは、翌日《よくじつ》が晴《は》れであることをあらわしています。また、翌朝《よくあさ》が朝焼《あさや》けでなく白《しろ》っぽくても晴《は》れになるので、巡礼《じゅんれい》をするにはぴったりの天気《てんき》になります。キリスト教《きょう》の聖地《せいち》のローマ（イタリア）やルルド（フランス）のほか、サンティアゴ・デ・コンポステーラ（スペイン）へお参《まい》りに行《い》く巡礼《じゅんれい》の道《みち》が有名《ゆうめい》です。

るべきことを先延《さきの》ばしにしてはいけない。朝に紅顔ありて夕べに白骨となるといって、人生何《じんせいなに》が起《お》きるかわからないのだ。

類 昨日《きのう》の淵《ふち》は今日《きょう》の瀬《せ》 英 Today red, tomorrow dead.（今日元気《きょうげんき》そうな顔《かお》をしているのが明日《あす》は死《し》んでいる）

朝《あした》に道《みち》を聞《き》かば夕《ゆう》べに死《し》すとも可《か》なり 故事成語

意味 朝《あさ》に人間《にんげん》としての正《ただ》しい生《い》き方《かた》について聞《き》いて理解《りかい》できれば、たとえその夜《よる》に死《し》んでも本望《ほんもう》である。〈『論語《ろんご》』〉 例 朝に道を聞かば夕べに死すとも可なりというとおり、道理《どうり》や真理《しんり》を知《し》ることはとても大切《たいせつ》だ。

参考 孔子《こうし》の言葉《ことば》。

明日《あした》は明日《あした》の風《かぜ》が吹《ふ》く ことわざ

意味 先《さき》のことをくよくよ考《かんが》えず、なりゆきにまかせて生《い》きなさいという教《おし》え。 例 将来《しょうらい》のことをあまり心配《しんぱい》するな。明日は明日の風が吹く、だよ。

同 明日《あす》は明日《あす》の風《かぜ》が吹《ふ》く 英 Let the morn come, and the meat with it.（明日《あす》は明日《あす》の食《た》べ物《もの》を持《も》って来《く》るさ）

足駄《あしだ》を履《は》く 慣用句

意味 実際《じっさい》の値段《ねだん》よりも高《たか》い値段《ねだん》をつけて、その差額《さがく》をもうける。 例 足駄を履くような商売《しょうばい》のやり方《かた》には賛成《さんせい》できない。

語源 「足駄《あしだ》」はふつうより歯《は》の高《たか》い下駄《げた》のこと。

足手《あしで》まとい 慣用句

意味 そばにいて、じゃまになること。また、じゃまになる人《ひと》。 例 失敗《しっぱい》ばかりして、みんなの足手まといになる。

同 足手《あして》まとい

足《あし》に任《まか》せる 慣用句

意味 ❶どこへ行《い》くという目当《めあ》てもなく、気《き》ままに歩《ある》く。 例 足に任せて散歩《さんぽ》する。 ❷歩《ある》けるだけ、どこまでも進《すす》む。 例 足に任せて一日中歩《いちにちじゅうある》き続《つづ》けて、ずいぶん遠《とお》くまで来《き》てしまった。

足《あし》の踏《ふ》み場《ば》もない 慣用句

意味 足《あし》を踏《ふ》み入《い》れる場所《ばしょ》もないほど、いろいろな物《もの》が散《ち》らばっている。 例 足の踏み場もない部屋《へや》。

味《あじ》も素《そ》っ気《け》もない 慣用句

意味 おもしろみやうるおいが少《すこ》しもない。 例 長《なが》いだけで、味も素っ気もない話《はなし》。

足元《あしもと》から鳥《とり》が立《た》つ ことわざ

意味 ❶突然《とつぜん》、思《おも》ってもみなかったことが起《お》こることのたとえ。 例 父《ちち》の転勤《てんきん》は、我《わ》が家《や》にとって、まさに足元から鳥が立つようなできごとだった。 ❷急《きゅう》に思《おも》い立《た》って物事《ものごと》を始《はじ》めることのたとえ。 例 かのじょは足元から鳥が立つように帰国《きこく》した。

語源 足元《あしもと》の草《くさ》むらにかくれていた鳥《とり》が、あわてて飛《と》び立《た》っていくようすから。

参考 いろはがるた（京都《きょうと》）の一《ひと》つ。

同 足下《あしもと》から鳥《とり》が立《た》つ 英 Many things happen unlooked for.（意外《いがい》なことがよく起《お》こるもの）

足元《あしもと》に火《ひ》が付《つ》く 慣用句

意味 危険《きけん》や大変《たいへん》なことが自分《じぶん》のすぐそばまでせまっている。 例 試験《しけん》の日《ひ》が近《ちか》づき、足元に火が付く状態《じょうたい》になった。

足元《あしもと》にも及《およ》ばない 慣用句

意味 比《くら》べものにならないほど、相手《あいて》が優《すぐ》れている。 例 いくら努力《どりょく》したところで、かれの足元にも及ばない。

同 足元《あしもと》へも寄《よ》り付《つ》けない

足元《あしもと》の明《あか》るいうち 慣用句
意味 危《あぶ》なくなる前《まえ》。間《ま》に合《あ》わなくなる前《まえ》。例 足元の明るいうちに事業《じぎょう》を縮小《しゅくしょう》する。

足元《あしもと》へも寄《よ》り付《つ》けない 慣用句
⬇足元《あしもと》にも及《およ》ばない （10ページ）

足元《あしもと》を見《み》られる 慣用句
意味 相手《あいて》に自分《じぶん》の弱《よわ》い所《ところ》を知《し》られて、利《り》用《よう》される。例 ゲームソフトを売《う》ろうとしたら、足元を見られて値切《ねぎ》られた。

★**足元《あしもと》を見《み》る** 慣用句
意味 相手《あいて》の弱《よわ》い所《ところ》を見《み》つけて、自分《じぶん》の思《おも》うままにしようとする。例 足元を見て高《たか》く売《う》りつける。
語源 昔《むかし》、かごに人《ひと》を乗《の》せて運《はこ》ぶ仕事《しごと》をしていた人《ひと》が、旅人《たびびと》の足元《あしもと》を見《み》て、つかれていると思《おも》ったら高《たか》い料金《りょうきん》を要求《ようきゅう》したということから。

★★**足《あし》を洗《あら》う** 慣用句
意味 今《いま》までのよくない仕事《しごと》や生活《せいかつ》をやめる。そこからぬけ出《だ》し、まじめになる。
例 なまけた生活《せいかつ》から足を洗う。
語源 よごれた足《あし》を洗《あら》うということから。
英 to wash one's hands of a thing（ある事《こと》から手《て》を引《ひ》く）

足《あし》を奪《うば》われる 慣用句
意味 事故《じこ》などで、乗《の》り物《もの》が止《と》まって利《り》用《よう》できなくなる。
例 台風《たいふう》の影響《えいきょう》で、多《おお》くの乗客《じょうきゃく》が足を奪われた。

足《あし》を洗《あら》う

味《あじ》を覚《おぼ》える 慣用句
意味 一度《いちど》体験《たいけん》したことによって、そのよさやおもしろさがわかるようになる。
例 ゲームの味を覚えてしまった。

★**味《あじ》を占《し》める** 慣用句
意味 一度《いちど》したことがうまくいったので、またうまくいくと期《き》待《たい》する。例 一度《いちど》の当選《とうせん》に味を占めて、またおうぼした。

足《あし》をすくう 慣用句
意味 相手《あいて》のすきにつけこんで失敗《しっぱい》させる。例 油断《ゆだん》していたら、ライバルに足をすくわれた。
注意 「足《あし》元をすくう」は、誤《あやま》り。
参考 相手《あいて》の足《あし》を急《きゅう》に持《も》ち上《あ》げるようにしてたおすことから。

足《あし》を取《と》られる 慣用句
意味 足《あし》が思《おも》うように進《すす》まなくなる。
例 ぬかるみに足を取られた。

★**足《あし》を延《の》ばす** 慣用句
意味 予定《よてい》していた所《ところ》より、もっと遠《とお》くまで行《い》く。例 散歩《さんぽ》のついでに足を延ばしてとなりの町《まち》まで行《い》った。

足《あし》を運《はこ》ぶ 慣用句
意味 出《で》かけて行《い》く。訪《たず》ねて行《い》く。例 何《なん》度《ど》か足を運んだが、いつも留守《るす》だった。

★★**足《あし》を引《ひ》っ張《ば》る** 慣用句
意味 物事《ものごと》がうまく進《すす》まないようにじゃまをする。ほかの人《ひと》の成功《せいこう》をさまたげる。
例 エラーをしてチームの足を引っ張ってしまった。

★**足《あし》を棒《ぼう》にする** 慣用句
意味 歩《ある》き回《まわ》って、足《あし》をつかれさせる。

例 足を棒にして探《さが》し回《まわ》る。
参考 ➡足《あし》が棒《ぼう》になる

味《あじ》を見《み》る 慣用句
意味 料理《りょうり》などの味《あじ》を確《たし》かめる。味見《あじみ》をする。例 母《はは》にスープの味を見てもらう。

足《あし》を向《む》けて寝《ね》られない 慣用句
意味 恩《おん》を受《う》けた相手《あいて》に対《たい》して、とてもありがたいと思《おも》う。例 親身《しんみ》に指導《しどう》してくれた先生《せんせい》には足を向けて寝られない。

足《あし》を向《む》ける 慣用句
意味 ある方向《ほうこう》へ歩《ある》いて行《い》く。例 祭《まつ》りのたいこの聞《き》こえる方《ほう》に足を向ける。

明日《あす》の百《ひゃく》より今日《きょう》の五十《ごじゅう》 ことわざ
➡世界のことわざ（13ページ）
意味 明日《あす》のことは不確《ふたし》かでどうなるかわからないから、わずかでも今日《きょう》確実《かくじつ》に手《て》に入《はい》るものの方《ほう》がよいということ。例 もう少《すこ》し待《ま》てば、もっとたくさんのきのこがはえてくるかもしれないが、明日の百より今日の五十というし、ある分《ぶん》だけ取《と》っておこう。
語源 明日《あす》くれるという百文《ひゃくもん》の銭《ぜに》より、今日実際《きょうじっさい》にもらえる五十文《ごじゅうもん》の方《ほう》がよいという意味《いみ》から。
類 末《すえ》の百両《ひゃくりょう》より今《いま》の五十両《ごじゅうりょう》／聞《き》いた百《ひゃく》文《もん》より見《み》た一文《いちもん》／先《さき》の雁《がん》より手前《てまえ》の雀《すずめ》
英 A bird in the hand is worth two in the bush.（手《て》に入《い》れた一羽《いちわ》の鳥《とり》はしげみの中《なか》の二羽《にわ》のねうちがある）

明日《あす》は我《わ》が身《み》 ことわざ
意味 今日《きょう》ほかの人《ひと》におこった災《わざわ》いは、明《あ》日自分《すじぶん》の身《み》におこるかもしれないから、人《ひと》ごとと思《おも》って見過《みす》ごしたり油断《ゆだん》してはいけない。例 祖母《そぼ》の住《す》む地域《ちいき》が地震《じしん》で被害《ひがい》を受《う》けた。明日は我が身で、しっかりと備《そな》えをしておかないとね。
類 昨日《きのう》は人《ひと》の身《み》今日《きょう》は我《わ》が身《み》／今日《きょう》は人《ひと》の上《うえ》明日《あす》は我《わ》が身《み》の上《うえ》

東男《あずまおとこ》に京女《きょうおんな》 ことわざ
意味 男《おとこ》はたくましい関東《かんとう》の男《おとこ》がよく、女《おんな》はしとやかな京都《きょうと》の女《おんな》がよいというこ

ギリシャ

明日《あす》の鶏《にわとり》より今日《きょう》の卵《たまご》

明日手《あすて》に入《はい》るというニワトリより、卵《たまご》でも今日確実《きょうかくじつ》に手《て》に入《はい》るほうがよいという意味《いみ》で、多《おお》くの国《くに》で使《つか》われています。 その他《た》 フランス、イギリス、ドイツ、イタリア、トルコ

韓国《かんこく》

明日《あす》の牛《うし》の足《あし》より
今日《きょう》のイナゴの足《あし》

韓国《かんこく》では、牛《うし》の肉《にく》はたいへん好《この》まれていて、プルコギ（焼《や》き肉《にく》の一種《いっしゅ》）という代表的《だいひょうてき》な料理《りょうり》にもなっています。牛《うし》の足《あし》とイナゴの足《あし》を引《ひ》き合《あ》いにして、明日《あす》の大好物《だいこうぶつ》よりもすぐ手《て》に入《はい》るイナゴの足《あし》をとるというのです。イナゴは日本《にほん》でも佃煮《つくだに》にして食《た》べます。

と。また、男女《だんじょ》の取《と》り合《あ》わせもそれがよいということ。
参考 江戸《えど》時代《じだい》によいとされた考《かんが》え方《かた》。
類 越前男《えちぜんおとこ》に加賀女《かがおんな》

汗《あせ》の結晶《けっしょう》 慣用句
意味 苦労《くろう》して得《え》た成果《せいか》。例 この作品《さくひん》は、ぼくの汗の結晶だ。

当《あ》たって砕《くだ》けろ ことわざ
意味 成功《せいこう》するかしないかわからないが、思《おも》いきってやってみろということ。例 当たって砕けろという気持《きも》ちで挑戦《ちょうせん》しよう。

頭《あたま》が上《あ》がらない 慣用句
意味 能力《のうりょく》がおとっていたり、弱《よわ》みを知《し》られていたりするため、相手《あいて》と対等《たいとう》にふるまえない。例 何度《なんど》も助《たす》けてくれたあの人《ひと》には頭が上がらない。

頭《あたま》が痛《いた》い 慣用句
意味 なやみがある。心配《しんぱい》である。例 夏《なつ》休《やす》みの宿題《しゅくだい》がたくさん残《のこ》っているので頭が痛い。

頭《あたま》が固《かた》い 慣用句
意味 ゆうずうがきかず、自分《じぶん》の考《かんが》えにこだわっている。例 父《ちち》は頭が固くてわたしの気持《きも》ちをわかってくれない。

頭《あたま》が切《き》れる 慣用句
意味 頭《あたま》の回転《かいてん》が早《はや》く、判断力《はんだんりょく》や決断力《けつだんりょく》に優《すぐ》れる。例 頭が切れる相手《あいて》だ。

頭隠《あたまかく》して尻隠《しりかく》さず ことわざ
意味 一部分《いちぶぶん》が見《み》えているのに、全部《ぜんぶ》かくしたつもりになっていることのたとえ。
例 漫画《まんが》の本《ほん》を教科書《きょうかしょ》の下《した》に隠《かく》したつもりのようだけど、表紙《ひょうし》が少《すこ》し見《み》えているよ。頭隠して尻隠さず、だね。
語源 草《くさ》の中《なか》に隠《かく》れているが、尾《お》だけ出《で》てしまっているキジのようすから。
参考 (1)相手《あいて》のおろかさをあざけるときに用《もち》いる。(2)いろはがるた（江戸《えど》）の一《ひと》つ
英 ostrich policy（だちょうの策《さく》…ダチョウは追《お》いつめられると砂《すな》に頭《あたま》を突《つ》っこんで隠《かく》れたつもりになることから）

★**頭《あたま》が下《さ》がる** 慣用句
意味 感心《かんしん》して、自然《しぜん》に敬《うやま》う気持《きも》ちになる。例 かれの働《はたら》きぶりには頭が下がる。

頭《あたま》が低《ひく》い 慣用句
意味 相手《あいて》に対《たい》して、ひかえ目《め》でていねいな態度《たいど》である。例 あなたのお母《かあ》さんは

世界《せかい》のことわざ　明日《あす》の百《ひゃく》より今日《きょう》の五十《ごじゅう》

モンゴル

明日《あす》の脂肪《しぼう》より今日《きょう》の肺《はい》

手《て》に入《い》れていない脂肪《しぼう》よりも、すぐ食《た》べられる肺《はい》のほうがよい。モンゴルでは獣《けもの》の脂肪《しぼう》はおいしく価値《かち》がありますが、肺《はい》は価値《かち》の低《ひく》いものです。しかし、質《しつ》はよくても当《あ》てにならないものよりも、質《しつ》はおとっても確実《かくじつ》なもののほうがましというたとえです。

ルーマニア

明日《あす》の牛《うし》より今日《きょう》の卵《たまご》

明日《あす》手《て》に入《はい》るかもしれない牛肉《ぎゅうにく》よりも、今日《きょう》手《て》に入《はい》る卵《たまご》のほうがずっと価値《かち》がある。明日《あす》のことは、だれにもわからないので。

あ

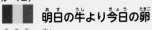

頭が低い方《かた》ですね。
類 腰《こし》が低《ひく》い

頭《あたま》が古《ふる》い 慣用句
意味 考《かんが》え方《かた》が古《ふる》い。昔《むかし》の考《かんが》え方《かた》である。例 この漫画《まんが》のおもしろさがわからないなんて頭が古いね。

頭《あたま》から湯気《ゆげ》を立《た》てる 慣用句
意味 かんかんになっておこる。激《はげ》しくおこる。例 ぼくのいたずらに父《ちち》は頭から湯気を立てておこった。
同 頭《あたま》に湯気《ゆげ》を立《た》てる

頭《あたま》でっかち尻《しり》つぼみ 慣用句
意味 はじめは勢《いきお》いが盛《さか》んで、終《お》わりはおとろえること。例 頭でっかち尻つぼみの、つまらない映画《えいが》。
類 竜頭蛇尾《りゅうとうだび》

頭《あたま》に来《く》る 慣用句
意味 ひどく腹《はら》が立《た》つ。例 面《めん》と向《む》かって悪口《わるくち》を言《い》われると頭に来る。

頭《あたま》の上《うえ》のはえを追《お》え ことわざ
意味 他人《たにん》のことを気《き》にするより、まず自《じ》分《ぶん》のことを解決《かいけつ》せよという教《おし》え。例 人《ひと》のことを非難《ひなん》するより、まず、頭の上のはえを追え。
語源 自分《じぶん》の頭《あたま》にたかるハエを追《お》いはらえということから。
同 自分《じぶん》の頭《あたま》のはえを追《お》え／己《おのれ》の頭《あたま》のはえを追《お》え 英 Sweep before your own door.（自分《じぶん》の家《いえ》の前《まえ》から先《さき》に掃《は》け）

頭《あたま》の黒《くろ》いねずみ 慣用句
意味 その家《いえ》に住《す》んでいながらその家《いえ》の物《もの》をぬすんだりする、油断《ゆだん》のできない人《ひと》。例 おかしがなくなっている。頭の黒いねずみのしわざか。
参考 かみの毛《け》の黒《くろ》い人間《にんげん》を、ネズミにたとえている。

頭《あたま》の天辺《てっぺん》から足《あし》の爪先《つまさき》まで 慣用句
意味 体《からだ》の最上部《さいじょうぶ》から最下部《さいかぶ》まで。全身《ぜんしん》。また、全体《ぜんたい》にわたっているようす。例 頭の天辺から足の爪先までみがきたてる。
同 頭《あたま》の先《さき》から足《あし》の先《さき》まで

頭《あたま》を痛《いた》める 慣用句
意味 心配《しんぱい》して、あれこれと考《かんが》える。例 けんかした二人《ふたり》を仲直《なかなお》りさせるため、頭を痛める。

頭《あたま》を押《お》さえる 慣用句
意味 勢力《せいりょく》がのびないように、力《ちから》で押《お》さえる。例 頭を押さえられ、若手《わかて》が活躍《かつやく》できない。

★**頭《あたま》を抱《かか》える** 慣用句
意味 困《こま》ったことや心配《しんぱい》なことがあって、ひどく考《かんが》えこむ。ひどくなやむ。例 難《むずか》しい問題《もんだい》に、頭を抱える。

頭《あたま》を掻《か》く 慣用句
意味 頭《あたま》を手《て》で軽《かる》く掻《か》く。失敗《しっぱい》したり、照《て》れたりしたときにするしぐさ。例 調子《ちょうし》にのって失敗《しっぱい》し、頭を掻く。

頭《あたま》を下《さ》げる 慣用句
意味 ❶おじぎをする。例 よろしくと頭を下げる。
❷謝《あやま》る。降参《こうさん》する。例 おそれいりましたと頭を下げた。

頭《あたま》を絞《しぼ》る 慣用句
意味 あれこれ考《かんが》えて工夫《くふう》する。例 頭を絞っていいアイデアを出《だ》す。

頭《あたま》を縦《たて》に振《ふ》る 慣用句
⬇首《くび》を縦《たて》に振《ふ》る（144ページ）

頭《あたま》を悩《なや》ます 慣用句
意味 大変苦《たいへんくる》しい思《おも》いをする。例 進学《しんがく》のことで頭を悩ます。

頭《あたま》を働《はたら》かせる 慣用句

あ

意味 頭《あたま》をつかって、よく考《かんが》える。例 頭を働かせれば、このなぞなぞはすぐ解《と》けるはずだ。

頭《あたま》を撥《は》ねる 慣用句

意味 人《ひと》にあたえるべき利益《りえき》の一部《いちぶ》を自《じ》分《ぶん》のものにする。例 賃金《ちんぎん》の頭を撥ねる。

語源「頭《あたま》」は、昔《むかし》の上米《うわまい》（＝上前《うわまえ》）のことで、税金《ぜいきん》や手数料《てすうりょう》をあらわす。

類 上前《うわまえ》を撥《は》ねる／ピン撥《は》ねをする

頭《あたま》をひねる 慣用句

意味 一生懸命《いっしょうけんめい》に考《かんが》える。例 もうかる方《ほう》法《ほう》はないかと頭をひねる。

頭《あたま》を冷《ひ》やす 慣用句

意味 心《こころ》を落《お》ち着《つ》かせる。冷静《れいせい》になる。例 そんなにおこらないで、頭を冷やしてください。

★**頭《あたま》を丸《まる》める** 慣用句

意味 ❶坊主頭《ぼうずあたま》になる。例 兄《あに》は夏《なつ》になると、きれいさっぱり頭を丸める。❷かみをそってお坊《ぼう》さんになる。出家《しゅっけ》する。例 かれは去年《きょねん》、頭を丸めて実家《じっか》のお寺《てら》をついだ。

類 髪《かみ》を下《お》ろす

頭《あたま》をもたげる 慣用句

意味 ❶かくれていたことが、あらわれてくる。例 いくつかの疑問《ぎもん》が頭をもたげてきた。❷勢《いきお》いを増《ま》してくる。例 若手《わかて》の選手《せんしゅ》が頭をもたげてきた。

頭《あたま》を横《よこ》に振《ふ》る 慣用句

➡首《くび》を横《よこ》に振《ふ》る（144ページ）

新《あたら》しい酒《さけ》は新《あたら》しい革袋《かわぶくろ》に盛《も》れ ことわざ

意味 新《あたら》しい考《かんが》えや内容《ないよう》を表現《ひょうげん》するためには、新《あたら》しい形式《けいしき》が必要《ひつよう》であることのたとえ。〈『新約聖書《しんやくせいしょ》』〉例 新しい酒は新しい革袋に盛れというから、その計画《けいかく》を実《じつ》現《げん》するための部署《ぶしょ》を新《あら》たに作《つく》ろう。

参考「新《あたら》しい酒《さけ》」は、キリストの教《おし》えのこと。

当《あ》たらずといえども遠《とお》からず 故事成語

意味 ぴたりと当《あ》たってはいないが、大《おお》きなまちがいもない。ほぼ正解《せいかい》である。〈『大学《だいがく》』〉例 かれの予想《よそう》は当たらずといえども遠からず、だった。

当《あ》たるも八卦《はっけ》当《あ》たらぬも八卦《はっけ》 ことわざ

金田一先生のことわざコラム

「頭《あたま》を丸《まる》める」

慣用句《かんようく》とはどういうものなのか、難《むずか》しい問題《もんだい》なのですが、まず、その言葉《ことば》が直接指《ちょくせつさ》す意味《いみ》とは別《べつ》の意味《いみ》を持《も》つ、ということが言《い》えます。

「頭《あたま》を丸《まる》める」が直接指《ちょくせつさ》す意味《いみ》は、頭《あたま》の毛《け》を全部《ぜんぶ》切《き》るということです。頭《あたま》の毛《け》を全部《ぜんぶ》切《き》って坊主頭《ぼうずあたま》になることは、お坊《ぼう》さんになることの行動《こうどう》の一部《いちぶ》です。その行動《こうどう》の一部《いちぶ》にすぎないことが、お坊《ぼう》さんになること自体《じたい》を意味《いみ》する慣用句《かんようく》になりました。

一部《いちぶ》のことで全体《ぜんたい》を表《あらわ》すたとえは、ほかにもあります。

「目《め》を丸《まる》くする」が直接指《ちょくせつさ》す意味《いみ》は、目《め》を大《おお》きく見開《みひら》くことです。目《め》を見開《みひら》くことは、おどろきの表現《ひょうげん》の一《ひと》つですが、これがおどろくこと自体《じたい》を意味《いみ》する慣用句《かんようく》になりました。

意味 うらないは当《あ》たることもあるし、はずれることもあるということ。例 当たるも八卦当たらぬも八卦、いいことだけ信《しん》じよう。

類 合《あ》うも不思議《ふしぎ》合《あ》わぬも不思議《ふしぎ》／合《あ》うも夢合《ゆめあ》わぬも夢《ゆめ》

あちら立《た》てればこちらが立《た》たぬ ことわざ

意味 一方《いっぽう》によいようにすると、他方《たほう》に悪《わる》くなる。物事《ものごと》の両立《りょうりつ》が難《むずか》しいことのたとえ。例 姉《あね》に味方《みかた》すると妹《いもうと》がおこる。あちら立てればこちらが立たぬで、困《こま》ってしまう。

類 彼方《あなた》を祝《いわ》えば此方《こなた》のうらみ／出船《でふね》によい風《かぜ》は入《い》り船《ふね》に悪《わる》い 英 It is hard to please all parties.（すべての人《ひと》を喜《よろこ》ばせるのはむずかしい）

悪貨《あっか》は良貨《りょうか》を駆逐《くちく》する ことわざ

意味 名目上《めいもくじょう》は同《おな》じ価値《かち》を持《も》っているが、品質的《ひんしつてき》にはちがった価値《かち》のお金《かね》が同時《どうじ》に使《つか》われると、質《しつ》の良《よ》いお金《かね》は手元《てもと》におかれ、質《しつ》の悪《わる》いお金《かね》だけが使《つか》われて出《で》まわるようになる。また、悪《あく》がはびこれば、善《ぜん》がおとろえることのたとえ。例 ギャングの勢力《せいりょく》が拡大《かくだい》すると、悪貨は良貨を駆逐するで、街《まち》を出《で》ていく人々《ひとびと》が急増《きゅうぞう》した。

語源 イギリスの財政家《ざいせいか》グレシャムが唱《とな》えたとされる言葉《ことば》。昔《むかし》、金貨《きんか》にふくまれる金《きん》の量《りょう》によって、悪貨《あっか》と良貨《りょうか》の区別《くべつ》があった。

英 Bad money drives out good.（悪《わる》いお金《かね》は良《よ》いお金《かね》を追《お》い出《だ》す）

圧巻《あっかん》 故事成語

意味 物語《ものがたり》・劇《げき》などの中《なか》で、最《もっと》も優《すぐ》れている部分《ぶぶん》や場面《ばめん》。例 あの映画《えいが》のラストシーンは圧巻だった。

語源 昔《むかし》、中国《ちゅうごく》でおこなわれた役人《やくにん》の試験《しけん》で、最《もっと》も優《すぐ》れた巻《かん》（＝答案《とうあん》）を一番上《いちばんうえ》にのせたことから。

★**呆気《あっけ》に取《と》られる** 慣用句

意味 あまりにも思《おも》いがけないことなので、おどろきあきれる。例 呆気に取られるほど、たやすく敵《てき》に勝《か》つことができた。

悪口雑言《あっこうぞうごん》 四字熟語

意味 いろいろなひどい悪口《わるくち》。例 悪口雑言をあびせられて、かっとなる。

語源 「悪口《あっこう》」は、わるくち。「雑言《ぞうごん》」は、いろいろな悪口《わるくち》のこと。

暑《あつ》さ寒《さむ》さも彼岸《ひがん》まで ことわざ

意味 夏《なつ》の暑《あつ》さは秋《あき》の彼岸《ひがん》まで、冬《ふゆ》の寒《さむ》さは春《はる》の彼岸《ひがん》までで、それからは気候《きこう》がよくなっていくということ。例 暑さ寒さも彼岸までというから、そろそろすずしくなるだろう。

語源 「彼岸《ひがん》」は、春分《しゅんぶん》の日《ひ》、秋分《しゅうぶん》の日《ひ》を中心《ちゅうしん》にした前後《ぜんご》の七日間《なのかかん》。祖先《そせん》の霊《れい》を祭《まつ》る行事《ぎょうじ》をおこなう。

類 暑《あつ》さの果《は》ても彼岸《ひがん》まで寒《さむ》さの果《は》ても彼《ひ》岸《がん》まで 英 Neither heat nor cold abides always in the sky.（暑《あつ》さも寒《さむ》さもいつまでも空《そら》にあるわけではない）

あっと言《い》わせる 慣用句

意味 大変《たいへん》おどろかせる。びっくりさせる。感心《かんしん》させる。例 世間《せけん》をあっと言わせる大発見《だいはっけん》。

羹《あつもの》にこりて膾《なます》を吹《ふ》く 故事成語 ➡世界のことわざ（17ページ）

意味 前《まえ》の失敗《しっぱい》にこりて、必要以上《ひつよういじょう》に用心《ようじん》深《ぶか》くなることのたとえ。〈『楚辞《そじ》』〉例 大《おお》きな犬《いぬ》にかみつかれそうになったからって、こんなに小《ちい》さな犬《いぬ》からもにげるなんて、**羹にこりて膾を吹く**ようなものだ。

語源「羹《あつもの》」は、肉《にく》や野《や》菜《さい》を煮《に》た熱《あつ》いしるもの。「膾《なます》」は、冷《つめ》たい酢《す》のもの。

類 蛇《へび》に噛《か》まれて朽《く》ち縄《なわ》に怖《お》じる　**対** 喉《のど》元《もと》過《す》ぎれば熱《あつ》さを忘《わす》れる　**英** A burnt child dreads the fire.（やけどした子《こ》は火《ひ》をこわがる）

当《あ》てが外《はず》れる　慣用句

意味 こうなるだろうと思《おも》っていたこととちがう、残念《ざんねん》な結果《けっか》になる。**例** ほめられるだろうと思《おも》っていたのに、**当てが外れた**。

当《あ》て事《ごと》は向《む》こうから外《はず》れる　ことわざ

世界《せかい》のことわざ　羹《あつもの》にこりて膾《なます》を吹《ふ》く

アゼルバイジャン

牛乳《ぎゅうにゅう》でやけどした者《もの》はヨーグルトを吹《ふ》く

西《にし》アジアのアゼルバイジャンや、中央《ちゅうおう》アジアのアフガニスタンなど、いずれもヒツジや牛《うし》などの飼育《しいく》がさかんな国《くに》では、ミルクとヨーグルトという身近《みぢか》なもので用心深《ようじんぶか》すぎることを表現《ひょうげん》しています。

その他《た》 トルコ、アフガニスタン、パキスタン

バングラデシュ

家《いえ》を焼《や》かれた牛《うし》は夕焼《ゆうや》け雲《ぐも》をおそれる

火事《かじ》にあっておびえたことのある牛《うし》は、夕焼《ゆうや》け空《ぞら》で雲《くも》が赤《あか》くなっているのを見《み》てもこわがります。一度《いちど》こわい目《め》にあうと、必要以上《ひつよういじょう》に用心《ようじん》することのたとえです。

ジャマイカ

蛇《へび》にかまれると、とかげを見《み》てもにげ出《だ》す

トカゲは足《あし》があり、ヘビとはちがいます。しかし、一度《いちど》ヘビにかまれ、痛《いた》い目《め》にあった人《ひと》は、トカゲを見《み》てもにげ出《だ》ししてしまいます。

ドイツ

お湯《ゆ》でやけどした猫《ねこ》は水《みず》もおそれる

用心深《ようじんぶか》くなりすぎることを猫《ねこ》を使《つか》って表現《ひょうげん》した国《くに》もいくつかあります。

その他《た》 イギリス、フランス

意味 自分《じぶん》が当《あ》てにしていることは。相《あい》手《て》の都合《つごう》でだめになりやすいというたとえ。例 姉《あね》に宿題《しゅくだい》を手伝《てつだ》ってもらえると思《おも》っていたのに、当て事は向こうから外れるで、忙《いそが》しいと断《ことわ》られてしまった。類 当《あ》て事《ごと》と越中《えっちゅう》ふんどしは向《む》こうから外《はず》れる 英 Nothing is certain but the unforeseen.（予《よ》知《ち》できないこと以外《いがい》に確実《かくじつ》なことなし）

当《あ》てにする 慣用句

意味 たよりにする。期《き》待《たい》する。例 人《ひと》を当てにするのではなく、自分《じぶん》で解決《かいけつ》すべきだ。

後味《あとあじ》が悪《わる》い 慣用句

意味 物事《ものごと》がすんだ後《あと》、よくない感《かん》じが残《のこ》って気分《きぶん》がすっきりしない。例 けが人《にん》が多数出《たすうで》て、後味が悪い試合《しあい》になった。語源 食《た》べたり飲《の》んだりした後《あと》、口《くち》の中《なか》に残《のこ》る味《あじ》がよくないということから。

後足《あとあし》で砂《すな》をかける 慣用句

意味 別《わか》れるときに人《ひと》に迷惑《めいわく》をかける。例 世《せ》話《わ》になったのに、後足で砂をかけるようなことをしてはいけない。語源 犬《いぬ》などが、後《うし》ろ足《あし》で土《つち》や砂《すな》をかけることから。英 A runaway monk never praises his convent.（逃亡《とうぼう》する修道士《しゅうどうし》は修道院《しゅうどういん》をほめることはない）

跡形《あとかた》もない 慣用句

意味 何《なに》かがあったあとがまったく残《のこ》っていない。すっかりなくなる。例 古《ふる》いビルがこわされ、もはや跡形もない。

後先《あとさき》になる 慣用句

意味 後《あと》のものが先《さき》になる。順序《じゅんじょ》が入《い》れかわる。例 話《はなし》が後先になる。

後《あと》の雁《かり》が先《さき》になる ことわざ

意味 後《あと》からやってきた者《もの》が先《さき》の者《もの》を追《お》いぬく。学問《がくもん》や仕事《しごと》などで、後輩《こうはい》が先輩《せんぱい》を追《お》い越《こ》すことのたとえ。また若《わか》い者《もの》が先《さき》に死《し》ぬことのたとえ。例 ようやくサッカークラブでレギュラーになれると思《おも》っていたら、後の雁が先になるで、最近入《さいきんはい》った後輩《こうはい》が選《えら》ばれてしまった。語源 雁《かり》が一列《いちれつ》に並《なら》んで飛《と》ぶようすから。類 後舟《あとふね》かえって先《さき》となる／後《あと》の烏《からす》が先《さき》となる 英 The first shall be last, and the last shall be first.（先《さき》の者《もの》が後《あと》になり、後《あと》の者《もの》が先《さき》になる）

後《あと》の祭《まつ》り ことわざ

⬇世界のことわざ（19ページ）

意味 すんでしまって、もうどうにもならないこと。例 今《いま》さらくやしがっても後の祭りだ。語源 終《お》わったあとで神様《かみさま》をおまつりしてもむだだということから。英 a day after the fair（市《いち》の翌日《よくじつ》）

後《あと》は野《の》となれ山《やま》となれ ことわざ

意味 今《いま》していることがうまくいけば、その後《あと》のことや、結果《けっか》がどうなってもかまわないということ。例しめきりには間《ま》に合《あ》った。後は野となれ山となれ、だ。

類旅《たび》の恥《はじ》はかき捨《す》て　対立《た》つ鳥跡《とりあと》を濁《にご》さず　英After us, the deluge.（わたしたちの死後《しご》になら洪水《こうずい》よ来《こ》い）

跡《あと》を追《お》う 慣用句

意味❶ある人《ひと》が死《し》んだ後《あと》、親《した》しい人《ひと》がまもなく死《し》ぬ。例祖《そ》父《ふ》は祖《そ》母《ぼ》が亡《な》くなった後《あと》すぐに跡を追った。

❷昔《むかし》の立派《りっぱ》な人《ひと》を手本《てほん》にして、そのまねをする。例弘法大師《こうぼうだいし》の跡を追う。

跡《あと》を絶《た》たない 慣用句

意味あとからあとから続《つづ》いて、なくならない。例交通規則《こうつうきそく》を守《まも》らない人《ひと》がいて、交通事故《こうつうじこ》が跡を絶たない。

後《あと》を引《ひ》く 慣用句

意味❶あることの影響《えいきょう》が、いつまでも続《つづ》く。例この間《あいだ》のけんかが後を引いて、まだぎくしゃくしている。

類尾《お》を引《ひ》く

❷食《た》べたり、飲《の》んだりし終《お》わっても、まだそうしたい気持《きも》ちが続《つづ》く。例このおかしは後を引く味《あじ》だ。

穴《あな》があく 慣用句

世界《せかい》のことわざ　後《あと》の祭《まつ》り

中国《ちゅうごく》（チベット）

ラサの市場《いちば》で損《そん》をして、チャンタン高原《こうげん》で後悔《こうかい》する

ラサは、中国《ちゅうごく》チベット自治区《じちく》の区都《くと》で、1300年《ねん》前《まえ》から栄《さか》えた古都《こと》です（標高《ひょうこう》は3600m《メートル》）。チャンタン高原《こうげん》は、ラサの北《きた》からいくつも峠《とうげ》を越《こ》えて行《い》き、西《にし》にひろがる大草原《だいそうげん》ですが、標高《ひょうこう》は4000～5000m《メートル》もあります。高原《こうげん》に着《つ》いてから、ラサで損《そん》をしたと後悔《こうかい》しても、いまさら簡単《かんたん》に戻《もど》るわけにはいかないので、「後《あと》の祭《まつ》り」です。

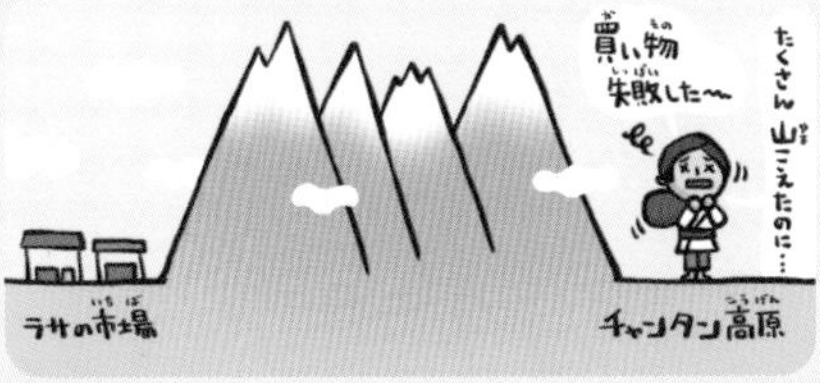

ドイツ

肉《にく》を食《た》べたあとのマスタード

マスタード（西洋《せいよう》カラシナの種子《しゅし》からつくった調味用《ちょうみよう》のからし）をつけて食《た》べると、肉《にく》がいっそうおいしくなりますが、肉《にく》を食《た》べたあとにマスタードだけ出《だ》されても、どうしようもありません。

その他《た》　オランダ

イギリス

馬《うま》がぬすまれてから馬小屋《うまごや》にかぎをかけても遅《おそ》い

ふだん油断《ゆだん》していて、馬《うま》をぬすまれてからあわてて馬小屋《うまごや》のかぎをかけても、いまさら手遅《ておく》れです。事《こと》が起《お》きてしまった後《あと》で、対策《たいさく》をこうじても取《と》り返《かえ》しがつかないことのたとえです。

その他《た》　フランス、オランダ

意味 必要《ひつよう》なものが欠《か》け、物事《ものごと》がとどこおる。例 主役《しゅやく》が急病《きゅうびょう》で、舞台《ぶたい》に穴があく。

穴《あな》があったら入《はい》りたい 慣用句

意味 体《からだ》をかくしてしまいたいほどはずかしい気持《きも》ちのたとえ。例 失敗《しっぱい》をして、穴があったら入りたい気持《きも》ちだ。

穴《あな》のあくほど見《み》る 慣用句

意味 人《ひと》の顔《かお》や物《もの》を、じっとよく見《み》る。強《つよ》く見《み》つめる。例 ほかの行《い》き方《かた》がないかと、地図《ちず》を穴のあくほど見る。

同 穴《あな》のあくほど見《み》つめる

穴《あな》をあける 慣用句

意味 ❶損《そん》をする。お金《かね》などを失《うしな》う。例 仕《し》事《ごと》に失敗《しっぱい》して、百万円《ひゃくまんえん》の穴をあける。

❷物事《ものごと》をうまく進《すす》められず空白《くうはく》をつくる。例 病気《びょうき》で舞台《ぶたい》に穴をあける。

あに図《はか》らんや 慣用句

意味 意外《いがい》なことに。例 あに図らんや、親《しん》友《ゆう》の君《きみ》に裏切《うらぎ》られるとは。

参考 「どうしてそんなことを予測《よそく》できただろうか」という意味《いみ》。

あばたもえくぼ ことわざ

意味 ひいき目《め》で見《み》ると何《なん》でもよく見《み》えるということ。例 どんな格好《かっこう》をしていても、好《す》きな人《ひと》ならあばたもえくぼですてきに見《み》える。

語源 「あばた」は、天然痘《てんねんとう》にかかった後《あと》にひふに残《のこ》るでこぼこの跡《あと》。そのでこぼこが、かわいいえくぼに見《み》えるということから。

英 Love covers many infirmities.（愛《あい》は多《おお》くの欠点《けってん》を隠《かく》す）

★**阿鼻叫喚《あびきょうかん》** 四字熟語

意味 災害《さいがい》・事故《じこ》などで被害《ひがい》を受《う》けた人々《ひとびと》が泣《な》き叫《さけ》ぶ、むごたらしい状態《じょうたい》。

例 阿鼻叫喚の地獄絵図《じごくえず》のようだ。

語源 「阿鼻《あび》」は、阿鼻地獄《あびじごく》のこと。仏教《ぶっきょう》の言葉《ことば》で、八《やっ》つの地獄《じごく》のうちの一《ひと》つ。最《さい》悪《あく》の罪《つみ》を犯《おか》した人《ひと》が死後《しご》、たえず苦《くる》しみを受《う》ける所《ところ》。そこに落《お》とされた者《もの》が、苦《くる》しみにたえられず叫《さけ》ぶといわれる。

危《あぶ》ない橋《はし》を渡《わた》る 慣用句

意味 危《あぶ》ないと知《し》っていながら、物事《ものごと》をおこなう。例 成功《せいこう》するためとはいえ、危ない橋を渡ることはするな。

対 石橋《いしばし》を叩《たた》いて渡《わた》る

★**虻蜂《あぶはち》取《と》らず** ことわざ ➡世界のことわざ（21ページ）

意味 二《ふた》つのものを一《いち》度《ど》に手《て》に入《い》れようとして、どちらも手《て》に入《い》れられないことのたとえ。例 よくばって虻蜂取らずに終《お》わってしまった。

語源 一度《いちど》に虻《あぶ》と蜂《はち》の両方《りょうほう》をつかまえようとして、どちらもつかまえられないということから。

類 二兎《にと》を追《お》う者《もの》は一兎《いっと》をも得《え》ず／一《いち》も取《と》らず二《に》も取《と》らず 対 一石二鳥《いっせきにちょう》／一挙《いっきょ》両得《りょうとく》 英 Grasp all, lose all.（皆《みな》つかめば皆失《みなうしな》う）

脂《あぶら》が乗《の》る 慣用句

意味 ❶魚《さかな》がよく太《ふと》って、うまそうになる。例 秋《あき》のサンマは、脂が乗っていておいしい。

❷仕事《しごと》などに調子《ちょうし》が出《で》てくる。例 よう

やく研究《けんきゅう》に脂が乗ってきた。

注意「油が乗《の》る」は誤《あやま》り。

★★油《あぶら》を売《う》る 慣用句

意味 仕事中《しごとちゅう》に、むだ話《ばなし》などをしてなまける。例 どこで油を売っているのか、出《で》かけたきり帰《かえ》ってこない。

語源 昔《むかし》、油売《あぶらう》りの商人《しょうにん》が、家《いえ》をまわって世間話《せけんばなし》をしたり、おせじを言《い》ったりして商売《しょうばい》をしていたことから。

油《あぶら》を絞《しぼ》る 慣用句

意味 なまけたり、失敗《しっぱい》したりした者《もの》などを、厳《きび》しくしかる。例 スピード違反《いはん》で、おまわりさんにこってり油を絞られた。

語源 昔《むかし》、大豆《だいず》・ゴマなどから油《あぶら》をとるときに、道具《どうぐ》を使《つか》って、ぎゅうぎゅう絞《しぼ》りとっていたことから。

油《あぶら》を流《なが》したよう 慣用句

意味 海《うみ》や湖《みずうみ》の表面《ひょうめん》が、波《なみ》がなくおだやかであるようす。例 油を流したような静《しず》かな海《うみ》。

甘《あま》い汁《しる》を吸《す》う 慣用句

意味 自分《じぶん》は努力《どりょく》をしないで、地位《ちい》や他人《たにん》を利用《りよう》して利益《りえき》を得《え》る。例 人気者《にんきもの》のきげんをとって甘い汁を吸おうとする。

世界《せかい》のことわざ 虻蜂取《あぶはちと》らず

イギリス

二《ふた》つの椅子《いす》の間《あいだ》にすわればしりもちをつく

二《ふた》つのいすの間隔《かんかく》が微妙《びみょう》ですが、なかなかユーモアのあることわざです。

韓国《かんこく》

猪《いのしし》を狩《か》りに行《い》って家《いえ》の豚《ぶた》を逃《のが》す

イノシシをとらえられたとしても、自分《じぶん》の家《いえ》のブタを逃《に》がしたのでは、得《とく》はしませんね。

大物《おおもの》をしとめるぞ！
わたしたちはこれで…

イギリス

二兎《にと》を追《お》う者《もの》は一兎《いっと》をも得《え》ず

2ひきのウサギを一度《いちど》に捕《と》らえようとすると、どちらも取《と》り逃《に》がしてしまいます。目標《もくひょう》は一《ひと》つにしぼることがたいせつです。この表現《ひょうげん》は、日本《にほん》にも明治時代《めいじじだい》に英語《えいご》から入《はい》って、西洋《せいよう》のものと意識《いしき》されないほどよく使《つか》われています。その他《た》 フランス、ドイツ、オランダ、ロシア、イタリア、トルコ

同 うまい汁《しる》を吸《す》う

甘《あま》く見《み》る 慣用句

意味 たいしたものではないと考《かんが》える。 例 予選《よせん》だからと甘く見ていたら負《ま》けてしまった。

雨垂《あまだ》れ石《いし》をうがつ 故事成語

意味 たとえ小《ちい》さな力《ちから》しかなくても、長《なが》い間続《あいだつづ》ければ成功《せいこう》することのたとえ。〈『漢《かん》書《じょ》』〉 例 雨垂れ石をうがつで毎日練習《まいにちれんしゅう》し、ようやく正選手《せいせんしゅ》になった。

語源 雨垂《あまだ》れでも長《なが》く続《つづ》けば石《いし》に穴《あな》をあけるということから。「うがつ」は、「穴《あな》をあける」という意味《いみ》。

類 点滴石《てんてきいし》をうがつ 英 Constant dripping wears away the stone.（絶《た》え間《ま》のないしずくは石《いし》に穴《あな》をあける）

天《あま》の邪鬼《じゃく》 慣用句

意味 わざと人《ひと》と反対《はんたい》のことを言《い》ったりしたりする人《ひと》。 例 弟《おとうと》は天の邪鬼だ。

網《あみ》の目《め》のように 慣用句

意味 細《こま》かくはりめぐらされているようす。 例 網の目のように整備《せいび》された道路《どうろ》。

網《あみ》を張《は》る 慣用句

意味 犯人《はんにん》などをつかまえるために、準備《じゅんび》して待《ま》ちぶせる。 例 犯人《はんにん》はきっとここを通《とお》るだろうと、網を張っていた。

雨《あめ》が降《ふ》ろうが槍《やり》が降《ふ》ろうが 慣用句

意味 どんな困難《こんなん》があっても。 例 雨が降ろうが槍が降ろうが、明日中《あすじゅう》に仕事《しごと》を終《お》わらせます。

参考 必《かなら》ずやりとげると決意《けつい》しているときに用《もち》いる。

同 火《ひ》が降《ふ》っても槍《やり》が降《ふ》っても

飴《あめ》と鞭《むち》 慣用句

意味 ときにほめ、ときに厳《きび》しくして相手《あいて》をあやつること。 例 先生《せんせい》の飴と鞭の効果《こうか》か、生徒《せいと》たちのやる気《き》が上《あ》がっていった。

雨《あめ》につけ風《かぜ》につけ 慣用句

意味 雨《あめ》が降《ふ》ろうと風《かぜ》がふこうと。どんなときでも。 例 雨につけ風につけ練習《れんしゅう》をおこたらない。

★★ **雨降《あめふ》って地固《じかた》まる** ことわざ ⬇世界のことわざ（23ページ）

意味 悪《わる》いことやいやなことなどがあった後《あと》は、かえって前《まえ》よりもよくなることのたとえ。 例 けんかをしたが、仲直《なかなお》りを

中国《ちゅうごく》

けんかしないと本当《ほんとう》に仲《なか》よくなれない

1972年《ねん》、中国《ちゅうごく》を訪《おとず》れた日本《にほん》の田中角栄首相《たなかかくえいしゅしょう》は日中国交正常化《にっちゅうこっこうせいじょうか》を果《は》たしました。そのとき中国《ちゅうごく》の毛沢東主席《もうたくとうしゅせき》は「もうけんかは済《す》みましたか？」と言《い》いました。その発言《はつげん》の背景《はいけい》にはこのことわざがあったのかもしれません。

オランダ

雨《あめ》のあとは晴《は》れ

雨《あめ》が降《ふ》ると、外出《がいしゅつ》や、外《そと》での作業《さぎょう》には不便《ふべん》です。しかし、そのあと晴《は》れになることや、雨《あめ》のもたらすよいことなどを、多《おお》くの国《くに》の人《ひと》たちが知《し》っていました。

その他《た》 フランス、イギリス、ドイツ、ロシア

して前《まえ》より親《した》しくなった。雨降って地固まる、だ。

語源　雨《あめ》が降《ふ》った後《あと》は、地面《じめん》がしまって固《かた》くなることから。

英 The falling-out of lovers is a renewing of love.（恋人同士《こいびとどうし》のけんかは恋《こい》を新《あら》たにする）

飴《あめ》をしゃぶらせる　慣用句

意味 うまいことを言《い》ったり、わざと負《ま》けたりして、相手《あいて》を喜《よろこ》ばせておく。例 飴をしゃぶらせるのも、そろそろ終《お》わりだ。

同 飴《あめ》をなめさせる

過《あやま》ちて改《あらた》めざるこれを過《あやま》ちという　故事成語

意味 過《あやま》ちはだれにでもあることで仕方《しかた》がないが、過《あやま》ちを犯《おか》してそれを改《あらた》めようとしないことこそ、まさに過《あやま》ちというべきであるという教《おし》え。〈『論語《ろんご》』〉例 過ちて改めざるこれを過ちというで、原因《げんいん》を調《しら》べて同《おな》じ失敗《しっぱい》を繰《く》り返《かえ》さないことが大切《たいせつ》だ。

同 過《あやま》ちを改《あらた》めざる是《これ》を過《あやま》ちと謂《い》う　英 He is doubly fond that justifies his fondness.（自分《じぶん》のおろかさを正当化《せいとうか》する者《もの》はおろかさを重《かさ》ねるもの）

過《あやま》ちては改《あらた》むるにはばかることなかれ　故事成語

意味 まちがいに気《き》づいたら、周《まわ》りの目《め》など気《き》にせずに、すぐに改《あらた》めるべきだ。〈『論語《ろんご》』〉例 発表《はっぴょう》した内容《ないよう》にまちがいがあった。過ちては改むるにはばかることなかれというから、すぐに訂正《ていせい》するべきだ。

英 It is never too late to mend.（改《あらた》めるのに遅《おそ》すぎるということはない）

嵐《あらし》の前《まえ》の静《しず》けさ　ことわざ

意味 大変《たいへん》なことが起《お》こる前《まえ》に、ぶきみなほど静《しず》かであること。例 先生《せんせい》が何《なに》も言《い》わないなんて、嵐の前の静けさかな。

語源 嵐《あらし》の前《まえ》は、少《すこ》しの間《あいだ》、雨《あめ》や風《かぜ》がやむことから。

世界《せかい》のことわざ　雨降《あめふ》って地固《じかた》まる

ポルトガル

嵐《あらし》のあとは凪《なぎ》が来《く》る

「凪《なぎ》」は、風《かぜ》がやんで波《なみ》がおだやかになること。ポルトガルは大西洋《たいせいよう》に面《めん》した国《くに》で、海《うみ》に関《かん》することわざが豊富《ほうふ》です。

その他《た》　イギリス

英 the calm before the storm.（嵐《あらし》の前《まえ》の静《しず》けさ）

有《あ》り難《がた》迷惑《めいわく》 慣用句
意味 相手《あいて》の親切《しんせつ》が、こちらではかえって迷惑《めいわく》になること。例 君《きみ》の気持《きも》ちはうれしいが、ぼくにとっては有り難迷惑だ。

蟻《あり》の穴《あな》から堤《つつみ》も崩《くず》れる 故事成語
意味 わずかなことでも、油断《ゆだん》すると大変《たいへん》なことになることのたとえ。〈『韓非子《かんぴし》』〉
例 蟻の穴から堤も崩れるというから、すみずみまで点検《てんけん》しよう。
語源 蟻《あり》のあけた小《ちい》さな穴《あな》から川《かわ》の水《みず》がしみこんで、堤《つつみ》（＝堤防《ていぼう》）が崩《くず》れるということから。
同 千里《せんり》の堤《つつみ》も蟻《あり》の穴《あな》から崩《くず》れる／千丈《せんじょう》の堤《つつみ》も蟻《あり》の一穴《いっけつ》から 英 A little leak will sink a great ship.（小《ちい》さな穴《あな》が大船《おおぶね》をしずめる）

蟻《あり》の歩《あゆ》み 慣用句
意味 休《やす》んだりなまけたりせず、少《すこ》しずつ進《すす》んでいくこと。例 蟻の歩みであきらめずに努力《どりょく》を続《つづ》けることが大切《たいせつ》だ。

蟻《あり》のはい出《で》る隙《すき》もない 慣用句
意味 警戒《けいかい》が厳《きび》しいことのたとえ。例 蟻のはい出る隙もないような警備《けいび》をする。
同 蟻《あり》のはい出《で》る隙間《すきま》もない

ある時払《ときばら》いの催促《さいそく》なし ことわざ
意味 借金《しゃっきん》を都合《つごう》のよいときに返《かえ》せばよく、しいて返却《へんきゃく》の催促《さいそく》もしないという約《やく》束《そく》。例 この家《いえ》の建築費《けんちくひ》は、ある時払いの催促なしで父《ちち》から借《か》りた。

合《あ》わせる顔《かお》がない 慣用句
意味 失敗《しっぱい》などをして、はずかしかったり申《もう》し訳《わけ》なかったりして、相手《あいて》に会《あ》うのがつらい。例 預《あず》かったお金《かね》を落《お》として、みんなに合わせる顔がない。

哀《あわ》れを催《もよお》す 慣用句
意味 かわいそうだという気持《きも》ちになる。
例 悲惨《ひさん》な話《はなし》を聞《き》いて哀れを催す。

泡《あわ》を食《く》う 慣用句
意味 おどろき、あわてる。例「火事《かじ》だ。」という声《こえ》に泡を食って外《そと》へ飛《と》び出《だ》した。

暗礁《あんしょう》に乗《の》り上《あ》げる 慣用句
意味 思《おも》いがけない障害《しょうがい》で、物事《ものごと》が進《すす》まなくなる。例 和平条約《わへいじょうやく》の交渉《こうしょう》は、寸前《すんぜん》になって暗礁に乗り上げた。
語源「暗礁《あんしょう》」は、海《うみ》の中《なか》にかくれている岩《いわ》。船《ふね》がこの岩《いわ》に乗《の》り上《あ》げると動《うご》けなくなってしまうことから。

安心立命《あんしんりつめい》 四字熟語
意味 仏《ほとけ》を信《しん》じて心《こころ》に迷《まよ》いがなくなること。例 安心立命の境地《きょうち》。
同 安心立命《あんじんりゅうみょう》

★**案《あん》ずるより産《う》むが易《やす》い** ことわざ
意味 物事《ものごと》をおこなう前《まえ》にあれこれ心配《しんぱい》していても、いざやってみると案外簡単《あんがいかんたん》にできるものだという教《おし》え。例 初参加《はつさんか》で緊張《きんちょう》したが、みんなとすぐに打《う》ちとけられた。案ずるより産むが易い、だね。
同 案《あん》ずるより産《う》むが易《やす》し
英 An attempt is sometimes easier than expected.（やってみると、思《おも》っていたよりもやさしいことがよくある）

★★**暗中模索《あんちゅうもさく》** 四字熟語
意味 手《て》がかりもなく、わからないまま、いろいろ試《ため》しながらやってみること。例 新商《しんしょう》品《ひん》の開発《かいはつ》で、暗中模索の日々《ひび》

をおくる。
語源 暗《くら》やみの中《なか》で、手探《てさぐ》りで探《さが》すということから。

案《あん》の定《じょう》 慣用句
意味 思《おも》っていたとおり。例 案の定、午後《ごご》から雨《あめ》になった。
注意「案《あん》の条」は誤《あやま》り。

い

言《い》い得《え》て妙《みょう》 慣用句
意味 まったくうまいことを言《い》ったものだということ。例 玉《たま》のような赤《あか》ちゃんとは、まさに言い得て妙だね。
参考 たとえ話《ばなし》などのうまい表現《ひょうげん》をほめるときに用《もち》いる。
注意 言《い》っていることが「妙《みょう》（＝おかしい）」という意味《いみ》ではない。

いい顔《かお》をしない 慣用句
意味 好意《こうい》のある態度《たいど》を見《み》せない。例 突《とつ》然訪問《ぜんほうもん》したのでいい顔をしなかった。

言《い》い掛《が》かりを付《つ》ける 慣用句
意味 正当《せいとう》な理由《りゆう》もないのに、人《ひと》を困《こま》らせるような無理《むり》なことを言《い》う。例 証拠《しょうこ》もないのに言い掛かりを付けるのはやめてくれ。

いい気《き》がしない 慣用句
意味 こころよい気持《きも》ちがしない。ふゆかいだ。例 面《めん》と向《む》かって悪口《わるくち》を言《い》われたら、いい気がしないだろう。

いい気《き》になる 慣用句
意味 自分一人《じぶんひとり》で満足《まんぞく》して、得意《とくい》になる。
例 おだてられて、いい気になる。

いい気味《きみ》だ 慣用句
意味 仲《なか》の悪《わる》い人《ひと》の災難《さいなん》や失敗《しっぱい》を喜《よろこ》びに感《かん》じる。例 あいつがゲームに負《ま》けるなんていい気味だ。

いい子《こ》になる 慣用句
意味 自分《じぶん》だけよく思《おも》われるようにふるまう。例 妹《いもうと》はふだんはふざけてばかりいるが、先生《せんせい》の前《まえ》ではいい子になる。

言《い》いたいことは明日《あす》言え ことわざ
意味 思《おも》ったことをすぐに言《い》うと、思《おも》わぬ失敗《しっぱい》をすることがあるので、一晩《ひとばん》じっくり考《かんが》えてから言《い》ったほうがよい。例 約《やく》束《そく》を破《やぶ》った友人《ゆうじん》には不満《ふまん》だが、言いたいことは明日言えというから、怒《いか》りが収《おさ》まったら話《はな》してみよう。
類 腹《はら》の立《た》つことは明日《あす》言《い》え 英 Think twice before you speak.（言《い》う前《まえ》に二度《にど》考《かんが》えよ）

唯々諾々《いいだくだく》 四字熟語
意味 自分《じぶん》の意見《いけん》を主張《しゅちょう》せず、ただ人《ひと》の意《い》見《けん》に従《したが》うようす。例 友達《ともだち》の言《い》うことに、唯々諾々として従《したが》う。

いい目《め》が出《で》る 慣用句
意味 運《うん》がよくなる。例 いつかはいい目が出るはずだ。
語源 さいころで、いい目《め》が出《で》るということから。

言《い》うことなし 慣用句
意味 文句《もんく》や不満《ふまん》を言《い》いたい点《てん》が一《ひと》つもないようす。例 リーダーとして言うことなしの人物《じんぶつ》。

言《い》うに事欠《ことか》いて 慣用句
意味 ほかに言《い》い方《かた》があるのに、よりによって。例 言うに事欠いて裏切《うらぎ》り者《もの》だなんて、何《なん》て言《い》い草《ぐさ》だ。

言《い》うは易《やす》く行《おこな》うは難《かた》し 故事成語
意味 口《くち》で言《い》うだけなら易《やさ》しいが、実行《じっこう》するのは難《むずか》しい。〈『塩鉄論《えんてつろん》』〉例 毎日読書《まいにちどくしょ》すると言《い》ったが、言うは易く行うは難しで、一週間《いっしゅうかん》と続《つづ》けられなかった。
類 口《くち》では大阪《おおさか》の城《しろ》も建《た》つ 英 Easier said than done.（口《くち》で言《い》うのは実行《じっこう》することよりやさしい）

言《い》うまでもない 慣用句

意味 わかりきっていることなので、言《い》う必要《ひつよう》がない。当《あ》たり前《まえ》だ。例 親《おや》にとっての宝物《たからもの》は我《わ》が子《こ》だということは言うまでもない。

いか物食《ものぐ》い 慣用句

意味 ふつうの人《ひと》が食《た》べないものを好《この》んで食《た》べること。また、そのような人《ひと》。例 かれは、ヘビでもカエルでも食《た》べてしまういか物食いだ。語源「いか物《もの》」は、いかがわしい物《もの》。主《おも》に食《た》べ物《もの》のこと。同 下手物食《げてものぐ》い

怒《いか》り心頭《しんとう》に発《はっ》する 慣用句

意味 ひどく腹《はら》を立《た》てる。例 信頼《しんらい》を裏切《うらぎ》られ、怒り心頭に発した。注意「怒《いか》り心頭《しんとう》に達《たっ》する」は、本来《ほんらい》の言《い》い方《かた》ではない。

怒《いか》りに触《ふ》れる 慣用句

意味 相手《あいて》をおこらせる。例 指示《しじ》に従《したが》わず、先生《せんせい》の怒りに触れた。

遺憾《いかん》に堪《た》えない 慣用句

意味 残念《ざんねん》でならない。例 約束《やくそく》を果《は》たせなかったことは遺憾に堪えない。

行《い》き当《あ》たりばったり 慣用句

意味 先《さき》のことを考《かんが》えないで、その場《ば》その場《ば》で、物事《ものごと》をおこなうこと。例 行き当たりばったりのやり方《かた》では、いずれつまずくだろう。同 行《ゆ》き当《あ》たりばったり

生《い》き馬《うま》の目《め》を抜《ぬ》く 慣用句

意味 抜《ぬ》け目《め》なく人《ひと》を出《だ》しぬく。すばしこくて、油断《ゆだん》できない。例 生き馬の目を抜く大都会《だいとかい》の暮《く》らし。語源 生《い》きている馬《うま》の目《め》を抜《ぬ》き取《と》るほどすばやいということから。英 to be sharp as a razor（かみそりの刃《やいば》のように鋭《するど》い）

★息《いき》が合《あ》う 慣用句

意味 たがいの気持《きも》ちや調子《ちょうし》がぴったり合《あ》う。例 息が合う二人《ふたり》でペアを組《く》んで、テニスのダブルスの試合《しあい》に出場《しゅつじょう》した。

生《い》きがいい 慣用句

意味 魚《さかな》などが、新鮮《しんせん》だ。例 このサンマは生きがいい。

息《いき》が掛《か》かる 慣用句

意味 有力《ゆうりょく》な人《ひと》が守《まも》ったり支配《しはい》したりする。例 社長《しゃちょう》の息が掛かった人物《じんぶつ》が中心《ちゅうしん》になって計画《けいかく》を進《すす》めている。

息《いき》が切《き》れる 慣用句

意味 呼吸《こきゅう》をするのが苦《くる》しくなる。例 急《いそ》いで坂《さか》を登《のぼ》ったので息が切れた。語源 呼吸《こきゅう》が苦《くる》しくて息切《いきぎ》れすることから。

息《いき》が苦《くる》しい 慣用句

意味 呼吸《こきゅう》をするのが難《むずか》しい。息苦《いきぐる》しい。例 走《はし》ってきたので息が苦しい。

行《い》きがけの駄賃《だちん》 慣用句

意味 あることをするついでに、そのこととは別《べつ》の、自分《じぶん》の得《とく》になることをすること。例 兄《あに》に本《ほん》を買《か》ってくるようにたのまれた弟《おとうと》は、行きがけの駄賃とばかり、自分《じぶん》が読《よ》みたい漫画《まんが》の本《ほん》も買《か》った。語源 昔《むかし》、馬《うま》で荷物《にもつ》などを運《はこ》ぶ仕事《しごと》をする人《ひと》が、荷物《にもつ》を受《う》け取《と》りに行《い》くついでに、空《から》の馬《うま》にほかの荷物《にもつ》を積《つ》んで、その分《ぶん》の駄賃《だちん》（＝荷物《にもつ》を運《はこ》ぶ料金《りょうきん》）をかせいだということから。

同 行《ゆ》きがけの駄賃《だちん》

息《いき》が絶《た》える 慣用句

意味 呼吸《こきゅう》が止《と》まる。とうとう息が絶えた。死《し》ぬ。例 看病《かんびょう》のかいもなく、とうとう息が絶えた。

息《いき》が詰《つ》まる 慣用句

意味 ❶呼吸《こきゅう》が十分《じゅうぶん》にできなくなる。例 電車《でんしゃ》がとても混《こ》んでいて、息が詰まりそうだ。❷緊張《きんちょう》して、呼吸《こきゅう》が止《と》まるような感《かん》じになる。例 先生《せんせい》がとなりの席《せき》に座《すわ》っていたので息が詰まって、映画《えいが》を楽《たの》しめなかった。

息《いき》が止《と》まる 慣用句

意味 呼吸《こきゅう》ができなくなる。例 こわくて息が止まるかと思《おも》った。

息《いき》が長《なが》い 慣用句

⬇息《いき》の長《なが》い（27ページ）

息《いき》が弾《はず》む 慣用句

意味 激《はげ》しい運動《うんどう》をして、呼吸《こきゅう》があらくなる。例 ジョギングをしたので、息が弾む。

意気軒昂《いきけんこう》 四字熟語

意味 希望《きぼう》に満《み》ちて、元気《げんき》いっぱいなようす。例 祖父《そふ》は、八十歳《はちじっさい》を過《す》ぎた今《いま》も意気軒昂だ。

語源 「軒昂《けんこう》」は、気持《きも》ちがふるい立《た》つようす。

★ **意気消沈《いきしょうちん》** 四字熟語

意味 がっかりして元気《げんき》がなくなること。例 試験《しけん》に失敗《しっぱい》して、意気消沈する。

意気衝天《いきしょうてん》 四字熟語

意味 意気《いき》ごみが盛《さか》んなこと。例 意気衝天の勢《いきお》いで戦《たたか》う。

語源 「衝天《しょうてん》」は、天《てん》を突《つ》き上《あ》げること。勢《いきお》いが盛《さか》んなことにいう。

意気阻喪《いきそそう》 四字熟語

意味 元気《げんき》が失《うしな》われること。例 大量失点《たいりょうしってん》に意気阻喪する。

生《い》きた心地《ここち》もしない 慣用句

意味 今《いま》にも死《し》ぬかと思《おも》うほどこわい。例 火事《かじ》になったときは、生きた心地もしなかった。

同 生《い》きた空《そら》もない

行《い》きつ戻《もど》りつ 慣用句

意味 同《おな》じ所《ところ》を何回《なんかい》も行《い》ったり戻《もど》ったりすること。例 店《みせ》の前《まえ》を行きつ戻りつする。

同 行《ゆ》きつ戻《もど》りつ

★★ **意気投合《いきとうごう》** 四字熟語

意味 たがいに気持《きも》ちや考《かんが》えがぴったり合《あ》うこと。例 かれとは初対面《しょたいめん》だったが、意気投合して、いろいろな話《はなし》をした。

注意 「意気統合《いきとうごう》」は誤《あやま》り。

生《い》きとし生《い》けるもの 慣用句

意味 この世《よ》に生《い》きているすべてのもの。あらゆる生物《せいぶつ》。例 生きとし生けるものをいつくしむ。

息《いき》の長《なが》い 慣用句

意味 一《ひと》つのことが長《なが》く続《つづ》いているようす。例 息の長い人気《にんき》をほこるミュージカル。

同 息《いき》が長《なが》い

息《いき》の根《ね》を止《と》める 慣用句

意味 ❶生《い》きられないようにする。殺《ころ》す。例人《ひと》をおそったクマの**息の根を止める**。❷完全《かんぜん》に、活動《かつどう》ができないようにする。絶《た》やす。例さぎグループの**息の根を止める**。

息《いき》も絶《た》え絶《だ》え 慣用句

意味 今《いま》にも息《いき》が止《と》まりそうなようす。例**息も絶え絶え**のけが人《にん》が助《たす》け出《だ》された。

息《いき》もつかず 慣用句

意味 ほっとするゆとりもなく。少《すこ》しの休《やす》みもなく。例チャンスとばかり、**息もつかず**にせめたてる。

息《いき》もつかせぬ 慣用句

意味 相手《あいて》が息《いき》をするひまもないほど、すばやく、次々《つぎつぎ》とするようす。例**息もつかせぬ**早《はや》わざ。

★**意気揚々《いきようよう》** 四字熟語

意味 結果《けっか》がよくて得意《とくい》になっているようす。例優勝《ゆうしょう》した選手《せんしゅ》たちは、**意気揚々**と帰《かえ》ってきた。

語源「揚々《ようよう》」は、得意《とくい》げなようす。

息《いき》を切《き》らす 慣用句

意味 苦《くる》しくて、はあはあ言《い》う。例ちこくしそうになり、**息を切らし**てかけこんだ。

息《いき》を凝《こ》らす 慣用句

➡息《いき》を殺《ころ》す（28ページ）

息《いき》を殺《ころ》す 慣用句

意味 息《いき》を止《と》めるようにして、じっと静《しず》かにしている。例見《み》つかったら大変《たいへん》と、**息を殺し**てかくれていた。

同息《いき》を凝《こ》らす／息《いき》を詰《つ》める

息《いき》をつく 慣用句

意味 緊張《きんちょう》がとけて楽《らく》になる。例試験《しけん》がひとつ終《お》わったので**息をつく**。

息《いき》を継《つ》ぐ 慣用句

意味 休《やす》む。例作業《さぎょう》の合間《あいま》にちょっと**息を継ぐ**。

息《いき》をつく暇《ひま》もない 慣用句

意味 ちょっと休《やす》むゆとりもない。例仕《し》事《ごと》がいそがしくて**息をつく暇もない**。

息《いき》を詰《つ》める 慣用句

➡息《いき》を殺《ころ》す（28ページ）

息《いき》を抜《ぬ》く 慣用句

意味 ひと休《やす》みする。気分《きぶん》を変《か》える。例車《くるま》の運転中《うんてんちゅう》は、**息を抜く**ことができない。

★★**息《いき》を呑《の》む** 慣用句

意味 おどろきやおそれを感《かん》じて、はっとする。例夜道《よみち》を歩《ある》いていたら突然犬《とつぜんいぬ》にほえられて、思《おも》わず**息を呑んだ**。

息《いき》を弾《はず》ませる 慣用句

意味 激《はげ》しい運動《うんどう》や興奮《こうふん》のために、呼吸《こきゅう》が激《はげ》しくなって、はあはあ言《い》う。例特賞《とくしょう》の賞品《しょうひん》を手《て》に、姉《あね》は**息を弾ませ**て帰《かえ》ってきた。

息《いき》を引《ひ》き取《と》る 慣用句

意味 呼吸《こきゅう》が止《と》まる。死《し》ぬ。例かれは静《しず》かに**息を引き取っ**た。

参考「死《し》ぬ」のていねいな言《い》い方《かた》。

息《いき》を潜《ひそ》める 慣用句

意味 見《み》つからないように、じっとしている。例ものかげにかくれて**息を潜める**。

息《いき》を吹《ふ》き返《かえ》す 慣用句

意味 ❶死《し》にそうになっていたものが、生《い》

き返《かえ》る。例人工呼吸《じんこうこきゅう》のおかげで息を吹き返した。
❷おとろえていたものが勢《いきお》いを取《と》りもどす。例さびれた町《まち》が観光名所《かんこうめいしょ》として息を吹き返した。

★★異口同音《いくどうおん》 四字熟語

意味 多《おお》くの人《ひと》が口《くち》をそろえて同《おな》じことを言《い》うこと。
例 リーダーの意見《いけん》に、みんなが異口同音に賛成《さんせい》した。
語源「異口《いく》」は、多《おお》くの人《ひと》の口《くち》。「同音《どうおん》」は、声《こえ》をそろえること。
注意「異句《いく》同音《どうおん》」は誤《あやま》り。

委細構《いさいかま》わず 慣用句

意味 どんな事情《じじょう》があろうと構《かま》わないで。
例 委細構わず事《こと》を運《はこ》ぶ。

異彩《いさい》を放《はな》つ 慣用句

意味 才能《さいのう》などが、ふつうとちがって目《め》立《だ》って優《すぐ》れている。例かれは、絵《え》のうまさでは子供《こども》のころから異彩を放っていた。

いざ鎌倉《かまくら》 慣用句

意味 一大事《いちだいじ》が起《お》こった時《とき》。万一《まんいち》の場合《ばあい》。
例 こんな備《そな》えでは、いざ鎌倉というときに役《やく》に立《た》たない。
語源「いざ」は、意気《いき》ごんで何《なに》かを始《はじ》めるときに言《い》う言葉《ことば》。昔《むかし》、鎌倉幕府《かまくらばくふ》に一大《いちだい》事《じ》が起《お》こったときに武士《ぶし》が鎌倉《かまくら》にかけつけたということから。

いざという時《とき》 慣用句

意味 病気《びょうき》・事故《じこ》など、変《か》わったことが起《お》きた場合《ばあい》。例いざという時に助《たす》けてくれる人《ひと》がいる。

意地《いじ》が汚《きたな》い 慣用句

意味 食《た》べ物《もの》や品物《しなもの》をほしがる気持《きも》ちがひどく強《つよ》い。例おやつを独《ひと》りじめするなんて意地が汚い。

石《いし》が流《なが》れて木《こ》の葉《は》が沈《しず》む 故事成語

意味 道理《どうり》にはずれて物事《ものごと》が逆《ぎゃく》になっていることのたとえ。〈『新語《しんご》』〉例正《ただ》しい者《もの》が報《むく》われないなんて石が流れて木の葉が沈むようなものだ。
語源 重《おも》い石《いし》が川《かわ》に沈《しず》まずに流《なが》れて、軽《かる》い木《こ》の葉《は》が沈《しず》んでしまうということから。
同 石《いし》が浮《う》かんで木《こ》の葉《は》が沈《しず》む 英 when the sun rises in the west and sets in the east（太陽《たいよう》が西《にし》に登《のぼ》り東《ひがし》に沈《しず》むとき）

石《いし》にかじりついても 慣用句

意味 どんなに苦《くる》しくてもがまんして。
例 石にかじりついてもこの研究《けんきゅう》はやりとげるつもりだ。

石《いし》に漱《くちすす》ぎ流《なが》れに枕《まくら》す 故事成語

意味 負《ま》けおしみが強《つよ》いことのたとえ。また、自分《じぶん》のまちがいに理屈《りくつ》をつけて、言《い》いのがれることのたとえ。〈『晋書《しんじょ》』〉
例 きみの言《い》い分《ぶん》は、まさに石に漱ぎ流れに枕すという感《かん》じだ。
語源 中国《ちゅうごく》の晋《しん》の孫楚《そんそ》という人《ひと》が、「石《いし》に枕《まくら》し流《なが》れに漱《くちすす》ぐ」と言うべきところを「石《いし》に漱《くちすす》ぎ流《なが》れに枕《まくら》す」と言《い》いまちがえたのを認《みと》めず「石《いし》に漱《くちすす》ぐ」とは歯《は》をみがくため、「流《なが》れに枕《まくら》す」とは耳《みみ》を洗《あら》うためだとこじつけたという話《はなし》から。
参考 夏目漱石《なつめそうせき》の「漱石《そうせき》」というペンネームは、この故事《こじ》にちなむ。
同 漱石枕流《そうせきちんりゅう》

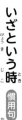

石《いし》に立《た》つ矢《や》 故事成語

意味 何事《なにごと》もひとすじにおこなえば、できないことはないということ。〈『史記《しき》』〉

例 石に立つ矢というとおり、かれは必死《ひっし》で練習《れんしゅう》し、ついに優勝《ゆうしょう》した。

語源 中国《ちゅうごく》の漢《かん》の李広《りこう》という武将《ぶしょう》が、大《おお》きな石《いし》をトラだと思《おも》って一心《いっしん》に矢《や》を射《い》たら、石《いし》に矢《や》がささったということから。

同 一念岩《いちねんいわ》をも徹《とお》す／思《おも》う念力岩《ねんりきいわ》をも徹《とお》す／念力岩《ねんりきいわ》をも徹《とお》す

意地《いじ》になる 慣用句

意味 無理《むり》なことや反対《はんたい》されていることについて、自分《じぶん》の考《かんが》えやおこないをおしとおそうとする。

例 「おまえなんか相手《あいて》になるものか。」と言《い》われ、ぼくは意地になって立《た》ち向《む》かった。

石《いし》に布団《ふとん》は着《き》せられず ことわざ

意味 親《おや》が死《し》んでしまってからでは孝行《こうこう》はできないことのたとえ。

例 石に布団は着せられずだよ。両親《りょうしん》が元気《げんき》な今《いま》のうちから大切《たいせつ》にしたいね。

語源 「石《いし》」は、墓石《ぼせき》のこと。

類 孝行《こうこう》のしたい時分《じぶん》に親《おや》はなし／風樹《ふうじゅ》の嘆《たん》

★★石《いし》の上《うえ》にも三年《さんねん》 ことわざ

意味 何事《なにごと》もしんぼう強《づよ》くおこなえば必《かなら》ず成功《せいこう》することのたとえ。

例 石の上にも三年で、とうとう実験《じっけん》に成功《せいこう》した。

語源 冷《つめ》たい石《いし》の上《うえ》でも、三年間座《さんねんかんすわ》れば温《あたた》まるということから。

類 茨《いばら》の中《なか》にも三年《さんねん》／火《ひ》の中《なか》にも三年《さんねん》

英 Perseverance kills the game.（忍耐《にんたい》が獲物《えもの》を落《お》とす）

★意志薄弱《いしはくじゃく》 四字熟語

意味 物事《ものごと》をやりぬこうとする意志《いし》が、ひどく弱《よわ》いこと。

例 意志薄弱で何事《なにごと》も長《なが》続《つづ》きしない。

★★石橋《いしばし》を叩《たた》いて渡《わた》る ことわざ

意味 あやまりをおかなさないように、非常《ひじょう》に用心深《ようじんぶか》く行動《こうどう》することのたとえ。

例 石橋を叩いて渡る性格《せいかく》なので、何事《なにごと》も決《き》めるまで時間《じかん》がかかる。

語源 じょうぶな石《いし》の橋《はし》でも、こわれはし

金田一先生のことわざコラム

「石《いし》の上《うえ》にも三年《さんねん》」

ことわざや慣用句《かんようく》は、いくつかの言葉《ことば》が組《く》み合《あ》わさったもので、言葉《ことば》同士《どうし》のつながりがとても強《つよ》いことが特徴《とくちょう》です。

たとえば「石《いし》の上《うえ》にも三年《さんねん》」という言葉《ことば》があります。これを「石《いし》の上《うえ》にも二年三《にねんさん》か月《げつ》」と言《い》いかえることはできません。石《いし》の上《うえ》に長《なが》く座《すわ》っているということだから、三年《さんねん》でも二《に》年三《ねんさん》か月《げつ》でもいいじゃないかと思《おも》うかもしれませんが、そういうわけにはいきません。「石《いし》の上《うえ》」と「三年《さんねん》」が強《つよ》く結《むす》びついているからです。また、「石《いし》の上《うえ》にもずっと三年《さんねん》」とも言《い》えません。「上《うえ》にも三年《さんねん》」の間《あいだ》に、ほかの言葉《ことば》を入《い》れることはできないのです。

決《き》まった形《かたち》をしっかり覚《おぼ》えるようにしてください。

ないかと叩《たた》いて、確《たし》かめてから渡《わた》るということから。

同 石橋《いしばし》を叩《たた》く 類 浅《あさ》い川《かわ》も深《ふか》く渡《わた》れ／念《ねん》には念《ねん》を入《い》れよ 対 危《あぶ》ない橋《はし》を渡《わた》る 英 You can never be too cautious.（用心《ようじん》しすぎることはない）

石部金吉《いしべきんきち》 慣用句

意味 非常《ひじょう》にまじめな人《ひと》。がんこな人《ひと》。また、ゆうずうのきかない人《ひと》。例 かれは石部金吉だから、そんなじょうだんは通《つう》じないよ。

参考 石《いし》・金《かね》のようにかたいものを並《なら》べて人名《じんめい》のようにした言葉《ことば》。まじめすぎることをからかうときに用《もち》いる。

同 石部金吉金兜《いしべきんきちかなかぶと》 英 He is steel to the back.（骨《ほね》の髄《ずい》まではがね）

★医者《いしゃ》の不養生《ふようじょう》 ことわざ

⬇世界のことわざ（31ページ）

意味 理屈《りくつ》はわかっていて立派《りっぱ》なことを言《い》いながら、実際《じっさい》におこなうことは難《むずか》しいことのたとえ。例 歯医者《はいしゃ》さんが虫歯《むしば》になるなんて、まさに医者の不養生だね。

語源 人《ひと》には健康《けんこう》に注意《ちゅうい》するようにす

世界《せかい》のことわざ　医者《いしゃ》の不養生《ふようじょう》

ドイツ

医者《いしゃ》よ、なんじみずからをいやせ

医者《いしゃ》なら自分《じぶん》の病気《びょうき》は自分《じぶん》で治《なお》しなさい、ということ。用例《ようれい》は『新約聖書《しんやくせいしょ》』（紀元《きげん》1～2世紀《せいき》ころ成立《せいりつ》）にもあり、ヨーロッパの多《おお》くの国《くに》にことわざとして広《ひろ》まっています。 その他《た》 イタリア、フランス、イギリス

末永《すえなが》く幸《しあわ》せのはずじゃが…
ちょっとパパ！
この薬《くすり》で治《なお》るはず…

インド

占《うらな》い師《し》のむすめは未亡人《みぼうじん》、薬師《くすし》の首《くび》にはコブ

占《うらな》い師《し》なら先《さき》を予見《よけん》し、むすめが未亡人《みぼうじん》（夫《おっと》が死《し》んで一人《ひとり》でいる女性《じょせい》）にならないようにできたはずだし、薬屋《くすりや》なら、首《くび》にコブができない薬《くすり》をつくれるはずだ、という皮肉《ひにく》がこめられています。

タジキスタン

子守歌《こもりうた》を歌《うた》えるなら、なぜ君自身《きみじしん》を眠《ねむ》らせることができないのか

子守歌《こもりうた》を歌《うた》って子供《こども》を眠《ねむ》らせられるのに、歌《うた》っている自分自身《じぶんじしん》は眠《ねむ》ることができないのかという皮肉《ひにく》です。

スヤスヤ
ねむれない…

める医者《いしゃ》が、自分《じぶん》では意外《いがい》と健康《けんこう》に注意《ちゅうい》しないということから。
類 紺屋《こうや》の白《しろ》袴《ばかま》 英 Physician, heal thyself.（医者《いしゃ》はまず自分《じぶん》を治《なお》せ）

衣食足《いしょくた》りて礼節《れいせつ》を知《し》る 故事成語

意味 物質的《ぶっしつてき》に不自由《ふじゆう》がなく生活《せいかつ》にゆとりがあれば、自然《しぜん》に礼儀《れいぎ》を知《し》るようになり、道徳心《どうとくしん》も生《う》まれてくる。例 衣食足りて礼節を知るというとおり、生活《せいかつ》にはゆとりが必要《ひつよう》だ。
語源 中国《ちゅうごく》の『管子《かんし》』の中《なか》の「衣食足《いしょくた》りて則《すなわ》ち栄辱《えいじょく》を知《し》る」から。
同 衣食足《いしょくた》りて栄辱《えいじょく》を知《し》る 対 貧《ひん》すれば鈍《どん》する 英 Well fed, well bred.（十分《じゅうぶん》に食《た》べ物《もの》を与《あた》えられた者《もの》は立派《りっぱ》に育《そだ》つ）

意地《いじ》を通《とお》す 慣用句

意味 自分《じぶん》の考《かんが》えや気持《きも》ちを、最後《さいご》まで変《か》えずにおし通《とお》す。例 反対《はんたい》されたが意地を通した。

意地《いじ》を張《は》る 慣用句

意味 体面《たいめん》や負《ま》けん気《き》から、人《ひと》に逆《さか》らって無理《むり》にでも自分《じぶん》の考《かんが》えを通《とお》そうとする。例 意地を張り合《あ》うのは、もうやめよう。

★★ 以心伝心《いしんでんしん》 四字熟語

意味 文字《もじ》や言葉《ことば》を使《つか》わなくても相手《あいて》に考《かんが》えや気持《きも》ちが伝《つた》わること。例 同《おな》じチームの仲間《なかま》とは以心伝心でパスを回《まわ》すことができる。
注意 「意心伝心《いしんでんしん》」は誤《あやま》り。

いすかのはしの食《く》い違《ちが》い ことわざ

意味 物事《ものごと》が食《く》いちがって、思《おも》うようにならないことのたとえ。例 二人《ふたり》の言《い》い分《ぶん》はいすかのはしの食い違いで、話《はな》し合《あ》いは進《すす》みそうにない。
語源 「はし」は、くちばしのこと。イスカという鳥《とり》のくちばしが、食《く》いちがっていることから。
同 いすかのはし

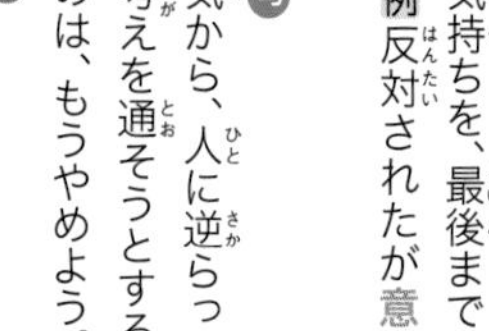
イスカ

いずれ菖蒲《あやめ》か杜若《かきつばた》 ことわざ

意味 どちらも優《すぐ》れていて、優劣《ゆうれつ》が決《き》めがたいことのたとえ。また、選択《せんたく》に迷《まよ》うことのたとえ。例 どちらもすばらしい作品《さくひん》だ。いずれ菖蒲か杜若だね。
語源 菖蒲《あやめ》と杜若《かきつばた》は、ともにアヤメ科《か》の植《しょく》物《ぶつ》。花《はな》が似《に》ていて、区別《くべつ》するのが難《むずか》しいことから。
同 いずれが菖蒲《あやめ》か杜若《かきつばた》

威勢《いせい》がいい 慣用句

意味 とても元気《げんき》がいい。例 威勢がいいかけ声《ごえ》。

居候《いそうろう》の三杯目《さんばいめ》 ことわざ

意味 他人《たにん》の家《いえ》の世話《せわ》になっている者《もの》は、食事《しょくじ》のときにも遠慮《えんりょ》して、三杯目《さんばいめ》にはそっと出《だ》しておかわりをするということ。例 居候の三杯目というが、友人《ゆうじん》のお母《かあ》さんの料理《りょうり》があまりにおいしくて、たくさんお代《か》わりしてしまった。

語源「居候三杯目《いそうろうさんばいめ》にはそっと出《だ》し」という川柳《せんりゅう》から。

英 He that is fed at another's hand may stay long ere he be full.（他人《たにん》に養《やしな》ってもらう者《もの》は満《まん》腹《ぷく》まで時間《じかん》がかかる）

★★ **急《いそ》がば回《まわ》れ** ことわざ ⇒世界のことわざ（33ページ）

意味 急《いそ》いで危《あぶ》ない方法《ほうほう》をとるより、時間《じかん》がかかっても安全《あんぜん》な方法《ほうほう》をとった方《ほう》が、かえって早《はや》く物事《ものごと》をなしとげることができるということ。

例 急がば回れというから、まず

世界《せかい》のことわざ 急《いそ》がば回《まわ》れ

モロッコ

ゆっくりは神《かみ》ゆずり、急《いそ》ぐのは悪魔《あくま》ゆずり

ゆっくりやるのは神様《かみさま》のやり方《かた》で、やたらと急《いそ》ぐのは悪魔《あくま》のやり方《かた》という意味《いみ》。「時《とき》は金《かね》なり」とする近代《きんだい》のヨーロッパ的《てき》な考《かんが》え方《かた》とは異《こと》なり、ゆったりとかまえることに、高《たか》い価《か》値《ち》をおいています。

リベリア

ゆっくりゆっくりで猿《さる》をつかまえられる

サルはかしこく、すばしっこいので、つかまえるのが非常《ひじょう》にむずかしい動物《どうぶつ》とされます。つかまえる姿勢《しせい》を見《み》せず、ゆっくり行動《こうどう》すると、サルは警戒《けいかい》しないので、つかまえることができます。

ポルトガル

悪《わる》い道《みち》を行《い》くより遠回《とおまわ》りするほうがよい

近道《ちかみち》だからと道《みち》の状態《じょうたい》がよくない方《ほう》へ行《い》くと、思《おも》わぬ障害《しょうがい》に出《で》くわして、結局早《けっきょくはや》く行《ゆ》きつけないことがあります。

は落《お》ち着《つ》いて準備《じゅんび》をしよう。

語源 東海道五十三次《とうかいどうごじゅうさんつぎ》の草津宿《くさつじゅく》と大津宿《おおつじゅく》（どちらも滋賀県《しがけん》）の間《あいだ》は、琵琶湖《びわこ》を船《ふね》でわたるのが最《もっと》も近道《ちかみち》で、陸路《りくろ》を瀬田《せた》の唐橋《からはし》をわたるのは遠回《とおまわ》りだった。しかし、比叡山《ひえいざん》から吹《ふ》き降《お》ろす風《かぜ》で、船《ふね》ではうまくわたれないこともあり、急《いそ》がば回《まわ》れと言《い》われるようになったことから。

参考「急《いそ》がば」は古《ふる》い言《い》い方《かた》で、「もし急《いそ》ぐなら」という意味《いみ》。

類 近道千里《ちかみちせんり》／近道《ちかみち》は遠道《とおみち》／回《まわ》るは早道《はやみち》

英 Make haste slowly.（ゆっくり急《いそ》げ）

磯《いそ》の鮑《あわび》の片思《かたおも》い ことわざ

意味 自分《じぶん》だけが恋《こい》しく思《おも》っていて、相手《あいて》にはその気《き》がないこと。例 同級生《どうきゅうせい》が好《す》きだけど、部活《ぶかつ》に夢中《むちゅう》でなかなかふり向《む》いてくれない。磯の鮑の片思いだなあ。

語源 アワビは巻《ま》き貝《がい》だが、二枚貝《にまいがい》の片方《かたほう》のように見《み》えるため、片思《かたおも》いにたとえられる。

同 鮑《あわび》の片思《かたおも》い

痛《いた》い所《ところ》を突《つ》く 慣用句

意味 相手《あいて》の弱《よわ》みをつかんでせめ立《た》てる。

例 議論中《ぎろんちゅう》に痛い所を突かれてだまる。

痛《いた》い目《め》に遭《あ》う 慣用句

意味 苦《くる》しみや痛《いた》みで、つらい思《おも》いをする。ひどい目《め》に遭《あ》う。例 悪《わる》さばかりしていると、そのうち痛い目に遭うよ。

同 痛《いた》い目《め》を見《み》る

痛《いた》い目《め》を見《み》る 慣用句

➡痛《いた》い目《め》に遭《あ》う（34ページ）

痛《いた》くもかゆくもない 慣用句

意味 何《なん》の苦痛《くつう》も感《かん》じない。少《すこ》しも困《こま》らない。例 かれが絶交《ぜっこう》すると言《い》っても痛くもかゆくもない。

痛《いた》くもない腹《はら》を探《さぐ》られる 慣用句

意味 悪《わる》いことをしていないのに、人《ひと》から疑《うたが》いをかけられる。例 その場《ば》にいただけなのに痛くもない腹を探られ、ふゆかいだった。

語源 おなかが痛《いた》いわけでもないのに、痛《いた》い所《ところ》があるのではないかと調《しら》べられるということから。

同 痛《いた》まぬ腹《はら》を探《さぐ》られる

板子一枚下《いたごいちまいした》は地獄《じごく》 ことわざ

意味 船乗《ふなの》りがきわめて危険《きけん》な仕事《しごと》であることのたとえ。例 大海原《おおうなばら》に出《で》る漁師《りょうし》は、板子一枚下は地獄で、毎日命《まいにちいのち》がけで漁《りょう》をしている。

語源「板子《いたご》」は、和船《わせん》の底《そこ》に敷《し》く板《いた》で、その下《した》は、落《お》ちれば死《し》ぬであろう海《うみ》であることから。

類 一寸下《いっすんした》は地獄《じごく》 英 The sea and the gallows refuse none.（海《うみ》と絞首台《こうしゅだい》はだれをも拒《こば》まない）

痛《いた》しかゆし 慣用句

意味 具合《ぐあい》のよいところと悪《わる》いところがあって、困《こま》ってしまうこと。例 仕事《しごと》が予定《よてい》より早《はや》く進《すす》むのはよいが、一《ひと》つひとつの作業《さぎょう》が雑《ざつ》になることを考《かんが》えると、痛しかゆしだ。

語源 かけば痛《いた》いし、かかなければかゆいということから。

英 Honey is sweet but the bee stings.（蜂蜜《はちみつ》は甘《あま》いが蜂《はち》は刺《さ》す）

いたちごっこ 慣用句

意味 競争《きょうそう》や対立《たいりつ》をいつまでもくり返《かえ》していて、決着《けっちゃく》がつかないこと。例 交通違反《こうつういはん》をする人《ひと》と警察《けいさつ》とのいたちごっこが続《つづ》く。

語源「いたちごっこ、ねずみごっこ」と言《い》いながら、相手《あいて》の手《て》の甲《こう》をつまみ合《あ》い、手《て》を重《かさ》ねて次第《しだい》に高《たか》くしていく子供《こども》の遊《あそ》びから。

いたちの最後《さいご》っ屁《ぺ》 慣用句

意味 困《こま》りきったときの、最後《さいご》の非常手《ひじょうしゅ》段《だん》。また、最後《さいご》のいやがらせ。例 らんぼうな部員《ぶいん》を注意《ちゅうい》したら、いたちの最後っ屁とばかりに、備品《びひん》をこわして退部《たいぶ》してしまった。

語源 イタチは敵《てき》にあうと、くさいにおいを出《だ》してにげることから。

韋駄天走《いだてんばし》り 慣用句

意味 とても速《はや》く走《はし》ること。例 韋駄天走りににげていく。

語源 「韋駄天《いだてん》」は、仏教《ぶっきょう》を守《まも》る神様《かみさま》の一人《ひとり》。とても足《あし》が速《はや》い。

★★

板《いた》に付《つ》く 慣用句

意味 仕事《しごと》や役《やく》がらがその人《ひと》にぴったり合《あ》う。例 リーダーの役目《やくめ》が板に付いてきた。

語源 「板《いた》」は、板《いた》ばりの舞台《ぶたい》のこと。役《やく》者《しゃ》が役《やく》をうまくこなすということから。

板挟《いたばさ》みになる 慣用句

意味 対立《たいりつ》する二《ふた》つの間《あいだ》に立《た》って、どうしたらよいか、なやみ苦《くる》しむ。例 かのじょは、方針《ほうしん》のちがう会長《かいちょう》と副会長《ふくかいちょう》の板挟みになって困《こま》っている。

語源 板《いた》と板《いた》の間《あいだ》に挟《はさ》まって動《うご》きがとれないということから。

至《いた》れり尽《つ》くせり 慣用句

意味 心《こころ》づかいがすべてに行《い》き届《とど》いているようす。例 友達《ともだち》の家《いえ》で至れり尽くせりのもてなしを受《う》けた。

★

一意専心《いちいせんしん》 四字熟語

意味 ほかのことを考《かんが》えずに、一《ひと》つのことに気持《きも》ちを集中《しゅうちゅう》させること。例 一意専心、練習《れんしゅう》にはげむ。

一衣帯水《いちいたいすい》 四字熟語

意味 一本《いっぽん》の帯《おび》のように、せまくて長《なが》い川《かわ》や海峡《かいきょう》。また、そのような川《かわ》や海峡《かいきょう》をはさんで、とても近《ちか》くにあるようす。例 一衣帯水の地《ち》。

語源 「衣帯《いたい》」は、着物《きもの》の帯《おび》で、細《ほそ》く長《なが》いもののたとえ。「水《すい》」は、川《かわ》や海《うみ》のこと。

一《いち》か八《ばち》か 慣用句

意味 どうなるかわからないが、運《うん》を天《てん》に任《まか》せて思《おも》いきって試《ため》してみるようす。

例 一か八かの勝負《しょうぶ》に出《で》た。

参考 ばくちから出《で》た言葉《ことば》。

類 乾坤一擲《けんこんいってき》／伸《の》るか反《そ》るか 英 Do or die.（するか死《し》ぬか）

一《いち》から十《じゅう》まで 慣用句

意味 何《なに》から何《なに》まで。すべて。例 姉《あね》は、わたしのすることに一から十まで口《くち》を出《だ》す。

一丸《いちがん》となる 慣用句

意味 あることをするために、大勢《おおぜい》の人《ひと》が力《ちから》を合《あ》わせてまとまる。例 クラスが一丸となって創作劇《そうさくげき》を作《つく》り上《あ》げた。

一芸《いちげい》に秀《ひい》でる 慣用句

意味 芸能《げいのう》・演芸《えんげい》などの、一《ひと》つのわざに優《すぐ》れる。例 オーディションでは一芸に秀でている人《ひと》が有利《ゆうり》だ。

一言居士《いちげんこじ》 四字熟語

意味 どんなことにも、何《なに》か一言《ひとこと》でも言《い》わないと気《き》のすまない人《ひと》。例 一言居士の祖父《そふ》が、めずらしく何《なに》も言《い》わない。

語源 「居士《こじ》」は、僧《そう》にはならずに仏教《ぶっきょう》を信仰《しんこう》する男性《だんせい》。また、亡《な》くなった男性《だんせい》の名《な》につける言葉《ことば》。

★★

一期一会《いちごいちえ》 四字熟語

意味 一生《いっしょう》に一度《いちど》の出会《であ》いや機会《きかい》。例 一期一会の縁《えん》を大切《たいせつ》にする。

参考 茶道《さどう》の心得《こころえ》で、何《なに》事《ごと》も一生《いっしょう》で一度《いちど》かぎりと思《おも》って大《たい》切《せつ》にしなさいというい ましめから。

一言一句《いちごんいっく》 四字熟語

意味 文章《ぶんしょう》や会話《かいわ》に出《で》てくる一《ひと》つ一《ひと》つの言《こと》葉《ば》。例 尊敬《そんけい》する人《ひと》の一言一句に耳《みみ》をかたむける。

★
一言半句《いちごんはんく》 四字熟語

意味 ほんのわずかな言葉《ことば》。例 一言半句も聞《き》きもらすまいと耳《みみ》をすます。

参考 多《おお》く、後《あと》に打《う》ち消《け》しの言葉《ことば》がくる。

一言《いちごん》もない 慣用句

意味 一言《ひとこと》も言《い》い訳《わけ》のしようがない。

例 そこまで言《い》われては、一言もない。

一字一句《いちじいっく》 四字熟語

意味 一《ひと》つの字《じ》、一《ひと》つの言葉《ことば》。一言一言《ひとことひとこと》。

例 一字一句もらさず書《か》き写《うつ》す。

一事《いちじ》が万事《ばんじ》 ことわざ

意味 一《ひと》つのことを見《み》れば、ほかのすべてのことがわかるこ と。例 かれは一事が万事あの調子《ちょうし》で、物事《ものごと》をやりとげたことがない。

英 False with one can be false with two.（一《ひと》つを偽《いつわ》る者《もの》は二《ふた》つも偽《いつわ》る）

★★
一日千秋《いちじつせんしゅう》 四字熟語

意味 そのことが早《はや》く実現《じつげん》しないかと、待《ま》ち遠《どお》しく思《おも》われることのたとえ。例 一日千秋の思《おも》いで返《へん》事《じ》を待《ま》つ。

語源 「千秋《せんしゅう》」は、千年《せんねん》のこと。一日《いちにち》が千年《せんねん》にも感《かん》じられるほど、長《なが》く思《おも》われるという意味《いみ》。

参考 「一日千秋《いちじつせんしゅう》の思《おも》い」の形《かたち》で用《もち》いることが多《おお》い。

同 一日千秋《いちにちせんしゅう》　類 一日三秋《いちじつさんしゅう》

一日千秋《いちじつせんしゅう》の思《おも》い 慣用句

⬇一日千秋《いちじつせんしゅう》（36ページ）

一日《いちじつ》の長《ちょう》 故事成語

意味 経験《けいけん》を積《つ》んで、知識《ちしき》やわざがほかの

インドネシア
鰐《わに》の口《くち》から逃《のが》れて虎《とら》の口《くち》に落《お》ちる

インドネシアでは川《かわ》や沼《ぬま》にワニが多《おお》くいて、野《の》山《やま》のトラとともに恐《おそ》れられています。「虎《とら》の口《くち》から逃《のが》れて鰐《わに》の口《くち》に落《お》ちる」と、順序《じゅんじょ》を逆《ぎゃく》にした表現《ひょうげん》もあります。その他 マレーシア

ドイツ
煙《けむり》をよけて火《ひ》にあう

小《ちい》さな災難《さいなん》をさけて、かえって大《おお》きな災難《さいなん》にあう例《れい》で、外国《がいこく》にはこのようなことわざが多《おお》くあります。

人《ひと》に比《くら》べて少《すこ》し優《すぐ》れていること。〈『論《ろん》語《ご》』〉 例 水泳《すいえい》では兄《あに》よりもわたしに一日の長がある。

語源 一日分《いちにちぶん》だけ先輩《せんぱい》であるということから。

同 一日《いちにち》の長《ちょう》 類 亀《かめ》の甲《こう》より年《とし》の功《こう》

★一汁一菜《いちじゅういっさい》 四字熟語

意味 一品《いっぴん》の汁《しる》と、一品《いっぴん》のおかずだけの食《しょく》事《じ》。質素《しっそ》な食事《しょくじ》のこと。例 節約《せつやく》のため一汁一菜の生活《せいかつ》を続《つづ》ける。

一陣《いちじん》の風《かぜ》 慣用句

意味 さっとふく風《かぜ》。例 一陣の風が庭《にわ》の花《はな》をゆらす。

一堂《いちどう》に会《かい》する 慣用句

意味 ある目的《もくてき》のために、大勢《おおぜい》の人《ひと》が一《ひと》つの場所《ばしょ》に集《あつ》まる。例 全国《ぜんこく》の支店《してん》の店長《てんちょう》が一堂に会する。

語源 「一堂《いちどう》」は、一《ひと》つの建物《たてもの》や場所《ばしょ》。

注意 「一同《いち》に会《かい》する」は、誤《あやま》り。

一難去《いちなんさ》ってまた一難《いちなん》 ことわざ ↓世界のことわざ（37ページ）

意味 災《わざわ》いや苦《くる》しみが次々《つぎつぎ》にやってくること。例 風邪《かぜ》が治《なお》ったと思《おも》ったら転《ころ》んでけがをするなんて、一難去ってまた一難だね。

類 虎口《ここう》を逃《のが》れて竜穴《りゅうけつ》に入《い》る／前《ぜん》門《もん》に虎《とら》を拒《ふせ》ぎ後門《こうもん》に狼《おおかみ》を進《すす》む

英 If the Bermudas let you pass, you must beware of Hatteras.（バミューダ諸《しょ》島《とう》を無事通過《ぶじつうか》したらハッテラス岬《みさき》にご用心《ようじん》…バミューダ諸島《しょとう》のある海域《かいいき》やノースカロライナ州《しゅう》のハッテラス岬付近《みさきふきん》の海域《かいいき》は、海《うみ》の難所《なんしょ》として知《し》られている）

一日千秋《いちにちせんしゅう》 四字熟語 ↓一日千秋《いちじつせんしゅう》（36ページ）

一日《いちにち》の長《ちょう》 故事成語 ↓一日《いちじつ》の長《ちょう》（36ページ）

一二《いちに》を争《あらそ》う 慣用句

意味 第一位《だいいちい》か第二位《だいにい》かを争《あらそ》う。とても優《すぐ》れている。例 世界《せかい》で一二を争う自動《じどう》

世界《せかい》のことわざ　一難去《いちなんさ》ってまた一難《いちなん》

中国《ちゅうごく》

前門《ぜんもん》の虎《とら》を防《ふせ》ぐと、後門《こうもん》から狼《おおかみ》が侵入《しんにゅう》する

一方《いっぽう》の災難《さいなん》をまぬがれると、別《べつ》の災難《さいなん》にもみまわれ、とてもたいへんなことのたとえです。日本《にほん》にも中国《ちゅうごく》から入《はい》ってきて、いまも「前門《ぜんもん》の虎《とら》、後門《こうもん》の狼《おおかみ》」の形《かたち》で使《つか》われます。

車会社《しゃかいしゃ》。

一年《いちねん》の計《けい》は元旦《がんたん》にあり ことわざ

意味 何事《なにごと》もはじめが大切《たいせつ》であるということのたとえ。例 一年《いちねん》の計《けい》は元旦《がんたん》にありというから、今年《ことし》は早起《はやお》きを心《こころ》がけよう。

語源 その年《とし》の計画《けいかく》は一月一日《いちがつついたち》に立《た》てるのがよいということから。

英 New Year's Day is the key of the year.（元旦《がんたん》は一年《いちねん》の鍵《かぎ》である）

★**一念発起《いちねんほっき》** 四字熟語

意味 あることをなしとげようと、かたく決心《けっしん》すること。例 医者《いしゃ》になろうと一念発起して勉強《べんきょう》にはげむ。

語源 もともとは「決心《けっしん》して、ただちに仏《ほとけ》の道《みち》に入《はい》ること」という意味《いみ》。

注意 「発起」を「はっき」と読《よ》むのは誤《あやま》り。

一姫二太郎《いちひめにたろう》 ことわざ

意味 子供《こども》は、最初《さいしょ》が女《おんな》、次《つぎ》は男《おとこ》という順《じゅん》に持《も》つと育《そだ》てやすいという言《い》い伝《つた》え。

例 わが家《や》は上《うえ》が女《おんな》の子《こ》、下《した》が男《おとこ》の子《こ》の一姫二太郎だ。

注意 「子供《こども》の人数《にんずう》は女《おんな》ひとり男《おとこ》ふたりがよい」という意味《いみ》で使《つか》うのは誤《あやま》り。

一病息災《いちびょうそくさい》 四字熟語

意味 一《ひと》つぐらい軽《かる》い病気《びょうき》を持《も》っている方《ほう》が健康《けんこう》に注意《ちゅうい》するから、まったく病気《びょうき》をしない健康《けんこう》な人《ひと》より長生《ながい》きするということ。例 一病息災というじゃないか。病気《びょうき》のことを、そんなに気《き》にする必要《ひつよう》はないよ。

参考 「無病息災《むびょうそくさい》」を言《い》いかえた言葉《ことば》。

★**一部始終《いちぶしじゅう》** 四字熟語

意味 始《はじ》めから終《お》わりまで、すべて。

例 クラスメートとのもめ事《ごと》の一部始終を、先生《せんせい》に説明《せつめい》する。

語源 「一部《いちぶ》」は、本一《ほんいっ》冊《さつ》のこと。一冊《いっさつ》の本《ほん》の、始《はじ》めから終《お》わりまで全部《ぜんぶ》ということ。

一富士二鷹三茄子《いちふじにたかさんなすび》 ことわざ

意味 初夢《はつゆめ》に見《み》るとえんぎがよいとされるものを並《なら》べた言葉《ことば》。一番《いちばん》よいものは富士山《ふじさん》で、二番目《にばんめ》はタカ、三番目《さんばんめ》はナスとされている。例 富士山《ふじさん》に登《のぼ》る初夢《はつゆめ》を見《み》た。一富士二鷹三茄子だから、えんぎがいいね。

参考 一説《いっせつ》に、駿河《するが》の国《くに》（静岡県《しずおかけん》）の名物《めいぶつ》を順《じゅん》にあげたものという。

★**一望千里《いちぼうせんり》** 四字熟語

意味 広大《こうだい》な景色《けしき》をひと目《め》で見《み》わたすことができること。広々《ひろびろ》として見《み》はらしがいいこと。例 目《め》の前《まえ》に一望千里の大《だい》平原《へいげん》が広《ひろ》がる。

語源 一望《いちぼう》（＝ひと目《め》）で千里《せんり》（＝約四千《やくよんせん》キロメートル）の遠《とお》くまで見《み》わたせるということから。

一木一草《いちぼくいっそう》 四字熟語

意味 一本《いっぽん》の木《き》と、一本《いっぽん》の草《くさ》。ありふれたつまらないもののたとえ。例 一木一草にも命《いのち》が宿《やど》っている。

同 一草一木《いっそういちぼく》

一枚看板《いちまいかんばん》 四字熟語

意味 一座《いちざ》の中心人物《ちゅうしんじんぶつ》。中心役者《ちゅうしんやくしゃ》。また、一《ひと》つの団体《だんたい》の中心人物《ちゅうしんじんぶつ》。例 かのじょは、この劇団《げきだん》の一枚看板だ。

語源 歌舞伎《かぶき》で、役者《やくしゃ》の名前《なまえ》などを書《か》いた大《おお》きな看板《かんばん》をかかげたことから。

一抹《いちまつ》の不安《ふあん》 慣用句

意味 ほんの少《すこ》しの不安《ふあん》。 例 社会情勢《しゃかいじょうせい》に一抹の不安をおぼえる。

一脈通《いちみゃくつう》じる 慣用句

意味 考《かんが》え方《かた》・性質《せいしつ》などが、どこかしら共通《きょうつう》する。 例 名《な》を残《のこ》す人《ひと》には、みな一脈通じるものがあるようだ。

同 一脈相通《いちみゃくあいつう》じる

一面識《いちめんしき》もない 慣用句

意味 一度《いちど》も会《あ》ったことがない。 例 一面識もない人《ひと》だが、うわさは聞《き》いている。

★**一網打尽《いちもうだじん》** 四字熟語

意味 悪人《あくにん》の一味《いちみ》を、一度《いちど》にすべてとらえること。 例 犯人《はんにん》グループを一網打尽にする。

語源 一度網《いちどあみ》を投《な》げ入《い》れるだけで、そこにいた魚《さかな》をすべてつかまえるということから。

★**一目置《いちもくお》く** 慣用句

意味 相手《あいて》が自分《じぶん》より優《すぐ》れていると認《みと》めて、敬意《けいい》をはらう。また、遠慮《えんりょ》する。

例 級友《きゅうゆう》は全員《ぜんいん》、かれに一目置いている。

語源 囲碁《いご》で、弱《よわ》い方《ほう》が先《さき》にばんに石《いし》を一《ひと》つ置《お》いて始《はじ》めることから。

一目散《いちもくさん》に 慣用句

意味 わき目《め》もふらずに走《はし》るようす。

例 こわくて一目散ににげ帰《かえ》った。

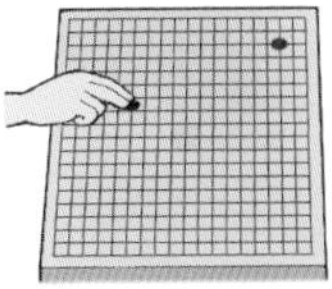

いちもくおく

★**一目瞭然《いちもくりょうぜん》** 四字熟語

意味 ひと目見《めみ》てよくわかるようす。

例 両者《りょうしゃ》のちがいは一目瞭然だ。

一《いち》も二《に》もなく 慣用句

意味 あれこれ言《い》うまでもなく。 例 ハイキングにさそうと、みんなは一も二もなく賛成《さんせい》した。

一文惜《いちもんお》しみの百知《ひゃくし》らず ことわざ

意味 目先《めさき》のわずかな損得《そんとく》にこだわり、全体《ぜんたい》の利益《りえき》に考《かんが》えがおよばないおろかさのたとえ。 例 一文惜しみの百知らずで、少《すこ》しでも安《やす》い野菜《やさい》を選《えら》ぼうとして、傷《いた》んだものを買《か》ってしまった。

語源 たった一文出《いちもんだ》し惜《お》しんだために、あとで百文《ひゃくもん》の損失《そんしつ》を招《まね》く意味《いみ》から。

同 一文惜《いちもんお》しみの百失《ひゃくうしな》う 類 一文拾《いちもんひろ》いの百落《ひゃくお》とし／小利《しょうり》をむさぼって大利《たいり》を失《うしな》う 英 Penny wise and pound foolish.（ペニー〔小金《こがね》〕にはかしこいが、ポンド

金田一先生のことわざコラム

「一目置《いちもくお》く」

「一目置《いちもくお》く」は、囲碁《いご》から出《で》た言葉《ことば》です。一目置《いちもくお》く（一《ひと》つ多《おお》く石《いし》を置《お》かせてもらう）ことが、相手《あいて》の強《つよ》さを認《みと》めることだとすぐにわかるほど、囲碁《いご》は昔《むかし》から人気《にんき》のある遊《あそ》びだったのでしょう。

このように、多《おお》くの人《ひと》が関心《かんしん》を持《も》つ事《こと》がらから生《う》まれた言葉《ことば》がたくさんあります。

「幕《まく》が開《あ》く」「幕《まく》が下《お》りる」は、歌舞伎《かぶき》などから出《で》た言葉《ことば》です。多《おお》くの人《ひと》が歌舞伎《かぶき》に夢中《むちゅう》になり、歌舞伎《かぶき》の言葉《ことば》で日常《にちじょう》の事《こと》がらを表現《ひょうげん》することで、おもしろさを感《かん》じたのだと思《おも》います。

相撲《すもう》も、昔《むかし》から人気《にんき》のある見世物《みせもの》で、「うっちゃりを食《く》う」「四《よ》つに組《く》む」などの言葉《ことば》があります。

言葉《ことば》を知《し》ると、昔《むかし》の人《ひと》の暮《く》らしぶりが見《み》えてくるようですね。

〔大金《たいきん》〕にはおろか）

一夜漬《いちやづ》け 慣用句

意味 物事《ものごと》を急《いそ》いで、間《ま》に合《あ》わせること。

例 一夜漬けの勉強《べんきょう》では身《み》につかない。

語源 一晩《ひとばん》だけ漬《つ》けて作《つく》る漬《つ》け物《もの》から。

意中《いちゅう》の人《ひと》 慣用句

意味 心《こころ》の中《なか》で思《おも》い定《さだ》めている人《ひと》。特《とく》に、恋《こい》しく思《おも》っている人《ひと》。例 あの人《ひと》は姉《あね》の意中の人だ。

一葉《いちよう》落《お》ちて天下《てんか》の秋《あき》を知《し》る 故事成語

意味 わずかな前《まえ》ぶれによって、物事《ものごと》に終《お》わりが近《ちか》づいていることを感《かん》じとることのたとえ。〈『淮南子《えなんじ》』〉 例 一葉落ちて天下の秋を知るというが、この一件《いっけん》が会社《かいしゃ》の将来《しょうらい》を暗示《あんじ》しているかもしれない。

語源 アオギリの葉《は》が秋《あき》に最《もっと》も早《はや》く、また、一枚一枚《いちまいいちまい》落《お》ちるので、それを見《み》て秋《あき》になったことを感《かん》じるということから。

同 桐一葉《きりひとは》落《お》ちて天下《てんか》の秋《あき》を知《し》る 英 Pluck the grass to know where the wind sits.（風向《かざむ》きを知《し》るために草《くさ》をつみとれ）

一陽来復《いちようらいふく》 四字熟語

意味 冬《ふゆ》が去《さ》って春《はる》が来《く》ること。冬至《とうじ》をすぎると日《ひ》が少《すこ》しずつ長《なが》くなる。だんだんよくなること。また、しばらく悪《わる》いことが続《つづ》いたが、ようやく幸運《こううん》がめぐってくること。例 一陽来復、このチャンスを生《い》かそう。

注意 「一陽来福《いちようらい》」は誤《あやま》り。

一翼《いちよく》を担《にな》う 慣用句

意味 全体《ぜんたい》の中《なか》で一《ひと》つの重要《じゅうよう》な役割《やくわり》を果《は》たす。例 大《だい》プロジェクトの一翼を担う。

語源 「一翼《いちよく》」は、片方《かたほう》の翼《つばさ》。

一利一害《いちりいちがい》 四字熟語

意味 利益《りえき》がある代《か》わりに、害《がい》もあること。例 この薬《くすり》はよく効《き》くが、副作用《ふくさよう》もあるので一利一害といえる。

類 一得一失《いっとくいっしつ》 英 Every advantage has its disadvantage.（すべての利益《りえき》には損害《そんがい》がつきもの）

一縷《いちる》の望《のぞ》み 慣用句

意味 ほんのわずかの期待《きたい》。例 事件《じけん》の解決《かいけつ》に一縷の望みをいだく。

語源 「一縷《いちる》」は、ひとすじの糸《いと》。

一蓮托生《いちれんたくしょう》 四字熟語

意味 ほかの人《ひと》と行動《こうどう》や運命《うんめい》を共《とも》にすること。例 君《きみ》とは一蓮托生だ。

語源 死後《しご》、極楽浄土《ごくらくじょうど》で同《おな》じ蓮台《れんだい》（＝ハスの花《はな》の上《うえ》）に生《う》まれるということから。

英 to sail in the same boat（同《おな》じ船《ふね》で航海《こうかい》する）

★**一《いち》を聞《き》いて十《じゅう》を知《し》る** 故事成語

意味 一部分《いちぶぶん》を聞《き》いただけで全体《ぜんたい》を理解《りかい》する。非常《ひじょう》にかしこくて理解《りかい》が早《はや》いことのたとえ。〈『論語《ろんご》』〉 例 頭《あたま》の回転《かいてん》の早《はや》いかれは、一を聞いて十を知る、だ。

語源 孔子《こうし》が弟子《でし》の子貢《しこう》に、同《おな》じく弟子《でし》の顔回《がんかい》と君《きみ》はどちらが優《すぐ》れているかとたずねた。子貢《しこう》は「顔回《がんかい》は一《いち》を聞《き》いて十《じゅう》を知《し》りますが、私《わたし》は一《いち》を聞《き》いて二《に》を知《し》るだけです」と答《こた》えた。すると、孔子《こうし》は「私《わたし》も君《きみ》も顔回《がんかい》には及《およ》ばないなあ」となぐさめたという話《はなし》から。

類 一《いち》をもって万《ばん》を察《さっ》す 英 A word to a wise man is enough.（かしこい人《ひと》には一言《ひとこと》で足《た》りる）

★**一攫千金《いっかくせんきん》** 四字熟語

意味 苦労《くろう》しないで、一度《いちど》に大金《たいきん》を手《て》に入《い》れること。例 一攫千金をねらって、宝《たから》くじを買《か》う。

語源 「一攫《いっかく》」は、一度《いちど》につかむこと。

一《いっ》家《か》を支《ささ》える 慣用句
意味 働《はたら》いて、家族《かぞく》がきちんと暮《く》らしていけるようにする。例 両親《りょうしん》の死後《しご》、兄《あに》が一家を支えた。

一《いっ》家《か》を成《な》す 慣用句
意味 学問《がくもん》、武術《ぶじゅつ》、芸術《げいじゅつ》などのある分野《ぶんや》で、一《ひと》つの学派《がくは》や流派《りゅうは》をたてる。優《すぐ》れた腕《うで》前《まえ》を持《も》っている。例 日《に》本《ほん》舞《ぶ》踊《よう》で一家を成す。

一《いっ》巻《かん》の終《お》わり 慣用句
意味 物事《ものごと》が終《お》わりになること。特《とく》に、命《いのち》がなくなること。例 こんな大事故《だいじこ》を起《お》こしては会社《かいしゃ》も一巻の終わりだ。
語源 無声映画《むせいえいが》のころ、弁士《べんし》が映画《えいが》の終《お》わりに言《い》った言葉《ことば》。一巻《いっかん》の物語《ものがたり》が終《お》わるということから。

★★
一《いっ》喜《き》一《いち》憂《ゆう》 四字熟語
意味 めまぐるしく変《か》わる状態《じょうたい》にともなって、喜《よろこ》んだり心配《しんぱい》したりすること。例 試合《しあい》を見《み》て一喜一憂する。

一《いっ》騎《き》討《う》ち 慣用句
意味 一対一《いちたいいち》で勝負《しょうぶ》すること。例 ゴール前《まえ》の一騎討ちを制《せい》する。
語源 馬《うま》に乗《の》った武者《むしゃ》が一対一《いちたいいち》で戦《たたか》うことから。

一《いっ》気《き》呵《か》成《せい》 四字熟語
同 一《いっ》騎《き》打《う》ち
意味 文章《ぶんしょう》・詩《し》などを一気《いっき》に作《つく》り上《あ》げるようす。また、物事《ものごと》を一気《いっき》に成《な》しとげるようす。例 油絵《あぶらえ》を一気呵成に仕上《しあ》げた。

★
一《いっ》騎《き》当《とう》千《せん》 四字熟語
意味 一人《ひとり》で千人《せんにん》の敵《てき》と戦《たたか》えるほど強《つよ》いこと。例 一騎当千のつわもの。

★
一《いっ》挙《きょ》一《いち》動《どう》 四字熟語
意味 一《ひと》つ一《ひと》つの体《からだ》の動《うご》きやおこない。例 我《わ》が子《こ》の一挙一動を見守《みまも》る。
類 一挙手一投足《いっきょしゅいっとうそく》

一《いっ》挙《きょ》手《しゅ》一《いっ》投《とう》足《そく》 故事成語
意味 細《こま》かい、一《ひと》つ一《ひと》つの動作《どうさ》・行動《こうどう》。例 見本演技《みほんえんぎ》の一挙手一投足に注目《ちゅうもく》する。
語源 ちょっと手《て》を挙《あ》げたり足《あし》を動《うご》かしたりするということから。
参考 中国《ちゅうごく》の韓愈《かんゆ》の文章《ぶんしょう》にある言葉《ことば》。
類 一挙一動《いっきょいちどう》

★★
一《いっ》挙《きょ》両《りょう》得《とく》 四字熟語
意味 一《ひと》つのおこないによって二《ふた》つの利益《りえき》を得《え》ること。〈『晋《しん》書《じょ》』〉 例 水泳《すいえい》の練習《れんしゅう》をしたら、速《はや》く泳《およ》げるようになったうえに健康《けんこう》にもなって、一挙両得だった。
類 一石二鳥《いっせきにちょう》 対 虻《あぶ》蜂《はち》取《と》らず／二兎《にと》を追《お》う者《もの》は一兎《いっと》をも得《え》ず
英 to kill two flies with a single swat（一《ひと》たたきで二匹《にひき》のはえを殺《ころ》す）

一《いっ》計《けい》を案《あん》じる 慣用句
意味 一《ひと》つのはかりごとを考《かんが》え出《だ》す。例 説得《せっとく》するために一計を案じる。

一《いっ》国《こく》一《いち》城《じょう》の主《あるじ》 慣用句
意味 ほかから支配《しはい》や干渉《かんしょう》などを受《う》けずに独立《どくりつ》している人《ひと》。例 自分《じぶん》の店《みせ》を開《ひら》いた兄《あに》は一国一城の主だ。

★
一《いっ》刻《こく》千《せん》金《きん》 四字熟語

意味 過《す》ぎてしまうのがおしいような、楽《たの》しい時間《じかん》や大切《たいせつ》な時間《じかん》。例 母《はは》は学生時代《がくせいじだい》をふり返《かえ》って、一刻千金の日々《ひび》だったと言《い》った。
語源 中国《ちゅうごく》の蘇軾《そしょく》の詩《し》「春宵一刻直千金《しゅんしょういっこくあたいせんきん》（＝春《はる》の夜《よる》はすばらしいので、たくさんのお金《かね》と同《おな》じくらいの価値《かち》がある）」から。「一刻《いっこく》」は、今《いま》の十五分《じゅうごふん》ぐらいの時間《じかん》。

一刻《いっこく》も早《はや》く 慣用句
意味 少《すこ》しでも早《はや》く。例 そんなに痛《いた》むなら、一刻も早く病院《びょういん》に行《い》った方《ほう》がよい。

一刻《いっこく》を争《あらそ》う 慣用句
意味 とても急《いそ》ぐ。少《すこ》しの時間《じかん》もむだにできない。例 手術《しゅじゅつ》は一刻を争う。

一切合切《いっさいがっさい》 四字熟語
意味 何《なに》もかもすべて。例 一切合切を売《う》りはらう。
参考 「一切《いっさい》」を強《つよ》めた言《い》い方《かた》。
同 一切合財《いっさいがっさい》

一糸《いっし》乱《みだ》れず 慣用句
意味 少《すこ》しも乱《みだ》れないで、きちんとそろっているようす。例 一糸乱れず行進《こうしん》する。
語源 「一糸《いっし》」は、一本《いっぽん》の糸《いと》。

一糸《いっし》もまとわず 慣用句
意味 何《なに》も身《み》につけない。すっぱだか。
例 一糸もまとわぬ姿《すがた》の女神《めがみ》ビーナスを描《えが》く。
同 一糸《いっし》まとわず

一瀉千里《いっしゃせんり》 四字熟語
意味 ❶物事《ものごと》がはかどるようす。例 たまっていた仕事《しごと》を一瀉千里に片《かた》づける。❷文章《ぶんしょう》・弁舌《べんぜつ》などが、すらすらとなめらかなようす。例 一瀉千里の説明《せつめい》。
語源 「一瀉《いっしゃ》」は、一度《いちど》流《なが》れること。川《かわ》の流《なが》れが速《はや》く、ひとたび流《なが》れ出《だ》すと千里《せんり》も流《なが》れるということから。

★★ **一生懸命《いっしょうけんめい》** 四字熟語
意味 物事《ものごと》を熱心《ねっしん》にするようす。例 一生懸命に練習《れんしゅう》する。
語源 「一所懸命《いっしょけんめい》」の「所《しょ》」を「しょう」とのばして発音《はつおん》したことからできた言葉《ことば》。
参考 ➡一所懸命《いっしょけんめい》

一将功成《いっしょうこうな》って万骨枯《ばんこつか》る 故事成語
意味 功績《こうせき》が、上《うえ》に立《た》つ人《ひと》だけのものとなり、その下《した》で働《はたら》いた多《おお》くの人《ひと》たちの労苦《ろうく》が報《むく》われないたとえ。例 社長《しゃちょう》だけが評価《ひょうか》され、社員《しゃいん》は不満《ふまん》なようすだ。まさに一将功成って万骨枯る、だ。
語源 一人《ひとり》の将軍《しょうぐん》が功名《こうみょう》を立《た》てることができたのは、何万人《なんまんにん》もの兵士《へいし》が戦場《せんじょう》でぎせいになったからであるということから。
参考 中国《ちゅうごく》の曹松《そうしょう》の詩《し》にある言葉《ことば》。上《うえ》に立《た》つ人《ひと》の功名《こうみょう》ばかりたたえることへの非難《ひなん》がこめられている。
同 一将功成《いっしょうこうな》りて万骨枯《ばんこつか》る 英 It is the blood of the soldiers that makes the general great.（大将《たいしょう》を偉大《いだい》にさせたのは兵士《へいし》たちの血《ち》である）

一笑《いっしょう》に付《ふ》す 慣用句
意味 笑《わら》って相手《あいて》にしない。ばかにして問題《もんだい》にしない。例 まじめに話《はな》したのに、一笑に付されてしまった。

一生《いっしょう》を誤《あやま》る 慣用句
意味 人生《じんせい》をだめにする。例 あの事件《じけん》が、かれの一生を誤らせたといえる。

一生《いっしょう》を捧《ささ》げる 慣用句
意味 死《し》ぬまでの間《あいだ》、そのことを一生懸命《いっしょうけんめい》にやり続《つづ》ける。例 医学《いがく》の研究《けんきゅう》に一生を捧げた人《ひと》の伝記《でんき》を読《よ》んだ。

★ **一触即発《いっしょくそくはつ》** 四字熟語

意味 わずかなきっかけで大変《たいへん》な事態《じたい》になりそうな、とても危険《きけん》なようすであること。例 両国《りょうこく》は一触即発の状態《じょうたい》だ。
語源 少《すこ》し触《さわ》っただけで爆発《ばくはつ》するということから。

★★
一所懸命《いっしょけんめい》 四字熟語
意味 鎌倉時代《かまくらじだい》から室町時代《むろまちじだい》のころに、武士《ぶし》が一《いっ》か所《しょ》の領地《りょうち》を命《いのち》がけで守《まも》って生活《せいかつ》のよりどころとしたこと。また、そこから、物事《ものごと》を熱心《ねっしん》にするようす。例 一所懸命の地《ち》。
参考 ➡一生懸命《いっしょうけんめい》

一緒《いっしょ》になる 慣用句
意味 夫婦《ふうふ》になる。結婚《けっこん》する。例 一緒になりたい人《ひと》がいると、おじが父《ちち》に相談《そうだん》していた。

一矢《いっし》を報《むく》いる 慣用句
意味 少《すこ》しでもやり返《かえ》す。例 ホームランを打《う》って一矢を報いることができた。
語源 「一矢《いっし》」は、一本《いっぽん》の矢《や》。敵《てき》に矢《や》を射返《いかえ》すという意味《いみ》から。

★★
一進一退《いっしんいったい》 四字熟語
意味 進《すす》んだり退《しりぞ》いたりすること。また、情勢《じょうせい》が、よくなったり、悪《わる》くなったりすること。例 熱《ねつ》が上《あ》がったり下《さ》がったりしていて、姉《あね》の病状《びょうじょう》は一進一退です。

★★
一心同体《いっしんどうたい》 四字熟語
意味 人《ひと》と人《ひと》との心《こころ》が一《ひと》つになって強《つよ》く結《むす》びつくこと。例 チーム全員《ぜんいん》が一心同体となって勝利《しょうり》をめざす。
語源 心《こころ》を合《あ》わせて、一人《ひとり》の人間《にんげん》のようになるということから。

★★
一心不乱《いっしんふらん》 四字熟語
意味 一《ひと》つのことに心《こころ》を集中《しゅうちゅう》して、ほかのことに乱《みだ》されないようす。例 一心不乱に勉強《べんきょう》にうちこむ。

一身《いっしん》を捧《ささ》げる 慣用句
意味 自分《じぶん》のすべてをかけて、そのことだけを一生懸命《いっしょうけんめい》にする。例 世界平和《せかいへいわ》のために一身を捧げる決意《けつい》をする。

一炊《いっすい》の夢《ゆめ》 故事成語
➡邯鄲《かんたん》の夢《ゆめ》（112ページ）

一寸先《いっすんさき》は闇《やみ》 ことわざ
意味 少《すこ》し先《さき》のことはどうなるかまったくわからないことのたとえ。例 ついさっき話《はなし》をした人《ひと》が事故《じこ》にあうなんて、一寸先は闇だ。
参考 いろはがるた（京都《きょうと》）の一《ひと》つ。
英 Nobody knows what tomorrow might bring.（明日《あす》なにが来《く》るかはだれにもわからない）

故事成語
一寸《いっすん》の光陰《こういん》軽《かろ》んずべからず
意味 わずかな時間《じかん》でもむだに過《す》ごしてはならない。例 一寸の光陰軽んずべからずというから、短《みじか》い春休《はるやす》みもなまけずしっかり勉強《べんきょう》しよう。
語源 「光陰《こういん》」は、時間《じかん》のこと。中国《ちゅうごく》の朱子《しゅし》の詩《し》にある言葉《ことば》。「少年《しょうねん》老《お》い易《やす》く学成《がくな》り難《がた》し」に続《つづ》く。

★★
一寸《いっすん》の虫《むし》にも五分《ごぶ》の魂《たましい》 ことわざ
➡世界のことわざ（45ページ）
意味 どんなに小《ちい》さくて弱《よわ》いものにもそれぞれの考《かんが》えや意地《いじ》があって、軽《かる》く見《み》ることはできないことのたとえ。例 年下《としした》だからといってあなどってはいけない。

一寸の虫にも五分の魂というからね。

語源「一寸《いっすん》」は、約三《やくさん》センチメートル。「五分《ごぶ》」は、半分《はんぶん》。小《ちい》さな虫《むし》も、その半分《はんぶん》の魂《たましい》をもっているということから。

類 なめくじにも角《つの》がある／やせ腕《うで》にも骨《ほね》 英 Even a worm will turn.（虫《むし》でも向《む》かってくるものである）

★
一世一代《いっせいちだい》 四字熟語

意味 一生《いっしょう》のうちで、ただ一度《いちど》しかないほど値打《ねう》ちがあること。また、一生《いっしょう》のうちで一度《いちど》だけのこと。例 一世一代の名演《めいえん》技《ぎ》。

注意 この語《ご》の「一世」は、「いっせい」と読《よ》まない。

一世を風靡する《いっせいをふうびする》 慣用句

意味 世間《せけん》の多《おお》くの人々《ひとびと》に、もてはやされる。例 かつて一世を風靡した歌《うた》。

★★
一石二鳥《いっせきにちょう》 四字熟語 ➡世界のことわざ（47ページ）

意味 一《ひと》つのことをして、二《ふた》つの得《とく》をすること。

例 プレゼントを手《て》作《づく》りしたら、喜《よろこ》ばれたうえにお金《かね》もかからなくて、一石二鳥だった。

語源 一《ひと》つの石《いし》で二羽《にわ》の鳥《とり》を落《お》とすという西洋《せいよう》のことわざから。

類 一挙両得《いっきょりょうとく》 対 虻蜂《あぶはち》取《と》らず 英 to kill two birds with one stone（一個《いっこ》の石《いし》で二《に》羽《わ》の鳥《とり》を殺《ころ》す）

一席設ける《いっせきもうける》 慣用句

意味 宴会《えんかい》の席《せき》を用意《ようい》して、そこに招待《しょうたい》する。例 合格祝《ごうかくいわ》いで一席設ける。

一石を投じる《いっせきをとうじる》 慣用句

意味 問題《もんだい》を投《な》げかける。例 かれの発言《はつげん》が、委員会《いいんかい》のあり方《かた》に一石を投じた。

語源 水面《すいめん》に石《いし》を投《な》げると波紋《はもん》が広《ひろ》がることから。

一線を画す《いっせんをかくす》 慣用句

意味 物事《ものごと》にはっきりと区切《くぎ》りをつける。また、区切《くぎ》りがつく。例 かれには、ほかの人《ひと》と一線を画す才能《さいのう》がある。

語源「画《かく》す」は、線《せん》を引《ひ》くこと。

同 一線《いっせん》を画《かく》する

ことわざ
一銭を笑う者は一銭に泣く《いっせんをわらうものはいっせんになく》

意味 わずかなお金《かね》も大切《たいせつ》にしなければならないという教《おし》え。例 一銭を笑う者は一銭に泣くというから、この一円玉《いちえんだま》も貯金箱《ちょきんばこ》に入《い》れておこう。

語源「一銭《いっせん》」は、昔《むかし》のお金《かね》の単位《たんい》で、百銭《ひゃくせん》が一円《いちえん》に当《あ》たる。わずかなお金《かね》を大切《たいせつ》にしない人《ひと》は、いつかわずかなお金《かね》が足《た》りなくて困《こま》ることになるということから。

一致団結《いっちだんけつ》 四字熟語

意味 ある目的《もくてき》のために多《おお》くの人《ひと》が一《ひと》つにまとまること。例 優勝《ゆうしょう》するためにチーム全員《ぜんいん》が一致団結する。

一知半解《いっちはんかい》 四字熟語

世界《せかい》のことわざ　一寸《いっすん》の虫《むし》にも五分《ごぶ》の魂《たましい》

ルーマニア

ちっぽけな草《くさ》にも影《かげ》がある

足元《あしもと》にひっそりと生《は》える小《ちい》さな草《くさ》にも、影《かげ》ができるように、小《ちい》さな者《もの》や弱《よわ》い者《もの》にも命《いのち》と意地《いじ》があり、あなどってはいけません。ドイツでは「一本《いっぽん》の髪《かみ》の毛《け》にも影《かげ》はある」といいます。

その他《た》 チェコ、スロバキア

韓国《かんこく》

みみずも踏《ふ》めばうごめく

どんなに弱《よわ》い立場《たちば》の者《もの》でも、ひどい侮辱《ぶじょく》を受《う》けると腹《はら》を立《た》てるというたとえです。

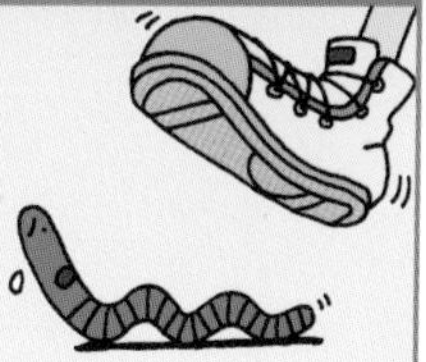

スペイン

蟻《あり》にも胆汁《たんじゅう》はある

アリでも胆汁《たんじゅう》があって、いかることがあるという意味《いみ》です。胆汁《たんじゅう》は肝臓《かんぞう》でつくられる消化液《しょうかえき》で、脂肪《しぼう》の消化《しょうか》・吸収《きゅうしゅう》を助《たす》けるはたらきがあります。古《ふる》くヨーロッパでは、胆汁《たんじゅう》はにくしみやいかりの元《もと》と考《かんが》えられていました。 その他《た》 イギリス、フランス、ドイツ

フランス

引《ひ》っかかないほど小《ちい》さな猫《ねこ》はいない

ペットのネコでも、人《ひと》のいうとおりにはなりません。弱《よわ》いものでもみくびってはならないというたとえです。

意味 ある物事《ものごと》について十分理解《じゅうぶんりかい》していないこと。例 一知半解の連中《れんちゅう》には、説明《せつめい》してもむだだ。

★★
一朝一夕《いっちょういっせき》 四字熟語
意味 わずかの間《あいだ》。例 この発明《はつめい》は一朝一夕にできたものではない。
語源 ひと朝《あさ》とひと晩《ばん》ということから。
参考 後《あと》に打《う》ち消《け》しの言葉《ことば》がくる。
注意 「一鳥一石《いっちょういっせき》」は誤《あやま》り。

★★
一長一短《いっちょういったん》 四字熟語
意味 よいところもあるが悪《わる》いところもあること。例 どちらの計画《けいかく》も一長一短がある。
語源 「長《ちょう》」は長所《ちょうしょ》、「短《たん》」は短所《たんしょ》のこと。

一点張り《いってんばり》 慣用句
意味 一《ひと》つのことをおし通《とお》すこと。例 弟《おとうと》は「おもちゃを買《か》いたい。」の一点張りで、

一致団結《いっちだんけつ》

どうしてもあきらめない。

類 一本槍《いっぽんやり》

一頭地《いっとうち》を抜《ぬ》く 故事成語

意味 ほかの多数《たすう》の人《ひと》より一段《いちだん》優《すぐ》れていることのたとえ。〈『宋史《そうし》』〉 例 **一頭地を抜く**腕前《うでまえ》。

語源 他《ほか》の人《ひと》より頭《あたま》一《ひと》つ高《たか》くぬけ出《だ》しているという意味《いみ》から。

同 一頭地《いっとうち》を出《いだ》す

★★ **一刀両断《いっとうりょうだん》** 四字熟語

意味 思《おも》いきって、さっとやるようす。

例 先生《せんせい》が、生徒《せいと》たちのもめ事《ごと》を**一刀両断**に解決《かいけつ》する。

語源 刀《かたな》をひとふりして真《ま》っ二《ぷた》つに切《き》ることから。

一得一失《いっとくいっしつ》 四字熟語

意味 一《ひと》つの利益《りえき》と一《ひと》つの損《そん》。よい点《てん》があれば同時《どうじ》に悪《わる》い点《てん》もあること。例 安《やす》く買《か》えたが、送料《そうりょう》が高《たか》すぎて**一得一失**だ。

類 一利一害《いちりいちがい》

一杯食《いっぱいく》う 慣用句

意味 人《ひと》にうまくだまされる。例 エープリルフールでまんまと**一杯食《く》った**。

一杯食《いっぱいく》わす 慣用句

意味 人《ひと》をうまくだます。例 みごとに**一杯食わされた**。

語源 その人《ひと》をだますために、ちょっと食《た》べさせることから。

一敗地《いっぱいち》に塗《まみ》れる 故事成語

意味 戦《たたか》いや試合《しあい》などで、二度《にど》と立《た》ち直《なお》れないほど完全《かんぜん》に負《ま》ける。〈『史記《しき》』〉 例 強《きょう》敵《てき》を相手《あいて》にして**一敗地に塗れた**。

語源 一度《いちど》の負《ま》けで、すべてが泥《どろ》まみれになってしまうという意味《いみ》から。

一斑《いっぱん》を見《み》て全豹《ぜんぴょう》を卜《ぼく》す ことわざ

意味 物事《ものごと》の一部《いちぶ》を見《み》て全体《ぜんたい》をおしはかることのたとえ。例 **一斑を見て全豹を卜す**ように、短所《たんしょ》だけを見《み》て相手《あいて》のことを判断《はんだん》してはいけないよ。

語源 ヒョウの一《ひと》つのまだら模様《もよう》を見《み》て、ヒョウ全体《ぜんたい》を卜《うらな》う（＝推察《すいさつ》する）という意味《いみ》から。

同 一斑《いっぱん》を見《み》て全豹《ぜんぴょう》を知《し》る／一斑《いっぱん》を見《み》て全豹《ぜんぴょう》を評《ひょう》す 類 蛇首《だしゅ》を見《み》て長短《ちょうたん》を知《し》る

英 You may know the lion by its claw.（つめによってライオンを知《し》る）

一服盛《いっぷくも》る 慣用句

意味 毒薬《どくやく》を調合《ちょうごう》する。また、毒薬《どくやく》を飲《の》ませる。例 敵《てき》の王《おう》を暗殺《あんさつ》するために、スパイが**一服盛る**。

語源 「一服《いっぷく》」は、粉薬《こなぐすり》の一回分《いっかいぶん》のこと。

鷸蚌《いっぽう》の争《あらそ》い 故事成語

⇒漁夫《ぎょふ》の利《り》（130ページ）

一本調子《いっぽんぢょうし》 四字熟語

意味 調子《ちょうし》ややり方《かた》がはじめから終《お》わりまで同《おな》じようで変化《へんか》のないこと。例 演《えん》奏《そう》が**一本調子**で退屈《たいくつ》だ。

一本取《いっぽんと》る 慣用句

意味 相手《あいて》を言《い》い負《ま》かす。例 言《い》い返《かえ》して、兄《あに》から**一本取って**やった。

語源 もともとは、剣道《けんどう》や柔道《じゅうどう》で、わざを決《き》めること。

一本槍《いっぽんやり》 慣用句

意味 ある一《ひと》つのやり方《かた》で、ずっとおしとおすこと。例 直球《ちょっきゅう》**一本槍**のピッチャー。

語源 槍一本《やりいっぽん》で勝負《しょうぶ》するということから。

類 一点張《いってんば》り

いつまでもあると思《おも》うな親《おや》と金《かね》 ことわざ

意味 人《ひと》に頼《たよ》らず、自立《じりつ》と節約《せつやく》を心《こころ》がけよという教《おし》え。例 働《はたら》かずに遊《あそ》んでくらしていたら、母《はは》から、**いつまでもあると思**

うな親と金とさとされた。

語源 甘《あま》えられる親《おや》はやがては亡《な》くなり、金《かね》はいくらあっても使《つか》えばなくなることから。

いつも柳《やなぎ》の下《した》にどじょうは居《お》らぬ ことわざ

⬇柳《やなぎ》の下《した》にいつもどじょうはいない（434ページ）

居《い》ても立《た》っても居《い》られない 慣用句

意味 心配事《しんぱいごと》などで、じっとしていられない。**例** 母《はは》の手術《しゅじゅつ》の間《あいだ》、居ても立っても居られない気持《きも》ちだった。

語源 座《すわ》っていることも立《た》っていることもできないということから。

糸目《いとめ》を付《つ》けない 慣用句

⬇金《かね》に糸目《いとめ》を付《つ》けない（99ページ）

糸《いと》を引《ひ》く 慣用句

意味 ❶見《み》えないところから、人《ひと》をあやつる。**例** だれかがかげで糸を引いているにちがいない。

語源 あやつり人形《にんぎょう》を、後《うし》ろから糸《いと》を引《ひ》いて動《うご》かすことから。

参考 「かげで糸《いと》を引《ひ》く」の形《かたち》で用《もち》いるこ

世界《せかい》のことわざ　一石二鳥《いっせきにちょう》

コートジボワール

象《ぞう》は水《みず》を飲《の》むと同時《どうじ》に鼻《はな》のそうじもする

コートジボワールは、フランス語《ご》で「象牙海岸《ぞうげかいがん》」の意味《いみ》。昔《むかし》、この地域《ちいき》から象牙《ぞうげ》を運《はこ》び出《だ》したことに由来《ゆらい》します。ゾウは、鼻《はな》で水《みず》を吸《す》いこみ口《くち》までもってきて飲《の》みます。暑《あつ》いとシャワーのように水《みず》を空中《くうちゅう》に吹《ふ》き出《だ》して体《からだ》を冷《ひ》やしたり、きれいにしたりします。

鼻《はな》もそうじしてるんだよ
鼻水《はなみず》も飲《の》んじゃうの？
ええーそうなの？

ラッキー♬

韓国《かんこく》

キジを食《た》べ、その卵《たまご》も食《た》べる

韓国《かんこく》では、キジの肉《にく》はごちそうで、その腹《はら》の中《なか》に卵《たまご》まで入《はい》っていたら、一度《いちど》に二《ふた》つのごちそうにありつけます。キジは、いちばん縁起《えんぎ》のよい吉鳥《きっちょう》とされ、正月《しょうがつ》のお雑煮《ぞうに》に入《い》れる習《なら》わしがありました。

イラン

巡礼《じゅんれい》をして商売《しょうばい》もする

聖地《せいち》へ巡礼《じゅんれい》する機会《きかい》を利用《りよう》して、商売《しょうばい》もすることで、一石二鳥《いっせきにちょう》のたとえに用《もち》いられます。

商売《しょうばい》もかい？

とが多《おお》い。❷影響《えいきょう》などが長《なが》く続《つづ》いて絶《た》えない。例 両者《りょうしゃ》の対立《たいりつ》は糸を引きそうな雰囲気《ふんいき》だ。❸食《た》べ物《もの》などのねばりが、糸《いと》のように細《ほそ》く長《なが》くのびる。例 弁当《べんとう》のご飯《はん》がくさって糸を引いている。

意《い》に介《かい》さない 慣用句

意味 気《き》にしない。例 かれは人《ひと》の注意《ちゅうい》などまったく意に介さない。

犬《いぬ》が西向《にしむ》きゃ尾《お》は東《ひがし》 ことわざ

意味 ごく当《あ》たり前《まえ》のこと。例 犬が西向きゃ尾は東、約束《やくそく》を破《やぶ》ったらおこられるに決《き》まっている。

語源 犬《いぬ》が西《にし》を向《む》けば、当然《とうぜん》、尾《お》は東《ひがし》を向《む》くということから。

類 雨《あめ》の降《ふ》る日《ひ》は天気《てんき》が悪《わる》い 英 When the crow flies her tail follows.（烏《からす》が飛《と》べば尾《お》は後《うし》ろ）

犬《いぬ》と猿《さる》 慣用句

⬇犬猿《けんえん》の仲《なか》（151ページ）

★**犬《いぬ》の遠吠《とおぼ》え** 慣用句

意味 おくびょう者《もの》が、正面《しょうめん》から堂々《どうどう》とやりあわず、かげで悪口《わるくち》を言《い》ったり強《つよ》がりを言《い》ったりすることのたとえ。例 相手《あいて》が帰《かえ》った今《いま》になって反論《はんろん》を言《い》ったって、犬の遠吠えに過《す》ぎない。

類 犬《いぬ》の逃《に》げ吠《ぼ》え 英 Dogs that bark at a distance bite not at hand.（遠《とお》くで吠《ほ》える犬《いぬ》は近《ちか》くでかまない）

犬《いぬ》は三日《みっか》飼《か》えば三年《さんねん》恩《おん》を忘《わす》れぬ ことわざ

意味 犬《いぬ》は三日《みっか》飼《か》えばその主人《しゅじん》の恩《おん》を三《さん》年《ねん》も忘《わす》れない。まして人間《にんげん》は受《う》けた恩《おん》を忘《わす》れてはならないということ。例 犬は三日飼えば三年恩を忘れぬというのに、長年《ながねん》世話《せわ》になった会社《かいしゃ》を裏切《うらぎ》るとは何事《なにごと》だ。

類 犬《いぬ》は三日《みっか》の恩《おん》を三年《さんねん》忘《わす》れず猫《ねこ》は三年《さんねん》の恩《おん》を三日《みっか》で忘《わす》れる 対 飼《か》い犬《いぬ》に手《て》を噛《か》まれる

★**犬《いぬ》も歩《ある》けば棒《ぼう》に当《あ》たる** ことわざ ⬇

世界のことわざ（49ページ）

意味 ❶しなくてもよいことをして災難《さいなん》にあうことのたとえ。例 よけいなことを言《い》うから、もめ事《ごと》にまきこまれたんだ。犬も歩けば棒に当たる、だよ。

語源 犬《いぬ》が外《そと》を歩《ある》いていると、棒《ぼう》でたたかれることがあるということから。

❷出歩《であ》いたり何《なに》かをしたりすると思《おも》いがけない幸運《こううん》に出会《であ》うことのたとえ。例 散歩《さんぽ》に出《で》かけたら、すてきなお店《みせ》を見《み》つけた。犬も歩けば棒に当たる、だ。

参考 いろはがるた（江戸《えど》）の一《ひと》つ。

英 The dog that trots about finds a bone.（歩《ある》き回《まわ》る犬《いぬ》は骨《ほね》を見《み》つける）

犬《いぬ》も食《く》わない 慣用句

意味 非常《ひじょう》にきらわれる。また、ばからしくて相手《あいて》にされない。例 夫婦《ふうふ》げんかは犬も食わない。

参考 ⬇夫婦喧嘩《ふうふげんか》は犬《いぬ》も食《く》わない

いの一番《いちばん》 慣用句

意味 一番最初《いちばんさいしょ》。例 いの一番に事件現場《じけんげんば》

にかけつける。

語源「い」は「いろは」四十七文字《しじゅうしちもじ》の最初《さいしょ》の字《じ》であることから。

命《いのち》あっての物種《ものだね》 ことわざ

意味 何事《なにごと》をするにも命《いのち》があるからこそできるのだから、命《いのち》は大切《たいせつ》にしなければならないという教《おし》え。**例** 危《あぶ》ないことはするな。命あっての物種だよ。

語源「物種《ものだね》」は、物事《ものごと》のもととなるもの。

類 死《し》んで花実《はなみ》が咲《さ》くものか **英** While there is life, there is hope.（命《いのち》がある限《かぎ》り希望《きぼう》がある）

命長《いのちなが》ければ恥多《はじおお》し 故事成語

意味 長生《ながい》きすれば、それだけ恥《はじ》をかくことも多《おお》くなるということ。〈『荘子《そうじ》』〉**例** 長年活躍《ながねんかつやく》した政治家《せいじか》が、最後《さいご》は失言《しつげん》で引退《いんたい》するとは、まさに命長ければ恥多しだ。

語源 中国古代《ちゅうごくこだい》の帝王堯《ていおうぎょう》が、ある地方《ちほう》に出《で》かけたとき、その地《ち》の役人《やくにん》が、堯《ぎょう》の長寿《ちょうじゅ》と富《とみ》と子孫繁栄《しそんはんえい》を祈《いの》ろうとした。しかし堯《ぎょう》は、「男子《だんし》が多《おお》ければ心配事《しんぱいごと》が増《ふ》え、金持《かねも》ちになれば面倒《めんどう》も増《ふ》え、長生《ながい》きすれば恥《はじ》も多《おお》い」と言《い》って断《こと》ったという故事《こじ》

世界《せかい》のことわざ　犬《いぬ》も歩《ある》けば棒《ぼう》に当《あ》たる

アイルランド

猟犬《りょうけん》は足《あし》でえさを見《み》つける

猟犬《りょうけん》は、あちこち走《はし》り回《まわ》って獲物《えもの》を捕《と》ります。積極的《せっきょくてき》に行動《こうどう》することをよしとすることわざです。アイルランドのグレイハウンドは、優《ゆう》秀《しゅう》な猟犬《りょうけん》として知《し》られています。

ジンバブエ

鷲《わし》は飛《と》び回《まわ》るうちに獲物《えもの》をとる

ワシは目《め》がよく、高《たか》い上空《じょうくう》を飛《と》びながら、獲物《えもの》を見《み》つけると、おどろくほどの速《はや》さで舞《ま》い降《お》りてきて、獲物《えもの》をとらえます。

その他《た》 南《みなみ》アフリカ

アルバニア

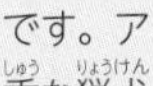

歩《ある》き回《まわ》る鶏《にわとり》は腹《はら》を満《み》たして帰《かえ》ってくる

放《はな》し飼《が》いのニワトリは歩《ある》き回《まわ》るうちにエサをみつけ、お腹《なか》を満《み》たします。人間《にんげん》も外《そと》に出《で》て働《はたら》くことがたいせつですね。アルバニアはギリシャの隣国《りんごく》で、アドリア海《かい》に面《めん》しています。

から。

同 長生《ながい》き恥多《はじおお》し／長生《ながい》きは恥多《はじおお》し 英 Long life has long misery.（長生《ながい》きすれば苦悩《くのう》も多《おお》い）

命《いのち》の洗濯《せんたく》 慣用句

意味 日《ひ》ごろの苦労《くろう》を忘《わす》れるための気晴《きば》らし。例 温泉《おんせん》に行《い》って、命の洗濯をする。

類 命《いのち》の土用干《どようぼ》し

命《いのち》の綱《つな》 慣用句

意味 生《い》き続《つづ》けるために、最《もっと》も大切《たいせつ》なもの。例 山《やま》でそうなんしたときは、食料《しょくりょう》こそ命の綱だ。

命《いのち》を打《う》ち込《こ》む 慣用句

意味 命《いのち》がけで取《と》り組《く》む。例 作品《さくひん》の制作《せいさく》に命を打ち込む。

命《いのち》を落《お》とす 慣用句

意味 病気《びょうき》・事故《じこ》などで、死《し》ぬ。例 かれは転落事故《てんらくじこ》で命を落とした。

命《いのち》を懸《か》ける 慣用句

意味 死《し》んでもかまわないというくらいの気持《きも》ちで、そのことを一生懸命《いっしょうけんめい》にする。例 消防《しょうぼう》の仕事《しごと》に命を懸ける。

命《いのち》を削《けず》る 慣用句

意味 命《いのち》を縮《ちぢ》めるほどの苦労《くろう》や心配《しんぱい》をする。例 かれは、家族《かぞく》のために命を削る思《おも》いで働《はたら》いてきたと言《い》う。

命《いのち》を捧《ささ》げる 慣用句

意味 大切《たいせつ》なもののために、命《いのち》を差《さ》し出《だ》す。また、死《し》ぬかくごで、一生懸命《いっしょうけんめい》につくす。例 祖国《そこく》のために命を捧げる。

命《いのち》をつなぐ 慣用句

意味 やっとの思《おも》いで生活《せいかつ》する。生《い》きのびる。例 わずかな水《みず》と食料《しょくりょう》で命をつなぐ。

★★**井《い》の中《なか》の蛙大海《かわずたいかい》を知《し》らず**

ことわざ ➡世界のことわざ（51ページ）

意味 物《もの》の見方《みかた》や考《かんが》え方《かた》がせまいことのたとえ。『荘子《そうじ》』

海《うみ》はもっと広《ひろ》いよ
山《やま》はもっと楽《たの》しいよ
イェーイ
井戸《いど》の中《なか》サイコー！

例 井の中の蛙大海を知らずということにならないように、いろいろな所《ところ》に行《い》ってみるべきだ。

語源 井《い》（＝井戸《いど》）の中《なか》にすんでいる蛙《かわず》（＝カエル）は、その場所《ばしょ》に満足《まんぞく》していて、広《ひろ》い海《うみ》のあることを知《し》らないということから。

同 井《い》の中《なか》の蛙《かわず》／井蛙大海《せいあたいかい》を知《し》らず

茨《いばら》の道《みち》 慣用句

意味 苦《くる》しみや困難《こんなん》の多《おお》い人生《じんせい》のたとえ。例 夢《ゆめ》をかなえるまでは、茨の道を歩《ある》くかくごだ。

語源 茨《いばら》（＝とげのある木《き》）がたくさん生《は》えている道《みち》ということから。

意表《いひょう》を突《つ》く 慣用句

意味 相手《あいて》が考《かんが》えてもいなかったやり方《かた》をする。例 意表を突く作戦《さくせん》。

同 意表《いひょう》に出《で》る

★**威風堂々《いふうどうどう》** 四字熟語

意味 おごそかな重々《おもおも》しさがあって、立派《りっぱ》なようす。例 威風堂々と行進《こうしん》する。

燻《いぶ》し銀《ぎん》 慣用句

意味 表面的《ひょうめんてき》なはなやかさはないが、実力《じつりょく》・実質《じっしつ》がともなっていることのたとえ。例 燻し銀の芸《げい》に感動《かんどう》する。

語源「燻《いぶ》し」は、金属《きんぞく》に硫黄《いおう》のけむりで

くもりをつけること。

韋編三度絶つ《いへんみたびたつ》 故事成語

意味 本《ほん》のとじひもが切《き》れるほど何度《なんど》もくり返《かえ》して読《よ》む。本《ほん》を熱心《ねっしん》に読《よ》むことのたとえ。〈『史記《しき》』〉 例 韋編三度絶つというほど、ぼろぼろになるまで辞書《じしょ》を活《かつ》用《よう》している。

語源 孔子《こうし》は、『易経《えききょう》』をくり返《かえ》し読《よ》んだため、とじてあるかわひもが三度《さんど》も切《き》れたという故事《こじ》から。

同 韋編三絶《いへんさんぜつ》

今泣いた烏がもう笑う《いまないたからすがもうわらう》 慣用句

意味 ちょっと前《まえ》まで泣《な》いていた人《ひと》がもう笑《わら》っている。例 さっきまで大泣《おおな》きしていたのに、テレビを見《み》て笑《わら》っている。今泣いた烏がもう笑う、だね。

参考 主《おも》に、子供《こども》のきげんの変《か》わりやすいことに言《い》う。

今は昔《いまはむかし》 慣用句

意味 今《いま》からみると昔《むかし》のことだが。むかしむかし。例 今は昔のできごと。

参考 昔話《むかしばなし》などの最初《さいしょ》に用《もち》いる言葉《ことば》。

今や遅しと《いまやおそしと》 慣用句

意味 早《はや》くそうなればよいと待《ま》ちかまえ

世界《せかい》のことわざ　井《い》の中《なか》の蛙大海《かわずたいかい》を知《し》らず

トーゴ

よその町《まち》へ行《い》ったことのない子《こ》は母親《ははおや》の料理《りょうり》がいちばんうまいという

世界《せかい》にはおいしいものがたくさんあるのに、自分《じぶん》の家《いえ》や村《むら》しか知《し》らない子供《こども》が、自分《じぶん》の母親《ははおや》の料理《りょうり》がいちばんおいしいと思《おも》いこんでいるようすにたとえたものです。

インド

八月《はちがつ》に生《う》まれたジャッカルが九月《くがつ》の洪水《こうずい》を見《み》て、これまでにない大洪水《だいこうずい》だという

インドでは6月半《がつなか》ば〜9月半《がつなか》ばごろまでが雨季《うき》で、大量《たいりょう》の雨《あめ》が降《ふ》ります。8月生《がつう》まれのジャッカルは、いちばんひどい洪水《こうずい》を見《み》ていないので、雨季《うき》が収《おさ》まる9月《がつ》ごろの洪水《こうずい》を見《み》て、びっくりするというわけです。

パキスタン

山《やま》に近《ちか》づいたことのないラクダは自分《じぶん》がいちばん高《たか》いと思《おも》っている

ラクダは体高《たいこう》が2m《メートル》もあり乾燥《かんそう》に強《つよ》いので、中近東《ちゅうきんとう》や北《きた》アフリカの砂漠地帯《さばくちたい》で飼育《しいく》され、運送《うんそう》に使《つか》われています。世間《せけん》をよく知《し》らない人《ひと》が自分《じぶん》より実力《じつりょく》のある人《ひと》に出会《であ》って、はじめて自分《じぶん》の至《いた》らなさに気《き》づくことのたとえです。

ているようす。例 父《ちち》の帰《かえ》りを、今や遅しと待《ま》ちわびる。

今《いま》わの際《きわ》 慣用句

意味 もうじき死《し》ぬというとき。死《し》にぎわ。例 今わの際の遺言《ゆいごん》。

今《いま》を盛《さか》りと 慣用句

意味 今《いま》が一番《いちばん》すばらしい状態《じょうたい》であるようす。例 桜《さくら》は今を盛りとさいている。

★★ **意味深長《いみしんちょう》** 四字熟語

意味 言葉《ことば》や動作《どうさ》の裏《うら》に、深《ふか》い意味《いみ》がかくれているようす。例 意味深長なことを言《い》われ、どんな返事《へんじ》をすればよいか迷《まよ》ってしまった。

注意 「意味《いみ》慎重（しんちょう）」は誤《あやま》り。

芋《いも》づる式《しき》 慣用句

意味 あることがきっかけになって、それに関係《かんけい》した多《おお》くのことがあらわれてくること。例 犯人《はんにん》が芋づる式につかまる。

語源 サツマイモのつるを引《ひ》っぱると、芋《いも》がつながっていくつも出《で》てくることから。

いものつる

芋《いも》の煮《に》えたもご存《ぞん》じない ことわざ

意味 世間知《せけんし》らずで、ぼんやりしていることのたとえ。例 あの店《みせ》の二代目《にだいめ》は、まさに芋の煮えたもご存じないと言《い》われる人物《じんぶつ》だ。

語源 芋《いも》が煮《に》えたか煮《に》えていないかの区《く》別《べつ》もできないということから。

参考 (1)あざけって言《い》う言葉《ことば》。(2)いろはがるた(江戸《えど》)の一《ひと》つ。「い」ではなく「ゐ」のふだに使《つか》われている。

芋《いも》を洗《あら》うよう 慣用句

意味 せまい場所《ばしょ》にたくさんの人《ひと》が集《あつ》まり、こみ合《あ》っているようす。例 プールは、まるで芋を洗うような混雑《こんざつ》だ。

語源 たくさんのサトイモを、水《みず》を入《い》れたおけに入《い》れて、棒《ぼう》でかき回《まわ》して洗《あら》うようすから。

否応《いやおう》なしに 慣用句

意味 いいも悪《わる》いもかまわず。例 否応なしに入会《にゅうかい》させられた。

いやが上《うえ》にも 慣用句

意味 なおいっそう。ますます。例 おはやしのたいこや笛《ふえ》の音《ね》に、祭《まつ》りの気分《きぶん》はいやが上にも盛《も》り上《あ》がった。

否《いや》が応《おう》でも 慣用句

意味 賛成《さんせい》、反対《はんたい》にかかわらず、どうしても。なにがなんでも。例 否が応でも、この計画《けいかく》は実行《じっこう》するつもりだ。

同 否《いや》でも応《おう》でも

嫌気《いやけ》がさす 慣用句

意味 いやになる。例 悪口《わるくち》ばかり聞《き》かされ、嫌気がさした。

否《いや》でも応《おう》でも 慣用句

➡否《いや》が応《おう》でも （52ページ）

嫌《いや》というほど 慣用句

意味 ❶もうたくさんというくらい。あきるほど。例 嫌というほど食《た》べる。❷ひどく。激《はげ》しく。例 向《む》こうずねを嫌というほどぶつけた。

炒《い》り豆《まめ》に花《はな》が咲《さ》く ことわざ

意味 再《ふたた》び元気《げんき》になることのたとえ。また、あり得《え》ないことが起《お》こることのたとえ。**例** 大《おお》きな病気《びょうき》をしたアスリートが、また世界《せかい》の舞台《ぶたい》にもどってきた。まさに**炒り豆に花が咲く**ということだろう。

語源 炒《い》った豆《まめ》から芽《め》が出《で》て、花《はな》が咲《さ》くということから。

同 炒《い》り豆《まめ》に花《はな》 **類** 石《いし》に花《はな》咲《さ》く／枯《か》れ木《き》に花《はな》

英 to plant pebbles and get potatoes（小石《こいし》を植《う》えて、芋《いも》を得《え》る）

入《い》れ替《か》わり立《た》ち替《か》わり 慣用句

意味 次《つぎ》から次《つぎ》へと人《ひと》がやって来《く》るようす。**例** **入れ替わり立ち替わり**客《きゃく》が来《く》る。

色《いろ》気《け》より食《く》い気《け》 ことわざ

意味 恋愛《れんあい》への関心《かんしん》よりも食《た》べることへの関心《かんしん》のほうがまさっている。また、外見《がいけん》より実利《じつり》を取《と》ることにもいう。**例** とてもおなかがすいているので、**色気より食い気**で、おしゃれなカフェより焼《や》き肉《にく》屋《や》に入《はい》りたい。

類 花《はな》より団子《だんご》

色眼鏡《いろめがね》で見《み》る 慣用句

意味 かたよった見方《みかた》をする。**例** 人《ひと》を**色眼鏡で見る**のはよくない。

★色《いろ》を失《うしな》う 慣用句

意味 おどろきやおそれなどのため、顔色《かおいろ》が青《あお》ざめる。**例** 押《お》し寄《よ》せる軍勢《ぐんぜい》に**色を失った**。

類 顔色《がんしょく》なし

色《いろ》を付《つ》ける 慣用句

意味 物《もの》を売《う》るときなどに、値引《ねび》きをしたり、おまけをつけたりする。**例** 知《し》り合《あ》いだからと**色を付けて**くれた。

色《いろ》をなす 慣用句

意味 おこって顔色《かおいろ》を変《か》える。**例** **色をなして**抗議《こうぎ》する。

類 怒髪天《どはつてん》を衝《つ》く

鰯《いわし》の頭《あたま》も信心《しんじん》から ことわざ

意味 つまらないものでも、信《しん》じればありがたいものに思《おも》われることのたとえ。

例 そんなものをお守《まも》りとして大切《たいせつ》にするなんて、**鰯の頭も信心から**、だね。

語源 節分《せつぶん》の夜《よる》、イワシの頭《あたま》をヒイラギの枝《えだ》にさして魔《ま》よけにすることから。

参考 ⑴多《おお》く、物事《ものごと》をがんこに信《しん》じこんでいる人《ひと》をからかって言《い》う。⑵いろはがるた（京都《きょうと》）の一《ひと》つ。

同 鰯《いわし》の頭《かしら》も信心《しんじん》から

英 Miracles happen to those who believe in them.（奇跡《きせき》はそれを信《しん》じる人《ひと》に起《お》きる）

★言《い》わぬが花《はな》 ことわざ

意味 はっきりと口《くち》にして言《い》わない方《ほう》が、かえって、おもむきがあるということ。

例 よけいなことは、**言わぬが花**。

類 言《い》わぬは言《い》うにまさる

英 Silence is more eloquent than words.（沈黙《ちんもく》は言葉《ことば》より雄弁《ゆうべん》である）

意《い》を決《けっ》する 慣用句

意味 考《かんが》えを決《き》める。**例** **意を決して**精密《せいみつ》検査《けんさ》を受《う》けることにした。

意《い》を強《つよ》くする 慣用句

意味 自信《じしん》を深《ふか》める。**例** みんなの賛同《さんどう》を得《え》て自分《じぶん》の考《かんが》えが正《ただ》しいと**意を強くした**。

異《い》を唱《とな》える 慣用句

意味 ある意見《いけん》に反対《はんたい》する。反対《はんたい》の意見《いけん》を出《だ》す。**例** 開発計画《かいはつけいかく》に**異を唱える**。

★因果応報《いんがおうほう》 四字熟語

意味 おこないがよいか悪《わる》いかで、必《かなら》ずそれに応《おう》じた報《むく》いがあるということ。

例 テストの点《てん》が悪《わる》かったのは、なまけたせいで、**因果応報**だ。

参考 主《おも》に、悪《わる》いおこないについて言《い》う。

類 自業自得《じごうじとく》／身《み》から出《で》た錆《さび》

英 As you sow, so shall you reap.（蒔《ま》いたとおりに刈《か》らなければならない）

因《いん》果《が》を含《ふく》める 慣用句

意味 しかたないことだという理由《りゆう》をよく言《い》いきかせて、納得《なっとく》させる。例 因果を含めて、交際《こうさい》をあきらめてもらう。

慇懃無礼《いんぎんぶれい》 四字熟語

意味 ていねいすぎて、かえって無礼《ぶれい》になるようす。また、うわべは礼《れい》をつくしているようだが、実《じつ》は相手《あいて》をばかにして無《ぶ》礼《れい》なようす。例 慇懃無礼な態度《たいど》をとる。

引導《いんどう》を渡《わた》す 慣用句

意味 これでもうおしまいだと言《い》いわたす。例 もうこれ以上《いじょう》はお金《かね》を貸《か》すことはできないと引導を渡した。

語源 「引導《いんどう》」は、仏教《ぶっきょう》の言葉《ことば》で、死《し》んだ人《ひと》が仏《ほとけ》になれるようにお経《きょう》を唱《とな》えること。

陰《いん》にこもる 慣用句

意味 外《そと》にあらわれず、発散《はっさん》しない。また、暗《くら》い感《かん》じになる。例 陰にこもった性格《せいかく》。

陰《いん》に陽《よう》に 慣用句

意味 裏《うら》で支《ささ》えたり表《おもて》に出《で》て助《たす》けたりするようす。例 かのじょが立《た》ち直《なお》れるように、陰に陽に力《ちから》をつくした。

類 陰《かげ》になり日《ひ》なたになり

う

有為転変《ういてんぺん》 四字熟語

意味 この世《よ》のすべてのものは常《つね》に移《うつ》り変《か》わって一定《いってい》ではないということ。また、物事《ものごと》が激《はげ》しく移《うつ》り変《か》わること。例 有為転変を続《つづ》ける都会《とかい》の風景《ふうけい》。

語源 「有為《うい》」は、仏教《ぶっきょう》の言葉《ことば》で、因縁《いんねん》によってこの世《よ》に生《しょう》じたすべての存在《そんざい》や現象《げんしょう》。

類 有為転変《ういてんぺん》は世《よ》の習《なら》い／諸行無常《しょぎょうむじょう》

上《うえ》には上《うえ》がある ことわざ

意味 一番《いちばん》よいと思《おも》っていても、もっと優《すぐ》れているものがあるということ。よいものには限《かぎ》りがないということ。例 かれより足《あし》の速《はや》い人《ひと》がいるなんて、上には上があるものだ。

類 上《うえ》を見《み》れば方図《ほうず》がない 英 There may be blue, and better blue.（青《あお》もあればよりすぐれた青《あお》もある）

上《うえ》を下《した》への大騒《おおさわ》ぎ 慣用句

意味 大勢《おおぜい》の人《ひと》が入《い》り乱《みだ》れる大騒《おおさわ》ぎ。例 動物園《どうぶつえん》のトラがにげて上を下への大騒ぎになった。

語源 上《うえ》にあるものが下《した》に、下《した》にあるものが上《うえ》になるようすから。

注意 「上《うえ》へ下《した》へ…」「上《うえ》や下《した》へ…」は誤《あやま》り。

★★ 右往左往《うおうさおう》 四字熟語

意味 多《おお》くの人《ひと》がうろたえて、あっちへ行《い》ったり、こっちへ来《き》たりすること。例 電車《でんしゃ》が運転《うんてん》を見合《みあ》わせていて、人々《ひとびと》が駅《えき》で右往左往する。

語源 右《みぎ》へ行《い》ったり左《ひだり》へ行《い》っ

たりするということから。

★**魚心《うおごころ》あれば水心《みずごころ》** ことわざ
意味 一方《いっぽう》が他方《たほう》を気《き》に入《い》れば、他方《たほう》も相《あい》手《て》を気《き》に入《い》るようになるということ。
例 魚心あれば水心というから、まず、こちらの好意《こうい》を示《しめ》してみよう。
語源 魚《さかな》が水《みず》の中《なか》にすみたいという気持《きも》ちをもつなら、水《みず》も魚《さかな》にすんでほしいという気《き》持《も》ちをもつということから。
同 水心《みずごころ》あれば魚心《うおごころ》 英 Claw me and I'll claw you.（掻《か》いてくれれば掻《か》いてやる）

うかうか三十《さんじゅう》きょろきょろ四十《しじゅう》 ことわざ
意味 三十代《さんじゅうだい》はうかうかと過《す》ごし、四十代《よんじゅうだい》になって何《なに》かしようとあわてる。意義《いぎ》のあることを成《な》しとげずに、人生《じんせい》を過《す》ごしてしまうことのたとえ。例 うかうか三十きょろきょろ四十で、自分《じぶん》の得意《とくい》なことが今《いま》もって見《み》つからない。

浮《う》かぬ顔《かお》 慣用句
意味 心配《しんぱい》なことがあって、晴《は》れ晴《ば》れしない顔《かお》つき。例 仕事《しごと》が思《おも》うように進《すす》まないのか、かれは浮かぬ顔をしている。
同 浮《う》かない顔《かお》

浮《う》き足《あし》立《だ》つ 慣用句
意味 今《いま》にもにげ出《だ》しそうにする。また、不安《ふあん》などで落《お》ち着《つ》いていられなくなる。例 身近《みぢか》で起《お》きた事件《じけん》に人々《ひとびと》は浮き足立った。
語源 「浮《う》き足《あし》」は、つま先《さき》だけで、足全体《あしぜんたい》が地《ち》にしっかりとついていないようす。落《お》ち着《つ》かないさまをのこと。

受《う》けて立《た》つ 慣用句
意味 挑戦《ちょうせん》を受《う》けて、それに堂々《どうどう》と応《おう》じる。例 いつでもかかってこい。受けて立つぞ。

有卦《うけ》に入《い》る 慣用句
意味 幸運《こううん》にめぐまれる。運《うん》が向《む》く。例 連戦連勝《れんせんれんしょう》ですっかり有卦に入る。
語源 「有卦《うけ》」は、中国《ちゅうごく》の昔《むかし》の考《かんが》え方《かた》で、幸《こう》運《うん》が続《つづ》く七年間《ななねんかん》のこと。
注意 「入《い》る」を「はいる」と読《よ》むのは誤《あやま》り。

烏合《うごう》の衆《しゅう》 故事成語
意味 まとまりのない寄《よ》せ集《あつ》めの人々《ひとびと》。または、そのような軍勢《ぐんぜい》。〈『後漢書《ごかんじょ》』〉
例 数《かず》は多《おお》いが烏合の衆だから、こわくない。
語源 「烏合《うごう》」は、カラスの集《あつ》まり。まとまりのないカラスの群《む》れのようすから。
英 The mob has many heads but no brains.（一味《いちみ》は頭数《あたまかず》は多《おお》いが脳味噌《のうみそ》がない）

動《うご》きが取《と》れない 慣用句
意味 自分《じぶん》の思《おも》いどおりに活動《かつどう》ができない。例 仕事《しごと》が多《おお》すぎて、まったく動きが取れない状態《じょうたい》だ。

右顧左眄《うこさべん》 四字熟語
意味 周囲《しゅうい》の情勢《じょうせい》をうかがってばかりいて決断《けつだん》をためらうこと。例 リーダーが右顧左眄では困《こま》る。
語源 右《みぎ》を見《み》たり左《ひだり》を見《み》たりするということから。
同 左顧右眄《さこうべん》

雨後《うご》のたけのこ 慣用句
意味 次々《つぎつぎ》と同《おな》じような物事《ものごと》があらわれることのたとえ。例 雨後のたけのこのように駅前《えきまえ》にビルが建《た》てられている。
語源 雨《あめ》の後《あと》、地面《じめん》からたけのこが次々《つぎつぎ》と出《で》てくることから。

牛《うし》に引《ひ》かれて善光寺参《ぜんこうじまい》り ことわざ
意味 他人《たにん》からさそわれて知《し》らぬ間《ま》によ

い方《ほう》へ導《みちび》かれることのたとえ。また、本心《ほんしん》から始《はじ》めたことではないのに、知《し》らず知《し》らずその事《こと》に熱心《ねっしん》になることのたとえ。例 友人《ゆうじん》にさそわれてなんとなく始《はじ》めた水泳《すいえい》だが、体《たい》力《りょく》の向上《こうじょう》に役立《やくだ》っているようだ。まさに牛に引かれて善光寺参り、だ。

語源 不信心《ふしんじん》な老婆《ろうば》が、干《ほ》していた布《ぬの》を牛《うし》が角《つの》に引《ひ》っかけて去《さ》ったのを追《お》いかけて、知《し》らぬ間《ま》に善光寺《ぜんこうじ》に着《つ》き、信心《しんじん》するようになったという話《はなし》から。

英 Goslings lead the geese to water.（ガチョウのひなが親鳥《おやどり》を水辺《みずべ》へつれていく）

★牛《うし》の歩《あゆ》み 慣用句

意味 物事《ものごと》の進《すす》み具合《ぐあい》がおそいことのたとえ。例 工事《こうじ》は、まさに牛の歩みだ。

語源 牛《うし》は歩《ある》くのがおそいことから。

牛《うし》は牛連《うしづ》れ馬《うま》は馬連《うまづ》れ ことわざ

意味 同類《どうるい》は集《あつ》まりやすいことのたとえ。また、似合《にあ》いの者同士《ものどうし》が集《あつ》まれば仲良《なかよ》くうまくいくということ。例 部活《ぶかつ》の友人《ゆうじん》とは、気《き》も合《あ》うし話《はなし》も合《あ》う。まさに牛は牛連れ馬は馬連れだ。

類 同気相求《どうきあいもと》める／似《に》た者夫婦《ものふうふ》／類《るい》は友《とも》を呼《よ》ぶ 英 Birds of a feather flock together.（羽色《はいろ》の同《おな》じ鳥《とり》は群《む》れて飛《と》ぶ）

氏《うじ》より育《そだ》ち ことわざ

意味 立派《りっぱ》な人間《にんげん》になるには、家《いえ》がらより、育《そだ》つ環境《かんきょう》や教育《きょういく》の力《ちから》の方《ほう》が大《おお》きいということ。例 氏より育ちというから、とにかく勉学《べんがく》にはげもう。

参考 いろはがるた（京都《きょうと》）の一《ひと》つ。

英 Birth is much but breeding is more.（生《う》まれも重要《じゅうよう》であるが、育《そだ》ちはそれ以《い》上《じょう》に重要《じゅうよう》である）

後《うし》ろ髪《がみ》を引《ひ》かれる 慣用句

意味 後《あと》のことが気《き》になって思《おも》いきれないことのたとえ。例 かれは年老《としお》いた母《はは》を残《のこ》し、後ろ髪を引かれる思《おも》いで上京《じょうきょう》した。

語源 髪《かみ》の毛《け》を後《うし》ろに引《ひ》っぱられるということから。

後《うし》ろ指《ゆび》を指《さ》される 慣用句

意味 かげで悪口《わるくち》を言《い》われる。例 人《ひと》から後ろ指を指されるようなことをするな。

語源 見《み》えない後《うし》ろ側《がわ》から指《ゆび》を指《さ》されるということから。

後《うし》ろを見《み》せる 慣用句

意味 おじけづいたり負《ま》けたりして、にげ出《だ》す。例 敵《てき》に後ろを見せるな。

語源 相手《あいて》に背《せ》を向《む》けてにげる意味《いみ》から。

牛《うし》を馬《うま》に乗《の》り換《か》える ことわざ

意味 歩《あゆ》みの遅《おそ》い牛《うし》から足《あし》の速《はや》い馬《うま》に乗《の》りかえるように、不利《ふり》な方《ほう》をすて、より有利《ゆうり》な方《ほう》にかえることのたとえ。例 長《なが》年《ねん》の赤字《あかじ》に苦《くる》しんできた企業《きぎょう》が、牛を馬に乗り換えるで新《あら》たな事業《じぎょう》を始《はじ》め、それが今《いま》や本業《ほんぎょう》になったそうだ。

同 牛売《うしう》って馬《うま》を買《か》う／牛《うし》を馬《うま》にする
対 馬《うま》を牛《うし》に乗《の》り換《か》える

薄紙《うすがみ》を剥《は》ぐように 慣用句

意味 病気《びょうき》などが、少《すこ》しずつよくなっていくようす。例 薄紙を剥ぐように祖母《そぼ》の病状《びょうじょう》は回復《かいふく》していった。

語源 薄《うす》い紙《かみ》を一枚《いちまい》ずつ剥《は》がすということから。

同 濡《ぬ》れ紙《がみ》を剥《は》がすように

有象無象《うぞうむぞう》 四字熟語

意味 どこにでもいるつまらない人々《ひとびと》。

例 そのチームは**有象無象**の集《あつ》まりだ。

語源 仏教《ぶっきょう》の言葉《ことば》で、形《かたち》のあるものとないもの。世《よ》の中《なか》のすべてのもののこと。

注意 「うしょうむしょう」と読《よ》むのは誤《あやま》り。

嘘《うそ》から出《で》たまこと ことわざ

意味 はじめは嘘《うそ》のつもりで言《い》ったことが、いつのまにか本当《ほんとう》になること。

例 じょうだんで外国《がいこく》で暮《く》らすと言《い》っていたら、**嘘から出たまこと**で、本当《ほんとう》にアメリカに引《ひ》っこすことになった。

参考 いろはがるた（江戸《えど》）の一《ひと》つ。

類 虚《きょ》は実《じつ》を引《ひ》く／瓢箪《ひょうたん》から駒《こま》 英 Many a true word is spoken in jest.（冗《じょう》談《だん》の中《なか》で真実《しんじつ》が語《かた》られることが多《おお》い）

嘘《うそ》つきは泥棒《どろぼう》の始《はじ》まり ことわざ

意味 平気《へいき》で嘘《うそ》をつくような人《ひと》は、ついには泥棒《どろぼう》をするようになるということ。

例 本当《ほんとう》のことを言《い》いなさい。**嘘つきは泥棒の始まり**だからね。

類 嘘《うそ》は盗人《ぬすびと》の始《はじ》まり／嘘《うそ》を言《い》えば地獄《じごく》へ行《い》く 英 He that will lie will steal.（嘘《うそ》をつく者《もの》は盗《ぬす》みをするようになる）

嘘八百《うそはっぴゃく》 慣用句

意味 たくさんの嘘《うそ》。例 **嘘八百**を並《なら》べる。

語源 「八百《はっぴゃく》」は、数《かず》が多《おお》いことをあらわす。

嘘《うそ》も方便《ほうべん》 ことわざ

意味 嘘《うそ》をつくのは悪《わる》いことだが、目的《もくてき》を果《は》たすために、嘘《うそ》をつかなければならないときもあるということ。例 常《つね》に本当《ほんとう》のことを言《い》うのがいいとは限《かぎ》らない。**嘘も方便**だよ。

類 嘘《うそ》は世《よ》の宝《たから》 英 The end justifies the means.（目的《もくてき》は手段《しゅだん》を正当化《せいとうか》する）

うだつが上《あ》がらない 慣用句

意味 思《おも》うように地位《ちい》が上《あ》がったり、生活《せいかつ》がよくなったりしない。例 このままでは一生《いっしょう》**うだつが上がらない**。

うだつ

語源 「うだつ」は、火事を防ぐため、高くつくったかべの部分《ぶぶん》。これがある家《いえ》は豊《ゆた》かな家《いえ》であったことから。また、屋根《やね》を支《ささ》える木材《もくざい》の一《ひと》つのこと。短《みじか》い柱《はしら》で、大《おお》きなむな木《ぎ》におさえられていることからともいわれる。

歌《うた》は世《よ》につれ世《よ》は歌《うた》につれ ことわざ

意味 流行歌《りゅうこうか》は世《よ》の中《なか》の動《うご》きにつれて生《う》まれ、世《よ》の中《なか》はそのときの流行歌《りゅうこうか》によって動《うご》かされる。世《よ》の中《なか》にはやる歌《うた》は、世《よ》の中《なか》のことをうまくあらわしているものだということ。例 **歌は世につれ世は歌《うた》につれ**というとおり、昔《むかし》の歌《うた》をきくと当時《とうじ》のふんいきがよく伝《つた》わってくる。

内弁慶《うちべんけい》 ことわざ ↓内弁慶の外味噌《うちべんけいのそとみそ》（57ページ）

内弁慶《うちべんけい》の外味噌《そとみそ》 ことわざ ↓世界のことわざ（59ページ）

意味 外《そと》ではおとなしくて意気地《いくじ》がないのに、自分《じぶん》の家《いえ》ではいばっていることのたとえ。また、そのような人《ひと》。例 弟《おとうと》は**内弁慶の外味噌**だ。

語源 「弁慶《べんけい》」は、源義経《みなもとのよしつね》につかえたとい

われる武蔵《むさし》坊弁慶《ぼうべんけい》のこと。とても強《つよ》かったとされる。「味《み》噌《そ》」は、泣《な》きみそ（泣《な》き虫《むし》）や弱《よわ》みそ（弱虫《よわむし》）のように、弱《よわ》い者《もの》をばかにするいい方《かた》。

同 内弁慶《うちべんけい》／内弁慶《うちべんけい》の外地蔵《そとじぞう》／内弁慶《うちべんけい》の外菜虫《そとなむし》／陰弁慶《かげべんけい》 英 A lion at home, and a mouse abroad.（家《いえ》ではライオンだが外《そと》ではネズミ）

内股膏薬《うちまたごうやく》 四字熟語
意味 その時《とき》の都合次第《つごうしだい》で、あちらについたりこちらについたりして節操《せっそう》がないこと。また、そのような人《ひと》。例 かれはいつも内股膏薬だ。
語源 内股《うちまた》にはった薬《くすり》が右側《みぎがわ》や左側《ひだりがわ》にくっつくということから。
同 二股膏薬《ふたまたごうやく》

★**有頂天《うちょうてん》になる** 慣用句
意味 喜《よろこ》んだり得意《とくい》になったりして、すっかり夢中《むちゅう》になる。例 ほめられて有頂天になる。
語源「有頂天《うちょうてん》」は、仏教《ぶっきょう》の言葉《ことば》で、最《もっと》も上《うえ》の所《ところ》。
注意「有頂点《うちょう》」は誤《あやま》り。

うっちゃりを食《く》う 慣用句
意味 最後《さいご》のところで、形勢《けいせい》を逆《ぎゃく》転《てん》される。例 勝《しょう》利《り》を目前《もくぜん》にして、うっちゃりを食う。
語源「うっちゃり」は、土俵際《どひょうぎわ》で体《からだ》をひねって相手《あいて》を外《そと》へたおす、相撲《すもう》のわざ。

うっちゃり

現《うつつ》を抜《ぬ》かす 慣用句
意味 あることに夢中《むちゅう》になって、ほかのことには見向《みむ》きもしない。例 ゲームに現を抜かす。
語源「うつつ」は、正気《しょうき》のこと。

鬱憤《うっぷん》を晴《は》らす 慣用句
意味 心《こころ》の中《なか》にたまっていた不満《ふまん》やいかりを口《くち》に出《だ》すなどして、気《き》を晴《は》らす。例 友達《ともだち》に思《おも》いきりしゃべって鬱憤を晴らす。

★★**腕《うで》が上《あ》がる** 慣用句
意味 上手《じょうず》になる。上達《じょうたつ》する。例 めきめきゴルフの腕が上がった。
同 腕《うで》を上《あ》げる

腕《うで》が落《お》ちる 慣用句
意味 腕前《うでまえ》がおとろえる。下手《へた》になる。
例 ピアノの練習《れんしゅう》をしないでいたら、みるみる腕が落ちた。

腕《うで》が立《た》つ 慣用句
意味 仕事《しごと》などをやりとげる力《ちから》が優《すぐ》れている。腕前《うでまえ》がすばらしい。例 かれは腕が立つ職人《しょくにん》だ。

腕《うで》が鳴《な》る 慣用句
意味 自分《じぶん》の能力《のうりょく》や力《ちから》をあらわそうとはりきる。例 いよいよ本番《ほんばん》だ。腕が鳴るなあ。

腕《うで》に覚《おぼ》えがある 慣用句
意味 自分《じぶん》の腕前《うでまえ》や力《ちから》に自信《じしん》がある。
例 大工仕事《だいくしごと》なら、多少《たしょう》腕に覚えがある。

腕《うで》によりを掛《か》ける 慣用句
意味 腕前《うでまえ》を十分《じゅうぶん》にあらわそうと、はりき

る。 例 腕によりを掛けて、ごちそうを作《つく》る。

打《う》てば響《ひび》く 慣用句
意味 働《はたら》きかけに、すぐ反応《はんのう》する。 例 打てば響くような答えに、周囲《しゅうい》の人《ひと》が感心《かんしん》する。
語源 鐘《かね》などを打《う》つと、すぐに音《おと》が響《ひび》くことから。

腕《うで》を上《あ》げる 慣用句
⬇腕《うで》が上《あ》がる （58ページ）

腕《うで》を買《か》われる 慣用句
意味 能力《のうりょく》や技術《ぎじゅつ》を評価《ひょうか》される。 例 姉《あね》はピアノの腕を買われて、式典《しきてん》で演奏《えんそう》することになった。

腕《うで》をこまぬく 慣用句
⬇手《て》をこまねく （286ページ）

腕《うで》をこまねく 慣用句
⬇手《て》をこまねく （286ページ）

腕《うで》を振《ふ》るう 慣用句
意味 腕前《うでまえ》を十分《じゅうぶん》にあらわす。 例 料理《りょうり》の腕を振るう。

腕《うで》を磨《みが》く 慣用句
意味 熱心《ねっしん》に練習《れんしゅう》して力《ちから》をつける。 例 コンクールに向《む》けて腕を磨く。

世界《せかい》のことわざ　内弁慶《うちべんけい》の外味噌《そとみそ》

ポルトガル
暴《あば》れ牛《うし》もよその土地《とち》ではおとなしくなる

荒々《あらあら》しい雄牛《おうし》も、よその土地《とち》に行《い》くと、おとなしい牛《うし》になります。住《す》み慣《な》れた故郷《こきょう》を離《はな》れると、乱暴者《らんぼうもの》の振《ふ》る舞《ま》いも変《か》わることのたとえです。

その他《た》 ニカラグア

パキスタン
家《いえ》では虎《とら》、外《そと》では羊《ひつじ》

家《いえ》ではトラのようにいばっているが、外《そと》ではヒツジのようにおとなしいこと。

イタリア
雄鶏《おんどり》も自分《じぶん》のフンの山《やま》では勇《いさ》ましい

フンの山《やま》は、ふだん暮《く》らしているなわばりのたとえ。ほかの者《もの》が入《はい》って来《こ》ないところでは、いばっていることをいっています。

その他《た》 イギリス

★**うどの大木《たいぼく》** ことわざ

意味 体《からだ》ばかり大《おお》きくて、役《やく》に立《た》たない人《ひと》のたとえ。例 うどの大木だなんて言《い》われないように、少《すこ》しは力《ちから》仕事《しごと》を手伝《てつだ》いなさい。

うど

語源 ウドの茎《くき》は長《なが》くて太《ふと》いが、やわらかくて役《やく》に立《た》たないことから。

類 独活《うど》の大木柱《たいぼくはしら》にならず／大男総身《おおおとこそうみ》に知恵《ちえ》が回《まわ》りかね　対 山椒《さんしょう》は小粒《こつぶ》でもぴりりと辛《から》い

うなぎの寝床《ねどこ》 慣用句

意味 建物《たてもの》や場所《ばしょ》の、はばがせまく奥行《おくゆ》きが長《なが》いようすのたとえ。例 うなぎの寝床のような部屋《へや》。

語源 ウナギは体《からだ》が細長《ほそなが》いことから。

うなぎ登《のぼ》り 慣用句

意味 休《やす》みなくどんどん上《あ》がったり増《ふ》えたりするようす。例 物《もの》の値段《ねだん》がうなぎ登りに上《あ》がる。

語源 ウナギが水中《すいちゅう》をまっすぐ上《あ》がっていくようすから。

鵜《う》の真似《まね》をする烏《からす》 ことわざ

意味 自分《じぶん》の能力《のうりょく》を考《かんが》えないで、むやみに人《ひと》の真似《まね》をすると失敗《しっぱい》するということのたとえ。例 ほかの人《ひと》ができたからといって、君《きみ》もできるとは限《かぎ》らない。鵜の真似をする烏にならないように気《き》をつけなさい。

語源 泳《およ》ぎのうまいウを真似《まね》て水《みず》に入《はい》ったカラスがおぼれるということから。

類 鵜《う》の真似《まね》をする烏《からす》は水《みず》を呑《の》む　英 The jay is unmeet for a fiddle.（かけすはバイオリンに似《に》合《あ》わない）

鵜《う》呑《の》みにする 慣用句

意味 人《ひと》の言葉《ことば》などをよく考《かんが》えないで、本《ほん》当《とう》だと思《おも》いこむ。例 うわさ話《ばなし》を鵜呑みにするな。

語源 鳥《とり》のウが魚《さかな》をそのままのみこむことから。

鵜《う》の目《め》鷹《たか》の目《め》 ことわざ

意味 熱心《ねっしん》に物《もの》を探《さが》すようす。また、その目《め》つき。例 安《やす》い物《もの》はないかと鵜の目鷹の目で探《さが》す。

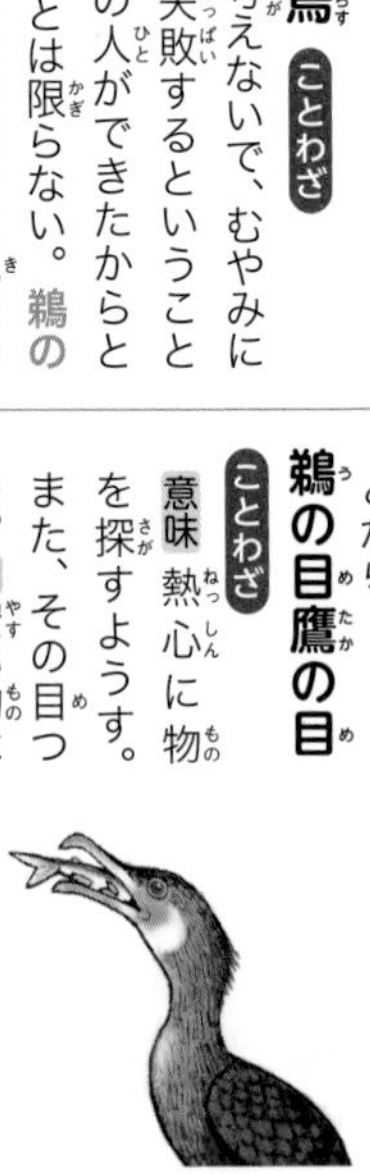

う

語源 ウやタカがえものをねらうときのするどい目《め》つき。

類 鵜《う》の餌《え》鷹《たか》の餌《え》

うまい汁《しる》を吸《す》う 慣用句

⬇甘《あま》い汁《しる》を吸《す》う（21ページ）

★★**馬《うま》が合《あ》う** 慣用句

意味 気《き》が合《あ》う。気持《きも》ちがぴったりと合《あ》う。例 あの二人《ふたり》は知《し》り合《あ》ったばかりだが、やけに馬が合うようで、いつもいっしょにいる。

語源 馬《うま》と、馬《うま》に乗《の》る人《ひと》の息《いき》がぴったり合《あ》うということから。

馬《うま》には乗《の》ってみよ、人《ひと》には添《そ》うてみよ ことわざ

意味 物事《ものごと》は実際《じっさい》に経験《けいけん》してみないとわからないという教《おし》え。例 馬には乗って

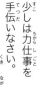

みよ、人には添うてみよというから、ひとつ試《ため》してみよう。

同 人《ひと》には添《そ》うてみよ、馬《うま》には乗《の》ってみよ

馬《うま》の骨《ほね》 慣用句 ↓どこの馬《うま》の骨《ほね》（296ページ）

★★
馬《うま》の耳《みみ》に念仏《ねんぶつ》 ことわざ ↓世界のことわざ（61ページ）

意味 いくら注意《ちゅうい》されても少《すこ》しもそれを聞《き》き入《い》れようとしないことのたとえ。

例 母《はは》にお説教《せっきょう》をされても弟《おとうと》には馬の耳に念仏だ。

類 犬《いぬ》に論語《ろんご》／馬《うま》の耳《みみ》に風《かぜ》／馬耳東風《ばじとうふう》

世界《せかい》のことわざ 馬《うま》の耳《みみ》に念仏《ねんぶつ》

中国《ちゅうごく》

牛《うし》に向《む》かって琴《こと》をひく

昔《むかし》、公明儀《こうめいぎ》という琴《こと》の名手《めいしゅ》が、牛《うし》に自分《じぶん》の琴《こと》を聞《き》かせたところ、牛《うし》は見向《みむ》きもせずに草《くさ》を食《た》べ続《つづ》けた。やがて、牛《うし》が無反応《むはんのう》なのは、自分《じぶん》の琴《こと》の音色《ねいろ》が牛《うし》には高級《こうきゅう》すぎて、その価値《かち》がわからないのだと気《き》づいたという話《はなし》から。

カンボジア

蓮《はす》の葉《は》に水《みず》を差《さ》すよう

ハスの葉《は》の表面《ひょうめん》に水《みず》を差《さ》しても、水滴《すいてき》がころころと転《ころ》がって、落《お》ちるだけで、しみこむことはありません。よいことをいくら教《おし》えてもむだであるということです。ほぼ同《おな》じ意味《いみ》で「アヒルの頭《あたま》に水《みず》を差《さ》すよう」ともいいます。

インド

水牛《すいぎゅう》の前《まえ》でヴィーナをかなでる

「水牛《すいぎゅう》の前《まえ》でヴィーナをかなでても草《くさ》をはむだけ」ともいいます。ヴィーナはインドに古代《こだい》から伝《つた》わる弦楽器《げんがっき》で、ことわざは価値《かち》のわからない者《もの》によいものを聞《き》かせてもむだということです。ヒンドゥー教《きょう》では牛《うし》は神聖《しんせい》なものとされますが、水牛《すいぎゅう》はおろかで鈍《にぶ》いものとされます。

英 A nod is as good as a wink to a blind horse.（目《め》の見《み》えない馬《うま》にはうなずいても目《め》くばせしても同《おな》じことである）

★海千山千《うみせんやません》 四字熟語

意味 いろいろな経験《けいけん》を積《つ》み、世《よ》の中《なか》のことを知《し》りつくしていて、悪《わる》がしこいこと。また、そのような人《ひと》。例 海千山千の実業家《じつぎょうか》。

語源 海《うみ》に千年《せんねん》、山《やま》に千年《せんねん》すんだヘビは、竜《りゅう》になるという言《い》い伝《つた》えから。

同 海《うみ》に千年山《せんねんやま》に千年《せんねん》 類 煮《に》ても焼《や》いても食《く》えない／一筋縄《ひとすじなわ》では行《い》かない 英 An old fox is not easily snared.（老狐《ろうぎつね》は、やすやすと罠《わな》にはかからない）

海《うみ》に千年《せんねん》山《やま》に千年《せんねん》 慣用句

➡海千山千《うみせんやません》（62ページ）

生《う》みの親《おや》より育《そだ》ての親《おや》 ことわざ

意味 自分《じぶん》を生《う》んでくれた親《おや》より、育《そだ》ててくれた人《ひと》の方《ほう》がありがたいということ。

例 生みの親より育ての親というとおり、養父母《ようふぼ》にはとても感謝《かんしゃ》している。

同 産《う》みの親《おや》より育《そだ》ての親《おや》

海《うみ》の物《もの》とも山《やま》の物《もの》ともつかない ことわざ

意味 将来《しょうらい》どうなるかまだわからない状《じょう》態《たい》である。例 海の物とも山の物ともつかない選手《せんしゅ》を応援《おうえん》する。

同 海《うみ》のものとも山《やま》のものとも知《し》れぬ

英 It is neither flesh nor fish.（獣肉《じゅうにく》でも魚肉《ぎょにく》でもない）

有無《うむ》を言《い》わせず 慣用句

意味 相手《あいて》が承知《しょうち》する、承知《しょうち》しないに関係《かんけい》なく。無理《むり》やり。例 有無を言わせず、会《かい》に参加《さんか》させる。

同 有無《うむ》を言《い》わさず

梅《うめ》に鶯《うぐいす》 慣用句

意味 よくつり合《あ》うもののたとえ。例 梅に鶯といった風情《ふぜい》のある情景《じょうけい》。

類 竹《たけ》に雀《すずめ》

烏有《うゆう》に帰《き》す 慣用句

意味 何《なに》もかもなくなってしまう。特《とく》に、火事《かじ》で丸焼《まるや》けになり、すべてを失《うしな》う。

例 苦労《くろう》して集《あつ》めた本《ほん》が、災害《さいがい》のために烏有に帰した。

語源 「烏有《うゆう》」は、漢文《かんぶん》では「烏《いず》くんぞ有《あ》らんや」と読《よ》み、「何《なに》かあるだろうか、何《なに》もない」という意味《いみ》。

紆余曲折《うよきょくせつ》 四字熟語

意味 いろいろと事情《じじょう》があって、複雑《ふくざつ》な道《みち》筋《すじ》をたどること。例 市民会館《しみんかいかん》の新築工《しんちくこう》事《じ》は、紆余曲折の末《すえ》に、ようやく始《はじ》まった。

恨《うら》み骨髄《こつずい》に徹《てっ》す 故事成語

意味 非常《ひじょう》に深《ふか》く人《ひと》を恨《うら》む。〈『史記《しき》』〉

例 裏切《うらぎ》られて恨み骨髄に徹す。

語源 「徹《てっ》す」は、奥深《おくぶか》くとおること。恨《うら》みが骨《ほね》のしんまでしみ通《とお》るということから。

同 恨《うら》み骨髄《こつずい》に入《い》る／恨《うら》み骨髄《こつずい》に徹《てっ》する

恨《うら》みに報《むく》ゆるに徳《とく》を以《もっ》てす 故事成語

意味 うらみのある者《もの》に仕返《しかえ》しをせず、逆《ぎゃく》に恩徳《おんとく》で報《むく》いる。〈『老子《ろうし》』〉例 相手《あいて》にやり返《かえ》したら同《おな》じだ。恨みに報ゆるに徳を以てすというように、自分《じぶん》はまごころをもって接《せっ》したい。

類 恩《おん》を以《もっ》て怨《うら》みに報《ほう》ず／仇《あだ》を恩《おん》にして報《ほう》ずる

恨《うら》みを買《か》う 慣用句

意味 恨《うら》みを受《う》ける。恨《うら》まれる。例 つまらないことで、人《ひと》の恨みを買う。

裏目《うらめ》に出《で》る 慣用句

意味 よくなると思《おも》ってしたことが、かえって悪《わる》い結果《けっか》になる。例 選手《せんしゅ》を交代《こうたい》させたら、裏目に出た。

語源 「裏目《うらめ》」は、さいころの目《め》で、反対側《はんたいがわ》の目《め》。

裏《うら》をかく 慣用句

意味 相手《あいて》が考《かんが》えたことと反対《はんたい》のことをして相手《あいて》をだしぬく。例 敵《てき》の裏をかく作戦《さくせん》で勝利《しょうり》した。

対 裏《うら》を食《く》う

売《う》り言葉《ことば》に買《か》い言葉《ことば》 ことわざ

意味 けんかをふっかけるような相手《あいて》の乱暴《らんぼう》な言葉《ことば》に対《たい》して、負《ま》けずに同《おな》じように言《い》い返《かえ》すこと。例 売り言葉に買い言葉でひどいことを言《い》ってしまった。

英 One ill word asks another.（悪口《わるぐち》は別《べつ》の悪口《わるぐち》を招《まね》く）

瓜《うり》に爪《つめ》あり爪《つめ》に爪《つめ》なし ことわざ

意味 「瓜《うり》」という字《じ》と「爪《つめ》」という字《じ》の区《く》別《べつ》を教《おし》える言葉《ことば》。「瓜《うり》」には「ᅡ」がついているが、「爪《つめ》」にはないということ。

例 「瓜に爪あり爪に爪なし」と唱《とな》えて、瓜《うり》と爪《つめ》の字《じ》のちがいを覚《おぼ》える。

瓜《うり》のつるに茄子《なすび》はならぬ ことわざ

意味 子供《こども》は親《おや》に似《に》るものだということ。

例 わたしも娘《むすめ》も片《かた》づけが苦手《にがて》だ。瓜のつるに茄子はならぬだなあ。

類 蛙《かえる》の子《こ》は蛙《かえる》　対 鳶《とび》が鷹《たか》を生《う》む　英 Eagles does not breed doves.（鷲《わし》は鳩《はと》を生《う》まない）

瓜二《うりふた》つ 慣用句

意味 顔《かお》や姿《すがた》が、とてもよく似《に》ていること。例 あの姉妹《しまい》は瓜二つだ。

語源 縦《たて》に二《ふた》つに割《わ》った瓜《うり》は、形《かたち》がよく似《に》ていることから。

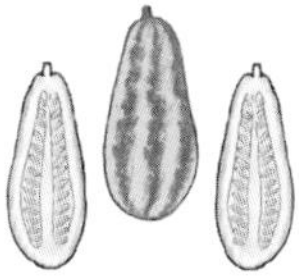

うり

英 As alike as two peas in a pod.（さやの中《なか》のえんどう豆《まめ》ほど似《に》ているものはない）

うわさをすれば影《かげ》が差《さ》す

ことわざ ➡世界のことわざ（65ページ）

意味 噂《うわさ》をしていると、その場《ば》へ当人《とうにん》が思《おも》いがけなくやってくるものだということ。例 今《いま》、話題《わだい》にしていた人《ひと》がやってきた。うわさをすれば影が差す、だね。

同 うわさをすれば影《かげ》　英 Talk of the devil and he is sure to appear.（悪《あく》魔《ま》のことを話《はな》せば悪魔《あくま》があらわれる）

上《うわ》の空《そら》 慣用句

意味 ほかのことに夢中《むちゅう》になっていて、必要《ひつよう》なことに注意《ちゅうい》が向《む》かないようす。例 先生《せんせい》の説明《せつめい》を上の空で聞《き》いていて注意《ちゅうい》された。

上前《うわまえ》を撥《は》ねる 慣用句

意味 他人《たにん》のもうけたお金《かね》や品物《しなもの》の一部《いちぶ》を、不正《ふせい》な手段《しゅだん》で自分《じぶん》のものにする。

例 給料《きゅうりょう》の上前を撥ねるなんて、ひどい。

語源 「上前《うわまえ》」は、仲介料《ちゅうかいりょう》や手数料《てすうりょう》を意味《いみ》する「上米《うわまい》」が変化《へんか》した語《ご》。

類 頭《あたま》を撥《は》ねる

運《うん》が開《ひら》ける 慣用句

意味 よいめぐりあわせになってくる。運《うん》がよくなる。例 苦難《くなん》の末《すえ》、ようやく運が開けてきた。

運《うん》が向《む》く 慣用句

意味 よい運《うん》が来《く》るようになる。例 やっと運が向いてきた。

★**雲散霧消《うんさんむしょう》** 四字熟語

意味 雲《くも》が散《ち》り霧《きり》が消《き》えるように、あとかたもなく消《き》えてなくなること。例 心配《しんぱい》事《ごと》が雲散霧消した。

同 雲消霧散《うんしょうむさん》

うんちくを傾《かたむ》ける 慣用句

意味 たくわえた知識《ちしき》をすべて出《だ》す。

例 ワインについて、うんちくを傾ける。

語源 「うんちく」は、たくわえた知識《ちしき》。

雲泥《うんでい》の差《さ》 故事成語

意味 天《てん》と地《ち》ほどの大《おお》きなちがい。

例 二人《ふたり》は実力《じつりょく》に雲泥の差がある。

語源 空《そら》にうかぶ雲《くも》と地面《じめん》の泥《どろ》は、まったくちがうということから。

参考 中国《ちゅうごく》の白居易《はくきょい》の詩《し》にある言葉《ことば》。

類 提灯《ちょうちん》に釣《つ》り鐘《がね》／月《つき》とすっぽん

うんともすんとも 慣用句

意味 一言《ひとこと》も。例 たずねられても、うんともすんとも答《こた》えない。

参考 後《あと》に「言《い》わない」という意味《いみ》の言葉《ことば》がくる。

運鈍根《うんどんこん》 慣用句

意味 幸運《こううん》と、鈍《にぶ》いくらいのまじめな性質《せいしつ》と、根気《こんき》。例 君《きみ》には運鈍根の根《こん》が欠《か》けている。

参考 成功《せいこう》に必要《ひつよう》とされる三《みっ》つのもの。

同 運根鈍《うんこんどん》

運《うん》の尽《つ》き 慣用句

意味 よいめぐりあわせが終《お》わること。

例 今《いま》までにげ回《まわ》っていたようだが、ここで会《あ》ったのが運の尽きだ。かくごしろ。

運否天賦《うんぷてんぷ》 四字熟語

意味 運《うん》のよしあしは天《てん》が定《さだ》めるものだということ。また、運《うん》を天《てん》に任《まか》せること。

例 成功《せいこう》するかどうかは運否天賦だ。

語源 「運否《うんぷ》」は、幸運《こううん》と不運《ふうん》のこと。

運命《うんめい》をたどる 慣用句

意味 幸福《こうふく》や不幸《ふこう》に向《む》かって進《すす》む。例 不《ふ》思議《しぎ》な運命をたどる男《おとこ》の子《こ》の物語《ものがたり》。

運《うん》を天《てん》に任《まか》せる 慣用句

意味 うまくいくかどうかを天《てん》の意志《いし》に任《まか》せる。なりゆきに任《まか》せる。例 練習《れんしゅう》は十分《じゅうぶん》やった。あとは運を天に任せよう。

類 人事《じんじ》を尽《つ》くして天命《てんめい》を待《ま》つ

え

永遠《えいえん》の眠《ねむ》りにつく 慣用句

意味 死《し》ぬ。例 おしまれつつ永遠の眠りについたスター。

参考 「死《し》ぬ」のていねいな言《い》い方《かた》。

永久不変《えいきゅうふへん》 四字熟語

意味 いつまでも続《つづ》き、少《すこ》しも変《か》わらないこと。例 永久不変の真理《しんり》。

英気《えいき》を養《やしな》う 慣用句

意味 次《つぎ》の活動《かつどう》に備《そな》えて、心《こころ》も体《からだ》も生《い》き生《い》きとするような力《ちから》をつくり上《あ》げる。

例 温泉《おんせん》に行《い》って、英気を養う。

★**栄枯盛衰《えいこせいすい》** 四字熟語

意味 栄《さか》えたり衰《おとろ》えたりすること。例 栄枯盛衰は世《よ》の常《つね》だ。

語源 「栄枯《えいこ》」は、植物《しょくぶつ》がしげることと、かれること。

易者《えきしゃ》身《み》の上《うえ》知《し》らず ことわざ

意味 易者《えきしゃ》は他人《たにん》を占《うらな》うことはあっても、自分《じぶん》のことはわからないものだということ。他人《たにん》のことについてはあれこれ言《い》えるが、自分《じぶん》のことでは正《ただ》しい判断《はんだん》が下《くだ》せないというたとえ。例 易者身の上知らずというが、人《ひと》にはアドバイスできても、自分《じぶん》のことはどうしたらよいかわからないものだ。
類 医者《いしゃ》の自脈《じみゃく》効《き》き目《め》なし／陰陽師《おんようじ》身《み》の上《うえ》知《し》らず／人相《にんそう》見《み》の我《わ》が身《み》知《し》らず 英 A fortune teller knows not his own fate.（易者《えきしゃ》は自分自身《じぶんじしん》の運命《うんめい》を知《し》らず）

会者定離《えしゃじょうり》 四字熟語
意味 会《あ》う者《もの》は必《かなら》ずいつか離《はな》れる運命《うんめい》にあるということ。例 会者定離は世《よ》の定《さだ》めだ。
参考 この世《よ》のはかなさや無常《むじょう》をあらわす。
類 会《あ》うは別《わか》れの始《はじ》め

得体《えたい》が知《し》れない 慣用句
意味 本当《ほんとう》の姿《すがた》や性質《せいしつ》がわからない。正体《しょうたい》がわからない。例 得体が知れない人物《じんぶつ》。
同 得《え》体《たい》の知《し》れない

悦《えつ》に入《い》る 慣用句
意味 心《こころ》の中《なか》で喜《よろこ》ぶ。一人《ひとり》でうれしがる。
例 父《ちち》はめずらしい本《ほん》を手《て》に入《い》れ、悦に入っている。

世界《せかい》のことわざ　うわさをすれば影《かげ》が差《さ》す

韓国《かんこく》

虎《とら》の話《はなし》をすれば虎《とら》がやってくる

人《ひと》のうわさをすると、不思議《ふしぎ》にその人《ひと》があらわれるというたとえです。トラは、朝鮮半島《ちょうせんはんとう》に古《ふる》くからすむ猛獣《もうじゅう》ですが、守護神《しゅごしん》としてまつられ、ユーモアのあるキャラクターとしても親《した》しまれてきました。

イギリス

悪魔《あくま》の話《はなし》をすれば悪魔《あくま》が必《かなら》ず現《あらわ》れる

悪魔《あくま》はオオカミと同《おな》じで、不幸《ふこう》をもたらす、できるだけ出《で》てきてほしくない存在《そんざい》です。ことばにするだけで、不吉《ふきつ》な存在《そんざい》だったのです。

中国《ちゅうごく》

曹操《そうそう》の話《はなし》をすれば曹操《そうそう》が現《あらわ》れる

曹操《そうそう》は、中国《ちゅうごく》の三国時代《さんごくじだい》に、魏《ぎ》の国《くに》を支配《しはい》した、たいへん有能《ゆうのう》な武将《ぶしょう》です。しかし、中国《ちゅうごく》で愛《あい》される『三国志演義《さんごくしえんぎ》』という物語《ものがたり》の中《なか》では、絶対的権力《ぜったいてきけんりょく》をもつ、残酷《ざんこく》な悪者《わるもの》として描《えが》かれていて、曹操《そうそう》はこわい人《ひと》というイメージがあります。

語源「悦《えつ》」は、喜《よろこ》ぶこと。

得手勝手《えてかって》 四字熟語

意味 ほかの人《ひと》のことは考《かんが》えず、自分《じぶん》に都合《つごう》のよいことだけをするようす。例 得手勝手なふるまいをする。

得手《えて》に帆《ほ》を揚《あ》げる ことわざ

意味 よい機会《きかい》にめぐまれ、得意《とくい》なことを調子《ちょうし》に乗《の》っておこなうことのたとえ。例 得手に帆を揚げて歌《うた》いまくっている。
参考 いろはがるた（江戸《えど》）の一《ひと》つ。
同 得手《えて》に帆《ほ》 類 得手《えて》に棒《ぼう》／追《お》い風《て》に帆《ほ》を上《あ》げる 英 Hoist your sail when the wind is fair.（順風《じゅんぷう》のときに帆《ほ》をあげよ）

江戸《えど》っ子《こ》は五月《さつき》の鯉《こい》の吹《ふ》き流《なが》し ことわざ

意味 江戸《えど》っ子《こ》は、ことばづかいは荒《あら》っぽいが、気性《きしょう》はさっぱりしていてこだわらないということ。例 江戸っ子は五月の鯉の吹き流しというが、下町《したまち》生《う》まれの祖《そ》母《ぼ》は威勢《いせい》がよく裏表《うらおもて》がない。
語源 鯉《こい》のぼりが吹《ふ》きぬけになっていて、腹《はら》に何《なに》もないことから。
同 五月《さつき》の鯉《こい》の吹《ふ》き流《なが》し 類 江戸《えど》っ子《こ》は五月《さつき》の鯉《こい》で口《くち》ばかり

江戸《えど》っ子《こ》は宵越《よいご》しの銭《ぜに》は持《も》たぬ ことわざ

意味 江戸《えど》っ子《こ》は金《かね》ばなれがよく、かせいだ金《かね》はその日《ひ》のうちに使《つか》ってしまい、次《つぎ》の日《ひ》に持《も》ち越《こ》すことはないということ。

例 臨時収入《りんじしゅうにゅう》のあった父《ちち》は、江戸っ子は宵越しの銭は持たぬだと言《い》って、家族《かぞく》で豪《ごう》華《か》な食事《しょくじ》をしに行《い》った上《うえ》、ほしかったおもちゃを買《か》ってくれた。
語源「宵越《よいご》しの銭《ぜに》」は、前日《ぜんじつ》にかせいで次《つぎ》の日《ひ》に持《も》ち越《こ》した金《かね》のこと。
同 江戸《えど》っ子《こ》は宵越《よいご》しの銭《ぜに》は使《つか》わぬ

江戸《えど》の敵《かたき》を長崎《ながさき》で討《う》つ ことわざ

意味 思《おも》いがけない場所《ばしょ》やとき、または思《おも》いがけないやり方《かた》で、しかえしをすることのたとえ。例 三年《さんねん》も前《まえ》のことのしかえしだなんて、江戸の敵を長崎で討つようなものだ。
語源 江戸《えど》時代《じだい》、大阪《おおさか》の見世物師《みせものし》が江戸《えど》でたいへん人気《にんき》が出《で》たので、江戸《えど》の見世物《みせもの》師《し》はおもしろくなかった。そこへ、長崎《ながさき》からオランダのギヤマン細工《ざいく》の見世物《みせもの》が来《き》たため、大阪《おおさか》の見世物《みせもの》はさびれてしまい、江戸《えど》の見世物師《みせものし》は胸《むね》がすっとしたという話《はなし》からとも。

絵《え》に描《か》いた餅《もち》 ことわざ

意味 計画《けいかく》や想像《そうぞう》だけで、実現《じつげん》の可能性《かのうせい》がないことのたとえ。例 そのアイデアは絵に描いた餅だ。
語源 絵《え》に描《か》いてある餅《もち》は、どんなにおいしそうでも食《た》べられないということから。
類 机上《きじょう》の空論《くうろん》 英 pie in the sky（空《そら》の上《うえ》のパイ）

★海老《えび》で鯛《たい》を釣《つ》る ことわざ

⬇世界のことわざ（67ページ）

意味 わずかなものを元《もと》にして、値打《ねう》ちのあるものを手《て》に入《い》れることのたとえ。例 手作《てづく》りクッキーのお返《かえ》しが映画《えいが》の招《しょう》待券《たいけん》だなんて、海老で鯛を釣るようなものだ。
語源 安《やす》くて小《ちい》さいエビで、立派《りっぱ》なタイを

釣《つ》るということから。

同 海老鯛《えびたい》

類 雑魚《ざこ》で鯛《たい》釣《つ》る／麦飯《むぎめし》で鯉《こい》を釣《つ》る

英 to throw a sprat to catch a herring [mackerel, whale]. (小《こ》魚《ざかな》を投《な》げてにしん〔さば、鯨《くじら》〕を捕《と》る)

笑《え》みを浮《う》かべる 慣用句

意味 にっこり笑《わら》う。ほほえむ。例 満面《まんめん》に笑みを浮かべる。

襟《えり》を正《ただ》す 慣用句

意味 身《み》なりや姿勢《しせい》をきちんとして、気持《きも》ちをひきしめる。例 校長先生《こうちょうせんせい》のお話《はなし》を、襟を正して聞《き》く。

語源 あらたまったとき、着物《きもの》のえりもとをなおすしぐさから生《う》まれた言葉《ことば》。

縁起《えんぎ》でもない 慣用句

意味 悪《わる》い事《こと》が起《お》こりそうで、いやな感《かん》じ

世界《せかい》のことわざ　海老《えび》で鯛《たい》を釣《つ》る

フランス

卵《たまご》を一《ひと》つあたえて牛一頭《うしいっとう》を得《え》る

相手《あいて》に卵一《たまごひと》つあたえるだけで、自分《じぶん》は牛《うし》一頭《いっとう》をもらう。有利《ゆうり》な取引《とりひき》をすることを誇張《こちょう》した表現《ひょうげん》です。卵《たまご》の発音《はつおん》は“ウフ”、牛《うし》は“ブフ”で、ごろを合《あ》わています。

トルコ

口《くち》にオリーブの実一粒《みひとつぶ》、腹《はら》に革袋《かわぶくろ》

ヒツジの口《くち》にオリーブの実《み》を一《ひと》つ入《い》れて食《た》べさせ、すばやく乳《ちち》をしぼることから、わずかな元手《もとで》で大《おお》きな利益《りえき》を上《あ》げるたとえになっています。羊乳《ようにゅう》は脂肪分《しぼうぶん》が多《おお》く、飲《の》むだけでなくチーズやバターにもします。

ドイツ

ソーセージを投《な》げてベーコンのかたまりを得《え》る

ドイツでは魚《さかな》よりも肉《にく》が多《おお》く食《た》べられています。なかでもソーセージは身近《みじか》な食品《しょくひん》です。小《ちい》さなソーセージをあたえて大《おお》きなベーコンのかたまりをもらえば、たいへん得《とく》をします。

である。不吉《ふきつ》である。例 縁起でもないことを言《い》うものではない。

縁《えん》起《ぎ》を担《かつ》ぐ 慣用句

意味 縁《えん》起《ぎ》のいい悪《わる》いを気《き》にする。例 父《ちち》は、縁起を担いで、ひげをのばしている。

遠交近攻《えんこうきんこう》 四字熟語

意味 遠《とお》い国《くに》と親交《しんこう》を結《むす》び、近《ちか》い国《くに》を攻《せ》める外交政策《がいこうせいさく》。例 遠交近攻の政策《せいさく》を進《すす》める。

参考 中国《ちゅうごく》の戦国時代《せんごくじだい》の外交政策《がいこうせいさく》。

燕雀安《えんじゃくいずく》んぞ鴻鵠《こうこく》の志《こころざし》を知《し》らんや 故事成語

意味 小人物《しょうじんぶつ》には大人物《だいじんぶつ》の偉大《いだい》な志《こころざし》がわからないことのたとえ。〈『史記《しき》』〉 例 かれのアイデアはあまりに壮大《そうだい》で、市民《しみん》の理解《りかい》を得《え》られなかった。燕雀安んぞ鴻鵠の志を知らんやで、実《じつ》に残念《ざんねん》である。

語源 ツバメやスズメのような小《ちい》さな鳥《とり》に、どうしてオオトリやクグイのような大《おお》きな鳥《とり》の心《こころ》がわかろうか、という意味《いみ》から。

類 燕雀安《えんじゃくいず》くんぞ大鵬《たいほう》の志《こころざし》を知《し》らんや／猫《ねこ》は虎《とら》の心《こころ》を知《し》らず

エンジンが掛《か》かる 慣用句

意味 調子《ちょうし》が出《で》る。本来《ほんらい》の調子《ちょうし》になる。

例 ようやく作業《さぎょう》にエンジンが掛かる。

参考 はじめは調子《ちょうし》が出《で》なかったときに用《もち》いることが多《おお》い。

遠水近火《えんすいきんか》を救《すく》わず 故事成語

意味 遠《とお》くにあるものは、急用《きゅうよう》の役《やく》には立《た》たないことのたとえ。〈『韓非子《かんぴし》』〉 例 遠水近火を救わずだから、たがいに近所付《きんじょづ》き合《あ》いは大切《たいせつ》にしたほうがよい。

語源 遠《とお》くにある水《みず》は近《ちか》くの火事《かじ》を消《け》す役《やく》には立《た》たないという意味《いみ》から。

類 遠《とお》くの親類《しんるい》より近《ちか》くの他人《たにん》

縁《えん》なき衆生《しゅじょう》は度《ど》しがたし ことわざ

意味 忠告《ちゅうこく》を聞《き》き入《い》れようとしない人《ひと》は、救《すく》いようがないということ。例 何《なに》を言《い》っても、かれは態度《たいど》を改《あらた》めない。まさに縁なき衆生は度しがたしで、お手上《てあ》げだ。

語源 仏《ほとけ》は広《ひろ》い慈悲《じひ》の心《こころ》ですべての人間《にんげん》を救《すく》うが、それでも仏《ほとけ》の教《おし》えを聞《き》く縁《えん》のない者《もの》は、救《すく》いがたいという意味《いみ》から。

縁《えん》の下《した》の力持《ちからも》ち ことわざ

意味 人《ひと》の気《き》づかないところで、人《ひと》の仕事《しごと》の手助《てだす》けをすること。また、そのような人《ひと》。例 縁の下の力持ちとしてクラブのためにつくす。

語源 「縁《えん》の下《した》」は、縁《えん》側《がわ》の下《した》。目立《めだ》たないことのたとえ。

えんのした

参考 いろはがるた（京都《きょうと》）の一《ひと》つ。

縁《えん》は異《い》なもの味《あじ》なもの ことわざ

意味 男女《だんじょ》の結《むす》びつきは不思議《ふしぎ》ななりゆきをたどるもので、おもしろい。例 兄《あに》は、十年《じゅうねん》ぶりに再会《さいかい》した高校《こうこう》の同級生《どうきゅうせい》と結《けっ》婚《こん》することになった。縁は異なもの味なもの、だ。

参考 いろはがるた（江戸《えど》）の一《ひと》つ。

同 縁《えん》は異《い》なもの 類 合縁奇縁《あいえんきえん》

英 Marriages are made in heaven.（結婚《けっこん》は天《てん》が定《さだ》めること）

遠謀深慮《えんぼうしんりょ》 四字熟語

➡深謀遠慮《しんぼうえんりょ》（221ページ）

煙幕《えんまく》を張《は》る 慣用句

意味 本当《ほんとう》のことをかくすために、はっきり言《い》わなかったり、ごまかしたりする。

例 真相《しんそう》をかくすため煙幕を張る。

語源「煙幕《えんまく》」は、味方《みかた》の行動《こうどう》を敵《てき》からかくすためにまき散《ち》らす人工的《じんこうてき》な煙《けむり》。

縁《えん》もゆかりもない 慣用句
意味 何《なん》の関係《かんけい》もない。例 縁もゆかりもない人《ひと》から恩《おん》を受《う》ける。
語源 強調《きょうちょう》するために、似《に》た意味《いみ》の「縁《えん》」と「ゆかり」を重《かさ》ねて言《い》ったもの。

遠慮会釈《えんりょえしゃく》もない 慣用句
意味 相手《あいて》の立場《たちば》や気持《きも》ちを考《かんが》えず、自《じ》分《ぶん》の思《おも》いどおりに事《こと》を運《はこ》ぶようす。例 遠慮会釈もなく、言《い》いたいことを言《い》う。

お

老《お》い木《き》は曲《ま》がらぬ ことわざ
意味 老人《ろうじん》のがんこさのたとえ。また、若《わか》いうちなら悪《わる》いくせも直《なお》せるが、年《とし》を取《と》ってからでは直《なお》すことはできないことのたとえ。例 老い木は曲がらぬというから、若《わか》いうちに視野《しや》を広《ひろ》げて柔軟性《じゅうなんせい》を養《やしな》っておくべきだ。
語源 老木《ろうぼく》は弾力《だんりょく》がなくて曲《ま》がりにくく、むりに曲《ま》げようとすれば折《お》れてしまうことから。
類 矯《た》めるなら若木《わかぎ》のうち／鉄《てつ》は熱《あつ》いうちに打《う》て 英 You can't teach an old dog new tricks.（老犬《ろうけん》には新《あたら》しい芸《げい》を教《おし》えられない）

老《お》いたる馬《うま》は路《みち》を忘《わす》れず ことわざ
意味 ❶人生経験《じんせいけいけん》の豊《ゆた》かな人《ひと》は分別《ふんべつ》があり、方針《ほうしん》を誤《あやま》らないことのたとえ。〈『韓非子《かんびし》』〉 例 老いたる馬は路を忘れずで、若《わか》い職人《しょくにん》はベテラン職人《しょくにん》から多《おお》くを学《まな》ぶことができた。

❷代々主人《だいだいしゅじん》に仕《つか》えた者《もの》は、その恩《おん》を忘《わす》れないことのたとえ。
語源 中国《ちゅうごく》の春秋時代《しゅんじゅうじだい》、斉《せい》の桓公《かんこう》が戦《たたか》いの帰《かえ》りに道《みち》に迷《まよ》ってしまった。知恵者《ちえしゃ》の管仲《かんちゅう》の助言《じょげん》で、老馬《ろうば》を放《はな》してあとをついて行《い》ったところ、馬《うま》は道《みち》を覚《おぼ》えていて、無事《ぶじ》に帰《かえ》りつくことができたという話《はなし》から。
類 亀《かめ》の甲《こう》より年《とし》の功《こう》／老馬《ろうば》の智《ち》／老馬《ろうば》道《みち》知《し》る 対 騏驎《きりん》も老《お》いては駑馬《どば》に劣《おと》る
英 An old horse never loses his way.（老《お》いたる馬《うま》は道《みち》をまちがえることはない）

老《お》いては子《こ》に従《したが》え ことわざ
意味 年《とし》をとってからは、何事《なにごと》も子供《こども》に任《まか》せて、それに従《したが》った方《ほう》がよいということ。〈『大智度論《だいちどろん》』〉 例 老いては子に従えというから、店《みせ》は息子《むすこ》に任《まか》せることにしたよ。
参考 ⑴もともとは、女性《じょせい》に対《たい》する仏教《ぶっきょう》の言葉《ことば》。幼《おさな》いときは親《おや》に、結婚《けっこん》したら夫《おっと》に、老《お》いたら子《こ》に従《したが》えとされた。のち、男女《だんじょ》に関係《かんけい》なく使《つか》われるようになった。⑵いろはがるた（江戸《えど》）の一《ひと》つ。「お」ではなく「を」のふだに使《つか》われている。
英 Let old people obey their children.（老人《ろうじん》は子《こ》に従《したが》え）

老《お》いの一徹《いってつ》 ことわざ
意味 他人《たにん》の意見《いけん》などを聞《き》き入《い》れない老《ろう》人《じん》のがんこさのこと。例 祖父《そふ》は老いの一徹で、自分《じぶん》のことはすべて自分《じぶん》ですると、周囲《しゅうい》の言《い》うことを聞《き》こうとしない。

語源「一徹《いってつ》」は、思《おも》いこんだことを強情《ごうじょう》におし通《とお》すこと。

王侯将相寧《おうこうしょうしょういずく》んぞ種《しゅ》あらんや 故事成語

意味 王《おう》や諸侯《しょこう》、また、将軍《しょうぐん》や宰相《さいしょう》といった決《き》まった種《しゅ》（＝家柄《いえがら》や血統《けっとう》）があるのではない。地位《ちい》の高《たか》い人《ひと》でも、才能《さいのう》や努《ど》力《りょく》によってなったのであるということ。〈『史記《しき》』〉

同 王侯将相種《おうこうしょうしょうしゅ》なし　類 瓜《うり》のつるに茄子《なすび》はならぬ

応接《おうせつ》に暇《いとま》あらず 故事成語

意味 物事《ものごと》が次《つぎ》から次《つぎ》へと続《つづ》いてあらわれて、非常《ひじょう》に忙《いそが》しいことのたとえ。〈『世《せ》説新語《せっしんご》』〉 例 ていねいな診察《しんさつ》が評判《ひょうばん》の歯《し》科医院《かいいん》は、**応接に暇あらず**でいつもたくさんの患者《かんじゃ》がつめかけている。

語源 もとは、美《うつく》しい風景《ふうけい》が次《つぎ》から次《つぎ》へと移《うつ》り変《か》わり、味《あじ》わうよゆうがないことの意味《いみ》であった。現在《げんざい》は、物事《ものごと》が立《た》て続《つづ》けに起《お》こって忙《いそが》しいことをあらわす。

同 応接《おうせつ》に暇《いとま》がない

負《お》うた子《こ》に教《おし》えられて浅瀬《あさせ》を渡《わた》る ことわざ

➡負《お》うた子《こ》に教《おし》えられる（70ページ）

負《お》うた子《こ》に教《おし》えられる ことわざ

意味 ときには自分《じぶん》より年下《としした》の人《ひと》や経験《けいけん》の少《すく》ない人《ひと》からも教《おし》えられることがあるということのたとえ。例 子供《こども》の言《こと》葉《ば》にはっと気《き》づかされた。**負うた子に教えられる**、だ。

語源 負《お》うた（＝背中《せなか》におぶった）子《こ》に川《かわ》の浅《あさ》い所《ところ》を教《おし》えてもらって、川《かわ》を渡《わた》るということから。

同 負《お》うた子《こ》に教《おし》えられて浅瀬《あさせ》を渡《わた》る

王手《おうて》を掛《か》ける 慣用句

意味 あとひと息《いき》で相手《あいて》を負《ま》かすという、最後《さいご》の段階《だんかい》になる。例 リーグ戦《せん》の優勝《ゆうしょう》に**王手を掛ける**。

語源「王手《おうて》」は、将棋《しょうぎ》で、相手《あいて》の王将《おうしょう》を直《ちょく》接《せつ》せめる手《て》。

椀飯振《おうばんぶ》る舞《ま》い 慣用句

➡大盤振《おおばんぶ》る舞《ま》い（71ページ）

おうむ返《がえ》し 慣用句

意味 相手《あいて》の言葉《ことば》を、すぐ、そのままくり返《かえ》して言《い》うこと。例 そんな**おうむ返し**の返事《へんじ》ではなく、自分《じぶん》の考《かんが》えを言《い》いなさい。

語源 オウムが人《ひと》の言葉《ことば》の真似《まね》をすることから。

大男総身《おおおとこそうみ》に知恵《ちえ》が回《まわ》りかね ことわざ

意味 体《からだ》ばかり大《おお》きくて、頭《あたま》の働《はたら》きのにぶい男性《だんせい》をばかにして言《い》う言葉《ことば》。例 かれは、**大男総身に知恵が回りかね**といったありさまだ。

類 独活《うど》の大木《たいぼく》　対 山椒《さんしょう》は小粒《こつぶ》でもぴりりと辛《から》い　英 Big head, little wit.（大頭《おおあたま》に小知恵《こぢえ》）

大風《おおかぜ》が吹《ふ》けば桶屋《おけや》が儲《もう》かる ことわざ

意味 予想《よそう》していなかったところに意外《いがい》な影響《えいきょう》が出《で》ることのたとえ。また、あてにならないことを期待《きたい》することのたとえ。例 まったく予想外《よそうがい》の売《う》れ行《ゆ》きで、まさに大風が吹けば桶屋が儲かる、だ。

語源 大風《おおかぜ》が吹《ふ》くと、目《め》にほこりが入《はい》って、目《め》の不自由《ふじゆう》な人《ひと》が増《ふ》える。その人《ひと》たちは生活《せいかつ》のために三《しゃ》味線《みせん》を習《なら》うので、三味線《しゃみせん》を作《つく》るためにネコの皮《かわ》が必要《ひつよう》となる。ネコがとらえられると、敵《てき》がいなくなるからネズミが増《ふ》える。ネズミは桶《おけ》をかじってこわすから、新《あたら》しい桶《おけ》を買《か》うために、桶屋《おけや》が儲《もう》かるようになるということから。

同 大風《おおかぜ》が吹《ふ》けば桶屋《おけや》が喜《よろこ》ぶ／風《かぜ》が吹《ふ》けば桶屋《おけや》が儲《もう》かる

多《おお》かれ少《すく》なかれ 慣用句

意味 多《おお》いにしろ少《すく》ないにしろ。程度《ていど》の差《さ》はあっても。例 多かれ少なかれ、人《ひと》には他人《たにん》に知《し》られたくない部分《ぶぶん》があるものだ。

類 大《だい》なり小《しょう》なり

大《おお》きい顔《かお》をする 慣用句

↓大《おお》きな顔《かお》をする（71ページ）

大《おお》きなお世話《せわ》 慣用句

意味 必要《ひつよう》のないおせっかい。例 よけいなことをしないでくれ。大きなお世話だ。

参考 他人《たにん》の助力《じょりょく》を拒絶《きょぜつ》するときに用《もち》いる。

大《おお》きな顔《かお》をする 慣用句

意味 いばった顔《かお》つきをする。えらそうにふるまう。例 新入生《しんにゅうせい》のくせに大きな顔をしている。

同 大《おお》きい顔《かお》をする

大《おお》きな口《くち》をきく 慣用句

意味 えらそうなことを言《い》う。例 弟《おとうと》はすぐ、「簡単《かんたん》にできるよ」と大きな口をきく。

同 大口《おおぐち》を叩《たた》く

大口《おおぐち》を叩《たた》く 慣用句

↓大《おお》きな口《くち》をきく（71ページ）

大台《おおだい》に乗《の》る 慣用句

意味 お金《かね》の額《がく》や物《もの》の量《りょう》などが大《おお》きな区《く》切《ぎ》りに達《たっ》する。例 募金《ぼきん》の総額《そうがく》が十万円《じゅうまんえん》の大台に乗った。

語源 「大台《おおだい》」は、株式相場《かぶしきそうば》で百円《ひゃくえん》を単位《たんい》とする値段《ねだん》の範囲《はんい》をいう。

対 大台《おおだい》を割《わ》る

大手《おおで》を振《ふ》る 慣用句

意味 だれにも遠慮《えんりょ》せずに、物事《ものごと》をするようす。例 兄《あに》は定期《ていき》テストが終《お》わったので、大手を振って遊《あそ》びに出《で》かけた。

語源 手《て》を大《おお》きくふって歩《ある》くようすから。

大鉈《おおなた》を振《ふ》るう 慣用句

意味 思《おも》いきった大規模《だいきぼ》な整理《せいり》をおこなう。例 行政改革《ぎょうせいかいかく》で総理大臣《そうりだいじん》が大鉈を振るう。

語源 「大鉈《おおなた》」は、大《おお》きな鉈《なた》（＝まき割《わ》りなどに使《つか》う刃物《はもの》）。

大盤振《おおばんぶ》る舞《ま》い 慣用句

意味 人《ひと》にお金《かね》やごちそうなどを出《だ》して、盛《さか》んにもてなすこと。例 うれしいことがあったので大盤振る舞いをした。

語源 江戸時代《えどじだい》の正月《しょうがつ》の行事《ぎょうじ》で、一家《いっか》の主《しゅ》人《じん》が親《しん》せきを招《まね》いてごちそうした「椀飯《おうばん》振《ぶ》る舞《ま》い」から。

大船《おおぶね》に乗《の》ったよう 慣用句

意味 人《ひと》にすっかり任《まか》せて安心《あんしん》しているようす。例 高校生《こうこうせい》の兄《あに》といっしょなら大船に乗ったような気持《きも》ちでいられる。

語源 大《おお》きな船《ふね》なら安心《あんしん》して乗《の》っていられるということから。

同 親船《おやぶね》に乗《の》ったよう

大風呂敷《おおぶろしき》を広《ひろ》げる 慣用句

意味 大《おお》げさなことを言《い》う。例 おじは、一《いち》メートル以上《いじょう》の魚《さかな》をつってくると、**大風呂敷を広げ**た。

大見得《おおみえ》を切《き》る 慣用句

意味 自分《じぶん》に力《ちから》があることを、大《おお》げさに言《こと》葉《ば》で示《しめ》す。例 自分《じぶん》がかんとくになれば必《かなら》ず優勝《ゆうしょう》すると**大見得を切っ**た。

語源 もともとは、歌舞伎《かぶき》などで、役者《やくしゃ》が特《とく》に目立《めだ》つ顔《かお》つきやしぐさをすること。

大向《おおむ》こうをうならせる 慣用句

意味 ❶役者《やくしゃ》がすばらしい演技《えんぎ》で観客《かんきゃく》を感嘆《かんたん》させる。例 若手《わかて》の役者《やくしゃ》だが、**大向こうをうならせ**た。

❷たくさんの人々《ひとびと》を感心《かんしん》させ人気《にんき》を得《え》る。例 画期的《かっきてき》な政策《せいさく》を打《う》ち出《だ》して**大向こうをうならせる**。

語源 「大向《おおむ》こう」は、芝居小屋《しばいごや》の一番後《いちばんうし》ろにある立見《たちみ》の場所《ばしょ》。安《やす》いので、芝居好《しばいず》きの目《め》の肥《こ》えた人《ひと》が集《あつ》まると言《い》われる。

大目玉《おおめだま》を食《く》う 慣用句

意味 ひどくしかられる。例 宿題《しゅくだい》を忘《わす》れて、先生《せんせい》から**大目玉を食っ**た。

類 お目玉《めだま》を食《く》う

★**大目《おおめ》に見《み》る** 慣用句

意味 よくないところや失敗《しっぱい》などを、やかましく言《い》わないで見《み》のがす。例 今度《こんど》だけは**大目に見**てやろう。

陸《おか》に上《あ》がった河童《かっぱ》 ことわざ

意味 自分《じぶん》の本来《ほんらい》の力《ちから》を出《だ》せないことのたとえ。例 かれは、走《はし》るのは速《はや》いが、球技《きゅうぎ》となると**陸に上がった河童**同然《どうぜん》だ。

語源 河童《かっぱ》は水中《すいちゅう》では自由《じゆう》に動《うご》けるが、陸《りく》上《じょう》ではそうはいかないことから。

同 陸《おか》へ上《あ》がった河童《かっぱ》

お株《かぶ》を奪《うば》う 慣用句

意味 ある人《ひと》が得意《とくい》とすることを、ほかの人《ひと》が上手《じょうず》におこなう。例 先輩《せんぱい》の**お株を奪う**みごとな司会《しかい》だった。

★**傍目八目《おかめはちもく》** 四字熟語

意味 周《まわ》りで見《み》ている人《ひと》の方《ほう》が、やっている人《ひと》よりも物事《ものごと》のなりゆきがよくわかるということ。例 試合《しあい》に出《で》ないで見《み》ていると、両《りょう》チームの作戦《さくせん》がよくわかる。まさに**傍目八目**だ。

語源 「傍目《おかめ》」は、わきから見《み》ていること。囲碁《いご》で、傍《かたわ》ら（＝そば）で見《み》ている人《ひと》の方《ほう》が八目《はちもく》も先《さき》のことまでよくわかるということから。

同 岡目八目《おかめはちもく》 類 傍観《ぼうかん》する者《もの》は審《つまび》らかにして、局《きょく》に当《あ》たる者《もの》は迷《まよ》う

起《お》きて半畳《はんじょう》寝《ね》て一畳《いちじょう》 ことわざ

意味 大《おお》きなお屋敷《やしき》に住《す》んでも小《ちい》さな家《いえ》に住《す》んでも、人《ひと》ひとりが占《し》める面積《めんせき》は、起《お》きていれば半畳《はんじょう》、寝《ね》るときは一畳《いちじょう》あればよい。必要以上《ひつよういじょう》の富貴《ふうき》を望《のぞ》むのはつまらないことであるということ。例 一代《いちだい》で大企業《だいきぎょう》を築《きず》き上《あ》げた社長《しゃちょう》だが、いまだに**起きて半畳寝て一畳**を心得《こころえ》て、質素《しっそ》な生活《せいかつ》を送《おく》っているという。

類 起《お》きて三尺《さんじゃく》寝《ね》て六尺《ろくしゃく》

屋上屋《おくじょうおく》を架《か》す 故事成語

意味 屋根《やね》の上《うえ》にさらに屋根《やね》をつける。むだなことを重《かさ》ねてすることのたとえ。例 班《はん》の友達《ともだち》が調《しら》べたことを自分《じぶん》も調《しら》べたのでは、**屋上屋を架す**ようなものだか

ら、手分《てわ》けして別《べつ》のことを調《しら》べよう。

参考 中国《ちゅうごく》の『顔氏家訓《がんしかくん》』の中《なか》の「屋下《おくか》に屋《おく》を架《か》す」から。

英 That's like putting a fifth wheel to a coach.（馬車《ばしゃ》に五《いつ》つ目《め》の車《くるま》をつける）

奥歯《おくば》に物《もの》が挟《はさ》まったよう 慣用句

意味 思《おも》ったことをはっきり言《い》わないようす。例 あの人《ひと》はいつも、奥歯に物が挟まったような言《い》い方《かた》をする。

おくびにも出《だ》さない 慣用句

意味 すっかり秘密《ひみつ》にして、それらしいことを言《い》ったり、それらしいようすを見《み》せたりしない。例 かれは事情《じじょう》を知《し》っていたはずなのに、おくびにも出さなかった。

語源 「おくび」は、口《くち》から出《で》る、げっぷ。

同 おくびにも見《み》せない

臆病風《おくびょうかぜ》に吹《ふ》かれる 慣用句

意味 こわくなる。おじけづく。例 臆病風に吹かれて、夜道《よみち》を走《はし》って帰《かえ》る。

類 臆病神《おくびょうがみ》にとりつかれる 英 to show the white feather（白《しろ》い羽根《はね》を見《み》せる…尾《お》に白《しろ》い羽根《はね》のある闘鶏《とうけい》は臆病《おくびょう》で弱《よわ》いという俗信《ぞくしん》から）

臆面《おくめん》もなく 慣用句

意味 遠慮《えんりょ》するようすもなく。ずうずうしく。例 何回断《なんかいことわ》っても、臆面もなくやってくる。

語源 「臆面《おくめん》」は、自分《じぶん》の力《ちから》が不安《ふあん》でしりごみするようす。

後《おく》れを取《と》る 慣用句

意味 競争《きょうそう》などで、人《ひと》より後《あと》になる。おとる。例 勉強《べんきょう》で後れを取らぬよう、がんばります。

驕《おご》る平家《へいけ》は久《ひさ》しからず ことわざ

世界のことわざ（75ページ）

意味 ぜいたくをつくし、勝手《かって》なふるまいをする者《もの》は、長《なが》く栄《さか》えることがなく、必《かなら》ずほろびるということ。例 調子《ちょうし》に乗《の》るな。驕る平家は久しからず、だよ。

今はトホホ…
ホネ
あげようか
頭《ず》が
高いぞよ！
ははあ～

語源 『平家物語《へいけものがたり》』の最初《さいしょ》にある、「驕《おご》れる人《ひと》も久《ひさ》しからず、ただ春《はる》の夜《よ》の夢《ゆめ》のごとし」から。昔《むかし》、平家《へいけ》が天下《てんか》を治《おさ》めていたとき、ぜいたくな生活《せいかつ》をしたり、わがままなふるまいをしたりしたので、早《はや》くほろんでしまったということから。

同 驕《おご》る平家《へいけ》に二代《にだい》なし／驕《おご》れる者《もの》は久《ひさ》しからず 英 Pride goes before destruction.（高慢《こうまん》は破滅《はめつ》に先立《さきだ》つ）

お先棒《さきぼう》を担《かつ》ぐ 慣用句

意味 あまり深《ふか》く考《かんが》えず、人《ひと》の手《て》先《さき》となって働《はたら》く。例 悪《わる》い人《ひと》とは気付《きづ》けず、そのお先棒を担ぐ形《かたち》になってしまった。

さきぼう

語源 「先棒《さきぼう》」は、かごなどを二人《ふたり》で担《かつ》ぐときに、前《まえ》の方《ほう》を担《かつ》ぐということ。

同 先棒《さきぼう》を担《かつ》ぐ 類 片棒《かたぼう》を担《かつ》ぐ

お座敷《ざしき》が掛《か》かる 慣用句

意味 招《まね》かれる。来《く》るようにさそわれる。

例 仕事《しごと》の相手《あいて》からお座敷が掛かった。

語源 もともとは、芸者《げいしゃ》、芸人《げいにん》が宴会《えんかい》の席《せき》によばれること。

お里《さと》が知《し》れる 慣用句

意味 言葉《ことば》づかいや立《た》ち居振《いふ》る舞《ま》いによって、その人《ひと》の生《う》まれや育《そだ》ちなどがわかる。例 いくらおしゃれをしても、あの言葉《ことば》づかいでは**お里が知れて**しまう。

語源 「お里《さと》」は、実家《じっか》をていねいに言《い》う言葉《ことば》。

参考 かくそうとしているものが見《み》えるという、よくない意味《いみ》で用《もち》いる。

英 A tree is known by its fruit.（果実《かじつ》でその木《き》がわかる）

教《おし》うるは学《まな》ぶの半《なか》ば 故事成語

意味 人《ひと》に教《おし》えることは、自分《じぶん》にとっての問題点《もんだいてん》やあいまいな部分《ぶぶん》が明《あき》らかになるので、結局半分《けっきょくはんぶん》は自分《じぶん》の勉強《べんきょう》になるということ。〈『書経《しょきょう》』〉例 弟《おとうと》に算数《さんすう》を教《おし》えてあげたら、自分《じぶん》にとってもいい復習《ふくしゅう》になった。これぞ**教うるは学ぶの半ば**ということだ。

語源 中国《ちゅうごく》の殷王朝《いんおうちょう》の大臣《だいじん》、傅説《ふえつ》の言葉《ことば》から。

類 教学相長《きょうがくあいちょう》ず 英 Teaching others teaches yourself.（他人《たにん》を教《おし》えることは自分自身《じぶんじしん》を教《おし》えること）

教《おし》えの庭《にわ》 慣用句

意味 学校《がっこう》。例 ここは、わたしにとってなつかしい**教えの庭**です。

押《お》しがきく 慣用句

意味 人《ひと》をおさえつけ、従《したが》わせる力《ちから》がある。例 **押しがきく**かれをリーダーにして、計画《けいかく》を進《すす》めた。

押《お》しが強《つよ》い 慣用句

意味 どこまでも自分《じぶん》の考《かんが》えを通《とお》そうとする。例 かれは**押しが強い**ので、いつももめ事《ごと》が起《お》こる。

押《お》しも押《お》されもしない 慣用句

意味 だれからも力《ちから》があると認《みと》められている。例 今《いま》や**押しも押されもしない**世《せ》界的《かいてき》バイオリニストだ。

注意 「押《お》しも押《お》されぬ」は誤《あやま》り。

同 押しも押されもせぬ

押《お》しも押《お》されもせぬ 慣用句

➡押《お》しも押《お》されもしない （74ページ）

お釈迦《しゃか》になる 慣用句

意味 こわれて使《つか》い物《もの》にならなくなる。

例 デジタルカメラが**お釈迦になる**。

類 お陀仏《だぶつ》になる

おじゃんになる 慣用句

意味 やりかけたことが、途中《とちゅう》でだめになる。例 じゃまが入《はい》って、企画《きかく》が**おじゃんになった**。

語源 火事《かじ》が消《き》えたときに一度鳴《いちどな》らした釣鐘《つりがね》の「じゃん」という音《おと》からとされる。

恐《おそ》れ入谷《いりや》の鬼子母神《きしもじん》 ことわざ

意味 「恐《おそ》れ入《い》りました」をしゃれて言《い》う言葉《ことば》。例 幼稚園時代《ようちえんじだい》には小柄《こがら》で病弱《びょうじゃく》だったかれが、世界《せかい》で活《かつ》やくするラグビー選《せん》手《しゅ》になるとは、**恐れ入谷の鬼子母神**だ。

語源 「恐《おそ》れ入《い》りやした」という言葉《ことば》の「いりや」を「入谷《いりや》（現東京都台東区《げんとうきょうとたいとうく》の地名《ちめい》）」にかけ、そこにある「鬼子母神《きしもじん》」と続《つづ》けたしゃれ。

お高《たか》くとまる 慣用句

意味 人《ひと》をばかにした態度《たいど》をとる。例 **お高くとまって**いて、人《ひと》にあいさつすらしない。

お陀仏《だぶつ》になる 慣用句

意味 失敗《しっぱい》する。だめになる。例 その計《けい》画《かく》は、すべて**お陀仏になった**。

語源 もともとは、人《ひと》が死《し》ぬということ。

類 お釈迦《しゃか》になる

小田原評定《おだわらひょうじょう》 故事成語

意味 長《なが》びいて、なかなかまとまらない相《そう》談《だん》。例 会議《かいぎ》はあいかわらず小田原評定だ。

語源 豊臣秀吉《とよとみひでよし》に攻《せ》められた北条氏《ほうじょうし》が小《お》田原城《だわらじょう》の中《なか》で、戦《たたか》うか降伏《こうふく》するかの相談《そうだん》を続《つづ》けたが、なかなか決《き》まらなかったことから。

落《お》ち武者《むしゃ》は薄《すすき》の穂《ほ》にも怖《お》じる ことわざ

意味 非常《ひじょう》におくびょうになって、ちょっとしたことにもおびえることのたとえ。例 こわがりながら夜道《よみち》を歩《ある》いていたら、落ち武者は薄の穂にも怖じるで、白《しろ》い服《ふく》を着《き》た人《ひと》が幽霊《ゆうれい》に見《み》えてしまった。

語源 戦《いくさ》に負《ま》けてにげていく武士《ぶし》は、スス

世界《せかい》のことわざ　驕《おご》る平家《へいけ》は久《ひさ》しからず

韓国《かんこく》

十年続《じゅうねんつづ》く権勢《けんせい》はなく、十日赤《とおかあか》い花《はな》もない

権力《けんりょく》をにぎって勢《いきお》いがある者《もの》も、十年続《じゅうねんつづ》くことは難《むずか》しく、美《うつく》しい花《はな》も、美《うつく》しいまま咲《さ》き続《つづ》けることはないということです。

ポーランド

金曜日《きんようび》におどる者《もの》は、日曜日《にちようび》に泣《な》く

喜《よろこ》びは長《なが》く続《つづ》かず、やがては没落《ぼつらく》することを意味《いみ》します。金曜日《きんようび》は、キリスト教徒《きょうと》にとってイエスが処刑《しょけい》された縁起《えんぎ》の悪《わる》い日《ひ》ですが、キリスト教《きょう》が伝《つた》わる以前《いぜん》は、豊作《ほうさく》の女神《めがみ》の日《ひ》で縁起《えんぎ》がよいとされていました。日曜日《にちようび》は、イエス復活《ふっかつ》の日《ひ》。このことわざの背景《はいけい》には、キリスト教文化《きょうぶんか》と、もともとあった宗教《しゅうきょう》とのいがみ合《あ》いがありました。

ドイツ

今日《きょう》はだんな様《さま》、明日《あす》は召使《めしつか》い

「だんな様《さま》」と呼《よ》ばれるりっぱな紳士《しんし》でも、明日《あす》には転落《てんらく》して人《ひと》に使《つか》われる身分《みぶん》にならないとも限《かぎ》らないという意味《いみ》です。

キの穂《ほ》がゆれるのを見《み》ても、敵《てき》かと思《おも》っておびえることから。

類 落人《おちうど》は草木《くさき》にも心《こころ》を置《お》く／薄《すすき》の穂《ほ》にも怖《お》ず

お茶《ちゃ》の子《こ》さいさい 慣用句

意味 簡単《かんたん》にできること。例 そんな仕事《しごと》は**お茶の子さいさい**だ。

語源 「お茶《ちゃ》の子《こ》」は、お茶《ちゃ》にそえて出《だ》す、おかし。すぐに食《た》べ終《お》わってしまうことから。

★★ **お茶《ちゃ》を濁《にご》す** 慣用句

意味 その場《ば》しのぎのことやいいかげんなことを言《い》って、うまくごまかす。例 知《し》らないと言《い》うのもしゃくなので、適当《てきとう》なことを言《い》って**お茶を濁した**。

お猪口《ちょこ》になる 慣用句

意味 かさが強《つよ》い風《かぜ》で裏返《うらがえ》り、さかずきのような形《かたち》になる。

例 かさが**お猪口になって**こわれてしまった。

ちょこ

語源 「猪口《ちょこ》」は、小《ちい》さなさかずき（＝酒《さけ》をついで飲《の》む器《うつわ》）のこと。

男心《おとこごころ》と秋《あき》の空《そら》 ことわざ

意味 男性《だんせい》の愛情《あいじょう》は、秋《あき》の空《そら》のように変《か》わりやすいというたとえ。例 **男心と秋の空**というけれど、かれの心変《こころが》わりにはおどろいた。

類 女心《おんなごころ》と秋《あき》の空《そら》 英 The hearts of men change as the seasons.（男《おとこ》の心《こころ》は季節《きせつ》のように変《か》わる）

脅《おど》しをかける 慣用句

意味 こわがらせる。例 相手《あいて》に**脅しをかける**。

音《おと》に聞《き》く 慣用句

意味 いつもうわさに聞《き》いている。名高《なだか》い。例 ここが**音に聞く**箱根《はこね》の関所《せきしょ》あとか。

同 音《おと》に聞《き》こえる

驚《おどろ》き桃《もも》の木《き》山椒《さんしょ》の木《き》 慣用句

意味 驚《おどろ》いたときに、しゃれて言《い》う言葉《ことば》。

例 弟《おとうと》が百点《ひゃくてん》をとるなんて**驚き桃の木山椒の木**だ。

参考 「驚《おどろ》き」の「き」と「木《き》」で、「き」を重《かさ》ねている。

同《おな》じ穴《あな》の狢《むじな》 ことわざ

意味 同《おな》じ仲間《なかま》であることのたとえ。

例 選挙違反《せんきょいはん》をした政治家《せいじか》とつながりがあるのだから、いい人《ひと》に見《み》えるかれも、しょせん**同じ穴の狢**だ。

参考 (1)「狢《むじな》」は、アナグマのこと。(2)とくに、悪《わる》い仲間《なかま》について用《もち》いる。

同 一《ひと》つ穴《あな》の狢《むじな》 英 birds of a feather.（同《おな》じ羽根《はね》の鳥《とり》）

同《おな》じ釜《かま》の飯《めし》を食《く》う 慣用句

意味 いっしょに生活《せいかつ》や仕事《しごと》をする。親《した》しい仲間《なかま》であることのたとえ。例 かれとは野球部《やきゅうぶ》時代《じだい》、**同じ釜の飯を食った**仲《なか》だ。

鬼《おに》が出《で》るか蛇《じゃ》が出《で》るか 慣用句

意味 将来《しょうらい》どんなおそろしいことが起《お》こるか予測《よそく》がつかないことのたとえ。

例 **鬼が出るか蛇が出るか**、とにかくつき進《すす》むだけだ。

類 鬼《おに》が出《で》るか仏《ほとけ》が出《で》るか

鬼《おに》が笑《わら》う 慣用句

意味 どうなるかわからない、これから先《さき》のことを言《い》った人《ひと》をからかう言葉《ことば》。

例 来年《らいねん》のことを言《い》うと**鬼が笑う**よ。

語源 鬼《おに》は来年《らいねん》のことがわかっていることから。

鬼《おに》に金棒《かなぼう》 ことわざ

意味 強《つよ》いうえに、さらに強《つよ》くなることのたとえ。例 君《きみ》がいれば鬼に金棒だ。

語源 ただでさえ強《つよ》い鬼《おに》に金棒《かなぼう》（＝鉄《てつ》の棒《ぼう》）を持《も》たせるということから。

参考 いろはがるた（江戸《えど》）の一《ひと》つ。

同 鬼《おに》に鉄杖《てつじょう》 類 虎《とら》に翼《つばさ》

鬼《おに》の居《い》ぬ間《ま》に洗濯《せんたく》 ことわざ ⇩世界のことわざ（77ページ）

意味 こわい人《ひと》のいない間《あいだ》に、好《す》きなことをして楽《らく》をすることのたとえ。例 留守《るす》番中《ばんちゅう》に友《とも》だちを呼《よ》び、鬼の居ぬ間に洗濯とばかり、ゲームをして遊《あそ》んだ。

語源 「洗濯《せんたく》」は、気晴《きば》らしのこと。

同 鬼《おに》の居《い》ぬ間《ま》に命《いのち》の洗濯《せんたく》 類 鬼《おに》の留守《るす》に豆拾《まめひろ》い 英 When the cat's away, the

世界《せかい》のことわざ　鬼《おに》の居《い》ぬ間《ま》に洗濯《せんたく》

デンマーク　猫《ねこ》がいなくなるとねずみがおどり出《だ》す

昔《むかし》、ネコは単《たん》なるペットではなく、ネズミをとる目的《もくてき》で飼《か》われていました。ネコが留《る》守《す》だと、どこからともなくネズミが集《あつ》まってきて、お祭《まつ》りのようなさわぎになります。その光景《こうけい》が、まるで主人《しゅじん》がいないときの使用人《しようにん》や家族《かぞく》のはしゃぎぶりに、そっくりだったのでしょう。

その他《た》 イギリス、フランス、ロシア、トルコほか

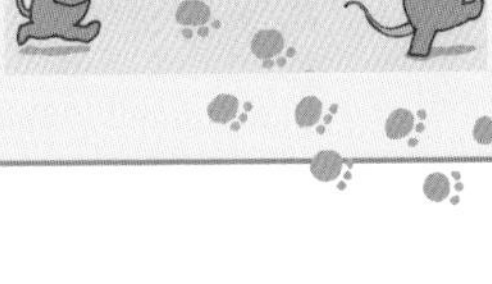

中国《ちゅうごく》　閻魔様《えんまさま》の留守《るす》に小鬼《こおに》が暴《あば》れる

閻魔大王《えんまだいおう》は、生《い》きていたときのおこないで死者《ししゃ》の罪《つみ》を裁《さば》く地獄《じごく》の王《おう》。閻魔様《えんまさま》の命令《めいれい》で地獄《じごく》の鬼《おに》たちが刑《けい》をおこないますが、命令《めいれい》する閻魔様《えんまさま》がいないと、鬼《おに》たちが勝手《かって》な行動《こうどう》をするというのです。

コンゴ民主共和国《みんしゅきょうわこく》　ヒョウがいなくなるとカモシカがおどり出《だ》す

強《つよ》いヒョウがいなくなると、おそわれる心配《しんぱい》がなくなり、弱《よわ》いカモシカが喜《よろこ》んでおどり出《だ》すというわけです。

mice will play.（猫《ねこ》のいないとき、ねずみが遊《あそ》ぶ）

鬼《おに》の霍乱《かくらん》 ことわざ

意味 非常《ひじょう》に健康《けんこう》で、めったに病気《びょうき》をしない人《ひと》が、病気《びょうき》になること。例 あの人《ひと》が風《か》邪《ぜ》をひくなんて鬼の霍乱だね。

語源「霍乱《かくらん》」は、日射病《にっしゃびょう》のこと。

英 the devil in a sickbed（病床《びょうしょう》の鬼《おに》）

鬼《おに》の首《くび》を取《と》ったよう 慣用句

意味 すばらしい手《て》がらを立《た》てたかのように、得意《とくい》になって喜《よろこ》ぶようす。例 一回《いっかい》戦《せん》に勝《か》っただけなのに、チームのみんなは鬼の首を取ったように喜《よろこ》んでいる。

語源 強《つよ》い鬼《おに》をやっつけるということから。

参考 ほかの人《ひと》にとっては、たいしたことではないときに用《もち》いることが多《おお》い。

鬼《おに》の目《め》にも涙《なみだ》 ことわざ

意味 鬼《おに》のようにひどい人《ひと》でも、ときには相手《あいて》を思《おも》いやる気持《きも》ちになり、涙《なみだ》を流《なが》すときがあることのたとえ。例 いつもは厳《きび》しいコーチだが、優勝《ゆうしょう》したときには、鬼の目にも涙で目《め》を赤《あか》くしていた。

己《おのれ》の欲《ほっ》せざる所《ところ》は人《ひと》に施《ほどこ》すなかれ 故事成語

意味 自分《じぶん》がいやだと思《おも》うことはほかの人《ひと》もいやなのだから、してはいけない。〈『論語《ろんご》』〉例 約束《やくそく》を破《やぶ》ってはいけない。己の欲せざる所は人に施すなかれ、だよ。

同 己《おのれ》の欲《ほっ》せざる所《ところ》は人《ひと》に施《ほどこ》すことなかれ

尾《お》羽《は》打《う》ち枯《か》らす 慣用句

意味 地位《ちい》や勢力《せいりょく》のあった人《ひと》が、落《お》ちぶれて、昔《むかし》の面影《おもかげ》がなくなる。例 事業《じぎょう》に失敗《しっぱい》して、尾羽打ち枯らした姿《すがた》で故郷《こきょう》にもどる。

語源 立派《りっぱ》だったタカの尾《お》や羽《はね》がぼろぼろになるということから。

英 Nobody knows you when you're down and out.（落《お》ちぶれた者《もの》には知《し》り合《あ》いはいない）

十八番《おはこ》 慣用句

意味 その人《ひと》の得意《とくい》な芸《げい》。例 母《はは》の十八番は、トランプの手品《てじな》だ。

語源 歌舞伎《かぶき》の市川《いちかわ》家《け》のお家芸《いえげい》を十八番《じゅうはちばん》といい、台本《だいほん》を箱《はこ》に入《い》れて大切《たいせつ》にしていたことから。

同 十八番《じゅうはちばん》

お鉢《はち》が回《まわ》る 慣用句

意味 順番《じゅんばん》が回《まわ》ってくる。例 町内会《ちょうないかい》で役《やく》員《いん》のお鉢が回ってきた。

語源 ごはんの入《はい》ったお鉢《はち》（＝入《い》れ物《もの》）が回《まわ》されてきて、ごはんをよそう番《ばん》になるということから。

★**帯《おび》に短《みじか》したすきに長《なが》し** ことわざ ⬇

世界のことわざ（79ページ）

意味 中途《ちゅうと》はんぱで、どちらの役《やく》にも立《た》たないことのたとえ。例 その服《ふく》は、姉《あね》には小《ちい》さく妹《いもうと》には大《おお》きい。

帯に短したすきに長し、だ。

語源「帯《おび》」は長《なが》いもののたとえ、「たすき」は着物《きもの》のそでを留《と》めるためのひもで、短《みじか》いもののたとえ。帯《おび》にするには短《みじか》すぎるし、たすきにするには長《なが》すぎるということから。

お百度《ひゃくど》を踏《ふ》む 慣用句

意味 たのみをきいてもらうために何度《なんど》も訪《たず》ねる。例 リーダーを引《ひ》き受《う》けてもらうために**お百度を踏む**。

語源 願《ねが》い事《ごと》がかなうように、神社《じんじゃ》やお寺《てら》の決《き》まった場所《ばしょ》を百回往復《ひゃっかいおうふく》して拝《おが》むことから。

尾《お》ひれが付《つ》く 慣用句

意味 事実《じじつ》ではないことをいろいろと付《つ》け加《くわ》えられて、話《はなし》が大《おお》げさになる。例 **尾ひれが付いて**、真実《しんじつ》とかけはなれた話《はなし》になってしまった。

語源 「尾ひれ」は、魚《さかな》の尾《お》と、ひれ。

尾《お》ひれを付《つ》ける 慣用句

意味 事実《じじつ》ではないことをいろいろと付《つ》け加《くわ》えて、話《はなし》を大《おお》げさにする。例 あることとないこと**尾ひれを付けて**話《はな》す。

語源 「尾《お》ひれ」は、魚《さかな》の尾《お》と、ひれ。

おべっかを使《つか》う 慣用句

意味 相手《あいて》のきげんをとることを言《い》う。

例 社長《しゃちょう》に**おべっかを使う**。

語源 「おべっか」は、ごきげんをとるこ

世界《せかい》のことわざ　帯《おび》に短《みじか》したすきに長《なが》し

エジプト

太鼓《たいこ》にもタンバリンにも使《つか》えない

せっかく革《かわ》があっても、タンバリンにするには大《おお》きすぎ（一枚《いちまい》しか張《は》らない）、太鼓《たいこ》にするには小《ちい》さすぎる（二枚張《にまいは》るので）。

中国《ちゅうごく》

おかずにするにはひね過《す》ぎ、ひしゃくにするには若過《わかす》ぎる

「ひねる」は古《ふる》くなる。ヒョウタンが、ご飯《はん》のおかずにするにはかた過《す》ぎ、二《ふた》つに割《わ》って水《みず》をくむひしゃくにするには、まだやわらかくて若《わか》過《す》ぎる。中国《ちゅうごく》ではヒョウタンが若《わか》くやわらかいうちは炒《いた》めものなどにすることがありますが、その時期《じき》を過《す》ぎると、成熟《せいじゅく》した実《み》を乾燥《かんそう》させて容器《ようき》にするまでは、使《つか》い道《みち》がありません。

ロシア

猫《ねこ》にはだぶだぶ、犬《いぬ》にはきゅうくつ

猫《ねこ》と犬《いぬ》はたとえとして登場《とうじょう》していて、小《ちい》さい体《からだ》の猫《ねこ》にはだぶだぶ、大《おお》きな体《からだ》の犬《いぬ》にはきつくて、どちらにもちょうどいいものではないという意味《いみ》です。

と。また、その言葉《ことば》。

溺《おぼ》れる者《もの》はわらをもつかむ ことわざ

⬇世界のことわざ（81ページ）

意味 非常《ひじょう》に困《こま》っている人《ひと》は、たよりにならないものでもたよりにすることのたとえ。例 **溺れる者はわらをもつかむ**で、後輩《こうはい》にも助《たす》けを求《もと》めた。語源 水《みず》に溺《おぼ》れかけている人《ひと》は、わらのような頼《たよ》りないものでもつかもうとする意味《いみ》から。参考 (1)西洋《せいよう》のことわざ。(2)目上《めうえ》の人《ひと》に助《たす》けを求《もと》めるときに用《もち》いると失礼《しつれい》になる。同 わらにもすがる／わらをもつかむ 英 A drowning man will catch at a straw.（溺《おぼ》れる者《もの》はわらをもつかむ）

たすけてー!
バシャ
バシャ
ガシ!
ワラじゃ ムリでしょ…
…

お前百《まえひゃく》までわしゃ九十九《くじゅうく》まで ことわざ

意味 夫婦《ふうふ》が仲《なか》よく暮《く》らして、ともに長生《ながい》きしようということば。例 毎日《まいにち》いっしょに散歩《さんぽ》している祖父母《そふぼ》は、**お前百までわしゃ九十九まで**というように仲良《なかよ》く暮《く》らしている。語源「お前《まえ》」は、夫《おっと》のこと。「わし」は、妻《つま》のこと。俗謡《ぞくよう》（＝民衆《みんしゅう》が歌《うた》っていた歌《うた》）の一節《いっせつ》で、このあとに「ともに白髪《しらが》が生《は》えるまで」と続《つづ》く。類 偕老同穴《かいろうどうけつ》

お眼鏡《めがね》に適《かな》う 慣用句

⬇眼鏡《めがね》に適《かな》う（415ページ）

お目玉《めだま》を食《く》う 慣用句

意味 しかられる。例 言《い》いつけにそむいて、父《ちち》から**お目玉を食った**。類 大目玉《おおめだま》を食《く》う

お目《め》に掛《か》かる 慣用句

意味「人《ひと》に会《あ》う」の、へりくだった言《い》い方《かた》。お会《あ》いする。例 総理大臣《そうりだいじん》に**お目に掛かる**。

お目《め》に掛《か》ける 慣用句

意味「見《み》せる」の、へりくだった言《い》い方《かた》。お見《み》せする。例 練習《れんしゅう》の成果《せいか》を**お目に掛けます**。

お目《め》に留《と》まる 慣用句

意味「目《め》に留《と》まる」「目《め》に入《はい》る」「目《め》に付《つ》く」の、へりくだった言《い》い方《かた》。例 先生《せんせい》の**お目に留まる**とは光栄《こうえい》です。

思《おも》い内《うち》にあれば色外《いろそと》に出《で》る 故事成語

意味 心《こころ》の中《なか》で思《おも》っていることは、自然《しぜん》と言動《げんどう》や表情《ひょうじょう》にあらわれる。〈『大学《だいがく》』〉例 **思い内にあれば色外に出る**というように、やる気《き》のある生徒《せいと》は、目《め》つきや動作《どうさ》が生《い》き生《い》きとしている。同 心内《こころうち》にあれば色外《いろそと》にあらわる 類 隠《かく》すより現《あらわ》る 英 The face expresses what the heart feels.（心《こころ》にあるものを顔《かお》はあらわす）

思《おも》い立《た》ったが吉日《きちじつ》 ことわざ

意味 あることをしようと思《おも》ったら、すぐに始《はじ》めるのが一番《いちばん》よい。例 **思い立ったが吉日**だから、今日《きょう》から日記《にっき》をつけよう。語源「吉日《きちじつ》」は、祝《いわ》い事《ごと》などによい日《ひ》。同 思《おも》い立《た》つ日《ひ》が吉日《きちじつ》 英 There is no time like the present.（現在《げんざい》ほどの好機《こうき》はない）

思《おも》いにふける 慣用句
意味 ほかのことを忘《わす》れて、ひたすら考《かんが》えこむ。例 この先《さき》どうなるかと思いにふける。

思《おも》いも掛《か》けない 慣用句
意味 思《おも》ってもみない。予期《よき》もしない。
例 思いも掛けない結末《けつまつ》。
同 思《おも》いも寄《よ》らない

思《おも》いも寄《よ》らない 慣用句
⇒思《おも》いも掛《か》けない（81ページ）

思《おも》いを巡《めぐ》らす 慣用句
意味 あることについて、あれこれ考《かんが》える。例 将来《しょうらい》について思いを巡らす。

思《おも》うこと言《い》わねば腹《はら》ふくる ことわざ
意味 心《こころ》に思《おも》っていることを言《い》わないでいると、腹《はら》の中《なか》に物《もの》がつまっているようで気持《きも》ちがよくないということ。例 思うこと言わねば腹ふくるというし、本音《ほんね》で話《はな》し合《あ》ってみようではないか。

思《おも》う壺《つぼ》 慣用句
意味 物事《ものごと》が考《かんが》えていたとおりになるこ

世界《せかい》のことわざ　溺《おぼ》れる者《もの》はわらをもつかむ

ほんとうに困《こま》ったときは、とうてい頼《たよ》りにならないものにもすがりついてしまうことのたとえで、世界中《せかいじゅう》に似《に》たような表現《ひょうげん》があります。つかまるものは国《くに》によってさまざまで、頼《たよ》りにならないだけでなく、あきらかに危険《きけん》なものもあります。ふだんなら絶対《ぜったい》につかまらないものを引《ひ》き合《あ》いに出《だ》して、あぶないことを強調《きょうちょう》したものでしょう。

スペイン　溺《おぼ》れる者《もの》はまっ赤《か》に焼《や》けた釘《くぎ》をもつかむ

ジョージア　溺《おぼ》れる者《もの》は苔《こけ》をもつかむ

トルコ　海《うみ》に落《お》ちた者《もの》は蛇《へび》にでもつかまる

リトアニア　溺《おぼ》れる者《もの》はかみそりでもつかむ

ベトナム　溺《おぼ》れる者《もの》はあわをもつかむ

その他《た》　アフガニスタン、アルメニア

と。例 ここであきらめては相手《あいて》の思う壺だ。

思《おも》うに任《まか》せない 慣用句

意味 望《のぞ》んだとおりに物事《ものごと》が進《すす》まない。思《おも》いどおりにならない。例 参加《さんか》したいが、家《いえ》の事情《じじょう》で思うに任せない。

思《おも》う念力岩《ねんりきいわ》をも通《とお》す 故事成語

意味 一心《いっしん》に思《おも》っておこなえば、どんなことでも必《かなら》ずできる。〈『史記《しき》』〉 例 砂漠《さばく》に畑《はたけ》を作《つく》るといって始《はじ》めた計画《けいかく》は、思う念力岩をも通すで、やがて多《おお》くの人《ひと》が協力《きょうりょく》し、最後《さいご》は国《くに》をも動《うご》かした。

語源 中国《ちゅうごく》の漢《かん》の李広《りこう》という将軍《しょうぐん》が、大《おお》きな石《いし》をトラと見《み》まちがえて必死《ひっし》に矢《や》を射《い》たところ、その矢《や》が刺《さ》さるはずのない石《いし》に突《つ》き刺《さ》さったという「石《いし》に立《た》つ矢《や》」の故事《こじ》から。ほかにも同様《どうよう》の話《はなし》がある。

同 石《いし》に立《た》つ矢《や》／一念岩《いちねんいわ》をも徹《とお》す／念力《ねんりき》岩《いわ》をも徹《とお》す

英 Faith can move mountains.（信仰《しんこう》は山《やま》をも動《うご》かす）

重《おも》きを置《お》く 慣用句

意味 大切《たいせつ》だとして重《おも》く見《み》る。例 文章表現《ぶんしょうひょうげん》に、より重きを置く。

重《おも》きをなす 慣用句

意味 大切《たいせつ》な役目《やくめ》をしている。中心《ちゅうしん》となっている。例 かのじょは今《いま》や、会社《かいしゃ》で重きをなす存在《そんざい》だ。

重荷《おもに》を下《お》ろす 慣用句

意味 気《き》にかかっていたことが解決《かいけつ》して、ほっとする。責任《せきにん》を果《は》たしてほっとする。例 任期《にんき》を終《お》えて重荷を下ろす。

親《おや》が死《し》んでも食休《じきやす》み ことわざ

意味 どんなにいそがしくても、休《やす》まず働《はたら》くのはよくないというたとえ。例 親が死んでも食休みというから、徹夜《てつや》はやめておこう。

語源 親《おや》が死《し》ぬという重大《じゅうだい》なときでも、食《しょく》後《ご》の休《やす》みは必要《ひつよう》であるという意味《いみ》から。

類 親《おや》が死《し》んでも子《こ》は食休《じきやす》み／せがれ死《し》んでも今一服《いまいっぷく》／隣《となり》は火事《かじ》でもまず一服《いっぷく》

英 It is the pace that kills.（速度《そくど》が命取《いのちと》りになる）

親方日《おやかたひ》の丸《まる》 慣用句

意味 ふつうの会社《かいしゃ》とちがって、後《うし》ろだてになっている親方《おやかた》は日《ひ》の丸《まる》、つまり国《くに》だから、役所《やくしょ》や公営事業《こうえいじぎょう》はずさんなやり方《かた》でも平気《へいき》だ、と皮肉《ひにく》をこめて言《い》う言葉《ことば》。

例 親方日の丸のお役所仕事《やくしょしごと》と言《い》われないようにしよう。

語源 「日《ひ》の丸《まる》」は、日本《にほん》の国旗《こっき》のことで、日本《にほん》をあらわす。

親《おや》に似《に》ぬ子《こ》は鬼子《おにご》 ことわざ

意味 子供《こども》は親《おや》に似《に》るのが当《あ》たり前《まえ》だということ。例 口答《くちごた》えばかりしていると、親に似ぬ子は鬼子と言《い》われるよ。

語源 「鬼子《おにご》」は、鬼《おに》の子《こ》。人《ひと》の子《こ》ではない者《もの》。

参考 子供《こども》の言葉《ことば》や態度《たいど》が親《おや》に似《に》ず悪《わる》いときに、子供《こども》をしかるために言《い》う言葉《ことば》。

英 That which comes of a hen will scrape.（雌鳥《めんどり》から生《う》まれたものは土《つち》を掘《ほ》る）

親《おや》の因果《いんが》が子《こ》に報《むく》う ことわざ

意味 親《おや》の悪《わる》いおこないの結果《けっか》が、罪《つみ》のない子供《こども》にあらわれ、子供《こども》が災《わざわ》いを受《う》ける。

語源「因果《いんが》」は、よいおこないや悪《わる》いおこないに対《たい》するむくいのこと。

類 親《おや》の善悪《ぜんあく》は子《こ》に報《むく》う／親《おや》の罰《ばち》は子《こ》に当《あ》たる

親《おや》の心子《こころこ》知《し》らず ことわざ

意味 親《おや》が一生懸命《いっしょうけんめい》に子供《こども》のことを心配《しんぱい》しているのも知《し》らないで、子供《こども》が勝手《かって》なことをすることのたとえ。例 親の心子知らずで、長男《ちょうなん》はなまけてばかりいる。

参考 親《おや》が、親《おや》の心《こころ》を理解《りかい》しない子供《こども》を非《ひ》難《なん》したり、しかったりするときの言葉《ことば》。

対 子《こ》の心親《こころおや》知《し》らず

親《おや》の脛《すね》をかじる 慣用句

意味 独《ひと》り立《だ》ちした生活《せいかつ》ができずに、親《おや》の援助《えんじょ》を受《う》ける。例 君《きみ》はいつまで親の脛をかじっているつもりなのか。

参考 ↓脛《すね》をかじる

同 親《おや》の脛《すね》かじり

親《おや》の七光《ななひかり》 ことわざ

意味 本人《ほんにん》にはたいした実力《じつりょく》がなくても、親《おや》の地位《ちい》や財産《ざいさん》のおかげで出世《しゅっせ》すること。例 親の七光で社長《しゃちょう》になる。

同 親《おや》の光《ひかり》は七光《ななひかり》

親《おや》の光《ひかり》は七光《ななひかり》 ことわざ

↓親《おや》の七光《ななひかり》（83ページ）

親《おや》の欲目《よくめ》 ことわざ

↓世界のことわざ（85ページ）

意味 親《おや》はわが子《こ》がかわいくて、実《じっ》際《さい》よりもよく見《み》るものである。

例 うちで飼《か》っている犬《いぬ》はどの犬《いぬ》よりもかしこくてかわいいと友達《ともだち》に自慢《じまん》したら、親の欲目だと言《い》われた。

類 親《おや》に目《め》なし／親《おや》の目《め》はひいき目《め》

英 The crow thinks her own bird fairest.（烏《からす》は自分《じぶん》の子《こ》がいちばんかわいいと思《おも》っている）

親《おや》はなくとも子《こ》は育《そだ》つ ことわざ

意味 親《おや》がいなくても、残《のこ》された子供《こども》は何《なん》とか育《そだ》つものである。世《よ》の中《なか》のことはあまり心配《しんぱい》しなくてもよいということのたとえ。例 親はなくとも子は育つというから、きっと心配《しんぱい》いらないよ。

同 親《おや》はなければ子《こ》は育《そだ》つ　類 藪《やぶ》の外《そと》でも若竹育《わかたけそだ》つ

親船《おやぶね》に乗《の》ったよう 慣用句

↓大船《おおぶね》に乗《の》ったよう（71ページ）

お山《やま》の大将《たいしょう》 慣用句

意味 せまい範囲《はんい》で自分《じぶん》が一番《いちばん》えらいと思《おも》い、いい気《き》になっていばる人《ひと》。例 今《いま》のかれは、まさにお山の大将だ。

及《およ》びもつかない 慣用句

意味 とてもかなわない。とうてい及《およ》ばない。例 君《きみ》の歌《うた》のうまさといったら、ぼくなど及びもつかない。

★**折《お》り紙《がみ》付《つ》き** 慣用句

意味 ある品物《しなもの》や人物《じんぶつ》について、決《き》まった評判《ひょうばん》があること。例 折り紙付きの好青《こうせい》年《ねん》。

語源「折《お》り紙《がみ》」は、品物《しなもの》の値打《ねう》ちが確《たし》かであると証明《しょうめい》する紙《かみ》。

★**折《お》り紙《がみ》を付《つ》ける** 慣用句

意味 確《たし》かであると証明《しょうめい》する。例 姉《あね》のピアノの腕前《うでまえ》に、先生《せんせい》も折り紙を付ける。

語源「折《お》り紙《がみ》」は、品物《しなもの》の値打《ねう》ちが確《たし》か

であると証明《しょうめい》する紙《かみ》。

折《お》に触《ふ》れて 慣用句

意味 気《き》のついたそのときそのとき。

例 折に触れて、故郷《こきょう》を思《おも》い出《だ》す。

折《お》り目《め》正《ただ》しい 慣用句

意味 きちんとしている。礼儀《れいぎ》正《ただ》しい。

例 折り目正しい性格《せいかく》。

終《お》わりよければすべてよし ことわざ

意味 何事《なにごと》も最後《さいご》にうまくいくことが大《たい》切《せつ》で、途中《とちゅう》でどのような失敗《しっぱい》やまちがいがあってもかまわないということ。

例 意見《いけん》の対立《たいりつ》もあったが最後《さいご》はまとまり、終わりよければすべてよし、だ。

参考 西洋《せいよう》のことわざ。

英 All is well that ends well.（終《お》わりよければすべてよし）

終《お》わりを告《つ》げる 慣用句

意味 終《お》わったことを知《し》らせる。例 サイレンが試合《しあい》の終わりを告げる。

尾《お》を引《ひ》く 慣用句

意味 ある物事《ものごと》の影響《えいきょう》が、後《あと》まで残《のこ》る。

例 前《まえ》の試合《しあい》の負《ま》けがいまだに尾を引いている。

類 後《あと》を引《ひ》く

尾《お》を振《ふ》る犬《いぬ》は打《う》たれぬ ことわざ

意味 尾《お》を振《ふ》ってなついてくる犬《いぬ》は人《ひと》にたたかれない。すなおで人《ひと》に逆《さか》らわない人《ひと》は、ひどいあつかいを受《う》けないことのたとえ。例 明《あか》るくて素直《すなお》な妹《いもうと》は、尾を振る犬は打たれぬで、どこに行《い》っても人《ひと》からかわいがられる。

同 尾《お》を振《ふ》る犬《いぬ》はたたかれず 類 怒《いか》れる拳《こぶし》笑顔《えがお》に当《あ》たらず／杖《つえ》の下《した》に回《まわ》る犬《いぬ》は打《う》たれぬ

温厚篤実《おんこうとくじつ》 四字熟語

意味 おだやかでやさしく、まじめであるようす。例 温厚篤実な先生《せんせい》は、生徒《せいと》たちからしたわれている。

★★ **温故知新《おんこちしん》** 四字熟語

意味 昔《むかし》のことを勉《べん》強《きょう》して、そこから新《あたら》しい知《ち》識《しき》や考《かんが》え方《かた》を見《み》つけ出《だ》すこと。

例 温故知新の精神《せいしん》で新《あたら》しい事業《じぎょう》に取《と》り組《く》む。

語源 『論語《ろんご》』の中《なか》の「故《ふる》きを温《たず》ねて（温《あたた》めて）新《あたら》しきを知《し》る」から。

英 He that would know what shall be, must consider what has been.（未来《みらい》の事態《じたい》を知《し》りたいのなら過去《かこ》のいきさつを考察《こうさつ》すべし）

温室育《おんしつそだ》ち 慣用句

意味 世《よ》の中《なか》の苦労《くろう》を知《し》らないで育《そだ》つこと。また、そのような人《ひと》。例 温室育ちのおぼっちゃんで、疑《うたが》うことを知《し》らないところがある。

語源 風《かぜ》や雨《あめ》にあてず、温室《おんしつ》で大事《だいじ》に育《そだ》てられる植物《しょくぶつ》を、人《ひと》にたとえた言葉《ことば》。

★ **音信不通《おんしんふつう》** 四字熟語

意味 まったく便《たよ》りがないこと。例 音信不通のまま、十年《じゅうねん》が過《す》ぎた。

音頭《おんど》を取《と》る 慣用句

意味 人《ひと》の先《さき》に立《た》って計画《けいかく》したり世話《せわ》をしたりする。例 学級委員《がっきゅういいん》が音頭を取ってあきかん拾《ひろ》いをした。

語源 「音頭《おんど》」は、大勢《おおぜい》で歌《うた》うときなど、先《さき》に一人《ひとり》が歌《うた》い始《はじ》めて調子《ちょうし》をとること。

女心《おんなごころ》と秋《あき》の空《そら》 ことわざ
意味 女性《じょせい》の愛情《あいじょう》は、秋《あき》の空《そら》のように変《か》わりやすいことのたとえ。例 女心と秋の空とはよく言《い》ったもので、姉《あね》は気《き》が変《か》わるのが早《はや》い。
類 男心《おとこごころ》と秋《あき》の空《そら》　英 A women are as changeable as the wind.（女心《おんなごころ》は風《かぜ》のようにゆれるもの）

恩《おん》に着《き》せる 慣用句
意味 自分《じぶん》がした親切《しんせつ》を相手《あいて》にありがたく思《おも》わせるように言《い》いたてる。例 恩に着せるような口《くち》ぶり。

恩《おん》に着《き》る 慣用句
意味 人《ひと》から受《う》けた親切《しんせつ》をありがたく思《おも》う。例 本当《ほんとう》に助《たす》かった。恩に着るよ。

負《お》んぶに抱《だ》っこ 慣用句
意味 あまえて他人《たにん》にたより切《き》ることのたとえ。例 いつまでも友人《ゆうじん》に負んぶに抱っこのままではいけない。

恩《おん》をあだで返《かえ》す ことわざ
意味 親切《しんせつ》にされたことをありがたく思《おも》うどころか、かえって相手《あいて》にひどいことをする。例 恩をあだで返すような仕打《しう》ちを受《う》ける。

世界《せかい》のことわざ　親《おや》の欲目《よくめ》

チェコ

フクロウの子《こ》も母親《ははおや》の目《め》には美《うつく》しい

フクロウは、夜行性《やこうせい》であることや鳴《な》き声《ごえ》などから、不吉《ふきつ》な鳥《とり》と考《かんが》えられていました。人《ひと》はどう言《い》おうと、我《わ》が子《こ》はとてもかわいいということをあらわしています。

その他《た》 スロバキア、イギリス、デンマーク

中国《ちゅうごく》（ウイグル）

烏《からす》にとって自分《じぶん》の子《こ》は白《しろ》く、針《はり》ねずみにとって自分《じぶん》の子《こ》はやわらかい

カラスはまっ黒《くろ》で、ハリネズミは全身針《ぜんしんはり》におおわれていて触《さわ》ると痛《いた》いです。どちらも親《おや》からするとその子《こ》どもは白《しろ》くて美《うつく》しく、やわらかくてかわいい存在《そんざい》なのです。

エジプト

甲虫《こうちゅう》の幼虫《ようちゅう》も母《はは》の目《め》には美《うつく》しい

甲虫《こうちゅう》とは、カブトムシやコガネムシといった種《しゅ》類《るい》の虫《むし》のこと。幼虫《ようちゅう》はイモ虫《むし》のような姿《すがた》ですが、甲虫《こうちゅう》のお母《かあ》さんからすると、かわいくて美《うつく》しいのです。

類 あと足《あし》で砂《すな》をかける／恩《おん》を恨《うら》みで報《ほう》ずる／飼《か》い犬《いぬ》に手《て》を噛《か》まれる 英 to bite the hand that feeds you.（餌《えさ》をくれた手《て》にかみつく）

恩《おん》を売《う》る 慣用句

意味 相手《あいて》からの感謝《かんしゃ》や見返《みかえ》りを期待《きたい》して、親切《しんせつ》にする。例 世話《せわ》をして、恩を売っておく。

か

飼《か》い犬《いぬ》に手《て》を噛《か》まれる ことわざ

意味 世話《せわ》をしたり、かわいがっていたりしたものに裏切《うらぎ》られて、ひどいめにあうたとえ。例 かわいがっていた部下《ぶか》に裏《うら》切られた。飼い犬に手を噛まれるとは、このことだ。

英 A man may cause his own dog to bite him.（飼《か》い犬《いぬ》に手《て》をかまれるもおのれゆえ）

類 恩《おん》をあだで返《かえ》す

会稽《かいけい》の恥《はじ》 故事成語

意味 戦《たたか》いに敗《やぶ》れ、ひどい条件《じょうけん》を受《う》け入《い》れて降伏《こうふく》する恥《はじ》。転《てん》じて、人《ひと》からはずかしめを受《う》けて、それに服従《ふくじゅう》しければならない恥《はじ》。〈『史記《しき》』〉例 多《おお》くの人《ひと》の前《まえ》でまちがいを指摘《してき》されたことは、まさに会稽の恥ともいうべきできごとだった。

語源 中国《ちゅうごく》の春秋時代《しゅんじゅうじだい》、越王《えつおう》の勾践《こうせん》は呉王《ごおう》の夫差《ふさ》と戦《たたか》い、会稽山《かいけいざん》で降伏《こうふく》した。釈放《しゃくほう》されてからの毎日《まいにち》は、寝起《ねお》きや食事《しょくじ》のたびに、獣《けもの》の苦《にが》い胆《きも》（＝肝《きも》）をなめ、「会稽《かいけい》の恥《はじ》を忘《わす》れるな。」と自分《じぶん》に問《と》いかけ、くやしさを忘《わす》れないようにした。やがて、ぜいたくをやめ、富国強兵《ふこくきょうへい》に努《つと》めた末《すえ》に、とうとう呉《ご》を討《う》ちはたし、恥《はじ》をすすいだという故事《こじ》から。

参考 恥《はじ》によるくやしさを晴《は》らす意味《いみ》で、「会稽《かいけい》の恥《はじ》を雪《すす》ぐ」と用《もち》いることもある。

類 臥薪嘗胆《がしんしょうたん》

開口一番《かいこういちばん》 四字熟語

意味 口《くち》を開《ひら》いたとたん。話《はなし》を始《はじ》めると、真《ま》っ先《さき》に。例 先生《せんせい》は開口一番、弟子《でし》の作《さく》品《ひん》の批評《ひひょう》を始《はじ》めた。

外交辞令《がいこうじれい》 四字熟語

意味 相手《あいて》を喜《よろこ》ばせるための、口先《くちさき》だけのほめ言葉《ことば》。例 外交辞令を、つい本気《ほんき》にしてしまった。

類 社交辞令《しゃこうじれい》

外柔内剛《がいじゅうないごう》 四字熟語

意味 うわべは優《やさ》しくおだやかに見《み》えるが、心《こころ》の中《なか》は強《つよ》くしっかりしていること。例 かれは外柔内剛の人物《じんぶつ》だ。

英 Meekness is not weakness.（柔和《にゅうわ》なるは弱《よわ》きにあらず）

対 内柔外剛《ないじゅうがいごう》

下意上達《かいじょうたつ》 四字熟語

意味 一般《いっぱん》の人《ひと》の意見《いけん》が、上《うえ》の立場《たちば》の人《ひと》に伝《つた》わること。例 下意上達を徹底《てってい》させることで社会《しゃかい》をよりよくする。

対 上意下達《じょういかたつ》

灰燼《かいじん》に帰《き》す 慣用句

意味 燃《も》えてしまって、すっかりなくなる。例 戦争《せんそう》で、町《まち》は灰燼に帰した。

語源 「灰燼《かいじん》」は、灰《はい》と燃《も》えかす。

会心《かいしん》の笑《え》み 慣用句

意味 自分《じぶん》のしたことに心《こころ》から満足《まんぞく》して、にっこり笑《わら》うこと。例 優勝《ゆうしょう》した選手《せんしゅ》が会心の笑みをうかべた。

語源 「会心《かいしん》」は、期待《きたい》したとおりだったと満足《まんぞく》すること。

★**快刀乱麻《かいとうらんま》** 四字熟語

⬇快刀乱麻《かいとうらんま》を断《た》つ（87ページ）

快刀乱麻《かいとうらんま》を断《た》つ ことわざ

意味 もつれた物事《ものごと》を手《て》ぎわよく処理《しょり》する。例 快刀乱麻を断つ推理《すいり》。

語源 もつれた麻《あさ》を刀《かたな》で断《た》ち切《き》るということから。

同 快刀乱麻《かいとうらんま》 英 to cut the Gordian knot（ゴルディオンの結《むす》び目《め》を切断《せつだん》する）

隗《かい》より始《はじ》めよ 故事成語 ⬇マンガdeことわざ（89ページ）

意味 事《こと》を始《はじ》めるには手近《てぢか》なことから始《はじ》めなさい。また、言《い》い出《だ》した人《ひと》からまず始《はじ》めなさい。〈『戦国策《せんごくさく》』〉例 隗より始めよというとおり、まずは提案《ていあん》したわたしがやってみることにした。

語源 中国《ちゅうごく》の戦国時代《せんごくじだい》、賢者《けんじゃ》を集《あつ》める方《ほう》法《ほう》を燕《えん》の昭王《しょうおう》に問《と》われた家臣《かしん》の郭隗《かくかい》が「まず、わたしのようにつまらない者《もの》を優遇《ゆうぐう》することから始《はじ》めよ。そうすれば、わたし以上《いじょう》の優《すぐ》れた人材《じんざい》が次々《つぎつぎ》に集《あつ》まってくるだろう。」と答《こた》え、そのとおりになったという話《はなし》から。

同 まず隗《かい》より始《はじ》めよ

偕老同穴《かいろうどうけつ》 四字熟語

意味 夫婦《ふうふ》が仲《なか》よく共《とも》に老《お》い、死後《しご》同《おな》じ墓《はか》にほうむられること。夫婦《ふうふ》の愛情《あいじょう》が深《ふか》いことのたとえ。〈『詩経《しきょう》』〉例 偕老同穴のちぎりを結《むす》ぶ。

参考 海《うみ》にすむ生《い》き物《もの》の「偕老同穴《かいろうどうけつ》」は、かごのような体《からだ》の中《なか》に、おす・めす一対《いっつい》のドウケツエビがすむ。

類 お前百《まえひゃく》までわしゃ九十九《くじゅうく》まで

蛙《かえる》の子《こ》は蛙《かえる》 ことわざ

意味 子供《こども》は結局《けっきょく》親《おや》に似《に》るものだということのたとえ。例 蛙の子は蛙で、母《はは》と同《おな》じくわたしも運動《うんどう》が苦手《にがて》だ。

語源 おたまじゃくしは、カエルに似《に》ていないが、成長《せいちょう》すればやはりカエルになるところから。

類 瓜《うり》のつるに茄子《なすび》はならぬ 対 鳶《とび》が鷹《たか》を生《う》む 英 a chip off the old block（古《こ》木《ぼく》のこっぱ…父親《ちちおや》そっくりの息子《むすこ》）

★**蛙《かえる》の面《つら》に水《みず》** ことわざ

意味 何《なに》を言《い》われてもされても、平気《へいき》でいることのたとえ。例 何《なに》を言《い》っても、あいつには蛙の面に水だ。

語源 カエルは水の中にすんでいるので、水《みず》をかけられても平気《へいき》なことから。

参考 いろはがるた（京都）の一つ。

同 蛙《かえる》の面《つら》へ水《みず》 類 馬《うま》の耳《みみ》に念仏《ねんぶつ》

英 like water off a duck's back（あひるの背中《せなか》を水《みず》が流《なが》れるように…なんの効《こう》果《か》もなく）

顔色《かおいろ》をうかがう 慣用句

意味 顔《かお》にあらわれた相手《あいて》のきげんを読《よ》みとる。例 母《はは》の顔色をうかがう。

顔色《かおいろ》を変《か》える 慣用句

意味 顔《かお》のようすを変《か》えて、激《はげ》しい気持《きも》ちをあらわす。例 知《し》らせを聞《き》いて顔色を変えた。

顔《かお》が合《あ》わせられない 慣用句

意味 失敗《しっぱい》などをして、はずかしくて相手《あいて》に会《あ》うことができない。例 恩師《おんし》に失礼《しつれい》なことをしてしまい、顔が合わせられない。

★★**顔《かお》が売《う》れる** 慣用句

意味 広《ひろ》く世間《せけん》に知《し》られる。有名《ゆうめい》になる。例 名前《なまえ》を知《し》らない人《ひと》がいないほど、顔が売れている役者《やくしゃ》。

語源 「売《う》れる」は、広《ひろ》く知《し》られるという意味《いみ》。

★★**顔《かお》が利《き》く** 慣用句

意味 相手《あいて》に対《たい》して信用《しんよう》や力《ちから》があるので、無理《むり》を言《い》っても相手《あいて》に聞《き》き入《い》れてもらえる。例 おじは、あの店《みせ》では顔が利くので、メニューにのっていないものも作《つく》ってもらえる。

顔《かお》が売《う》れる

顔《かお》がそろう 慣用句

意味 集《あつ》まるべき人《ひと》たちが、一人残《ひとりのこ》らず集《あつ》まる。例 役員《やくいん》の顔がそろったので、会議《かいぎ》を始《はじ》める。

★顔《かお》が立《た》つ 慣用句

意味 名誉《めいよ》や立場《たちば》が守《まも》られる。例 しょうかいしてくれた人《ひと》の顔が立つよう、まじめに働《はたら》く。

対 顔《かお》が潰《つぶ》れる

★顔《かお》が潰《つぶ》れる 慣用句

意味 面目《めんぼく》をなくす。はじをかく。例 弟《おとうと》に負《ま》けては、兄《あに》としての顔が潰れる。

対 顔《かお》が立《た》つ

★★顔《かお》が広《ひろ》い 慣用句

意味 多《おお》くの人《ひと》とつきあいがあって、よく知《し》られている。例 長《なが》く住《す》んでいるので、父《ちち》は、この町《まち》では知《し》らない人《ひと》がいないほど顔が広い。

★★顔《かお》から火《ひ》が出《で》る 慣用句

意味 非常《ひじょう》にはずかしくて、顔《かお》が真《ま》っ赤《か》になる。例 合奏《がっそう》でリコーダーをふいているときに、まちがえてしまい、顔から火が出る思《おも》いをした。

★★顔《かお》に泥《どろ》を塗《ぬ》る 慣用句

意味 名誉《めいよ》を傷《きず》つけて、はじをかかせる。例 親《おや》の顔に泥を塗るようなふるまいはするな。

顔向《かおむ》けができない 慣用句

意味 申《もう》し訳《わけ》なくて、その人《ひと》に会《あ》うことができない。例 応援《おうえん》してもらったのに、大敗《たいはい》してしまい、みんなに顔向けができない。

顔《かお》を合《あ》わせる 慣用句

意味 ❶会《あ》う。例 夏休《なつやす》みが終《お》わり、友達《ともだち》と久々《ひさびさ》に顔を合わせた。❷競《きそ》い合《あ》う組《く》み合《あ》わせになる。例 去年《きょねん》の優勝《ゆうしょう》チームと、二回戦《にかいせん》で顔を合わせる。

顔《かお》を売《う》る 慣用句

意味 広《ひろ》く世間《せけん》に知《し》られるようにする。有名《ゆうめい》になろうとする。例 新人《しんじん》タレントが、あちこちに顔を売る。

顔《かお》を貸《か》す 慣用句

意味 たのまれて人《ひと》に会《あ》う。例 ちょっとそこまで顔を貸してくれ。

顔《かお》を曇《くも》らせる 慣用句

意味 心配《しんぱい》そうな顔《かお》つきをする。表情《ひょうじょう》を暗《くら》くする。例 母《はは》は知《し》らせを聞《き》いて顔を曇らせた。

顔《かお》を背《そむ》ける 慣用句

意味 見《み》なくてもすむように、顔《かお》を横《よこ》に向《む》ける。知《し》らないふりをする。例 事故現《じこげん》場《ば》の悲惨《ひさん》なありさまから顔を背けた。

マンガ de ことわざ

隗《かい》より始《はじ》めよ

斉《せい》に領土《りょうど》を奪《うば》われた燕《えん》。燕《えん》の昭王《しょうおう》は優《すぐ》れた人材《じんざい》を招《まね》くため郭隗《かくかい》にたずねた。
斉
よい知恵《ちえ》はないか？
燕《えん》の昭王《しょうおう》
むかし ある王《おう》が一日《いちにち》に千里《せんり》も走《はし》る名馬《めいば》を求《もと》めました 部下《ぶか》は千金《せんきん》の金《かね》をもって全国《ぜんこく》を探《さが》し回《まわ》り
うま〜い
馬や〜い
馬〜〜
郭隗《かくかい》
やっと見《み》つけましたがすでに馬《うま》は死《し》んでいました
なんてこった!!
しんじゃったよ…
馬商人《うましょうにん》
部下《ぶか》はその死《し》んだ馬《うま》を、なんと五百金《ごひゃっきん》で買《か》ってもどりました。
五百金でかう!!
いいの??
死《し》んだ馬《うま》に五百金《ごひゃっきん》も払《はら》うやつがあるかっ!!
…死《し》んだ馬《うま》が五百金《ごひゃっきん》なら 生《い》きた馬《うま》はいくらになるんだろう…
ザワ
ザワ
はたして 王《おう》のもとには三頭《さんとう》もの名馬《めいば》が集《あつ》まった
さて 人材《じんざい》をお求《もと》めなら まず私《わたし》を優遇《ゆうぐう》してください 郭隗《かくかい》ぐらいで優遇《ゆうぐう》されるならと 賢者《けんじゃ》が集《あつ》まってくるでしょう
ゆうぐうされた〜
わしならもっと優遇《ゆうぐう》されるわい！
学者《がくしゃ》・鄒衍《すうえん》
名将《めいしょう》・楽毅《がくき》
軍略家《ぐんりゃくか》・劇辛《げきしん》
やがて多《おお》くの人材《じんざい》が集《あつ》まり、ついに、斉《せい》に勝《か》つことができた。
燕

か

顔《かお》を出《だ》す 慣用句
意味 ❶表面《ひょうめん》に出《で》てくる。例 春《はる》になると、野原《のはら》のあちこちで、ツクシが顔を出す。❷会合《かいごう》などにちょっと出《で》る。例 いそがしいので、顔を出したらすぐに帰《かえ》る。

顔《かお》を立《た》てる 慣用句
意味 相手《あいて》の面目《めんぼく》が保《たも》てるようにする。名誉《めいよ》を傷《きず》つけないようにする。例 先輩《せんぱい》の顔を立てる。
対 顔《かお》を潰《つぶ》す

顔《かお》をつなぐ 慣用句
意味 縁《えん》が切《き》れないように、その場所《ばしょ》へ行《い》って人《ひと》に会《あ》ったり話《はな》したりする。例 こまめに訪《たず》ねて顔をつなぐ。

顔《かお》を潰《つぶ》す 慣用句
意味 人《ひと》の面目《めんぼく》を失《うしな》わせる。名誉《めいよ》を傷《きず》つける。例 恩人《おんじん》の顔を潰すようなことはできない。
類 顔《かお》に泥《どろ》を塗《ぬ》る　対 顔《かお》を立《た》てる

顔《かお》をゆがめる 慣用句
意味 苦《くる》しそうな表情《ひょうじょう》をしたり、痛《いた》そうな表情《ひょうじょう》をしたりする。例 けがの痛《いた》みに思《おも》わず顔をゆがめる。

我《が》が強《つよ》い 慣用句
意味 自分《じぶん》の考《かんが》えを無理《むり》にでもおしとおそうとするようす。例 我が強い人《ひと》。

書《か》き入《い》れ時《どき》 慣用句
意味 商売《しょうばい》がいそがしく、非常《ひじょう》にもうかる時《とき》。例 年末《ねんまつ》は書き入れ時だ。
語源 帳簿《ちょうぼ》の書《か》き入《い》れにいそがしい時《とき》ということから。

蝸牛角上《かぎゅうかくじょう》の争《あらそ》い 故事成語
意味 小《ちい》さな世界《せかい》の中《なか》で、つまらないことで争《あらそ》うことのたとえ。〈『荘子《そうじ》』〉例 あの二人《ふたり》の言《い》い合《あ》いは、まるで蝸牛角上の争いだね。
語源 蝸牛《かぎゅう》（＝カタツムリ）の左《ひだり》の角《つの》の上《うえ》にある国《くに》と右《みぎ》の角《つの》の上《うえ》にある国《くに》とが争《あらそ》ったという話《はなし》から。
同 蝸角《かかく》の争《あらそ》い　類 コップの中《なか》の嵐《あらし》　英 a storm in a teacup（ティーカップの中《なか》の嵐《あらし》）

隔世《かくせい》の感《かん》 慣用句
意味 ようすがすっかり変《か》わって、時代《じだい》がとてもかけはなれたという感《かん》じ。例 昔《むかし》の映像《えいぞう》を見《み》ると隔世の感を強《つよ》くする。

学問《がくもん》に王道《おうどう》なし ことわざ
意味 学問《がくもん》をするのに楽《らく》な方法《ほうほう》はないので、努力《どりょく》してまじめにやるしかないという教《おし》え。例 学問に王道なしというから、毎日《まいにち》こつこつ勉強《べんきょう》しよう。
語源 エジプト王《おう》が幾何学《きかがく》を簡単《かんたん》に学《まな》ぶ方法《ほうほう》をたずねたときに、ユークリッドが「幾何学《きかがく》に王道《おうどう》（＝王様《おうさま》のための特別《とくべつ》な道《みち》）なし。」と答《こた》えたという話《はなし》から。

影《かげ》が薄《うす》い 慣用句
意味 ❶見《み》た感《かん》じが、どことなく元気《げんき》がない。例 かれは最近《さいきん》影が薄いが、体調《たいちょう》が悪《わる》いのだろうか。❷目立《めだ》たない。例 おとなしくて影が薄い生徒《せいと》。

掛《か》け替《が》えのない 慣用句
意味 代《か》わりとなるようなものがない。この上《うえ》なく大切《たいせつ》である。例 掛け替えのない命《いのち》。

陰口《かげぐち》を叩《たた》く 慣用句
意味 その人《ひと》のいないところで悪口《わるくち》を言《い》う。例 陰口を叩くのは、ひきょうだ。

陰《かげ》で糸《いと》を引《ひ》く 慣用句
↓糸《いと》を引《ひ》く（47ページ）

陰《かげ》になり日《ひ》なたになり 慣用句
意味 本人《ほんにん》の気《き》づかないところでかばっ

か

たり、また、直接力《ちょくせつちから》を貸《か》したりして、いろいろ面倒《めんどう》を見《み》るようす。例 教授《きょうじゅ》は、陰になり日なたになり弟子《でし》の研究《けんきゅう》を助《たす》けた。

類 陰《いん》に陽《よう》に

陰弁慶《かげべんけい》 慣用句

⬇内弁慶《うちべんけい》の外味噌《そとみそ》（57ページ）

影《かげ》も形《かたち》もない 慣用句

意味 何《なに》も見《み》えない。何《なに》ひとつ残《のこ》っていない。例 午後《ごご》になり気温《きおん》が上《あ》がると、雪《ゆき》だるまは影も形もなくなっていた。

参考 そのものの姿《すがた》が消《き》えて、見《み》えないことを強《つよ》めた言《い》い方《かた》。

影《かげ》を潜《ひそ》める 慣用句

意味 表立《おもてだ》ったところから姿《すがた》を消《け》す。

例 町内会《ちょうないかい》で見回《みまわ》りをするようになってから、空《あ》き巣《す》もすっかり影を潜めた。

加減乗除《かげんじょうじょ》 四字熟語

意味 算数《さんすう》で、たし算《ざん》・ひき算《ざん》・かけ算《ざん》・わり算《ざん》のこと。例 加減乗除は算数《さんすう》の基本《きほん》だ。

駕籠《かご》に乗《の》る人《ひと》担《かつ》ぐ人《ひと》そのまた草鞋《わらじ》を作《つく》る人《ひと》 ことわざ

意味 境遇《きょうぐう》や貧富《ひんぷ》の差《さ》によって、人《ひと》の生《い》き方《かた》はさまざまであることのたとえ。また、さまざまな境遇《きょうぐう》の人々《ひとびと》がたがいに関係《かんけい》することによって、世《よ》の中《なか》は成《な》り立《た》っていることのたとえ。例 駕籠に乗る人担ぐ人そのまた草鞋を作る人というが、この社会《しゃかい》はそれぞれの人《ひと》の仕事《しごと》や役割《やくわり》によって支《ささ》えられている。

語源 駕籠《かご》に乗《の》る身分《みぶん》の人《ひと》もいれば、その駕籠《かご》を担《かつ》ぐ人《ひと》もいる。さらに、その駕籠《かご》かきの履《は》く草鞋《わらじ》を作《つく》って暮《く》らしている人《ひと》もいる。人《ひと》はさまざまであり、世《よ》の中《なか》は持《も》ちつ持《も》たれつである意味《いみ》から。

英 Some are born with a silver spoon, and some without.（銀《ぎん》の匙《さじ》を持《も》って生《う》まれる人《ひと》ばかりではない）

籠《かご》の鳥《とり》 慣用句

意味 自由《じゆう》をうばわれている人《ひと》。例 今《いま》のような暮《く》らしは、まるで籠の鳥だ。

語源 籠《かご》の中《なか》にいる鳥《とり》のようにということから。

風穴《かざあな》をあける 慣用句

意味 伝統《でんとう》のある社会《しゃかい》や変化《へんか》のとぼしい組織《そしき》に、変化《へんか》をもたらす。例 かれの一言《ひとこと》が古《ふる》い体制《たいせい》に風穴をあけた。

風上《かざかみ》にも置《お》けない 慣用句

意味 仲間《なかま》としてあつかうことができないくらい、おこないや性質《せいしつ》などがひどい。例 しんぱんの目《め》をごまかして勝《か》つなんて、スポーツマンの風上にも置けない。

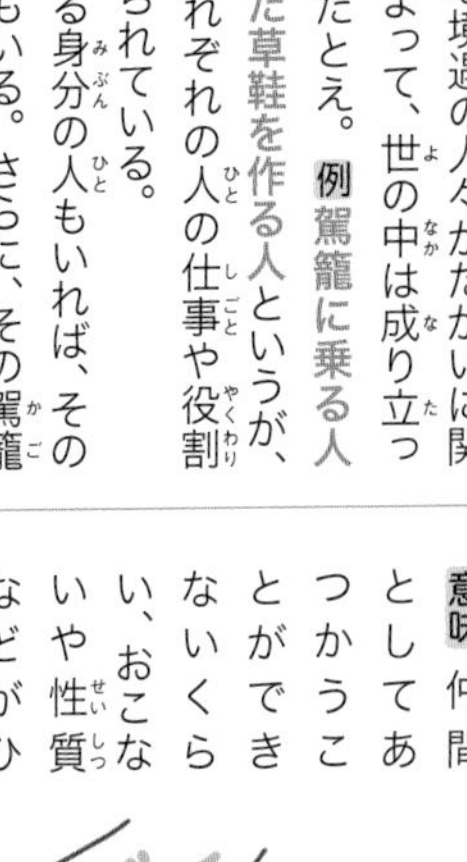

語源 くさい物《もの》を風上《かざかみ》（＝風《かぜ》のふいてくる方向《ほうこう》）に置《お》くわけにはいかないということから。

同 風上《かざかみ》に置《お》けない

嵩《かさ》に懸《か》かる 慣用句

意味 力《ちから》のある立場《たちば》などを利用《りよう》して、おさえつけるような態度《たいど》をとる。例 嵩に懸かったものの言《い》い方《かた》をする。

語源 嵩《かさ》（＝物《もの》の大《おお》きさや分量《ぶんりょう》）によって、相手《あいて》をおさえつけるということから。

笠《かさ》に着《き》る 慣用句

意味 勢《いきお》いや力《ちから》などをたよりにしていば

る。例 会長《かいちょう》の地位《ちい》を笠に着て、いばる。

風向《かざむ》きが悪《わる》い 慣用句

意味 物事《ものごと》の変《か》わっていくようすが、自分《じぶん》にとって具合《ぐあい》がよくない。例 試合《しあい》の風向きが悪くなってきた。

火《か》事《じ》と喧嘩《けんか》は江戸《えど》の花《はな》 ことわざ

意味 おもに江戸時代《えどじだい》、火事《かじ》とけんかが江《え》戸の町《まち》の名物《めいぶつ》であったということ。例 江戸《えど》っ子《こ》は威勢《いせい》がよく、火事と喧嘩は江戸の花といわれた。

語源 江戸《えど》の町《まち》は人家《じんか》が密集《みっしゅう》していて火《か》事《じ》が多《おお》く、火消《ひけ》しの活躍《かつやく》がはなやかであったこと、江戸《えど》っ子《こ》は気《き》が早《はや》くて、派《は》手《で》なけんかが多《おお》かったこと、また江戸《えど》っ子《こ》は好奇心《こうきしん》が強《つよ》くて何《なん》でも見物《けんぶつ》したがることから。

華燭《かしょく》の典《てん》 慣用句

意味 「結婚式《けっこんしき》」の上品《じょうひん》な言《い》い方《かた》。例 華燭の典を挙《あ》げる。

同 華燭《かしょく》の式《しき》

舵《かじ》を取《と》る 慣用句

意味 物事《ものごと》がうまく進《すす》むように導《みちび》く。

例 会社《かいしゃ》の舵を取る。

語源 舵《かじ》を動《うご》かして船《ふね》を目指《めざ》す方向《ほうこう》に進《すす》めることから。

臥薪嘗胆《がしんしょうたん》 四字熟語

意味 目的《もくてき》を果《は》たすために、あえて大変《たいへん》な苦労《くろう》をして、努《ど》力《りょく》すること。〈『十八史略《じゅうはっしりゃく》』〉 例 合格《ごうかく》を目指《めざ》して、臥薪嘗胆、努《ど》力《りょく》を重《かさ》ねた。

語源 「臥薪《がしん》」は、薪《たきぎ》の上《うえ》に寝《ね》ること。「嘗胆《しょうたん》」は、苦《にが》い胆《きも》（＝肝《きも》）をなめること。中国《ちゅうごく》の春秋時代《しゅんじゅうじだい》、呉《ご》と越《えつ》の両国《りょうこく》が戦《たたか》い、呉《ご》が敗《やぶ》れた。父《ちち》を殺《ころ》された呉王《ごおう》の夫差《ふさ》は、薪《たきぎ》の上《うえ》に寝《ね》て、その痛《いた》さから復《ふく》しゅうの心《こころ》を決《けっ》して忘《わす》れないように努《つと》め、やがて、会稽山《かいけいざん》の戦《たたか》いで越王《えつおう》の勾践《こうせん》を破《やぶ》った。勾践《こうせん》は、敗戦《はいせん》の恥《はじ》を忘《わす》れないために、苦《にが》い胆《きも》（＝肝《きも》）をなめてはくやしさを思《おも》い出《だ》し、ついに呉《ご》を破《やぶ》ったという故事《こじ》から。

参考 ➡会稽《かいけい》の恥《はじ》

佳人薄命《かじんはくめい》 四字熟語

意味 美人《びじん》は不幸《ふこう》で、若死《わかじ》にしやすいということ。例 佳人薄命の言葉《ことば》のとおり、若《わか》くして世《よ》を去《さ》った女優《じょゆう》。

同 美人薄命《びじんはくめい》 英 The fairest flowers sooner fade.（最《もっと》も美《うつく》しい花《はな》はすぐにしぼむ）

数《かず》知《し》れない 慣用句

意味 数《かず》が多《おお》い。数《かず》がわからないほど多《おお》い。例 集《あつ》めたマンガは数知れない。

数《かず》をこなす 慣用句

意味 たくさんの仕事《しごと》や物事《ものごと》を片《かた》づける。例 ちらしを配《くば》るアルバイト仲間《なかま》の中《なか》で、かれが一番《いちばん》数をこなす。

苛政《かせい》は虎《とら》よりも猛《たけ》し 故事成語

意味 悪《わる》い政治《せいじ》は、人《ひと》を食《く》う虎《とら》よりも凶暴《きょうぼう》で恐《おそ》ろしい。〈『礼記《らいき》』〉 例 苛政は虎よりも猛しというが、今《いま》の政治《せいじ》のままでは、国民《こくみん》の生活《せいかつ》が苦《くる》しくなる一方《いっぽう》だ。

語源 昔《むかし》、中国《ちゅうごく》で、孔子《こうし》が墓《はか》の前《まえ》で泣《な》いている女性《じょせい》にわけをたずねると、しゅうとも夫《おっと》も息子《むすこ》もみなトラに食《く》われてしまったという。ではどうしてこんなお

そろしい土地《とち》を離《はな》れ、よそに引《ひ》っ越《こ》さないのかとたずねると、「ここにはむごい政治《せいじ》がありませんので」と答《こた》えたという故事《こじ》から。

風《かぜ》が吹《ふ》けば桶屋《おけや》が儲《もう》かる ことわざ

⬇大風《おおかぜ》が吹《ふ》けば桶屋《おけや》が儲《もう》かる（70ページ）

稼《かせ》ぐに追《お》いつく貧乏《びんぼう》なし ことわざ

意味 いつも一生懸命《いっしょうけんめい》働《はたら》いていれば、貧乏《びんぼう》することはないということ。例 稼ぐに追いつく貧乏なしというから、とにかくまじめに働《はたら》こう。

風《かぜ》の便《たよ》り 慣用句

意味 どこからともなく伝《つた》わってくるうわさ。例 風の便りに元気《げんき》でいると聞《き》いた。

風《かぜ》の吹《ふ》き回《まわ》し 慣用句

意味 その時々《ときどき》で変化《へんか》し、一定《いってい》しないようす。例 どういう風の吹き回しか、弟《おとうと》は急《きゅう》にまじめになった。

風邪《かぜ》は万病《まんびょう》の元《もと》 ことわざ

意味 風邪《かぜ》はたくさんの病気《びょうき》の原因《げんいん》となる。せきやくしゃみ、熱《ねつ》などを、ただの風邪《かぜ》だと思《おも》って油断《ゆだん》してはいけないということ。例 風邪は万病の元というから、早《はや》く帰《かえ》って体《からだ》を休《やす》めなさい。

風《かぜ》を切《き》る 慣用句

意味 勢《いきお》いよく進《すす》む。例 自転車《じてんしゃ》が風を切って走《はし》る。

風《かぜ》を食《く》らう 慣用句

意味 ある事態《じたい》に気付《きづ》いて、大急《おおいそ》ぎでにげる。例 泥棒《どろぼう》は風を食らってにげた。

片足《かたあし》を突《つ》っ込《こ》む 慣用句

意味 あることに少《すこ》しかかわりを持《も》つ。例 よけいなことに片足を突っ込むのは、よしなさい。

肩《かた》が軽《かる》くなる 慣用句

意味 責任《せきにん》や気《き》がかりなことがなくなってほっとする。例 無事《ぶじ》に任期《にんき》を終《お》えて肩が軽くなった。

類 肩《かた》の荷《に》が下《お》りる

肩《かた》が凝《こ》る 慣用句

意味 かた苦《くる》しくて、気《き》づまりだ。神経《しんけい》を使《つか》う。例 あの家《いえ》に行《い》くと肩が凝る。

方《かた》が付《つ》く 慣用句

意味 物事《ものごと》が解決《かいけつ》する。例 もめ事《ごと》の方が付いた。

同 片《かた》が付《つ》く

肩透《かたす》かしを食《く》う 慣用句

意味 意気《いき》ごんで向《む》かって行《い》って、相手《あいて》にうまくはぐらかされる。勢《いきお》いをそらされる。例 野球場《やきゅうじょう》に行《い》ったが、試合《しあい》は雨《あめ》で延期《えんき》になり、肩透かしを食った。

★固唾《かたず》を呑《の》む 慣用句

意味 どうなることかと息《いき》を止《と》めるようにして、じっとなりゆきを見守《みまも》る。例 決勝戦《けっしょうせん》のようすを固唾を呑んで見《み》つめる。

語源 「固唾《かたず》」は、きんちょうしたときに口《くち》の中《なか》にたまる唾《つば》。

類 手《て》に汗《あせ》を握《にぎ》る

肩《かた》で息《いき》をする 慣用句

意味 肩《かた》が上下《じょうげ》するほど、苦《くる》しそうに大《おお》きく呼吸《こきゅう》をする。例 必死《ひっし》で走《はし》ってきたのか、大《おお》きく肩で息をしている。

★肩《かた》で風《かぜ》を切《き》る 慣用句

意味 肩《かた》をわざと高《たか》くして、いばって歩《ある》く。例 得意《とくい》そうに肩で風を切って歩《ある》く。

刀《かたな》折《お》れ矢《や》尽《つ》きる 故事成語

意味 物事《ものごと》を続《つづ》ける方法《ほうほう》がまったくなくなることのたとえ。〈『後漢書《ごかんじょ》』〉 例 努力《どりょく》もむなしく、刀折れ矢尽きて倒産《とうさん》した。

語源 激戦《げきせん》の末《すえ》、刀《かたな》も折《お》れ、矢《や》も射《い》つくし

て、戦《たたか》うための武器《ぶき》がまったくなくなることから。

同 弓《ゆみ》折《お》れ矢《や》尽《つ》きる

肩《かた》に掛《か》かる 慣用句

意味 責任《せきにん》などを負《お》わなければならなくなる。例 成功《せいこう》するかどうかは、君《きみ》の肩に掛かっている。

型《かた》にはまる 慣用句

意味 決《き》まりきったやり方《かた》で、新《あたら》しさやおもしろみがない。例 式典《しきてん》のあいさつは、型にはまったものが多《おお》い。

肩《かた》の力《ちから》を抜《ぬ》く 慣用句

意味 はりきりすぎたり、緊張《きんちょう》したりせずに、気持《きも》ちを楽《らく》にする。例 肩の力を抜いて、もう一度《いちど》試《ため》してごらん。

★★ **肩《かた》の荷《に》が下《お》りる** 慣用句

意味 義務《ぎむ》や責任《せきにん》を果《は》たし、ほっとする。例 仕事《しごと》が無事《ぶじ》に終《お》わって、肩の荷が下りる。

類 肩《かた》が軽《かる》くなる

片腹痛《かたはらいた》い 慣用句

意味 人《ひと》の言動《げんどう》がこっけいで苦々《にがにが》しく感《かん》じられる。非常《ひじょう》にばかばかしい。例 練《れん》習《しゅう》もせずに優勝《ゆうしょう》しようなんて片腹痛いことを言《い》うな。

語源 もともとは、「傍《かたわ》ら痛《いた》し」で、そばで見《み》ていて、たえがたいということ。

片棒《かたぼう》を担《かつ》ぐ 慣用句

意味 いっしょに仕事《しごと》をする。力《ちから》を合《あ》わせる。例 いたずらの片棒を担ぐ。

語源 「片棒《かたぼう》」は、昔《むかし》の乗《の》り物《もの》のかごを担《かつ》ぐ棒《ぼう》の、前《まえ》か後《うし》ろのどちらか。

参考 よくない意味《いみ》で用《もち》いることが多《おお》い。

類 お先棒《さきぼう》を担《かつ》ぐ

肩身《かたみ》が狭《せま》い 慣用句

意味 世間《せけん》の人《ひと》に対《たい》して引《ひ》け目《め》を感《かん》じる。例 子供《こども》が人《ひと》に迷惑《めいわく》をかけると、親《おや》としては肩身が狭い。

語源 「肩身《かたみ》」は、肩《かた》と身《み》で、体《からだ》のこと。また、世間《せけん》への体面《たいめん》をあらわす。

注意 「片身《み》が狭《せま》い」は誤《あやま》り。

対 肩身《かたみ》が広《ひろ》い

語《かた》るに落《お》ちる 慣用句

⬇問《と》うに落《お》ちず語《かた》るに落《お》ちる （292ページ）

語《かた》るに足《た》る 慣用句

意味 話《はな》すだけの価値《かち》がある。例 かれは、大事《だいじ》なことを語るに足る人物《じんぶつ》だ。

肩《かた》を怒《いか》らす 慣用句

意味 肩《かた》を高《たか》く張《は》り、いばったようすをする。例 大男《おおおとこ》が肩を怒らして歩《ある》いている。

同 肩《かた》をそびやかす 対 肩《かた》を落《お》とす／肩《かた》をすぼめる

肩《かた》を入《い》れる 慣用句

意味 本気《ほんき》になって応援《おうえん》する。ひいきする。例 父《ちち》はあの選手《せんしゅ》に肩を入れている。

語源 昔《むかし》の乗《の》り物《もの》のかごをかつぐために、棒《ぼう》の下《した》に肩《かた》を入《い》れたことから。

同 肩入《かたい》れする

肩《かた》を落《お》とす 慣用句

意味 がっかりする。例 試合《しあい》に負《ま》けて肩を落とす。

肩《かた》を貸《か》す 慣用句

意味 力《ちから》をそえる。助《たす》ける。例 資金《しきん》が足《た》りなくなったら肩を貸すよ、と父《ちち》がおじに言《い》った。

肩《かた》をすくめる 慣用句

意味 両方《りょうほう》の肩《かた》を縮《ちぢ》ませて、不満《ふまん》やがっかりした気持《きも》ち、やれやれという気持《きも》ちなどをあらわす。例 かれは結果《けっか》を知《し》って肩をすくめた。

肩《かた》をすぼめる 慣用句

意味 肩《かた》を縮《ちぢ》ませて元気《げんき》のないようすを

する。例 肩をすぼめて歩《ある》く。

肩《かた》をそびやかす 慣用句

↓肩《かた》を怒《いか》らす（94ページ）

方《かた》を付《つ》ける 慣用句

意味 問題《もんだい》になっている物事《ものごと》を終《お》わらせる。解決《かいけつ》する。例 この件《けん》については、そろそろ方を付けるべきだ。

同 片《かた》を付ける

肩《かた》を並《なら》べる 慣用句

意味 ❶横《よこ》に並《なら》ぶ。例 肩を並べて歩《ある》く。❷おたがいに同《おな》じような地位《ちい》や力《ちから》を持《も》つ。例 うちのチームもようやく、上位《じょうい》チームと肩を並べるまでになった。

★**肩《かた》を持《も》つ** 慣用句

意味 味方《みかた》をする。例 お母《かあ》さんはいつも妹《いもうと》の肩を持つ。

勝《か》ちに乗《じょう》ずる 慣用句

意味 勝《か》って気《き》をよくし、その勢《いきお》いのままに物事《ものごと》をおこなう。例 勝ちに乗じて敵《てき》を次々《つぎつぎ》に破《やぶ》る。

同 勝《か》ちに乗《の》る

勝《か》ちに乗《の》る 慣用句

↓勝《か》ちに乗《じょう》ずる（95ページ）

火中《かちゅう》の栗《くり》を拾《ひろ》う ことわざ

意味 他人《たにん》の利益《りえき》のために危《あぶ》ないことをする。例 わざわざ火中の栗を拾うようなことをするな。

語源 火《ひ》の中《なか》の栗《くり》の実《み》は、はねて危《あぶ》ない。また、つかむとやけどをするということから。

参考 サルがネコをおだてて、いろりの中《なか》の栗《くり》を拾《ひろ》わせたら、栗《くり》がはねてネコが大《おお》やけどをしたという、西洋《せいよう》の物語《ものがたり》から。

★★**花鳥風月《かちょうふうげつ》** 四字熟語

意味 さく花《はな》、さえずる鳥《とり》、さわやかな風《かぜ》、明《あか》るい月《つき》などの、自然界《しぜんかい》の美《うつく》しい風物《ふうぶつ》や景色《けしき》。例 田舎《いなか》に引《ひ》っ越《こ》して、花鳥風月を友《とも》とする暮《く》らしにあこがれる。

かちんと来《く》る 慣用句

意味 人《ひと》の言《い》ったことやしたことによって、ふゆかいになる。例 皮肉《ひにく》を言《い》われて、かちんと来る。

語源 「かちん」は、かたいもの同士《どうし》がぶつかる音《おと》。

隔靴掻痒《かっかそうよう》 四字熟語

意味 思《おも》うようにならず、じれったいこと。例 隔靴掻痒の感《かん》がある。

語源 靴《くつ》の上《うえ》から痒《かゆ》い所《ところ》を掻《か》くということから。

英 to have an itch that one cannot scratch（掻《か》けないところが痒《かゆ》い）

格好《かっこう》が付《つ》く 慣用句

意味 ほかの人《ひと》から見《み》た自分《じぶん》のようすが、きちんとしたものになる。体裁《ていさい》がととのう。例 入賞《にゅうしょう》して何《なん》とか格好が付いた。

渇《かっ》しても盗泉《とうせん》の水《みず》を飲《の》まず 故事成語

意味 どんなに困《こま》っても不正《ふせい》なことには手《て》を出《だ》さない。〈『文選《もんぜん》』〉例 貧《まず》しくても人《ひと》をだますようなことはしない。渇しても盗泉の水を飲まず、だ。

語源 盗泉《とうせん》は中国《ちゅうごく》にあった泉《いずみ》の名《な》。孔子《こうし》が、「盗《ぬす》む泉《いずみ》」という名《な》をきらって、その泉《いずみ》の水《みず》を飲《の》まなかったという話《はなし》から。

参考 中国《ちゅうごく》の陸機《りくき》の詩《し》にある言葉《ことば》。

合従連衡《がっしょうれんこう》 四字熟語

意味 場合《ばあい》に応《おう》じて手《て》を組《く》んだりはなれたりする策《さく》。例 合従連衡、それぞれの策《さく》を検討《けんとう》する。

語源 中国《ちゅうごく》の戦国時代《せんごくじだい》の外交政策《がいこうせいさく》から。蘇秦《そしん》の唱《とな》えた合従策《がっしょうさく》は、韓《かん》・魏《ぎ》・趙《ちょう》・燕《えん》・楚《そ》・斉《せい》の六国《ろっこく》が連合《れんごう》して秦《しん》に対抗《たいこう》するもの。張儀《ちょうぎ》の唱《とな》えた連衡策《れんこうさく》は、六国《ろっこく》がそれぞれ単独《たんどく》に秦《しん》と同盟《どうめい》を結《むす》ぶもの。

勝手《かって》が違《ちが》う 慣用句

意味 ようすや事情《じじょう》がちがって思《おも》うようにいかない。例 いつもと勝手が違ってとまどう。

語源 「勝手《かって》」は、物事《ものごと》をおこなうときの具合《ぐあい》のこと。

勝《か》って兜《かぶと》の緒《お》を締《し》めよ ことわざ

意味 敵《てき》に勝《か》った後《あと》も油断《ゆだん》するなという教《おし》え。また、成功《せいこう》した後《あと》でも気《き》をひきしめよという教《おし》え。例 連勝中《れんしょうちゅう》でも気《き》をぬくな。勝って兜の緒を締めよ、だ。

かぶと

語源 「兜《かぶと》の緒《お》」は、兜《かぶと》を頭《あたま》に留《と》める、ひも。勝《か》っても兜《かぶと》をぬがず、むしろ、ひもを締《し》め直《なお》すようにせよということから。

英 Don't halloo till you are out of the woods.（森《もり》から出《で》るまでは歓声《かんせい》を上《あ》げるな）

買《か》って出《で》る 慣用句

意味 仕事《しごと》や役割《やくわり》などを、自分《じぶん》から進《すす》んで引《ひ》き受《う》ける。例 みんながいやがる役目《やくめ》を買って出る。

★★**河童《かっぱ》の川流《かわなが》れ** ことわざ

意味 どんな名人《めいじん》でも失敗《しっぱい》することがあるということのたとえ。例 先生《せんせい》が字《じ》をまちがえた。河童の川流れだね。

語源 泳《およ》ぎの上手《じょうず》な河童《かっぱ》でも、川《かわ》に流《なが》されておぼれるこ

サウジアラビア

だれでも自分《じぶん》の菓子《かし》のほうに燃《も》えさしを引《ひ》き寄《よ》せる

菓子《かし》をおいしく焼《や》こうとして、だれでも自分《じぶん》が焼《や》いているほうに燃《も》えさしを引《ひ》き寄《よ》せます。イスラム教《きょう》では、お酒《さけ》を飲《の》むことが禁《きん》じられているので、大人《おとな》でもあまいお菓子《かし》が大好《だいす》きです。

ブルガリア

だれでも自分《じぶん》のほうに毛布《もうふ》を引《ひ》っ張《ぱ》る

寒《さむ》いとき、毛布《もうふ》にくるまり暖《あたた》まって寝《ね》たいのは、世界共通《せかいきょうつう》でだれでも同《おな》じです。

とがあるということから。

類 弘法《こうぼう》にも筆《ふで》の誤《あやま》り／猿《さる》も木《き》から落《お》ちる／上手《じょうず》の手《て》から水《みず》が漏《も》れる／千慮《せんりょ》の一失《いっしつ》 英 Even the best horse stumbles.（名馬《めいば》もこける）

活《かつ》を入《い》れる 慣用句

意味 しかったり、厳《きび》しくさとしたりして元気《げんき》づける。やる気《き》をおこさせる。

例 コーチが選手《せんしゅ》たちに**活を入れる。**

語源 もともとは、気絶《きぜつ》した人《ひと》の急所《きゅうしょ》を強《つよ》くおしたりして意識《いしき》をはっきりさせること。

類 発破《はっぱ》を掛《か》ける

勝《か》てば官軍《かんぐん》負《ま》ければ賊軍《ぞくぐん》 ことわざ

意味 勝《か》った方《ほう》が正《ただ》しいということになるということのたとえ。例 歴史《れきし》には、**勝てば官軍負ければ賊軍**の例《れい》が多《おお》い。

語源 「官軍《かんぐん》」は、政府側《せいふがわ》または朝廷《ちょうてい》の軍《ぐん》隊《たい》、「賊軍《ぞくぐん》」は、それと対立《たいりつ》する悪《わる》い軍隊《ぐんたい》の意味《いみ》。

同 勝《か》てば官軍《かんぐん》 英 Might makes right.（力《ちから》は正義《せいぎ》である）／Losers are always in the wrong.（負《ま》けた者《もの》はいつも悪《わる》いとされる）

★★ **我田引水《がでんいんすい》** 四字熟語 ➡世界のことわざ（97ページ）

意味 自分《じぶん》の都合《つごう》のよいように意見《いけん》を言《い》ったり、行動《こうどう》したりすること。

例 かのじょのやり方《かた》は、いつも**我田引水**で困《こま》る。

語源 自分《じぶん》の田《た》にだけ水《みず》を引《ひ》き入《い》れることから。

同 我《わ》が田《た》へ水《みず》を引《ひ》く 英 Every miller draws water to his own mill.（粉屋《こなや》はだれでも自分《じぶん》の水車場《すいしゃば》へ水《みず》を引《ひ》いてくる）

合点《がてん》がいかない 慣用句

意味 物事《ものごと》の事情《じじょう》がよくわからない。納《なっ》得《とく》できない。例 その言《い》い分《ぶん》には、どうも**合点がいかない**点《てん》がある。

語源 「合点《がてん》」は、納得《なっとく》。「がってん」が変《へん》化《か》した読《よ》み方《かた》。

世界《せかい》のことわざ　我田引水《がでんいんすい》

イタリア

だれでも自分《じぶん》の水車場《すいしゃば》へ水《みず》を引《ひ》く

ヨーロッパでは、古《ふる》くから水車《すいしゃ》を利用《りよう》して小麦《こむぎ》などの穀物《こくもつ》をひいて、粉《こな》にしていました。自分《じぶん》の水車場《すいしゃば》に水《みず》を引《ひ》くのは、自分勝手《じぶんかって》なようですが、「だれでも」とすることで共感《きょうかん》できる表現《ひょうげん》になっています。

その他《た》

ドイツ、ブルガリア、チェコ

瓜田《かでん》に履《くつ》を納《い》れず 故事成語

意味 疑《うたが》いをかけられるようなおこないはしない方《ほう》がよい。例 他人《たにん》の家《いえ》の前《まえ》で、意味《いみ》なくうろうろしない方《ほう》がいい。瓜田に履を納れずというからね。

語源 瓜《うり》をぬすんでいると疑《うたが》われないよう、瓜畑《うりばたけ》ではくつをはき直《なお》さないということ。中国《ちゅうごく》の『古楽府《こがふ》』という詩《し》の中《なか》の「瓜田《かでん》に履《くつ》を納《い》れず、李下《りか》に冠《かんむり》を正《ただ》さず」から。

類 李下《りか》に冠《かんむり》を正《ただ》さず 英 Caesar's wife must be above suspicion.（いやしくもカエサル〔シーザー〕の妻《つま》なら、不貞《ふてい》の疑《うたが》いをかけられてはならない）

角《かど》が立《た》つ 慣用句

意味 他人《たにん》との関係《かんけい》が、おだやかでなくなる。例 ものも言《い》いようで角が立つ。

角《かど》が取《と》れる 慣用句

意味 他人《たにん》と仲《なか》よくつきあえるように、性格《せいかく》がおだやかになる。例 あの人《ひと》も、年《とし》をとって角が取れてきた。

門松《かどまつ》は冥途《めいど》の旅《たび》の一里塚《いちりづか》 ことわざ

意味 門松《かどまつ》は正月《しょうがつ》を祝《いわ》うめでたいものだが、正月《しょうがつ》が来《く》るたびに年《とし》を取《と》って死《し》へ近《ちか》づくのだから、門松《かどまつ》は死《し》への旅《たび》の一里塚《いちりづか》のようなものだ。例 門松は冥途の旅の一里塚だというから、時間《じかん》を大事《だいじ》にして、悔《く》いの残《のこ》らない人生《じんせい》にしたい。

語源 「冥途《めいど》」は、「冥土《めいど》」とも書《か》き、あの世《よ》のこと。「一里塚《いちりづか》」は、昔街道《むかしかいどう》に一里《り》（約《やく》四《よん》キロメートル）ごとに設《もう》けた道《みち》しるべ。一休禅師《いっきゅうぜんじ》の和歌《わか》という説《せつ》があり、この後《あと》に「めでたくもありめでたくもなし」と続《つづ》く。

英 The more years you have, the nearer your grave.（歳《とし》を重《かさ》ねるにつれ近《ちか》づくのが墓《はか》）

鼎《かなえ》の軽重《けいちょう》を問《と》う 故事成語

意味 権威《けんい》のある人《ひと》の実力《じつりょく》を疑《うたが》う。〈『春秋左氏伝《しゅんじゅうさしでん》』〉 例 鼎の軽重を問う事態《じたい》となる。

語源 「鼎《かなえ》」は、三本《さんぼん》の足《あし》のついた銅器《どうき》。昔《むかし》の中国《ちゅうごく》で、帝王《ていおう》の権威《けんい》の象徴《しょうちょう》だった。中国《ちゅうごく》の周時代《しゅうじだい》の末期《まっき》、楚《そ》の荘王《そうおう》が、周王《しゅうおう》の権威《けんい》をあなどって、周《しゅう》の王室《おうしつ》の宝《たから》である鼎《かなえ》の大《おお》きさと重《おも》さをたずねたという故事《こじ》から。

蟹《かに》の横《よこ》ばい ことわざ

意味 ❶人《ひと》にどう思《おも》われても、本人《ほんにん》にはそれが最《もっと》も都合《つごう》がよいことだということのたとえ。例 蟹の横ばいというし、かれにはかれのやり方《かた》で続《つづ》けてもらおう。❷じゃまが入《はい》るなどして、物事《ものごと》が調子《ちょうし》よく進《すす》まないことのたとえ。例 反対意見《はんたいいけん》が多《おお》くて、計画《けいかく》は蟹の横ばいのままだ。

語源 蟹《かに》は横《よこ》に歩《ある》き、前方《ぜんぽう》には進《すす》まないことから。

蟹《かに》は甲羅《こうら》に似《に》せて穴《あな》を掘《ほ》る ことわざ ➡世界のことわざ（99ページ）

意味 人《ひと》は自分《じぶん》の能《のう》力《りょく》や立場《たちば》に応《おう》じた言動《げんどう》をしたり、望《のぞ》みを持《も》ったりするものだということのたとえ。

例 運動《うんどう》が得意《とくい》な兄《あに》は体育教師《たいいくきょうし》の道《みち》を選《えら》んだ。蟹は甲羅に似せて穴を掘る、だね。

語源 蟹《かに》は大小《だいしょう》さまざまいるが、自分《じぶん》の甲《こう》羅《ら》に合《あ》わせた穴《あな》を掘《ほ》ってかくれるということから。

英 Cut your coat according to your cloth.（布《ぬの》に合《あ》わせて衣服《いふく》を裁《た》て）

金《かね》がうなる 慣用句

意味 ありあまるほどたくさんお金《かね》を持《も》っている。**例** 金庫《きんこ》に**金がうなっている**。

金《かね》が物《もの》を言《い》う 慣用句

意味 難《むずか》しい問題《もんだい》をまとめるのに、お金《かね》の力《ちから》が役《やく》に立《た》つ。**例** **金が物を言う**世《よ》の中《なか》。

金《かね》に飽《あ》かす 慣用句

意味 たっぷりとお金《かね》を使《つか》う。**例** **金に飽かして**建《た》てた豪邸《ごうてい》。

類 金《かね》に糸目《いとめ》をつけない

金《かね》に糸目《いとめ》を付《つ》けない 慣用句

意味 目的《もくてき》のためにお金《かね》をおしまずに使《つか》う。**例** かれは、あの絵《え》を手《て》に入《い》れるためには、**金に糸目を付けない**と言《い》っていた。

語源 「糸目《いとめ》」は、たこの表面《ひょうめん》に付《つ》け、手《て》に持《も》つ糸《いと》に結《むす》びつける細《ほそ》い糸《いと》。糸目《いとめ》を付《つ》けないたこは、どこまでも飛《と》んで行《い》くこ

世界《せかい》のことわざ　蟹《かに》は甲羅《こうら》に似《に》せて穴《あな》を掘《ほ》る

スペイン

小《ちい》さな鳥《とり》には小《ちい》さな巣《す》

このことわざは光景《こうけい》がわかりやすく、当然《とうぜん》、大《おお》きな鳥《とり》には大《おお》きな巣《す》ということになります。

その他《た》 ドイツ、ポルトガル

中国《ちゅうごく》

蛇《へび》が大《おお》きいと穴《あな》も大《おお》きい

大《おお》きなヘビだと、すみかの穴《あな》も大《おお》きくなることから、大人物《だいじんぶつ》の器《うつわ》の大きさをたとえたものです。

スリランカ

小川《おがわ》はけっして海《うみ》にはならない

小川《おがわ》は少量《しょうりょう》の水《みず》しかたたえられず、大量《たいりょう》の水《みず》を受《う》け入《い》れる海《うみ》にはなれません。小人物《しょうじんぶつ》は器《うつわ》が小《ちい》さく、大《おお》きな考《かんが》えをもてないことや、小《ちい》さな問題《もんだい》をくよくよ悩《なや》んでもしかたがないことのたとえです。

とから、お金《かね》をどんどん使《つか》うことをあらわす。

同 糸目《いとめ》を付《つ》けない 類 金《かね》に飽《あ》かす

金《かね》に目《め》がくらむ 慣用句

意味 お金《かね》に心《こころ》をうばわれて、物事《ものごと》のよしあしがわからなくなる。例 金に目がくらんで悪事《あくじ》を働《はたら》く。

金《かね》の切《き》れ目《め》が縁《えん》の切《き》れ目《め》 ことわざ

意味 お金《かね》が目当《めあ》てでちやほやするような人《ひと》とのつながりは、お金《かね》がなくなったとたんにそれで終《お》わりになるということ。例 金の切れ目が縁の切れ目で、破産《はさん》したとたん人《ひと》が遠《とお》ざかっていった。

英 When poverty comes in at the door, love leaps out at the window.（貧乏《びんぼう》がドアから入《はい》ってくると愛《あい》が窓《まど》から飛《と》び出《だ》していく）

金《かね》のなる木《き》 慣用句

意味 お金《かね》をたえず手《て》に入《い》れることのできるもとになるもののたとえ。例 あの発明《はつめい》は大当《おおあ》たりして、まさに金のなる木となった。

金《かね》の草鞋《わらじ》で探《さが》す ことわざ

意味 いろいろな手段《しゅだん》を使《つか》って根気《こんき》よく探《さが》し求《もと》める。例 どうしてもほしい本《ほん》なので、金の草鞋で探すつもりだ。

語源 すり切《き》れない金属製《きんぞくせい》の草鞋《わらじ》をはいて探《さが》すということから。

金《かね》は天下《てんか》の回《まわ》り物《もの》 ことわざ

⬇世界のことわざ（101ページ）

意味 お金《かね》はいつも人《ひと》から人《ひと》へとわたるものだから、金持《かねも》ちがいつか金《かね》を失《うしな》い、貧乏《びんぼう》な人《ひと》がいつか金《かね》を手《て》に入《い》れることもあるということ。例 金は天下の回りものというから、ぼくがこれから金持《かねも》ちになる可能性《かのうせい》もある。

同 金《かね》は天下《てんか》の回《まわ》り持《も》ち

マダガスカル

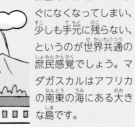

金《かね》は旅人《たびびと》、今日《きょう》着《つ》いたかと思《おも》うと明日《あす》はいなくなる

お金《かね》は、かせいでもすぐになくなってしまい、少《すこ》しも手元《てもと》に残《のこ》らない、というのが世界共通《せかいきょうつう》の庶民感覚《しょみんかんかく》でしょう。マダガスカルはアフリカの南東《なんとう》の海《うみ》にある大《おお》きな島《しま》です。

英 Money comes and money goes.（金《かね》はめぐり入《い》り、めぐり出《で》ていく）

金《かね》持《も》ち喧《けん》嘩《か》せず ことわざ

意味 喧《けん》嘩《か》をすると損《そん》することが多《おお》いから、お金《かね》のある人《ひと》は、用心深《ようじんぶか》くて喧《けん》嘩《か》をしないということ。 例 金持ち喧嘩せずで、かれは、人《ひと》と争《あらそ》うことがない。

類 金《かね》持《も》ち身《み》が大事《だいじ》／金《かね》持《も》ち船《ふね》に乗《の》らず

英 Agree, for the law is costly.（訴《そ》訟《しょう》は金《かね》がかかるから和解《わかい》しろ）

金《かね》持《も》ちと灰《はい》吹《ふ》きは溜《た》まるほど汚《きたな》い ことわざ

意味 灰《はい》吹《ふ》きは灰《はい》がたまるほどに汚《きた》くなるように、金《かね》持《も》ちはお金《かね》がたまるほど、もっとためようとけちになり、心《こころ》が卑《いや》しくなるというたとえ。 例 金持ちと灰吹きは溜まるほど汚いというように、大金《たいきん》を得《え》たときこそお金《かね》に執着《しゅうちゃく》しすぎないようにしたいものだ。

語源 「灰《はい》吹《ふ》き」は、たばこの吸《す》いがら入《い》れ。

類 金《かね》と塵《ちり》は積《つ》もるほど汚《きたな》い 英 Muck and money go together.（糞《くそ》と金《かね》は足並《あしな》みがそろう）

蚊《か》の鳴《な》くような声《こえ》 慣用句

意味 非常《ひじょう》に小《ちい》さな声《こえ》のたとえ。 例 蚊の鳴くような声で答《こた》える。

株《かぶ》が上《あ》がる 慣用句

意味 その人《ひと》に対《たい》する評判《ひょうばん》がよくなる。 例 逆転《ぎゃくてん》ホームランを打《う》って、すっかり、ぼくの株が上がった。

対 株《かぶ》が下《さ》がる

禍《か》福《ふく》はあざなえる縄《なわ》の如《ごと》し 故事成語

➡世界のことわざ（103ページ）

意味 人生《じんせい》の不運《ふうん》と幸運《こううん》は、縄《なわ》のようにからみ合《あ》っていて、つねに変化《へんか》するものだ。〈『史《し》記《き》』〉 例 禍福はあざなえる縄の如し、だ。運《うん》が悪《わる》いとなげいていることが、幸《しあわ》せにつながるかもしれないよ。

語源 「あざなう」は、糸《いと》や縄《なわ》をよりあわ

世界《せかい》のことわざ　金《かね》は天下《てんか》の回《まわ》りもの

中国《ちゅうごく》

金《かね》は四本足《よんほんあし》、人《ひと》は二本足《にほんあし》

お金《かね》には四本足《よんほんあし》があるとして、二本足《にほんあし》の人間《にんげん》では追《お》いつかないほど、早《はや》く出《で》て行《い》ってしまうというユーモラスな表現《ひょうげん》です。日本《にほん》でも、お金《かね》のことを「お足《あし》」といいます。

スウェーデン

金《かね》はまるいので転《ころ》がって行《い》く

せっかく貯《た》めても、すぐにどこかへ転《ころ》がって行《い》ってしまうことを、硬貨《こうか》の形《かたち》にかけてあらわしています。

その他《た》 イギリス、フランス、イタリア、エストニア、ルーマニア

せる。
類 人間《にんげん》万事《ばんじ》塞翁《さいおう》が馬《うま》 英 Every cloud has a silver lining.（どんな雲《くも》にも銀色《ぎんいろ》の裏地《うらじ》がついている）

★兜《かぶと》を脱《ぬ》ぐ 慣用句
意味 降参《こうさん》する。負《ま》ける。例 あなたの熱《ねっ》心《しん》さには**兜を脱ぎ**ました。
語源 敵《てき》に降伏《こうふく》するときに、兜《かぶと》を脱《ぬ》ぐということから。
類 シャッポを脱《ぬ》ぐ

株《かぶ》を守《まも》りて兎《うさぎ》を待《ま》つ 故事成語
意味 たまたまうまくいったことに味《あじ》をしめて、また同《おな》じように得《とく》をしようとすることのたとえ。また、古《ふる》いしきたりにこだわり、時代《じだい》の変化《へんか》に対応《たいおう》できないことのたとえ。〈『韓非子《かんぴし》』〉 例 **株を守りて兎を待つ**ではだめだ。幸運《こううん》をあてにするのではなく、自分《じぶん》の努力《どりょく》で勝《か》ち取《と》らないとね。
参考 ➡守株《しゅしゅ》
類 柳《やなぎ》の下《した》にいつもどじょうはいない

頭《かぶり》を振《ふ》る 慣用句
意味 頭《あたま》を左右《さゆう》に振《ふ》って「そうではない」「承知《しょうち》しない」ことをあらわす。例 姉《あね》に同意《どうい》を求《もと》めたが、**頭を振る**ばかりだった。
同 頭《あたま》を横《よこ》に振《ふ》る／首《くび》を横《よこ》に振《ふ》る

壁《かべ》に突《つ》き当《あ》たる 慣用句
意味 困難《こんなん》や障害《しょうがい》に出《で》あって、物事《ものごと》をうまく進《すす》めることができなくなる。例 プロ野球選手《やきゅうせんしゅ》になってすぐの試合《しあい》では好調《こうちょう》だったが、相手《あいて》にくせを見《み》ぬかれてから**壁に突き当たっ**て、打《う》てなくなった。

壁《かべ》に耳《みみ》あり、障子《しょうじ》に目《め》あり ことわざ
➡世界のことわざ（105ページ）
意味 ひみつがもれやすいことのたとえ。例 ないしょ話《ばなし》を聞《き》かれていた。**壁に耳あり、障子に目あり**、だ。
同 壁《かべ》に耳《みみ》あり 英 Walls have ears.（壁《かべ》に耳《みみ》がある）

★★果報《かほう》は寝《ね》て待《ま》て ことわざ
意味 幸《しあわ》せは人《ひと》の力《ちから》ではどうにもならないので、その時機《じき》がくるまであせらずに待《ま》つのがよいという教《おし》え。例 結果《けっか》が気《き》になるが、**果報は寝て待て**、だ。
語源 「果報《かほう》」は、幸運《こううん》。しあわせ。
英 Everything comes to him who waits.（待《ま》つ人《ひと》にはすべてがやって来《く》る）

鎌《かま》を掛《か》ける 慣用句
意味 相手《あいて》に本当《ほんとう》のことを言《い》わせるために、それとなく話《はな》しかけたりさそったりする。例 ひみつを聞《き》き出《だ》そうと**鎌を掛ける**。
語源 鎌《かま》（＝草《くさ》などをかる道具《どうぐ》）で引《ひ》っ掛《か》けて引《ひ》き寄《よ》せるということから。
類 水《みず》を向《む》ける

雷《かみなり》が落《お》ちる 慣用句
意味 目上《めうえ》の人《ひと》に、ひどくしかられる。
例 ついに父《ちち》の**雷が落ち**た。

髪《かみ》を下《お》ろす 慣用句
意味 髪《かみ》をそって仏門《ぶつもん》に入《はい》る。出家《しゅっけ》する。
例 **髪を下ろす**決心《けっしん》をする。
類 頭《あたま》を丸《まる》める

★亀《かめ》の甲《こう》より年《とし》の功《こう》 ことわざ
➡世界の

ことわざ（107ページ）

意味 長《なが》い間《あいだ》の経験《けいけん》で身《み》につけたものは尊《とうと》いということ。

例 **亀の甲より年の功**で、祖母《そぼ》はいろいろなことを知《し》っている。

参考 「甲《こう》」は甲羅《こうら》のこと。「亀《かめ》の甲《こう》」「年《とし》の功《こう》」と、「こう」を重《かさ》ねている。

同 亀《かめ》の甲《こう》より年《とし》の劫《こう》

英 Age and experience teach wisdom.（年齢《ねんれい》と経験《けいけん》でかしこくなる）

あなたには かなわない

仮面《かめん》をかぶる 慣用句

意味 本心《ほんしん》をかくして、別《べつ》のもののように見《み》せかける。例 犯人《はんにん》は、善人《ぜんにん》の仮面をかぶった悪魔《あくま》のような男《おとこ》だった。

仮面《かめん》を脱《ぬ》ぐ 慣用句

意味 かくしていた本性《ほんしょう》をあらわす。

例 主人公《しゅじんこう》が最後《さいご》に人徳者《じんとくしゃ》の仮面を脱ぐ。

鴨《かも》が葱《ねぎ》を背負《しょ》って来《く》る ことわざ

意味 利用《りよう》するのに都合《つごう》がよいと考《かん》えて

世界《せかい》のことわざ　禍福《かふく》はあざなえる縄《なわ》の如《ごと》し

イギリス

どの雲《くも》にも銀《ぎん》の裏地《うらじ》がついている

サンキュー
どうぞ

黒《くろ》い雨雲《あまぐも》の裏側《うらがわ》は太陽《たいよう》に照《て》らされていて、銀色《ぎんいろ》に光《ひか》っています。悪《わる》いことの裏《うら》には、必《かなら》ずよいことが待《ま》っているという意味《いみ》です。

ロシア(コミ族《ぞく》)

幸《しあわ》せと悲《かな》しみは同《おな》じそりに乗《の》ってくる

コミ族《ぞく》は、北極圏《ほっきょくけん》に接《せっ》するロシア連邦《れんぽう》のコミ共和国《きょうわこく》に住《す》んでいます。年間《ねんかん》200日《にち》ほど雪《ゆき》と氷《こおり》に閉《と》ざされる寒冷《かんれい》地《ち》で、夏《なつ》をのぞき、交通《こうつう》や運送《うんそう》にはもっぱらソリが使《つか》われていました。

今《いま》は幸《しあわ》せだけど…
今《いま》は不幸《ふこう》だけど…

デンマーク

幸福《こうふく》と不幸《ふこう》は井戸《いど》の二《ふた》つのつるべ

井戸《いど》の水《みず》をくみだすつるべは、片方《かたほう》が上《あ》がれば片方《かたほう》は下《さ》がります。その動《うご》きのように幸福《こうふく》と不幸《ふこう》が交互《こうご》にあらわれることをあらわしています。

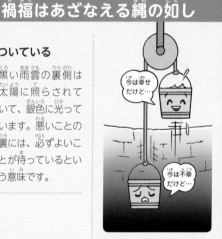

いたことが、さらに都合《つごう》のよいことになることのたとえ。例ちょっと手伝《てつだ》ってもらうだけのつもりだったのに、ほかの人《ひと》まで連《つ》れて来《き》てくれるなんて、鴨が葱を背負って来るようなものだ。

語源カモとネギがあれば、おいしい鴨《かも》なべになるが、そのカモがネギまで持《も》って来《く》るということから。

参考俗《ぞく》に「鴨葱《かもねぎ》」と略《りゃく》される。

可《か》もなく不《ふ》可《か》もなし 故事成語

意味特別《とくべつ》によくも悪《わる》くもない。ふつうのできである。〈『論語《ろんご》』〉例話題《わだい》の映画《えいが》を見《み》てきたが、内容《ないよう》は可もなく不可もなしだった。

語源行《ゆ》き過《す》ぎた所《ところ》も不足《ふそく》した所《ところ》もなく、ちょうどよいことを言《い》った、孔子《こうし》の言葉《ことば》によるが、良《よ》くも悪《わる》くもない平凡《へいぼん》であることを意味《いみ》するようになった。

蚊帳《かや》の外《そと》 慣用句

意味あることについて、情報《じょうほう》を知《し》らされない立場《たちば》。例蚊帳の外に置《お》かれる。

語源「蚊帳《かや》」は、蚊《か》を防《ふせ》ぐために、ねどこの上《うえ》をおおうようにつり下《さ》げる布《ぬの》。

かゆい所《ところ》に手《て》が届《とど》く 慣用句

意味細《こま》かいところまでよく気《き》がつき、世話《せわ》が行《い》き届《とど》くことのたとえ。例かゆい所に手が届くような心配《こころくば》り。

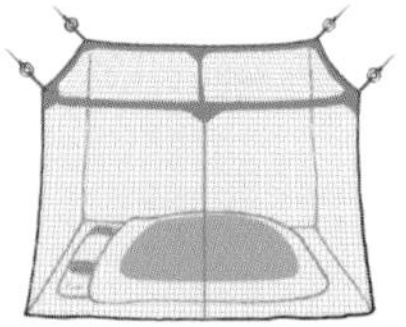

かや

烏《からす》に反哺《はんぽ》の孝《こう》あり ことわざ

➡鳩《はと》に三枝《さんし》の礼《れい》あり烏《からす》に反哺《はんぽ》の孝《こう》あり（345ページ）

烏《からす》の行水《ぎょうずい》 慣用句

意味入浴《にゅうよく》している時間《じかん》が非常《ひじょう》に短《みじか》いことのたとえ。例もうおふろから出《で》たの。烏の行水だね。

語源カラスの水浴《みずあ》びの時間《じかん》が短《みじか》いことから。

体《からだ》を張《は》る 慣用句

意味目的《もくてき》をとげるために、自分《じぶん》の身《み》の安全《あんぜん》を気《き》にせず行動《こうどう》する。例その役者《やくしゃ》は体を張った見事《みごと》な演技《えんぎ》を見《み》せた。

殻《から》に閉《と》じこもる 慣用句

意味心《こころ》を閉《と》ざして、周《まわ》りと打《う》ちとけない。例殻に閉じこもってばかりいないで、みんなと遊《あそ》ぼうよ。

同殻《から》にこもる

殻《から》を破《やぶ》る 慣用句

意味古《ふる》いしきたりや考《かんが》え方《かた》をやめる。例これまでの殻を破って、改革《かいかく》を実行《じっこう》する。

同殻《から》を打《う》ち破《やぶ》る

借《か》りてきた猫《ねこ》 慣用句

意味いつもとちがってとてもおとなしいことのたとえ。例家《いえ》ではわがままばかり言《い》う妹《いもうと》が、他人《たにん》の前《まえ》では、借りてきた猫みたいだ。

語源ほかの家《いえ》から借《か》りてきたネコが、その家《いえ》になじめずおとなしくしているようすから。

英 Gentle as a lamb.（子羊《こひつじ》のようにおだやか）

★画竜点睛《がりょうてんせい》 四字熟語

➡マンガdeことわざ（106ページ）

意味物事《ものごと》の最《もっと》も大切《たいせつ》な部分《ぶぶん》を仕上《しあ》げて、全体《ぜんたい》を立派《りっぱ》に完成《かんせい》させること。また、最《もっと》も重要《じゅうよう》な部分《ぶぶん》のたとえ。〈『歴代名画記《れきだいめいがき》』〉
例画竜点睛を欠《か》く。
語源中国《ちゅうごく》の絵《え》の名人《めいじん》張僧繇《ちょうそうよう》が竜《りゅう》をえがいたが、睛《ひとみ》（＝瞳《ひとみ》）をかき入《い》れると竜《りゅう》が天《てん》に飛《と》び去《さ》ってしまうといって、睛《ひとみ》を入《い》れなかった。人々《ひとびと》が信《しん》じなかったので、二匹《にひき》の竜《りゅう》に睛《ひとみ》をかき入《い》れたところ、本当《ほんとう》に天《てん》に飛《と》び去《さ》ったという話《はなし》から。

参考➡画竜点睛《がりょうてんせい》を欠《か》く

注意「画竜天睛《がりょうせい》」「画竜点睛《がりょうてん》」は誤《あやま》り。

画竜点睛《がりょうてんせい》を欠《か》く　故事成語

意味全体《ぜんたい》としてはよくできているが、仕《し》上《あ》げが不十分《ふじゅうぶん》であったり、かんじんな部《ぶ》分《ぶん》がぬけていたりして、完全《かんぜん》なものとはいえないことのたとえ。**例**主張《しゅちょう》したいことがはっきりと書《か》かれていない、**画竜点睛を欠く**作文《さくぶん》だ。

参考➡画竜点睛《がりょうてんせい》

借《か》りる時《とき》の地蔵顔《じぞうがお》返《かえ》す時《とき》の閻魔《えんま》顔《がお》　ことわざ

➡世界のことわざ（109ページ）

意味金《かね》などを借《か》りるときは、相手《あいて》の機嫌《きげん》を取《と》ろうとやさしいにこにこ顔《がお》をするが、返《かえ》すときになると、渋《しぶ》い不機嫌《ふきげん》な顔《かお》になる。人間《にんげん》は身勝手《みがって》なものだという こと。**例**少《すこ》しだけというからゲームをやらせてあげたのに、**借りる時の地蔵顔返す時の閻魔顔**で、返《かえ》すのをしぶるなんてひどい。

世界《せかい》のことわざ　壁《かべ》に耳《みみ》あり、障子《しょうじ》に目《め》あり

韓国《かんこく》

昼《ひる》の話《はなし》は鳥《とり》が聞《き》き、夜《よる》の話《はなし》は鼠《ねずみ》が聞《き》く

昼《ひる》と夜《よる》に活動《かつどう》する代表的《だいひょうてき》な動物《どうぶつ》をかりて、説明《せつめい》しています。ネズミの多《おお》くは夜行性《やこうせい》、また「鳥目《とりめ》」という言葉《ことば》があるぐらい、多《おお》くの鳥《とり》は夜《よる》になると目《め》がよく見《み》えません。

タンザニア

虫《むし》に耳《みみ》あり

かつてはライオンをヤリでしとめていた勇敢《ゆうかん》なマサイ族《ぞく》のことわざです。秘《ひ》密《みつ》のことには細心《さいしん》の注意《ちゅうい》をしなさいという意味《いみ》です。**その他《た》**ケニア

レバノン

昼《ひる》に目《め》あり、夜《よる》に耳《みみ》あり

明《あか》るい昼《ひる》は、見通《みとお》しがきくので、だれもいないつもりでもどこかで目《め》が光《ひか》っているかもしれません。暗《くら》い夜《よる》は、姿《すがた》が見《み》えなくても、静《しず》かな暗闇《くらやみ》に耳《みみ》をすまして話《はなし》を聞《き》いている人《ひと》がいるかもしれません。**その他《た》**イラン

画竜点睛《がりょうてんせい》

語源「地蔵《じぞう》顔《がお》」は、地蔵《じぞう》菩薩《ぼさつ》に似《に》たやさしい顔《かお》。「閻魔顔《えんまがお》」は、地獄《じごく》の閻魔《えんま》大王《だいおう》のようなおそろしい顔《かお》。

参考 古《ふる》くは「借《か》るときの地蔵顔《じぞうがお》、済《な》す時《とき》の閻魔顔《えんまがお》」と言《い》った。

同 借《か》りる時《とき》の地蔵顔《じぞうがお》、済《な》す時《とき》の閻魔顔《えんまがお》

類 用《よう》ある時《とき》の地蔵顔《じぞうがお》、用《よう》なき時《とき》の閻魔顔《えんまがお》

英 An angel in borrowing, a devil in repaying.（借《か》りる時《とき》の天使《てんし》、返《かえ》す時《とき》の悪魔《あくま》）

借《か》りを返《かえ》す 慣用句

意味 ほかの人《ひと》から受《う》けた恩《おん》やうらみを返《かえ》す。例 何《なに》かと世話《せわ》になったおばには将来《しょうらい》、**借りを返す**つもりだ。

軽口《かるくち》を叩《たた》く 慣用句

意味 じょうだんを言《い》う。例 父《ちち》はきげんがいいと、よく**軽口を叩く**。

世界《せかい》のことわざ　亀《かめ》の甲《こう》より年《とし》の功《こう》

スペイン

老牛《ろうぎゅう》はまっすぐな畝《うね》をつくる

長《なが》い年月《ねんげつ》、畑仕事《はたけしごと》にたずさわってきた老牛《ろうぎゅう》なら、すきを引《ひ》いて、うね（畑《はたけ》にあるいくすじもの盛《も》り土《つち》）を上手《じょうず》につくることができます。人間《にんげん》も経験《けいけん》を積《つ》んだ者《もの》のほうが、上手《じょうず》に仕事《しごと》をすることができるというたとえです。その他 イギリス、ドイツ

ドイツ

老犬《ろうけん》なら猟《りょう》がしやすい

老犬《ろうけん》は経験《けいけん》が豊富《ほうふ》なので、獲物《えもの》を追《お》いこむタイミングなどをよくわかっているから、猟《りょう》がしやすい。人間《にんげん》を老犬《ろうけん》にたとえて、経験《けいけん》の大切《たいせつ》さを表現《ひょうげん》したことわざです。

イギリス

古《ふる》ギツネはワナを知《し》る

「古《ふる》」は、「経験《けいけん》を積《つ》んだ」の意味《いみ》。キツネはずるがしこい生《い》き物《もの》のイメージですが、経験《けいけん》を積《つ》んだキツネならばさらに頭《あたま》がよく、ワナなど簡単《かんたん》に見破《みやぶ》ることができます。人間《にんげん》を経験豊《けいけんゆた》かなキツネにたとえて、経験《けいけん》の重要性《じゅうようせい》を説《と》いています。

枯《か》れ木《き》に花《はな》 ことわざ

意味 力《ちから》や勢《いきお》いのなくなったものが、また盛《さか》んになることのたとえ。例 今度《こんど》の試《し》合《あい》では、枯れ木に花で、ひとふんばりするつもりだ。

参考「枯《か》れ木に花《はな》がさく」のように使《つか》うこともある。

類 老《お》い木に花《はな》

★**枯《か》れ木《き》も山《やま》のにぎわい** ことわざ

意味 つまらないものでも、ないよりはましだということのたとえ。例 呼《よ》ばれたから行《い》ってみようか。枯れ木も山のにぎわいというからね。

語源 枯《か》れ木《き》でも、それはそれで山《やま》におもむきをそえているということから。

参考 自分《じぶん》がへりくだって使《つか》う言葉《ことば》なので、他人《たにん》に対《たい》して用《もち》いると失礼《しつれい》になる。

注意「人《ひと》が集《あつ》まればにぎやかになる」という意味《いみ》で使《つか》うのは誤《あやま》り。

英 A bad bush is better than the open field.（よくない茂《しげ》みでもなにもない野《の》原《はら》よりはよい）

彼《かれ》も人《ひと》なり我《われ》も人《ひと》なり 故事成語

意味 同《おな》じ人間《にんげん》なのだから、彼《かれ》にできることは自分《じぶん》にもできるはずだ。他人《たにん》にできることは、努力《どりょく》すればどんなことでもできないことはない。例 彼も人なり我も人なりというから、苦手《にがて》な教科《きょうか》も、できる子を見習《みなら》ってやってみよう。

語源 多《おお》く、自分自身《じぶんじしん》を励《はげ》まし発奮《はっぷん》させようとしていう言葉《ことば》。

参考 中国《ちゅうごく》の韓愈《かんゆ》の文章《ぶんしょう》にある言葉《ことば》。

英 What has been done, can be done.（人《ひと》のしたことは人《ひと》にできる）

彼《かれ》を知《し》り己《おのれ》を知《し》れば百戦《ひゃくせん》危《あや》うからず 故事成語

意味 敵《てき》や自分《じぶん》のことをよく調《しら》べて長所《ちょうしょ》や短所《たんしょ》をわかっていれば、何回戦《なんかいたたか》っても負《ま》けることはない。《『孫子《そんし》』》例 彼を知り己を知れば百戦危うからずというから、相手《あいて》チームのことをよく調《しら》べて次《つぎ》の試合《しあい》に備《そな》えよう。

夏炉冬扇《かろとうせん》 四字熟語

意味 季節《きせつ》や時期《じき》をはずしていて、役《やく》に立《た》たない物事《ものごと》のたとえ。例 七月《しちがつ》になって暖炉《だんろ》が完成《かんせい》しても、まさに夏炉冬扇だ。

語源 夏《なつ》の囲炉裏《いろり》（＝床《ゆか》を四角《しかく》く切《き》りぬいて、火《ひ》を燃《も》やせるようにした所《ところ》）と、冬《ふゆ》の扇《おうぎ》は、役《やく》に立《た》たないということから。

同 冬扇夏炉《とうせんかろ》

★**かわいい子《こ》には旅《たび》をさせよ** ことわざ ⬇世界のことわざ（111ページ）

意味 子供《こども》を本当《ほんとう》にかわいがるならば、あまやかさないで、苦労《くろう》をさせた方《ほう》がよいという教《おし》え。

例 かわいい子には旅をさせよというから、一人《ひとり》でサマーキャンプに参加《さんか》させることにした。

語源 昔《むかし》の旅《たび》は、つらく苦《くる》しいものであったことから。

類 獅子《しし》の子落《こお》とし 英 Spare the rod and spoil the child.（鞭《むち》を惜《お》しめば子供《こども》はだめになる）

かわいさ余《あま》って憎《にく》さ百倍《ひゃくばい》 ことわざ

意味 とても好《この》ましいと思《おも》っていたので、憎《にく》いとなると、かえって百倍《ひゃくばい》も憎《にく》らしくなるということ。例 友達《ともだち》だと思《おも》っていたのに裏切《うらぎ》られて、**かわいさ余って憎さ百倍**だ。
英 The greatest hate proceeds from the greatest love.（最大《さいだい》の愛《あい》から最大《さいだい》の憎《にく》しみが生《しょう》じる）

我《が》を折《お》る 慣用句
意味 自分《じぶん》のわがままな気持《きも》ちをおさえて、人《ひと》の言《い》うことを聞《き》き入《い》れる。例 あのかれが、**我を折って**賛成《さんせい》してくれた。
対 我《が》を張《は》る

我《が》を通《とお》す 慣用句
意味 自分《じぶん》の思《おも》うとおりにする。例 弟《おとうと》はどこまでも**我を通す**。
類 我《が》を張《は》る／意地《いじ》を通《とお》す　対 我《が》を折《お》る

我《が》を張《は》る 慣用句
意味 自分《じぶん》の考《かんが》えを曲《ま》げずに、どこまでも言《い》い張《は》る。例 **我を張って**、まちがいを認《みと》めない。
類 我《が》を通《とお》す／意地《いじ》を張《は》る　対 我《が》を折《お》る

間一髪《かんいっぱつ》 慣用句
意味 ごくわずかな時間《じかん》の差《さ》で物事《ものごと》がう

世界《せかい》のことわざ　借《か》りる時《とき》の地蔵顔《じぞうがお》　返《かえ》す時《とき》の閻魔顔《えんまがお》

ナイジェリア
借《か》りるときは亀《かめ》のように頭《あたま》を低《ひく》くし、返《かえ》すときは鰐《わに》のようにそっくり返《かえ》る

金《かね》を借《か》りるときには地面《じめん》に頭《あたま》をこすりつけるように頼《たの》みこんだ人《ひと》が、返《かえ》すときになると別人《べつじん》のように大《おお》きな態度《たいど》をとること。貸《か》した側《がわ》からすればふゆかいな話《はなし》を、笑《わら》いをさそう表現《ひょうげん》にしています。

フランス
借《か》りるときは天使《てんし》、返《かえ》すときは悪魔《あくま》

やさしいようすを天使《てんし》、浅《あさ》ましさを悪魔《あくま》にたとえています。

中国《ちゅうごく》
立《た》って銭《ぜに》を貸《か》し、ひざまずいて返済《へんさい》を求《もと》める

貸《か》す立場《たちば》からのことわざ。お願《ねが》いされて貸《か》しても、返《かえ》してもらうときには立場《たちば》が逆転《ぎゃくてん》して、返《かえ》してくださいとひざまずくことです。お金《かね》を貸《か》すことは簡単《かんたん》ではないことをいっています。

まくいったりいかなかったりすることのたとえ。例 間一髪でセーフだった。

語源 髪《かみ》の毛《け》一本《いっぽん》のすきまということから。

注意 「間一《かんいっ》発」は誤《あやま》り。

類 危機一髪《ききいっぱつ》

感慨無量《かんがいむりょう》 四字熟語

意味 しみじみと思《おも》う気持《きも》ちで胸《むね》がいっぱいになるようす。例 家《いえ》がようやく完成《かんせい》し、感慨無量です。

語源 「無量《むりょう》」は、はかりしれないほど大《おお》きいこと。

同 感無量《かんむりょう》

考《かんが》えにふける 慣用句

意味 夢中《むちゅう》になって考《かんが》える。例 一人《ひとり》、部屋《へや》で考えにふける。

考《かんが》えも及《およ》ばない 慣用句

意味 考《かんが》えてみることもできない。例 この先《さき》どうなるかなんて、考えも及ばない。

考《かんが》える葦《あし》 慣用句

意味 人間《にんげん》は自然《しぜん》のうちで最《もっと》も弱《よわ》い一本《いっぽん》の葦《あし》のようなものであるが、考《かんが》える能力《のうりょく》をもった存在《そんざい》であるということ。例 人《にん》間《げん》は考える葦である。

語源 「葦《あし》」は、イネ科《か》の植物《しょくぶつ》。

参考 ⑴フランスの哲学者《てつがくしゃ》パスカルの言《こと》葉《ば》で、思考《しこう》することのすばらしさをあらわす。⑵➡人間《にんげん》は考《かんが》える葦《あし》である

勧学院《かんがくいん》の雀《すずめ》は蒙求《もうぎゅう》をさえずる ことわざ

意味 ふだん見《み》たり聞《き》いたりしていることは、習《なら》わなくても自然《しぜん》に覚《おぼ》えてしまうというたとえ。例 勧学院の雀は蒙求をさえずるというとおり、親《おや》が書家《しょか》だから、子供《こども》は字《じ》が上手《じょうず》だ。

語源 「勧学院《かんがくいん》」は、平安時代《へいあんじだい》、藤原氏《ふじわらし》の若者《わかもの》を教育《きょういく》した学校《がっこう》。『蒙求《もうぎゅう》』は、故事《こじ》などを集《あつ》めた子供向《こどもむ》けの教訓書《きょうくんしょ》。中国《ちゅうごく》、唐代《とうだい》に成立《せいりつ》。勧学院《かんがくいん》にいるスズメが学生《がくせい》たちが読《よ》む『蒙求《もうぎゅう》』を聞《き》いて覚《おぼ》え、その文句《もんく》をさえずるようになったということから。

類 門前《もんぜん》の小僧《こぞう》習《なら》わぬ経《きょう》を読《よ》む

侃々諤々《かんかんがくがく》 四字熟語

意味 おそれることなく、正《ただ》しいと思《おも》うことを盛《さか》んに言《い》い立《た》てるようす。例 侃々諤々の議論《ぎろん》をする。

緩急自在《かんきゅうじざい》 四字熟語

意味 物事《ものごと》の調子《ちょうし》やはやさを思《おも》うままにあつかうこと。例 緩急自在に球《たま》をくり出《だ》す、ピッチャーのみごとな投球《とうきゅう》。

感極《かんきわ》まる 慣用句

意味 非常《ひじょう》に感動《かんどう》する。例 優勝《ゆうしょう》した選手《せんしゅ》が、感極まって泣《な》き出《だ》す。

頑固一徹《がんこいってつ》 四字熟語

意味 自分《じぶん》の考《かんが》えや態度《たいど》などをおしとおすようす。例 祖父《そふ》は頑固一徹で、入院《にゅういん》をこばんでいる。

眼光紙背《がんこうしはい》に徹《てっ》す ことわざ

意味 書物《しょもつ》のうわべの意味《いみ》だけでなく、おくにある深《ふか》い意味《いみ》まで読《よ》み取《と》る。読解力《どっかいりょく》の優《すぐ》れていることのたとえ。例 眼光紙背に徹す、するどい批評《ひひょう》。

語源 紙《かみ》の裏側《うらがわ》まで見通《みとお》すということから。

換骨奪胎《かんこつだったい》 四字熟語

意味 他人《たにん》の詩《し》や文《ぶん》をもとに、新《あたら》しい作品《さくひん》を作《つく》ること。 例 昔《むかし》の詩《し》を換骨奪胎した作品《さくひん》。

語源 骨《ほね》を取《と》り換《か》え、胎《たい》（＝子宮《しきゅう》）を取《と》って使《つか》うということから。

参考 「焼《や》き直《なお》し（＝前《まえ》にあった作品《さくひん》を少《すこ》し直《なお》して、新《あたら》しい作品《さくひん》のようにして出《だ》すこと）」という意味《いみ》でも用《もち》いる。

閑古鳥《かんこどり》**が鳴**《な》**く** 慣用句

意味 客《きゃく》が訪《おとず》れないで、さびしいようすであることのたとえ。 例 人通《ひとどお》りの少《すく》ない場所《ばしょ》にあるので、閑古鳥が鳴く店《みせ》。

語源 「閑古鳥《かんこどり》」は、カッコウのこと。人《ひと》気《け》のない山里《やまざと》で鳴《な》くことから。

冠婚葬祭《かんこんそうさい》 四字熟語

意味 結婚式《けっこんしき》や葬式《そうしき》などの儀式《ぎしき》。 例 冠婚葬祭のマナー。

語源 「冠《かん》」は成人式《せいじんしき》（昔《むかし》は元服《げんぷく》）、「婚《こん》」は結婚式《けっこんしき》、「葬《そう》」は葬式《そうしき》、「祭《さい》」は祖先《そせん》をまつることで、昔《むかし》からの四《よっ》つの大切《たいせつ》な儀式《ぎしき》。

顔色《がんしょく》**なし** 故事成語

意味 おそれやおどろきのために顔《かお》が青《あお》くなるようす。相手《あいて》の勢《いきお》いにおされる

世界《せかい》のことわざ　かわいい子《こ》には旅《たび》をさせよ

中国《ちゅうごく》

一生外《いっしょうそと》へ出《だ》さなければ、馬《うま》も大《おお》きくなれない

中国《ちゅうごく》では、馬《うま》は人間《にんげん》の気持《きも》ちを理解《りかい》するかしこい動物《どうぶつ》と考《かんが》えられています。「老《お》いたる馬《うま》は路《みち》を忘《わす》れず」（69ページ参照《さんしょう》）では、知恵者《ちえしゃ》の管仲《かんちゅう》が老馬《ろうば》の知恵《ちえ》を頼《たよ》ったことでもわかります。外《そと》へ出《だ》さなければ、体《からだ》は成長《せいちょう》しても、中身《なかみ》は子馬《こうま》のままであり、人間《にんげん》も同《おな》じだということになります。

イギリス

鞭《むち》をおしんで子供《こども》をだめにせよ

このことわざの前《まえ》に、「もし子供《こども》が大《だい》事《じ》でないなら」と入《い》れるとわかりやすいでしょう。でも実際《じっさい》は子供《こども》はかわいいから、子供《こども》がだめにならないように、きびしくしつけなさいという意味《いみ》になります。

アイスランド

家《いえ》から出《で》ない子供《こども》は愚《おろ》か者《もの》

自分《じぶん》の家《いえ》や住《す》んでいるせまい地域《ちいき》から外《そと》の世《せ》界《かい》に出《で》て、経験《けいけん》を積《つ》んで知識《ちしき》を得《え》ないと、ほんとうに知恵《ちえ》のある人《ひと》にはなれません。アイスランドでは、現在《げんざい》でもことわざがよく使《つか》われています。

ようす。例 新人《しんじん》の大活躍《だいかつやく》にベテラン選手《せんしゅ》たちは**顔色なし**といったところだ。

参考 中国《ちゅうごく》の白居易《はくきょい》の詩《し》にある言葉《ことば》。

韓信《かんしん》の股《また》くぐり 故事成語 ⬇マンガdeことわざ（338ページ）

意味 大《おお》きな志《こころざし》のある者《もの》は、目《め》の前《まえ》の小《ちい》さな屈辱《くつじょく》にはたえるということ。〈『史記《しき》』〉例 ここで自分《じぶん》がおこっては、これまで築《きず》いてきた相手《あいて》との関係《かんけい》が悪《わる》くなってしまうので、**韓信の股くぐり**だと、ひたすらたえた。

語源 昔《むかし》、中国《ちゅうごく》で漢《かん》の高祖《こうそ》を助《たす》けて天下《てんか》を平定《へいてい》した韓信《かんしん》という名将《めいしょう》が、若《わか》いころ、町《まち》で乱暴者《らんぼうもの》にけんかを売《う》られた。争《あらそ》いをさけるため、韓信《かんしん》は恥《はじ》をしのんで相手《あいて》の言《い》うとおり、その股《また》の下《した》をくぐったという話《はなし》から。

歓心《かんしん》を買《か》う 慣用句

意味 人《ひと》の気《き》に入《い》るようにふるまって、喜《よろこ》ばせる。例 お世辞《せじ》を言《い》って、先輩《せんぱい》の**歓心を買おう**とする。

類 機嫌《きげん》を取《と》る

★**勧善懲悪《かんぜんちょうあく》** 四字熟語

意味 よいおこないをするようにはげまし、悪《わる》いおこないをこらしめること。

例 この映画《えいが》は**勧善懲悪**の筋書《すじが》きでわかりやすい。

★★**完全無欠《かんぜんむけつ》** 四字熟語

意味 完全《かんぜん》で、不足《ふそく》や欠点《けってん》がまったくないようす。例 **完全無欠**のヒーロー。

類 完璧《かんぺき》

肝胆相照《かんたんあいて》らす 故事成語

意味 心《こころ》の底《そこ》までうちあけてつきあう。〈『故事成語考《こじせいごこう》』〉例 ぼくら二人《ふたり》は**肝胆相照らす**仲《なか》だ。

語源 「肝胆《かんたん》」は、肝臓《かんぞう》と胆《たん》のうのことで、心《こころ》の中《なか》をあらわす。心《こころ》の中《なか》まで照《て》らし合《あ》ってつきあうということから。

邯鄲《かんたん》の夢《ゆめ》 故事成語

意味 人生《じんせい》の栄枯盛衰《えいこせいすい》（＝栄《さか》えたり、おとろえたりすること）のはかないことのたとえ。〈『枕中記《ちんちゅうき》』〉例 この栄光《えいこう》も**邯鄲の夢**にすぎない。

語源 昔《むかし》、中国《ちゅうごく》の邯鄲《かんたん》に住《す》む盧生《ろせい》という人《ひと》が、出世《しゅっせ》して金持《かねも》ちになった夢《ゆめ》を見《み》たが、目《め》が覚《さ》めてみると、ねる前《まえ》に煮《に》ていたものができ上《あ》がらないくらいの短《みじか》い時間《じかん》であったという故事《こじ》から。

同 一炊《いっすい》の夢《ゆめ》／盧生《ろせい》の夢《ゆめ》／黄粱一炊《こうりょういっすい》の夢《ゆめ》

眼中《がんちゅう》にない 慣用句

意味 気《き》にしない。問題《もんだい》にしない。例 兄《あに》は、人《ひと》のことなど**眼中にない**ようすで勉強《べんきょう》している。

同 眼中《がんちゅう》に入《い》れない／眼中《がんちゅう》に置《お》かない

噛《か》んで含《ふく》める 慣用句

意味 わかりやすく、ていねいに話《はな》すことのたとえ。例 先生《せんせい》は、**噛んで含める**ように教《おし》えてくれた。

語源 食《た》べ物《もの》を一度《いちど》噛《か》んでやわらかくしてから子供《こども》にあたえるということから。

艱難辛苦《かんなんしんく》 四字熟語

意味 困難《こんなん》に出会《であ》ってつらく苦《くる》しい思《おも》いをすること。例 **艱難辛苦**の末《すえ》、成功《せいこう》する。

艱難汝《かんなんなんじ》を玉《たま》にす ことわざ

意味 人《ひと》はつらく苦《くる》しいことを経験《けいけん》することによって立派《りっぱ》になるという教《おし》え。

例 艱難汝を玉にすの言葉《ことば》をはげみにして、この苦境《くきょう》を何《なん》としてでも乗《の》りこえよう。
参考 西洋《せいよう》のことわざ。
英 Adversity makes the person.（逆境《ぎゃっきょう》が人《ひと》をつくる）

癇《かん》に障《さわ》る 慣用句

意味 腹立《はらだ》たしく思《おも》う。いらいらさせる。
例 癇に障るようなことを言《い》うな。
語源「癇《かん》」は、はげしくておこりっぽい性格《せいかく》。
類 気《き》に障《さわ》る／癪《しゃく》に障《さわ》る

簡《かん》にして要《よう》を得《え》る 慣用句

意味 簡単《かんたん》で、しかも要点《ようてん》をとらえている。例 簡にして要を得た説明《せつめい》。

堪忍袋《かんにんぶくろ》の緒《お》が切《き》れる 慣用句

意味 今《いま》までがまんしてきたが、もうこれ以上《いじょう》どうしてもがまんができなくなることのたとえ。

例 失礼《しつれい》な発言《はつげん》をくり返《かえ》されて、堪忍袋の緒が切れた。
語源「堪忍袋《かんにんぶくろ》」は、人《ひと》を許《ゆる》したり、いかりをたえしのんだりする心《こころ》の広《ひろ》さを袋《ふくろ》にたとえた言葉《ことば》。「緒《お》」は、その袋《ふくろ》の口《くち》を結《ゆ》わえたひも。
英 Patience provoked turns to fury.（忍《にん》耐強《たいづよ》い人《ひと》はおこると激怒《げきど》するものだ）

間髪《かんはつ》を入《い》れず 故事成語

意味 わずかな時間《じかん》もおかずに。すぐに。〈『説苑《ぜいえん》』〉例 質問《しつもん》に、間髪を入れず答《こた》える。
語源 間《あいだ》に髪《かみ》の毛《け》一本《いっぽん》も入《い》れるすき間《ま》もないという意味《いみ》から。「かん、はつをいれず」と区切《くぎ》る。
注意「かんぱつをいれず」と読《よ》むのは誤《あやま》り。
同 間髪《かんはつ》を容《い》れず 英 in the twinkling of an eye（一瞬《いっしゅん》の間《あいだ》に）

看板倒《かんばんだお》れ 慣用句

意味 外《そと》から見《み》ると立派《りっぱ》だが、中身《なかみ》がともなわないこと。例 あの店《みせ》は看板倒れだ。

看板《かんばん》に偽《いつわ》りなし 慣用句

意味 立派《りっぱ》な外見《がいけん》どおり、中身《なかみ》もよいこと。例 評判《ひょうばん》の店《みせ》で食《た》べてみたが、看板に偽りなしで、おいしかった。
語源 宣伝文句《せんでんもんく》と商品《しょうひん》の内容《ないよう》が一致《いっち》していることから。

看板《かんばん》を下《お》ろす 慣用句

意味 店《みせ》をやめる。仕事《しごと》や商売《しょうばい》をやめる。
例 おじの店《みせ》は、今月《こんげつ》いっぱいで看板を下ろすことになった。

完膚《かんぷ》なきまで 慣用句

意味 傷《きず》を受《う》けていないところがまったくないほど。徹底的《てっていてき》に。例 完膚なきまで、打《う》ちのめされた。
語源 無傷《むきず》で完全《かんぜん》な皮膚《ひふ》がまったくないほどに、の意味《いみ》。

★★完璧《かんぺき》 故事成語

⬇マンガdeことわざ（378ページ）

意味 少《すこ》しも欠点《けってん》がなく、立派《りっぱ》なこと。〈『史記《しき》』〉例 完璧な答案《とうあん》。
語源 中国《ちゅうごく》の戦国時代《せんごくじだい》、趙《ちょう》の国《くに》に「和氏《かし》の璧《へき》」という見事《みごと》な宝玉《ほうぎょく》があった。強国秦《きょうこくしん》の昭王《しょうおう》はこれを欲《ほ》しがり、十五《じゅうご》の城《しろ》と交換《こうかん》しようともちかけた。強国《きょうこく》には逆《さか》らえず、藺相如《りんしょうじょ》を使者《ししゃ》として持参《じさん》すると、秦王《しんおう》は交換《こうかん》する気《き》などまったくなく、ただこれをだまし取《と》ろうとした。藺相如《りんしょうじょ》は、「傷《きず》があるのでお教《おし》えしましょう」とうそをついて昭王《しょうおう》の手《て》から取《と》り戻《もど》し、「わたしを殺《ころ》せば璧《へき》はくだけ散《ち》りますよ。」といって、ついに完全《かんぜん》なまま璧《へき》を趙《ちょう》に持《も》ち帰《かえ》ったという故事《こじ》から。

参考「璧《へき》」は、平《ひら》たくて中央《ちゅうおう》に穴《あな》のあいた、古代中国《こだいちゅうごく》でたいへん貴重《きちょう》な宝玉《ほうぎょく》。

類完全無欠《かんぜんむけつ》

管鮑《かんぽう》の交《まじ》わり 故事成語

意味よく理解《りかい》し合《あ》い、親《した》しくつきあうこと。〈『史記《しき》』〉 例二人《ふたり》の間《あいだ》がらは管鮑の交わりと言《い》ってもよい。

語源中国《ちゅうごく》の春秋時代《しゅんじゅうじだい》、斉《せい》の管仲《かんちゅう》と鮑叔《ほうしゅく》牙《が》は非常《ひじょう》に仲《なか》がよかった。いっしょに商売《しょうばい》をして、管仲《かんちゅう》が利益《りえき》を多《おお》くとっても、戦《たたか》いからにげ帰《かえ》ったときも、管仲《かんちゅう》が貧《まず》しいから、老《お》いた母《はは》がいるからと、鮑《ほう》叔牙《しゅくが》は少《すこ》しもとがめなかった。国《くに》に内《ない》乱《らん》が起《お》き、鮑叔牙《ほうしゅくが》の仕《つか》えた主人《しゅじん》が王《おう》となり、管仲《かんちゅう》が仕《つか》えた主人《しゅじん》は負《ま》けて殺《ころ》されたときも、敵《てき》についた管仲《かんちゅう》の才能《さいのう》をおしんで、主人《しゅじん》に宰相《さいしょう》として推《すい》せんし、自《みずか》らは下《した》の位《くらい》にとどまった。やがて、王《おう》は管仲《かんちゅう》の才覚《さいかく》で、中国《ちゅうごく》でいちばん力《ちから》のある王《おう》になったが、管仲《かんちゅう》は、「わたしを生《う》んだのは両親《りょうしん》だが、わたしを心《こころ》からわかってくれるのは鮑叔牙《ほうしゅくが》だ。」と、終始変《しゅうしか》わらない友情《ゆうじょう》をもって交《まじ》わったという話《はなし》から。

類水魚《すいぎょ》の交《まじ》わり／刎頸《ふんけい》の交《まじ》わり

感無量《かんむりょう》 慣用句

⇩感慨無量《かんがいむりょう》（110ページ）

還暦《かんれき》 慣用句

意味数《かぞ》え年《どし》で六十一歳《ろくじゅういっさい》のこと。例還暦を祝《いわ》う。

語源「還《かん》」は、元《もと》へもどること。六十年《ろくじゅうねん》でひと回《まわ》りし、次《つぎ》の年《とし》に生《う》まれたときの干支《えと》にもどることから。

閑話休題《かんわきゅうだい》 四字熟語

意味余談《よだん》をやめて話《はなし》を本筋《ほんすじ》にもどすときに使《つか》う言葉《ことば》。それはさておき。例閑話休題、先《さき》ほどの話《はなし》の続《つづ》きですが…。

注意本筋《ほんすじ》から外《はず》れて話《はなし》をする合図《あいず》として使《つか》うのは誤《あやま》り。

棺《かん》を蓋《おお》いて事定《ことさだ》まる ことわざ

意味人間《にんげん》の本当《ほんとう》の評価《ひょうか》は死《し》んでから決《き》まる。生《い》きているうちは、利害《りがい》や感情《かんじょう》などにより正《ただ》しい判断《はんだん》が下《くだ》せない。例棺を蓋いて事定まるというように、他人《たにん》を軽々《かるがる》しく評価《ひょうか》するものではない。

語源杜甫《とほ》の詩《し》から。棺《かん》おけに蓋《ふた》がされてはじめて、その人《ひと》の真《しん》の評価《ひょうか》が定《さだ》まるという意味《いみ》から。

同人事《じんじ》は棺《かん》を蓋《おお》いて定《さだ》まる 英Praise no man till he is dead.（人《ひと》をほめるのは死後《しご》にせよ）

願《がん》を懸《か》ける 慣用句

意味願《ねが》い事《ごと》がかなうように神仏《しんぶつ》にいのる。例入試《にゅうし》の合格《ごうかく》の願を懸ける。

同願《がん》を立《た》てる

き

気合《きあ》いを入《い》れる 慣用句

意味❶自分《じぶん》の気持《きも》ちをひきしめて集中《しゅうちゅう》する。例気合いを入れて、ボールをける。❷しかって、はげます。例新入生《しんにゅうせい》に気合いを入れる。

聞《き》いて極楽《ごくらく》見《み》て地獄《じごく》 ことわざ

意味話《はなし》を聞《き》いたときには非常《ひじょう》によく思《おも》えたものが、実際《じっさい》に見《み》ると、話《はなし》とはちがって非常《ひじょう》に悪《わる》いこと。聞《き》くと見《み》るとでは大《おお》ちがいであることのたとえ。

例先輩《せんぱい》が楽《たの》しいと言《い》うので参加《さんか》したが、

聞いて極楽見て地獄、とても厳しい合宿《がっしゅく》だった。
語源「極楽《ごくらく》」は、非常《ひじょう》によい所《ところ》、「地獄《じごく》」は、非常《ひじょう》に悪《わる》い所《ところ》のたとえ。
参考 いろはがるた（江戸《えど》）の一《ひと》つ。
類 聞《き》くと見《み》るとは大違《おおちが》い／聞《き》いてびっくり見《み》てびっくり 英 Fame is a liar.（世評《せひょう》は嘘《うそ》つき）

黄色《きいろ》い声《こえ》 慣用句
意味 若《わか》い女性《じょせい》や子供《こども》の、かん高《だか》い声《こえ》。
例 小学生《しょうがくせい》たちの黄色い声がひびく。

気炎《きえん》を上《あ》げる 慣用句
意味 はりきった気持《きも》ちを人《ひと》に示《しめ》す。
例 優勝《ゆうしょう》するぞと気炎を上げる。
語源「気炎《きえん》」は、炎《ほのお》が燃《も》え上《あ》がるような意気《いき》ごみ。
同 気炎《きえん》を吐《は》く

気《き》が合《あ》う 慣用句
意味 たがいに考《かんが》えや気持《きも》ちが通《つう》じて、仲《なか》がよい。例 いとことわたしは気が合う。

気《き》がある 慣用句
意味 ❶何《なに》かをしようという考《かんが》えがある。
例 その事業《じぎょう》には、大《おお》いに気がある。
❷こいしたう気持《きも》ちがある。例 かのじょはたぶん、ぼくに気があると思《おも》う。

気《き》がいい 慣用句
意味 生《う》まれつき心《こころ》の性質《せいしつ》がいい。例 かれは気がいい人《ひと》で、だれにでも親切《しんせつ》だ。

気《き》が移《うつ》る 慣用句
意味 興味《きょうみ》の対象《たいしょう》が、別《べつ》のものに移《うつ》る。気《き》持《も》ちが変《か》わる。例 弟《おとうと》は、すぐ気が移る。

気《き》が多《おお》い 慣用句
意味 いろいろなことに心《こころ》がひかれて、気《き》が変《か》わりやすい。例 気が多くて、すぐあきる。

奇貨居《きかお》くべし 故事成語
意味 めったにないよい機会《きかい》は、大《おお》いに利《り》用《よう》すべきである。〈『史記《しき》』〉例 あの選手《せんしゅ》は、今《いま》はまだあらけずりだが、必《かなら》ず将来《しょうらい》よいピッチャーになる。奇貨居くべしでタイガースはスカウトするべきだ。
語源「奇貨《きか》」は、めずらしい品物《しなもの》。中国《ちゅうごく》の戦国時代《せんごくじだい》、商人《しょうにん》の呂不韋《りょふい》は、趙《ちょう》の国《くに》で人質《ひとじち》として冷《つめ》たくあつかわれていた、秦《しん》の王子《おうじ》の子楚《しそ》に出会《であ》った。このとき、呂《りょ》不韋《ふい》が子楚《しそ》を品物《しなもの》に見立《みた》てて、めずらしいものだからここで買《か》っておいて、将来《しょうらい》これを利用《りよう》しようと思《おも》って言《い》った言葉《ことば》

金田一先生のことわざコラム

「気《き》が合《あ》う」

「気《き》が合《あ》う」をはじめとして、「気《き》」という語《ご》のついた慣用句《かんようく》などが、多《おお》くあります。「気《き》がある」「気《き》がいい」「気《き》が利《き》く」「気《き》が乗《の》らない」などのほか、「気炎《きえん》を上《あ》げる」「気合《きあ》いを入《い》れる」のような「気《き》」とほかの語《ご》を組《く》み合《あ》わせた言葉《ことば》もあります。
「き」のページを見《み》てみてください。「気《き》」で始《はじ》まる言葉《ことば》が、ずいぶんたくさんあるでしょう。
「気《き》」とは、何《なん》でしょうか。人《ひと》の気《き》持《も》ちや気分《きぶん》、気質《きしつ》、心《こころ》、感情《かんじょう》、関心《かんしん》、気配《けはい》、態度《たいど》、意志《いし》など。いろいろな意味《いみ》をふくんでいるようです。
たくさんの言葉《ことば》に使《つか》われているということは、日本語《にほんご》の中《なか》でとても大《たい》切《せつ》にされている言葉《ことば》だと言《い》えると思《おも》います。

とされる。呂不韋《りょふい》の援助《えんじょ》で子楚《しそ》は秦《しん》の王《おう》となり、自分《じぶん》も大臣《だいじん》にまで上《のぼ》りつめた。

類 好機逸《こうきいっ》すべからず

★★ **気《き》が置《お》けない** 慣用句

意味 遠慮《えんりょ》がいらず、親《した》しくつきあうことができる。例 **気が置けない**友人《ゆうじん》と、楽《たの》しい一日《いちにち》を過《す》ごした。

注意 「気《き》が許《ゆる》せない」の意味《いみ》で用《もち》いるのは誤《あやま》り。

気《き》が重《おも》い 慣用句

意味 物事《ものごと》を進《すす》んでする気《き》持《も》ちが起《お》こらない。心《こころ》が晴《は》れ晴《ば》れとしない。例 走《はし》るのが苦手《にがて》なので、マラソン大会《たいかい》のことを考《かんが》えると**気が重い**。

類 心《こころ》が重《おも》い

気《き》が軽《かる》くなる 慣用句

意味 なやみや心配《しんぱい》などがなくなって、気《き》持《も》ちが晴《は》れ晴《ば》れとする。例 自分《じぶん》の発表《はっぴょう》が終《お》わって**気が軽くなった**。

気《き》が利《き》きすぎて間《ま》が抜《ぬ》ける ことわざ

意味 気《き》が利《き》いているようで、かえって大《たい》切《せつ》なところを見落《みお》としている。例 しっかり者《もの》の姉《あね》だが、**気が利きすぎて間が抜ける**で、時々失敗《ときどきしっぱい》をすることもある。

同 気《き》が利《き》いて間《ま》が抜《ぬ》ける 英 Over fast, over loose.（締《し》めすぎてゆるみすぎ）

気《き》が利《き》く 慣用句

意味 ❶細《こま》かいところまで注意《ちゅうい》が行《い》き届《とど》く。例 かれは若《わか》いのによく**気が利く**。❷しゃれている。例 **気が利いた**おくり物《もの》。

気《き》が気《き》でない 慣用句

意味 心配《しんぱい》で、じっとしていられない。例 発車時刻《はっしゃじこく》がせまっているのに友達《ともだち》が来《こ》ないので、**気が気でなかった**。

気《き》が腐《くさ》る 慣用句

意味 思《おも》うとおりにならないで落《お》ちこむ。例 試合《しあい》に負《ま》けて**気が腐る**。

機《き》が熟《じゅく》す 慣用句

意味 ある物事《ものごと》をするのに、ちょうどよい時機《じき》になる。例 **機が熟す**のをひたすら待《ま》つ。

気《き》が知《し》れない 慣用句

意味 何《なに》を考《かんが》えているのか理解《りかい》できない。例 わざわざ来《き》てくれた人《ひと》にあいさつもしないなんて、**気が知れない**ね。

気《き》が進《すす》まない 慣用句

意味 進《すす》んでしようという気《き》持《も》ちにならない。例 この仕事《しごと》はどうも**気が進まない**。

気《き》が済《す》む 慣用句

意味 しようと思《おも》っていたことをし終《お》わって、満足《まんぞく》する。例 言《い》いたいことを言《い》って**気が済んだ**。

気《き》が急《せ》く 慣用句

意味 あせって気持《きも》ちが落《お》ち着《つ》かない。例 しめきりがせまっているので、**気が急く**。

気《き》が立《た》つ 慣用句

意味 ちょっとしたことにも、おこりっぽくなる。いらいらした気持《きも》ちになる。例 兄《あに》は高校受験《こうこうじゅけん》をひかえて**気が立っている**。

気《き》が小《ちい》さい 慣用句

意味 度胸《どきょう》がないようす。例 気が小さくて、人前《ひとまえ》でうまくしゃべれない。

気《き》が散《ち》る 慣用句

意味 一《ひと》つのことに気持《きも》ちが集中《しゅうちゅう》できない。例 テレビの音《おと》が聞《き》こえてくるので、気が散って勉強《べんきょう》できない。

気《き》が付《つ》く 慣用句

意味 ❶注意《ちゅうい》が行《い》き届《とど》く。例 よく気が付く看護師《かんごし》さん。

❷そのことに意識《いしき》が及《およ》ぶ。気付《きづ》く。例 ふと気が付くと母《はは》が横《よこ》に立《た》っていた。

❸意識《いしき》がもどる。例 気が付くと病院《びょういん》のベッドの上《うえ》にいた。

気《き》が詰《つ》まる 慣用句

意味 かた苦《くる》しくて、きゅうくつな気持《きも》ちになる。例 知《し》らない大人《おとな》に囲《かこ》まれて、気が詰まる。

気《き》が強《つよ》い 慣用句

意味 気性《きしょう》がはげしく、くじけない。例 気が強くて、けんかっ早《ばや》い人《ひと》。

気《き》が転倒《てんとう》する 慣用句

意味 おどろいて落《お》ち着《つ》きをなくし、うろたえる。動転《どうてん》する。例 母親《ははおや》が事故《じこ》にあったと聞《き》いて気が転倒する。

気《き》が遠《とお》くなる 慣用句

意味 ❶意識《いしき》を失《うしな》って、何《なに》もわからなくなる。例 頭《あたま》がくらくらして気が遠くなる。

❷この先《さき》どうなるのか想像《そうぞう》できない。例 かれのしようとしていることは、気が遠くなるような話《はなし》だ。

気《き》がとがめる 慣用句

意味 よくないことをしたと、心《こころ》に痛《いた》みを感《かん》じる。例 友人《ゆうじん》の忠告《ちゅうこく》を無視《むし》してしまったので気がとがめる。

気《き》がない 慣用句

意味 そのことをしようとする気持《きも》ちや関心《かんしん》がない。例 姉《あね》をさそったが、気がない返事《へんじ》だった。

気《き》が長《なが》い 慣用句

意味 のんびりしていて、あせらない。しんぼうして、待《ま》つことができる。例 こんなに待《ま》たされても平気《へいき》でいられるなんて、ずいぶん気が長いね。

気《き》が抜《ぬ》ける 慣用句

意味 ❶それまではりきっていた気持《きも》ちが急《きゅう》になくなる。例 完成《かんせい》したら気が抜けてしまった。

❷飲《の》み物《もの》のもつ、味《あじ》やかおりなどがなくなる。例 このサイダーは気が抜けている。

気《き》が乗《の》らない 慣用句

意味 進《すす》んでそうしようという気持《きも》ちにならない。例 ハイキングにさそわれたが、気が乗らない。

気《き》が早《はや》い 慣用句

意味 物事《ものごと》の先《さき》を急《いそ》ぐようす。例 優勝《ゆうしょう》が決《き》まる前《まえ》にお祝《いわ》いの準備《じゅんび》をするなんて気が早いね。

気《き》が張《は》る 慣用句

意味 心《こころ》がひきしまる。緊張《きんちょう》する。例 気が張っているので寒《さむ》さも感《かん》じない。

気《き》が晴《は》れる 慣用句

意味 暗《くら》い気分《きぶん》が明《あか》るくなる。例 見舞《みま》いに来《き》てくれた友達《ともだち》の顔《かお》を見《み》て、少《すこ》し気が晴れた。

気《き》が引《ひ》ける 慣用句

意味 相手《あいて》に悪《わる》いような気《き》がする。例 みんな同《おな》じことをしたのに、自分《じぶん》だけほめられて気が引ける。

気《き》が回《まわ》る 慣用句

意味 細《こま》かいところまでよく気《き》がつく。

例 何《なに》にでもよく気が回る人《ひと》。

気が短《みじか》い 慣用句

意味 せっかちで、すぐにいらいらする。

例 父《ちち》は気が短いので、すぐにおこりだす。

気《き》が向《む》く 慣用句

意味 あることをしようという気持《きも》ちになる。例 気が向いたら、遊《あそ》びに来《き》てください。

気《き》が滅入《めい》る 慣用句

意味 よくないことや気《き》の進《すす》まないことがあって、気持《きも》ちが晴《は》れ晴《ば》れとせず、元《げん》気《き》がなくなる。例 試験《しけん》のことを思《おも》うと気が滅入る。

対 気《き》が晴《は》れる

気《き》が揉《も》める 慣用句

意味 心配《しんぱい》で落《お》ち着《つ》かない。例 合格《ごうかく》の発《はっ》表《ぴょう》までは気が揉める。

気《き》が弱《よわ》い 慣用句

意味 おとなしくて、自分《じぶん》の考《かんが》えを主張《しゅちょう》したり、つらいことにたえたりできない。

例 気が弱くて強《つよ》く言《い》えない。

木《き》から落《お》ちた猿《さる》 ことわざ

意味 たよりにするところがなくなってどうしようもないということのたとえ。

例 スマートフォンをなくしてしまい何《なに》もできない。これでは木から落ちた猿も同然《どうぜん》だ。

語源 木《き》がよりどころのサルがそこから落《お》ちてしまうということから。

気《き》が楽《らく》になる 慣用句

意味 なやみや心配《しんぱい》などがなくなって、気《き》持《も》ちが安《やす》らかになる。例 はげまされて気が楽になった。

★★**危機一髪《ききいっぱつ》** 四字熟語

意味 ちょっとまちがえれば大変《たいへん》なことになる、非常《ひじょう》に危険《きけん》な状態《じょうたい》。例 危機一髪のところでたくさんの人《ひと》の命《いのち》が助《たす》かった。

語源 髪《かみ》の毛《け》一本《いっぽん》ほどのわずかの差《さ》ということから。

注意 「危機一《ききいっ》発」は誤《あやま》り。

類 間一髪《かんいっぱつ》

奇々怪々《ききかいかい》 四字熟語

意味 ひどくあやしく不思議《ふしぎ》なようす。

例 奇々怪々な事件《じけん》が起《お》きた。

参考 「奇怪《きかい》」を強《つよ》めた言《い》い方《かた》。

聞《き》きしに勝《まさ》る 慣用句

意味 聞《き》いていた以上《いじょう》である。例 聞きしに勝る険《けわ》しい山道《やまみち》。

聞《き》き捨《ず》てならない 慣用句

意味 それを聞《き》いたからには、だまって放《ほう》っておくわけにはいかない。例 聞き捨てならない言葉《ことば》。

鬼気迫《ききせま》る 慣用句

意味 ぞっとするような、おそろしい気配《けはい》がある。例 鬼気迫る演技《えんぎ》に観客《かんきゃく》は圧倒《あっとう》された。

聞《き》き耳《みみ》を立《た》てる 慣用句

意味 人《ひと》の話《はなし》や物音《ものおと》を聞《き》こうとして集中《しゅうちゅう》する。例 となりの人《ひと》の話《はなし》に聞き耳を立てる。

危急存亡《ききゅうそんぼう》の秋《とき》 故事成語

意味 危険《きけん》がせまって、生《い》き残《のこ》るかほろびるかの大事《だいじ》な分《わ》かれ目《め》となるとき。

例 父《ちち》の会社《かいしゃ》は、今《いま》まさに危急存亡の秋をむかえた。

語源「危急《ききゅう》」は、危険《きけん》がせまっていること。「存亡《そんぼう》」は、生《い》き残《のこ》るか、ほろびるかということ。「秋《とき》」は、重大《じゅうだい》なとき。中国《ちゅうごく》、蜀《しょく》の諸葛孔明《しょかつこうめい》が、魏《ぎ》を討《う》つ軍《ぐん》を出動《しゅつどう》させようとしたときに述《の》べた言葉《ことば》から。
参考 中国《ちゅうごく》の諸葛孔明《しょかつこうめい》の文章《ぶんしょう》「前出師表《ぜんすいしのひょう》」にある言葉《ことば》。

聞《き》くは一時《いっとき》の恥《はじ》、聞《き》かぬは一生《いっしょう》の恥《はじ》 ことわざ

意味 知《し》らないことを人《ひと》に聞《き》くのは恥《は》ずかしいが、それはそのときだけで、聞《き》かなければ知《し》らないままで一生《いっしょう》恥《は》ずかしい思《おも》いをする。だから、わからないことはすぐに聞《き》いた方《ほう》がよいという教《おし》え。
例 聞くは一時の恥、聞かぬは一生の恥というから、やはり質問《しつもん》して教《おし》えてもらおう。
同 聞《き》くは一時《いっとき》の恥《はじ》、聞《き》かぬは末代《まつだい》の恥《はじ》
英 Asking makes one appear foolish, but not asking makes one foolish indeed.（聞《き》くとおろか者《もの》に見《み》えるが、聞《き》かなかったら実際《じっさい》におろか者《もの》になる）

聞《き》く耳《みみ》を持《も》たない 慣用句

意味 意見《いけん》や忠告《ちゅうこく》を受《う》け入《い》れようとしない。**例** 何《なに》を言《い》ってもまったく聞く耳を持たないので困《こま》る。

危険《きけん》を冒《おか》す 慣用句

意味 危険《きけん》だと知《し》っていながら、あえておこなう。**例** 危険を冒して荒海《あらうみ》に船《ふね》をこぎ出《だ》す。

機嫌《きげん》を損《そこ》ねる 慣用句

意味 気分《きぶん》をふゆかいにさせる。**例** 先生《せんせい》の機嫌を損ねてしまった。

機嫌《きげん》を取《と》る 慣用句

意味 相手《あいて》の気《き》に入《い》るようなことを言《い》ったり、したりする。**例** 社長《しゃちょう》の機嫌を取る。
類 歓心《かんしん》を買《か》う

騎虎《きこ》の勢《いきお》い 故事成語

意味 行《い》きがかり上《じょう》、途中《とちゅう》でやめられないことのたとえ。〈『隋書《ずいしょ》』〉 **例** かれは騎虎の勢いで進《すす》んでいるが、大丈夫《だいじょうぶ》だろうか。
語源「騎虎《きこ》」は、トラに乗《の》ること。トラの背《せ》に乗《の》って走《はし》る者《もの》は途中《とちゅう》で降《お》りられず、走《はし》り続《つづ》けるということから。
英 A person that is out at sea must either sail or sink.（海《うみ》に出《で》た以上《いじょう》は航海《こうかい》するか沈《しず》むかのどちらかだ）

★★ 起死回生 四字熟語

意味 今《いま》にもほろびそうな状態《じょうたい》から救《すく》い出《だ》し、よい状態《じょうたい》にすること。
例 起死回生の逆転《ぎゃくてん》ホームランを打《う》った。

雉《きじ》も鳴《な》かずば撃《う》たれまい ことわざ

意味 よけいなことを言《い》ったために災《わざわ》いを招《まね》くということのたとえ。**例** 雉も鳴かずば撃たれまいというとおり、あの一言《ひとこと》がなければ、こんなに非難《ひなん》されずにすんだはずだ。
語源 鳴《な》き声《ごえ》を上《あ》げなければキジも人間《にんげん》に気《き》づかれず、撃《う》たれることはなかったのにということから。
英 Quietness is best, as the fox said when he bit the cock's head off.（雄鶏《おんどり》の頭《あたま》をかみ切《き》った狐《きつね》が言《い》ったように、静《しず》かが最良《さいりょう》）

★起《き》承《しょう》転《てん》結《けつ》 四字熟語

意味 ❶漢詩《かんし》の組《く》み立《た》て方《かた》で、その第一句《だいいっく》から第四句《だいよんく》までのこと。第一句《だいいっく》（＝起句《きく》）で書《か》き起《お》こし、第二《だいに》句《く》（＝承《しょう》句《く》）でその内《ない》容《よう》を続《つづ》け、第三句《だいさんく》（＝転《てん》句《く》）で内容《ないよう》を変化《へんか》させ、第四句《だいよんく》（＝結句《けっく》）で全体《ぜんたい》をまとめる。❷文章《ぶんしょう》や物事《ものごと》を組《く》み立《た》てる順序《じゅんじょ》。例 起承転結を考《かんが》えて作文《さくぶん》を書《か》く。

机《き》上《じょう》の空論《くうろん》 慣用句

意味 頭《あたま》の中《なか》で考《かんが》えただけの、実際《じっさい》には役《やく》に立《た》たない考《かんが》えや計画《けいかく》。例 きみのアイデアは机上の空論にすぎない。

類 絵《え》に描《か》いた餅《もち》

★喜《き》色《しょく》満《まん》面《めん》 四字熟語

意味 うれしそうな表情《ひょうじょう》が顔《かお》いっぱいにあらわれているようす。例 兄《あに》が喜色満面で帰《かえ》ってきた。

★★疑《ぎ》心《しん》暗《あん》鬼《き》を生《しょう》ず 故事成語 ➡世界のことわざ（121ページ）

意味 疑《うたが》う心《こころ》をもつと、何《なん》でもないことまで不《ふ》安《あん》でおそろしくなるということ。〈『列《れっ》子《し》』〉

例 疑心暗鬼を生ずで、一《いち》度《ど》だまされると周《まわ》りがみなうそつきに見《み》える。

語源 疑《うたが》う心《こころ》をもつと、暗《くら》やみの中《なか》に、いるはずのない鬼《おに》の姿《すがた》が見《み》えてしまうということから。『列《れっ》子《し》』の話《はなし》で、ある男《おとこ》が斧《おの》をなくし、隣《となり》の家《いえ》の子供《こども》があやしいと思《おも》った。その子《こ》の歩《ある》き方《かた》、顔《かお》つき、言葉《ことば》つきなど、見《み》れば見《み》るほど、斧《おの》を盗《ぬす》んだように見《み》えてくる。しかし、あるとき家《いえ》のくぼ地《ち》を掘《ほ》ったところ、なくした斧《おの》が見《み》つかった。後日《ごじつ》あらためて隣《となり》の子《こ》を見《み》ると、動作《どうさ》や態度《たいど》に少《すこ》しもあやしい点《てん》

エストニア

恐《きょう》怖《ふ》の目《め》は大《おお》きい

恐怖心《きょうふしん》をいだいてものを見《み》ると、ちょっとしたものがひどく気《き》になったり、何《なん》でもないものがおそろしいものに見《み》えたりすることがよくあります。素朴《そぼく》な表現《ひょうげん》ですが、印象《いんしょう》が強《つよ》いたとえです。その他《た》 ロシア

イギリス

恐《きょう》怖《ふ》はこわいものを大《おお》きくする

恐怖《きょうふ》を感《かん》じると、小《ちい》さなものがむやみに大《おお》きく見《み》え、ますますおそろしくなることがあります。

その他《た》 フランス

は見当《みあ》たらなかった。「疑心暗鬼《ぎしんあんき》を生《しょう》ず」は、この話《はなし》を評論《ひょうろん》した解説書《かいせつしょ》から生《う》まれた言葉《ことば》とも言《い》われる。
英 to fight with one's own shadow（自分《じぶん》の影《かげ》と戦《たたか》う）

帰《き》心《しん》矢《や》の如《ごと》し 慣用句
意味 家《いえ》や故郷《こきょう》へ一刻《いっこく》も早《はや》く帰《かえ》りたいと思《おも》うことのたとえ。例 故郷《こきょう》の母《はは》から手《て》紙《がみ》がきて、**帰心矢の如し**となった。
語源「矢《や》のごとし」は、矢《や》のように早《はや》くまっすぐに進《すす》むことのたとえ。

気《き》勢《せい》を上《あ》げる 慣用句
意味 仲間《なかま》が集《あつ》まって、元気《げんき》で勢《いきお》いのよいようすを示《しめ》す。例 明日《あす》の試合《しあい》に向《む》け、みんなで**気勢を上げる**。

機《き》先《せん》を制《せい》する 慣用句
意味 ほかの人《ひと》より先《さき》に物事《ものごと》をおこなって、相手《あいて》の勢《いきお》いや計画《けいかく》などをくじく。
例 最初《さいしょ》に発言《はつげん》して、相手《あいて》の**機先を制する**。
注意「気先《せん》を制《せい》する」は誤《あやま》り。
類 先手《せんて》を打《う》つ

★**奇《き》想《そう》天《てん》外《がい》** 四字熟語
意味 ふつうではとても思《おも》いつかないほど、非常《ひじょう》にめずらしいようす。例 **奇想天外**な物語《ものがたり》。
参考「奇想天外《きそうてんがい》より落《お》つ（＝ふつう思《おも》いつかないような考《かんが》えがふと浮《う》かぶ）」の略《りゃく》。

切《き》っても切《き》れない 慣用句
意味 関係《かんけい》が非常《ひじょう》に深《ふか》くて、たやすく断《た》ち切れない。例 **切っても切れない**仲《なか》の二人《ふたり》。

狐《きつね》と狸《たぬき》の化《ば》かし合《あ》い ことわざ
意味 ずるい者同士《ものどうし》が相手《あいて》をだまそうとすること。例 あの二人《ふたり》の争《あらそ》いは**狐と狸の化かし合い**だ。
語源 キツネもタヌキも人《ひと》をだますといわれることから。
同 狐《きつね》と狸《たぬき》

★**狐《きつね》につままれる** 慣用句
意味 わけがわからず、ぼんやりすること

世界《せかい》のことわざ　疑心暗鬼《ぎしんあんき》を生《しょう》ず

モンゴル

こわがると牛糞《ぎゅうふん》が動《うご》きだす

モンゴルの遊牧民《ゆうぼくみん》はゲル（円筒形《えんとうけい》のテント）で生活《せいかつ》し、家畜《かちく》とともに移動《いどう》を繰《く》り返《かえ》します。暖房《だんぼう》や料理《りょうり》に牛糞《ぎゅうふん》を干《ほ》したものを燃《も》やしますが、牛《うし》は草《くさ》しか食《た》べていないので乾《かん》燥《そう》した糞《ふん》に悪臭《あくしゅう》はありません。

のたとえ。例 車内《しゃない》にだれもいなくなってしまっているのに気《き》づき、**狐につままれた**ような気分《きぶん》だ。
語源 キツネにだまされたようだということから。

狐《きつね》の嫁入《よめい》り 慣用句
意味 日《ひ》が照《て》っているのに、雨《あめ》が降《ふ》ること。例 雲《くも》一《ひと》つないのに雨《あめ》だなんて、今日《きょう》は**狐の嫁入り**だね。

気《き》で気《き》を病《や》む 慣用句
意味 心配《しんぱい》しなくてもいいのに、自分一人《じぶんひとり》で心配《しんぱい》して苦《くる》しむ。例 **気で気を病む**なんて、おろかなことだ。

★**木《き》で鼻《はな》をくくる** 慣用句
意味 冷《つめ》たく、思《おも》いやりのない態度《たいど》で、受《う》け答《こた》えすることのたとえ。例 **木で鼻をくくっ**たようなそっけない返事《へんじ》。
語源 もともとは、「木で鼻《はな》をこくる」と言《い》った。木《き》で鼻《はな》をこするという意味《いみ》。

★★**喜怒哀楽《きどあいらく》** 四字熟語
意味 人間《にんげん》のいろいろな感情《かんじょう》。喜《よろこ》びと怒《いか》りと哀《かな》しみ（悲《かな》しみ）と楽《たの》しみ。例 かのじょは**喜怒哀楽**を顔《かお》に出《だ》さない人《ひと》だ。

軌道《きどう》に乗《の》る 慣用句
意味 物事《ものごと》が計画《けいかく》どおりに調子《ちょうし》よく進《すす》む。例 おじの事業《じぎょう》もようやく**軌道に乗って**きた。

気《き》に入《い》る 慣用句
意味 自分《じぶん》の好《この》みに合《あ》う。満足《まんぞく》する。
例 このバッグはとても**気に入って**いる。

気《き》に掛《か》かる 慣用句
意味 あれこれと心配《しんぱい》になる。例 明日《あす》の試験《しけん》のことが**気に掛かる**。
類 心《こころ》に掛《か》かる

気《き》に掛《か》ける 慣用句
意味 あれこれと心配《しんぱい》する。例 無責任《むせきにん》な発言《はつげん》など**気に掛ける**な。
類 心《こころ》に掛《か》ける

気《き》に食《く》わない 慣用句
意味 いやに思《おも》う。きらいだ。例 あの人《ひと》の話《はな》し方《かた》が**気に食わない**。
類 気《き》に入《い》らない

気《き》に障《さわ》る 慣用句
意味 いやな感《かん》じがする。ふゆかいに思《おも》う。例 **気に障る**態度《たいど》。
類 癇《かん》に障《さわ》る／癪《しゃく》に障《さわ》る

機《き》に乗《じょう》じる 慣用句
意味 物事《ものごと》をおこなうのにちょうどよい

フランス
ロバから羊毛《ようもう》を取《と》ろうとするな
ロバからヒツジの毛《け》をとろうとする人《ひと》はいませんが、意識的《いしきてき》に誇張《こちょう》することで、同《おな》じような見当《けんとう》ちがいを気《き》づかせようとしています。
その他 イタリア

アルメニア
雄牛《おうし》の下《した》に子牛《こうし》をさがす
めすの牛《うし》が子牛《こうし》を生《う》んで育《そだ》てるのに、おすの牛《うし》の下《した》をさがしても、そこに子《こ》牛《うし》がいるはずもなく無理《むり》な話《はなし》です。

時機《じき》をとらえて行動《こうどう》する。例 機に乗じて反対運動《はんたいうんどう》を盛《も》り上《あ》げる。

気《き》にする 慣用句

意味 そのことについて、あれこれと心配《しんぱい》する。例 うわさ話《ばなし》を気にする。

木《き》に竹《たけ》を接《つ》ぐ 慣用句

意味 物事《ものごと》の前後《ぜんご》のつながりがちぐはぐであることや、筋道《すじみち》が通《とお》らないことのたとえ。例 木に竹を接いだような説明《せつめい》で、納得《なっとく》できない。

語源 木に竹《たけ》を接《つ》ぎ木《き》しようとしても、性《せい》質《しつ》が異《こと》なるのでうまくいかないことから。

英 to mix water with fire（水《みず》と火《ひ》を混《ま》ぜる）

気《き》に留《と》める 慣用句

意味 相手《あいて》の気持《きも》ちや話《はなし》の内容《ないよう》などを心《こころ》にとどめる。例 あんないいかげんな話《はなし》を気に留める必要《ひつよう》はないよ。

気《き》になる 慣用句

意味 心配《しんぱい》になる。気《き》がかりである。例 欠席《けっせき》している友達《ともだち》の体調《たいちょう》が気《き》になる。

気《き》に病《や》む 慣用句

意味 心配《しんぱい》してなやむ。例 しかられたことをいつまでも気に病む。

木《き》によって魚《うお》を求《もと》む 故事成語 ↓世界のことわざ（123ページ）

意味 見当《けんとう》ちがいの努力《どりょく》をして、成功《せいこう》する見《み》こみのないことのたとえ。〈『孟子《もうし》』〉

例 そんな練《れん》習《しゅう》では、木によって魚を求むで、効果《こうか》はうすい。

魚はどこだ…？

語源 木《き》に登《のぼ》って魚《さかな》をとろうとしても、得《え》られないことから。昔中国《むかしちゅうごく》で、斉《せい》の宣王《せんおう》が、戦争《せんそう》は好《この》まないが、天下統一《てんかとういつ》には戦《せん》争《そう》も仕方《しかた》がないと言《い》ったところ、孟子《もうし》が、天下統一《てんかとういつ》という大《おお》きな目標《もくひょう》を武力《ぶりょく》で達成《たっせい》しようとするのは、木《き》によじ登《のぼ》って魚《さかな》を求《もと》めるようなもので、手段《しゅだん》がまちがっているといさめた故事《こじ》から。

同 木《き》に縁《よ》りて魚《うお》を求《もと》む 英 You ask an

世界《せかい》のことわざ　木《き》によって魚《うお》を求《もと》む

イギリス **犬小屋《いぬごや》に麝香《じゃこう》を求《もと》めるな**

麝香《じゃこう》は、ジャコウジカから得《え》られる香料《こうりょう》、薬《くすり》。ムスクともよばれます。たいへん貴重《きちょう》で、多《おお》くの人《ひと》が求《もと》めたために絶《ぜつ》滅《めつ》しそうになるほどジャコウジカが殺《ころ》されました。

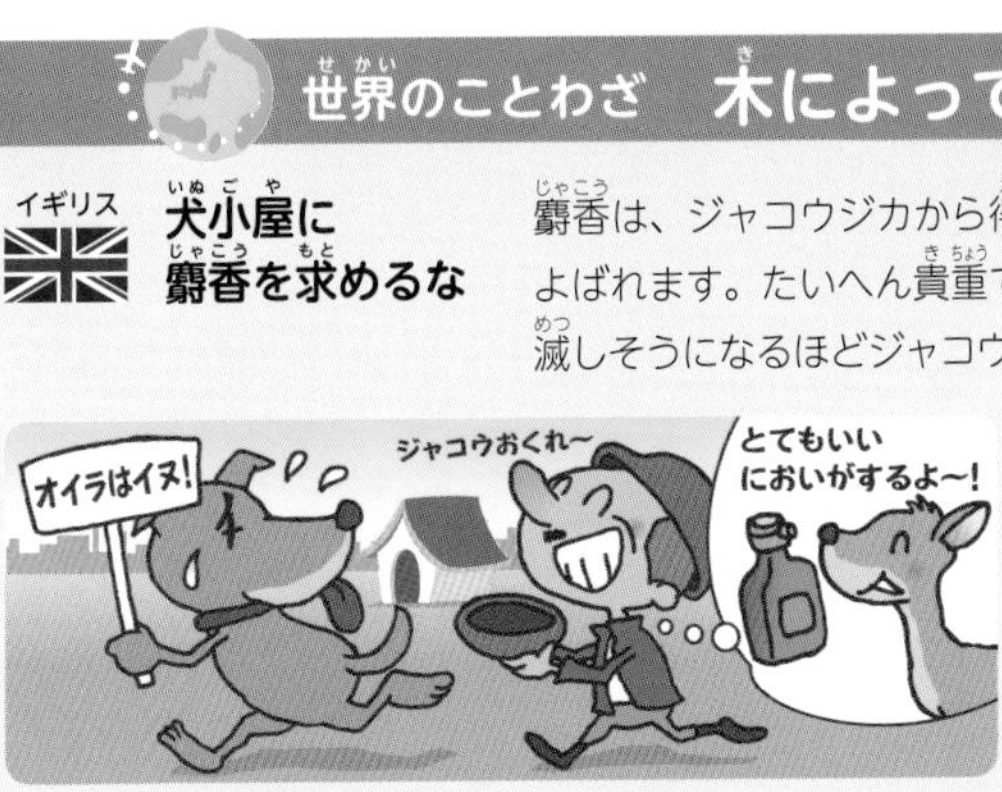

オイラはイヌ!
ジャコウおくれ〜
とてもいい においがするよ〜!

それを犬《いぬ》からとろうとしても無理《むり》である、というたとえです。現在《げんざい》では天然《てんねん》のムスクは漢方薬《かんぽうやく》にのみ使《つか》われ、香料《こうりょう》としては化学的《かがくてき》に合成《ごうせい》されたものが使《つか》われます。

elm tree for pears.（楡《にれ》の木《き》に梨《なし》を求《もと》める）

昨日《きのう》の敵《てき》は今日《きょう》の友《とも》 ことわざ

意味 最近《さいきん》まで敵《てき》だった者《もの》が、今《いま》は親《した》しい仲間《なかま》になっている。また、運命《うんめい》や人《ひと》の心《こころ》が変《か》わりやすく、あてにならないことのたとえ。例 けんかばかりしていたが、仲直《なかなお》りをした。実《じつ》はとてもいいやつだった。昨日の敵は今日の友だ。

対 昨日《きのう》の友《とも》は今日《きょう》の仇《あだ》

昨日《きのう》は人《ひと》の身《み》今日《きょう》は我《わ》が身《み》 ことわざ

意味 人《ひと》の運命《うんめい》は予測《よそく》しがたく、災難《さいなん》はいつ自分《じぶん》にふりかかってくるかわからないということ。例 昨日は人の身今日は我が身というから、誰《だれ》かが困《こま》っているときには助《たす》けよう。

語源 昨日《きのう》は他人《たにん》の身《み》の上《うえ》にふりかかった不幸《ふこう》が、今日《きょう》は自分《じぶん》の身《み》の上《うえ》にふりかかっているという意味《いみ》から。

類 明日《あす》は我《わ》が身《み》／浮世《うきよ》は回《まわ》り持《も》ち／今日《きょう》は人《ひと》の上《うえ》明日《あす》は我《わ》が身《み》の上《うえ》 英 Today someone else, but tomorrow it might be you.（今日《きょう》は他人《たにん》だが明日《あす》はあなたかもしれない）

気《き》のせい 慣用句

意味 実際《じっさい》はそうではないのに、その場《ば》のようすから誤《あやま》って、そのように感《かん》じること。例 おばけを見《み》たなんて気のせいだろう。

着《き》の身《み》着《き》のまま 慣用句

意味 今《いま》着《き》ているもののほかには何《なに》も持《も》っていないこと。例 火《ひ》のまわりが早《はや》くて、着の身着のままでにげた。

気《き》は心《こころ》 慣用句

意味 金額《きんがく》や量《りょう》はわずかだが、心《こころ》がこもっていること。例 気は心で、少《すこ》し割引《わりびき》させていただきます。

参考 相手《あいて》に何《なに》かをあげるときなどに用《もち》いる。

牙《きば》を研《と》ぐ 慣用句

意味 相手《あいて》をやっつけようと用意《ようい》をする。例 牙を研いで仕返《しかえ》しの機会《きかい》をねらう。

語源 猛獣《もうじゅう》がえものをねらって牙《きば》をするどく研《と》ぐということから。

類 爪《つめ》を研《と》ぐ

牙《きば》を剝《む》く 慣用句

意味 今《いま》にもおそいかかろうとする。また、敵意《てきい》を表《おもて》に出《だ》す。例 味方《みかた》だと思《おも》っていた相手《あいて》が急《きゅう》に牙を剝いた。

語源 動物《どうぶつ》が攻撃《こうげき》のために口《くち》を開《あ》けて牙《きば》を見《み》せるということから。

踵《きびす》を返《かえ》す 慣用句

意味 引《ひ》き返《かえ》す。例 忘《わす》れ物《もの》に気《き》づいて踵を返した。

語源 踵《きびす》（＝かかと）の向《む》きを反対《はんたい》にするということから。

類 踵《きびす》を転《てん》ずる／踵《きびす》を回《めぐ》らす

踵《きびす》を接《せっ》する 慣用句

意味 続《つづ》いて起《お》こる。例 踵を接して事件《じけん》が起《お》こる。

語源 前《まえ》の人《ひと》の踵《きびす》（＝かかと）に、後《うし》ろに続《つづ》く人《ひと》の足《あし》が接《せっ》するという意味《いみ》から。

気骨《きぼね》が折《お》れる 慣用句

意味 あれこれと心配《しんぱい》したり、注意《ちゅうい》したりすることが多《おお》く、心《こころ》がつかれる。例 委員《いいん》

長《ちょう》は**気骨が折れる**役目《やくめ》だ。

語源「気骨《きぼね》」は、気《き》づかい、気苦労《きぐろう》のこと。

気前《きまえ》がいい 慣用句

意味 お金《かね》や物《もの》をおしまずにつかう。

例 この店《みせ》はいつも大盛《おおも》りで**気前がいい**。

決《き》まりが付《つ》く 慣用句

意味 結果《けっか》や結論《けつろん》がはっきりして、物事《ものごと》が終《お》わりになる。 例 論争《ろんそう》に**決まりが付く**。

決《き》まりが悪《わる》い 慣用句

意味 体裁《ていさい》が悪《わる》い。はずかしい。 例 悪口《わるくち》を言《い》っているのを本人《ほんにん》に聞《き》かれて**決まりが悪い**。

気脈《きみゃく》を通《つう》じる 慣用句

意味 連絡《れんらく》を取《と》り合《あ》って気持《きも》ちを通《かよ》わせる。 例 反対派《はんたいは》とひそかに**気脈を通じる**。

きめが細《こま》かい 慣用句

意味 細《こま》かいところまで注意《ちゅうい》が行《い》き届《とど》いている。 例 **きめが細かい**調査《ちょうさ》。

語源「きめ」は、ひふや、物《もの》の表面《ひょうめん》の手《て》ざわり。

決《き》めてかかる 慣用句

意味 はじめからそうなるものと思《おも》いこむ。 例 できないと**決めてかかる**のは、よくないよ。

肝《きも》が大《おお》きい 慣用句

意味 心《こころ》が強《つよ》くて、物事《ものごと》をおそれない。

例 堂々《どうどう》としていて、**肝が大きい**人《ひと》。

同 肝《きも》っ玉《たま》が大《おお》きい 類 肝《きも》が太《ふと》い

肝《きも》が据《す》わる 慣用句

意味 落《お》ち着《つ》いていて、少《すこ》しのことではおどろかない。 例 おじさんは、**肝が据わっ**たたのもしい人《ひと》だ。

同 肝《きも》っ玉《たま》が据《す》わる

肝《きも》が小《ちい》さい 慣用句

意味 おくびょうである。 例 そんなことでにげ出《だ》すなんて、**肝が小さい**やつだ。

同 肝《きも》っ玉《たま》が小《ちい》さい

肝《きも》が太《ふと》い 慣用句

意味 何事《なにごと》にも動《どう》じない。勇気《ゆうき》がある。

例 大観衆《だいかんしゅう》を前《まえ》に落《お》ち着《つ》いていられるなんて、かのじょは**肝が太い**。

同 肝《きも》っ玉《たま》が太《ふと》い 類 肝《きも》が大《おお》きい

気《き》もそぞろ 慣用句

意味 落《お》ち着《つ》かず、そわそわするようす。

例 もうすぐ夏休《なつやす》みなので、生徒《せいと》たちは授《じゅ》業中《ぎょうちゅう》も**気もそぞろ**だ。

肝《きも》に銘《めい》じる 慣用句

意味 忘《わす》れないように、しっかり覚《おぼ》える。

例 先生《せんせい》の言葉《ことば》を**肝に銘じて**、二度と失敗しないようにしよう。

肝《きも》を据《す》える 慣用句

意味 心《こころ》を落《お》ち着《つ》かせて、かくごを決《き》める。 例 **肝を据えて**出番《でばん》を待《ま》つ。

同 肝《きも》っ玉《たま》を据《す》える

★**肝《きも》を潰《つぶ》す** 慣用句

意味 意外《いがい》なことが起《お》こって、非常《ひじょう》にびっくりする。 例 かみなりの音《おと》に**肝を潰し**た。

同 肝《きも》っ玉《たま》を潰《つぶ》す

肝《きも》を冷《ひ》やす 慣用句

意味 危険《きけん》を感《かん》じて、ぞっとする。 例 父《ちち》は、運転《うんてん》している車《くるま》の前《まえ》にネコが飛《と》び出《だ》してきて、**肝を冷やし**たそうだ。

同 肝《きも》っ玉《たま》を冷《ひ》やす

脚光《きゃっこう》を浴《あ》びる 慣用句

意味 多《おお》くの人々《ひとびと》の注目《ちゅうもく》を集《あつ》める。 例 新《しん》人賞《じんしょう》を受賞《じゅしょう》して**脚光を浴びる**。

語源「脚光《きゃっこう》」は、舞台《ぶたい》で、足《あし》もとから人《ひと》を照《て》らす光《ひかり》。

杞憂《きゆう》 故事成語

意味 心配《しんぱい》しなくてもよいことを心配《しんぱい》すること。〈『列子《れっし》』〉 例 それは**杞憂**にすぎない。

語源 昔《むかし》、中国《ちゅうごく》の杞《き》の国《くに》の人《ひと》が、天《てん》がくずれて落《お》ちてこないかと心配《しんぱい》して、食《た》べることもねむることもできなくなったという話《はなし》から。

★牛飲馬食《ぎゅういんばしょく》 四字熟語

意味 一度《いちど》にたくさん飲《の》んだり食《た》べたりすること。**例** 牛飲馬食は体《からだ》によくないよ。

語源 牛《うし》がたくさん水《みず》を飲《の》み、馬《うま》がたくさん草《くさ》を食《た》べるということから。

類 鯨飲馬食《げいいんばしょく》

九牛《きゅうぎゅう》の一毛《いちもう》 故事成語

意味 きわめて多《おお》くのものの中《なか》の、ごく一《いち》部分《ぶぶん》。取《と》るに足《た》りないことのたとえ。

例 そんなことは九牛の一毛にすぎない。

語源 「九牛《きゅうぎゅう》」（＝多《おお》くの牛《うし》）の中《なか》の「一毛《いちもう》」（＝たった一本《いっぽん》の毛《け》）ということから。

参考 司馬遷《しばせん》の「報任少卿書（じんしょうけいにほうずるのしょ）」にある言葉《ことば》。

類 滄海《そうかい》の一粟《いちぞく》／大海《たいかい》の一滴《いってき》 **英** a drop of water in the ocean（大海《たいかい》の中《なか》の一滴《いってき》）

旧交《きゅうこう》を温《あたた》める 慣用句

意味 古《ふる》くからの親《した》しいつきあいを、再《ふたた》び深《ふか》める。**例** 祖父《そふ》は、年《ねん》に一回《いっかい》、中学時代《ちゅうがくじだい》のクラス会《かい》を開《ひら》いて旧交を温めている。

★九死一生《きゅうしいっしょう》 四字熟語

意味 ほとんど死《し》をさけられない危険《きけん》な状態《じょうたい》から、なんとか助《たす》かること。**例** 九死一生の体験《たいけん》。

参考 「九死《きゅうし》に一生《いっしょう》を得《え》る」の略《りゃく》。

九死《きゅうし》に一生《いっしょう》を得《え》る ことわざ

意味 ほとんど死《し》をさけられない危険《きけん》な状態《じょうたい》から、なんとか助《たす》かる。**例** 山《やま》でそうなんしたが救助《きゅうじょ》され、九死に一生を得た。

語源 十《じゅう》のうち九《きゅう》は死《し》に、一《いち》だけ生《い》きのびるということから。

英 to have a narrow escap（すんでのところで逃《のが》れる）

牛耳《ぎゅうじ》る 故事成語

意味 団体《だんたい》や会議《かいぎ》などの中心《ちゅうしん》となって、自《じ》分《ぶん》の思《おも》うとおりに動《うご》かす。〈『春秋左氏《しゅんじゅうさし》伝《でん》』〉**例** クラブを牛耳る人物《じんぶつ》。

語源 昔《むかし》の中国《ちゅうごく》で、いくつかの国《くに》と同盟《どうめい》を結《むす》ぶとき、一番中心《いちばんちゅうしん》になる人《ひと》が牛《うし》の耳《みみ》をさき、その人《ひと》から順番《じゅんばん》に血《ち》をすすり、ちかいを立《た》てたことから。

「肝《きも》を潰《つぶ》す」

「肝《きも》を潰《つぶ》す」は、とてもおどろいてこわかったという意味《いみ》ですから、ふつうに使《つか》ってよさそうですが、小学《しょうがく》生《せい》が「ぼくはお化《ば》け屋敷《やしき》で肝《きも》を潰《つぶ》しました。」と言《い》うと、少《すこ》し変《へん》な感《かん》じがします。やや大人《おとな》っぽい言《い》い回《まわ》しなので、小学生《しょうがくせい》らしくない言葉《ことば》として、違和感《いわかん》があるのでしょう。小学生《しょうがくせい》なら「おどろいた」「びっくりした」「こわかった」の方《ほう》が自然《しぜん》だと思《おも》います。

友達《ともだち》のうわさを「小耳《こみみ》にはさんだ」というのも、小学生《しょうがくせい》らしくない言葉《ことば》だと思《おも》います。「ちょっと聞《き》いた」などの方《ほう》がよいですね。

言葉《ことば》の意味《いみ》を覚《おぼ》えるだけでなく、どんなときに、どんな人《ひと》が使《つか》う言葉《ことば》なのかも学《まな》んで、言葉《ことば》を使《つか》いこなすようにしましょう。

同 牛耳《ぎゅうじ》を執《と》る

九仞《きゅうじん》の功《こう》を一簣《いっき》に欠《か》く 故事成語

意味 長《なが》い間《あいだ》つみ上《あ》げてきた大《おお》きな努力《どりょく》が、最後《さいご》のわずかな失敗《しっぱい》でむだに終《お》わってしまうことのたとえ。〈『書経《しょきょう》』〉 例 ピアノのコンクールの本番《ほんばん》でミスをしてしまうとは、**九仞の功を一簣に欠く**ようなものだ。

語源 「仞《じん》」は、昔《むかし》の中国《ちゅうごく》の長《なが》さの単位《たんい》で、一仞《いちじん》は約一《やくいっ》・八《はち》メートル。「簣《き》」は、土《つち》などを運《はこ》ぶもっこ。九仞《きゅうじん》の高《たか》さの築山《つきやま》をきずくのに、最後《さいご》の一《いっ》ぱいのもっこの土《つち》がないと完成《かんせい》されないという意味《いみ》から。

窮《きゅう》すれば通《つう》ず 故事成語

類 百日《ひゃくにち》の説法屁《せっぽうへ》一《ひと》つ

意味 行《い》きづまってどうしようもないときに、かえって道《みち》が開《ひら》けるものだということ。〈『易経《えききょう》』〉 例 **窮すれば通ず**で、突然《とつぜん》いいアイデアがうかんだ。

★★

窮鼠《きゅうそ》猫《ねこ》を噛《か》む 故事成語

英 Necessity is the mother of invention.（必要《ひつよう》は発明《はつめい》の母《はは》）

意味 弱《よわ》い者《もの》でも、追《お》いつめられると必死《ひっし》で戦《たたか》うので、強《つよ》い者《もの》を負《ま》かすということのたとえ。〈『塩鉄論《えんてつろん》』〉 例 実力《じつりょく》の差《さ》は明《あき》らかだと思《おも》われたが、**窮鼠猫を噛む**で、下位《かい》のチームが勝利《しょうり》した。

語源 ネズミはネコより弱《よわ》い生《い》き物《もの》だが、そのネズミが追《お》いつめられてにげ場《ば》がなくなったときには必死《ひっし》になってネコに噛《か》みつくということから。

英 A baited cat may grow as fierce as a lion.（犬《いぬ》に追《お》い立《た》てられた猫《ねこ》はライオンのように荒々《あらあら》しくなる）

★

旧態依然《きゅうたいいぜん》 四字熟語

意味 昔《むかし》のままで、ようすがまったく変《か》わらないこと。 例 **旧態依然**としたやり方《かた》では、この先《さき》の発展《はってん》は期待《きたい》できない。

窮鳥懐《きゅうちょうふところ》に入《い》れば猟師《りょうし》も殺《ころ》さず 故事成語

意味 人《ひと》が救《すく》いを求《もと》めて来《く》れば、どんな場合《ばあい》でも見殺《みごろ》しにすることはできないということのたとえ。〈『顔氏家訓』〉 例 **窮鳥懐に入れば猟師も殺さず**を期待《きたい》して、思《おも》いきって相談《そうだん》してみようか。

語源 にげ場《ば》を失《うしな》った鳥《とり》が懐《ふところ》（＝胸元《むなもと》）に飛《と》びこんできたら、猟師《りょうし》でもかわいそうだと思《おも》って殺《ころ》さないということから。

英 The lion spares the suppliant.（ライオンも懇願《こんがん》する者《もの》の命《いのち》は助《たす》ける）

★

急転直下《きゅうてんちょっか》 四字熟語

意味 今《いま》まで行《い》きづまっていたのに、急《きゅう》にうまくいくようになること。 例 事件《じけん》は**急転直下**解決《かいけつ》した。

窮余《きゅうよ》の一策《いっさく》 慣用句

意味 苦《くる》しまぎれに思《おも》いついた手段《しゅだん》。 例 もうだめかと思《おも》ったが、**窮余の一策**がうまくいった。

灸《きゅう》を据《す》える 慣用句

意味 悪《わる》いことや失敗《しっぱい》をした人《ひと》に、注意《ちゅうい》やばつをあたえる。 例 いたずらが過《す》ぎる弟《おとうと》に、母《はは》が**灸を据える**。

語源 「灸《きゅう》」は、ひふの上《うえ》にもぐさを置《お》き、火《ひ》をつけて病気《びょうき》を治《なお》す方法《ほうほう》。

興《きょう》が湧《わ》く 慣用句

意味 物事《ものごと》に対《たい》するおもしろみが心《こころ》に生《しょう》

じる。**例** 話《はなし》を聞《き》いているうちに興が湧いてきた。

行間《ぎょうかん》を読《よ》む 慣用句

意味 文章《ぶんしょう》に直接《ちょくせつ》書《か》かれていない筆者《ひっしゃ》の気持《きも》ちを感《かん》じとる。**例** 読書《どくしょ》をするときは行間を読むことも大切《たいせつ》だ。

語源 行《ぎょう》と行《ぎょう》の間《あいだ》の、文字《もじ》の書《か》かれていないところを読《よ》み取《と》ることから。

胸襟《きょうきん》を開《ひら》く 慣用句

意味 心中《しんちゅう》をすっかりうちあける。**例** 胸襟を開いて話《はな》し合《あ》う。

語源 「胸襟《きょうきん》」は、むねとえりで、心《こころ》の中《なか》のこと。

★共存共栄《きょうそんきょうえい》 四字熟語

意味 共《とも》に助《たす》け合《あ》って生《い》き、共《とも》に栄《さか》えること。**例** 人類《じんるい》の共存共栄をはかる。

同 共存共栄《きょうぞんきょうえい》

兄弟《きょうだい》は他人《たにん》の始《はじ》まり ことわざ

意味 兄弟《きょうだい》のような近《ちか》い肉親《にくしん》でも、はなれて生活《せいかつ》をするようになれば他人《たにん》のようになって、親《した》しさがうすれていくということ。**例** 兄弟は他人の始まりというが、一人暮《ひとりぐ》らしを始《はじ》めた兄《あに》は、めったに連絡《れんらく》をしてこない。

英 Though they are brothers, their pockets are not sisters.（兄弟《きょうだい》でも財布《さいふ》は姉妹《しまい》でない…お金《かね》のことになると身《み》内《うち》でも他人《たにん》のようになる）

教壇《きょうだん》に立《た》つ 慣用句

意味 先生《せんせい》になる。教職《きょうしょく》につく。**例** 大学《だいがく》を卒業《そつぎょう》したいとこは、四月《しがつ》から教壇に立つ。

驚天動地《きょうてんどうち》 四字熟語

意味 多《おお》くの人々《ひとびと》をひどく驚《おどろ》かすこと。

例 驚天動地の大事件《だいじけん》。

語源 天《てん》を驚《おどろ》かし地《ち》を動《うご》かすという意味《いみ》から。

興《きょう》に乗《の》る 慣用句

意味 その場《ば》のおもしろさにひきこまれる。おもしろくなる。**例** ぼんおどりを見《み》ているうちに興に乗って、自分《じぶん》もおどりだした。

京《きょう》の着倒《きだお》れ大阪《おおさか》の食《く》い倒《だお》れ ことわざ

意味 京都《きょうと》の人《ひと》は衣服《いふく》にぜいたくをしてお金《かね》を使《つか》い果《は》たし、大阪《おおさか》の人《ひと》は食《た》べ物《もの》にぜいたくをしてお金《かね》を使《つか》い果《は》たすということ。**例** 京の着倒れ大阪の食い倒れというとおり、京都出身《きょうとしゅっしん》のかのじょは着物《きもの》をたくさん持《も》っている。

京《きょう》の夢《ゆめ》大阪《おおさか》の夢《ゆめ》 ことわざ

意味 京都《きょうと》のことがふっと大阪《おおさか》のことに変《か》わったりと、夢《ゆめ》はとりとめのないものだということ。また、京都《きょうと》や大阪《おおさか》のことも夢《ゆめ》で見《み》るならかんたんで、夢《ゆめ》ではさまざまなものが見《み》られるということ。**例** 京の夢大阪の夢というが、昨日《きのう》見《み》た夢《ゆめ》はとても不思議《ふしぎ》な夢《ゆめ》だった。

参考 ⑴夢《ゆめ》の話《はなし》をする前《まえ》にとなえることば。⑵いろはがるた（江戸《えど》）で、最後《さいご》の句《く》。

今日《きょう》は人《ひと》の上《うえ》明日《あす》は我《わ》が身《み》の上《うえ》 ことわざ

⇩昨日《きのう》は人《ひと》の身《み》今日《きょう》は我《わ》が身《み》（124ページ）

器用貧乏人宝《きようびんぼうひとだから》 ことわざ

⇩世界のことわざ（129ページ）

意味 何《なん》でも一応《いちおう》うまくできる人《ひと》は他人《たにん》から都合《つごう》よく利用《りよう》され、一《ひと》つのことに集中《しゅうちゅう》できず成功《せいこう》しないということ。**例** かれは器用貧乏人宝で、何《なん》でもこなすタイプだが、大成《たいせい》しなかった。

同 器用貧乏《きようびんぼう》

教鞭《きょうべん》を執《と》る 慣用句

意味 先生《せんせい》になって学校《がっこう》で教《おし》える。例 母《ぼ》校《こう》で教鞭を執る。

★**興味津々《きょうみしんしん》** 四字熟語

意味 次々《つぎつぎ》と心《こころ》がひきつけられて終《お》わりがないこと。例 ドラマの展開《てんかい》に興味津々だ。

興味本位《きょうみほんい》 四字熟語

意味 おもしろさだけを中心《ちゅうしん》に考《かんが》えること。例 興味本位の記事《きじ》は、信用《しんよう》できない。

虚々実々《きょきょじつじつ》 四字熟語

世界《せかい》のことわざ　器用貧乏人宝《きようびんぼうひとだから》

イギリス

何《なん》でも屋《や》のジャックは何一《なにひと》つ専門家《せんもんか》ではない

器用《きよう》で、なんでもこなせる人《ひと》は、さまざまなことに手《て》を出《だ》してしまい、専門家《せんもんか》として一《ひと》つの技能《ぎのう》をしっかり身《み》につけることができません。器用《きよう》なのはよいけれど、自分《じぶん》の専門《せんもん》を深《ふか》くきわめることがたいせつです。「ジャック」は、日本語《にほんご》の太郎《たろう》のように、よくある男性《だんせい》の名前《なまえ》で、男《おとこ》の人《ひと》をあらわしています。

ドイツ

一芸《いちげい》に秀《ひい》でた者《もの》は妻子《さいし》を養《やしな》い、多芸《たげい》の者《もの》は自分《じぶん》ひとり十分《じゅうぶん》に養《やしな》えない

一《ひと》つのことを極《きわ》めたプロは、妻《つま》や子《こ》にご飯《はん》を食《た》べさせられるが、何《なん》でもちゅうとはんぱにできる人《ひと》は、自分《じぶん》ひとりですら食《た》べていくことができない、という意味《いみ》です。

イラン

どんな仕事《しごと》でもできる人《ひと》は財産《ざいさん》がちょっぴり

たくさん専門《せんもん》のある人《ひと》は、なんでもこなせますが、これだけは一番《いちばん》というものがなく、結局《けっきょく》は財産《ざいさん》を残《のこ》せません。

意味 相手《あいて》のすきをねらい、備《そな》えのかたい所《ところ》をさけて、たくみな計略《けいりゃく》をつくして戦《たたか》うこと。例 虚々実々のかけひきを展開《てんかい》する。

曲学阿世《きょくがくあせい》 四字熟語

意味 真理《しんり》に反《はん》した説《せつ》をとなえ、世間《せけん》の人《ひと》に気《き》に入《い》られようとすること。〈『史記《しき》』〉

例 曲学阿世の徒《と》（＝人《ひと》）。

語源 「曲学《きょくがく》」は、学問《がくもん》の真理《しんり》を曲《ま》げること。「阿世《あせい》」は、世《よ》の人《ひと》にこびへつらうこと。

★ **玉石混交**《ぎょくせきこんこう》 四字熟語

意味 優《すぐ》れたものと、つまらないものとが、入《い》りまじっていること。例 コンクールへの応募作品《おうぼさくひん》は玉石混交だった。

語源 すばらしい玉《ぎょく》（＝宝石《ほうせき》）と、つまらない石《いし》が入《い》りまじっているということから。

参考 「玉石混淆《ぎょくせきこんこう》」とも書《か》く。

注意 「玉石《ぎょくせき》混合」は誤《あやま》り。

英 Some fish, some frogs. （魚《さかな》もいれば蛙《かえる》もいる）

挙国一致《きょこくいっち》 四字熟語

意味 あることのために、国民全部《こくみんぜんぶ》が心《こころ》を一《ひと》つに合《あ》わせること。例 挙国一致で取《と》り組《く》む。

虚心坦懐《きょしんたんかい》 四字熟語

意味 わだかまりがなく、素直《すなお》に物事《ものごと》に対《たい》すること。例 虚心坦懐に話《はな》し合《あ》う。

注意 「虚心《きょしん》担懐《かい》」は誤《あやま》り。

虚勢を張る《きょせいをはる》 慣用句

意味 うわべだけ勢《いきお》いがよい。例 そんなことならすぐにできると虚勢を張る。

★★ **漁夫の利**《ぎょふのり》 故事成語 ➡世界のことわざ（131ページ） ➡マンガdeことわざ（133ページ）

意味 二人《ふたり》が利益《りえき》を得《え》ようと争《あらそ》っているすきに、ほかの人《ひと》がたやすくその利益《りえき》を得《え》ること。〈『戦国《せんごく》策《さく》』〉例 兄《あに》と姉《あね》がおやつのことでもめているすきに、妹《いもうと》が漁夫の利を得《え》て、全部《ぜんぶ》食《た》べてしまった。

語源 シギとドブガイ（＝ハマグリとも）が争《あらそ》っているところに漁夫《ぎょふ》（＝漁師《りょうし》）が来《き》て、簡単《かんたん》に両方《りょうほう》をつかまえたという話《はなし》から。中国《ちゅうごく》の戦国時代《せんごくじだい》、趙《ちょう》が燕《えん》に攻《せ》めこもうとしたとき、両国《りょうこく》が争《あらそ》えば、他国《たこく》が得《とく》をしますよと、弁舌家《べんぜつか》の蘇代《そだい》が趙王《ちょうおう》をいさめた言葉《ことば》による。

類 鷸蚌《いっぽう》の争《あらそ》い 英 Two dogs fight for a bone and the third runs away with it. （二匹《にひき》の犬《いぬ》が一本《いっぽん》の骨《ほね》を取《と》ろうと争《あらそ》い、三番目《さんばんめ》の犬《いぬ》がそれを持《も》って逃《に》げる）

毀誉褒貶《きよほうへん》 四字熟語

意味 ほめることと、けなすこと。良《よ》い評《ひょう》判《ばん》と悪《わる》い評判《ひょうばん》。例 かれは毀誉褒貶の多《おお》い人《ひと》だ。

清水の舞台から飛び降りる《きよみずのぶたいからとびおりる》 ことわざ

意味 思《おも》いきって、大《おお》きな決心《けっしん》をするたとえ。例 清水の舞台から飛び降りるつもりで、高級《こうきゅう》レストランで食事《しょくじ》をした。

語源 「清水《きよみず》の舞台《ぶたい》」は、京都《きょうと》の清水寺《きよみずでら》観音堂《かんのんどう》の舞台《ぶたい》で、高《たか》いがけの上《うえ》に設《もう》けられている。その舞台《ぶたい》から思《おも》い切《き》って飛《と》び降《お》りるほどのかくごを決《き》めるという意味《いみ》。

から。

英 to shoot Niagara in a barrel（樽《たる》に入《はい》ってナイアガラの滝《たき》を落下《らっか》する）

虚《きょ》を衝《つ》く 慣用句

意味 相手《あいて》が油断《ゆだん》しているすきをねらって攻《せ》める。例 **虚を衝く**するどい質問《しつもん》。

類 不意《ふい》を打《う》つ／不意《ふい》を突《つ》く

綺羅星《きらぼし》のごとく 慣用句

意味 夜空《よぞら》にかがやく星《ほし》のように、美《うつく》しい人《ひと》やすばらしい人《ひと》がずらりと並《なら》ぶことのたとえ。例 **綺羅星のごとく**スターがせいぞろいした。

語源「綺《き》」は綾絹《あやぎぬ》、「羅《ら》」は薄絹《うすぎぬ》のことで、はなやかで美《うつく》しいことのたとえ。

参考 もとは、「きら、ほしのごとく」と読《よ》んだ。

切《き》り口上《こうじょう》 慣用句

意味 一語一語《いちごいちご》をはっきり区切《くぎ》るような、かた苦《くる》しくあらたまった言《い》い方《かた》。例 **切り口上**のあいさつ。

麒麟児《きりんじ》 故事成語

意味 才能《さいのう》が特《とく》に優《すぐ》れた若者《わかもの》。例 かれは柔道界《じゅうどうかい》の**麒麟児**だ。

語源「麒麟《きりん》」は、聖人《せいじん》が世《よ》に出《で》る時《とき》にあ

世界《せかい》のことわざ　漁夫《ぎょふ》の利《り》

ブルガリア

馬《うま》がけりあっていると、ロバがよい干《ほ》し草《くさ》を食《た》べてしまう

ロバはウマに似《に》ている小形《こがた》で耳《みみ》の大《おお》きい家畜《かちく》。粗食《そしょく》でがまん強《づよ》いので、農耕《のうこう》や運《うん》ぱんに用《もち》いられます。

オランダ

二匹《にひき》の犬《いぬ》が一本《いっぽん》の骨《ほね》を争《あらそ》っていると三匹目《さんびきめ》がかっさらう

二匹《にひき》の犬《いぬ》が一本《いっぽん》の骨《ほね》を取《と》り合《あ》って争《あらそ》っていると、横合《よこあ》いから三番目《さんばんめ》の犬《いぬ》にかっさらわれてしまいます。アフリカ南部《なんぶ》のレソトに似《に》たような表現《ひょうげん》があるのは、かつてはイギリスの保護領《ほごりょう》だったせいかもしれません。その他 イギリス、レソト

ウズベキスタン

二羽《にわ》の鷹《たか》が争《あらそ》うと肉《にく》は烏《からす》のものになる

獲物《えもの》めぐって争《あらそ》うタカをしり目《め》に、カラスが飛《と》んできて、何《なん》の苦労《くろう》もなく獲物《えもの》をさらっていきます。ウズベキスタンは、中央《ちゅうおう》アジアのカザフスタンの南《みなみ》にあり、住民《じゅうみん》の多《おお》くはトルコ語系《ごけい》のウズベク語《ご》を話《はな》します。

らわれるという聖《せい》なる動物《どうぶつ》。

参考 中国《ちゅうごく》の杜甫《とほ》の詩《し》にある言葉《ことば》。

麒麟《きりん》も老《お》いては駑馬《どば》に劣《おと》る 故事成語

意味 きわめて優《すぐ》れた人《ひと》も、年《とし》を取《と》ると能力《のうりょく》がおとろえ、普通《ふつう》の人《ひと》にもおよばなくなることのたとえ。《『戦国策《せんごくさく》』》 例 かつての金《きん》メダリストも、**麒麟も老いては駑馬に劣る**で、今《いま》は軽《かる》い運動《うんどう》ですらせいいっぱいという感《かん》じだ。

語源 一日《いちにち》に千里《せんり》を走《はし》るような名馬《めいば》も、年《とし》を取《と》るとのろい馬《うま》にもおとるという意《い》味《み》から。

類 昔千里《むかしせんり》も今一里《いまいちり》 対 亀《かめ》の甲《こう》より年《とし》の功《こう》／年寄《としよ》りは家《いえ》の宝《たから》

記録《きろく》を破《やぶ》る 慣用句

意味 これまで一番《いちばん》だった記録《きろく》をこえる。

例 最高気温《さいこうきおん》の**記録を破る**暑《あつ》さ。

岐路《きろ》に立《た》つ 慣用句

意味 これから先《さき》のことが大《おお》きく変《か》わる分《わ》かれ道《みち》にさしかかる。 例 人生《じんせい》の**岐路に立つ**。

議論百出《ぎろんひゃくしゅつ》 四字熟語

意味 いろいろな意見《いけん》が出《で》ること。 例 その問題《もんだい》については**議論百出**で、なかなか結論《けつろん》が出《で》ない。

軌《き》を一《いつ》にする 故事成語

意味 方針《ほうしん》や考《かんが》え方《かた》が同《おな》じである。 例 党《とう》内《ない》で**軌を一にする**必要《ひつよう》がある。

語源 「軌《き》」は、車《くるま》の通《とお》った車輪《しゃりん》のあとで、それが同《おな》じであるという意味《いみ》から。

参考 中国《ちゅうごく》の韓愈《かんゆ》の詩《し》にある言葉《ことば》。

気《き》を入《い》れる 慣用句

意味 ほかのことを考《かんが》えずに集中《しゅうちゅう》する。

例 試合《しあい》では、しっかり**気を入れて**相手《あいて》に立《た》ち向《む》かえ。

気《き》を失《うしな》う 慣用句

意味 意識《いしき》がなくなって、何《なに》もわからなくなる。 気絶《きぜつ》する。 例 事故《じこ》で一時的《いちじてき》に**気を失った**。

気《き》を落《お》とす 慣用句

意味 がっかりする。 例 たった一度《いちど》の失《しっ》敗《ぱい》で**気を落とす**必要《ひつよう》はない。

気《き》を利《き》かせる 慣用句

意味 相手《あいて》のことを思《おも》って、いろいろと取《と》りはからう。 例 弟《おとうと》にはさみを貸《か》してほしいとたのんだら、**気を利かせて**のりも持《も》って来《き》てくれた。

★★**気《き》を配《くば》る** 慣用句

意味 細《こま》かな点《てん》までよく注意《ちゅうい》する。 例 栄《えい》養《よう》がかたよらないように**気を配る**。

気《き》を静《しず》める 慣用句

意味 高《たか》ぶっている気持《きも》ちを落《お》ち着《つ》かせる。 例 音楽《おんがく》をきいて**気を静める**。

気《き》をそらす 慣用句

意味 気持《きも》ちをほかへ向《む》けさせる。 気持《きも》ちをはぐらかす。 例 関係《かんけい》のないことを言《い》って、相手《あいて》の**気をそらす**。

気《き》を遣《つか》う 慣用句

意味 相手《あいて》や周《まわ》りのことを思《おも》って、注意《ちゅうい》を行《い》き届《とど》かせる。 例 食品工場《しょくひんこうじょう》では、衛生面《えいせいめん》にとても**気を遣う**。

気《き》を付《つ》ける 慣用句

意味 注意《ちゅうい》する。 用心《ようじん》する。 例 転《ころ》ばないように**気を付ける**。

奇《き》をてらう 慣用句

マンガ de ことわざ

漁《ぎょ》夫《ふ》の利《り》

わしはこれから燕《えん》を攻《せ》めようと思《おも》う！
ははーっ
王《おう》よ！
トテテ…
先《さき》ほど川辺《かわべ》で＊ドブガイが口《くち》をあけて日向《ひなた》ぼっこをしていました

＊ハマグリとも。

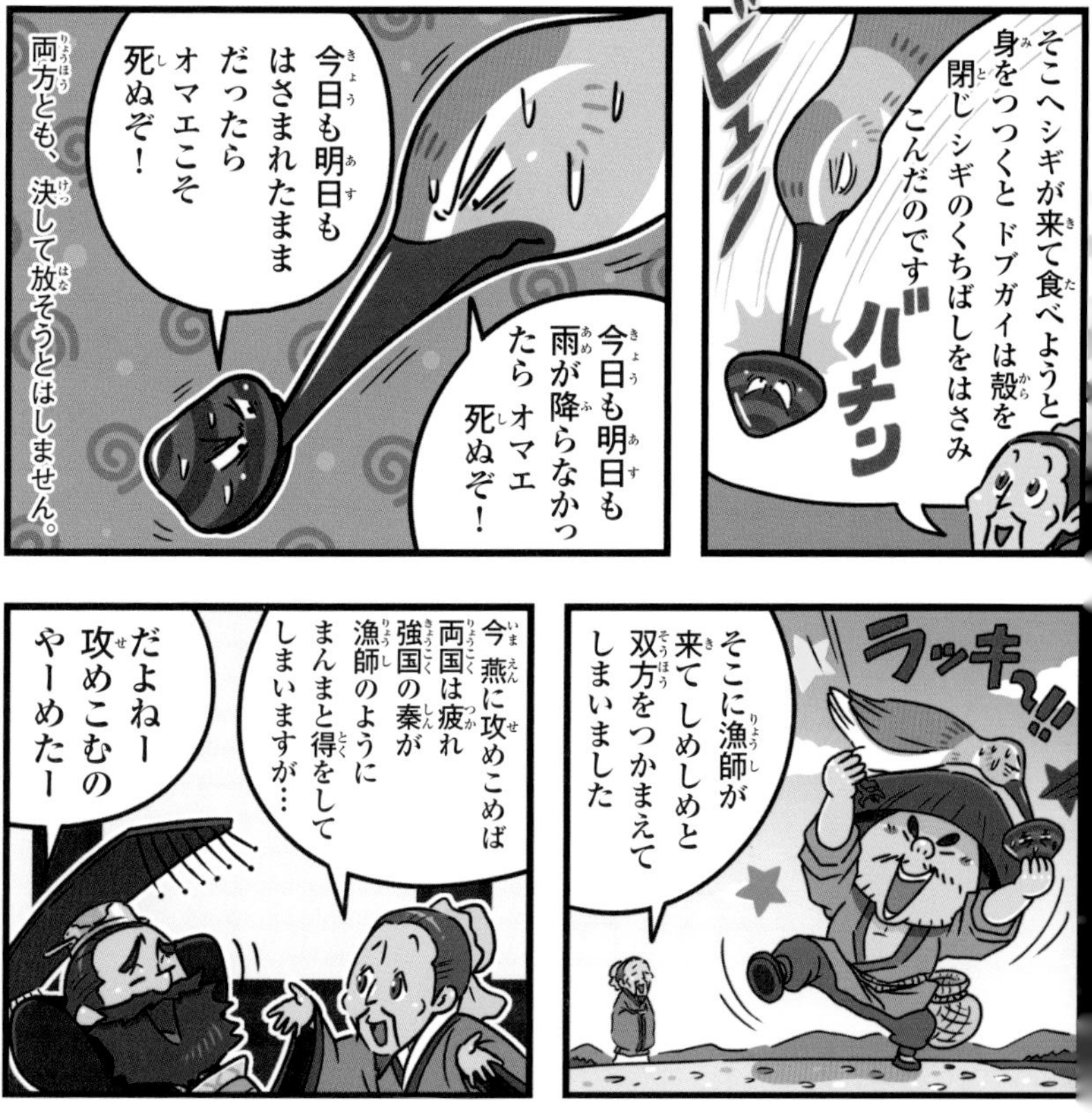
そこへシギが来《き》て食《た》べようと身《み》をつつくとドブガイは殻《から》を閉《と》じシギのくちばしをはさみこんだのです
ビュン
バチン
今日《きょう》も明日《あす》も雨《あめ》が降《ふ》らなかったらオマエ死《し》ぬぞ！
今日《きょう》も明日《あす》もはさまれたままだったらオマエこそ死《し》ぬぞ！
両方《りょうほう》とも、決《けっ》して放《はな》そうとはしません。
そこに漁師《りょうし》が来《き》てしめしめと双方《そうほう》をつかまえてしまいました
ラッキ〜!!
今《いま》燕《えん》に攻《せ》めこめば両国《りょうこく》は疲《つか》れ強国《きょうこく》の秦《しん》が漁師《りょうし》のようにまんまと得《とく》をしてしまいますが…
だよねー攻《せ》めこむのやーめたー

意味 わざと変《か》わったことをして人《ひと》の注《ちゅう》意《い》を引《ひ》こうとする。例 **奇をてらった**作《さく》品《ひん》。

気《き》を取《と》られる 慣用句

意味 あることに心《こころ》をうばわれる。例 ゲームに**気を取られて**勉強《べんきょう》がおろそかになる。

気《き》を取《と》り直《なお》す 慣用句

意味 一度《いちど》がっかりしたが、思《おも》い直《なお》して元《げん》気《き》を出《だ》す。例 試合《しあい》に負《ま》けて落《お》ちこんだが、**気を取り直して**練習《れんしゅう》にはげむ。

気《き》を呑《の》まれる 慣用句

意味 相手《あいて》の勢《いきお》いで、気力《きりょく》をくじかれる。例 コーチの大声《おおごえ》に**気を呑まれて**、何《なに》も言《い》えなくなる。

気《き》を吐《は》く 慣用句

意味 威勢《いせい》のいいことを、盛《さか》んに言《い》ったり示《しめ》したりする。例 弱《よわ》いチームで、一人《ひとり》**気を吐く**。

気《き》を張《は》る 慣用句

意味 気持《きも》ちをひきしめる。また、心《こころ》をふるいたたせる。例 一日中《いちにちじゅう》**気を張って**いたので、つかれた。

気《き》を引《ひ》き締《し》める 慣用句

意味 油断《ゆだん》しないように、心《こころ》を緊張《きんちょう》させる。例 **気を引き締めて**試合《しあい》にのぞむ。

気《き》を引《ひ》く 慣用句

意味 相手《あいて》の気持《きも》ちがこちらに向《む》くようにする。例 おまけをつけて客《きゃく》の**気を引く**。

気《き》を紛《まぎ》らす 慣用句

意味 いやな思《おも》いをなくすように、気持《きも》ちをほかに向《む》ける。例 好《す》きなゲームをして**気を紛らす**。

同 気《き》を紛《まぎ》らわす

気《き》を回《まわ》す 慣用句

意味 相手《あいて》の気持《きも》ちをおしはかって、よけいなことまで考《かんが》える。例 変《へん》に**気を回さ**ないでください。

義《ぎ》を見《み》てせざるは勇《ゆう》なきなり 故事成語

意味 正《ただ》しいことだと知《し》りながらそれを実行《じっこう》しないのは、その人《ひと》に勇気《ゆうき》がないからである。〈『論語《ろんご》』〉例 不正《ふせい》に気《き》づいたのに何《なに》もしないのは、**義を見てせざるは勇なきなり**、だ。

木《き》を見《み》て森《もり》を見《み》ず ことわざ

意味 小《ちい》さいことにこだわっていて全体《ぜんたい》がわからないことのたとえ。例 言葉《ことば》づかいばかり気《き》にして、かんじんの話《はなし》の内容《ないよう》のことを忘《わす》れている。**木を見て森を見ず**、だね。

語源 一本一本《いっぽんいっぽん》の木《き》にこだわって、森全体《もりぜんたい》を見《み》ないということから。

機《き》を見《み》るに敏《びん》 慣用句

意味 チャンスをつかむのがすばやいようす。例 かれは**機を見るに敏**で、ボールをうばうのがうまい。

気《き》を持《も》たせる 慣用句

意味 相手《あいて》に期待《きたい》をさせる。例 どうせ断《ことわ》るなら、**気を持たせる**ようなことは言《い》わないでほしい。

気《き》を揉《も》む 慣用句

意味 あれこれ心配《しんぱい》する。いらいらする。例 電車《でんしゃ》がおくれたので、ちこくをしないかと**気を揉んだ**。

気《き》を許《ゆる》す 慣用句

意味 安心《あんしん》して、うちとける。例 親友《しんゆう》に**気を許す**。

気《き》を良《よ》くする 慣用句

意味 いい気分《きぶん》になる。例 ほめられて**気を良くする**。

対 気を悪《わる》くする

気《き》を悪《わる》くする 慣用句

意味 いやな気分《きぶん》になる。きげんを悪《わる》くする。例 失礼《しつれい》なことを言《い》われて、**気を悪くする**。

対 気《き》を良《よ》くする

★**金科玉条《きんかぎょくじょう》** 四字熟語

意味 自分《じぶん》の考《かんが》えや説《せつ》のよりどころとなる、最《もっと》も大切《たいせつ》な物事《ものごと》。（『文選《もんぜん》』）

例 先生《せんせい》の言葉《ことば》を**金科玉条**とする。

語源 金《きん》や玉《ぎょく》（＝宝石《ほうせき》）のように大切《たいせつ》なきまりということ。

から。

謹賀新年《きんがしんねん》 四字熟語

意味 年賀状《ねんがじょう》などに書《か》くあいさつの言葉《ことば》。

例 年賀状《ねんがじょう》に「**謹賀新年**」と書《か》いた。

参考 「謹《つつし》んで新年《しんねん》のおよろこびを申《もう》し上《あ》げます」という意味《いみ》。

欣喜雀躍《きんきじゃくやく》 四字熟語

意味 こおどりするほど、大《おお》いに喜《よろこ》ぶこと。例 合格《ごうかく》の知《し》らせに**欣喜雀躍**する。

語源 「欣喜《きんき》」は、非常《ひじょう》に喜《よろこ》ぶこと。「雀躍《じゃくやく》」はスズメがとびはねるように、こおどりして喜《よろこ》ぶこと。

謹厳実直《きんげんじっちょく》 四字熟語

意味 謹《つつし》み深《ぶか》く、まじめで正直《しょうじき》であること。例 **謹厳実直**な人柄《ひとがら》が伝《つた》わってくる。

金言耳《きんげんみみ》に逆《さか》らう ことわざ

意味 金言《きんげん》（＝ためになる言葉《ことば》）は、素直《すなお》に受《う》け入《い》れられないことが多《おお》いということ。例 **金言耳に逆らう**で、先生《せんせい》の注意《ちゅうい》を素直《すなお》に聞《き》くことができなかった。

類 忠言耳《ちゅうげんみみ》に逆《さか》らう／良薬《りょうやく》は口《くち》に苦《にが》し

近郷近在《きんごうきんざい》 四字熟語

意味 近《ちか》くの村々《むらむら》。例 祭《まつ》りの日《ひ》には**近郷近在**から人《ひと》が集《あつ》まる。

金字塔 慣用句

意味 後《のち》の世《よ》に残《のこ》るような、立派《りっぱ》な仕事《しごと》のできばえ。例 遺伝子《いでんし》の研究《けんきゅう》で不滅《ふめつ》の**金字塔**を打《う》ち立《た》てた。

語源 もともとは、「金《きん》」の字《じ》に似《に》た形《かたち》の塔《とう》のことで、ピラミッドをあらわす。

錦上花《きんじょうはな》を添《そ》える 故事成語

意味 美《うつく》しく立派《りっぱ》なものに、さらに美《うつく》しく立派《りっぱ》なものを加《くわ》える。例 著名《ちょめい》な学者《がくしゃ》が弟子《でし》の受賞祝賀会《じゅしょうしゅくがかい》にあらわれ、**錦上花を添える**ことになった。

語源 美《うつく》しい錦《にしき》（＝絹織物《きぬおりもの》の一《ひと》つ）の上《うえ》に、さらに美《うつく》しい花《はな》を添《そ》えるということから。

参考 中国《ちゅうごく》の王安石《おうあんせき》の詩《し》にある言葉《ことば》。

同 錦上《きんじょう》に花《はな》を添《そ》える／錦上花《きんじょうはな》を敷《し》く

琴線《きんせん》に触《ふ》れる 慣用句

意味 心《こころ》のおくにある感《かん》じやすいところにひびいて心《こころ》を動《うご》かすということのたとえ。例 **琴線に触れた**、恩師《おんし》の一言《ひとこと》。

語源 楽器《がっき》の琴《こと》の糸《いと》に触《ふ》れると音《おと》が出《で》ることから。

禁断《きんだん》の木《こ》の実《み》 慣用句

意味 一度《いちど》始《はじ》めたらその魅力《みりょく》や快楽《かいらく》のと

りこになるため、してはいけないとされている物事《ものごと》。〈『旧約聖書《きゅうやくせいしょ》』〉 例 そのゲームはぼくにとって**禁断の木の実**だった。 語源 エデンと呼《よ》ばれる楽園《らくえん》にあったという、ちえの果実《かじつ》で、神《かみ》から食《た》べることを禁《きん》じられていた。しかし、ヘビにそそのかされてこれをアダムとイブが食《た》べたので、ともに楽園《らくえん》を追放《ついほう》され、人間《にんげん》の堕落《だらく》（=不《ふ》まじめになること）が生《しょう》じたという。

金的《きんてき》を射止《いと》める 慣用句

意味 あこがれのものを、自分《じぶん》のものにする。 例 見事《みごと》、代表選手《だいひょうせんしゅ》の**金的を射止めた**。 語源 「金的《きんてき》」は、弓術《きゅうじゅつ》で、直径約《ちょっけいやく》1センチの金色《きんいろ》の的《まと》。手《て》に入《い》れたいと思《おも》う、すばらしい目標《もくひょう》をあらわす。

金時《きんとき》の火事見舞《かじみま》い ことわざ

意味 酒《さけ》を飲《の》んだりして、顔《かお》がひどく赤《あか》いことのたとえ。 例 **金時の火事見舞い**のような顔《かお》。 語源 「金時《きんとき》」は、坂田金時《さかたのきんとき》のことで、昔話《むかしばなし》の金太郎《きんたろう》としても知《し》られる。顔《かお》の赤《あか》い金時《きんとき》が火《ひ》に照《て》らされて、さらに赤《あか》くなるということから。

く

苦《く》あれば楽《らく》あり ことわざ

意味 苦《くる》しいことがあれば、その後《あと》にはきっと楽《たの》しいことがあるものだ。 例 人生《じんせい》、**苦あれば楽あり**さ。 同 苦《く》あれば楽《らく》あり、楽《らく》あれば苦《く》あり／楽《らく》あれば苦《く》あり 英 No pains, no gains.（苦労《くろう》がなければ儲《もう》けもない）

食《く》うか食《く》われるか 慣用句

意味 相手《あいて》に勝《か》つか負《ま》けるか。生《い》きるか死《し》ぬか。 例 **食うか食われるか**の激《はげ》しい戦《たたか》い。

★★
空前絶後《くうぜんぜつご》 四字熟語

意味 今《いま》までに例《れい》がなく、これからもありえないと思《おも》われるような非《ひ》常《じょう》にめずらしいこと。 例 **空前絶後**のできごと。

空中楼閣《くうちゅうろうかく》 四字熟語

意味 実現《じつげん》できない物事《ものごと》。また、基礎《きそ》のない物事《ものごと》。 例 その計画《けいかく》は**空中楼閣**にすぎない。 語源 空中《くうちゅう》に築《きず》いた楼閣《ろうかく》（=高《たか》い建物《たてもの》）ということから。 類 砂上《さじょう》の楼閣《ろうかく》 英 to build castles in the air（空中《くうちゅう》に城《しろ》を建《た》てる）

ぐうの音《ね》も出《で》ない 慣用句

意味 まちがいや悪《わる》いところなどを人《ひと》からはっきりと言《い》われ、一言《ひとこと》も口答《くちごた》えできない。 例 的確《てきかく》な指摘《してき》に**ぐうの音も出ない**。 語源 息《いき》がつまったときなどに出《で》る「ぐう」といううめき声《ごえ》さえ出《だ》せないほど苦《くる》しいということから。

食《く》うや食《く》わず 慣用句

意味 食《た》べることすら満足《まんぞく》にできないような貧《まず》しいようす。 例 **食うや食わず**の生活《せいかつ》。

★
空理空論《くうりくうろん》 四字熟語

意味 現実《げんじつ》とかけはなれていて役《やく》に立《た》たない理屈《りくつ》や議論《ぎろん》。 例 話《はな》し合《あ》いは**空理空論**に終始《しゅうし》した。

空《くう》を切《き》る 慣用句

意味 何《なん》の手《て》ごたえもないことをする。空《から》ぶりをする。例 何度《なんど》ふってもバットは空を切るだけだった。

釘付《くぎづ》けになる 慣用句

意味 ある場所《ばしょ》から動《うご》けないようになる。例 人々《ひとびと》はその絵《え》の前《まえ》に釘付けになった。

★★
釘《くぎ》を刺《さ》す 慣用句

意味 後《あと》でまちがいが起《お》こらないように、前《まえ》もって強《つよ》く言《い》いわたしておく。例 大《おお》さわぎしないように釘を刺しておこう。

語源 釘《くぎ》を打《う》ちつけて物《もの》を動《うご》かないようにするということから。

愚公山《ぐこうやま》を移《うつ》す 故事成語

意味 長《なが》い年月《ねんげつ》をかけてなまけることなく努力《どりょく》を続《つづ》ければ、どんな大《おお》きな物事《ものごと》も、必《かなら》ず成《な》しとげられるというたとえ。〈『列子《れっし》』〉 例 毎日《まいにち》こつこつ予習復習《よしゅうふくしゅう》をおこなったことで、愚公山を移すのごとく、大《おお》きく成績《せいせき》がのびた。

語源 昔《むかし》、愚公《ぐこう》という九十歳《きゅうじゅっさい》に近《ちか》い老人《ろうじん》が高山《こうざん》のふもとに住《す》んでいた。この山《やま》が家《いえ》の前《まえ》にあってどうにも通行《つうこう》のじゃまである。愚公《ぐこう》は山《やま》を取《と》りのぞくことにし、子《こ》と孫《まご》と三人《さんにん》で山《やま》をくずし始《はじ》め、その土《つち》を渤海《ぼっかい》に捨《す》てに行《い》った。それを見《み》て人《ひと》が笑《わら》うと、愚公《ぐこう》は、「わたしが死《し》んでも子《こ》がいるし孫《まご》もいる。孫《まご》にも子《こ》ができて子孫《しそん》の代《だい》まで山《やま》をくずしていったら、いつかは必《かなら》ず成《な》しとげられるはずだ」と答《こた》えた。その愚公《ぐこう》の意気《いき》に感動《かんどう》して、天帝《てんてい》（＝万物《ばんぶつ》を支配《しはい》する神《かみ》）はその山《やま》をよそに運《はこ》んだという中国《ちゅうごく》の故事《こじ》から。

臭《くさ》い物《もの》に蓋《ふた》をする ことわざ

意味 都合《つごう》の悪《わる》いことを人《ひと》に知《し》られないように、その場《ば》かぎりの方法《ほうほう》でかくす。例 臭い物に蓋をするだけの解決策《かいけつさく》など意味《いみ》がない。

語源 臭《くさ》い物《もの》に蓋《ふた》をすると、そのときだけはにおわなくなることから。

参考 いろはがるた（江戸《えど》）の一《ひと》つ。

同 臭《くさ》い物《もの》に蓋《ふた》

英 to sweep a troublesome problem under the carpet（めんどうくさい問題《もんだい》をじゅうたんの下《した》へ掃《は》いて隠《かく》す）

草木《くさき》もなびく 慣用句

意味 勢力《せいりょく》が強《つよ》く、多《おお》くの人《ひと》がそれに従《したが》うことのたとえ。例 今《いま》や草木もなびく勢《いきお》いだ。

語源 人々《ひとびと》はもちろん、草木《くさき》さえその方向《ほうこう》へなびくことから。

草木《くさき》も眠《ねむ》る丑三《うしみ》つ時《どき》 慣用句

意味 草《くさ》や木《き》も眠《ねむ》っているように静《しず》かな真夜中《まよなか》。例 草木も眠る丑三つ時に起《お》きた事件《じけん》。

語源 「丑三《うしみ》つ時《どき》」は、午前二時《ごぜんにじ》ごろ。人《ひと》はもちろん、草木《くさき》でさえ眠《ねむ》る夜《よ》ふけということから。

腐《くさ》っても鯛《たい》 ことわざ

意味 本当《ほんとう》によいものは、だめになったようでもそれなりの値打《ねう》ちがあるということのたとえ。例 腐っても鯛というとおり、引退《いんたい》した後《あと》でも、現役時代《げんえきじだい》を思《おも》い出《だ》させるいい球《たま》を投《な》げる。

語源 高級魚《こうきゅうぎょ》のタイは多少古《たしょうふる》くなっても値打《ねう》ちがあるということから。

英 A good horse becomes never a jade.（名馬《めいば》は決《けっ》して駄馬《だば》にならぬ）

草《くさ》の根《ね》を分《わ》けて探《さが》す 慣用句

意味 どこかに行《い》った人《ひと》や物《もの》を、あらゆるやり方《かた》でくまなく探《さが》す。例 犯人《はんにん》を草の根を分けて探す。

草葉《くさば》の陰《かげ》 慣用句

意味 墓《はか》の下《した》。あの世《よ》。例 亡《な》くなった祖《そ》母《ぼ》は草葉の陰から見守《みまも》っていてくれるだろう。

語源 草《くさ》の葉《は》におおわれた下《した》ということから。

楔《くさび》を打《う》ち込《こ》む 慣用句

意味 敵《てき》の中《なか》にせめこんで、その力《ちから》を二《ふた》つに割《わ》って弱《よわ》める。また、ある勢力《せいりょく》の中《なか》に別《べつ》の勢力《せいりょく》を強引《ごういん》に入《い》れて、その勢力《せいりょく》をおさえる。例 両者《りょうしゃ》の間《あいだ》に楔を打ち込む。

語源「楔《くさび》」は、物《もの》を割《わ》るときなどに物《もの》の間《あいだ》にさしこむ道具《どうぐ》。

櫛《くし》の歯《は》が欠《か》けたよう 慣用句

意味 そろって並《なら》んでいるはずのものが、ところどころなくなっていてさびしいようす。例 欠席者《けっせきしゃ》が多《おお》く、櫛の歯が欠けたような教室《きょうしつ》。

注意「櫛《くし》の歯《は》がぬけたよう」は誤《あやま》り。

苦汁《くじゅう》をなめる 慣用句

意味 つらく苦《くる》しい経験《けいけん》をする。例 たった一度《いちど》の失敗《しっぱい》がもとで苦汁をなめることになってしまった。

苦心惨憺《くしんさんたん》 四字熟語

意味 いろいろと考《かんが》え、ひどく苦労《くろう》すること。例 苦心惨憺の末《すえ》、新商品《しんしょうひん》を発明《はつめい》した。

薬《くすり》も過《す》ぎれば毒《どく》となる ことわざ

意味 どんなによいものでも、度《ど》を過《す》ごせば害《がい》になるというたとえ。例 いくら体《からだ》によい食品《しょくひん》だからといっても、そんなにとり過《す》ぎては、薬も過ぎれば毒となるだ。

語源 病気《びょうき》を治《なお》すための薬《くすり》も、適量以上《てきりょういじょう》飲《の》めばかえって体《からだ》によくないことから。

類 過《す》ぎたるはなお及《およ》ばざるが如《ごと》し 英 Too much of a good thing is good for nothing.（よい物《もの》が多《おお》すぎるとなんの役《やく》にも立《た》たない）

管《くだ》を巻《ま》く 慣用句

意味 酒《さけ》を飲《の》んでよっぱらい、まとまりのないことやつまらないことをくどくど言《い》う。例 管を巻いてきらわれる。

語源 管《くだ》（＝はたおりの道具《どうぐ》）がさわがしい音《おと》をたてて糸《いと》を巻《ま》くのを、よっぱらいのくどくどとうるさい言葉《ことば》にたとえた。

口裏《くちうら》を合《あ》わせる 慣用句

意味 一《ひと》つのことについて、みんなの言《い》うことが同《おな》じになるように、前《まえ》もって打ち合《あ》わせておく。例 仲間《なかま》で口裏を合わせてあやしまれないようにする。

口《くち》がうまい 慣用句

意味 人《ひと》の気《き》に入《い》るようなことをうまく言《い》う。例 口がうまい友人《ゆうじん》に乗《の》せられて参加《さんか》することになった。

口《くち》がうるさい 慣用句

意味 ❶細《こま》かいことをいろいろ言《い》う。例 母《はは》はマナーについて口がうるさい。❷世間《せけん》のうわさになってわずらわしい。例 世間《せけん》の口がうるさい。

口《くち》が奢《おご》る 慣用句

意味 おいしいものを食《た》べなれて、食《た》べ物《もの》の好《この》みがぜいたくになる。例 口が奢っている人《ひと》。

口《くち》が重《おも》い 慣用句

意味 口数《くちかず》が少《すく》ない。なかなかものを言《い》いたがらない。例 兄《あに》は口が重い。
対 口《くち》が軽《かる》い

口《くち》が掛《か》かる 慣用句
意味 仕事《しごと》などにさそわれる。例 兄《あに》に、アルバイトの口が掛かる。
語源 もともとは、芸人《げいにん》などが芸《げい》をするために、お客《きゃく》から宴会《えんかい》の席《せき》に招《まね》かれること。

★★
口《くち》が堅《かた》い 慣用句
意味 ひみつを守《まも》り、簡単《かんたん》にはしゃべらない。
例 姉《あね》はたいへん口が堅い。
対 口《くち》が軽《かる》い

★★
口《くち》が軽《かる》い 慣用句
意味 言《い》ってはならないことまで、すぐしゃべる。口数《くちかず》が多《おお》い。例 妹《いもうと》は口が軽い。
対 口《くち》が重《おも》い／口《くち》が堅《かた》い

口《くち》が肥《こ》える 慣用句
意味 おいしいものを食べなれていて、食べ物《もの》のおいしさやまずさがよくわかる。
例 かれは口が肥えている。

口《くち》が裂《さ》けても 慣用句
意味 人《ひと》には絶対《ぜったい》に言《い》わないことを強《つよ》めた言《い》い方《かた》。例 口が裂けてもひみつはもらさない。
参考 後《あと》に打《う》ち消《け》しの言葉《ことば》がくる。

口《くち》が過《す》ぎる 慣用句
意味 言《い》ってはならないことまで遠慮《えんりょ》なく言《い》う。例 その話《はなし》をくだらないと言《い》い切《き》るのは口が過ぎるよ。
参考 多《おお》く、人《ひと》をたしなめるときに用《もち》いる。

口《くち》が酸《す》っぱくなる 慣用句
意味 同《おな》じ忠告《ちゅうこく》・注意《ちゅうい》などを、何度《なんど》もくり返《かえ》して言《い》うことのたとえ。例 危険《きけん》な所《ところ》へ行《い》くなと口が酸っぱくなるほど弟《おとうと》に注意《ちゅうい》した。

★★
口《くち》が滑《すべ》る 慣用句
意味 言《い》うつもりはないのに、うっかり言《い》ってしまう。例 つい口が滑ってしまった。
同 口《くち》を滑《すべ》らす

口が干上がる 慣用句
↓顎《あご》が干上《ひあ》がる（6ページ）

口《くち》が減《へ》らない 慣用句
意味 言《い》い返《かえ》したり、理屈《りくつ》を言《い》ったり、自《じ》分勝手《ぶんかって》なことをいくらでも言《い》う。
例 まったく、口が減らないやつだなあ。
類 減《へ》らず口《ぐち》を叩《たた》く

口《くち》が曲《ま》がる 慣用句
意味 失礼《しつれい》なことを言《い》わないように、たしなめるときの言葉《ことば》。例 お世話《せわ》になった人《ひと》の悪口《わるくち》を言《い》うと、口が曲がるよ。
語源 神《かみ》や仏《ほとけ》、目上《めうえ》の人《ひと》などに失礼《しつれい》なことを言《い》うと、ばちがあたって、口《くち》がゆがむということから。

口《くち》が回《まわ》る 慣用句
意味 口《くち》がよく動《うご》く。よくしゃべる。
例 妹《いもうと》はよく口が回る。

口《くち》から先《さき》に生《う》まれる 慣用句
意味 よくしゃべる人《ひと》をからかって言《い》う言葉《ことば》。例 姉《あね》は口から先に生まれたような人《ひと》だ。

口《くち》から出任《でまか》せを言《い》う 慣用句
意味 よく考《かんが》えもせずに、いいかげんなことを言《い》う。例 問《と》いつめられて口から出任せを言う。

口《くち》が悪《わる》い 慣用句

意味 あからさまに人《ひと》や物事《ものごと》をけなす。

例 口が悪いが、根《ね》は優《やさ》しい人《ひと》。

口車《くちぐるま》に乗《の》せる 慣用句

意味 うまい言《い》い回《まわ》しをしてだます。

例 まんまと口車に乗せられてしまった。

★★**口車《くちぐるま》に乗《の》る** 慣用句

意味 うまい言《い》い回《まわ》しにだまされる。

例 口車に乗って、ひどい目《め》にあった。

口《くち》に合《あ》う 慣用句

意味 自分《じぶん》の好《この》みに合《あ》っていて、おいしく食《た》べられる。例 この料理《りょうり》はお口に合いましたでしょうか。

口《くち》にする 慣用句

意味 ❶食《た》べる。また、飲《の》む。例 昨日《きのう》から何《なに》も口にしていない。❷言《い》う。話《はな》す。例 母《はは》が下品《げひん》な言葉《ことば》を口にするのを聞《き》いたことがない。

口《くち》に出《だ》す 慣用句

意味 言葉《ことば》にして言《い》う。例 口に出さないと、気持《きも》ちは伝《つた》わらないよ。

口《くち》に上《のぼ》る 慣用句

意味 話題《わだい》になる。例 世間《せけん》の口に上る。

くちばしが黄色《きいろ》い 慣用句

意味 若《わか》くて、何《なに》もよく知《し》らない。例 くちばしが黄色い若者《わかもの》のくせに生意気《なまいき》なことを言うな。

語源 鳥《とり》のひなのくちばしが黄色《きいろ》いことから。

参考 経験《けいけん》が豊富《ほうふ》ではない若《わか》い人《ひと》をばかにして言《い》うときに用《もち》いる。

くちばしを入《い》れる 慣用句

意味 ほかの人《ひと》の話《はなし》に割《わ》りこんで話《はなし》をする。例 関係《かんけい》ないのだから、くちばしを入れるな。

同 くちばしをはさむ　類 口《くち》を出《だ》す／口《くち》を挟《はさ》む

口八丁手八丁《くちはっちょうてはっちょう》 慣用句

➡口《くち》も八丁《はっちょう》手《て》も八丁《はっちょう》（141ページ）

口幅《くちはば》ったいことを言《い》う 慣用句

意味 自分《じぶん》の身分《みぶん》や能力《のうりょく》以上《いじょう》のことを言《い》う。身《み》のほどをわきまえず生意気《なまいき》を言《い》う。例 口幅ったいことを言うようですが…。

口《くち》は災《わざわ》いの門《かど》 ことわざ

➡口《くち》は災《わざわ》いの元《もと》（140ページ）

口《くち》は災《わざわ》いの元《もと》 ことわざ ➡世界のことわざ（141ページ）

意味 うっかり話《はな》したことが災難《さいなん》のもとになることがあるから、言葉《ことば》はつつしんだ方《ほう》がよいということ。

例 よけいな一言《ひとこと》で友人《ゆうじん》を傷付《きずつ》けてしまった。口は災いの元だなあ。

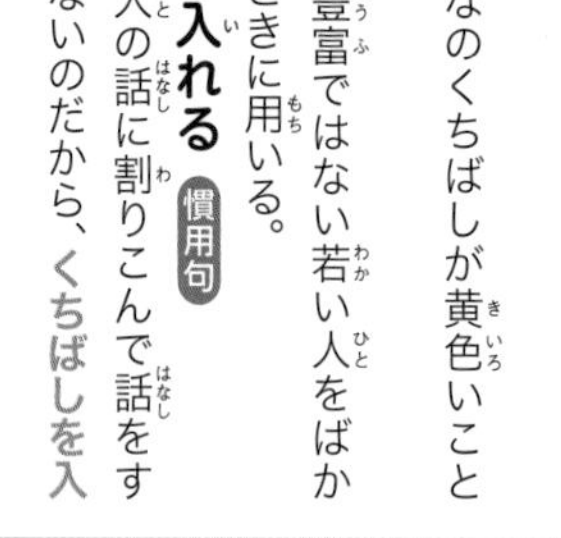

参考 「災《わざわ》い」は、「禍《わざわい》」とも書《か》く。

同 口《くち》は災《わざわ》いの門《かど》　英 Out of the mouth comes evil.（災《わざわ》いは口《くち》から出《で》る）

唇《くちびる》を噛《か》む 慣用句

意味 くやしさや怒《いか》りにじっとたえる。

例 決勝戦《けっしょうせん》でおしくも負《ま》けて唇を噛む。

語源 くやしさなどをこらえるときに出《で》る、下唇《したくちびる》を噛《か》むしぐさから。

★**口火《くちび》を切《き》る** 慣用句

意味 物事《ものごと》を、真《ま》っ先《さき》に始《はじ》める。例 論争《ろんそう》の口火を切る。

語源「口火《くちび》」は、火縄銃《ひなわじゅう》などで、火薬《かやく》に点火《てんか》するための火《ひ》。

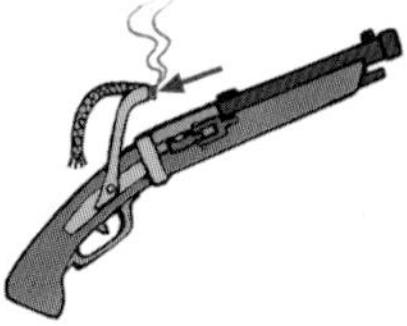
くちび

口程《くちほど》にもない 慣用句

意味 実際《じっさい》にすることが、口《くち》で言《い》っているほどではない。

例 **口程にもない**男《おとこ》。

口《くち》も八丁《はっちょう》手《て》も八丁《はっちょう》 慣用句

意味 しゃべることが上手《じょうず》で、することも優《すぐ》れていること。例 **口も八丁手も八丁**の人気芸人《にんきげいにん》。

語源 八丁《はっちょう》（＝八《やっ》つの道具《どうぐ》）を使《つか》いこなせるほど上手《じょうず》であるということから。

同 口八丁手八丁《くちはっちょうてはっちょう》／手八丁口八丁《てはっちょうくちはっちょう》 英 He is a great talker, and great doer at that.（あの人《ひと》は口《くち》も達者《たっしゃ》だが手《て》も達《たっ》者《しゃ》）

口《くち》を掛《か》ける 慣用句

意味 声《こえ》をかける。前《まえ》もって話《はなし》をしておく。例 次《つぎ》の日曜日《にちようび》に海《うみ》に行《い》こうと、友達《ともだち》に**口を掛け**ておいた。

口《くち》を利《き》く 慣用句

く

世界《せかい》のことわざ　口《くち》は災《わざわ》いの元《もと》

インド

舌《した》はお前《まえ》を象《ぞう》に乗《の》せることもできれば、首《くび》をはねることもできる

口《くち》のきき方《かた》ひとつで、ゾウを乗《の》り回《まわ》すような身分《みぶん》になることもできるし、罪《つみ》を問《と》われて首《くび》をはねられるようにもなりかねない、ということです。

ギリシャ

舌《した》に骨《ほね》はないが骨《ほね》を砕《くだ》くことあり

「舌《した》に骨《ほね》はない」は、どうにでも都合《つごう》のよいように言《い》えるという意味《いみ》。「骨《ほね》を砕《くだ》く」とは古代《こだい》の処刑《しょけい》の一《ひと》つ。言葉《ことば》によって処刑《しょけい》されることもあるという、舌《した》のこわさを表現《ひょうげん》しています。

その他《た》 チェコ、スロバキア、ルーマニア、トルコ

中国《ちゅうごく》

刀《かたな》の傷《きず》は治《なお》るが、言葉《ことば》の傷《きず》は治《なお》らない

「言葉《ことば》は剣《けん》よりも人《ひと》を傷《きず》つける」ということわざがイギリスやフランスにあります。同《おな》じようなことわざは、アラブ諸国《しょこく》（サウジアラビア、イラク、エジプトなど）にもあり、日本《にほん》より外国《がいこく》のことわざのほうがきびしい表現《ひょうげん》になっています。

意味❶ものを言《い》う。しゃべる。例だまっていた子《こ》がやっと**口を利《き》いた**。❷しょうかいする。間《あいだ》を取《と》り持《も》つ。例ぼくから先輩《せんぱい》に**口を利いて**やるよ。

口《くち》を切《き》る 慣用句

意味❶箱《はこ》やびんなどの、まだあけてない封《ふう》やふたを最初《さいしょ》にひらく。例とっておきのワインの**口を切る**。❷一番《いちばん》はじめにものを言《い》う。例みんながだまっているので、ぼくが思《おも》いきって**口を切った**。

口《くち》を酸《す》っぱくして言《い》う 慣用句

意味言《い》う方《ほう》がいやになるくらい、同《おな》じことを何度《なんど》もくり返《かえ》して言《い》う。例いくら**口を酸っぱくして言って**も、かれは、ぼくの忠告《ちゅうこく》を聞《き》いてくれない。

口《くち》を滑《すべ》らす 慣用句

⇩口《くち》が滑《すべ》る（139ページ）

口《くち》を添《そ》える 慣用句

意味人《ひと》の言《い》うことに、そばから言葉《ことば》をつけ加《くわ》えて、助《たす》けてやる。例父《ちち》が**口を添え**てくれたので、うまく説明《せつめい》できた。

口《くち》をそろえる 慣用句

意味大勢《おおぜい》の人《ひと》が同《おな》じことをいっしょに言《い》う。例全員《ぜんいん》が**口をそろえ**て、かれの勇《ゆう》気《き》をたたえた。

類異口同音《いくどうおん》

口《くち》を出《だ》す 慣用句

意味自分《じぶん》に関係《かんけい》のないことなのに、横《よこ》からあれこれ言《い》う。例人《ひと》のけんかに**口を出す**な。

類くちばしを入《い》れる／口《くち》を挟《はさ》む

口《くち》を衝《つ》いて出《で》る 慣用句

意味言葉《ことば》が自然《しぜん》に次《つぎ》から次《つぎ》へと出《で》る。例「はい、わかりました。」と、素直《すなお》な返《へん》事《じ》が**口を衝いて出**た。

口《くち》をつぐむ 慣用句

意味口《くち》を閉《と》じて、何《なに》も言《い》わない。話《はな》すのをやめる。例関係者《かんけいしゃ》は、**口をつぐん**でいる。

口《くち》を付《つ》ける 慣用句

意味食《た》べ物《もの》や飲《の》み物《もの》を口《くち》にする。飲食《いんしょく》を始《はじ》める。例出《だ》された料理《りょうり》に**口を付ける**。

★★口《くち》をとがらせる 慣用句

意味不満《ふまん》に思《おも》っている気持《きも》ちを表情《ひょうじょう》に出《だ》す。例弟《おとうと》は、先生《せんせい》にしかられて、**口をとがらせ**ている。

口《くち》を濁《にご》す 慣用句

意味都合《つごう》の悪《わる》いことなどを、はっきりと言《い》わない。例かれは、かんじんなことになると**口を濁して**しまう。

同言葉《ことば》を濁《にご》す

口《くち》を拭《ぬぐ》う 慣用句

意味人《ひと》に知《し》られないようにあることをして、知《し》らん顔《かお》をする。例**口を拭って**とぼけているとは、ひどい。

語源口《くち》のよごれをふいて、ぬすみ食《ぐ》いをしたことをごまかすということから。

口《くち》を糊《のり》する 慣用句

意味おかゆしか食《た》べられないような、貧《まず》しい暮《く》らしをする。やっと生活《せいかつ》をしている。例**口を糊する**ような生活《せいかつ》を送《おく》りながら夢《ゆめ》を実現《じつげん》させた人物《じんぶつ》の伝記《でんき》。

★口《くち》を挟《はさ》む 慣用句

意味人《ひと》が話《はな》している途中《とちゅう》に、わきからも

のを言《い》う。例ほかの人《ひと》の発言中《はつげんちゅう》に口を挟むな。

類くちばしを入《い》れる／口《くち》を出《だ》す

口《くち》を開《ひら》く 慣用句

意味だまっていた人《ひと》が話《はなし》をし始《はじ》める。言葉《ことば》を口《くち》に出《だ》して言《い》う。例みんなの話《はなし》をだまって聞《き》いていたかれが、ようやく口を開いた。

★口《くち》を割《わ》る 慣用句

意味かくしていたことを、かくしきれずに言《い》う。白状《はくじょう》する。例問《と》いつめられた犯人《はんにん》が、とうとう口を割った。

屈託《くったく》がない 慣用句

意味何《なに》かを気《き》にして、心配《しんぱい》するようなことが全然《ぜんぜん》ない。ほがらかでゆったりしている。例子供《こども》たちは屈託がない。

食《く》って掛《か》かる 慣用句

意味激《はげ》しい態度《たいど》や言葉《ことば》で、相手《あいて》に立《た》ち向《む》かう。例兄《あに》にばかにされ、興奮《こうふん》して食って掛かる。

轡《くつわ》を並《なら》べる 慣用句

意味大勢《おおぜい》の人《ひと》がいっしょに同《おな》じことをする。例轡を並べて講演会《こうえんかい》に行《い》く。

語源「轡《くつわ》」は、たづなをつけるために馬《うま》の口《くち》にかませる金具《かなぐ》。これをかませた馬《うま》が首《くび》を並《なら》べて進《すす》む意味《いみ》から。

くつわ

苦肉《くにく》の策《さく》 慣用句

意味追《お》いつめられた状況《じょうきょう》からのがれるために、苦《くる》しまぎれにおこなう方法《ほうほう》。例どうしてもゲームが欲《ほ》しくて、苦肉の策でこづかいを前借《まえが》りした。

語源「苦肉《くにく》」は、敵《てき》をだますために自分《じぶん》の体《からだ》を痛《いた》めつけること。

同苦肉《くにく》の計《けい》

苦《く》にする 慣用句

意味ひどく心配《しんぱい》して、思《おも》いなやむ。例かれは体《からだ》が弱《よわ》いのを苦にしていた。

苦《く》になる 慣用句

意味いやで苦痛《くつう》に感《かん》じる。心配《しんぱい》で気《き》になる。例遠《とお》い道《みち》のりも、少《すこ》しも苦にならない。

愚《ぐ》にも付《つ》かない 慣用句

意味ばかばかしくて、話《はなし》にもならない。例愚にも付かない言《い》い訳《わけ》。

国破れて山河あり 故事成語

意味国《くに》は戦乱《せんらん》によってほろびたが、自然《しぜん》の山河《さんが》は昔《むかし》と変《か》わらぬ姿《すがた》で存在《そんざい》している。例国破れて山河ありというが、つくづく、戦争《せんそう》のない世《よ》の中《なか》であってほしいと思《おも》う。

語源中国《ちゅうごく》の杜甫《とほ》の詩《し》「春望《しゅんぼう》」の「国破《くにやぶ》れて山河《さんが》あり、城春《しろはる》にして草木深《そうもくふか》し」から。

英The mountains and rivers are good neighbors.(山《やま》や川《かわ》はすばらしい隣人《りんじん》だ)

国《くに》を挙《あ》げて 慣用句

意味国の力《ちから》を全部集《ぜんぶあつ》め、国民《こくみん》の心《こころ》を一《ひと》つにして、あることをなしとげようとするようす。例国を挙げてオリンピック開《かい》催《さい》の準備《じゅんび》を進《すす》める。

愚《ぐ》の骨頂《こっちょう》 慣用句

意味きわめておろかなこと。例その行《こう》動《どう》は愚の骨頂だ。

語源「骨頂《こっちょう》」は、この上《うえ》もないこと。

苦杯《くはい》をなめる 慣用句

意味つらくて、苦《くる》しい経験《けいけん》をする。例相《あい》手《て》チームをあなどって、思《おも》わぬ苦杯をなめる。

語源「苦杯《くはい》」は、苦《にが》い飲《の》み物《もの》を入《い》れた杯《さかずき》。

苦《く》は楽《らく》の種《たね》 ことわざ

↓楽《らく》は苦《く》の種《たね》、苦《く》は楽《らく》の種《たね》（446ページ）

首《くび》がつながる 慣用句

意味 勤《つと》めや仕事《しごと》をやめさせられたり、身《み》分《ぶん》を下《さ》げられたりしないですむ。例 大《だい》失敗《しっぱい》をしたが、社長《しゃちょう》のはからいで何《なん》とか首がつながった。

首《くび》が飛《と》ぶ 慣用句

意味 勤《つと》めや役目《やくめ》をやめさせられる。例 そんなことになったら、部長《ぶちょう》の首が飛ぶかもしれないね。

首《くび》が回《まわ》らない 慣用句

意味 借金《しゃっきん》などがたまって、やりくりがつかない。例 事業《じぎょう》に失敗《しっぱい》し、首が回らない状態《じょうたい》だ。

首《くび》にする 慣用句

意味 勤《つと》めや仕事《しごと》をやめさせる。例 なまけてばかりいるアルバイトを首にする。

類 首《くび》を切《き》る

首《くび》になる 慣用句

意味 勤《つと》めや仕事《しごと》をやめさせられる。

例 会社《かいしゃ》を首になる。

類 御役御免《おやくごめん》になる

首《くび》を傾《かし》げる 慣用句

意味 不思議《ふしぎ》に思《おも》ったことなどを考《かんが》えこむ。変《へん》だと思《おも》う。例 何度《なんど》やっても計算《けいさん》が合《あ》わないので首を傾げる。

首《くび》を切《き》る 慣用句

意味 勤《つと》めや仕事《しごと》をやめさせる。例 不正《ふせい》をおこなった社員《しゃいん》の首を切る。

類 首《くび》にする

首《くび》をすくめる 慣用句

意味 首《くび》を縮《ちぢ》めて、小《ちい》さくなる。例 大声《おおごえ》でしかられて、思《おも》わず首をすくめた。

首《くび》をすげ替《か》える 慣用句

意味 ある仕事《しごと》や身分《みぶん》についている人《ひと》をやめさせて、ほかの人《ひと》に替《か》える。例 役員《やくいん》の首をすげ替える。

首《くび》を縦《たて》に振《ふ》る 慣用句

意味 うなずく。承知《しょうち》する。例 説得《せっとく》を重《かさ》ねたところ、かれはようやく首を縦に振ってくれた。

回 頭《あたま》を縦《たて》に振《ふ》る

首《くび》を突《つ》っ込《こ》む 慣用句

意味 自分《じぶん》から進《すす》んで、そのことに関係《かんけい》する。例 何《なに》にでもすぐに首を突っ込む人《ひと》。

★★**首《くび》を長《なが》くする** 慣用句

意味 今《いま》か今《いま》かと待《ま》ちわびることのたとえ。例 久《ひさ》しぶりにあなたにお会《あ》いできるのを首を長くして待《ま》っています。

首《くび》をひねる 慣用句

意味 わからないときや疑《うたが》わしいときなどに、考《かんが》えこむ。例 かのじょが急《きゅう》に態度《たいど》を変《か》えたので首をひねる。

首《くび》を横《よこ》に振《ふ》る 慣用句

意味 承知《しょうち》しない。賛成《さんせい》しない。例 わたしたちがいくらたのんでも、父《ちち》は首を横に振るだけだった。

回 頭《あたま》を横《よこ》に振《ふ》る／頭《かぶり》を振《ふ》る

工夫《くふう》を凝《こ》らす 慣用句

意味 いろいろと工夫《くふう》する。例 工夫を凝らした作品《さくひん》。

九分九厘《くぶくりん》 四字熟語

意味 ほとんど。例 あのチームの優勝《ゆうしょう》は、九分九厘まちがいない。

語源 百《ひゃく》のうちの九十九《きゅうじゅうきゅう》ということから。

類 十中八九《じっちゅうはっく》

雲衝《くもつ》く 慣用句

⇩雲《くも》を衝《つ》く （145ページ）

苦《く》もなく 慣用句

意味 たやすく。楽《らく》に。 例 かれは、重《おも》い荷《に》物《もつ》を苦もなく運《はこ》んだ。

蜘蛛《くも》の子《こ》を散《ち》らす 慣用句

意味 たくさん集《あつ》まっていたものが、一度《いちど》にあちこちに散《ち》らばることのたとえ。 例 子供《こども》たちは、蜘蛛の子を散らすようににげていった。 語源 クモの子《こ》は、生《う》まれてからしばらく集《あつ》まっているが、危険《きけん》を感《かん》じると、あちこちへ散《ち》らばることから。

雲行《くもゆ》きが怪《あや》しい 慣用句

意味 物事《ものごと》がうまく行《い》かなくなりそうなようす。 例 領土問題《りょうどもんだい》をめぐり二国間《にこくかん》の雲行きが怪しくなってきた。

雲《くも》を霞《かすみ》と 慣用句

意味 すばやくにげだし、あっという間《ま》に姿《すがた》をかくすようす。 例 雲を霞とにげ去《さ》った。

雲《くも》をつかむよう 慣用句

意味 ぼんやりしていて、つかまえどころがないようす。 例 雲をつかむような話《はなし》。

雲《くも》を衝《つ》く 慣用句

意味 非常《ひじょう》に背《せ》が高《たか》く大《おお》きいようすのたとえ。 例 雲を衝くような大男《おおおとこ》。 語源 雲《くも》にとどくかと思《おも》われるほど高《たか》いということから。 同 雲衝《くもつ》く

暗《くら》がりから牛《うし》 慣用句

意味 動作《どうさ》がのろのろしていることのたとえ。また、物《もの》の形《かたち》がはっきりと区別《くべつ》できないことのたとえ。 例 かれは暗がりから牛といったようすで、いっこうに作《さ》業《ぎょう》を進《すす》めようとしない。 同 暗《くら》がりから牛《うし》を引《ひ》き出《だ》す／暗《くら》がりの牛《うし》／暗闇《くらやみ》から牛《うし》を引《ひ》き出《だ》す 英 It is ill to drive black hogs in the dark.（暗《くら》がりで黒豚《くろぶた》を追《お》うのはいい考《かんが》えではない）

暮《く》らしを立《た》てる 慣用句

意味 生活《せいかつ》できるように収入《しゅうにゅう》を得《え》る。 例 旅館《りょかん》で働《はたら》いて暮らしを立てる。

比《くら》べ物《もの》にならない 慣用句

意味 比《くら》べることができないほど、二《ふた》つのものがちがいすぎている。 例 航空機《こうくうき》は自動車《じどうしゃ》とは比べ物にならないほど速《はや》い。

苦《くる》しい時《とき》の神頼《かみだの》み ことわざ

⇩世界の ことわざ （147ページ）

意味 ふだん神《かみ》を信《しん》じない人《ひと》でも、つらくなると神《かみ》の助《たす》けを願《ねが》うということ。 例 苦しい時の神頼みで、受験《じゅけん》がうまくいくようにといのった。 同 困《こま》った時《とき》の神頼《かみだの》み 英 The danger past and God forgotten.（危険《きけん》が去《さ》ると神《かみ》は忘《わす》れ去《さ》られる）

車《くるま》の両輪《りょうりん》 慣用句

意味 二《ふた》つの物《もの》や二人《ふたり》の人《ひと》が、たがいになくてはならない、深《ふか》い関係《かんけい》にあること。 例 このチームで、かんとくとコーチは車の両輪だ。 語源 車《くるま》の両輪《りょうりん》は、どちらかが欠《か》けると動《うご》けないことから。

黒山《くろやま》の人《ひと》だかり 慣用句

意味 人《ひと》がたくさん集《あつ》まっているようす。

例 広場《ひろば》に黒山の人だかりができた。

食《く》わず嫌《ぎら》い 慣用句

意味 食《た》べないで、きらいだと思《おも》うこと。また、物事《ものごと》の中身《なかみ》をよく知《し》らないで、最《さい》初《しょ》からいやがること。例 落語《らくご》は食わず嫌いだったが、実際《じっさい》に聞《き》いてみたらおもしろかった。

同 食《た》べず嫌《ぎら》い

君子《くんし》危《あや》うきに近寄《ちかよ》らず ことわざ

意味 おこないが立派《りっぱ》な人《ひと》は、自分《じぶん》を大事《だいじ》にして、むやみに危《あぶ》ないことをしないということ。例 君子危うきに近寄らずというから、きげんの悪《わる》そうな先輩《せんぱい》には今《いま》は近《ちか》づかないでおこう。

語源 「君子《くんし》」は、徳《とく》の高《たか》い人格者《じんかくしゃ》のこと。

同 君子《くんし》は危《あや》うきに近寄《ちかよ》らず 英 A wise person never courts danger.（かしこい人《ひと》は決《けっ》して危険《きけん》を求《もと》めない）

君子《くんし》は豹変《ひょうへん》す 故事成語

意味 おこないが立派《りっぱ》な人《ひと》は、自分《じぶん》がまちがっていることに気《き》づいたら、すぐに考《かんが》えやおこないを改《あらた》める。〈『易経《えききょう》』〉 例 君子は豹変すというとおり、かれはまちがいを認《みと》めて、すぐ謝罪《しゃざい》した。

語源 動物《どうぶつ》のヒョウの模様《もよう》があざやかではっきりしているところから、はっきりと考《かんが》えやおこないを変《か》える意味《いみ》になった。

参考 自分《じぶん》に都合《つごう》が悪《わる》くなったときに、考《かんが》えやおこないを急《きゅう》に変《か》える意味《いみ》で用《もち》いることもある。

同 君子《くんし》豹変《ひょうへん》す 英 A wise man changes his mind, a fool never.（賢者《けんじゃ》は考《かんが》えを変《か》えるが愚者《ぐしゃ》は決《けっ》して変《か》えない）

葷酒山門《くんしゅさんもん》に入《い》るを許《ゆる》さず ことわざ

意味 ニラ、ネギ、ニンニクなどのくさみの強《つよ》い野菜《やさい》や酒《さけ》を、寺《てら》の内《うち》に持《も》ちこんではならない。また、そういったものを飲《いん》食《しょく》したばかりの者《もの》は、寺《てら》の内《うち》に立《た》ち入《い》ってはならない。例 お寺《てら》で修行《しゅぎょう》する際《さい》には、葷酒山門に入るを許さずといって、ニラやネギなどは禁止《きんし》だそうだ。

語源 くさみの強《つよ》い野菜《やさい》や酒《さけ》は、寺内《てらない》の清《きよ》らかなふんいきをみだし、修行《しゅぎょう》のさまたげになることから。多《おお》く、禅宗《ぜんしゅう》の寺《てら》の門《もん》前《ぜん》に、この言葉《ことば》がきざまれた石《いし》がある。

軍配《ぐんばい》が上《あ》がる 慣用句

意味 一方《いっぽう》が勝《か》ちと決《き》まる。例 つな引《ひ》きは白組《しろぐみ》に軍配が上がった。

語源 相撲《すもう》の行司《ぎょうじ》が、勝《か》った方《ほう》に軍配《ぐんばい》を上《あ》げることから。

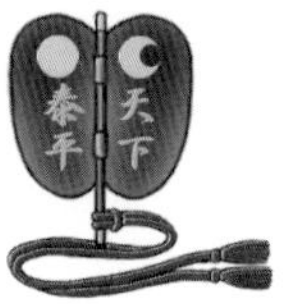

ぐんばい

軍配《ぐんばい》を上《あ》げる 慣用句

意味 一方《いっぽう》を勝《か》ちと決《き》める。例 父《ちち》は、今回《こんかい》は兄《あに》に軍配を上げることにしたようだ。

軍門《ぐんもん》に降《くだ》る 慣用句

意味 戦《たたか》いに負《ま》けて、敵《てき》に降参《こうさん》する。例 よく戦《たたか》うも、力尽《ちからつ》きて軍門に降った。

語源 「軍門《ぐんもん》」は、陣営《じんえい》の出入《でい》り口《ぐち》。

群雄割拠《ぐんゆうかっきょ》 四字熟語

意味 たくさんの英雄《えいゆう》が各地《かくち》で勢力《せいりょく》をふるい、おたがいに相手《あいて》を従《したが》わせようと対《たい》立《りつ》し合《あ》うこと。例 群雄割拠の戦国時代《せんごくじだい》。

群《ぐん》を抜《ぬ》く 慣用句

意味 多《おお》くの仲間《なかま》の中《なか》で一段《いちだん》と優《すぐ》れている。例 かれは五年生《ごねんせい》の中《なか》でも群を抜いて走《はし》るのが速《はや》い。

け

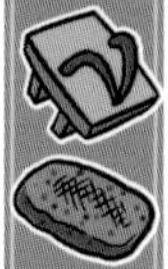

鯨飲馬食《げいいんばしょく》 四字熟語

意味 一度《いちど》にたくさん飲《の》んだり食《た》べたりすること。例 鯨飲馬食はやめよう。

語源 鯨《くじら》がたくさん水《みず》を飲《の》み、馬《うま》がたくさん草《くさ》を食《た》べるということから。

類 牛飲馬食《ぎゅういんばしょく》

敬遠《けいえん》 故事成語

意味 表面《ひょうめん》では敬《うやま》うように見《み》せかけて、心《こころ》の中《なか》ではきらってうちとけないこと。また、きらってさけること。〈『論語《ろんご》』〉

例 口《くち》やかましい人《ひと》は、人《ひと》に敬遠される。

語源 もとは、尊敬《そんけい》してなれなれしく近《ちか》づかないという意味《いみ》。『論語《ろんご》』の「敬《けい》して遠《とお》ざける」から。弟子《でし》に「知性《ちせい》」について問《と》われた孔子《こうし》は、「人《ひと》として正《ただ》しい道《みち》をおこない、亡霊《ぼうれい》や神々《かみがみ》などを敬《うやま》って、なれなれしく近《ちか》づかないことだ。」と答《こた》えた。

芸《げい》が細《こま》かい 慣用句

意味 ちょっとしたおこないにも細《こま》かい注意《ちゅうい》が行《い》き届《とど》いている。例 全七巻《ぜんななかん》そろ

世界《せかい》のことわざ　苦《くる》しい時《とき》の神頼《かみだの》み

ポルトガル

祈《いの》りを覚《おぼ》えたい者《もの》は航海《こうかい》させるがよい

大自然《だいしぜん》の力《ちから》を前《まえ》にすると、人間《にんげん》は無力《むりょく》を思《おも》い知《し》らされ、神《かみ》に頼《たよ》ろうとします。だから航海《こうかい》に出《で》てあらしにあえば、たちまち祈《いの》ることを覚《おぼ》えるわけです。

その他《た》　イギリス、フランス、スペイン、イタリア

中国《ちゅうごく》

ふだんは線香《せんこう》もあげないのに、せっぱつまると仏《ほとけ》の足《あし》にすがりつく

ふだんは、線香《せんこう》をあげて仏《ほとけ》を敬《うやま》う心《こころ》もないのに、困《こま》って追《お》いつめられると、仏《ほとけ》の足《あし》にすがりついて、助《たす》けてくれるようお願《ねが》いする、という意味《いみ》です。

韓国《かんこく》

切迫《せっぱく》すると観世音菩薩《かんぜおんぼさつ》を唱《とな》える

観世音菩薩《かんぜおんぼさつ》は民衆《みんしゅう》の声《こえ》を聞《き》き、さまざまな姿《すがた》でこの世《よ》にあらわれ、苦《くる》しむ民衆《みんしゅう》を救《すく》うとされています。追《お》いつめられると、「南無観世音《なむかんぜおん》菩薩《ぼさつ》」と唱《とな》え助《たす》けを求《もと》めるのです。

えて並《なら》べると、背表紙《せびょうし》が虹色《にじいろ》になるなんて芸が細かいね。

芸《げい》がない 慣用句

意味 工夫《くふう》が足《た》りず、変《か》わったところがなくておもしろくない。例 いつも同《おな》じ歌《うた》を歌《うた》うのも芸がない。

軽挙妄動《けいきょもうどう》 四字熟語

意味 よく考《かんが》えないで軽《かる》はずみな行動《こうどう》をすること。また、その行動《こうどう》。例 軽挙妄動はつつしむことだ。

★**鶏口牛後《けいこうぎゅうご》** 四字熟語

➡鶏口《けいこう》となるも牛後《ぎゅうご》となるなかれ（148ページ）

鶏口《けいこう》となるも牛後《ぎゅうご》となるなかれ

故事成語 ➡世界のことわざ（149ページ）

意味 大《おお》きな団体《だんたい》で一番下《いちばんした》の地位《ちい》になるよりは、小《ちい》さな団体《だんたい》で一番上《いちばんうえ》の地位《ちい》になる方《ほう》がよい。《『史記《しき》』》例 鶏口となるも牛後となるなかれを深《ふか》く心《こころ》に刻《きざ》み、かれは小《ちい》さいが自分《じぶん》の能力《のうりょく》を生《い》かせそうな会社《かいしゃ》に入《はい》り役職《やくしょく》についた。

語源 鶏《にわとり》のくちばしになるのはよいが、牛《うし》の尻《しり》にはなるなということから。中国《ちゅうごく》の戦国時代《せんごくじだい》、大国《たいこく》である秦《しん》におびやかされていた韓《かん》という小《しょう》国《こく》の王《おう》に、弁舌家《べんぜつか》の蘇秦《そしん》は、大国《たいこく》の秦《しん》につき従《したが》って家来《けらい》となるよりも、小国《しょうこく》の王《おう》であるほうがずっとよいと言《い》って、独立《どくりつ》をすすめた言葉《ことば》による。蘇秦《そしん》は、強大化《きょうだいか》する秦《しん》に対抗《たいこう》しようと、弱《よわ》い六《むっ》つの国《くに》で同盟《どうめい》を結《むす》ぶ外交政策《がいこうせいさく》の立役者《たてやくしゃ》。その六《ろっ》国《こく》すべての大臣《だいじん》をかねていたという。

同 鶏口牛後《けいこうぎゅうご》 類 鯛《たい》の尾《お》より鰯《いわし》の頭《あたま》 英 Better be the head of a dog than the tail of a lion.（ライオンの尻尾《しっぽ》となるよりも犬《いぬ》の頭《あたま》になるほうがよい）

敬《けい》して遠《とお》ざける 故事成語

➡敬遠《けいえん》（147ページ）

芸術《げいじゅつ》は長《なが》く人生《じんせい》は短《みじか》し ことわざ

意味 人間《にんげん》の命《いのち》は短《みじか》いが、芸術作品《げいじゅつさくひん》は作者《さくしゃ》が死《し》んだ後《あと》も長《なが》く残《のこ》るということ。

例 短命《たんめい》の画家《がか》だったが、芸術は長く人生は短しで、今《いま》なおその作品《さくひん》は多《おお》くの人《ひと》をひきつけている。

語源 古代《こだい》ギリシアの医者《いしゃ》ヒポクラテスの言葉《ことば》。もとは医学《いがく》の修業《しゅぎょう》は時間《じかん》がかかるが、人生《じんせい》は短《みじか》いので、時間《じかん》をおしんで勉強《べんきょう》せよという意味《いみ》。

英 Art is long, life is short.（芸術《げいじゅつ》は長《なが》く人生《じんせい》は短《みじか》し）

蛍雪《けいせつ》の功《こう》 故事成語

意味 苦労《くろう》して勉学《べんがく》にはげんだ成果《せいか》。《『晋書《しんじょ》』》例 蛍雪の功成《な》って、第一志望《だいいちしぼう》に合格《ごうかく》する。

語源 中国《ちゅうごく》の東晋《とうしん》の時代《じだい》、車胤《しゃいん》と孫康《そんこう》は、勤勉《きんべん》であったが、貧《まず》しさのためあかりの油《あぶら》が買《か》えなかった。車胤《しゃいん》は、夏《なつ》に絹《きぬ》のふくろに蛍《ほたる》を集《あつ》めてその光《ひかり》で読書《どくしょ》をし、孫《そん》康《こう》は、冬《ふゆ》に雪《ゆき》あかりで本《ほん》を読《よ》んだという。いずれも苦労《くろう》して勉強《べんきょう》し、大人《おとな》になって、大出世《だいしゅっせ》したという話《はなし》から。

兄《けい》たりがたく弟《てい》たりがたし

故事成語

意味 二人《ふたり》とも優《すぐ》れていて、優劣《ゆうれつ》がつけられないことのたとえ。《『世説新語《せせつしんご》』》

例 あの二人《ふたり》は勉強《べんきょう》でもスポーツでもトップを争《あらそ》うライバルで、まさに兄たりがたく弟たりがたし、といったところだ。

語源 中国《ちゅうごく》の後漢《ごかん》の時代《じだい》、陳元方《ちんげんぼう》と陳季方《ちんきほう》という兄弟《きょうだい》がいた。その子供《こども》たちが、どちらの父親《ちちおや》が優《すぐ》れているかを論《ろん》じ合《あ》ったが決着《けっちゃく》がつかなかった。そこで、祖父《そふ》にたずねたところ、元方《げんぼう》が兄《あに》で、季方《きほう》が弟《おとうと》ではあるのだが、どちらが優《すぐ》れているかという点《てん》では、一方《いっぽう》を兄《あに》（＝優《すぐ》れている）とし、もう一方《いっぽう》を弟《おとうと》（＝おとっている）とするのは難《むずか》しいと答《こた》えたという話《はなし》から。

類 双璧《そうへき》／伯仲《はくちゅう》

軽佻浮薄《けいちょうふはく》 四字熟語

意味 落《お》ち着《つ》きがなく軽《かる》はずみなこと。

例 軽佻浮薄な風潮《ふうちょう》を苦々《にがにが》しく思《おも》う。

語源「軽佻《けいちょう》」も「浮薄《ふはく》」も、考《かんが》えなどがあさはかで軽々《かるがる》しいようす。

芸《げい》は身《み》を助《たす》ける ことわざ

意味 趣味《しゅみ》のつもりで覚《おぼ》えた芸《げい》などが、生活《せいかつ》に困《こま》ったときなどにお金《かね》をかせぐのに役立《やくだ》つということ。**例** パソコンにくわしいので、やとわれた。まさに芸は身を助ける、だ。

世界《せかい》のことわざ　鶏口《けいこう》となるも牛後《ぎゅうご》となるなかれ

ベルギー

ライオンの尻尾《しっぽ》になるより ねずみの頭《あたま》がまし

外国《がいこく》のことわざには、強大《きょうだい》なものと弱小《じゃくしょう》なものとで動物《どうぶつ》のちがいこそあれ、「… の尻尾《しっぽ》」「…の頭《あたま》」と同《おな》じような対比《たいひ》の表現《ひょうげん》をしたものがたくさんあります。ネズミの頭《あたま》を、「犬《いぬ》の頭《あたま》」や「トカゲの頭《あたま》」とすることわざもあります。 その他《た》 イギリス、フランス、スペイン、ロシア、セルビア

ドイツ

大《おお》きな下僕《げぼく》よりも 小《ちい》さな主人《しゅじん》がまし

大《おお》きな会社《かいしゃ》や領主《りょうしゅ》の使用人《しようにん》よりも、小《ちい》さな集団《しゅうだん》でもトップのほうがよい。収入《しゅうにゅう》が多《おお》いことや地位《ちい》が安定《あんてい》していることよりも、他人《たにん》にやとわれないで自由《じゆう》にふるまえるほうがよいということです。

オレは自由《じゆう》にもどるぞ!
バイバイ
トホホ トラに引《ひ》きずられるままだ

モンゴル

虎《とら》の尾《お》となるよりはえの頭《あたま》となれ

大《おお》きな会社《かいしゃ》でたいしたことのない仕事《しごと》をしているより、小《ちい》さな会社《かいしゃ》のトップのほうがよいということ。モンゴルにはトラはいませんが、中国《ちゅうごく》やチベット文化《ぶんか》の影響《えいきょう》を受《う》けて、ことわざにはトラが出《で》てきます。

参考 いろはがるた（江戸《えど》）の一《ひと》つ。**対** 芸《げい》は身《み》の仇《あだ》 **英** Learn a trade, for the time will come when you shall need it.（技《わざ》を覚《おぼ》えよ、それを必要《ひつよう》とする時《とき》が来《く》るから）

桂馬《けいま》の高上《たかあ》がり ことわざ

意味 能力《のうりょく》にふさわしくない高《たか》い地位《ちい》につくと、とかく失敗《しっぱい》したり苦《くる》しんだりするおそれがある。**例** 桂馬の高上がりになったのでは意味《いみ》がないから、自分《じぶん》の実力《じつりょく》に見合《みあ》った役割《やくわり》を果《は》たしたい。

語源 将棋《しょうぎ》の駒《こま》の桂馬《けいま》は、前《まえ》の駒《こま》を飛《と》び越《こ》えて進《すす》めるが、むやみに進《すす》むと身動《みうご》きがとれず、歩《ふ》にとられてしまうことから。「歩《ふ》の餌食《えじき》」と続《つづ》く場合《ばあい》もある。

怪我《けが》の功名《こうみょう》 ことわざ

意味 何気《なにげ》なくしたことや、まちがってしたことが、思《おも》いがけずよい結果《けっか》になることのたとえ。**例** 怪我の功名で開発《かいはつ》された商品《しょうひん》。

語源「功名《こうみょう》」は、手《て》がらを立《た》てて名《な》をあげること。

逆鱗《げきりん》に触《ふ》れる 故事成語

意味 目上《めうえ》の人《ひと》に激《はげ》しくしかられる。〈『韓《かん》非《び》子《し》』〉**例** 社長《しゃちょう》の逆鱗に触れる。

語源「逆鱗《げきりん》」は、竜《りゅう》のあごの下《した》に、一枚《いちまい》だけ逆《さか》さまにはえているというろこ。竜《りゅう》は人《ひと》が慣《な》らして背《せ》にまたがることもできるが、のど元《もと》に逆《さか》さまにはえているうろこに触《ふ》れようものなら、必《かなら》ず人《ひと》は殺《ころ》されてしまう。君主《くんしゅ》にも逆鱗《げきりん》のような危険《きけん》な急所《きゅうしょ》があるから、説得《せっとく》を試《こころ》みる者《もの》は、そこに触《ふ》れないようにしないといけないという話《はなし》から。

檄《げき》を飛《と》ばす 慣用句

意味 考《かんが》えを発表《はっぴょう》して広《ひろ》く知《し》らせる。また、それによって人々《ひとびと》を呼《よ》び集《あつ》める。**例** 反対運動《はんたいうんどう》のために檄を飛ばす。

注意 激励《げきれい》する（＝はげます）意味《いみ》で用《もち》いるのは誤《あやま》り。

桁《けた》が違《ちが》う 慣用句

意味 数量《すうりょう》や程度《ていど》などに、比《くら》べ物《もの》にならないほどの差《さ》がある。**例** あの選手《せんしゅ》の実力《じつりょく》は桁が違う。

下駄《げた》を預《あず》ける 慣用句

意味 相手《あいて》にすべてを任《まか》せる。**例** 今後《こんご》どうするかは、先輩《せんぱい》に下駄を預けている。

語源 はいていた下駄《げた》を預《あず》けると、どこへも行《い》けなくなって何《なに》もできないことから。

下駄《げた》を履《は》かせる 慣用句

意味 本当《ほんとう》の数《かず》につけ加《くわ》えて、本当《ほんとう》の数《かず》より多《おお》く見《み》せる。**例** テストの点数《てんすう》に下駄を履かせることは、あってはならない。

語源 下駄《げた》をはくと、背《せ》が高《たか》く見《み》えることから。

げた

けちが付《つ》く 慣用句

意味 後《あと》がうまくいかないと思《おも》うような、えんぎの悪《わる》いことが起《お》こる。**例** 盗作《とうさく》の疑《うたが》いで、新作映画《しんさくえいが》にけちが付いた。

語源「けち」は、不吉《ふきつ》という意味《いみ》。

けちを付《つ》ける 慣用句

意味 よくない点《てん》をわざわざ取《と》り上《あ》げて、文句《もんく》を言《い》う。**例** 人《ひと》の言《い》うことにいちいちけちを付ける人《ひと》。

語源「けち」は、不吉《ふきつ》という意味《いみ》。

月下氷人《げっかひょうじん》 四字熟語

意味 男女《だんじょ》の縁《えん》をとりもつ人《ひと》。仲人《なこうど》。

例 先輩《せんぱい》がぼくたちの月下氷人だ。

語源「月下老人《げっかろうじん》」と「氷人《ひょうじん》」という、中国《ちゅうごく》の二《ふた》つの話《はなし》を合《あ》わせた言葉《ことば》。唐《とう》の時代《じだい》、韋固《いこ》という青年《せいねん》が、月夜《つきよ》に一人《ひとり》の老人《ろうじん》に会《あ》った。老人《ろうじん》は、将来夫婦《しょうらいふうふ》となるべき男女《だんじょ》の足《あし》を、目《め》に見《み》えない赤《あか》い糸《いと》でつなぐ仕事《しごと》をしていた。韋固《いこ》の足《あし》にも赤《あか》い糸《いと》が結《むす》んであると言《い》われ、はたして十四年《じゅうよねん》後《ご》に結婚《けっこん》したという。また、晋《しん》の時代《じだい》、令狐策《れいこさく》という男《おとこ》は、氷《こおり》の上《うえ》に立《た》って、氷《こおり》の下《した》の人《ひと》と話《はな》した夢《ゆめ》を見《み》た。この夢《ゆめ》をうらなってもらうと、それは令狐策《れいこさく》が結《けっ》婚《こん》の仲人《なこうど》をする前《まえ》ぶれだと言《い》われた。後《のち》に、うらないの通《とお》り仲人《なこうど》をしたという。

血気《けっき》に逸《はや》る 慣用句

意味 後先《あとさき》を考《かんが》えずに勢《いきお》いに任《まか》せて行動《こうどう》する。**例** 血気に逸って失敗《しっぱい》する。

結婚前《けっこんまえ》は目《め》を大《おお》きく見開《みひら》き、結《けっ》婚後《こんご》は半分閉《はんぶんと》じておけ ことわざ

意味 結婚《けっこん》する前《まえ》は、相手《あいて》をよく観察《かんさつ》して、長所《ちょうしょ》と短所《たんしょ》を見極《みきわ》める必要《ひつよう》があるが、結婚《けっこん》したら、多少《たしょう》の欠点《けってん》は見《み》て見《み》ぬふりをしたほうがうまくいくということ。

参考 英語《えいご》の警句《けいく》を訳《やく》したもの。

英 Keep your eyes wide open before marriage, and half shut afterwards.（結《けっ》婚前《こんまえ》は目《め》を大《おお》きく見開《みひら》き、結婚後《けっこんご》は半《はん》分閉《ぶんと》じておけ）

血相《けっそう》を変《か》える 慣用句

意味 ひどくおどろいたりおこったりして、表情《ひょうじょう》や顔色《かおいろ》を変《か》える。**例** いたずらをされて、血相を変えておこる。

毛《け》の生《は》えたようなもの 慣用句

意味 その物《もの》よりわずかによいだけのもの。**例** 自分《じぶん》の部屋《へや》と言《い》っても、物置《ものおき》に毛の生えたようなものだ。

下馬評《げばひょう》 慣用句

意味 そのことに、直接関係《ちょくせつかんけい》のない人《ひと》たちがするうわさ。世間《せけん》の評判《ひょうばん》。**例** 下馬評では、うちのチームが優勝候補《ゆうしょうこうほ》らしい。

語源 昔《むかし》、下馬先《げばさき》（＝主人《しゅじん》が馬《うま》を乗《の》り降《お》りする所《ところ》）で主人《しゅじん》を待《ま》つ間《あいだ》に、供《とも》の者《もの》たちがしあった批評《ひひょう》やうわさ話《ばなし》から。

煙《けむ》に巻《ま》く 慣用句

意味 大《おお》げさなことやえらそうなことを言《い》って、相手《あいて》をまごつかせる。**例** かれは、その場《ば》にいた人《ひと》を煙に巻いて、にげてしまった。

語源 煙《けむ》（＝けむり）で包《つつ》んで、本当《ほんとう》のことをわからなくするということから。

けりが付《つ》く 慣用句

意味 物事《ものごと》が決着《けっちゃく》する。**例** ようやく、もめ事《ごと》にけりが付いた。

参考 ⬇けりを付《つ》ける

★けりを付《つ》ける 慣用句

意味 物事《ものごと》をうまくまとめて、終《お》わりにする。**例** 今度《こんど》こそ、この問題《もんだい》にけりを付けるつもりだ。

語源「けり」は、昔《むかし》の文章《ぶんしょう》で、文《ぶん》の終《お》わりに使《つか》われる言葉《ことば》。和歌《わか》や俳句《はいく》は、「けり」で終《お》わることが多《おお》い。

犬猿《けんえん》の仲《なか》 ことわざ

意味 非常《ひじょう》に仲《なか》の悪《わる》い間《あいだ》がら。**例** あの二人《ふたり》は犬猿の仲だ。

語源 犬《いぬ》とサルは仲《なか》が悪《わる》いといわれていることから。

同 犬《いぬ》と猿《さる》

英 They agree like cats and dogs.（彼《かれ》らは猫《ねこ》と犬《いぬ》のよ

うに仲《なか》が悪《わる》い）

験《げん》がいい 慣用句

意味 よい事《こと》がありそうである。例 茶柱《ちゃばしら》が立《た》ったよ。**験がいい**ね。

語源「験《げん》」は、これから先《さき》よいか悪《わる》いかを示《しめ》す物事《ものごと》。

剣《けん》が峰《みね》 慣用句

意味 後《うし》ろに少《すこ》しも下《さ》がれない状態《じょうたい》。また、物事《ものごと》がうまくいくかどうかの境目《さかいめ》。

例 **剣が峰**に立《た》たされている。

語源 もともとは、火山《かざん》の噴火口《ふんかこう》のまわりのこと。そこから、相撲《すもう》の土俵《どひょう》で、内《うち》と外《そと》の境目《さかいめ》を指《さ》すようになった。

喧嘩両成敗《けんかりょうせいばい》 ことわざ

意味 喧嘩《けんか》をした両方《りょうほう》をばっすること。

例 **喧嘩両成敗**で二人《ふたり》ともしかられた。

英 It takes two to quarrel.（喧嘩《けんか》するには二人《ふたり》要《い》る…両方《りょうほう》に責任《せきにん》がある）

喧嘩《けんか》を売《う》る 慣用句

意味 相手《あいて》に喧嘩《けんか》をしかける。例 弟《おとうと》は、すぐ**喧嘩を売る**ようなことを言《い》う。

対 喧嘩《けんか》を買《か》う

喧嘩《けんか》を買《か》う 慣用句

意味 しかけられた喧嘩《けんか》の相手《あいて》をする。

例 売《う》られた**喧嘩を買う**。

対 喧嘩《けんか》を売《う》る

牽強付会《けんきょうふかい》 四字熟語

意味 自分《じぶん》に都合《つごう》がいいように、道理《どうり》や事《じ》実《じつ》に合《あ》わない理屈《りくつ》をつけること。例 **牽強付会**の言《い》いのがれ。

喧々囂々《けんけんごうごう》 四字熟語

意味 多《おお》くの人《ひと》が、やかましくさわぐようす。例 **喧々囂々**たる非難《ひなん》がわき起《お》こる。

言行一致《げんこういっち》 四字熟語

意味 口《くち》で言《い》ったことと実際《じっさい》におこなうことに、食《く》いちがいがないこと。例 **言行一致**をつらぬく。

言語《げんご》に絶《ぜっ》する 慣用句

意味 言葉《ことば》であらわすことができない。

例 山頂《さんちょう》からのながめは、**言語に絶する**美《うつく》しさだった。

同 言語《げんご》を絶《ぜっ》する

乾坤一擲《けんこんいってき》 四字熟語

意味 運命《うんめい》をかけて、一《いち》か八《ばち》かの大勝負《おおしょうぶ》をすること。例 かれにとって**乾坤一擲**の大一番《おおいちばん》となった。

語源「乾坤《けんこん》」は、天地《てんち》のこと。「一擲《いってき》」は、一度《いちど》にすべてを投《な》げ捨《す》てること。

類 一《いち》か八《ばち》か／伸《の》るか反《そ》るか

英 The die is cast.（賽《さい》は投《な》げられた）

健全《けんぜん》なる精神《せいしん》は健全《けんぜん》なる身体《しんたい》に宿《やど》る ことわざ

意味 からだが健康《けんこう》であれば、自然《しぜん》と精神《せいしん》も健康《けんこう》になる。精神《せいしん》と肉体《にくたい》は一体《いったい》であることをいう。例 **健全なる精神は健全なる身体に宿る**というが、体《からだ》の調子《ちょうし》がよくなると、どんどん前向《まえむ》きな考《かんが》えが頭《あたま》に浮《う》かんでくる。

参考 ローマの詩人《しじん》ユウェナリスの言葉《ことば》。

英 A sound mind in a sound body.（健全《けんぜん》なる精神《せいしん》は健全《けんぜん》なる身体《しんたい》に宿《やど》る）

言質《げんち》を取《と》る 慣用句

意味 後《あと》で証拠《しょうこ》となることを言《い》わせる。

例 委員長《いいんちょう》から、計画《けいかく》を実行《じっこう》するという**言質を取る**。

捲土重来《けんどちょうらい》 四字熟語

意味 一度《いちど》負《ま》けたり、失敗《しっぱい》したりして退《しりぞ》いた人《ひと》が、再《ふたた》び勢《いきお》いを盛《も》り返《かえ》すこと。例 負《ま》けてしまったが、**捲土重来**を期《き》して練習《れんしゅう》にはげむ。

語源「捲土《けんど》」は、土《つち》ぼこりを上《あ》げること。「重来《ちょうらい》」は、再《ふたた》びやってくること。昔《むかし》、中《ちゅう》国《ごく》で、漢《かん》の劉邦《りゅうほう》と天下《てんか》を争《あらそ》って敗《やぶ》れた項《こう》羽《う》は、故郷《こきょう》の川《かわ》までにげてきたが、川《かわ》を渡《わた》らずに自害《じがい》した。もしこのとき、川《かわ》を渡《わた》って故郷《こきょう》に帰《かえ》り、再起《さいき》をはかっていれば、天下《てんか》はどうなっていたかわからないという、杜牧《とぼく》の詩《し》の言葉《ことば》から。
同 捲土重来《けんどじゅうらい》

堅忍不抜《けんにんふばつ》 四字熟語
意味 がまん強《づよ》くこらえて、心《こころ》を変《か》えないこと。例 堅忍不抜の精神《せいしん》。

犬馬《けんば》の労《ろう》 慣用句
意味 他人《たにん》のために精《せい》いっぱい力《ちから》をつくすこと。例 お世話《せわ》になった知人《ちじん》のために犬馬の労をとる。
語源 犬《いぬ》や馬程度《うまていど》の、ちょっとした働《はたら》きということから。
参考 自分《じぶん》がへりくだって使《つか》う言葉《ことば》なので、他人《たにん》の苦労《くろう》に対《たい》しては用《もち》いない。

権謀術数《けんぼうじゅっすう》 四字熟語
意味 たくみにだますための、はかりごと。例 権謀術数をめぐらす。
語源 「権《けん》」「謀《ぼう》」「術《じゅつ》」「数《すう》」は、いずれも、はかりごとのこと。

けんもほろろ 慣用句
意味 人《ひと》のたのみなどを冷《つめ》たくはねつけるようす。そっけないようす。例 兄《あに》にたのんだら、けんもほろろに断《ことわ》られた。
語源 「けん」も「ほろろ」も、キジの鳴《な》き声《ごえ》をあらわす言葉《ことば》。

言《げん》を左右《さゆう》にする 慣用句
意味 いいかげんなことばかり言《い》って、はっきりしたことを言《い》わない。例 容疑《ようぎ》者《しゃ》が言を左右にして罪《つみ》をのがれようとする。

言《げん》を俟《ま》たない 慣用句
意味 改《あらた》めて言《い》うまでもない。例 その考《かんが》えが正《ただ》しいということは、言を俟たない。
語源 「…を俟《ま》たない」は、「…するまでもない」という意味《いみ》。

こ

鯉《こい》の滝登《たきのぼ》り 故事成語
意味 めざましい勢《いきお》いで出世《しゅっせ》することのたとえ。例 かれは、鯉の滝登りで、若《わか》くして社長《しゃちょう》になった。
語源 中国《ちゅうごく》の黄河上流《こうがじょうりゅう》にある「竜門《りゅうもん》」という急流《きゅうりゅう》を泳《およ》ぎのぼったコイは、竜になるという話《はなし》から。
参考 ➡登竜門《とうりゅうもん》

紅一点《こういってん》 故事成語
意味 たくさんの男性《だんせい》の中《なか》に、女性《じょせい》が一人《ひとり》だけまじっていること。また、その女《じょ》性《せい》。例 かのじょは将棋《しょうぎ》クラブの紅一点だ。
語源 中国《ちゅうごく》の王安石《おうあんせき》の詩《し》「万緑叢中紅一点《ばんりょくそうちゅうこういってん》」から。緑《みどり》の葉《は》の中《なか》に一《ひと》つだけ赤《あか》い花《はな》があるということ。

光陰矢《こういんや》の如《ごと》し ことわざ
意味 年月《ねんげつ》がたつのが非常《ひじょう》に早《はや》いということのたとえ。例 もう卒業《そつぎょう》だなんて、光陰矢の如しだなあ。
語源 「光陰《こういん》」は、太陽《たいよう》と月《つき》のことで、月日《つきひ》や時間《じかん》をあらわす。月日《つきひ》が矢《や》のように早《はや》く過《す》ぎていくということ。
類 歳月人《さいげつひと》を待《ま》たず 英 Time flies〔like an arrow〕.（時《とき》は〔矢《や》のように〕飛《と》ぶ）

行雲流水《こううんりゅうすい》 四字熟語
意味 空《そら》を行《い》く雲《くも》や大地《だいち》を流《なが》れる水《みず》のように、とどまることなく、自然《しぜん》のままに移《うつ》り変《か》わることのたとえ。例 行雲流水の日々《ひび》を送《おく》る。

甲乙《こうおつ》つけがたい 慣用句

意味 二《ふた》つのうち、どちらが優《すぐ》れているかを決《き》めることが難《むずか》しい。例 二人《ふたり》の実力《じつりょく》は、**甲乙つけがたい**。

語源 昔《むかし》、成績《せいせき》の一番上《いちばんうえ》を「甲《こう》」、次《つぎ》を「乙《おつ》」といっていたことから。

参考「甲乙《こうおつ》つけがたし」とも言《い》う。

後悔先《こうかいさき》に立《た》たず ことわざ ➡**世界のことわざ**（155ページ）

意味 すんでしまったことを、後《あと》でいくら残念《ざんねん》に思《おも》っても取《と》り返《かえ》しがつかないということ。

例 **後悔先に立たず**というが、ここのところずっと食《た》べ過《す》ぎていたので、体《たい》重《じゅう》が増《ふ》えてしまった。

類 覆水盆《ふくすいぼん》に返《かえ》らず

英 Repentance comes too late.（後悔《こうかい》はあまりにも遅《おそ》く来《く》る）

口角泡《こうかくあわ》を飛《と》ばす 慣用句

意味 激《はげ》しく議論《ぎろん》する。例 対立《たいりつ》している点《てん》について、**口角泡を飛ばす**激論《げきろん》となった。

語源「口角《こうかく》」は、くちびるの両《りょう》はし。

豪華絢爛《ごうかけんらん》 四字熟語

意味 きらびやかで、ぜいたくなようす。

例 **豪華絢爛**なドレス。

同 絢爛豪華《けんらんごうか》

★**厚顔無恥《こうがんむち》** 四字熟語

意味 非常《ひじょう》にずうずうしく、あつかましいようす。例 **厚顔無恥**で、えんりょすることを知《し》らない。

綱紀粛正《こうきしゅくせい》 四字熟語

意味 政治《せいじ》や政治家《せいじか》、役人《やくにん》のあり方《かた》を正《ただ》すこと。例 **綱紀粛正**によって不正《ふせい》をなくす。

語源「綱紀《こうき》」は、国家《こっか》を治《おさ》めるための大《たい》切《せつ》な決《き》まり事《ごと》のこと。

★**巧言令色《こうげんれいしょく》** 四字熟語

意味 相手《あいて》に気《き》に入《い》られようとして、上手《じょうず》にかざった言葉《ことば》を使《つか》ったり、表情《ひょうじょう》をとりつくろったりすること。〈『論語《ろんご》』〉例 **巧言令色**を見《み》ぬく。

語源『論語《ろんご》』の「巧言令色鮮《こうげんれいしょくすくな》し仁《じん》（＝おせじや愛想《あいそ》で人《ひと》にへつらう人《ひと》には立派《りっぱ》な人物《じんぶつ》は少《すく》ない）」から。

孝行《こうこう》のしたい時分《じぶん》に親《おや》はなし ことわざ

意味 親《おや》のありがたみがわかって孝行《こうこう》したいと思《おも》ったときには、もう親《おや》が死《し》んでしまっていることが多《おお》い。後悔《こうかい》しないように今《いま》、親《おや》を大事《だいじ》にしなさいという教《おし》え。例 **孝行のしたい時分に親はなし**というから、親《おや》に心配《しんぱい》をかけない生《い》き方《かた》をしたいと思《おも》う。

類 石《いし》に布団《ふとん》は着《き》せられず／風樹《ふうじゅ》の嘆《たん》

英 You never miss the water till the well runs dry.（井戸《いど》がかれるまでは、水《みず》のありがたさがわからない）

後顧《こうこ》の憂《うれ》い 慣用句

意味 あとあとの心配《しんぱい》。例 するべきことはすべてすませ、**後顧の憂い**なく出発《しゅっぱつ》する。

語源「後顧《こうこ》」は、うしろをふりかえること。

功罪相半《こうざいあいなか》ばする 慣用句

意味 よい面《めん》と悪《わる》い面《めん》とが半々《はんはん》で、よいとも悪《わる》いともいえない。例 工場《こうじょう》の建設《けんせつ》によって、町《まち》は人《ひと》が増《ふ》え活気《かっき》づいたものの、交通事故《こうつうじこ》や犯罪《はんざい》も増《ふ》え、功罪相半ばすることとなった。

恒産《こうさん》なき者《もの》は恒心《こうしん》なし 故事成語

意味 一定《いってい》の財産《ざいさん》や職業《しょくぎょう》のない者《もの》は、心《こころ》も安定《あんてい》しない。〈『孟子《もうし》』〉例 恒産なき者は恒心なしというから、まずは仕事《しごと》を見《み》つけよう。

語源 昔《むかし》、中国《ちゅうごく》で、孟子《もうし》が斉《せい》の国《くに》の王《おう》に政《せい》治《じ》の基本《きほん》として述《の》べた、「人民《じんみん》が罪《つみ》を犯《おか》さないためには、きまった財産《ざいさん》や職業《しょくぎょう》がなければならない。」という意味《いみ》の言葉《ことば》から。

英 From hand to mouth will never make a worthy man.（その日暮《ひぐ》らしでは名士《めいし》になれぬ）

好事魔多《こうじまおお》し 故事成語

意味 よいことには、じゃまが入《はい》りやすい。〈『琵琶記《びわき》』〉例 好事魔多しというから、お祝《いわ》い事《ごと》は早目《はやめ》にしよう。

語源 「好事《こうじ》」は、よいこと。

世界《せかい》のことわざ　後悔先《こうかいさき》に立《た》たず

イギリス

跳《と》ぶ前《まえ》に見《み》よ

『イソップ物語《ものがたり》』に由来《ゆらい》します。キツネが井《い》戸《ど》に落《お》ちて困《こま》っていたところにヤギがやってきました。キツネが水《みず》がうまいことをほめちぎると、ヤギは何《なん》の考《かんが》えもなくひょいと跳《と》び下《お》りてしまいました。水《みず》を飲《の》んでから、もどろうとしてももどれず、逆《ぎゃく》にキツネのふみ台《だい》にされてしまう話《はなし》です。 その他《た》 イタリア

ネパール

骨《ほね》を飲《の》みこむ前《まえ》に自分《じぶん》ののどを確《たし》かめよ

後先《あとさき》を考《かんが》えずに、大《おお》きな骨《ほね》つきの肉《にく》をがぶりとやると、飲《の》みこむこともできず苦《くる》しむことをイメージしたことわざです。後悔《こうかい》せぬよう、自分《じぶん》に合《あ》った行動《こうどう》を心《こころ》がけるよう伝《つた》えています。

南《みなみ》アフリカ

瀬《せ》は（渡《わた》る前《まえ》に）棒《ぼう》で測《はか》る

川《かわ》が流《なが》れているところでは、渡《わた》る前《まえ》に棒《ぼう》で深《ふか》さを測《はか》る、つまり事前《じぜん》にリスクを調《しら》べることの大切《たいせつ》さを伝《つた》えています。

参考「好事《こうじ》、魔《ま》、多《おお》し」と区切《くぎ》る。
類 月《つき》に叢雲《むらくも》／花《はな》に風《かぜ》
英 Good luck comes by cuffing.（幸運《こううん》は来《き》たりて平手《ひらて》打《う》ちをくれる）

好事門《こうじもん》を出《い》でず 故事成語
意味 よいおこないは、なかなか世間《せけん》には知《し》られないということのたとえ。例 好事門を出でずというとおり、父《ちち》の人助《ひとだす》けについて知《し》る人《ひと》はいない。
語源 中国《ちゅうごく》の『北夢瑣言《ほくむさげん》』の中《なか》の「好事門《こうじもん》を出《い》でず、悪事千里《あくじせんり》を行《い》く」から。「好事《こうじ》」は、よいこと。

黄塵万丈《こうじんばんじょう》 四字熟語
意味 空《そら》が黄色《きいろ》に見《み》えるほど、土《つち》けむりが風《かぜ》に乗《の》って高《たか》く上《あ》がること。例 黄塵万丈で、近《ちか》くも見《み》えない。

後塵《こうじん》を拝《はい》する 故事成語
意味 人《ひと》に先《さき》をこされる。優《すぐ》れた人《ひと》の後《あと》をついていく。〈『晋書《しんじょ》』〉例 妹《いもうと》がピアノコンクールで優勝《ゆうしょう》し、わたしは、その後塵を拝することになった。
語源「後塵《こうじん》」は、車《くるま》や馬《うま》が走《はし》り去《さ》ったあとにたつ土《つち》ぼこり。中国《ちゅうごく》の晋《しん》の時代《じだい》、石《せき》崇《すう》は権力者《けんりょくしゃ》の広成君《こうせいくん》の馬車《ばしゃ》が土《つち》ぼこりをまき上《あ》げて走《はし》り過《す》ぎたあと、その土《つち》ぼこりをおがんだという話《はなし》からで、もとは、権力者《けんりょくしゃ》にこびへつらう意味《いみ》。

後生畏《こうせいおそ》るべし 故事成語
意味 自分《じぶん》より年下《としした》の人《ひと》は将来《しょうらい》どれほどの優《すぐ》れた力《ちから》を持《も》つようになるかわからないので、おそれ敬《うやま》う気持《きも》ちで接《せっ》するのがよい。〈『論語《ろんご》』〉例 あの若《わか》さでこんな文章《ぶんしょう》を書《か》くなんて、まさに後生畏るべしだ。
語源「後生《こうせい》」は、後《あと》から生《う》まれた人《ひと》、また後《あと》から学《まな》ぶ人《ひと》。
注意「後世畏《おそ》るべし」は誤《あやま》り。

浩然《こうぜん》の気《き》を養《やしな》う 故事成語
意味 おおらかで、のびのびした気持《きも》ちをやしなう。〈『孟子《もうし》』〉例 広大《こうだい》な海《うみ》を毎日《まいにち》ながめながら、浩然の気を養う。
語源「浩然《こうぜん》の気《き》」は、天地《てんち》の間《あいだ》に満《み》ちあふれる正《ただ》しくておおらかな気《き》のことされる。

公然《こうぜん》の秘密《ひみつ》 慣用句
意味 表向《おもてむ》きは秘密《ひみつ》とされているが、実際《じっさい》には広《ひろ》く知《し》れわたっていること。例 このことは公然の秘密だ。

★広大無辺《こうだいむへん》 四字熟語
意味 果《は》てしなく広《ひろ》く大《おお》きいこと。例 広大無辺の宇宙空間《うちゅうくうかん》。

巧遅《こうち》は拙速《せっそく》に如《し》かず 故事成語
意味 物事《ものごと》をおこなうのに、上手《じょうず》で遅《おそ》いよりは、下手《へた》でも早《はや》いほうがよい。〈『文章軌範《ぶんしょうきはん》』〉例 完璧《かんぺき》を求《もと》めて計画《けいかく》に時間《じかん》をかけるよりは、巧遅は拙速に如かずで、すぐに始《はじ》めて早《はや》く終《お》わらせよう。

口頭試問《こうとうしもん》 四字熟語
意味 口《くち》で質問《しつもん》し、それに対《たい》して口《くち》で答《こた》えを言《い》う試験《しけん》のやり方《かた》。例 口頭試問で、すらすら答《こた》えることができなかった。
注意「口答《こう》試問《しもん》」は誤《あやま》り。

★荒唐無稽《こうとうむけい》 四字熟語
意味 言《い》うことやおこなうことが、いいかげんで、でたらめなようす。例 そんな荒唐無稽な話《はなし》はだれも信《しん》じない。

狡兎死《こうとし》して走狗烹《そうくに》らる 故事成語
意味 役《やく》に立《た》って大切《たいせつ》にされている者《もの》も、必要《ひつよう》がなくなればあっさりと切《き》り捨《す》てられてしまうことのたとえ。〈『史記《しき》』〉例 メンバーからはずされたのは、狡兎死して走狗烹らるということか。

語源 すばしっこいウサギ（＝狡兎）がつかまって死《し》ねば、用《よう》がなくなった猟犬《りょうけん》（＝走狗《そうく》）は煮《に》て食《た》べられてしまうということから。中国《ちゅうごく》の春秋時代《しゅんじゅうじだい》、越王勾践《えつおうこうせん》を助《たす》けて宿敵《しゅくてき》の呉《ご》を破《やぶ》った大臣《だいじん》の范蠡《はんれい》は、王《おう》の人《ひと》となりを見抜《みぬ》き、いずれ自分《じぶん》は不要《ふよう》とされ身《み》に危険《きけん》が及《およ》ぶだろうと考《かんが》えて越《えつ》から去《さ》った。その際友人《さいゆうじん》に送《おく》った手紙《てがみ》にある言葉《ことば》による。

英 The nurse is valued till the child has done sucking.（子供《こども》が乳《ち》を飲《の》んでいるうちは乳母《うば》もだいじにされる）

功成《こうな》り名遂《なと》げる　慣用句

意味 立派《りっぱ》な仕事《しごと》をして、有名《ゆうめい》になり、みんなに尊敬《そんけい》されるようになる。**例** 功成り名遂げた人物《じんぶつ》。

語源 『老子《ろうし》』の、「功成《こうな》り名遂《なと》げて身退《みしりぞ》くは天《てん》の道《みち》なり（＝功名《こうみょう》を得《え》たのちは、その地位《ちい》から退《しりぞ》くのが理《り》にかなった生《い》き方《かた》だ）」から。

★郷《ごう》に入《い》っては郷《ごう》に従《したが》え　ことわざ ↓

世界のことわざ（157ページ）

意味 人《ひと》は、自分《じぶん》が今《いま》いるところのしきたりに従《したが》うのがよいということ。また、新《あら》

世界《せかい》のことわざ　郷《ごう》に入《い》っては郷《ごう》に従《したが》え

イタリア

ローマではローマ人《じん》がなすようにせよ

初期《しょき》キリスト教《きょう》の時代《じだい》、ローマとミラノでは聖《せい》なる安息日《あんそくび》（仕事《しごと》をしないで休《やす》む日《ひ》）がちがうこと（土曜《どよう》と金曜《きんよう》）になやんでいた人《ひと》に、師匠《ししょう》にあたる人《ひと》が答《こた》えた言葉《ことば》によるとされています。

その他《た》　スペイン、フランス、イギリス、ドイツ

エジプト

子牛《こうし》を拝《おが》む国《くに》では草《くさ》を刈《か》ってこれに与《あた》えよ

現在《げんざい》のエジプトはイスラム教《きょう》の国《くに》で、ふつう牛《うし》を拝《おが》むことはありませんが、宗教《しゅうきょう》がちがう土地《とち》へ行《い》ったときに、習《しゅう》慣《かん》を重《おも》んじるように教《おし》えています。

ロシア

よその僧院《そういん》に自分《じぶん》たちの掟《おきて》をもちこんではならない

ロシアでは、同《おな》じロシア正教《せいきょう》でも僧院《そういん》によって規則《きそく》や風習《ふうしゅう》がちがいました。よその土地《とち》では自分《じぶん》たちのやりかたではなく、その地《ち》の風習《ふうしゅう》を尊重《そんちょう》しなさいというたとえです。

たな土地《とち》に住《す》む人《ひと》は、その土地《とち》の風俗《ふうぞく》・習慣《しゅうかん》に従《したが》うべきだということ。**例** 郷に入っては郷に従えというから、新《あたら》しい土地《と》の風習《ふうしゅう》を早《はや》く覚《おぼ》えよう。**同** 郷《ごう》に入れば郷《ごう》に従《したが》え **英** When in Rome, do as the Romans do.（ローマにいる時《とき》はローマ人《じん》がするとおりにせよ）

★公平無私《こうへいむし》 四字熟語

意味 どちらにもかたよらないで、自分勝手《じぶんかって》な気持《きも》ちのないこと。**例** 公平無私の態度《たいど》で、しんぱんの役目《やくめ》を果《は》たす。**語源**「無私《むし》」は、自分《じぶん》の考《かんが》えを入れないこと。

頭《こうべ》を垂《た》れる 慣用句

意味 頭《あたま》を低《ひく》く下《さ》げる。うなだれる。**例** 神前《しんぜん》に頭を垂れる。

★★弘法《こうぼう》にも筆《ふで》の誤《あやま》り ことわざ

意味 どんな名人《めいじん》でも、ときには失敗《しっぱい》することがあるということのたとえ。**例** 守備《しゅび》の名手《めいしゅ》がエラーをした。弘法にも筆の誤りだね。**語源**「弘法《こうぼう》」は、弘法大師《こうぼうだいし》（＝空海《くうかい》）のこと。書道《しょどう》の名人《めいじん》だった。**類** 河童《かっぱ》の川流《かわなが》れ／猿《さる》も木《き》から落《お》ちる／上手《じょうず》の手《て》から水《みず》が漏《も》れる／千慮《せんりょ》の一失《いっしつ》 **英** Even Homer sometimes nods.（ホメロス〔ホーマー〕にさえときには眠《ねむ》い箇所《かしょ》がある…名文家《めいぶんか》といわれるホメロスの詩《し》にも、ときにはつまらない詩《し》があって眠《ねむ》くなることがある）

弘法《こうぼう》筆《ふで》を選《えら》ばず ことわざ

意味 名人《めいじん》は、どんな道具《どうぐ》を使《つか》っても立派《りっぱ》に仕上《しあ》げるということのたとえ。**例** どんなバットでも打《う》てるなんて、まさに弘法筆を選ばず、だね。**語源** 弘法大師《こうぼうだいし》のような書道《しょどう》の名人《めいじん》は、筆《ふで》のよしあしを問題《もんだい》にしないということから。**英** The cunning mason works with any stone.（熟練《じゅくれん》した石工《いしく》はどんな石《いし》でもこなす）

豪放磊落《ごうほうらいらく》 四字熟語

意味 性格《せいかく》がのびのびしていて、小《ちい》さなことにこだわらず、明《あか》るいようす。**例** 父《ちち》は豪放磊落な人《ひと》だ。**語源**「豪放《ごうほう》」も「磊落《らいらく》」も度量《どりょう》が広《ひろ》くて細《こま》かいことにこだわらないという意味《いみ》。

★★公明正大《こうめいせいだい》 四字熟語

意味 公平《こうへい》でやましいところがなく、だれが見《み》ても正《ただ》しく立派《りっぱ》なようす。**例** 選挙《せんきょ》は公明正大でなければならない。

紺屋《こうや》の明後日《あさって》 ことわざ

意味 約束《やくそく》の期日《きじつ》が、あてにならないことのたとえ。**例** 仕事《しごと》がいそがしい父《ちち》の約束《やくそく》は、いつも紺屋の明後日で、困《こま》る。**語源** 紺屋《こうや》（＝染《そ》め物屋《ものや》）が客《きゃく》から注文《ちゅうもん》の品《しな》ができあがったかと聞《き》かれて、明後日《あさって》になれば染《そ》め上《あ》がると答《こた》えるが、天気次第《てんきしだい》でできあがりがおくれることから。「紺屋」は、「こんや」ともいう。

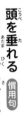

★**紺屋《こうや》の白袴《しろばかま》** ことわざ ⇩世界のことわざ

（159ページ）

意味 専門家《せんもんか》が、他人《たにん》のことばかりにいそがしくて、自分《じぶん》のことになると、まったくかまわないことのたとえ。例 美《び》容師《ようし》なのに紺屋の白袴で、自分《じぶん》の髪《かみ》を切《き》るひまがない。

語源 染《そ》めるのが商売《しょうばい》の紺屋《こうや》が、白《しろ》い袴《はかま》をはいているということから。「紺屋」は、「こんや」ともいう。

類 医者《いしゃ》の不養生《ふようじょう》 英 The tailor's wife is worst clad.（仕立屋《したてや》の妻《つま》の服《ふく》が最低《さいてい》）

甲羅《こうら》を経《へ》る 慣用句

意味 長《なが》く生《い》きて経験《けいけん》を積《つ》む。例 甲羅を経た人《ひと》の話《はなし》は説得力《せっとくりょく》がある。

こ

世界《せかい》のことわざ　紺屋《こうや》の白袴《しろばかま》

レソト

陶工《とうこう》は欠《か》けた土鍋《どなべ》で料理《りょうり》する

陶工《とうこう》は、陶器《とうき》をつくる職人《しょくにん》。粘土《ねんど》をこねて陶器《とうき》をつくるのはお手《て》のものなのに、自分《じぶん》の使《つか》う器《うつわ》まで新《あたら》しくするひまがなく、欠《か》けたまま使《つか》っているということです。

ブラジル

鍛冶屋《かじや》の家《いえ》では木《き》の串《くし》

鍛冶屋《かじや》は金属《きんぞく》をたたいて加工《かこう》するのが商売《しょうばい》なので、串焼《くしや》き用《よう》の金串《かなぐし》は簡単《かんたん》にできるはずです。ところが、他人《たにん》のための仕事《しごと》に追《お》われ自分《じぶん》の金串《かなぐし》まで手《て》が回《まわ》らず、木《き》の串《くし》を使《つか》っているというユーモラスな表現《ひょうげん》です。ブラジルでは、1キロ以上《いじょう》の牛肉《ぎゅうにく》の塊《かたまり》を串《くし》にさして焼《や》く「シュラスコ」という料理《りょうり》が有名《ゆうめい》です。

バングラデシュ

屋根屋《やねや》の屋根《やね》には穴《あな》がある

人《ひと》の家《いえ》の屋根《やね》を直《なお》してばかりで、自分《じぶん》の家《いえ》まで手《て》が回《まわ》らない。雨《あめ》の多《おお》いバングラデシュでは屋根《やね》に穴《あな》があいているとたいへんで、ユーモラスな感《かん》じがします。

亢竜《こうりょう》悔《く》いあり 故事成語

意味 最高《さいこう》の身分《みぶん》や富《とみ》を得《え》て、頂点《ちょうてん》をきわめた者《もの》は必《かなら》ずおとろえるというたとえ。《易経《えききょう》》 例 全国展開《ぜんこくてんかい》した人気《にんき》の飲食店《いんしょくてん》も亢竜悔いあり、数年後《すうねんご》には人々《ひとびと》に飽《あ》きられてしまった。

語源 「亢竜《こうりょう》」は、天《てん》に昇《のぼ》りつめた竜《りゅう》。天《てん》に昇《のぼ》りつめた竜《りゅう》は、それ以上《いじょう》のぼることができず、あとは下《くだ》るだけなので、後悔《こうかい》するという意味《いみ》から。

英 He that climbs high falls heavily.（高《たか》く登《のぼ》る者《もの》は激《はげ》しく落《お》ちる）

功《こう》を奏《そう》する 慣用句

意味 うまくいく。成功《せいこう》する。例 みんなで考《かんが》えた作戦《さくせん》が功を奏し、試合《しあい》に勝《か》つことができた。

語源 功績《こうせき》を天子《てんし》に上奏《じょうそう》（＝申《もう》し上《あ》げる）するという意味《いみ》から。

業《ごう》を煮《に》やす 慣用句

意味 物事《ものごと》が思《おも》うように運《はこ》ばず、腹《はら》を立《た》てる。例 会《あ》う約束《やくそく》をした友達《ともだち》がいくら待《ま》っても来《こ》ないので、業を煮やして帰《かえ》ってきてしまった。

語源 「業《ごう》」は「業腹《ごうはら》」の略《りゃく》で、腹《はら》を立《た》てること。

声《こえ》が潰《つぶ》れる 慣用句

意味 声《こえ》がふつうに出《で》ず、おしつぶされたような感《かん》じで、かれた声《こえ》になる。例 大《おお》きな声《こえ》でどなっていたので、声が潰れた。

声《こえ》が弾《はず》む 慣用句

意味 うれしくて、話《はな》し方《かた》が生《い》き生《い》きとする。例 いいことがあったので、思《おも》わず声が弾む。

★**呉越同舟《ごえつどうしゅう》** 四字熟語

意味 仲《なか》の悪《わる》い者《もの》や敵同士《てきどうし》が同《おな》じ場所《ばしょ》にいること。また、共通《きょうつう》の利害《りがい》のために協力《きょうりょく》すること。例 急《きゅう》な大雨《おおあめ》でテントに走《はし》りこんだらライバルチームも入《はい》ってきて、まさに呉越同舟だった。

語源 敵同士《てきどうし》だった呉《ご》の国《くに》の人《ひと》と越《えつ》の国《くに》の人《ひと》が同《おな》じ船《ふね》に乗《の》ったときに大風《おおかぜ》にあい、協力《きょうりょく》し合《あ》ったという話《はなし》から。

英 While the thunder lasted, two bad men were friends.（雷《かみなり》が続《つづ》いている間《あいだ》は二人《ふたり》の悪人《あくにん》は友人《ゆうじん》だ）

声《こえ》を上《あ》げる 慣用句

意味 ❶大声《おおごえ》を出《だ》す。例 声を上げて言《い》いはる。❷意見《いけん》を言《い》う。例 計画《けいかく》に反対《はんたい》の声を上げる。

声《こえ》を限《かぎ》りに 慣用句

意味 ありったけの声《こえ》を出《だ》すようす。例 山《やま》で道《みち》に迷《まよ》って、声を限りに助《たす》けを呼《よ》んだ。

声《こえ》を掛《か》ける 慣用句

意味 ❶話《はな》しかける。例 列車《れっしゃ》の中《なか》でとなりの人《ひと》に声を掛ける。❷いっしょにするようにさそう。例 クラスの友達《ともだち》に声を掛けて、校内美化運動《こうないびかうんどう》を始《はじ》めた。

声《こえ》をからす 慣用句

意味 声《こえ》がかすれるほど、大《おお》きな声《こえ》を出《だ》し続《つづ》ける。例 声をからして応援《おうえん》する。

声《こえ》を忍《しの》ばせる 慣用句

意味 声《こえ》を小《ちい》さくしてこっそりと言《い》う。例 そばで赤《あか》ちゃんがねむっているので、声を忍ばせて話《はな》す。

声《こえ》を大《だい》にする 慣用句

意味 声《こえ》を大《おお》きくして、強《つよ》く主張《しゅちょう》する。例 声を大にして、自然保護《しぜんほご》をうったえる。

声《こえ》を立《た》てる 慣用句

意味 声《こえ》を出《だ》す。声《こえ》をひびかせる。例 声を立《た》てて笑《わら》う。

声《こえ》を呑《の》む 慣用句

意味 非常《ひじょう》におどろいたり、感動《かんどう》したりして、声《こえ》が出《で》なくなる。例 あまりの美《うつく》しさに**声を呑んだ**。

声《こえ》を張《は》り上《あ》げる 慣用句

意味 大《おお》きな声《こえ》を出《だ》す。例 **声を張り上げて**主張《しゅちょう》する。

声《こえ》を潜《ひそ》める 慣用句

意味 声《こえ》を小《ち》さくする。例 かれは急《きゅう》に**声を潜めて**、昨日《きのう》のことを話《はな》し始《はじ》めた。

声《こえ》を振《ふ》り絞《しぼ》る 慣用句

意味 ありったけの声《こえ》を出《だ》す。例 **声を振り絞って**助《たす》けを呼《よ》ぶ。

声《こえ》を震《ふる》わせる 慣用句

意味 話《はな》す声《こえ》が小《こ》きざみにゆれ動《うご》く。例 怒《いか》りに**声を震わせる**。

古希《こき》 故事成語

意味 七十歳《しちじゅっさい》のこと。例 祖母《そぼ》は**古希**をむかえた。

語源 中国《ちゅうごく》の杜甫《とほ》の詩《し》「人生七十古来稀《じんせいしちじゅうこらいまれ》なり（＝人《ひと》が七十歳《しちじゅっさい》まで生《い》きるのは、昔《むかし》からめったにない）」から。「希」は「稀」を書《か》きかえたもの。

呉牛月《ごぎゅうつき》に喘《あえ》ぐ 故事成語

意味 考《かんが》え方《かた》がせまいために疑《うたが》い深《ぶか》く、思《おも》いちがいをしてむだな苦労《くろう》をするたとえ。〈『世説新語《せせつしんご》』〉例 **呉牛月に喘ぐ**というが、やたらと疑《うたが》ったり失敗《しっぱい》をおそれたりしていては前《まえ》に進《すす》めない。

語源 暑《あつ》さが苦手《にがて》な中国南方《ちゅうごくなんぽう》の呉地方《ごちほう》の水牛《すいぎゅう》は、月《つき》を見《み》ても太陽《たいよう》ではないかとおそれてあえいだという話《はなし》から。

同 呉牛喘月《ごぎゅうぜんげつ》 類 杞憂《きゆう》／杯中《はいちゅう》の蛇影《だえい》 英 Our worst misfortunes are those which never befall us.（最悪《さいあく》の不幸《ふこう》とは決《けっ》して起《お》きぬもの）

故郷《こきょう》へ錦《にしき》を飾《かざ》る ことわざ

意味 成功《せいこう》や勝利《しょうり》をおさめて、晴《は》れやかな気持《きも》ちで故郷《こきょう》に帰《かえ》る。例 オリンピックで金《きん》メダルをとって**故郷へ錦を飾る**。

語源 錦《にしき》（＝美《うつく》しい色《いろ》の絹糸《きぬいと》で織《お》った、ぜいたくな織物《おりもの》）の着物《きもの》を着《き》て、故郷《こきょう》へ帰《かえ》るということから。

同 錦《にしき》を飾《かざ》る／錦《にしき》を着《き》て故郷《こきょう》に帰《かえ》る

極悪非道《ごくあくひどう》 四字熟語

意味 心《こころ》やおこないがこの上《うえ》なく悪《わる》く、人《ひと》の道《みち》にはずれているようす。例 **極悪非道**なふるまいをする。

国士無双《こくしむそう》 四字熟語 ➡マンガdeことわざ（338ページ）

意味 国《くに》の中《なか》に比《くら》べる者《もの》のないほど優《すぐ》れた人物《じんぶつ》。例 **国士無双**の力士《りきし》。

語源 「国士《こくし》」は、国中《くにじゅう》でとくに優《すぐ》れた人物《じんぶつ》。「無双《むそう》」は、並《なら》ぶ者《もの》がないほど優《すぐ》れていること。漢《かん》の劉邦《りゅうほう》と楚《そ》の項羽《こうう》が天下《てんか》を争《あらそ》っていたとき、劉邦軍《りゅうほうぐん》にいた韓信《かんしん》は、重用《ちょうよう》されないのが不満《ふまん》でにげ出《だ》した。大臣《だいじん》の蕭何《しょうか》は、あわてて追《お》いかけて連《つ》れ戻《もど》したところ、劉邦《りゅうほう》に「多《おお》くの将軍《しょうぐん》がにげたのに、なぜ韓信《かんしん》だけを引《ひ》き留《と》めるのか。」とたずねられ、「韓信《かんしん》は国士無《こくしむ》双《そう》です。天下《てんか》をねらうなら、失《うしな》ってはなりません。」と答《こた》えたという故事《こじ》から。

黒白《こくびゃく》を争《あらそ》う 慣用句

意味 相手《あいて》と対決《たいけつ》して、どちらが正《ただ》しいかをはっきりさせる。例 裁判《さいばん》で**黒白を争う**。

語源 「黒《こく》」はまちがっていること、「白《びゃく》」は正《ただ》しいことをあらわす。

小首《こくび》を傾《かし》げる 慣用句

意味 不思議《ふしぎ》に思《おも》って、首《くび》をちょっと曲《ま》げて考《かんが》えこむ。例 意味《いみ》がわからず小首を傾げる。

孤軍奮闘《こぐんふんとう》 四字熟語

意味 だれの助《たす》けも借《か》りず、一人《ひとり》で一生懸命《いっしょうけんめい》がんばること。例 投手《とうしゅ》が孤軍奮闘したが、野手《やしゅ》のエラーでついに負《ま》けた。

虎穴《こけつ》**に入**《い》**らずんば虎子**《こじ》**を得**《え》**ず**

故事成語 ➡世界のことわざ（163ページ）

意味 危《あぶ》ないことをしなければ大《おお》きな成功《せいこう》はできない。〈『後漢書《ごかんじょ》』〉例 虎穴に入らずんば虎子を得ず、だ。思《おも》い切《き》ってやってみよう。

語源 トラのすむ穴《あな》に入《はい》らなければトラの子《こ》は手《て》に入《はい》らないということから。後漢《ごかん》の武将班《ぶしょうはん》超《ちょう》が、多勢《たぜい》の敵《てき》に夜襲《やしゅう》をしかける際《さい》、仲間《なかま》に言《い》った言葉《ことば》から。

対 君子《くんし》危《あや》うきに近寄《ちかよ》らず 英 Nothing ventured, nothing gained.（思《おも》いきってやらなければなにも得《え》られない）

虚仮《こけ》**にする** 慣用句

意味 ばかにする。例 人《ひと》を虚仮にするとは許《ゆる》せない。

柿落《こけらお》**とし** 慣用句

意味 新《あたら》しい劇場《げきじょう》などでおこなわれる初《はじ》めての興行《こうぎょう》。例 柿落としの公演《こうえん》。

語源 「柿《こけら》」は、材木《ざいもく》のけずりくず。屋根《やね》などに残《のこ》った柿《こけら》をはらい落《お》とすことで劇場《げきじょう》が完成《かんせい》することから。

注意 「柿《こけら》」は、「柿《かき》」とは別《べつ》の字《じ》。

沽券《こけん》**に関**《かか》**わる** 慣用句

意味 体面《たいめん》や品位《ひんい》にさしさわりがある。

例 ここでやめたら沽券に関わる。

語源 「沽券《こけん》」は、土地《とち》などを売買《ばいばい》するための証文《しょうもん》。転《てん》じて、体面《たいめん》、人《ひと》の値打《ねう》ちの意味《いみ》。

後光《ごこう》**が差**《さ》**す** 慣用句

意味 かがやかしい存在《そんざい》になる。尊《とうと》いものになる。例 あまりのありがたさに、その人《ひと》から後光が差しているように思《おも》える。

語源 「後光《ごこう》」は、仏《ほとけ》や菩薩《ぼさつ》が発《はっ》するといわれる光《ひかり》。

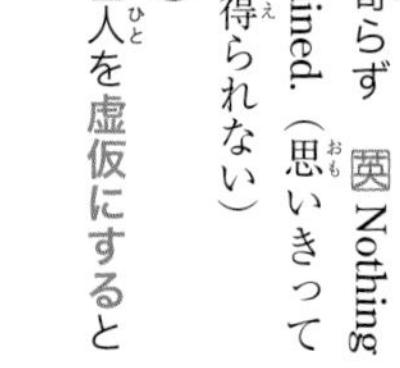

ごこう

糊口《ここう》**をしのぐ** 慣用句

意味 やっと生計《せいけい》を立《た》てていく。例 内職《ないしょく》をして糊口をしのぐ。

語源 かゆをすすって何《なん》とか生《い》きていくという意味《いみ》から。

類 口《くち》に糊《のり》する

五穀豊穣《ごこくほうじょう》 四字熟語

意味 穀物《こくもつ》が豊《ゆた》かに実《みの》ること。例 五穀豊穣を願《ねが》う。

語源 「五穀《ごこく》」は、米《こめ》・麦《むぎ》・粟《あわ》・黍《きび》・豆《まめ》の、五《いつ》つの穀物《こくもつ》のこと。「豊穣《ほうじょう》」は、穀物《こくもつ》が豊《ゆた》かに実《みの》ること。

呱々《ここ》**の声**《こえ》**をあげる** 慣用句

意味 ❶赤《あか》ん坊《ぼう》が生《う》まれる。例 馬小屋《うまごや》で呱々の声をあげたイエス・キリスト。❷新《あたら》しく物事《ものごと》が始《はじ》まる。例 新《あたら》しい国《くに》が呱々の声をあげた。

語源 「呱々《ここ》の声《こえ》」は、赤《あか》ん坊《ぼう》の泣《な》き声《ごえ》。

心《こころ》が痛《いた》む 慣用句
意味 心配《しんぱい》や悲《かな》しみのためにつらくなる。
例 火事《かじ》で家《いえ》を失《うしな》った人《ひと》たちのことを思《おも》うと心が痛む。
類 胸《むね》が痛《いた》む

心《こころ》が動《うご》く 慣用句
意味 気持《きも》ちがひかれる。 例 話《はなし》を聞《き》いて少《すこ》し心が動いた。

心《こころ》が躍《おど》る 慣用句
意味 うれしくて、わくわくする。 例 合格《ごうかく》の知《し》らせに心が躍る。
類 心《こころ》が弾《はず》む／胸《むね》が躍《おど》る

心《こころ》が重《おも》い 慣用句
意味 気持《きも》ちが晴《は》れ晴《ば》れしない。 例 明日《あす》のテストのことを考《かんが》えると、心が重い。
類 気《き》が重《おも》い

心《こころ》が通《かよ》う 慣用句
意味 おたがいの気持《きも》ちが通《つう》じ合《あ》う。
例 心が通う友達《ともだち》がほしい。

心《こころ》が騒《さわ》ぐ 慣用句
意味 気持《きも》ちが動揺《どうよう》する。 例 母《はは》のただならぬ表情《ひょうじょう》を見《み》て心が騒ぐ。
類 胸《むね》が騒《さわ》ぐ

心《こころ》が狭《せま》い 慣用句

世界《せかい》のことわざ　虎穴《こけつ》に入《い》らずんば虎子《こじ》を得《え》ず

スペイン　危険《きけん》をおかさない者《もの》は大海《たいかい》を渡《わた》れない

15世紀中《せいきなか》ごろから17世紀中《せいきなか》ごろ、ヨーロッパが海外進出《かいがいしんしゅつ》をした時代《じだい》を大航海時代《だいこうかいじだい》とよんでいます。スペインやポルトガルはその中心国《ちゅうしんこく》でした。

ポーランド　蜜蜂《みつばち》をこわがる者《もの》は蜜《みつ》にありつけない

砂糖《さとう》のつくり方《かた》が発見《はっけん》される以前《いぜん》、ハチミツは自然界《しぜんかい》からそのまま手《て》に入《はい》る貴重《きちょう》なあまい食料《しょくりょう》でした。ヨーロッパではミツバチを飼《か》ってハチミツをとる養蜂《ようほう》がさかんで、ポーランドもその国《くに》の一《ひと》つです。

韓国《かんこく》　山《やま》へ行《い》ってこそ虎《とら》を捕《と》らえられる

山《やま》へ行《い》くのは危険《きけん》ですが、行《い》かなければトラは捕《と》らえられません。リスクをかくごしなければ、大《おお》きな利益《りえき》も得《え》られないことのたとえです。

意味 一《ひと》つの考《かんが》えにとらわれて、ほかの考《かんが》えを受《う》け入《い》れないようす。例 人《ひと》の意見《いけん》を聞《き》かないなんて、**心が狭い**なあ。
対 心《こころ》が広《ひろ》い

心《こころ》が残《のこ》る 慣用句
意味 思《おも》いが残《のこ》る。残念《ざんねん》に思《おも》う。例 いなくなってしまったネコに、いつまでも**心が残る**。

心《こころ》が弾《はず》む 慣用句
意味 うれしくて、気《き》持《も》ちがうきうきする。例 夏休《なつやす》みの計画《けいかく》を立《た》てていると、**心が弾む**。
類 心《こころ》が躍《おど》る／胸《むね》が躍《おど》る

心《こころ》が晴《は》れる 慣用句
意味 なやみや心配《しんぱい》などがなくなって、心《こころ》の中《なか》がさっぱりとする。例 問題《もんだい》が解決《かいけつ》して**心が晴れた**。

心《こころ》が広《ひろ》い 慣用句
意味 人《ひと》を思《おも》いやる気《き》持《も》ちがあり、細《こま》かいことにこだわらないようす。例 **心が広く**、みんなにしたわれている人《ひと》。
対 心《こころ》が狭《せま》い

心焉《こころここ》に在《あ》らざれば視《み》れども見《み》えず 故事成語
意味 精神《せいしん》を集中《しゅうちゅう》していなければ、目《め》がそちらに向《む》いていてもその物事《ものごと》の本質《ほんしつ》を見《み》きわめることができない。上《うわ》の空《そら》ではなにごとも理解《りかい》できないから、精神《せいしん》を集中《しゅうちゅう》して事《こと》にあたれという教《おし》え。〈『大学《だいがく》』〉例 **心焉に在らざれば視れども見えず**だから、上《うわ》の空《そら》で練習《れんしゅう》していると、いつまでたってもコツがつかめないよ。

類 食《く》らえどもその味《あじ》わいを知《し》らず 英 None so blind as those who won't see.（見《み》ようとしない者《もの》ほどものの見《み》えない者《もの》はいない）

志《こころざし》を立《た》てる 慣用句
意味 何《なに》になろう、何《なに》をしようと、心《こころ》にしっかり決《き》める。例 将来《しょうらい》は医者《いしゃ》になろうと**志を立てる**。

志《こころざし》を遂《と》げる 慣用句
意味 こうしようと心《こころ》に決《き》めていた目的《もくてき》を果《は》たす。例 **志を遂げた**満足感《まんぞくかん》にひたる。

志《こころざし》を果《は》たす 慣用句
意味 心《こころ》に決《き》めた望《のぞ》みや目標《もくひょう》を達成《たっせい》する。
例 先生《せんせい》になるという**志を果たす**。

心《こころ》に浮《う》かぶ 慣用句
意味 考《かんが》えつく。思《おも》い浮《う》かぶ。例 よい考《かんが》えが**心に浮かぶ**。

心《こころ》に描《えが》く 慣用句
意味 思《おも》いうかべる。想像《そうぞう》する。例 十年《じゅうねん》後《ご》の自分《じぶん》を**心に描いて**みた。

心《こころ》に掛《か》かる 慣用句
意味 心配《しんぱい》する。例 妹《いもうと》の病気《びょうき》が**心に掛かる**。
類 気《き》に掛《か》かる

心《こころ》に掛《か》ける 慣用句
意味 いつも思《おも》っている。心配《しんぱい》する。
例 おばさんはぼくのことをいつも**心に掛けて**くれる。
類 気《き》に掛《か》ける／心《こころ》に留《と》める

心《こころ》に適《かな》う 慣用句
意味 望《のぞ》んでいたこととぴったりと合《あ》う。
例 **心に適う**家《いえ》を見《み》つけた。

心《こころ》に刻《きざ》む 慣用句
意味 しっかりと覚《おぼ》えておく。例 先生《せんせい》の

言葉《ことば》を心に刻んで生《い》きる。

類 胸《むね》に刻《きざ》む

心《こころ》に染《し》みる 慣用句

意味 心《こころ》に深《ふか》く残《のこ》る。 例 父《ちち》の言葉《ことば》が心に染みる。

心《こころ》に留《と》める 慣用句

意味 覚《おぼ》えておく。 例 母《はは》の注意《ちゅうい》を心に留める。

類 心《こころ》に掛《か》ける

心《こころ》に残《のこ》る 慣用句

意味 忘《わす》れられない。 例 心に残る母《はは》の一言《ひとこと》。

心《こころ》に触《ふ》れる 慣用句

意味 心《こころ》に深《ふか》く感《かん》じる。 例 しみじみと心に触れる話《はなし》。

心《こころ》に任《まか》せる 慣用句

意味 思《おも》いのままにする。 例 心に任せて遠《とお》くまで歩《ある》く。

心《こころ》にもない 慣用句

意味 本当《ほんとう》はそう思《おも》っていない。 口先《くちさき》だけ。 例 心にもないおせじを言《い》う。

心《こころ》を痛《いた》める 慣用句

意味 心配《しんぱい》する。 なやむ。 例 友人《ゆうじん》が事故《じこ》にあったという知《し》らせに、母《はは》は心を痛めている。

類 胸《むね》を痛《いた》める

心《こころ》を入《い》れ替《か》える 慣用句

意味 まちがっていたと気《き》づいて、その考《かんが》えや態度《たいど》を改《あらた》める。 例 心を入れ替えて、まじめに働《はたら》く。

心《こころ》を動《うご》かす 慣用句

意味 ❶関心《かんしん》をもつ。 例 熱心《ねっしん》にすすめられて心を動かした。 ❷感動《かんどう》する。 例 市長《しちょう》の熱意《ねつい》が市民《しみん》の心を動かした。

心《こころ》を打《う》たれる 慣用句

意味 感動《かんどう》する。 例 野生動物《やせいどうぶつ》の生《い》きるちえに心を打たれる。

心《こころ》を打《う》つ 慣用句

意味 心《こころ》を強《つよ》く動《うご》かす。 例 人《ひと》の心を打つ本《ほん》。

類 胸《むね》を打《う》つ

心《こころ》を奪《うば》われる 慣用句

意味 心《こころ》がひきつけられる。 夢中《むちゅう》になる。 例 美《うつく》しい星空《ほしぞら》に心を奪われた。

心《こころ》を躍《おど》らせる 慣用句

意味 心《こころ》をわくわくさせる。 例 誕生日《たんじょうび》のプレゼントに心を躍らせる。

類 胸《むね》を躍《おど》らせる

心《こころ》を鬼《おに》にする 慣用句

意味 かわいそうだと思《おも》う気持《きも》ちをおさえて、わざと厳《きび》しくする。 例 心を鬼にしてきつい練習《れんしゅう》をさせる。

心《こころ》を通《かよ》わせる 慣用句

意味 おたがいの気持《きも》ちを通《つう》じ合《あ》わせる。 例 同《おな》じ趣味《しゅみ》をもつ人《ひと》と心を通わせる。

心《こころ》を砕《くだ》く 慣用句

意味 いろいろと考《かんが》えて心配《しんぱい》する。 例 クラスが団結《だんけつ》できるよう心を砕く。

心《こころ》を配《くば》る 慣用句

意味 細《こま》かな点《てん》まで注意《ちゅうい》を行《い》き届《とど》かせる。 例 人《ひと》のことに心を配るゆとりがない。

類 気《き》を配《くば》る

心《こころ》を汲《く》む 慣用句

意味 相手《あいて》の気持《きも》ちを思《おも》いやる。 例 愛犬《あいけん》をなくした友人《ゆうじん》の心を汲む。

心《こころ》を込《こ》める 慣用句

意味 優《やさ》しい気持《きも》ちで、一生懸命《いっしょうけんめい》にする。 例 心を込めて父《ちち》へのプレゼントのセーターを編《あ》む。

心《こころ》をとらえる 慣用句

意味 気持《きも》ちをひきつける。 例 かれの話《はなし》は聞《き》き手《て》の心をとらえた。

心《こころ》を引《ひ》かれる 慣用句
意味 気持《きも》ちがそちらに向《む》く。関心《かんしん》を持《も》つ。例 新《あたら》しいゲームソフトに心を引かれる。

心《こころ》を引《ひ》く 慣用句
意味 興味《きょうみ》を引《ひ》く。例 小《ちい》さな記事《きじ》だが、わたしの心を引いた。

心《こころ》を開《ひら》く 慣用句
意味 うちとけて、親《した》しい気持《きも》ちになる。
例 周《まわ》りの人《ひと》に心を開く。

心《こころ》を許《ゆる》す 慣用句
意味 うちとける。頼《たよ》れると信《しん》じる。
例 心を許した友《とも》と語《かた》り合《あ》う。
類 気《き》を許《ゆる》す

ここを先途《せんど》と 慣用句
意味 ここが物事《ものごと》を決《き》める大切《たいせつ》なところだと、一生懸命《いっしょうけんめい》になるようす。例 ここを先途とふんばる。
語源 「先途《せんど》」は、勝敗《しょうはい》や運命《うんめい》の決《き》まる、重《じゅう》大《だい》な時《とき》・場合《ばあい》のこと。

★**古今東西《ここんとうざい》** 四字熟語
意味 昔《むかし》から今《いま》までと、世界中《せかいじゅう》。いつでもどこでも。例 古今東西のめずらしい品々《しなじな》。

古今無双《ここんむそう》 四字熟語
意味 昔《むかし》から今《いま》まで比《くら》べるものがないほど、すばらしいこと。例 古今無双の大横《だいよこ》綱《づな》。

腰《こし》が重《おも》い 慣用句
意味 なかなか行動《こうどう》しようとしない。
例 あの人《ひと》は腰が重いので、計画《けいかく》はすぐには実現《じつげん》しないだろう。
同 尻《しり》が重《おも》い 対 腰《こし》が軽《かる》い

腰《こし》が軽《かる》い 慣用句
意味 ❶面倒《めんどう》だと思《おも》わないで、よく動《うご》く。
例 腰が軽くて、よく働《はたら》く人《ひと》。
❷深《ふか》く考《かんが》えないで、軽《かる》はずみな行動《こうどう》をする。例 腰が軽いので、失敗《しっぱい》ばかりする。
同 尻《しり》が軽《かる》い 対 腰《こし》が重《おも》い

腰《こし》が砕《くだ》ける 慣用句
意味 何《なに》かをしようという気持《きも》ちがおとろえて、後《あと》が続《つづ》かなくなる。例 みんなから大反対《だいはんたい》されて、腰が砕けてしまった。

腰《こし》が高《たか》い 慣用句
意味 ほかの人《ひと》に対《たい》して、いばって見下《みくだ》している態度《たいど》である。例 かれは、そっけない話《はな》し方《かた》をするので、腰が高い印象《いんしょう》をあたえる。
対 腰《こし》が低《ひく》い

腰《こし》が強《つよ》い 慣用句
意味 ❶ねばり気《け》が強《つよ》い。弾力《だんりょく》があって折《お》れにくい。例 腰が強いそばが好《す》きだ。
❷気《き》が強《つよ》くて、簡単《かんたん》には人《ひと》に負《ま》けない。
例 腰が強い人《ひと》だから、なかなかくじけない。

腰《こし》が抜《ぬ》ける 慣用句
意味 ひどくおどろいたり、こわがったりして、立《た》っていられなくなる。例 びっくりして腰が抜ける。

★**腰《こし》が低《ひく》い** 慣用句
意味 ほかの人《ひと》に対《たい》して、礼儀正《れいぎただ》しくていばらない。例 あの人《ひと》は、だれに対《たい》しても腰が低い。
類 頭《あたま》が低《ひく》い 対 腰《こし》が高《たか》い

腰《こし》が弱《よわ》い 慣用句
意味 ❶ねばり気《け》が少《すく》ない。弾力《だんりょく》が少《すく》ない。例 このめんは腰が弱い。
❷意気地《いくじ》がなくて、すぐに負《ま》ける。例 腰が弱くて、がんばりがきかない人《ひと》。

腰巾着《こしぎんちゃく》 慣用句
意味 いつも、ある人《ひと》につき従《したが》っている

人《ひと》。**例**かれは、社長《しゃちょう》の腰巾着と言《い》われている。

語源腰《こし》にくっついている、巾着《きんちゃく》というふくろのようだということから。

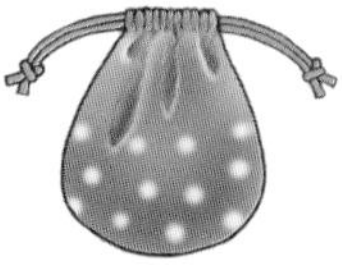

きんちゃく

★虎視眈々《こしたんたん》 四字熟語

意味じっとよい機《き》会《かい》をねらっているようす。〈『易経《えききょう》』〉

例虎視眈々と相《あい》手《て》のすきをねらう。

語源トラがするどい目《め》つきでえものをねらうようすから。

英 to keep a vigilant eye（おこたりなく常《つね》に警戒《けいかい》の目《め》を向《む》ける）

★★五十歩百歩《ごじっぽひゃっぽ》 故事成語

➡マンガdeことわざ（169ページ）

意味ちがうように見《み》えても、実際《じっさい》はほとんど同《おな》じであることのたとえ。〈『孟子《もうし》』〉

例きみが二十五点《にじゅうごてん》で、かれが十五点《じゅうごてん》、どちらも不合格《ふごうかく》なのだから、五十歩百歩だよ。

語源敵《てき》に追《お》われて五十歩《ごじっぽ》にげた人《ひと》が、百《ひゃっ》歩《ぽ》にげた人《ひと》をおくびょうだと笑《わら》ったが、にげたことは同《おな》じであるという話《はなし》から。「五十歩《ごじっぽ》を以《もっ》て百歩《ひゃっぽ》を笑《わら》う」を略《りゃく》した言《こと》葉《ば》。

参考どちらも大《たい》して変《か》わらないという、マイナスのイメージで用《もち》いる。

類青柿《あおがき》が熟柿《じゅくし》弔《とむら》う／大同小異《だいどうしょうい》／目《め》糞《くそ》鼻《はな》糞《くそ》を笑《わら》う

英 A miss is as good as a mile.（わずかな失敗《しっぱい》も大《おお》きな失敗《しっぱい》も、失《しっ》敗《ぱい》は失敗《しっぱい》である）

五指《ごし》に入《はい》る 慣用句

意味五番以内《ごばんいない》である。優《すぐ》れている。

例日本《にほん》で五指に入る名人《めいじん》。

後生大事《ごしょうだいじ》 四字熟語

意味物事《ものごと》をとても大切《たいせつ》にすること。

例古《ふる》い写真《しゃしん》を後生大事にしまっておく。

語源仏教《ぶっきょう》の言葉《ことば》で、後生《ごしょう》（＝死後《しご》の世《せ》界《かい》）で幸《しあわ》せになることを大事《だいじ》にして、信《しん》仰《こう》にはげむことから。

古色蒼然《こしょくそうぜん》 四字熟語

意味古《ふる》びていて、色《いろ》つやなどにくすんだ趣《おもむき》のあるようす。古《ふる》めかしいようす。

例古色蒼然とした神社《じんじゃ》。

故事来歴《こじらいれき》 四字熟語

意味昔《むかし》の物事《ものごと》についての言《い》い伝《つた》えや記《き》録《ろく》。

例この神社《じんじゃ》の故事来歴を教《おし》えてください。

腰《こし》を上《あ》げる 慣用句

意味❶座《すわ》った状態《じょうたい》から立《た》ち上《あ》がる。❷行動《こうどう》に移《うつ》る。あることに取《と》りかかる。

例やっと腰を上げて宿題《しゅくだい》の作文《さくぶん》を書《か》き始《はじ》めた。

腰《こし》を入《い》れる 慣用句

意味物事《ものごと》に対《たい》して、真剣《しんけん》になって取《と》り組《く》む。本気《ほんき》になる。

例テストが近《ちか》いので、勉強《べんきょう》に腰を入れる。

同本腰《ほんごし》を入《い》れる

腰《こし》を浮《う》かす 慣用句

意味座《すわ》った状態《じょうたい》から立《た》ち上《あ》がりかける。

例そろそろ帰《かえ》ろうとして腰を浮かす。

腰《こし》を落《お》ち着《つ》ける 慣用句

意味ある場所《ばしょ》や仕事《しごと》・地位《ちい》などに身《み》を置《お》く。

例腰を落ち着けて研究《けんきゅう》に取《と》り組《く》む。

類 腰《こし》を据《す》える

腰《こし》を折《お》る 慣用句

意味 物事《ものごと》のじゃまをしたり気力《きりょく》を失《うしな》わせたりする。例 弟《おとうと》に話《はなし》の腰を折られて、いらだつ。

腰《こし》を下《お》ろす 慣用句

意味 座《すわ》る。例 くたびれて道《みち》ばたに腰を下ろした。

対 腰《こし》を上《あ》げる

腰《こし》を据《す》える 慣用句

意味 ある場所《ばしょ》に落《お》ち着《つ》く。また、落《お》ち着《つ》いて一《ひと》つのことをする。例 腰を据えて仕事《しごと》にはげむ。

類 腰《こし》を落《お》ち着《つ》ける

腰《こし》を抜《ぬ》かす 慣用句

意味 非常《ひじょう》におどろいて立《た》っていられなくなる。例 母《はは》はヘビを見《み》て腰を抜かした。

腰《こし》を割《わ》る 慣用句

意味 相撲《すもう》で、両足《りょうあし》を開《ひら》き、ひざを曲《ま》げて腰《こし》を低《ひく》くする。例 腰を割ってかまえる。

五臓六腑《ごぞうろっぷ》 四字熟語

意味 腹《はら》の中《なか》。例 スープの温《あたた》かさが五臓六腑にしみわたる。

語源 「五臓六腑《ごぞうろっぷ》」は、漢方医学《かんぽういがく》で、心臓《しんぞう》・肝臓《かんぞう》・腎臓《じんぞう》・肺臓《はいぞう》・脾臓《ひぞう》の五《いつ》つの内臓《ないぞう》と、大腸《だいちょう》・小腸《しょうちょう》・胃《い》・胆《たん》・膀胱《ぼうこう》・三焦《さんしょう》の六《むっ》つの内腑《ないふ》のこと。また、腹《はら》の中《なか》の意味《いみ》。

誇大妄想《こだいもうそう》 四字熟語

意味 ある物事《ものごと》や自分《じぶん》の能力《のうりょく》・財産《ざいさん》などを実際《じっさい》より大《おお》きいと思《おも》いこむこと。

例 そんな話《はなし》は誇大妄想もはなはだしい。

御多分《ごたぶん》に漏《も》れず 慣用句

意味 ほかの多《おお》くの人《ひと》と同《おな》じに。予想《よそう》したとおり。例 御多分に漏れず、あの人《ひと》の事業《じぎょう》は失敗《しっぱい》に終《お》わったようだ。

語源 「御多分《ごたぶん》」は、多《おお》くの人《ひと》の意見《いけん》や行動《こうどう》。「漏《も》れず」は、除外《じょがい》されない意《い》で、「洩《も》れず」とも書《か》く。

こっちの物《もの》 慣用句

意味 自分《じぶん》の思《おも》いのままになる物事《ものごと》。

例 もう優勝《ゆうしょう》はこっちの物だ。

骨肉相食《こつにくあいは》む 慣用句

意味 肉親同士《にくしんどうし》が激《はげ》しく争《あらそ》う。例 骨肉相食む相続争《そうぞくあらそ》い。

コップの中《なか》の嵐《あらし》 慣用句

意味 限《かぎ》られた範囲《はんい》の中《なか》でおこった、ささいなさわぎのたとえ。内輪《うちわ》もめ。例 大《おお》さわぎしているけど、それはコップの中の嵐にすぎないよ。

語源 ティーカップの中《なか》の紅茶《こうちゃ》をかき回《まわ》して、小《ちい》さな嵐《あらし》を起《お》こしても、外《そと》にはまったく影響《えいきょう》がないという意味《いみ》で、W・B・バーナードの劇《げき》の題名《だいめい》、Storm in a Teacup（＝ティーカップの中《なか》の嵐《あらし》）から。

小手先《こてさき》が利《き》く 慣用句

類 蝸牛角上《かぎゅうかくじょう》の争《あらそ》い

意味 ちょっとしたことに器用《きよう》である。ちょっとしたことに才能《さいのう》やちえが働《はたら》く。

例 かれなら小手先が利くから、任《まか》せて大丈夫《だいじょうぶ》だ。

小手調《こてしら》べ 慣用句

意味 試《ため》しにちょっとやってみること。

例 小手調べに一曲《いっきょく》ひいてみる。

後手《ごて》に回《まわ》る 慣用句

意味 おくれをとって、受《う》け身《み》になる。不利《ふり》になる。例 病気《びょうき》の感染《かんせん》の広《ひろ》がりが早《はや》く、政府《せいふ》の対策《たいさく》が後手に回る。

小手《こて》をかざす 慣用句

意味 光《ひかり》をさえぎり、かげをつくるように、手《て》を顔《かお》の上《うえ》にさしかける。例 小手を

マンガ de ことわざ

五十歩百歩《ごじっぽひゃっぽ》

わしは民《たみ》を思《おも》いやった政治《せいじ》を行《おこな》っているのに人々《ひとびと》が我《わ》が国《くに》に集《あつ》まってこないのはなぜだろうか？
食糧不足《しょくりょうぶそく》の地域《ちいき》へは施《ほどこ》しをしたのになあ…
王《おう》は戦争《せんそう》が好《す》きですから戦争《せんそう》のたとえでお話《はな》ししましょう
戦《たたか》いが始《はじ》まって、両軍《りょうぐん》が衝突《しょうとつ》したとき、負《ま》けそうな軍《ぐん》の兵《へい》がにげ出《だ》しました。
まて〜〜！
にげろ〜
ドドドドド
ある者《もの》は百歩《ひゃっぽ》にげて止《と》まり、ある者《もの》は五十歩《ごじっぽ》にげて止《と》まりました。
ひえ〜〜
おたすけ〜
ドドドドドドドド
そこで、五十歩《ごじっぽ》にげた者《もの》が、百歩《ひゃっぽ》にげた者《もの》に「臆病者《おくびょうもの》」と言《い》って笑《わら》ったら…どうでしょうか。
やーい臆病者《おくびょうもの》〜！
百歩《ひゃっぽ》にげた
五十歩《ごじっぽ》にげた
それはいかん二人《ふたり》ともにげたことにはかわりないではないか
王様《おうさま》の政治《せいじ》は小《ちい》さな施《ほどこ》しであり隣国《りんごく》の王《おう》の政治《せいじ》とちがいがないので民《たみ》が増《ふ》えないのです
もし王様《おうさま》が反省《はんせい》してよりよい政治《せいじ》を行《おこな》うなら天下《てんか》の民《たみ》が集《あつ》まってくるでしょう！
パァァァン

かざして雲《くも》をながめる。

事《こと》と次第《しだい》によっては 慣用句

意味 これからのなりゆきによるが、もしかすると。例 事と次第によっては計画《けいかく》中止《ちゅうし》ということもありえる。

事《こと》なきを得《え》る 慣用句

意味 無事《ぶじ》にすむ。困難《こんなん》なことは起《お》こらない。例 すぐ医者《いしゃ》に来《き》てもらったので事なきを得た。

事《こと》に当《あ》たる 慣用句

意味 あることに直接関係《ちょくせつかんけい》しておこなう。例 みんなで協力《きょうりょく》して事に当たることにした。

異《こと》にする 慣用句

意味 (…が) ちがう。(…が) 別《べつ》である。例 意見《いけん》を異にする。参考 「…を異《こと》にする」の形《かたち》で用《もち》いる。

事《こと》による 慣用句

意味 場合《ばあい》による。例 のんびりなのも事による。

事《こと》によると 慣用句

意味 もしかすると。ひょっとすると。例 事によると、放送《ほうそう》は中止《ちゅうし》になるかもしれない。

言葉《ことば》が過《す》ぎる 慣用句

意味 度《ど》をこして強《つよ》く言《い》う。言《い》ってはいけないことを言《い》う。例 言葉が過ぎて母《はは》をおこらせてしまった。

言葉《ことば》が足《た》りない 慣用句

意味 言《い》い方《かた》や説明《せつめい》の仕方《しかた》などが不十分《ふじゅうぶん》である。例 言葉が足りなかったので、悪《わる》口《くち》を言《い》っていると誤解《ごかい》された。

言葉尻《ことばじり》をとらえる 慣用句

意味 ほかの人《ひと》がまちがえていった言葉《ことば》を取《と》り上《あ》げる。例 人《ひと》の言葉尻をとらえて文句《もんく》をつけるのはひきょうだ。類 揚《あ》げ足《あし》を取《と》る

言葉《ことば》巧《たく》みに 慣用句

意味 上手《じょうず》な話《はな》し方《かた》で。例 言葉巧みに話《はなし》を持《も》ちかける。参考 よくない意味《いみ》で用《もち》いることが多《おお》い。

言葉《ことば》に甘《あま》える 慣用句

意味 相手《あいて》の親切《しんせつ》な言葉《ことば》に従《したが》う。例 お言葉に甘えて先《さき》に帰《かえ》らせていただきます。参考 「お言葉《ことば》に甘《あま》えて…」の形《かたち》で、相手《あいて》の申《もう》し出《で》などを受《う》け入《い》れるときに用《もち》いることが多《おお》い。

言葉《ことば》に余《あま》る 慣用句

意味 言葉《ことば》であらわすことのできる限度《げんど》をこえている。例 言葉に余るほどの感動《かんどう》を味《あじ》わった。

言葉《ことば》に角《かど》がある 慣用句

意味 話《はな》す言葉《ことば》の中《なか》に、ふゆかいにさせる意味《いみ》がある。例 君《きみ》の話《はなし》には言葉に角がある。

言葉《ことば》に尽《つ》くせない 慣用句

意味 言葉《ことば》では十分《じゅうぶん》に言《い》いあらわせない。例 山頂《さんちょう》からのながめの美《うつく》しさはとうてい言葉に尽くせない。

言葉《ことば》の綾《あや》 慣用句

意味 うまい言《い》い回《まわ》し。びみょうな言《い》い方《かた》。例 そう言《い》ったのは言葉の綾で、決《けっ》して悪口《わるくち》ではない。

言葉《ことば》を返《かえ》す 慣用句

意味 相手《あいて》の言《い》うことに反対《はんたい》して言《い》い返《かえ》す。例 お言葉を返すようですが、わたしにはそうとは思《おも》えません。

言葉《ことば》を掛《か》ける 慣用句

意味 話《はな》しかける。例 帰《かえ》る前《まえ》に言葉を掛ける。

言葉《ことば》を継《つ》ぐ 慣用句

意味 言葉《ことば》をさらにつけ加《くわ》える。例 言葉

を継《つ》いで話《はな》す。

言葉《ことば》を尽《つ》くす 慣用句
意味 相手《あいて》がよくわかるようにくわしく説明《せつめい》する。例 言葉を尽くして友達《ともだち》の退部《たいぶ》をひきとめる。

言葉《ことば》を濁《にご》す 慣用句
意味 はっきりものを言《い》わないでおく。例 あとは笑《わら》って言葉を濁してしまった。
同 口《くち》を濁す

事《こと》もなげ 慣用句
意味 まるで何事《なにごと》もなかったようなようす。例 先生《せんせい》は重《おも》い石《いし》を事もなげに持《も》ち上《あ》げた。

子供《こども》の喧嘩《けんか》に親《おや》が出《で》る ことわざ

意味 ささいなことに、わきから口《くち》を出《だ》してさわぎたてることのたとえ。例 子供の喧嘩に親が出るようなみっともないことをするな。
語源 子供同士《こどもどうし》の喧嘩に親が口を出すと、自分《じぶん》の子《こ》をかばって公平《こうへい》でなくなり、また親同士《おやどうし》の喧嘩《けんか》へと事《こと》が大《おお》きくなることもあるので、だまって見《み》ていたほうがよいということから。
参考 非難《ひなん》するときに用《もち》いる。

子供《こども》の使《つか》い 慣用句
意味 何《なん》の用《よう》で行《い》ったのかがはっきりしない使《つか》いのたとえ。例 子供の使いじゃあるまいし、このままでは引《ひ》き下《さ》がれない。
語源 子供《こども》がするような役《やく》に立《た》たない使《つか》いということから。

子供《こども》は風《かぜ》の子《こ》 ことわざ
意味 冬《ふゆ》の寒《さむ》い風《かぜ》の中《なか》でも、子供《こども》は外《そと》で元気《げんき》に遊《あそ》ぶものだということ。例 子供は風の子なんだから、外《そと》で遊《あそ》んでおいで。

事《こと》を構《かま》える 慣用句
意味 争《あらそ》いを起《お》こそうとする。例 こちらには事を構えるつもりはない。

この上《うえ》ない 慣用句
意味 これ以上《いじょう》のものがない。最高《さいこう》である。例 入賞《にゅうしょう》は、この上ない喜《よろこ》びだ。
同 この上《うえ》もない

この親《おや》にしてこの子《こ》あり 慣用句
意味 このような立派《りっぱ》な親《おや》があってこそ、こんなにも優《すぐ》れた子供《こども》が生《う》まれるのだということ。例 親子二代《おやこにだい》で学者《がくしゃ》とは、まさにこの親にしてこの子ありだ。
参考 「親《おや》が優秀《ゆうしゅう》でないから、子《こ》の出来《でき》もよくない」の意味《いみ》で使《つか》われることもある。

この期《ご》に及《およ》んで 慣用句
意味 この大事《だいじ》な時期《じき》になっても。例 この期に及んで、まだ白《しら》をきるのか。
参考 物事《ものごと》がさしせまっているときに用《もち》いる。

子《こ》は鎹《かすがい》 ことわざ
意味 子供《こども》は鎹《かすがい》のようなもので、両親《りょうしん》が別《わか》れないようにつなぎとめてくれるということのたとえ。例 その夫婦《ふうふ》は、子供《こども》の看病《かんびょう》をしているうちに仲直《なかなお》りしたそうだ。やはり、子は鎹だね。

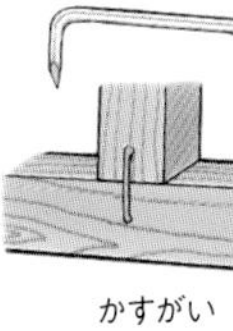
かすがい

語源 「鎹《かすがい》」は、建物《たてもの》などの二《ふた》つの木材《もくざい》をつなぐ金具《かなぐ》。

小馬鹿《こばか》にする 慣用句

意味 相手《あいて》を見《み》くびったような態度《たいど》をとる。例 小馬鹿にしたような話《はな》し方《かた》。

子《こ》は三界《さんがい》の首《くび》っ枷《かせ》 ことわざ

意味 親《おや》は子供《こども》のことを思《おも》う心《こころ》にしばられて、一生自由《いっしょうじゆう》でいられないということ。例 いくつになっても、子供《こども》のことが心配《しんぱい》だ。子は三界の首っ枷で。語源「三界《さんがい》」は、昔《むかし》と、今《いま》と、これから先《さき》。「首《くび》っ枷《かせ》」は、昔《むかし》、罪人《ざいにん》の首《くび》にはめて、にげられないようにした道具《どうぐ》。参考 いろはがるた（江戸《えど》）の一《ひと》つ。同 子《こ》は三界《さんがい》の首枷《くびかせ》　英 Children suck the mother when they are young, and the father when they are old.（子供《こども》は幼《よう》にしては母《はは》を吸《す》い、長《ちょう》じては父《ちち》を吸《す》う）

小鼻《こばな》をうごめかす 慣用句

意味 得意《とくい》そうにする。例 テストの点《てん》がよかったので、小鼻をうごめかす。

小鼻《こばな》をふくらます 慣用句

意味 不満《ふまん》そうにする。例 思《おも》いどおりにならず、弟《おとうと》は小鼻をふくらました。

小腹《こばら》が減《へ》る 慣用句

意味 ちょっとおなかがすく。例 小腹が減ったのでクッキーを食《た》べた。

★**小春日和《こはるびより》** 四字熟語

意味 秋《あき》の終《お》わりから冬《ふゆ》の初《はじ》めのころの、おだやかな暖《あたた》かい天気《てんき》。例 遠足《えんそく》の日《ひ》は小春日和だった。語源「小春《こはる》」は、昔《むかし》のこよみで十月《じゅうがつ》（＝今《いま》の十一月《じゅういちがつ》）。注意 春《はる》のおだやかな暖《あたた》かい天気《てんき》のことではない。

碁盤《ごばん》の目《め》のよう 慣用句

意味 碁盤《ごばん》に引《ひ》かれた線《せん》のように、縦横《たてよこ》の線《せん》が平行《へいこう》に同《おな》じ間《かん》かくで並《なら》んでいるようす。例 碁盤の目のように整然《せいぜん》としている道路《どうろ》。

こびを売《う》る 慣用句

意味 相手《あいて》に気《き》に入《い》られようとしてきげんを取《と》る。例 社長《しゃちょう》にこびを売る。

五風十雨《ごふうじゅうう》 四字熟語

意味 五日目《いつかめ》ごとに風《かぜ》がふき、十日目《とおかめ》ごとに雨《あめ》が降《ふ》ること。農作物《のうさくぶつ》によい天候《てんこう》で、世《よ》の中《なか》が平穏《へいおん》であることのたとえ。例 五風十雨の天候《てんこう》。

鼓腹撃壌《こふくげきじょう》 故事成語

意味 世《よ》の中《なか》がよく治《おさ》まり、人々《ひとびと》が平和《へいわ》な暮《く》らしを楽《たの》しんでいること。〈『十八史略《じゅうはっしりゃく》』〉例 その国《くに》では、長年《ながねん》にわたって誰《だれ》もが安心《あんしん》して暮《く》らせるような鼓腹撃壌の世《よ》が続《つづ》いた。語源「鼓腹《こふく》」は、満腹《まんぷく》になって腹鼓《はらつづみ》を打《う》つこと。「撃壌《げきじょう》」は、地面《じめん》をふみならして拍子《ひょうし》をとること。中国古代《ちゅうごくこだい》の帝王《ていおう》の堯《ぎょう》は、世《よ》の中《なか》が治《おさ》まっているのかわからないでいた。そこで、世間《せけん》のようすを視察《しさつ》に出《で》かけたとき、一人《ひとり》の老人《ろうじん》が腹鼓《はらつづみ》を打《う》ち、足踏《あしぶ》みして調子《ちょうし》をとりながら「日《ひ》が出《で》れば働《はたら》き、沈《しず》めば休《やす》む。井戸《いど》をほって水《み》を飲《の》み、田畑《たはた》を耕《たがや》して米《こめ》を食《た》べる。帝王《ていおう》のおかげなど、一《ひと》つもこうむっていない」と歌《うた》っているのを聞《き》き、堯《ぎょう》は世《よ》の中《なか》がよく治《おさ》まっていることを知《し》ったという故事《こじ》から。英 All is well, the old man dances.（よろ

ずめでたく老《お》いも踊《おど》る）

五分五分《ごぶごぶ》 四字熟語

意味 力《ちから》やわざなどが、たがいに同《おな》じくらいで、どちらが優《すぐ》れているか決《き》められないこと。例 両者《りょうしゃ》の実力《じつりょく》は五分五分で、どちらが勝《か》つかわからない。

小骨《こぼね》が折《お》れる 慣用句

意味 少《すこ》しばかり苦労《くろう》する。例 小骨が折れる作業《さぎょう》。

困《こま》った時《とき》の神頼《かみだの》み ことわざ

⬇苦《くる》しい時《とき》の神頼《かみだの》み（145ページ）

こまねずみのよう 慣用句

意味 休《やす》まずに動《うご》き回《まわ》るようす。例 こまねずみのように働《はたら》き続《つづ》ける。

語源 こまねずみは、くるくる回《まわ》る習性《しゅうせい》があることから。

ごまめの歯《は》ぎしり ことわざ

意味 力《ちから》のない者《もの》がいくらくやしがっても、どうにもならないということのたとえ。例 実力《じつりょく》に差《さ》があるのだから、くやしがってもごまめの歯ぎしりだ。

ごまめ

語源 「ごまめ」は、小《ちい》さな魚《さかな》のカタクチイワシをほした食《た》べ物《もの》。

小回《こまわ》りが利《き》く 慣用句

意味 必要《ひつよう》なときに、すばやく行動《こうどう》ができる。例 あの人《ひと》は小回りが利くので、うまく仕事《しごと》をこなしている。

胡麻《ごま》を擂《す》る 慣用句

意味 自分《じぶん》が得《とく》をするために、相手《あいて》にくっつき、へつらってきげんをとる。

例 姉《あね》は、祖母《そぼ》に胡麻を擂って、おこづかいをもらおうとしている。

語源 胡麻《ごま》を擂《す》ると、すりばちに胡麻《ごま》がべたべたとくっつくことから。

ごまをする

★**小耳《こみみ》に挟《はさ》む** 慣用句

意味 ちょっと聞《き》く。例 うわさを小耳に挟む。

孤立無援《こりつむえん》 四字熟語

意味 仲間《なかま》がなくて、助《たす》けてくれる者《もの》がいないこと。例 孤立無援の戦《たたか》い。

★★**五里霧中《ごりむちゅう》** 四字熟語

類 四面楚歌《しめんそか》

意味 物事《ものごと》の事情《じじょう》がわからなくて、どうしてよいかわからないこと。例 犯人《はんにん》の手《て》がかりがまったくなくて、事件《じけん》は五里霧中の状態《じょうたい》だ。

語源 「五里霧《ごりむ》」は、中国《ちゅうごく》の後漢時代《ごかんじだい》、張楷《ちょうかい》という人《ひと》が、仙術《せんじゅつ》を用《もち》いて五里四方《ごりしほう》の遠《とお》くまで起《お》こすことができた霧《きり》。その霧《きり》の中《なか》に入《はい》ると、方向《ほうこう》を見失《みうしな》ったという話《はなし》から。

注意 「五里夢中《ごりむちゅう》」は誤《あやま》り。

これ見《み》よがし 慣用句

意味 「これを見《み》なさい」とじまんするように見《み》せつけるようす。例 近所《きんじょ》のおじさんは、外車《がいしゃ》をこれ見よがしに乗《の》り回《まわ》している。

転《ころ》がる石《いし》には苔《こけ》が生《は》えぬ ことわざ

⬇世界のことわざ（175ページ）

意味 ❶たびたび仕事《しごと》や住居《じゅうきょ》を変《か》える人《ひと》は、地位《ちい》も得《え》られず、お金《かね》もたまらないということ。（イギリスで使《つか》われる意《い》味《み》。）例 アルバイトが長続《ながつづ》きしない兄《あに》に、父《ちち》が、転がる石には苔が生えぬと、さとした。❷活発《かっぱつ》に動《うご》き回《まわ》っていると、生《い》き生《い》きしていられてよい。（アメリカで使《つか》われる意味《いみ》。）**例** 転がる石には苔が生えぬで、母《はは》は次《つぎ》から次《つぎ》へと新《あたら》しい事《こと》に挑戦《ちょうせん》してる。

参考 西洋《せいよう》のことわざ。

同 転石苔《てんせきこけ》を生《しょう》ぜず／転石苔《てんせきこけ》むさず

英 A rolling stone gathers no moss.（転《ころ》がる石《いし》には苔《こけ》が生《は》えぬ）

★転《ころ》ばぬ先《さき》の杖《つえ》　ことわざ

意味 失敗《しっぱい》しないように、おこなう前《まえ》からよく注《ちゅう》意《い》することが必要《ひつよう》だということのたとえ。**例** 空《そら》はまだ明《あか》るいが、転ばぬ先の杖で、かさを持《も》って出《で》かけよう。

語源 つまずいて転《ころ》ぶ前《まえ》に杖《つえ》をつくべきだということから。

英 Prevention is the best cure.（予防《よぼう》は最高《さいこう》の治療法《ちりょうほう》）

転《ころ》んでもただでは起《お》きぬ　ことわざ

意味 失敗《しっぱい》した場合《ばあい》でも、そこから何《なに》か得《とく》になることをつかむ。**例** 行《い》き先《さき》をまちがえてしまったが、その場所《ばしょ》で新《あら》たなお客《きゃく》を見《み》つけた。かれは転んでもただでは起きぬ人《ひと》だ。

語源 転《ころ》んでも、何《なに》か落《お》ちているものを拾《ひろ》ってから立《た》ち上《あ》がるということから。

同 転《ころ》んでもただでは起《お》きない／転《ころ》んでもただは起《お》きない

英 All is fish that comes to his net.（あいつの網《あみ》にかかるものはすべて魚《さかな》である…魚《さかな》として役立《やくだ》てる）

コロンブスの卵《たまご》　ことわざ

意味 人《ひと》がおこなった後《あと》では易《やさ》しそうなことでも、最初《さいしょ》におこなうのは難《むずか》しいということのたとえ。**例** あの商品《しょうひん》は簡単《かんたん》

金田一先生のことわざコラム

「転《ころ》がる石《いし》には苔《こけ》が生《は》えぬ」

「転《ころ》がる石《いし》には苔《こけ》が生《は》えぬ」は、英語《えいご》（イギリスやアメリカで使《つか》われている言語《げんご》）のことわざを、日本語《にほんご》に訳《やく》したものです。日本《にほん》やイギリスでは、一《いっ》か所《しょ》にじっとすることなく動《うご》き回《まわ》っていると、よい結果《けっか》が得《え》られないという意味《いみ》ですが、何《なん》と、アメリカでは、まったく反対《はんたい》の意味《いみ》で使《つか》われています。アメリカでは、活発《かっぱつ》に動《うご》き回《まわ》っていれば、常《つね》に新鮮《しんせん》で新《あたら》しくいられるという意味《いみ》なのです。「苔《こけ》が生《は》える」ことを、日本《にほん》やイギリスでは、深《ふか》みができてよい、生《は》えないのはよくないことだととらえています。それに対《たい》して、アメリカでは苔《こけ》はよけいなものなので、生《は》えない方《ほう》がよいとしているのです。文化《ぶんか》のちがいで、言葉《ことば》の意味《いみ》も変《か》わるのですね。

世界《せかい》のことわざ　転《ころ》がる石《いし》には苔《こけ》が生《は》えぬ

転石苔《てんせきこけ》を生《しょう》ぜず

仕事《しごと》を転々《てんてん》として、だいじょうぶなの？
ワンダフル！
いつも新《あたら》しいことに取《と》り組《く》んで、いいなあ！
イギリス人《じん》
アメリカ人《じん》

イギリス

〔イギリス流解釈《りゅうかいしゃく》〕

住《す》む場所《ばしょ》や仕事《しごと》を何度《なんど》も変《か》えていると、お金《かね》もたまらず、信用《しんよう》も得《え》られないというたとえです。伝統《でんとう》や落《お》ち着《つ》いた生活《せいかつ》をたいせつにし、苔《こけ》を肯定的《こうていてき》に評価《ひょうか》するイギリス人《じん》らしい解釈《かいしゃく》です。日本《にほん》でも英語教育《えいごきょういく》のなかで、このことわざを「転石苔《てんせきこけ》を生《しょう》せず」と訳《やく》し、イギリス流《りゅう》の解釈《かいしゃく》で教《おし》えていました。

アメリカ

〔アメリカ流解釈《りゅうかいしゃく》〕

積極的《せっきょくてき》に転職《てんしょく》したり、引《ひ》っ越《こ》しを繰《く》り返《かえ》す活動的《かつどうてき》な人《ひと》は、いつまでも錆《さ》びつかず、若々《わかわか》しくて好感《こうかん》がもてるというたとえです。苔《こけ》を評価《ひょうか》せず、いつも新《あら》たなものにチャレンジするアメリカ人《じん》らしい解釈《かいしゃく》です。＊なお、ヨーロッパでもアメリカ流《りゅう》に使《つか》うことがあり、逆《ぎゃく》にアメリカでもイギリス流《りゅう》の使《つか》い方《かた》をする場合《ばあい》があります。

その他《た》 ドイツ、オランダ、フランス、イタリア、スペイン、ポルトガル

ナイジェリア

かめがゆれ動《うご》いているといっぱいにならない

かめがゆれ動《うご》いていては水《みず》がこぼれていっぱいに入《い》れることはできません。ちなみに水《みず》には表面張力《ひょうめんちょうりょく》という作用《さよう》があって、かめなどのうつわが静止《せいし》していると水面《すいめん》が盛《も》り上《あ》がるようになっていっぱい入《はい》ります。

中国《ちゅうごく》

茶碗《ちゃわん》の水《みず》は移《うつ》しかえているとだんだん減《へ》ってくる

どんなに気《き》をつけていても、茶碗《ちゃわん》の水《みず》を移《うつ》しかえていると、しずくがたれたりして、水《みず》が少《すこ》しずつ減《へ》っていってしまいます。水《みず》を減《へ》らしたくなければ、移《うつ》しかえないほうがよいという「転《ころ》がる石《いし》には苔《こけ》が生《は》えぬ」のイギリス流《りゅう》の解釈《かいしゃく》と言《い》えます。

なしくみだが、思《おも》いついたのはまさにコロンブスの卵だ。

語源 アメリカ大陸《たいりく》への到達《とうたつ》はだれにでもできると言《い》われたコロンブスが、相手《あいて》に卵《たまご》を立《た》ててみろと言《い》った。だれにもできなかったが、コロンブスは卵《たまご》の下《した》の方《ほう》をつぶして立《た》ててみせ、「人《ひと》のした後《あと》では、どんなことも簡単《かんたん》に見《み》えるものだ」と言《い》ったという話《はなし》から。

怖《こわ》い物《もの》見《み》たさ 慣用句

意味 怖《こわ》い物《もの》は、かえって気持《きも》ちがそそられて見《み》たくなるということ。**例** 怖い物見たさで、おそるおそるのぞく。

英 Forbidden fruit is sweetest.（禁断《きんだん》の木《こ》の実《み》は甘《あま》い）

小脇《こわき》に抱《かか》える 慣用句

意味 脇《わき》に、ちょっと抱《かか》える。**例** バッグを小脇に抱えて出《で》かける。

参考 「小《こ》」は、「軽《かる》く」という意味《いみ》。

小脇《こわき》に挟《はさ》む 慣用句

意味 脇《わき》に、ちょっと挟《はさ》む。**例** 本《ほん》を小脇に挟む。

参考 「小《こ》」は、「軽《かる》く」という意味《いみ》。

弧《こ》を描《えが》く 慣用句

意味 あるものの動《うご》いた跡《あと》が弓《ゆみ》のように丸《まる》く曲《ま》がった形《かたち》をとる。**例** 白球《はっきゅう》が青空《あおぞら》に弧を描く。

子《こ》を持《も》って知《し》る親《おや》の恩《おん》 ことわざ

意味 自分《じぶん》が親《おや》になって初《はじ》めて、親《おや》のありがたさがわかるものだということ。

例 子を持って知る親の恩というとおり、子供《こども》が生《う》まれてから両親《りょうしん》への感謝《かんしゃ》の気《き》持《も》ちが増《ま》した。

★★ 言語道断《ごんごどうだん》 四字熟語

意味 言葉《ことば》では言《い》いあらわせないくらいひどいこと。**例** あんな親切《しんせつ》な人《ひと》をだますとは言語道断だ。

語源 もともとは、仏教《ぶっきょう》の言葉《ことば》で、仏《ほとけ》の教《おし》えはおく深《ぶか》くて言葉《ことば》では言《い》いあらわせないということ。

注意 「言語同断《ごんごどうだん》」は誤《あやま》り。また、「げんごどうだん」と読《よ》むのは誤《あやま》り。

今昔《こんじゃく》の感《かん》 慣用句

意味 今《いま》と昔《むかし》を思《おも》い比《くら》べて、そのちがいの大《おお》きさにおどろく気持《きも》ち。**例** 久《ひさ》しぶりに帰郷《ききょう》したおじは、今昔の感にたえないといったようすで、家《いえ》の周《まわ》りを見回《みまわ》した。

★ 渾然一体《こんぜんいったい》 四字熟語

意味 異《こと》なるものがとけあって一《ひと》つになり、区別《くべつ》がなくなること。**例** さまざまな音色《ねいろ》が渾然一体となって、きく者《もの》の心《こころ》をとらえた。

権兵衛《ごんべえ》が種蒔《たねま》きゃ烏《からす》がほじくる ことわざ

意味 人《ひと》が苦労《くろう》しておこなったことを、後《あと》からぶちこわすことのたとえ。骨折《ほねお》りがむだになることのたとえ。**例** 権兵衛が種蒔きゃ烏がほじくるで、庭《にわ》そうじをしたのに、強風《きょうふう》のせいですぐに落《お》ち葉《ば》でいっぱいになってしまった。

語源 農民《のうみん》の権兵衛《ごんべえ》が種《たね》を蒔《ま》いても、すぐにカラスが種《たね》をほじくりだしてしまうということから。

参考 もとは俗謡《ぞくよう》（＝民衆《みんしゅう》の歌《うた》）の歌詞《かし》で、この後《あと》「三度《さんど》に一度《いちど》は追《お》わずばなるまい」と続《つづ》く。

根《こん》を詰《つ》める 慣用句
意味 根気強《こんきづよ》く一《ひと》つの物事《ものごと》に集中《しゅうちゅう》する。
例 あまり**根を詰める**と、体《からだ》によくないよ。

さ

塞翁《さいおう》が馬《うま》 故事成語 ⇒マンガdeことわざ（179ページ）
意味 人生《じんせい》は思《おも》いがけないことが起《お》こるものなので、幸《しあわ》せや不幸《ふしあわ》せは、予想《よそう》できないということのたとえ。〈『淮南子《えなんじ》』〉
例 **塞翁が馬**というから、そんなに落《お》ちこむことはないと思《おも》うよ。
語源 昔《むかし》、国境《こっきょう》の塞《とりで》の近《ちか》くにうらないの得《とく》意《い》な翁《おきな》（＝男性《だんせい》の老人《ろうじん》）が住《す》んでいた。ある日老人《ろうじん》の馬《うま》が異民族《いみんぞく》の領土《りょうど》ににげた。人々《ひとびと》は気《き》の毒《どく》がったが、数《すう》か月後《げつご》、にげた馬《うま》が足《あし》の速《はや》い馬《うま》たちを連《つ》れてもどってきた。人々《ひとびと》は祝《いわ》ったが、今度《こんど》はその馬《うま》から息子《むすこ》が落《お》ちて足《あし》の骨《ほね》を折《お》ってしまった。人々《ひとびと》はかわいそうにとなぐさめた。一年後《いちねんご》、異民族《いみんぞく》が攻《せ》めてきて、男《おとこ》のほとんどが死《し》ぬ激《はげ》しい戦争《せんそう》になったが、息子《むすこ》は足《あし》が不自由《ふじゆう》なため、兵隊《へいたい》にとられることはなく、老人《ろうじん》とともに無事《ぶじ》であったという話《はなし》から。
同 人間万事塞翁《にんげんばんじさいおう》が馬《うま》 類 禍福《かふく》はあざなえる縄《なわ》の如《ごと》し／沈《しず》む瀬《せ》あれば浮《う》かぶ瀬《せ》あり 英 Joy and sorrow are today and tomorrow.（今日《きょう》の喜《よろこ》び明日《あす》は悲《かな》しみ）

才気煥発《さいきかんぱつ》 四字熟語
意味 優《すぐ》れた頭《あたま》の働《はたら》きが外《そと》にあらわれるようす。例 **才気煥発**な少年《しょうねん》。

細工《さいく》は流々《りゅうりゅう》仕上《しあ》げを御覧《ごろう》じろ ことわざ
意味 やり方《かた》はいろいろあるのだから、途中《とちゅう》でとやかく言《い》わずに、結果《けっか》を見《み》て批評《ひひょう》せよということ。例 **細工は流々仕上げを御覧じろ**、だ。文句《もんく》を言《い》うのは、完成品《かんせいひん》を見《み》てからにしてくれ。
語源 「流々《りゅうりゅう》」は、流儀《りゅうぎ》や流派《りゅうは》によってさまざまなやり方《かた》がある意味《いみ》。

歳月人《さいげつひと》を待《ま》たず 故事成語
意味 年月《ねんげつ》は人《ひと》にはかまわずに、どんどん過《す》ぎていってしまう。例 もう卒業《そつぎょう》だなんて、**歳月人を待たず**だなあ。
参考 (1)中国《ちゅうごく》の陶淵明《とうえんめい》の詩《し》にある言葉《ことば》。(2)時間《じかん》の過《す》ぎるのが早《はや》いことをあらわす。
類 光陰矢《こういんや》の如《ごと》し 英 Time and tide wait for no man.（時《とき》の流《なが》れは人《ひと》を待《ま》たない）

最後《さいご》を飾《かざ》る 慣用句
意味 終《お》わりを立派《りっぱ》にする。例 紅白《こうはく》リレーは運動会《うんどうかい》の**最後を飾る**にふさわしい種目《しゅもく》だ。
類 有終《ゆうしゅう》の美《び》

最期《さいご》を遂《と》げる 慣用句
意味 ある死《し》に方《かた》をする。死《し》ぬ。例 主人公《しゅじんこう》が立派《りっぱ》な**最期を遂げる**、古《ふる》い物語《ものがたり》。
参考 「潔《いさぎよ》い…」「不幸《ふこう》な…」などと、特別《とくべつ》な死《し》に方《かた》のときに用《もち》いることが多《おお》い。
注意 「最後を遂《と》げる」は誤《あやま》り。

幸先《さいさき》がいい 慣用句
意味 これからおこなうことが、うまくいきそうである。例 出発《しゅっぱつ》まぎわに雨《あめ》がやむとは**幸先がいい**。

★**再三再四《さいさんさいし》** 四字熟語
意味 くり返《かえ》し何度《なんど》も。例 まちがえないように、弟《おとうと》に**再三再四**注意《ちゅうい》した。

語源 二度《にど》も三度《さんど》もという意味《いみ》の「再三《さいさん》」を強《つよ》めていう言葉《ことば》。

才子才《さいしさい》に倒《たお》れる ことわざ
意味 才能《さいのう》のある人《ひと》は、自分《じぶん》の才能《さいのう》にたよりすぎて失敗《しっぱい》しがちであるということ。
例 将来《しょうらい》は小説家《しょうせつか》と期待《きたい》されているのに、決《き》められた字数《じすう》で書《か》かなかったので落《らく》選《せん》した。まさに才子才に倒れるといったところだね。
類 才知《さいち》は身《み》の仇《あだ》／策士策《さくしさく》に溺《おぼ》れる

★才色兼備《さいしょくけんび》 四字熟語
意味 才能《さいのう》と顔《かお》かたちの美《うつく》しさの両方《りょうほう》をそなえていること。 例 才色兼備の作家《さっか》にあこがれる。

参考 ほめ言葉《ことば》として、ふつう、女性《じょせい》に用《もち》いる。

最善《さいぜん》を尽《つ》くす 慣用句
意味 できるかぎりの努力《どりょく》をする。 例 合《ごう》格《かく》をめざして最善を尽くす。

最大多数《さいだいたすう》の最大幸福《さいだいこうふく》 ことわざ
意味 社会《しゃかい》における善《ぜん》は、最《もっと》も多《おお》くの人々《ひとびと》に最《もっと》も大《おお》きな幸福《こうふく》をもたらすことであるということ。 例 たがいに思《おも》いやり、自《じ》他《た》の幸《しあわ》せを追求《ついきゅう》することが、最大多数の最大幸福につながるのではないだろうか。
語源 イギリスの思想家《しそうか》ベンサムの言葉《ことば》、The greatest happiness of the greatest number. の訳《やく》。

細大漏《さいだいも》らさず 慣用句
意味 どんな小《ちい》さなことも残《のこ》さず。 例 先《せん》生《せい》の注意《ちゅうい》を細大漏らさず聞《き》き取《と》る。
語源 「細大《さいだい》」は、細《こま》かなことと大《おお》きなこと。
注意 「最大漏《さいだいも》らさず」は誤《あやま》り。

采配《さいはい》を振《ふ》る 慣用句
意味 先頭《せんとう》に立《た》って指図《さしず》をする。指揮《しき》する。 例 長年《ながねん》にわたってチームの采配を振る。
語源 「采配《さいはい》」は、昔《むかし》、戦場《せんじょう》で大将《たいしょう》が指揮《しき》をするために用《もち》いた道具《どうぐ》で、はたきのような形《かたち》をしている。
注意 「采配《さいはい》を振《ふ》るう」は、本来《ほんらい》の言《い》い方《かた》ではない。

賽《さい》は投《な》げられた ことわざ
意味 こうした事態《じたい》になった以上《いじょう》、最後《さいご》までやるしかない。 例 賽は投げられたのだから、とにかくがんばるしかない。
語源 「賽《さい》」は、さいころのこと。さいころを一度《いちど》投《な》げたら、やり直《なお》しがきかないということから。
参考 古代《こだい》ローマ時代《じだい》、シーザーが、ルビコン川《がわ》をわたってローマに進軍《しんぐん》するときに言《い》ったとされる。
英 The die is cast.（賽《さい》は投《な》げられた）

財布《さいふ》の紐《ひも》を締《し》める 慣用句
意味 むだなお金《かね》をつかわないようにする。節約《せつやく》する。 例 家計《かけい》が苦《くる》しくなったので、財布の紐を締める。
対 財布《さいふ》の紐《ひも》を緩《ゆる》める

座《ざ》が白《しら》ける 慣用句
意味 うちとけた気分《きぶん》がこわれて、気《き》まずくなる。 例 内輪《うちわ》の話《はなし》ばかりで座が白ける。

逆手《さかて》に取《と》る 慣用句
意味 相手《あいて》のこうげきを逆《ぎゃく》に利用《りよう》してせ

マンガ de ことわざ

塞翁《さいおう》が馬《うま》

国境《こっきょう》の塞《とりで》のそばに老人《ろうじん》が住《す》んでいた。ある日《ひ》、老人《ろうじん》の飼《か》っている馬《うま》が異民族《いみんぞく》の国《くに》ににげてしまった。
周《まわ》りの人々《ひとびと》は気《き》の毒《どく》がったが……
かわいそうに！
悲《かな》しまんぞ！きっと幸運《こううん》がめぐってくるさ
数《すう》か月後《げつご》、にげた馬《うま》が駿馬《しゅんめ》たちを連《つ》れてもどってきた。
ブルルッ
喜《よろこ》ばんぞ！災《わざわ》いがめぐってくるかもな
よかったね～
やがてその馬《うま》に乗《の》った息子《むすこ》が落馬《らくば》して足《あし》の骨《ほね》を折《お》ってしまった。人々《ひとびと》は同情《どうじょう》してなぐさめた。
ドガ
一年後《いちねんご》、異民族《いみんぞく》が攻《せ》めてきて、男《おとこ》のほとんどが死《し》ぬ激《はげ》しい戦争《せんそう》だったが……
足《あし》が不自由《ふじゆう》な息子《むすこ》は兵隊《へいたい》にとられることはなく、老人《ろうじん》ともども無事《ぶじ》であった。
人生《じんせい》は何《なに》が幸福《こうふく》で何《なに》が不幸《ふこう》かわからぬものじゃ

め返《かえ》す。例 相手《あいて》の主張《しゅちょう》を逆手に取って言《い》い負《ま》かす。

逆《さか》ねじを食《く》わす 慣用句
意味 文句《もんく》などを言《い》ってきた人《ひと》を、逆《ぎゃく》に言《い》い負《ま》かす。例 理屈《りくつ》に合《あ》わないことを言《い》う人《ひと》に逆ねじを食わす。

先立《さきだ》つものは金《かね》 ことわざ
意味 何《なに》をするのにも、まず必要《ひつよう》なのは金銭《きんせん》だということ。例 すばらしい旅行計画《りょこうけいかく》だけど、先立つものは金だから、親《おや》に相談《そうだん》してみよう。
語源 「先立《さきだ》つ物《もの》」は、真《ま》っ先《さき》に必要《ひつよう》とする物《もの》のこと。
英 Money will do anything.（金《かね》は万能《ばんのう》だ）

先《さき》を争《あらそ》う 慣用句
意味 人《ひと》よりも早《はや》く、有利《ゆうり》な立場《たちば》に立《た》とうとして競争《きょうそう》する。例 先を争って展示会場《てんじかいじょう》へ向《む》かう。

先《さき》を急《いそ》ぐ 慣用句
意味 目当《めあ》ての所《ところ》へ急《いそ》いで行《い》く。例 先を急ぎますので、これで失礼《しつれい》します。

鷺《さぎ》を烏《からす》と言《い》いくるめる ことわざ
意味 はっきりうそだとわかっていることを、無理《むり》に本当《ほんとう》だと言《い》いはることのたとえ。例 そんな話《はなし》、鷺を烏と言いくるめるようなもので、信用《しんよう》できない。
語源 白《しろ》い鳥《とり》のサギを、黒《くろ》いカラスだと言《い》いはるということから。
同 鷺《さぎ》を烏《からす》
類 鹿《しか》を指《さ》して馬《うま》となす／白《しろ》を黒《くろ》と言《い》う（黒《くろ》を白《しろ》と言《い》いくるめる）
英 to make black white

先《さき》を越《こ》す 慣用句
意味 相手《あいて》よりも先《さき》に、物事《ものごと》をおこなう。例 発言《はつげん》しようと思《おも》ったが、友人《ゆうじん》に先を越されてしまった。
同 先《せん》を越《こ》す

先《さき》んずれば人《ひと》を制《せい》す 故事成語 ⇩世界のことわざ（181ページ）
意味 何事《なにごと》も人《ひと》より先《さき》におこなえば有利《ゆうり》な立場《たちば》に立《た》てる。〈『史記《しき》』〉例 先んずれば人を制すというから、早《はや》めに練習《れんしゅう》を始《はじ》めよう。
語源 中国《ちゅうごく》の秦《しん》の時代《じだい》、殷通《いんとう》という人《ひと》の言葉《ことば》から。始皇帝《しこうてい》が死《し》に、秦《しん》の国《くに》がおとろえ始《はじ》めたころ、地方長官《ちほうちょうかん》の殷通《いんとう》は、地元《じもと》の実力者《じつりょくしゃ》の項梁《こうりょう》に、「人《ひと》に先《さき》んじて兵《へい》を出《だ》し、秦《しん》を討《う》った者《もの》が天下《てんか》をとれるだろう。おくれを取《と》れば、人《ひと》に従《したが》わなければならなくなる。」と相談《そうだん》をもちかけたという話《はなし》から。
類 先手必勝《せんてひっしょう》
英 First come, first served.（最初《さいしょ》に来《き》た者《もの》が最初《さいしょ》に接待《せったい》される）

策士《さくし》策《さく》に溺《おぼ》れる ことわざ
意味 はかりごとの上手《じょうず》な人《ひと》は、そのはかりごとにたよりすぎて、自分《じぶん》のしたことがもとで失敗《しっぱい》するということ。例 かれは自分《じぶん》の立《た》てた作戦《さくせん》にこだわりすぎて負《ま》けた。策士策に溺れる、だね。
類 才子《さいし》才《さい》に倒《たお》れる／才知《さいち》は身《み》の仇《あだ》

桜伐《さくらき》る馬鹿《ばか》梅伐《うめき》らぬ馬鹿《ばか》 ことわざ
意味 桜《さくら》は枝《えだ》を切《き》らずにおくのがよく、梅《うめ》は枝《えだ》を切《き》るのがよいということ。樹木《じゅもく》がよく育《そだ》つようにするために、枝《えだ》の一部《いちぶ》を切《き》る手入《てい》れの方法《ほうほう》について、サクラとウメを例《れい》にとって言《い》った言葉《ことば》。例 桜伐る馬鹿梅伐らぬ馬鹿というから、庭《にわ》のサクラはいじらず、ウメは時々枝《ときどきえだ》を切《き》っている。

探《さぐ》りを入《い》れる 慣用句

意味 それとなく相手《あいて》の事情《じじょう》や考《かんが》えなどをたずねる。例 面接《めんせつ》の結果《けっか》を早《はや》く知《し》りたくて、担当者《たんとうしゃ》に探りを入れる。

酒《さけ》に飲《の》まれる 慣用句

意味 酒《さけ》によって、正常《せいじょう》な心《こころ》をなくしてしまう。例 成人《せいじん》した兄《あに》に父《ちち》が、酒に飲まれるような飲《の》み方《かた》をするなと忠告《ちゅうこく》した。

酒《さけ》は百薬《ひゃくやく》の長《ちょう》 故事成語

意味 ほどよく飲《の》めば、酒《さけ》はどんな薬《くすり》にも勝《まさ》る一番《いちばん》よい薬《くすり》であるということ。〈『漢《かん》書《じょ》』〉例 父《ちち》は酒は百薬の長だと言《い》って、毎日晩《まいにちばん》しゃくをしている。

同 百薬《ひゃくやく》の長《ちょう》　対 酒《さけ》は百毒《ひゃくどく》の長《ちょう》

英 Good wine engenders good blood.（よい酒《さけ》はよい血《ち》を作《つく》る）

左顧右眄《さこうべん》 四字熟語

→右顧左眄《うこさべん》（55ページ）

雑魚《ざこ》の魚《とと》交《ま》じり ことわざ

世界《せかい》のことわざ　先《さき》んずれば人《ひと》を制《せい》す

エジプト

先《さき》に着《つ》いた者《もの》がりんごを食《た》べた

他《ほか》の人《ひと》に先《さき》んじた者《もの》が成果《せいか》を得《え》たり、有利《ゆうり》になることのたとえです。エジプトなどアラビア語《ご》を話《はな》す地域《ちいき》は果物《くだもの》が豊富《ほうふ》ですが、古《ふる》くはリンゴが高価《こうか》でした。

スペイン

最初《さいしょ》に来《き》た者《もの》が最初《さいしょ》に粉《こな》をひく

ヨーロッパには、小麦《こむぎ》をひいてパンを食《た》べる文化《ぶんか》がありました。製粉場《せいふんじょう》では、先着順《せんちゃくじゅん》に小麦《こむぎ》をひくならわしです。動力《どうりょく》は水車《すいしゃ》が主《しゅ》ですが、スペインやオランダでは風車《ふうしゃ》も使《つか》われました。

その他《た》 ドイツ、チェコ、スロバキア

タンザニア

先《さき》に行《い》く者《もの》はにごり水《みず》を飲《の》まずにすむ

水《みず》に恵《めぐ》まれない地域《ちいき》では、わずかな水《みず》がとても貴重《きちょう》です。人《ひと》より先《さき》に水場《みずば》につけば、清《きよ》くすんだ水《みず》が飲《の》め、おくれるとよごれた水《みず》を飲《の》むはめになります。その他《た》 ケニア

意味 身分《みぶん》・能力《のうりょく》にふさわしくない高《たか》い地位《ちい》にいて、居心地《いごこち》の悪《わる》いことのたとえ。例 代表《だいひょう》チームにいると、自分《じぶん》は**雑魚の魚交じり**だという気《き》がしてならない。
語源「雑魚《ざこ》」は、小《ち》さな魚《さかな》。「魚《とと》」は、魚《さかな》の幼児語《ようじご》で、この場合《ばあい》は立派《りっぱ》な魚《さかな》のこと。
英 It does not become the sparrow to mix in the dance of the cranes.（鶴《つる》の舞《まい》の中《なか》に雀《すずめ》が交《ま》じるのはふさわしくない）

座《ざ》して食《く》らえば山《やま》もむなし ことわざ

意味 働《はたら》かずにくらしていれば、山《やま》ほどある財産《ざいさん》もやがてはなくなってしまうものだということ。例 遊《あそ》んで暮《く》らそうなんて思《おも》うな。**座して食らえば山もむなし**、だよ。
英 Penny goes after penny, till Peter hasn't any.（一銭《いっせん》また一銭《いっせん》とピーターは文無《もんな》しになる）

刺身《さしみ》のつま 慣用句

意味 あってもなくても、あまり影響《えいきょう》がないもののたとえ。例 どうせ、**刺身のつま**ですから、わたしのことはお気《き》になさらないでください。
語源 もともとは、刺身《さしみ》にそえる野菜《やさい》や、海《かい》そうのこと。

砂上《さじょう》の楼閣《ろうかく》 ことわざ

意味 基礎《きそ》がしっかりしていないことのたとえ。また、実現《じつげん》することのできない物事《ものごと》のたとえ。例 紛争《ふんそう》を続《つづ》けながらの平和論《へいわろん》は**砂上の楼閣**に等《ひと》しい。
語源 砂《すな》の上《うえ》にたてた楼閣《ろうかく》（＝高《たか》い建物《たてもの》）は、しっかりしていなくて、くずれやすいということから。
類 空中楼閣《くうちゅうろうかく》

★★匙《さじ》を投《な》げる 慣用句

意味 物事《ものごと》の見《み》こみが立《た》たず、あきらめる。例 説得《せっとく》がうまくいかず、ついに**匙を投げた**。
語源 手当《てあ》てのしようがなくなって、医者《いしゃ》が薬《くすり》を調合《ちょうごう》する匙《さじ》を投《な》げ出《だ》してしまうということから。

左遷《させん》 故事成語

意味 今《いま》までより、低《ひく》い地位《ちい》や役目《やくめ》にすること。例 仕事《しごと》で失敗《しっぱい》して**左遷**された。
語源「遷《せん》」は、うつすこと。昔《むかし》の中国《ちゅうごく》では、右《みぎ》よりも左《ひだり》が低《ひく》い地位《ちい》とされていたことから。

五月《さつき》の鯉《こい》の吹《ふ》き流《なが》し ことわざ

➡江戸《えど》っ子《こ》は五月《さつき》の鯉《こい》の吹《ふ》き流《なが》し（66ページ）

察《さっ》しがいい 慣用句

意味 物事《ものごと》や人《ひと》のようすなどから、事情《じじょう》がすぐによくわかる。例 母《はは》は**察しがいい**から、ひみつにしていても、ばれてしまうだろう。

察《さっ》しが付《つ》く 慣用句

意味 だいたいの説明《せつめい》で、たぶんそうだろうとわかる。例 そこまで聞《き》けば**察しが付く**。

札片《さつびら》を切《き》る 慣用句

意味 大金《たいきん》をおしげもなく、派手《はで》に使《つか》う。例 いろいろな店《みせ》で**札片を切って**高価《こうか》な商品《しょうひん》を買《か》いあさる。

里心《さとごころ》が付《つ》く 慣用句

意味 親元《おやもと》や故郷《こきょう》がなつかしく、帰《かえ》りたくなる。例 母《はは》からの手紙《てがみ》を読《よ》んで**里心が付く**。

鯖《さば》を読《よ》む 慣用句

意味 自分《じぶん》に都合《つごう》のよいように、数《かず》をごまかして言《い》う。例 この数値《すうち》は**鯖を読んで**いる可能性《かのうせい》が高《たか》い。

語源 魚市場《うおいちば》で魚《さかな》を数《かぞ》えるとき、鯖《さば》は傷《いた》みやすいので、わざと急《いそ》いで数《かず》をとばして言《い》うことが多《おお》かったことから。

様《さま》になる 慣用句

意味 格好《かっこう》がついて、それらしくなる。**例** 舞台衣装《ぶたいいしょう》を着《き》せれば、何《なん》とか**様になる**。

鞘当《さやあ》て 慣用句

意味 たがいの面目《めんぼく》や意地《いじ》に関係《かんけい》したけんか。また、一人《ひとり》の女性《じょせい》をめぐって二人《ふたり》の男性《だんせい》が争《あらそ》うこと。**例** 恋《こい》の**鞘当て**をえがいたテレビドラマ。

語源 昔《むかし》、すれちがった武士《ぶし》が、たがいの刀《かたな》の鞘《さや》が当《あ》たったのをとがめて争《あらそ》ったことから。

座右《ざゆう》の銘《めい》 慣用句

意味 いつも忘《わす》れないようにして、いましめとする言葉《ことば》。**例**「石《いし》の上《うえ》にも三年《さんねん》」が、ぼくの**座右の銘**だ。

語源「座右《ざゆう》」は、座席《ざせき》の右《みぎ》のことで、身近《みぢか》なところや心《こころ》の中《なか》をあらわす。

皿《さら》なめた猫《ねこ》が科《とが》を負《お》う ことわざ

⇩ 世界のことわざ（185ページ）

意味 悪《あく》の張本人《ちょうほんにん》や主犯《しゅはん》が捕《つか》まらず、悪事《あくじ》にちょっと関係《かんけい》したという下《した》っぱだけが罰《ばつ》を受《う》けるたとえ。**例** さぎの親玉《おやだま》は一向《いっこう》に捕《つか》まらず、下《した》っ端《ぱ》ばかりが逮捕《たいほ》されるのは、まさに**皿なめた猫が科を負う**といえる。

語源 皿《さら》にあった魚《さかな》を食《た》べたネコがにげてしまい、そのあとに来《き》て皿《さら》をなめただけのネコが捕《つか》まって罪《つみ》を着《き》せられることから。

類 米食《こめく》った犬《いぬ》が叩《たた》かれずに糠食《ぬかく》った犬《いぬ》が叩《たた》かれる **英** The dog offended, the sow suffered.（犬《いぬ》が罪《つみ》を犯《おか》し、豚《ぶた》が罰《ばつ》を受《う》けた）

猿芝居《さるしばい》 慣用句

意味 下手《へた》な芝居《しばい》。また、すぐにばれるような考《かんが》えの足《た》りないたくらみ。**例** **猿芝居**はやめたまえ。

参考 けいべつした言《い》い方《かた》。

猿知恵《さるぢえ》 慣用句

意味 かしこいようで、実際《じっさい》は浅《あさ》はかな考《かんが》え。**例** そんな**猿知恵**は通用《つうよう》しない。

参考 相手《あいて》のおろかさをあざけるときに用《もち》いる。

猿真似《さるまね》 慣用句

意味 何《なん》の考《かんが》えもなく、むやみに人《ひと》の真似《まね》をすること。**例** それでは、ただの**猿真似**だ。

語源 サルが人《ひと》の動作《どうさ》をそのまままねることから。

参考 けいべつした言《い》い方《かた》。

★★猿《さる》も木《き》から落《お》ちる ことわざ

⇩ 世界のことわざ（187ページ）

意味 どんな名人《めいじん》でも失敗《しっぱい》することがあるということのたとえ。**例** アナウンサーが原稿《げんこう》を読《よ》みまちがえた。**猿も木から落ちる**、だ。

語源 木登《きのぼ》りの上手《じょうず》なサルも、ときには木《き》から落《お》ちるということから。

類 河童《かっぱ》の川流《かわなが》れ／弘法《こうぼう》にも筆《ふで》の誤《あやま》り／上手《じょうず》の手《て》から水《みず》が漏《も》れる／千慮《せんりょ》の一失《いっしつ》

英 A horse may stumble though it has four legs.（四本足《よんほんあし》の馬《うま》もときに転《ころ》ぶ）

去《さ》る者《もの》は追《お》わず　故事成語

意味 はなれていこうとする人《ひと》のことは、その人《ひと》の自由《じゆう》に任《まか》せて、無理《むり》に引《ひ》き止《と》めない。〈『孟子《もうし》』〉 例 やめたいと言《い》うならしかたない。**去る者は追わず**、だ。

語源 中国《ちゅうごく》の『孟子《もうし》』の中《なか》の「往《ゆ》く者《もの》は追《お》わず、来《き》たる者《もの》は拒《こば》まず」から。ある人《ひと》が、孟子《もうし》の弟子《でし》に対《たい》する教育姿勢《きょういくしせい》を、学《まな》びたくてやってくる生徒《せいと》はそのまま引《ひ》き受《う》けると説明《せつめい》する話《はなし》による。

去《さ》る者《もの》は日々《ひび》に疎《うと》し　故事成語

意味 親《した》しい者《もの》でも遠《とお》くはなれると、次第《しだい》に親《した》しみがうすれていく。また、死者《ししゃ》は月日《つきひ》がたつと忘《わす》れられていく。〈『文選《もんぜん》』〉 例 転校《てんこう》した親友《しんゆう》とは、気付《きづ》けば三年《さんねん》も連絡《れんらく》を取《と》り合《あ》っていない。**去る者は日々に疎し**、だなあ。

英 Out of sight, out of mind.（遠《とお》く離《はな》れて見《み》えなくなるものは忘《わす》れられる）

触《さわ》らぬ神《かみ》に祟《たた》りなし　ことわざ

⇩世界のことわざ（189ページ）

意味 かかわらなければ、災《わざわ》いを受《う》ける心配《しんぱい》もないということのたとえ。 例 きげんが悪《わる》そうな母《はは》には近《ちか》づかないでおこう。**触らぬ神に祟りなし**、だよ。

語源 おそろしい神《かみ》と関《かか》わらなければ、祟《たた》りを受《う》けることもないということから。

類 当《あ》たらぬ蜂《はち》は刺《さ》さぬ 英 Let sleeping dogs lie.（眠《ねむ》っている犬《いぬ》は寝《ね》かせておけ）

差《さ》をつける　慣用句

意味 比《くら》べたときのへだたりを大《おお》きくする。 例 相手《あいて》に**差をつけ**て勝《か》つ。

座《ざ》を外《はず》す　慣用句

意味 話《はな》し合《あ》いなどの席《せき》からはなれる。離席《りせき》する。 例 二人《ふたり》で話《はな》したいので、少《すこ》しの間《あいだ》**座を外し**てほしい。

同 席《せき》を外《はず》す

★三寒四温《さんかんしおん》　四字熟語

意味 冬《ふゆ》に、三日《みっか》ほど寒《さむ》い日《ひ》が続《つづ》いた後《あと》、四日《よっか》ほど暖《あたた》かい日《ひ》が続《つづ》き、これがくり返《かえ》される天候《てんこう》。 例 **三寒四温**の時期《じき》には、何《なに》を着《き》るか迷《まよ》ってしまう。

語源 もとは中《ちゅう》国《ごく》の東北部《とうほくぶ》や

朝鮮半島《ちょうせんはんとう》の北部《ほくぶ》で使《つか》われていた言葉《ことば》。

参考 春《はる》に近《ちか》づいていく時期《じき》を指《さ》す言葉《ことば》として使《つか》われることが多《おお》い。

三国一《さんごくいち》 慣用句

意味 世界一《せかいいち》。**例** 三国一の孝行者《こうこうもの》。

語源 「三国《さんごく》」とは、昔《むかし》の日本《にほん》・中国《ちゅうごく》・インドのことで、全世界《ぜんせかい》の意味《いみ》で用《もち》いた。

三《さん》顧《こ》の礼《れい》 故事成語

意味 目上《めうえ》の人《ひと》が、ある優《すぐ》れた人《ひと》に仕事《しごと》を引《ひ》き受《う》けてもらうために、何度《なんど》も訪問《ほうもん》して礼儀《れいぎ》をつくしてたのむこと。**例** 三顧の礼をつくしてむかえた人《ひと》。

語源 蜀《しょく》の劉備《りゅうび》が諸葛孔明《しょかつこうめい》を三度《さんど》も訪問《ほうもん》して、ようやく軍師《ぐんし》にむかえることができたという話《はなし》から。

参考 中国《ちゅうごく》の諸葛孔明《しょかつこうめい》の文章《ぶんしょう》「前出師表《ぜんすいしのひょう》」から。

三々九度《さんさんくど》 四字熟語

意味 結婚式《けっこんしき》で、花《はな》むこと花《はな》よめが、三《みっ》つ一組《ひとくみ》のさかずきで三回《さんかい》ずつ、合《あ》わせて九回《きゅうかい》、酒《さけ》を飲《の》みかわすこと。**例** 三々九度のさかずき。

★**三々五々《さんさんごご》** 四字熟語

意味 人《ひと》が数人《すうにん》で行動《こうどう》するようす。**例** 子《こ》

さ

世界《せかい》のことわざ　皿《さら》なめた猫《ねこ》が科《とが》を負《お》う

ドイツ

こそ泥《どろ》は首《くび》をくくられ
大物《おおもの》は逃《に》げおおせる

こそ泥《どろ》はつかまって、絞首刑《こうしゅけい》になるのに対《たい》し、黒幕《くろまく》のいちばんの悪者《わるもの》は、手先《てさき》になって働《はたら》く小者《こもの》たちを切《き》り捨《す》てながら生《い》きのびていくということです。

その他《た》　イギリス、フランス

中国《ちゅうごく》

鉤《かぎ》をぬすむ者《もの》は誅《ちゅう》せられ、
国《くに》をぬすむ者《もの》は諸侯《しょこう》となる

「鉤《かぎ》」は、帯《おび》をしめるためのかざりつき金具《かなぐ》。今《いま》のバックル。「諸侯《しょこう》」は、地域《ちいき》を治《おさ》める王《おう》。帯留《おびど》めの金具《かなぐ》をぬすんだ者《もの》は死刑《しけい》になるが、国家《こっか》をぬすんだ者《もの》は処罰《しょばつ》されずに諸侯《しょこう》となり、正義《せいぎ》とされるということ。中国《ちゅうごく》の古典《こてん》『荘子《そうじ》』から。

ギリシャ

小《ちい》さな船《ふね》で略奪《りゃくだつ》する者《もの》は海賊《かいぞく》と呼《よ》ばれ、
大《おお》きな外洋船《がいようせん》で略奪《りゃくだつ》する者《もの》は征服者《せいふくしゃ》と称《しょう》する

小船《こぶね》で金品《きんぴん》をうばいとる者《もの》は、「海賊《かいぞく》」と呼《よ》ばれて取《と》りしまりの対象《たいしょう》にされますが、大《おお》きな外洋船《がいようせん》で他国《たこく》をおそう者《もの》は、「英雄《えいゆう》」や「征服者《せいふくしゃ》」と言《い》われ、たたえられました。

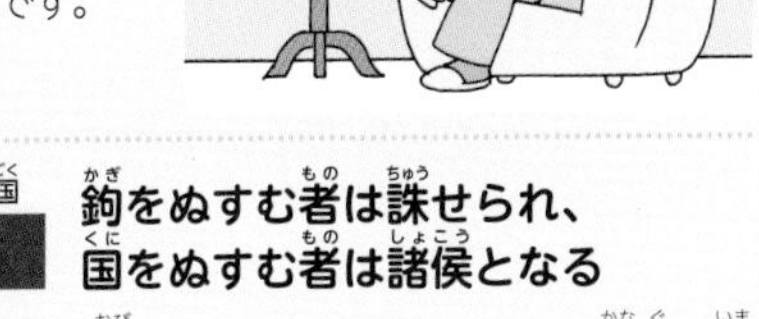

供《ども》たちが学校《がっこう》に三々五々集《あつ》まってくる。

語源 三人《さんにん》ずつ、五人《ごにん》ずつということから。

★山紫水明《さんしすいめい》 四字熟語

意味 自然《しぜん》の景色《けしき》がとても美《うつく》しいこと。

例 ここは**山紫水明**の地《ち》として有名《ゆうめい》だ。

語源 山《やま》が紫色《むらさきいろ》に見《み》え、水《みず》が清《きよ》いということ。

ことわざ **三尺下《さんじゃくさ》がって師《し》の影《かげ》を踏《ふ》まず**

意味 弟子《でし》は先生《せんせい》を尊敬《そんけい》し、礼儀《れいぎ》を忘《わす》れてはいけないという教《おし》え。例 先生《せんせい》に会《あ》うので、きちんとした身《み》なりをしよう。**三尺下がって師の影を踏まず**、だ。

語源 「三尺《さんじゃく》」は、約九十《やくきゅうじゅっ》センチ。三尺後《さんじゃくうし》ろを歩《ある》いて、先生《せんせい》の影《かげ》を踏《ふ》まないようにするということから。

同 三尺去《さんじゃくさ》って師《し》の影《かげ》を踏《ふ》まず／弟子七《でししち》尺去《しゃくさ》って師《し》の影《かげ》を踏《ふ》まず

三十六計逃《さんじゅうろっけいに》げるに如《し》かず 故事成語

意味 状況《じょうきょう》が不利《ふり》になったときには、あれこれと手段《しゅだん》を使《つか》うよりもにげるのが最良《さいりょう》である。〈『南斉書《なんせいしょ》』〉例 とにかく、この場《ば》からはなれよう。**三十六計逃げるに如かず**、だ。

語源 「三十六計《さんじゅうろっけい》」は、昔《むかし》の兵法《へいほう》（＝戦《いくさ》のしかた）にある三十六《さんじゅうろく》の計略《けいりゃく》。「…に如《し》かず」は、「…に越《こ》したことはない（＝…がもっともよい）」という意味《いみ》。

同 三十六計逃《さんじゅうろっけいに》ぐるを上《じょう》とす 類 逃《に》げるが勝《か》ち 英 A good runner is never caught.（にげるのが上手《じょうず》な者《もの》はけっしてつかまらない）

ことわざ **山椒《さんしょう》は小粒《こつぶ》でもぴりりと辛《から》い** ⇒世界のことわざ（191ページ）

意味 体《からだ》は小《ちい》さくても、気性《きしょう》や才能《さいのう》が優《すぐ》れている人《ひと》のたとえ。

例 かれは小《こ》がらだが、**山椒は小粒でもぴりりと辛い**というとおり、動《うご》きがす

小さくても
つよいなぁ

金田一先生の
ことわざコラム

「猿《さる》も木《き》から落《お》ちる」

ことわざや慣用句《かんようく》には、同《おな》じような意味《いみ》のものがいくつかあります。「猿《さる》も木《き》から落《お》ちる」「河童《かっぱ》の川流《かわなが》れ」「弘法《こうぼう》にも筆《ふで》の誤《あやま》り」などは、得《とく》意《い》だと思《おも》っていても失敗《しっぱい》することがあるという、忠告《ちゅうこく》の意味《いみ》をこめた言《こと》葉《ば》です。昔《むかし》から、こういうことが多《おお》くあると考《かんが》えられていたから、こんなにいろいろな言葉《ことば》が生《う》まれたのでしょう。

「医者《いしゃ》の不養生《ふようじょう》」「紺屋《こうや》の白袴《しろばかま》」などは、そのことにとてもくわしい人《ひと》が、自分《じぶん》がおこなうとなると、いいかげんにしてしまうということです。

同《おな》じような意味《いみ》の別《べつ》の言葉《ことば》がいくつもあるということは、昔《むかし》からそれをとても気《き》にしていたということなのだと思《おも》います。

ばやく、とても強《つよ》い。
語源 サンショウの木《き》の実《み》は小《ちい》さいが、とても辛《から》いということから。
参考 「山椒」は、「さんしょ」とも読《よ》む。
類 針《はり》は小《ちい》さくとも呑《の》まれず 対 独活《うど》の大木《たいぼく》 英 Within a little head, great wit.（小《ちい》さな頭《あたま》の中《なか》に大《おお》きな知恵《ちえ》）

山川草木《さんせんそうもく》 四字熟語

意味 山《やま》や川《かわ》、草《くさ》や木《き》。自然《しぜん》の景色《けしき》。 例 山川草木をえがいた絵《え》。

三度目《さんどめ》の正直《しょうじき》 ことわざ

意味 はじめの二回《にかい》は失敗《しっぱい》しても、三回目《さんかいめ》はうまくいくということ。 例 三度目の正直で、新記録《しんきろく》が出《で》た。

三人行《さんにんおこな》えば必《かなら》ず我《わ》が師《し》あり 故事成語

意味 三人《さんにん》で行動《こうどう》すると、他《ほか》の二人《ふたり》がすることの中《なか》に、見習《みなら》うべきよいお手本《てほん》や、まねしてはいけない悪《わる》い見本《みほん》といった、参考《さんこう》にできるものが必《かなら》ずあるということ。〈『論語《ろんご》』〉 例 三人行えば必ず我が師ありで、部活《ぶかつ》を通《つう》じて、たがいの長所《ちょうしょ》をのばし短所《たんしょ》を改《あらた》めていった。
類 人《ひと》のふり見《み》て我《わ》がふり直《なお》せ

さ

世界《せかい》のことわざ　猿《さる》も木《き》から落《お》ちる

中国《ちゅうごく》
虎《とら》も居眠《いねむ》りするときがある

トラは、優《すぐ》れた人物《じんぶつ》のたとえ。トラでさえ、うっかり居眠《いねむ》りをしてしまうことがあるように、優《すぐ》れた人物《じんぶつ》や強《つよ》い人《ひと》も油断《ゆだん》することがあるという意味《いみ》です。

エストニア
利口《りこう》な狐《きつね》もわなに落《お》ちる

キツネは、猟犬《りょうけん》に追《お》われても水《みず》に入《はい》ったり木《き》に登《のぼ》ったりして逃《に》げ、ニワトリ小屋《ごや》を金網《かなあみ》で囲《かこ》っていても地面《じめん》を掘《ほ》って襲《おそ》ったりします。しかし、りこうなキツネでも、わなにかかることがあります。

イギリス
つまずいたことのない名馬《めいば》はない

4本足《ほんあし》で、しかも速《はや》く走《はし》る名馬《めいば》ですら、つまずくのだから、2本足《ほんあし》で歩《ある》く人間《にんげん》がつまずくのは当《あ》たり前《まえ》。だれだって失敗《しっぱい》することがあるのです。

その他《た》 フランス

三人虎《さんにんとら》を成《な》す 故事成語

意味 根拠《こんきょ》のない話《はなし》でも、多《おお》くの人《ひと》がそれを言《い》うと人々《ひとびと》が信《しん》じるようになることのたとえ。〈『戦国策《せんごくさく》』〉 例 そんな事実《じじつ》はないのに、わたしが転校《てんこう》するといううわさがクラスに広《ひろ》まった。まさに**三人虎を成す**だ。

語源 中国《ちゅうごく》の戦国時代《せんごくじだい》、魏《ぎ》の国《くに》の大臣《だいじん》が太《たい》子《し》（王《おう》の後《あと》つぎとなる子《こ》）とともに人質《ひとじち》として趙《ちょう》の国《くに》に行《い》くことになった。大《だい》臣《じん》は王《おう》に、「町《まち》にトラがいると一人《ひとり》が言《い》ってもだれも信《しん》じませんが、三人《さんにん》が同《おな》じことを言《い》うとつい信《しん》じてしまいます。王《おう》様《さま》も、わたしの留守中《るすちゅう》に、わたしの悪口《わるぐち》を言《い》う人《ひと》たちがあらわれてもだまされず、わたしを信《しん》じていてください。」と言《い》い残《のこ》して去《さ》ったという話《はなし》から。

同 市《いち》に虎《とら》あり／三人市虎《さんにんしこ》を成《な》す

三人寄《さんにんよ》れば文殊《もんじゅ》の知恵《ちえ》 ことわざ

⬇ 世界のことわざ（193ページ）

意味 どんなに難《むずか》しい問題《もんだい》でも三人《さんにん》集《あつ》まって考《かんが》えれば優《すぐ》れた知恵《ちえ》がわいてくるものだということ。 例 みんなで考《かんが》えよう。**三人寄れば文殊の知恵**、だよ。

語源 「文殊《もんじゅ》」は、文殊菩《もんじゅぼ》薩《さつ》。知恵《ちえ》をつかさどる。

同 文殊《もんじゅ》の知《ち》恵《え》 類 三人《さんにん》寄《よ》れば師匠《ししょう》の出来《でき》 英 Two heads are better than one.（二人《ふたり》の頭《あたま》は一人《ひとり》の頭《あたま》にまさる）

残念至極《ざんねんしごく》 四字熟語

意味 この上《うえ》なく残念《ざんねん》であること。 例 お会《あ》いできず**残念至極**です。

語源 「至極《しごく》」は、ほかの言葉《ことば》に付《つ》いて「この上《うえ》なく…である」などの意味《いみ》を表《あらわ》す。

類 残念無念《ざんねんむねん》

三年飛《さんねんと》ばず鳴《な》かず 故事成語

⬇ 鳴《な》かず飛《と》ばず（307ページ）

残念無念《ざんねんむねん》 四字熟語

意味 非常《ひじょう》にくやしいこと。 例 入賞《にゅうしょう》を果《は》たせず**残念無念**だ。

参考 「残念《ざんねん》」と「無念《むねん》」の似《に》た意味《いみ》の言《こと》葉《ば》を重《かさ》ねて、意味《いみ》を強《つよ》めている。

類 残念至極《ざんねんしごく》

★**三拝九拝《さんぱいきゅうはい》** 四字熟語

意味 尊敬《そんけい》の気持《きも》ちをあらわすために、何《なん》度《ど》も頭《あたま》を下《さ》げること。また、何度《なんど》も頭《あたま》を下《さ》げて、人《ひと》に物事《ものごと》をたのむこと。 例 野球《やきゅう》が得意《とくい》なかれに**三拝九拝**して、チームに加《くわ》わってもらった。

語源 「拝《はい》」は、頭《あたま》を下《さ》げること。

三拍子《さんびょうし》そろう 慣用句

意味 三《みっ》つの大切《たいせつ》なことが整《ととの》っている。 例 野球《やきゅう》で、「走《はし》る・打《う》つ・守《まも》る」の**三拍子そろっ**た名選手《めいせんしゅ》。

語源 能楽《のうがく》で、笛《ふえ》・小鼓《こつづみ》・大鼓《おおかわ》という三《みっ》つの楽器《がっき》の拍子《ひょうし》がそろうということから。

三枚目《さんまいめ》 慣用句

意味 映画《えいが》・演劇《えんげき》などで、こっけいなことをして、人《ひと》を笑《わら》わせる役《やく》。また、そのような人《ひと》。 例 **三枚目**を演《えん》じて人気《にんき》の出《で》た俳優《はいゆう》。

語源 江戸時代《えどじだい》、歌舞伎《かぶき》の看板《かんばん》で、こっけいな役《やく》を演《えん》じる人《ひと》の名前《なまえ》が三枚目《さんまいめ》に書《か》かれたことから。

参考 ⬇ 二枚目《にまいめ》

★**三位一体《さんみいったい》** 四字熟語

意味 三《みっ》つのものが、結《むす》びついて一《ひと》つになる。また、三人《さんにん》が心《こころ》を合《あ》わせて協力《きょうりょく》すること。例三位一体の態勢《たいせい》でのぞむ。

注意 「三位《さんみ》」を「さんい」と読《よ》むのは誤《あやま》り。

三面記事《さんめんきじ》 四字熟語

意味 新聞《しんぶん》で、主《おも》に社会《しゃかい》のできごとについて書《か》いた記事《きじ》。例三面記事を読《よ》む。

語源 昔《むかし》、新聞《しんぶん》が四《よん》ページ構成《こうせい》だったころ、社会《しゃかい》の記事《きじ》を三《さん》ページ目《め》にのせたことから。

三面六臂《さんめんろっぴ》 四字熟語

意味 一人《ひとり》で何人分《なんにんぶん》もの活躍《かつやく》をすることのたとえ。例三面六臂の大活躍《だいかつやく》。

語源 顔《かお》が三《みっ》つ、手《て》が六本《ろっぽん》ある仏像《ぶつぞう》から。

類 八面六臂《はちめんろっぴ》

し

思案投げ首《しあんなげくび》 慣用句

意味 よい考《かんが》えがうかばなくて、困《こま》っているようす。例よい解決策《かいけつさく》が出《で》ず、思案投げ首の状態《じょうたい》だ。

語源 「投《な》げ首《くび》」は、どうしてよいかわか

世界《せかい》のことわざ　触《さわ》らぬ神《かみ》に祟《たた》りなし

オランダ　眠《ねむ》っている犬《いぬ》を起《お》こすな

外国《がいこく》では、災《わざわ》いの元《もと》になるものを動物《どうぶつ》で表現《ひょうげん》することわざが多《おお》くあります。ヨーロッパの主要国《しゅようこく》では、犬《いぬ》が共通《きょうつう》しているようです。

その他《た》 イタリア、フランス、イギリス、ドイツ、ロシア

韓国《かんこく》　眠《ねむ》っている虎《とら》の鼻《はな》に針《はり》を打《う》つな

ただでさえこわいトラの鼻《はな》に、針《はり》を打《う》つという発想《はっそう》がすごいです。実際《じっさい》にこのようなことをするわけはないのですが、大《おお》げさに言《い》った表現《ひょうげん》です。

マレーシア　古《ふる》い池《いけ》はそっとしておくに限《かぎ》る

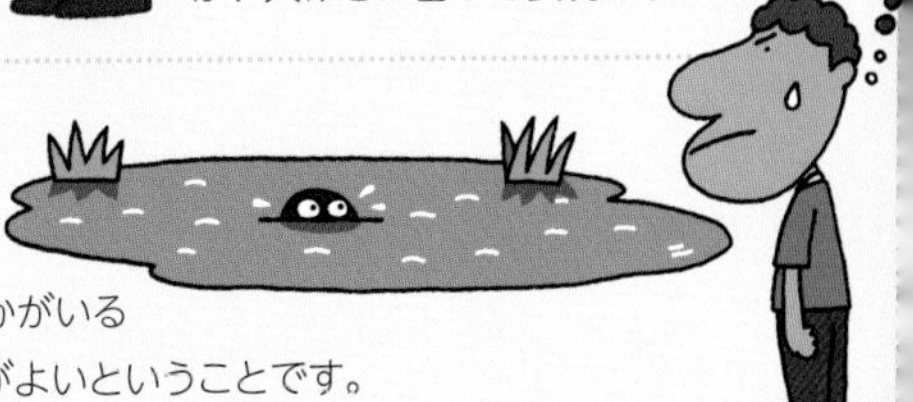

古《ふる》い池《いけ》には、まだ見《み》ぬおそろしい何《なに》かがいるかもしれないから、何《なに》もしないほうがよいということです。

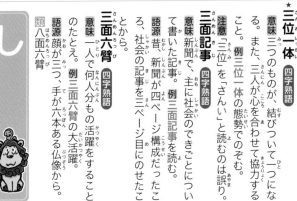

らなくて、投《な》げ出《だ》すように首《くび》を前《まえ》にたれること。

思案《しあん》に余《あま》る 慣用句

意味 いくら考《かんが》えても、よい考《かんが》えがうかばない。例 思案に余って、姉《あね》に相談《そうだん》した。

思案《しあん》に暮《く》れる 慣用句

意味 いつまでも考《かんが》えがまとまらない。例 相談《そうだん》する人《ひと》もいなくて思案に暮れた。

四角四面《しかくしめん》 四字熟語

意味 まじめすぎて、かた苦《くる》しいようす。例 四角四面なあいさつをする。

★★**自画自賛《じがじさん》** 四字熟語

意味 自分《じぶん》で自分《じぶん》のことをほめること。例 弟《おとうと》は夏休《なつやす》みの工作《こうさく》のできを自画自賛している。

語源 自分《じぶん》でかいた絵《え》に、自分《じぶん》でほめ言葉《ことば》を書《か》くことから。

注意 「自《じ》我自《じ》賛《さん》」は誤《あやま》り。

類 手前味噌《てまえみそ》 英 to blow one's own trumpet（おのがラッパを吹《ふ》く）

仕方《しかた》がない 慣用句

意味 どうしようもない。例 あの人《ひと》は約束《やくそく》を破《やぶ》ってばかりいて、仕方がない人《ひと》だ。

歯牙《しが》にも掛《か》けない 慣用句

意味 無視《むし》して問題《もんだい》にしない。例 相手《あいて》のいかりなど歯牙にも掛けない。

語源 「歯牙《しが》」は、歯《は》と牙《きば》。転《てん》じて「言葉《ことば》」のこと。取《と》り上《あ》げて言葉《ことば》にすることもしないという意味《いみ》から。

自家薬籠中《じかやくろうちゅう》の物《もの》 ことわざ

意味 自分《じぶん》の思《おも》いのままになる物《もの》や人《ひと》。例 英語《えいご》は、かのじょにとっては自家薬籠中の物だ。

語源 いつでも必要《ひつよう》なときに役立《やくだ》つ、自分《じぶん》の薬箱《くすりばこ》の中《なか》の薬《くすり》ということから。

同 薬籠中《やくろうちゅう》の物《もの》

鹿《しか》を逐《お》う者《もの》は山《やま》を見《み》ず 故事成語

意味 利益《りえき》を得《え》ることに夢中《むちゅう》になっている者《もの》は、周囲《しゅうい》のようすに気《き》づかないものだということ。〈『淮南子《えなんじ》』〉例 もうけることばかり考《かんが》えていて、家庭《かてい》をおろそか

韓国《かんこく》

つばめは小《ちい》さくても江南《こうなん》まで行《い》く

江南《こうなん》は、中国長江《ちゅうごくちょうこう》の南《みなみ》の地域《ちいき》で、昔《むかし》の韓国《かんこく》の人《ひと》にはとても遠《とお》い国《くに》でした。ツバメのような小《ちい》さな渡《わた》り鳥《どり》も、そんなはるばる遠《とお》い国《くに》へと旅立《たびだ》つのを見《み》て、小《ちい》さくても根性《こんじょう》があると感《かん》じていたのでしょう。

イタリア

最上《さいじょう》の香辛料《こうしんりょう》は小《ちい》さな袋《ふくろ》に入《はい》っている

高級《こうきゅう》スパイスは小《ちい》さなふくろに入《はい》っています。品質《ひんしつ》のよいものは、だいたい小《ちい》さいことから、見《み》た目《め》でものは判断《はんだん》できず、小柄《こがら》な人間《にんげん》でも優《すぐ》れた人《ひと》はたくさんいるということです。その他《た》 フランス

にしてしまった。まさに**鹿を逐う者は山を見ず**、だ。

語源 シカをとらえようとして追《お》いかけている人《ひと》は、あたりの山《やま》のようすを見《み》ていないということから。

同 鹿《しか》を逐《お》う猟師《りょうし》は山《やま》を見《み》ず **英** Zeal is a bad servant.（熱中《ねっちゅう》は悪《あ》しき召《め》し使《つか》いである）

鹿《しか》を指《さ》して馬《うま》となす 故事成語

意味 まちがいをどこまでもおし通《とお》すことのたとえ〈『史記《しき》』〉 **例** 強引《ごういん》に進《すす》めないで、まちがったら謝《あやま》るべきだ。**鹿を指して馬となす**ような態度《たいど》では、みんなが応《おう》援《えん》しないよ。

語源 秦《しん》の始皇帝《しこうてい》の死後《しご》、実権《じっけん》をにぎった趙高《ちょうこう》が、群臣《ぐんしん》が自分《じぶん》に従《したが》うかをためそうと思《おも》い、鹿《しか》を「馬《うま》です」といって、幼《おさな》い皇《こう》帝《てい》に献上《けんじょう》した。幼《おさな》い皇帝《こうてい》は、「これは鹿《しか》ではないのか」と、周《まわ》りに言《い》うと、多《おお》くの家臣《かしん》たちは、趙高《ちょうこう》にへつらって「馬《うま》です」と答《こた》え、正直《しょうじき》に鹿《しか》だと答《こた》えた者《もの》は、処罰《しょばつ》されたという故事《こじ》から。

同 鹿《しか》を馬《うま》／鹿《しか》を指《さ》して馬《うま》と言《い》う **類** 鷺《さぎ》を烏《からす》と言《い》いくるめる／白《しろ》を黒《くろ》と言《い》う

時間《じかん》の問題《もんだい》 慣用句

意味 結果《けっか》はだいたい決《き》まっていて、近《ちか》いうちにそうなる、ということ。**例** あの二人《ふたり》がけんか別《わか》れするのは**時間の問題**だ。

敷居《しきい》が高《たか》い 慣用句

意味 はずかしいという気《き》持《も》ちや、迷惑《めいわく》をかけたという気持《きも》ちがあるので、その人《ひと》のところに行《い》きにくい。

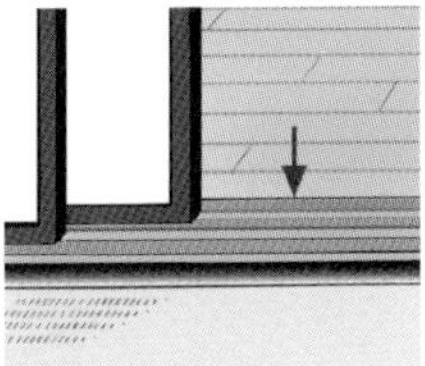

しきい

例 約束《やくそく》を果《は》たしていないので、かれの家《いえ》は**敷居が高い**。

語源 「敷居《しきい》」は、戸《と》や障子《しょうじ》の下《した》の、みぞのある横木《よこぎ》。敷居《しきい》が高《たか》ければ、またいで入《はい》りにくいということから。

注意 「高級《こうきゅう》すぎるので入《はい》れない」は、本《ほん》

世界《せかい》のことわざ 山椒《さんしょう》は小粒《こつぶ》でもぴりりと辛《から》い

ロシア

蟻《あり》は大《おお》きくないが山《やま》をもくずす

小《ちい》さなアリでも、コツコツと砂粒《すなつぶ》を運《はこ》び出《だ》せば、やがては大《おお》きな山《やま》をもくずしてしまうかもしれません。小《ちい》さいからといって、あなどってはいけないというたとえです。日本《にほん》にも「蟻《あり》の穴《あな》から堤《つつみ》もくずれる」ということわざがあります。こちらは、わずかな油断《ゆだん》から大《おお》きな失敗《しっぱい》が生《しょう》じるという意味《いみ》です。

来《らい》とは異《こと》なる意味《いみ》。

時期尚早《じきしょうそう》 四字熟語

意味 まだその時《とき》ではないこと。例 結論《けつろん》を出《だ》すのは時期尚早だ。

色即是空《しきそくぜくう》 四字熟語

意味 この世《よ》に存在《そんざい》する一切《いっさい》のものは実体《じったい》がなく、むなしいということ。例 欲《よく》を出《だ》すな。色即是空だよ。

参考 『般若心経《はんにゃしんぎょう》』にある言葉《ことば》。

★★ **自給自足**《じきゅうじそく》 四字熟語

意味 生活《せいかつ》に必要《ひつよう》な物《もの》を自分《じぶん》で作《つく》って、自分《じぶん》で間《ま》に合《あ》わせること。例 田舎《いなか》で自給自足の暮《く》らしをする。

語源 「自給《じきゅう》」は、必要《ひつよう》なものを自分《じぶん》でまかなうこと。「自足《じそく》」は、必要《ひつよう》なものを自分《じぶん》でやりくりすること。

試金石《しきんせき》 慣用句

意味 あるものの値打《ねう》ちや力《ちから》を判断《はんだん》する元《もと》になるもの。例 今日《きょう》の一戦《いっせん》がプロの世界《せかい》で通用《つうよう》するかどうかの試金石となる。

語源 もとは、金属《きんぞく》の性質《せいしつ》を調《しら》べるために使《つか》う、黒《くろ》くてかたい石《いし》のこと。

★★ **四苦八苦**《しくはっく》 四字熟語

意味 非常《ひじょう》に苦《くる》しむこと。例 子供《こども》をあやすのに四苦八苦する。

語源 仏教《ぶっきょう》の言葉《ことば》で、「四苦《しく》（＝人生《じんせい》における四《よっ》つの苦《くる》しみ）」は生《しょう》・老《ろう》・病《びょう》・死《し》。ほかに、愛別離苦《あいべつりく》（＝愛《あい》する者《もの》と別《わか》れる苦《くる》しみ）・怨憎会苦《おんぞうえく》（＝憎《にく》む者《もの》と会《あ》う苦《くる》しみ）・求不得苦《ぐふとくく》（＝求《もと》めても得《え》られない苦《くる》しみ）・五陰盛苦《ごおんじょうく》（＝心身《しんしん》を形成《けいせい》する五要素《ごようそ》にとらわれている苦《くる》しみ）を加《くわ》え、人生《じんせい》における八《やっ》つの苦《くる》しみとされる。

★★ **試行錯誤**《しこうさくご》 四字熟語

意味 試《ため》すことと失敗《しっぱい》することをくり返《かえ》しながら、正《ただ》しい解決方法《かいけつほうほう》を探《さが》していったり、目標《もくひょう》に向《む》かっていったりすること。例 新《あたら》しい商品《しょうひん》を開発《かいはつ》するために、長《なが》い間《あいだ》試行錯誤を重《かさ》ねて、ようやく成功《せいこう》にこぎつけた。

語源 「試行《しこう》」は、試《ため》すこと。「錯誤《さくご》」は、まちがうこと。

注意 「思考錯誤《さくご》」は誤《あやま》り。

★ **自業自得**《じごうじとく》 四字熟語

意味 自分《じぶん》のした悪《わる》いおこないの報《むく》いを、自分《じぶん》の身《み》に受《う》けること。例 テストの点《てん》が悪《わる》かったのは遊《あそ》んでばかりいたせいだから、自業自得だ。

語源 「業《ごう》」は、未来《みらい》に報《むく》いを引《ひ》き起《お》こす、善悪《ぜんあく》のおこない。

類 因果応報《いんがおうほう》／身《み》から出《で》た錆《さび》 英 As one makes one's bed, so must one lie.（人《ひと》は自分《じぶん》の敷《し》いた寝床《ねどこ》に寝《ね》なくてはならぬ）

地獄《じごく》**で仏**《ほとけ》**に会**《あ》**ったよう** ことわざ

意味 危《あぶ》ない目《め》にあっているときや困《こま》っているときに、思《おも》いがけない助《たす》けを受《う》けることのたとえ。例 道《みち》に迷《まよ》っているときに、その辺《あた》りに住《す》む友人《ゆうじん》が通《とお》りかかった。地獄で仏に会ったようとは、このこ

とだ。
同 地獄《じごく》で仏《ほとけ》　類 干天《かんてん》の慈雨《じう》／闇夜《やみよ》の提灯《ちょうちん》

地獄《じごく》の沙汰《さた》も金《かね》次第《しだい》 ことわざ ⇩世界のことわざ（195ページ）

意味 この世《よ》のことはすべて、金《かね》さえあれば何《なん》でも思《おも》いどおりになるということのたとえ。例 地獄の沙汰も金次第とばかり、金《かね》をばらまいて当選《とうせん》した議員《ぎいん》が有罪《ゆうざい》になった。

世界《せかい》のことわざ　三人寄《さんにんよ》れば文殊《もんじゅ》の知恵《ちえ》

スペイン

四《よっ》つの目《め》は二《ふた》つよりよく見《み》える

四《よっ》つの目《め》とは、つまり二人《ふたり》の目《め》という意味《いみ》。一人《ひとり》で見《み》るよりも、二人《ふたり》で見《み》たほうが物事《ものごと》を広《ひろ》く、ちがう角度《かくど》から見《み》ることができます。

その他《た》 フランス、ドイツ、イタリア、ポルトガル

中国《ちゅうごく》

へぼな靴屋《くつや》でも三人寄《さんにんよ》れば諸葛孔明《しょかつこうめい》

諸葛孔明《しょかつこうめい》は、中国《ちゅうごく》の三国時代《さんごくじだい》にいた天才的軍師《てんさいてきぐんし》(実際《じっさい》には戦《たたか》わないで作戦《さくせん》を立《た》て、勝利《しょうり》に導《みちび》いたり、王《おう》のそばにつかえて国《くに》の政治《せいじ》のアドバイスをしたりする人《ひと》)。三人《さんにん》の靴屋《くつや》が集《あつ》まれば、大天才《だいてんさい》と同《おな》じくらい優《すぐ》れた知恵《ちえ》が生《う》まれるということです。

インド

五人《ごにん》そろえばビシュヌ神《しん》

ビシュヌは、ヒンドゥー教《きょう》の三大最高神《さんだいさいこうしん》の一人《ひとり》。世界《せかい》を維持《いじ》する役目《やくめ》をもち、四本《よんほん》のうでをもつとされています。

語源 地獄《じごく》で受《う》ける沙汰《さた》（＝裁判《さいばん》）も、金《かね》があれば有利《ゆうり》になるということから。

参考 いろはがるた（京都《きょうと》）の一《ひと》つ。

類 地獄極楽《じごくごくらく》の道《みち》も銭《ぜに》／成《な》るも成《な》らぬも金次第《かねしだい》 英 Money makes the mare to go.（金《かね》は雌馬《めうま》さえも動《うご》かす）

地獄耳《じごくみみ》 慣用句

意味 人《ひと》のひみつなどをすぐ聞《き》きつけること。また、一度《いちど》聞《き》いたら決《けっ》して忘《わす》れないこと。 例 地獄耳と評判《ひょうばん》の記者《きしゃ》。

事後承諾《じごしょうだく》 四字熟語

意味 前《まえ》もって言《い》わずに、終《お》わった後《あと》で承諾《しょうだく》を求《もと》めること。 例 事後承諾になってしまい、すみません。

指呼の間《しこのかん》 慣用句

意味 指《ゆび》さして呼《よ》べば答《こた》えるほどの近《ちか》い距離《きょり》。 例 両者《りょうしゃ》の住《す》まいは指呼の間だ。

類 目《め》と鼻《はな》の間《あいだ》／目《め》と鼻《はな》の先《さき》

★**自己満足《じこまんぞく》** 四字熟語

意味 自分《じぶん》のしたことや自分自身《じぶんじしん》に、自分《じぶん》だけが満足《まんぞく》すること。 例 自己満足ばかりしていては進歩《しんぽ》がない。

時々刻々《じじこっこく》 四字熟語

意味 だんだんに時間《じかん》がたつようす。 例 出発《しゅっぱつ》の時間《じかん》が時々刻々とせまる。

同 時々刻々《じじこくこく》

獅子身中の虫《しししんちゅうのむし》 故事成語

意味 味方《みかた》でありながら、味方《みかた》のためにならない者《もの》。また、恩《おん》をあだで返《かえ》す者《もの》。 例 社員《しゃいん》が情報《じょうほう》をもらしたらしい。まさに、獅子身中の虫だ。

語源 獅子《しし》（＝ライオン）の体《からだ》にすんで利益《りえき》を受《う》けている虫《むし》が、獅子《しし》に害《がい》をあたえるということから。もとは、仏教《ぶっきょう》の教《おし》えを受《う》けていながら、仏教《ぶっきょう》に害《がい》を与《あた》える仏教徒《ぶっきょうと》のたとえ。〈『梵網経《ぼんもうきょう》』〉

子々孫々《ししそんそん》 四字熟語

意味 のちのちの子孫《しそん》。子孫《しそん》の代々《だいだい》。

例 子々孫々に伝《つた》える宝《たから》。

参考 「子孫《しそん》」を強《つよ》めた言《い》い方《かた》。

事実は小説よりも奇なり《じじつはしょうせつよりもきなり》 ことわざ

意味 世《よ》の中《なか》のできごとの方《ほう》が、作《つく》り事《ごと》の小説《しょうせつ》よりも不思議《ふしぎ》でおもしろいものだということ。 例 あんな事件《じけん》が実際《じっさい》に起《お》きるなんて、事実は小説よりも奇なり、だね。

参考 イギリスの詩人《しじん》バイロンの作品《さくひん》に

エチオピア

金《きん》の靴《くつ》をはいて旅《たび》に出《で》れば世界《せかい》の果《は》てまでも行《い》ける

「金《きん》の靴《くつ》」はお金《かね》のたとえ。お金《かね》さえあれば、どんなところまでも行《い》けるということです。

マルタ

金《かね》は海《うみ》の上《うえ》に道《みち》をつくる

お金《かね》さえあれば、海《うみ》をわたっていろいろな土《と》地《ち》に行《い》くこともできるという意味《いみ》です。マルタは、地中海《ちちゅうかい》に浮《う》かぶ小《ちい》さな島国《しまぐに》で、船《ふね》がないとよその土地《とち》に行《い》けません。 その他《た》 モロッコある言葉《ことば》。
英 Truth is stranger than fiction.（事実《じじつ》は小説《しょうせつ》よりも奇《き》なり）

事《じ》実《じつ》無《む》根《こん》 四字熟語
意味 事実《じじつ》にもとづいていないこと。本《ほん》当《とう》にあったという理由《りゆう》がないこと。
例 そんなうわさは事実無根だ。
類 根《ね》も葉《は》もない

獅《し》子《し》の子《こ》落《お》とし ことわざ
意味 自分《じぶん》の子《こ》にわざと苦労《くろう》をさせて、厳《きび》しく育《そだ》てることのたとえ。例 子供《こども》の挑《ちょう》戦《せん》を見守《みまも》ろう。獅子の子落とし、だよ。

語源 獅子《しし》（＝ライオン）は、子《こ》を深《ふか》い谷《たに》底《ぞこ》につき落《お》とし、はい上《あ》がってくる子《こ》だけを育《そだ》てると言《い》われることから。
同 獅子《しし》は我《わ》が子《こ》を千尋《せんじん》の谷《たに》に落《お》とす
類 かわいい子《こ》には旅《たび》をさせよ
英 Spare the rod and spoil the child.（鞭《むち》を惜《お》しむと子供《こども》はだめになる）

獅《し》子《し》奮《ふん》迅《じん》 四字熟語
意味 力《ちから》いっぱい動《うご》き回《まわ》ること。〈『法華《ほけ》経《きょう》』〉 例 新人選手《しんじんせんしゅ》が獅子奮迅の活躍《かつやく》をする。
語源 獅子《しし》（＝ライオン）が奮《ふる》い立《た》って進《すす》むということから。

四《し》捨《しゃ》五《ご》入《にゅう》 四字熟語
意味 およその数《かず》を求《もと》めるとき、求《もと》める位《くらい》のすぐ下《した》の位《くらい》が四《よん》までの数《かず》のときは切《き》り捨《す》て、五以上《ごいじょう》の数《かず》のときは一《いち》をくり上《あ》げる方法《ほうほう》。例 二十八歳《にじゅうはっさい》は四捨五入すると三十歳《さんじゅっさい》だ。

自《じ》縄《じょう》自《じ》縛《ばく》 四字熟語
意味 自分《じぶん》の言動《げんどう》で、自分自身《じぶんじしん》の動《うご》きがとれなくなること。例 自縄自縛におちいる。
語源 自分《じぶん》が作《つく》った縄《なわ》で自分《じぶん》を縛《しば》るということから。
英 The fowler is caught in his own net.（鳥捕《とりと》りはわが網《あみ》にかかる）

地《じ》震《しん》雷《かみなり》火《か》事《じ》親《おや》父《じ》 ことわざ
意味 世《よ》の中《なか》のおそろしいものを、その順《じゅん》にならべた言葉《ことば》。例 地震雷火事親父と

世界《せかい》のことわざ　地獄《じごく》の沙汰《さた》も金次第《かねしだい》

ハンガリー

金《きん》のかぎはどんなとびらにも合《あ》う

「金《きん》のかぎ」はお金《かね》のたとえ。お金《かね》の力《ちから》を使《つか》えば、どんなとびらも開《ひら》くことができる、つまり何《なん》でもかなうという意味《いみ》です。ヨーロッパでは、財産《ざいさん》を守《まも》るためにどんなものにもかぎをかけ、一《ひと》つのとびらにいくつもかぎをかけることもあります。成人《せいじん》の日《ひ》に、家《いえ》のかぎを初《はじ》めてわたすという習慣《しゅうかん》もあり、かぎというものをたいへん重要視《じゅうようし》する文化《ぶんか》です。

その他《た》 ポーランド

いうが、わたしの父《ちち》は子供《こども》にあまい。

沈《しず》む瀬《せ》あれば浮《う》かぶ瀬《せ》あり

ことわざ

意味 人生《じんせい》はよいときもあれば悪《わる》いときもあるから、くよくよするなということ。例 姉《あね》はずっと脇役《わきやく》ばかりであったが、沈む瀬あれば浮かぶ瀬ありで、主役《しゅやく》の座《ざ》が回《まわ》ってきた。

語源 「瀬《せ》」は、川《かわ》や海《うみ》の水《みず》の流《なが》れる場所《ばしょ》。

類 沈《しず》めば浮《う》かぶ／塞翁《さいおう》が馬《うま》／禍福《かふく》は糾《あざな》える縄《なわ》の如《ごと》し 英 He that falls today may be up again tomorrow.（今日《きょう》倒《たお》れる者《もの》が明日《あす》は起《お》き上《あ》がっているかもしれない）

姿勢《しせい》を正《ただ》す

慣用句

意味 考《かんが》え方《かた》や心《こころ》がまえをしっかりとする。例 姿勢を正して仕事《しごと》に取《と》り組《く》む。

自責《じせき》の念《ねん》

慣用句

意味 自分《じぶん》で自分《じぶん》の犯《おか》したあやまちや失《しっ》敗《ぱい》をとがめる気持《きも》ち。例 余計《よけい》なことを言《い》ってしまったと自責の念にかられる。

死《し》せる孔明《こうめい》生《い》ける仲達《ちゅうたつ》を走《はし》らす

故事成語

意味 死んだ諸葛孔明《しょかつこうめい》が、生《い》きている司馬《しば》仲達《ちゅうたつ》を逃走《とうそう》させた。死《し》んでもなお威力《いりょく》があり、生《い》きている人《ひと》をおそれさせることのたとえ。〈『三国志《さんごくし》』〉

語源 蜀《しょく》の名将《めいしょう》諸葛孔明《しょかつこうめい》は、軍略《ぐんりゃく》の天才《てんさい》で、敵《てき》から非常《ひじょう》におそれられていた。魏《ぎ》の武将《ぶしょう》司馬仲達《しばちゅうたつ》も軍略《ぐんりゃく》の天才《てんさい》であったが、孔明《こうめい》には先《さき》を読《よ》まれ、なかなか勝《か》てなかった。そんな二人《ふたり》が五丈原《ごじょうげん》で対陣《たいじん》中《ちゅう》に孔明《こうめい》は病死《びょうし》してしまう。総大将《そうだいしょう》を失《うしな》い退却《たいきゃく》する蜀兵《しょくへい》を見《み》た仲達《ちゅうたつ》は、追撃《ついげき》を開始《かいし》。すると、蜀軍《しょくぐん》は旗《はた》の向《む》きを変《か》え太《たい》鼓《こ》を鳴《な》らし、反撃《はんげき》するように見《み》せたため、仲達《ちゅうたつ》は孔明《こうめい》がまだ生《い》きているとおそれてにげ帰《かえ》ったという故事《こじ》から。

自然淘汰《しぜんとうた》

四字熟語

意味 生物《せいぶつ》のうち、周《まわ》りの世界《せかい》に適応《てきおう》するものが生《い》き、適応《てきおう》しないものはほろびるということ。例 自然淘汰によって絶滅《ぜつめつ》した動物《どうぶつ》。

参考 イギリスの生物学者《せいぶつがくしゃ》ダーウィンの言葉《ことば》。

同 自然選択《しぜんせんたく》 英 natural selection（自然《しぜん》淘汰《とうた》）

自然《しぜん》に帰《かえ》れ

ことわざ

意味 人間《にんげん》は、社会《しゃかい》の悪影響《あくえいきょう》をのがれて、本来《ほんらい》そうであったけがれのない自然《しぜん》の状態《じょうたい》にかえるべきであるということ。

例 田舎《いなか》に引《ひ》っ越《こ》したら、ぜんそくが治《おさ》まった。自然に帰れというのは本当《ほんとう》なのかもしれない。

語源 フランスの思想家《しそうか》ルソーの思想《しそう》を、わかりやすく表現《ひょうげん》した言葉《ことば》。

士族《しぞく》の商法《しょうほう》

ことわざ

意味 経験《けいけん》のない者《もの》が、急《きゅう》に事業《じぎょう》や商売《しょうばい》をはじめても、失敗《しっぱい》することのたとえ。

例 歌手《かしゅ》を辞《や》めていきなり農業《のうぎょう》を始《はじ》めても、士族の商法でうまくいかないだろう。

語源 「士族《しぞく》」は、明治政府《めいじせいふ》がかつての武《ぶ》士階級《しかいきゅう》に付《つ》けた呼《よ》び名《な》。明治《めいじ》になって、もう武士《ぶし》ではなくなった士族《しぞく》たちが、不《ふ》慣《な》れな商業《しょうぎょう》に手《て》を出《だ》して、失敗《しっぱい》したことから出《で》た言葉《ことば》。

児孫《じそん》のために美田《びでん》を買《か》わず

ことわざ

意味 子孫《しそん》のために財産《ざいさん》を残《のこ》すと、それにたよって努力《どりょく》をしなくなるので、財産《ざいさん》を増《ふ》やすようなことはしないということ。

例 児孫のために美田を買わずで、財産《ざいさん》

は寄付《きふ》するつもりだ。
参考 西郷隆盛《さいごうたかもり》の詩《し》にある言葉《ことば》。
同 子孫《しそん》に美田《びでん》を残《のこ》さず

★時代錯誤《じだいさくご》 四字熟語

意味 考《かんが》え方《かた》やり方《かた》などが今《いま》の時代《じだい》に合《あ》わないこと。**例** 祖父《そふ》の教育方針《きょういくほうしん》は**時代錯誤**だ。
語源 もともとは、ある時代《じだい》のものを別《べつ》の時代《じだい》のものと取《と》りちがえる誤《あやま》りのこと。

舌《した》が回《まわ》る 慣用句

意味 なめらかに、よくしゃべる。**例** 弟《おとうと》は幼《おさな》いので、まだよく**舌が回ら**ない。

舌先三寸《したさきさんずん》 四字熟語

意味 相手《あいて》をあやつる、たくみな話《はな》し方《かた》。
例 **舌先三寸**で人《ひと》をだます。
語源 「三寸《さんずん》」は約九《やくきゅう》センチメートル。心《こころ》をこめず舌《した》だけでしゃべるということから。
同 舌三寸《したさんずん》

親《した》しき仲《なか》にも礼儀《れいぎ》あり ことわざ

意味 相手《あいて》がどんなに仲《なか》のよい人《ひと》でも、礼儀《れいぎ》はきちんと守《まも》らなくてはいけないということ。**例** 友人《ゆうじん》からプレゼントをもらった。**親しき仲にも礼儀あり**というから、お礼《れい》の手紙《てがみ》を書《か》こう。
同 近《ちか》しき中《なか》に礼儀《れいぎ》あり **類** 親《した》しき中《なか》に垣《かき》をせよ **英** A hedge between keeps friendship green.（間《あいだ》に垣根《かきね》があると友《ゆう》情《じょう》は生《い》き生《い》きと保《たも》たれる）

舌足《したた》らず 慣用句

意味 十分《じゅうぶん》に物事《ものごと》を言《い》いあらわしていないようす。**例** **舌足らず**な文章《ぶんしょう》では、相手《あいて》に誤解《ごかい》をあたえる。
語源 舌《した》の長《なが》さが足《た》りず、はっきりと話《はな》すことができないということから。

舌鼓《したつづみ》を打《う》つ 慣用句

意味 おいしい食《た》べ物《もの》を十分《じゅうぶん》に味《あじ》わう。**例** 新鮮《しんせん》な海《うみ》の幸《さち》と山《やま》の幸《さち》に、**舌鼓を打っ**た。
語源 「舌鼓《したつづみ》」は、おいしい物《もの》を食《た》べたときに、思《おも》わず舌《した》を鳴《な》らすこと。「したづつみ」ともいう。
同 舌鼓《したづつみ》を打《う》つ

下手に出る 慣用句

意味 相手《あいて》に対《たい》して、へりくだった態度《たいど》をとる。**例** たのみをきいてもらうために、**下手に出る**。

自他共《じたとも》に許《ゆる》す 慣用句

意味 自分《じぶん》も他人《たにん》もそうだと認《みと》めている。
例 姉《あね》は**自他共に許す**書道《しょどう》の達人《たつじん》だ。
同 自他共《じたとも》に認《みと》める

下《した》にも置《お》かない 慣用句

意味 人《ひと》を非常《ひじょう》に大切《たいせつ》にもてなす。**例** **下にも置かない**かんげいを受《う》ける。
語源 目下《めした》の人《ひと》が座《すわ》る下座《しもざ》には座《すわ》らせないという意味《いみ》から。

舌《した》の根《ね》の乾《かわ》かぬうち 慣用句

意味 その言葉《ことば》を言《い》い終《お》わるか終《お》わらないうち。**例** **舌の根の乾かぬうち**に、約束《やくそく》したことをもう破《やぶ》った。
参考 よくない意味《いみ》で用《もち》いることが多《おお》い。
注意 「舌《した》の先の乾《かわ》かぬうち」は誤《あやま》り。
同 舌《した》の根《ね》も乾《かわ》かぬうち

舌《した》を出《だ》す 慣用句

意味 かげで相手《あいて》をばかにしたり悪口《わるくち》を言《い》ったりする。**例** かれは相手《あいて》がいなくなるとすぐ**舌を出す**ので信用《しんよう》できない。

★★ 舌《した》を巻《ま》く 慣用句

意味 とても感心《かんしん》する。 **例** 小学生《しょうがくせい》とは思《おも》えないすばらしい演奏《えんそう》に、みんな舌を巻いた。

語源 言葉《ことば》が出《で》ないということから。

地団駄《じだんだ》を踏《ふ》む 慣用句

意味 足《あし》を踏《ふ》みならし、非常《ひじょう》にくやしがるようす。 **例** まんまとだまされて地団駄を踏んだ。

語源 「地団駄《じだんだ》」は、足《あし》で地面《じめん》を激《はげ》しく踏《ふ》みならすこと。鉄《てつ》などをきたえるときに、足《あし》で踏《ふ》んで空気《くうき》を送《おく》る道具《どうぐ》の「地《じ》たたら」から変化《へんか》した言葉《ことば》。

★ 七転八起《しちてんはっき》 四字熟語

⇩七転《ななころ》び八起《やお》き （310ページ）

★★ 七転八倒《しちてんばっとう》 四字熟語

意味 苦《くる》しんで転《ころ》げ回《まわ》ること。 **例** 七転八倒の苦《くる》しみ。

語源 何度《なんど》も何度《なんど》も倒《たお》れるということから。

参考 「しちてんはっとう」「しってんはっとう」「しってんばっとう」とも読《よ》む。

七歩《しちほ》の才《さい》 故事成語

意味 詩《し》を作《つく》る才能《さいのう》にきわめて優《すぐ》れ、しかも作詩《さくし》が早《はや》いこと。〈『世説新語《せせつしんご》』〉

語源 中国《ちゅうごく》の魏《ぎ》の曹植《そうしょく》は、その才能《さいのう》をねたんだ兄《あに》の曹丕《そうひ》に、七歩歩《しちほある》く間《あいだ》に詩《し》を作《つく》れなければ死刑《しけい》に処《しょ》すると言《い》われた。すると、たちどころに兄弟《きょうだい》の不和《ふわ》をなげく詩《し》を作《つく》ったという故事《こじ》から。

参考 ⬇豆《まめ》を煮《に》るに萁《まめがら》を燃《た》く

死中《しちゅう》に活《かつ》を求《もと》める 故事成語

意味 絶望的《ぜつぼうてき》な状態《じょうたい》の中《なか》で、生《い》きのびる道《みち》を探《さが》し求《もと》める。〈『後漢書《ごかんじょ》』〉 **例** 死中に活を求めて、新《あたら》しい事業《じぎょう》を始《はじ》めた。

同 死中《しちゅう》に生《せい》を求《もと》む

四通八達《しつうはったつ》 四字熟語

意味 道路《どうろ》・交通《こうつう》などが四方八方《しほうはっぽう》に通《つう》じて、交通《こうつう》の便《べん》がよいこと。 **例** 四通八達の巨大都市《きょだいとし》。

質実剛健《しつじつごうけん》 四字熟語

意味 かざりけがなく、まじめで、体《からだ》も心《こころ》も強《つよ》くたくましいこと。 **例** 質実剛健の校風《こうふう》で知《し》られる高校《こうこう》。

十指《じっし》に余《あま》る 慣用句

意味 数《かず》が十《じゅう》より多《おお》い。 **例** その議案《ぎあん》には十指に余る人《ひと》が反対《はんたい》した。

十指《じっし》の指《さ》す所《ところ》 慣用句

意味 多《おお》くの人《ひと》が正《ただ》しいと認《みと》めること。〈『大学《だいがく》』〉 **例** かれのレポートの質《しつ》の高《たか》さは、十指の指す所だ。

語源 『大学《だいがく》』にある言葉《ことば》「十目《じゅうもく》の視《み》る所《ところ》、十手《じっしゅ》の指《ゆび》さす所《ところ》（＝十人《じゅうにん》の目《め》が一致《いっち》して見《み》る所《ところ》、十人《じゅうにん》の手《て》が一致《いっち》して指《さ》し示《しめ》す所《ところ》）」から。

失笑《しっしょう》を買《か》う 慣用句

意味 おろかな言葉《ことば》やおこないのために、ほかの人《ひと》から笑《わら》われる。 **例** 調子《ちょうし》はずれの歌《うた》を歌《うた》って、みんなの失笑を買った。

叱咤激励《しったげきれい》 四字熟語

意味 大声《おおごえ》で叱《しか》ったり、励《はげ》ましたりすること。 **例** くじけそうな選手《せんしゅ》を、コーチが叱咤激励する。

十中八九《じっちゅうはっく》 四字熟語

意味 ほとんど。 **例** かれは、十中八九あらわれないと思《おも》う。

語源 十《じゅう》のうち八《はち》か九《きゅう》までということから。

同 十中八九《じゅっちゅうはっく》 類 九分九厘《くぶくりん》

失敗《しっぱい》は成功《せいこう》の基《もと》 ことわざ

⬇世界のことわざ（199ページ）

意味 失敗《しっぱい》しても今《いま》までのやり方《かた》の悪《わる》い点《てん》を直《なお》していけば、次《つぎ》は成功《せいこう》するということ。例 失敗は成功の基というから、くよくよせずに次《つぎ》に備《そな》えよう。

同 失敗《しっぱい》は成功《せいこう》の母《はは》 類 災《わざわ》いを転《てん》じて福《ふく》となす 英 Failure teaches success.（失《しっ》敗《ぱい》は成功《せいこう》を教《おし》える）

十把一絡《じっぱひとから》げ 慣用句

意味 いいものも悪《わる》いものも区別《くべつ》しないで、一《ひと》つにまとめてあつかうこと。

世界《せかい》のことわざ　失敗《しっぱい》は成功《せいこう》の基《もと》

トルコ（クルド）

騎士《きし》は落馬《らくば》することで馬《うま》の乗《の》り方《かた》を覚《おぼ》える

乗馬《じょうば》の得意《とくい》な騎士《きし》も、最初《さいしょ》から上手《じょうず》だったわけではありません。何度《なんど》も失敗《しっぱい》し落馬《らくば》しながら、馬《うま》の乗《の》り方《かた》をしっかり身《み》につけていくのです。

イギリス

上手《じょうず》につむぐには駄目《だめ》にしなければならぬ

糸《いと》を上手《じょうず》につむげるようになるには、何度《なんど》も失敗《しっぱい》してコツを覚《おぼ》えないといけない。駄目《だめ》にした分《ぶん》も勉強代《べんきょうだい》ということです。

ケニア

道《みち》に迷《まよ》うことは道《みち》を知《し》ることだ

道《みち》に迷《まよ》いながらも正《ただ》しい道《みち》を見《み》つけることによって、本当《ほんとう》に道《みち》を知《し》ることができる。道《みち》は道路《どうろ》のことでもあり、人生《じんせい》や筋道《すじみち》、手立《てだ》てなどのたとえにもなります。

例残《のこ》った商品《しょうひん》を十把一絡げで安《やす》く売《う》る。

疾風迅雷《しっぷうじんらい》 四字熟語

意味 勢《いきお》いなどが非常《ひじょう》にすばやく激《はげ》しいこと。〈『礼記《らいき》』〉 例疾風迅雷のこうげき。

語源 速《はや》い風《かぜ》と激《はげ》しい雷《かみなり》ということから。

竹篦《しっぺ》返《がえ》し 慣用句

意味 自分《じぶん》がされたことに対《たい》し、すぐに同《おな》じようなしかえしをすること。 例あまく見《み》ていたらしっぺ返しを食《く》った。

語源 「竹篦《しっぺい》」は、禅《ぜん》の修行《しゅぎょう》などで使《つか》う、竹《たけ》で作《つく》った平《ひら》たい棒《ぼう》。たたかれた後《あと》で、たたき返《かえ》すことから。

参考 「しっぺ返《かえ》し」と書《か》くことが多《おお》い。

★**尻尾《しっぽ》を出《だ》す** 慣用句

意味 ごまかしていたことや、かくしていたことが、ばれる。 例つまみ食《ぐ》いをしたことをごまかしきれずに尻尾を出す。

語源 化《ば》けていたキツネやタヌキが尻尾《しっぽ》を出《だ》して、正体《しょうたい》がわかってしまうということから。

尻尾《しっぽ》をつかむ 慣用句

意味 ごまかしやかくし事《ごと》の証拠《しょうこ》をにぎる。 例ついに犯人《はんにん》の尻尾をつかんだ。

語源 化《ば》けていたキツネやタヌキの尻尾《しっぽ》をつかんで正体《しょうたい》を見破《みやぶ》るということから。

尻尾《しっぽ》を振《ふ》る 慣用句

意味 ほかの人《ひと》に気《き》に入《い》られるように、きげんを取《と》る。 例社長《しゃちょう》に尻尾を振る。

語源 犬《いぬ》が飼《か》い主《ぬし》に尻尾《しっぽ》を振《ふ》ることから。

尻尾《しっぽ》を巻《ま》く 慣用句

意味 相手《あいて》にかなわないと降参《こうさん》する。

例 尻尾を巻いてにげ出《だ》す。

語源 犬《いぬ》がこわいときや争《あらそ》いに負《ま》けたときに尻尾《しっぽ》を体《からだ》の下《した》に巻《ま》き入《い》れることから。

地《じ》で行《い》く 慣用句

意味 ❶かざらず自然《しぜん》に行動《こうどう》する。 例人《ひと》前《まえ》でも気《き》どらずに地で行く。 ❷物語《ものがたり》などの想像上《そうぞうじょう》の事《こと》がらを実際《じっさい》の生活《せいかつ》の中《なか》でおこなう。 例小説《しょうせつ》の主人公《しゅじんこう》を地で行くような活躍《かつやく》。

死《し》に花《ばな》を咲《さ》かせる 慣用句

意味 死《し》ぬまぎわに立派《りっぱ》なことをして、死《し》後《ご》に名誉《めいよ》を残《のこ》す。 例最後《さいご》の仕事《しごと》が評価《ひょうか》され、みごと死に花を咲かせた。

死《し》に水《みず》を取《と》る 慣用句

意味 死《し》にぎわの人《ひと》の口《くち》を水《みず》でしめらせる。また、死《し》ぬまで面倒《めんどう》をみる。 例恩師《おんし》の死に水を取ることができた。

死人《しにん》に口《くち》なし ことわざ

意味 たとえ事実《じじつ》がどうであっても、死《し》んだ人《ひと》は何《なに》も言《い》わないということ。 例死人に口なしで、関係者《かんけいしゃ》が亡《な》くなってしまっては、真実《しんじつ》はだれにもわからない。

参考 死者《ししゃ》に無実《むじつ》の罪《つみ》や責任《せきにん》を負《お》わせたりするときに言《い》う言葉《ことば》。

英 Dead men tell no tales.（死《し》んだ人《ひと》は秘密《ひみつ》をもらさない）

鎬《しのぎ》を削《けず》る 慣用句

意味 激《はげ》しく争《あらそ》う。 例スピーチコンテストで各《かく》校《こう》の代表《だいひょう》が鎬を削った。

語源 「鎬《しのぎ》」は、刀《かたな》の峰《みね》と刃《は》の間《あいだ》の高《たか》い部分《ぶぶん》。戦《たたか》いで刀《かたな》と刀《かたな》が激《はげ》しくぶつ

しのぎ

かり、鎬《しのぎ》がけずられるということから。
類 火花《ひばな》を散《ち》らす

四《し》の五《ご》の 慣用句

意味 あれこれと文句《もんく》や不平不満《ふへいふまん》を言《い》うようす。 例 四の五の言《い》わずにさっさと出《で》かけなさい。

自腹《じばら》を切《き》る 慣用句

意味 自分《じぶん》ではらわなくてもよいようなお金《かね》まで、自分《じぶん》ではらう。 例 会社《かいしゃ》で必要《ひつよう》になった文具《ぶんぐ》を、自腹を切って買《か》った。
類 身銭《みぜに》を切《き》る

しびれを切《き》らす 慣用句

意味 待《ま》ちくたびれて、がまんができなくなる。 例 待《ま》ち合《あ》わせた友達《ともだち》が一時間《いちじかん》たっても来《こ》ないので、しびれを切らして帰《かえ》ってきた。
語源 長《なが》く座《すわ》っていて、足《あし》がしびれるということから。

雌伏《しふく》 故事成語

意味 実力《じつりょく》を保《たも》ちながら、活動《かつどう》の機会《きかい》をじっと待《ま》っていること。〈『後漢書《ごかんじょ》』〉
例 今《いま》は雌伏のときだ。
語源 雌鳥《めんどり》が雄鳥《おんどり》に従《したが》うということから。

私腹《しふく》を肥《こ》やす 慣用句

意味 地位や仕事を利用して、自分の財産を増《ふ》やす。 例 わいろをもらって私腹を肥やした役人《やくにん》がつかまる。
同 腹《はら》を肥《こ》やす 類 懐《ふところ》を肥《こ》やす

四分五裂《しぶんごれつ》 四字熟語

意味 まとまりのあったものが、いくつにも分《わ》かれてばらばらになってしまうこと。 例 議案《ぎあん》をめぐって、クラスが四分五裂の状態《じょうたい》になる。

自分《じぶん》の頭《あたま》のはえを追《お》え ことわざ

⇩頭《あたま》の上《うえ》のはえを追《お》え（14ページ）

★**自暴自棄《じぼうじき》** 四字熟語

意味 わざと自分《じぶん》の身《み》をそまつにあつかい、無茶《むちゃ》な行動《こうどう》をすること。 例 たった一回《いっかい》の失敗《しっぱい》ぐらいで自暴自棄になるな。

四方八方《しほうはっぽう》 四字熟語

意味 あらゆる方角《ほうがく》や方面《ほうめん》。 例 四方八方探《さが》し回《まわ》る。

始末《しまつ》に負《お》えない 慣用句

意味 あつかいに困《こま》る。どうしようもない。 例 弟《おとうと》のやんちゃぶりは始末に負えない。

示《しめ》しがつかない 慣用句

意味 教《おし》えるための手本《てほん》にならない。 例 先生が失敗したりすれば、生徒に示しがつかない。

★**四面楚歌《しめんそか》** 四字熟語 ⇩マンガdeことわざ（202ページ）

意味 周《まわ》りがみんな敵《てき》で、味方《みかた》が一人《ひとり》もいないこと。〈『史記《しき》』〉 例 会議《かいぎ》で発表《はっぴょう》したわたしの案《あん》は、全員《ぜんいん》に反対《はんたい》され、まさに四面楚歌の状態《じょうたい》だ。
語源 楚《そ》の項羽《こうう》が、漢《かん》の劉邦《りゅうほう》の軍《ぐん》に包囲《ほうい》されたとき、夜《よ》ふけに周囲《しゅうい》から故郷《こきょう》の楚《そ》の歌《うた》が聞《き》こえてきた。項羽《こうう》は、楚《そ》の兵士《へいし》たちがすでに降伏《こうふく》して自分《じぶん》が孤立《こりつ》したと思《おも》い、なげいたという話《はなし》から。実《じつ》は、漢《かん》軍《ぐん》が兵士《へいし》たちにわざと楚《そ》の歌《うた》を歌《うた》わせていたことによる。
類 孤立無援《こりつむえん》

★**自問自答《じもんじとう》** 四字熟語

意味 自分《じぶん》の気持《きも》ちや考《かんが》えなどを、自分《じぶん》の心《こころ》に質問《しつもん》して、自分《じぶん》で答《こた》えること。 例 自問自答をくり返《かえ》す。

釈迦《しゃか》に説法《せっぽう》 ことわざ ⇩世界のことわざ（205ページ）

意味 そのことをよく知《し》っている人《ひと》に、あれこれ教《おし》えようとするおろかさのたと

マンガ de ことわざ

四面楚歌《しめんそか》

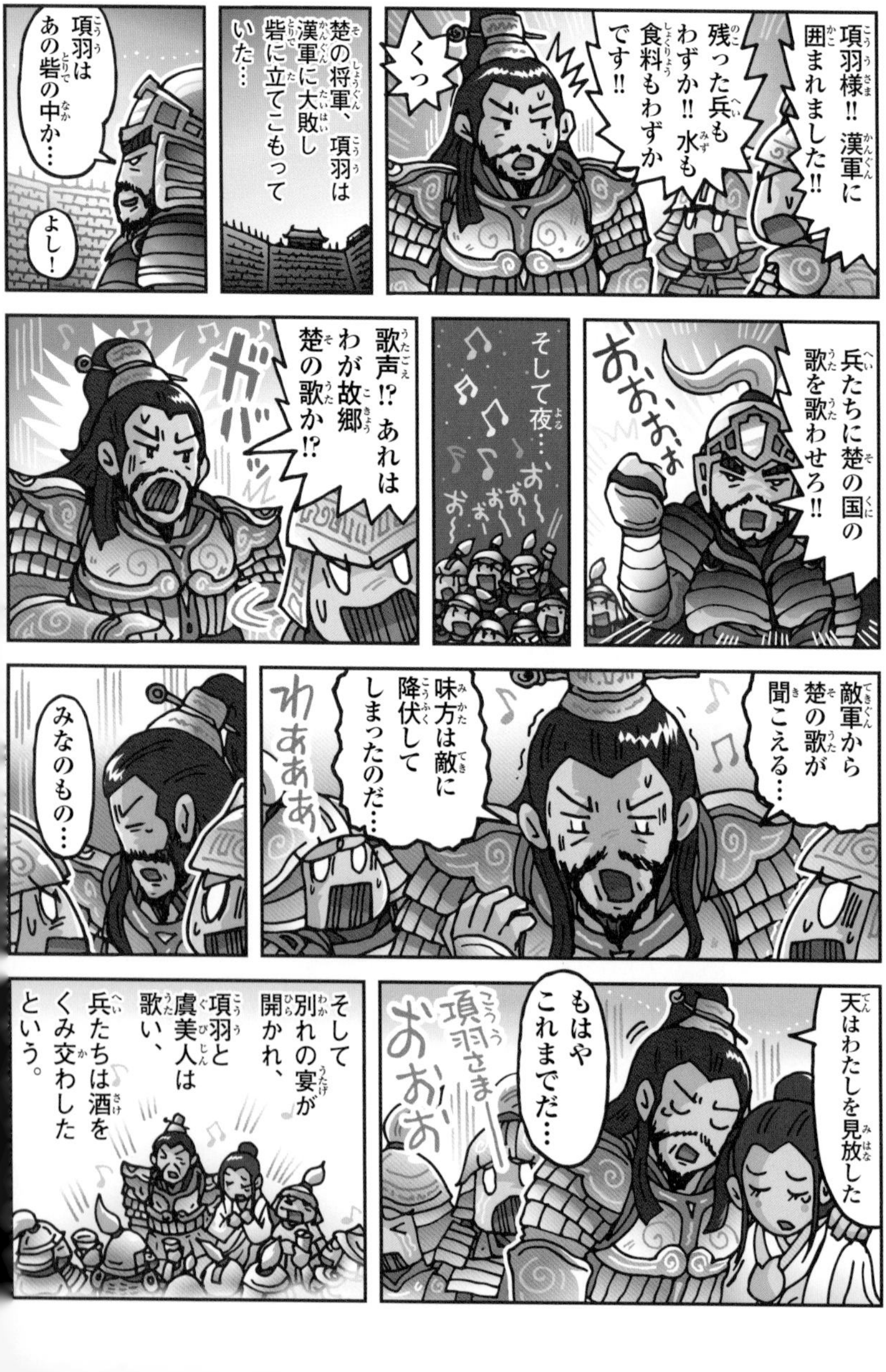
項羽様《こううさま》!! 漢軍《かんぐん》に囲《かこ》まれました!!
残《のこ》った兵《へい》もわずか!! 水《みず》も食料《しょくりょう》もわずかです!!
くっ
楚《そ》の将軍《しょうぐん》、項羽《こうう》は漢軍《かんぐん》に大敗《たいはい》し砦《とりで》に立《た》てこもっていた…
項羽《こうう》はあの砦《とりで》の中《なか》か……
よし!
兵《へい》たちに楚《そ》の国《くに》の歌《うた》を歌《うた》わせろ!!
おおおぉ
そして夜《よる》……
お〜 お〜 お〜 お〜
歌声《うたごえ》!? あれはわが故郷《こきょう》楚《そ》の歌《うた》か!?
ガバッ
敵軍《てきぐん》から楚《そ》の歌《うた》が聞《き》こえる……
味方《みかた》は敵《てき》に降伏《こうふく》してしまったのだ……
わあああ
みなのもの……
天《てん》はわたしを見放《みはな》した
もはやこれまでだ……
項羽《こうう》さまー!
おおお
そして別《わか》れの宴《うたげ》が開《ひら》かれ、項羽《こうう》と虞美人《ぐびじん》は歌《うた》い、兵《へい》たちは酒《さけ》をくみ交《か》わしたという。

し

え。例 書道《しょどう》の先生《せんせい》に字《じ》を教《おし》えようとするなんて、釈迦《しゃか》に説法だ。
語源 お釈迦《しゃか》様《さま》に仏教《ぶっきょう》を教《おし》えるということから。
同 釈迦《しゃか》に経《きょう》 類 河童《かっぱ》に水練《すいれん》／孔子《こうし》に悟道《ごどう》／猿《さる》に木登《きのぼ》り 英 Don't teach fishes to swim.（魚《さかな》に泳《およ》ぎを教《おし》えるな）

杓子定規《しゃくしじょうぎ》 四字熟語

意味 物事《ものごと》を、いつも当《あ》てはまるとはかぎらない一《ひと》つの基準《きじゅん》だけに当《あ》てはめようとする、ゆうずうのきかないようす。
例 杓子定規なやり方《かた》は、改《あらた》めるべきだ。
語源 曲《ま》がっている杓子《しゃくし》（＝しゃもじ）の柄《え》を定規《じょうぎ》に使《つか》うということから。
英 Extreme justice is extreme injustice.（極端《きょくたん》な公平《こうへい》を適用《てきよう》すると極端《きょくたん》な不公平《ふこうへい》になる）

杓子《しゃくし》は耳《みみ》かきにならず ことわざ

意味 大《おお》きいものが、必《かなら》ずしも小《ちい》さいものの代《か》わりとして使《つか》えるわけではないことのたとえ。例 本《ほん》を一冊《いっさつ》送《おく》るのにそんなに大《おお》きな箱《はこ》はいらない。杓子は耳かきにならず、だよ。
語源 汁《しる》をすくったり、ごはんをよそったりするための杓子《しゃくし》（＝しゃもじ）は、耳《みみ》かきと形《かたち》は似《に》ているが、大《おお》きさがちがうことから。
英 A handsaw is a good thing, but not to shave with.（手鋸《てのこ》で顔《かお》はそれぬ）

★★ 弱肉強食《じゃくにくきょうしょく》 四字熟語

意味 弱《よわ》いものが強《つよ》いものに食《く》われること。また、勢《いきお》いの強《つよ》いものが弱《よわ》いものをおさえつけること。例 弱肉強食の世界《せかい》。
語源 弱《よわ》いものの肉《にく》は、強《つよ》いものの食《た》べ物《もの》になるということから。

金田一先生のことわざコラム 「四面楚歌《しめんそか》」

古代中国語《こだいちゅうごくご》では、漢字一字《かんじいちじ》が一個《いっこ》の単語《たんご》でした。四字熟語《よじじゅくご》は、四語《よんご》でできた短文《たんぶん》のようなものです。長《なが》い時代《じだい》にわたって使《つか》われ続《つづ》けてきた言葉《ことば》で、深《ふか》い洞察《どうさつ》がふくまれています。人々《ひとびと》の知恵《ちえ》の結晶《けっしょう》とも言《い》えます。

「四面楚歌《しめんそか》」は、紀元前一世紀《きげんぜんいっせいき》にできた『史記《しき》』という中国《ちゅうごく》の歴史書《れきししょ》からとられました。楚《そ》という国《くに》にいた項羽《こうう》という強《つよ》い王《おう》が、敵《てき》に追《お》われて自分《じぶん》の城《しろ》ににげこみ、気《き》がつくと、四方《しほう》から楚《そ》の国《くに》の歌《うた》が聞《き》こえてきます。かつては自分《じぶん》の味方《みかた》だった楚《そ》の国《くに》の人々《ひとびと》が、今《いま》や自分《じぶん》の城《しろ》を取《と》り囲《かこ》み、敵側《てきがわ》になってしまったと思《おも》い、絶望《ぜつぼう》しました。英雄《えいゆう》の死《し》と人心《じんしん》の移《うつ》ろいやすさという悲劇的《ひげきてき》な物語《ものがたり》が、この言葉《ことば》の背後《はいご》にあります。

英 the law of the jungle（ジャングルの掟《おきて》）

★癪《しゃく》に障《さわ》る 慣用句

意味 腹《はら》が立《た》って、おこらずにはいられない気持《きも》ちになる。例 妹《いもうと》の生意気《なまいき》な言《い》い方《かた》が**癪に障る**。

語源「癪《しゃく》」は、腹《はら》が立《た》つこと。

類 癇《かん》に障《さわ》る／気《き》に障《さわ》る

癪《しゃく》の種《たね》 慣用句

意味 腹立《はらだ》たしい気持《きも》ちを起《お》こさせる原因《げんいん》。例 いらいらしていると、見《み》るもの聞《き》くもの**癪の種**となる。

社交辞令《しゃこうじれい》 四字熟語

意味 うまくつきあうために言《い》う言葉《ことば》。

例 ほめられたけど、あれは**社交辞令**だったのかな。

類 外交辞令《がいこうじれい》

車軸《しゃじく》を流《なが》す 慣用句

意味 どしゃぶりの雨《あめ》がふるようす。

例 **車軸を流す**ような大雨《おおあめ》。

語源 車軸《しゃじく》（＝車輪《しゃりん》を取《と》り付《つ》ける軸《じく》）のように太《ふと》い雨《あめ》ということから。

鯱《しゃちほこ》張《ば》る 慣用句

意味 緊張《きんちょう》して、体《からだ》がかたくなる。体《からだ》がこわばる。例 **鯱張って**、おじぎをした。

語源「鯱《しゃちほこ》」は、想像上《そうぞうじょう》の動物《どうぶつ》で、頭《あたま》はトラに似《に》ていて、尾《お》はそり上《あ》がっている魚《さかな》。この形《かたち》のものを、防火《ぼうか》のききめがあるとして城《しろ》などの屋根《やね》にかざる。こわばっているようなようすから。

しゃちほこ

弱冠《じゃっかん》 故事成語

意味 ❶男性《だんせい》の二十歳《にじゅっさい》のこと。〈『礼記《らいき》』〉 ❷年《とし》が若《わか》いこと。例 **弱冠**十八歳《じゅうはっさい》でオリンピックの金《きん》メダルをとる。

語源 昔《むかし》の中国《ちゅうごく》で、男性《だんせい》の二十歳《にじゅっさい》を「弱《じゃく》」といい、この年《とし》になると冠《かんむり》をかぶったことから。

シャッポを脱《ぬ》ぐ 慣用句

意味 負《ま》けを認《みと》める。例 相手《あいて》が強《つよ》すぎて、すぐに**シャッポを脱いだ**。

語源「シャッポ」は、フランス語《ご》で、ぼうしのこと。

類 兜《かぶと》を脱《ぬ》ぐ

斜《しゃ》に構《かま》える 慣用句

意味 物事《ものごと》に正面《しょうめん》から向《む》き合《あ》わず、皮肉《ひにく》やからかいの態度《たいど》でのぞむこと。例 かれは、いつも**斜に構えて**世《よ》の中《なか》を見《み》るくせがある。

語源 剣道《けんどう》で、刀《かたな》を下《さ》げてななめに構《かま》えることから。

遮二無二《しゃにむに》 四字熟語

意味 前後《ぜんご》のことを考《かんが》えず強引《ごういん》に。例 リレーで前《まえ》の走者《そうしゃ》をぬくため、**遮二無二**走《はし》った。

蛇《じゃ》の道《みち》は蛇《へび》 ことわざ

意味 同類《どうるい》のものは、たがいにその同類《どうるい》のすることによく通《つう》じていることのたとえ。例 **蛇の道は蛇**で、かれは不良仲間《ふりょうなかま》のたくらみをすぐに見《み》ぬいた。

語源 ヘビの通《とお》った道《みち》は、仲間《なかま》のヘビにはよくわかるということから。

参考 よくない意味《いみ》で用《もち》いることが多《おお》い。

英 Set a thief to catch a thief.（泥棒《どろぼう》は泥《どろ》棒《ぼう》に捕《つか》まえさせよ）

蛇《じゃ》は寸《すん》にして人《ひと》を呑《の》む ことわざ

意味 優《すぐ》れた人《ひと》は幼少《ようしょう》のころから、ふつうの人《ひと》とはちがったところがある。例 **蛇**

は寸にして人を呑むというとおり、かれの才能《さいのう》は幼《おさな》いころからずばぬけていた。

語源 ヘビは、一寸《いっすん》（＝約三《やくさん》センチメートル）のときから人《ひと》を呑《の》みこもうとするということから。

同 蛇《じゃ》は一寸《いっすん》にして人《ひと》を呑《の》む 類 栴檀《せんだん》は双葉《ふたば》より芳《かんば》し／竜《りゅう》は一寸《いっすん》にして昇天《しょうてん》の気《き》あり 英 No viper is so little but has its venom.（いくら小《ちい》さくても蛇《へび》は毒液《どくえき》を持《も》つ）

★縦横無尽《じゅうおうむじん》 四字熟語

意味 物事《ものごと》を思《おも》いのままにおこなうようす。 例 縦横無尽の大活躍《だいかつやく》。

語源 「縦横《じゅうおう》」は、縦《たて》と横《よこ》のことで、あらゆる方角《ほうがく》・方面《ほうめん》をあらわす。「無尽《むじん》」は、尽《つ》きることがないこと。

自由闊達《じゆうかったつ》 四字熟語

意味 心《こころ》がのびのびとしていて、小《ちい》さなことにこだわらないようす。 例 かれの自由闊達な生《い》き方《かた》がうらやましい。

衆寡敵《しゅうかてき》せず 故事成語

意味 多人数《たにんずう》に少人数《しょうにんずう》が立《た》ち向《む》かっても勝《か》ち目《め》はない。〈『三国志《さんごくし》』〉 例 衆寡敵せずだ。 多数派《たすうは》に従《したが》おう。

世界《せかい》のことわざ　釈迦《しゃか》に説法《せっぽう》

ヒレの使《つか》い方《かた》があまい！
えっ…

ロシア

魚《さかな》に泳《およ》ぎを教《おし》えるな

上手《じょうず》な人《ひと》にものを教《おし》えるな、立場《たちば》が逆《ぎゃく》だというたとえです。

その他《た》 イギリス

ポルトガル

神父《しんぷ》にミサのあげ方《かた》を教《おし》える

「神父《しんぷ》」とはキリスト教《きょう》（カトリック）の聖職者《せいしょくしゃ》の呼《よ》び方《かた》。「ミサ」は神父《しんぷ》がおこなうキリスト教《きょう》の式典《しきてん》で、神様《かみさま》に感謝《かんしゃ》をささげることを目的《もくてき》としています。

日本《にほん》と同《おな》じで、専門家《せんもんか》にその分野《ぶんや》の説明《せつめい》をする、という表現《ひょうげん》です。

主は言われた…
もっと簡単《かんたん》なことばで言ったほうがいいよ～

インド

フクロウがオウムに教《おし》える

ふんっ！
勉強《べんきょう》教《おし》えようか？

ヨーロッパでは、フクロウは学問《がくもん》や知恵《ちえ》の神《かみ》とされ、ギリシャのアテネを守《まも》る神《かみ》でした。フクロウのかしこいイメージは西洋《せいよう》の考《かんが》え方《かた》によります。しかしインドでは、フクロウはおろか者《もの》、オウムはかしこい人《ひと》のたとえに使《つか》われます。 なお、中国《ちゅうごく》や日本《にほん》では、フクロウは親《おや》を食《た》べる鳥《とり》とされ、親不《おやふ》孝《こう》や恩知《おんし》らずのシンボルになっています。

語源「衆《しゅう》」は多数《たすう》、「寡《か》」は少数《しょうすう》の意味《いみ》。
同 寡《か》は衆《しゅう》に敵《てき》せず 類 多勢《たぜい》に無勢《ぶぜい》

衆議一決《しゅうぎいっけつ》 四字熟語
意味 たくさんの人《ひと》の意見《いけん》が一《ひと》つにまとまること。例 悪天候《あくてんこう》のため、運動会《うんどうかい》は中止《ちゅうし》することで衆議一決した。

★**終始一貫**《しゅうしいっかん》 四字熟語
意味 始《はじ》めから終《お》わりまで変《か》わらないこと。例 終始一貫正義《せいぎ》をつらぬく。
類 首尾一貫《しゅびいっかん》

十字架を背負う《じゅうじかをせおう》 慣用句
意味 苦難《くなん》や消《き》えることのない罪《つみ》などを身《み》に受《う》け、なやみつづける。例 十字架を背負って生《い》きる。
語源 キリストが十字架《じゅうじか》にはりつけになったことから。

★**自由自在**《じゆうじざい》 四字熟語
意味 思《おも》うとおりにするようす。思《おも》いのままにできるようす。例 一輪車《いちりんしゃ》を自由自在に乗りこなす。

終止符を打つ《しゅうしふをうつ》 慣用句
意味 物事《ものごと》を終《お》わりにする。例 学生生活《がくせいせいかつ》に終止符を打つ。
語源「終止符《しゅうしふ》」は、欧文《おうぶん》の終《お》わりにつける点《てん》。ピリオド。
類 ピリオドを打《う》つ

周章狼狽《しゅうしょうろうばい》 四字熟語
意味 非常《ひじょう》にうろたえ、さわぐこと。例 突然《とつぜん》の事故《じこ》に周章狼狽する。
語源「周章《しゅうしょう》」と「狼《ろう》狽《ばい》」は、ほぼ同《おな》じ意味《いみ》で、あわてたり、うろたえたりすること。「狼《ろう》」と「狽《ばい》」は、想像上《そうぞうじょう》の動物《どうぶつ》。「狼《ろう》」は、前《まえ》足《あし》が長《なが》くて後《うし》ろ足《あし》が短《みじか》く、「狽《ばい》」は前足《まえあし》が短《みじか》くて後《うし》ろ足《あし》が長《なが》い。「狽《ばい》」は、「狼《ろう》」の後《うし》ろに乗《の》り、二匹《にひき》はいっしょになって歩行《ほこう》するが、離《はな》れると倒《たお》れるのであわてるということから。異説《いせつ》もある。

十字を切る《じゅうじをきる》 慣用句
意味 キリスト教《きょう》を信《しん》じている人《ひと》が、胸《むね》の前《まえ》で手《て》で十字《じゅうじ》をえがく。例 十字を切って神《かみ》にいのる。

衆人環視《しゅうじんかんし》 四字熟語
意味 たくさんの人《ひと》が周《まわ》りを取《と》り囲《かこ》んで見《み》ていること。例 衆人環視の中《なか》で、はじをかく。

秋霜烈日《しゅうそうれつじつ》 四字熟語
意味 刑罰《けいばつ》・権力《けんりょく》・威厳《いげん》・信念《しんねん》などがきわめて厳《きび》しいことのたとえ。例 秋霜烈日の裁定《さいてい》。
語源 秋《あき》の冷《つめ》たい霜《しも》と、夏《なつ》の激《はげ》しい太陽《たいよう》のような厳《きび》しさということから。

愁嘆場《しゅうたんば》 慣用句
意味 悲劇的《ひげきてき》のように嘆《なげ》き悲《かな》しむ光景《こうけい》。例 親友《しんゆう》との別《わか》れがつらくて、駅《えき》のホームで愁嘆場を演《えん》じてしまった。
語源「愁嘆《しゅうたん》」は、嘆《なげ》き悲《かな》しむこと。もともとは、人形浄瑠璃《にんぎょうじょうるり》や歌舞伎《かぶき》などで、登《とう》場人物《じょうじんぶつ》が嘆《なげ》き悲《かな》しむ場面《ばめん》を言《い》う。

十読は一写に如かず《じゅうどくはいっしゃにしかず》 故事成語
意味 本《ほん》を十回読《じっかいよ》むより、たとえ一回《いっかい》でも書《か》き写《うつ》したほうが、よく覚《おぼ》えることができて忘《わす》れない。〈『鶴林玉露《かくりんぎょくろ》』〉 例 ことわざの意味《いみ》を覚《おぼ》えるのが苦手《にがて》なら、十読は一写に如かずで、例文《れいぶん》と共《とも》にノートに書《か》き写《うつ》してみるとよい。
語源 唐《とう》の張参《ちょうさん》はいつも本《ほん》を写《うつ》していて、

本《ほん》を読《よ》むより写《うつ》すほうが覚《おぼ》えられると言《い》っていた。また、宋《そう》の高宗《こうそう》も部下《ぶか》に、「わたしにこの本《ほん》を読《よ》むように勧《すす》めたが、十回本《じっかいほん》を読《よ》むことは、一回《いっかい》書《か》き写《うつ》すことにおよばない。」と言《い》ったという。
類 読書写書《どくしょしゃしょ》に如《し》かず／十遍《じっぺん》読《よ》むより一遍《いっぺん》写《うつ》せ

★★十人十色《じゅうにんといろ》 四字熟語
意味 人《ひと》によって、好《この》みや考《かんが》え方《かた》がちがっていること。例 同《おな》じ質問《しつもん》をしても、答《こた》えは**十人十色**だ。
語源 十人《じゅうにん》いれば十人《じゅうにん》とも顔《かお》つきがちがうということから。
英 So many men, so many minds.（人《ひと》の数《かず》だけ心《こころ》がある）

十年一日《じゅうねんいちじつ》 四字熟語
意味 十年《じゅうねん》がまるで一日《いちにち》であるように、いつまでも変《か》わらないで同《おな》じことをくり返《かえ》していること。例 **十年一日**のごとく平凡《へいぼん》な暮《く》らしを続《つづ》けてきた。

十年一昔《じゅうねんひとむかし》 四字熟語
意味 十年《じゅうねん》たったら、世《よ》の中《なか》も人《ひと》もすっかり変《か》わっているということ。例 **十年一昔**で、このあたりもずいぶんにぎやかになった。

重箱《じゅうばこ》の隅《すみ》を楊枝《ようじ》でほじくる ことわざ
意味 とても細《こま》かいことやどうでもよいことにまで、うるさく口《くち》を出《だ》すことのたとえ。例 **重箱の隅を楊枝でほじくる**ようなことを言《い》う。
語源 「重箱《じゅうばこ》」は、食《た》べ物《もの》を入《い》れて重《かさ》ねる、四角《しかく》の箱《はこ》。その隅《すみ》に残《のこ》っている食《た》べ物《もの》のかすを、わざわざ楊枝《ようじ》でほじくるということから。
同 重箱《じゅうばこ》の隅《すみ》をつつく

じゅうばこ

十八番《じゅうはちばん》 慣用句
⇩十八番《おはこ》（78ページ）

愁眉《しゅうび》を開《ひら》く 慣用句
意味 心配《しんぱい》がなくなって、ほっとした顔《かお》つきになる。安心《あんしん》する。例 無事の知らせに**愁眉を開く**。
語源 「愁眉《しゅうび》」は、心配《しんぱい》そうにひそめた眉《まゆ》。安心《あんしん》して、ひそめた眉《まゆ》を開《ひら》くことから。
類 眉《まゆ》を開《ひら》く

自由放任《じゆうほうにん》 四字熟語
意味 各自《かくじ》の思《おも》いのままにさせること。例 **自由放任**が我《わ》が家《や》の教育方針《きょういくほうしん》だ。

自由奔放《じゆうほんぽう》 四字熟語
意味 思《おも》うままにふるまうようす。例 かれの生《い》き方《かた》はまさに**自由奔放**だ。

柔《じゅう》よく剛《ごう》を制《せい》す 故事成語
意味 弱《よわ》そうな者《もの》が、そのしなやかさによって、強《つよ》そうな者《もの》に勝《か》つということ。〈『三略《さんりゃく》』〉例 **柔よく剛を制す**というから、勝負《しょうぶ》は見《み》た目《め》ではわからないよ。
類 柳《やなぎ》に雪折《ゆきお》れなし 英 Soft words win hard hearts.（やさしい言葉《ことば》は、冷《つめ》たい心《こころ》を溶《と》かす）

雌《し》雄《ゆう》を決《けっ》する 故事成語
意味 戦《たたか》って、勝《か》ち負《ま》けを決《き》める。優劣《ゆうれつ》を決《き》める。〈『史記《しき》』〉 例 **雌雄を決する**一戦《いっせん》。
語源 「雌雄《しゆう》」は、めすとおすのことで、弱《よわ》いものと強《つよ》いものをあらわす。

★**主客転倒《しゅかくてんとう》** 四字熟語
意味 大事《だいじ》にすべき物事《ものごと》や人《ひと》がそまつにあつかわれたり、順番《じゅんばん》が逆《ぎゃく》になったりすること。例 君《きみ》の考《かんが》えは、**主客転倒**もはなはだしい。
同 主客転倒《しゅきゃくてんとう》 類 本末転倒《ほんまつてんとう》

熟読玩味《じゅくどくがんみ》 四字熟語
意味 よく読《よ》み味《あじ》わうこと。例 友人《ゆうじん》にすすめられた本《ほん》を**熟読玩味**する。

熟慮断行《じゅくりょだんこう》 四字熟語
意味 十分《じゅうぶん》に考《かんが》えたのちに、思《おも》いきって行《おこな》うこと。例 **熟慮断行**して、制度《せいど》を改革《かいかく》する。

趣向《しゅこう》を凝《こ》らす 慣用句
意味 特別《とくべつ》に工夫《くふう》して、おもしろみを出《だ》す。例 学芸会《がくげいかい》の劇《げき》で**趣向を凝らす**。

★**取捨選択《しゅしゃせんたく》** 四字熟語
意味 たくさんの中《なか》から、必要《ひつよう》なものを選《えら》んで取《と》ること。例 本《ほん》を**取捨選択**して読《よ》む。

守株《しゅしゅ》 故事成語
意味 むだに古《ふる》い習慣《しゅうかん》を守《まも》ること。また、古《ふる》い習慣《しゅうかん》にこだわって、進歩《しんぽ》しないこと。〈『韓《かん》非子《びし》』〉 例 昔《むかし》からのやり方《かた》を**守株**するばかりでは、事業《じぎょう》は発展《はってん》しない。

語源 中国《ちゅうごく》の宋《そう》の農夫《のうふ》が、ウサギが切《き》り株《かぶ》にぶつかって死《し》んだのを見《み》た。その日《ひ》から働《はたら》かずに切《き》り株《かぶ》のそばでずっと見張《みは》って、またウサギを得《え》ようと待《ま》っていたが、二度《にど》とウサギを得《え》ることはできず、笑《わら》い者《もの》になったという話《はなし》から。
同 株《くいぜ》を守《まも》る／株《かぶ》を守《まも》りて兎《うさぎ》を待《ま》つ
類 柳《やなぎ》の下《した》にいつもどじょうはいない

種々雑多《しゅじゅざった》 四字熟語
意味 いろいろな種類《しゅるい》のものが入《い》りまじっているようす。例 市場《いちば》では**種々雑**

韓国《かんこく》

犬《いぬ》に近《ちか》づけば着物《きもの》は泥《どろ》まみれ

犬《いぬ》は韓国《かんこく》では軽《けい》べつの対象《たいしょう》。フンと犬《いぬ》がセットで登場《とうじょう》する言葉《ことば》も多《おお》く、犬《いぬ》は汚《きたな》い存在《そんざい》です。近《ちか》づくと泥《どろ》まみれになる、つまりつまらない者《もの》とつき合《あ》うな、という意味《いみ》になります。

ハンガリー

犬《いぬ》とともに寝《ね》ると、ノミとともに起《お》きる

犬《いぬ》とともに過《す》ごすと、ノミにたかられます。人《ひと》はつき合《あ》っている仲間《なかま》の影響《えいきょう》を受《う》け、悪《わる》い人《ひと》と行動《こうどう》すれば、さまざまな悪影響《あくえいきょう》がさけられません。つき合《あ》う仲間《なかま》をよくみきわめることがたいせつです。 その他《た》 イギリス、スペイン、ドイツ多《おお》くの人々がいつでも食べられるように...

多なものを売《う》っている。

酒池肉林《しゅちにくりん》 四字熟語

意味 きわめてぜいたくな宴会《えんかい》。例 酒池肉林の宴《うたげ》。

語源 中国《ちゅうごく》の『史記《しき》』の中《なか》の「酒《さけ》をもって池《いけ》となし、肉《にく》をかけて林《はやし》となす」から。

手中に収める《しゅちゅうにおさめる》 慣用句

意味 自分《じぶん》のものにする。手《て》に入《い》れる。

例 勝利《しょうり》を手中に収める。

出処進退《しゅっしょしんたい》 四字熟語

意味 その役目《やくめ》を続《つづ》けるか、やめて退《しりぞ》くかという、身《み》のふり方《かた》。例 出処進退について上役《うわやく》に相談《そうだん》する。

注意 「出所《しゅっ》進退《しんたい》」は誤《あやま》り。

十中八九《じゅっちゅうはっく》

↓十中八九《じっちゅうはっく》 四字熟語 （198ページ）

出藍の誉れ《しゅつらんのほまれ》 故事成語

意味 弟子《でし》がその先生《せんせい》よりも優《すぐ》れているという名誉《めいよ》や評判《ひょうばん》。例 出藍の誉れだと評判《ひょうばん》になっている選手《せんしゅ》。

語源 中国《ちゅうごく》の『荀子《じゅんし》』の中《なか》の「青《あお》は藍《あい》より出《い》でて藍《あい》より青《あお》し」から。

朱に交われば赤くなる《しゅにまじわればあかくなる》 ことわざ

参考 ↓青《あお》は藍《あい》より出《い》でて藍《あい》より青《あお》し

↓

世界のことわざ（209ページ）

意味 人《ひと》はつきあう友達《ともだち》によって、よくもなれば悪《わる》くもなる。人間《にんげん》は周《まわ》りに影響《えいきょう》されやすいということのたとえ。例 朱に交われば赤くなるで、中学《ちゅうがく》に入《はい》ってから言葉《ことば》づかいが悪《わる》くなった兄《あに》を、母《はは》が心配《しんぱい》している。

語源 朱色《しゅいろ》の中《なか》にあると、自然《しぜん》と赤《あか》く染《そ》まるということから。

類 麻《あさ》の中《なか》の蓬《よもぎ》／水《みず》は方円《ほうえん》の器《うつわ》に随《したが》う

英 The person who touches pitch shall be defiled.（ピッチ〔原油《げんゆ》を蒸留《じょうりゅう》したあとにできる黒《くろ》い残留物《ざんりゅうぶつ》〕に触《ふ》れる者《もの》は汚《よご》れる）

★★ **首尾一貫**《しゅびいっかん》 四字熟語

意味 はじめから終《お》わりまで、考《かんが》えやおこないなどが筋道《すじみち》だっていて変《か》わらないこと。例 かれの主張《しゅちょう》は首尾一貫してい

世界《せかい》のことわざ　朱《しゅ》に交《まじ》われば赤《あか》くなる

アルジェリア

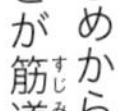

池《いけ》の中《なか》で夜《よる》を過《す》ごせば、蛙《かえる》のいとこになって目覚《めざ》める

にぎやかに鳴《な》いているカエルといっしょに池《いけ》の中《なか》にいると、翌朝《よくあさ》仲間《なかま》になって目《め》が覚《さ》めるかも…。人《ひと》はつき合《あ》う仲間《なかま》の影響《えいきょう》を受《う》け、同《おな》じようになることをユーモラスに表現《ひょうげん》しています。古《ふる》くから北《きた》アフリカの広《ひろ》い地域《ちいき》に住《す》み、独自《どくじ》の言語《げんご》や文化《ぶんか》をもつベルベル人《じん》のことわざです。

その他 モロッコ、リビア

る。

語源「首尾《しゅび》」は、頭《あたま》と尾《お》のことで、はじめと終《お》わりをあらわす。

類 終始一貫《しゅうしいっかん》

修羅場《しゅらば》 慣用句

意味 激《はげ》しい戦《たたか》いや争《あらそ》いがおこなわれている場所《ばしょ》。例 **修羅場**をくぐりぬける。

語源「修羅《しゅら》」は、古代《こだい》インドの神《かみ》の阿修《あしゅ》羅《ら》。戦《たたか》いを好《この》む。阿修羅《あしゅら》と帝釈天《たいしゃくてん》が戦《たたか》う場所《ばしょ》ということから。

朱《しゅ》を入《い》れる 慣用句

意味 原稿《げんこう》や校正刷《こうせいず》りなどを、朱色《しゅいろ》の文字《もじ》で加筆《かひつ》・訂正《ていせい》する。例 作家《さっか》が原稿《げんこう》に**朱を入れる**。

春夏秋冬《しゅんかしゅうとう》 四字熟語

意味 春《はる》と夏《なつ》と秋《あき》と冬《ふゆ》。四季《しき》。例 **春夏秋冬**、どの季節《きせつ》もすばらしい。

参考「一年中《いちねんじゅう》」「一年《いちねん》を通《とお》して」という意《い》味《み》でも用《もち》いる。

春日遅々《しゅんじつちち》 四字熟語

意味 春《はる》の日《ひ》が長《なが》く、のどかであること。例 今日《きょう》はまさに**春日遅々**といった一日《いちにち》で、のんびりと過《す》ごした。

春秋《しゅんじゅう》に富《と》む 故事成語

意味 若《わか》くて、これから先《さき》が希望《きぼう》に満《み》ちている。〈『史記《しき》』〉例 **春秋に富む**青年《せいねん》。

語源「春秋《しゅんじゅう》」は、未来《みらい》の歳月《さいげつ》のこと。中《ちゅう》国《ごく》の秦《しん》の末期《まっき》、大臣《だいじん》の趙高《ちょうこう》は年若《としわか》い二世《にせい》皇帝《こうてい》に、「陛下《へいか》は春秋《しゅんじゅう》に富《と》む（＝お若《わか》い）のでまだ政治《せいじ》にはお詳《くわ》しくなく、判断《はんだん》にまちがいがあると家臣《かしん》たちに責《せ》められます。」と、都合《つごう》よく政治《せいじ》から遠《とお》ざけたという話《はなし》から。

春宵一刻直千金《しゅんしょういっこくあたいせんきん》 故事成語

➡一刻千金《いっこくせんきん》（41ページ）

純真無垢《じゅんしんむく》 四字熟語

意味 心《こころ》にいつわりがなく清《きよ》らかであるようす。例 **純真無垢**な心《こころ》を持《も》ち続《つづ》ける。

春風駘蕩《しゅんぷうたいとう》 四字熟語

意味 春《はる》の風《かぜ》がおだやかにふくようす。また、態度《たいど》や性格《せいかく》がのんびりして、おおらかなようす。例 **春風駘蕩**とした人物《じんぶつ》。

★**順風満帆《じゅんぷうまんぱん》** 四字熟語

意味 物事《ものごと》がとてもうまくいくことのたとえ。例 仕事《しごと》は、**順風満帆**に進《すす》んでいる。

語源 船《ふね》が追《お》い風《かぜ》を帆《ほ》に受《う》けて進《すす》むということから。

注意「じゅんぷうまんぽ」と読《よ》むのは誤《あやま》り。

春眠暁《しゅんみんあかつき》を覚《おぼ》えず 故事成語

意味 春《はる》の夜《よる》は短《みじか》く、そのうえ気持《きも》ちよく眠《ねむ》れるので、明《あ》け方《がた》になってもなかなか目《め》が覚《さ》めない。例 **春眠暁を覚えず**というとおり、つい、ねすごしてしまった。

参考 中国《ちゅうごく》の孟浩然《もうこうねん》の詩《し》「春暁《しゅんぎょう》」から。

上意下達《じょういかたつ》 四字熟語

意味 上《うえ》の立場《たちば》の人《ひと》の考《かんが》えが、下《した》の人《ひと》に伝《つた》わること。例 **上意下達**が徹底《てってい》しておらず、現場《げんば》が混乱《こんらん》した。

対 下意上達《かいじょうたつ》

情《じょう》が移《うつ》る 慣用句

意味 相手《あいて》を大事《だいじ》にする気持《きも》ちや親《した》しみが、次第《しだい》に生《う》まれる。例 近所《きんじょ》の世話《せわ》をしている猫《ねこ》に**情が移る**。

仕様《しよう》がない 慣用句

意味 ほかにいい方法《ほうほう》がない。例 今《いま》さらくやんでも**仕様がない**。

同 しょうがない

将棋倒《しょうぎだお》し 慣用句

意味 一《ひと》つが倒《たお》れると、ほかも次々《つぎつぎ》折《お》り重《かさ》なって全部《ぜんぶ》倒《たお》れること。例 電車《でんしゃ》が急停《きゅうてい》車《しゃ》したため、乗客《じょうきゃく》は**将棋倒し**になった。

語源 一列《いちれつ》に並《なら》べて立《た》てた将棋《しょうぎ》のこまが、はしから次々《つぎつぎ》に倒《たお》れていくようすから。

しょうぎのこま

常軌《じょうき》を逸《いっ》する 慣用句

意味 常識《じょうしき》では考《かんが》えられないおこないをする。例 かれの行動《こうどう》は常軌を逸している。

語源 「常軌《じょうき》」は、ふつうのやり方《かた》。

性《しょう》こりもなく 慣用句

意味 少《すこ》しも改《あらた》めようとしないで何度《なんど》もくり返《かえ》すようす。例 性こりもなく、すぐになまける。

正直《しょうじき》の頭《こうべ》に神宿《かみやど》る ことわざ

意味 正直《しょうじき》な人《ひと》には神《かみ》の助《たす》けがあるということ。例 正直の頭に神宿るというとおり、まじめなかれは援助《えんじょ》を受《う》けられることになった。

同 神《かみ》は正直《しょうじき》の頭《こうべ》に宿《やど》る 対 正直《しょうじき》は阿呆《あほう》の異名《いみょう》 英 Honesty is the best policy.（正直《しょうじき》は最善《さいぜん》の策《さく》）

正直《しょうじき》は一生《いっしょう》の宝《たから》 ことわざ

意味 正直者《しょうじきもの》は人《ひと》に信頼《しんらい》され、やがてその信用によって幸せになるから、正直は一生守《しょうまも》るべき宝《たから》であるということ。例 正直は一生の宝だから、善《ぜん》か悪《あく》かで行動《こうどう》しよう。損《そん》か得《とく》かで行動《こうどう》せずに、善か悪かで行動しよう。

正直者《しょうじきもの》が馬鹿《ばか》を見《み》る ことわざ

意味 不正《ふせい》をする者《もの》が得《とく》をして、正直《しょうじき》に生《い》きる者《もの》が損《そん》をするということ。例 正直者が馬鹿を見るような社会《しゃかい》はおかしい。

英 Honesty doesn't pay.（正直《しょうじき》は割《わり》に合《あ》わない）

盛者必衰《じょうしゃひっすい》 四字熟語

意味 今《いま》、勢《いきお》いの盛《さか》んな者《もの》も、いつか必《かなら》ず衰《おとろ》えるということ。例 あの会社《かいしゃ》が倒産《とうさん》するなんて、まさに盛者必衰だね。

参考 『平家物語《へいけものがたり》』の一節《いっせつ》が有名《ゆうめい》。

同 盛者必衰《しょうじゃひっすい》 英 All that's fair must fade.（美《うつく》しきものも必《かなら》ず衰《おとろ》える）

情状酌量《じょうじょうしゃくりょう》 四字熟語

意味 裁判《さいばん》で刑罰《けいばつ》を決《き》めるとき、罪《つみ》を犯《おか》した事情《じじょう》を考《かんが》えて刑罰《けいばつ》を軽《かる》くすること。

例 情状酌量の余地《よち》がある。

小人閑居《しょうじんかんきょ》して不善《ふぜん》をなす 故事成語

意味 考《かんが》えの足《た》りない人《ひと》がひまでいると、つい悪いことをしがちである。〈『大学』〉

例 小人閑居して不善をなす、というから、いそがしいくらいがよい。

語源 「小人《しょうじん》」は、「君子《くんし》」の反対《はんたい》の言葉《ことば》で、徳《とく》がなく、品性《ひんせい》のいやしい小人物《しょうじんぶつ》のこと。

英 An idle brain is the devil's workshop.（なまけ者《もの》の頭《あたま》は悪魔《あくま》の仕事場《しごとば》である）

精進潔斎《しょうじんけっさい》 四字熟語

意味 一定《いってい》の期間《きかん》、おこないや飲食《いんしょく》をつつしんで、身《み》を清《きよ》めること。例 精進潔斎して祈願《きがん》する。

語源 「精進《しょうじん》」は、肉《にく》を食《た》べないこと。「潔斎《けっさい》」は、けがれをさけ、水浴《みずあ》びなどをして心《こころ》と体《からだ》を清《きよ》めること。

正真正銘《しょうしんしょうめい》 四字熟語

意味 まちがいなく本物《ほんもの》であること。

例 これは、正真正銘の名刀《めいとう》です。

★小心翼々《しょうしんよくよく》 四字熟語

意味 気《き》が小《ち》さくて、びくびくしているようす。例 小心翼々の日々《ひび》を送《おく》る。

語源 「翼々《よくよく》」は、用心深《ようじんぶか》いようす。

上手《じょうず》の手《て》から水《みず》が漏《も》れる ことわざ

意味 上手《じょうず》な人《ひと》でもたまには失敗《しっぱい》することのたとえ。例 守備《しゅび》のうまいかれがエラーをした。**上手の手から水が漏れる**、だね。

同 上手《じょうず》の手《て》から水《みず》が漏《も》る

類 河童《かっぱ》の川流《かわなが》れ／弘法《こうぼう》にも筆《ふで》の誤《あやま》り／猿《さる》も木《き》から落《お》ちる／千慮《せんりょ》の一失《いっしつ》

英 Even a good marksman may miss.（名射手《めいしゃしゅ》も的《まと》をはずす）

掌中《しょうちゅう》の珠《たま》 慣用句

意味 最《もっと》も大事《だいじ》にしているもの。特《とく》に、最《さい》愛《あい》の子供《こども》。例 かのじょにとって、一人《ひとり》息子《むすこ》は**掌中の珠**だ。

常套手段《じょうとうしゅだん》 四字熟語

意味 いつも使《つか》っている方法《ほうほう》。例 あれがかれの**常套手段**だ。

情《じょう》に流《なが》される 慣用句

意味 感情《かんじょう》に動《うご》かされる。例 **情に流され**て判断《はんだん》を誤《あやま》る。

情《じょう》にもろい 慣用句

意味 人情《にんじょう》に動《うご》かされやすい。例 母《はは》は、**情にもろく**て、困《こま》っている人《ひと》を放《ほう》っておけない。

少年《しょうねん》老《お》い易《やす》く学《がく》成《な》り難《がた》し 故事成語

意味 年《とし》が若《わか》いと思《おも》っていても、すぐ老人《ろうじん》になってしまうが、学問《がくもん》はなかなか成就《じょうじゅ》しない。時間《じかん》をおしんで勉強《べんきょう》すべきであるということ。例 **少年老い易く学成り難し**だから、しっかり勉強《べんきょう》しなさい。

参考 「一寸《いっすん》の光陰《こういん》軽《かろ》んずべからず」と続《つづ》く。中国《ちゅうごく》の朱子《しゅし》の詩《し》の言葉《ことば》とされる。

少年《しょうねん》よ大志《たいし》を抱《いだ》け ことわざ

意味 これから世《よ》に出《で》て活躍《かつやく》する若者《わかもの》たちは、大《おお》きな希《き》望《ぼう》を持《も》って努力《どりょく》しなさいとはげます言葉《ことば》。例 未来《みらい》は誰《だれ》にでも開《ひら》かれている。**少年よ大志を抱け**！

語源 明治時代《めいじじだい》、札幌農学校《さっぽろのうがっこう》教頭《きょうとう》であったアメリカ人《じん》クラーク博士《はくし》が、学校《がっこう》を去《さ》るにあたって教《おし》え子《ご》たちに言《い》った言葉《ことば》、Boys, be ambitious! から。

小《しょう》の虫《むし》を殺《ころ》して大《だい》の虫《むし》を助《たす》ける ことわざ

意味 重要《じゅうよう》なものを守《まも》るために、小《ちい》さなものを犠牲《ぎせい》にすることのたとえ。また、全《ぜん》体《たい》を生《い》かすために一部《いちぶ》を犠牲《ぎせい》にすることのたとえ。例 道《みち》はばを広《ひろ》げるため、途《と》中《ちゅう》にある公園《こうえん》の一部《いちぶ》を使《つか》うらしい。まさに**小の虫を殺して大の虫を助ける**、だ。

同 大《だい》の虫《むし》を生《い》かして小《しょう》の虫《むし》を殺《ころ》す

類 小《しょう》を捨《す》てて大《だい》に就《つ》く 英 to lose a leg rather than a life（片足《かたあし》を失《うしな》っても生命《せいめい》を守《まも》る）

勝敗《しょうはい》は時《とき》の運《うん》 ことわざ

意味 勝《か》ち負《ま》けは、その時《とき》のめぐりあわせだということ。例 **勝敗は時の運**だから、思《おも》いきって挑戦《ちょうせん》しよう。

焦眉《しょうび》の急《きゅう》 故事成語

意味 目《め》の前《まえ》にせまった危険《きけん》。さしせまった事態《じたい》。〈『五灯会元《ごとうえげん》』〉 例 看護師《かんごし》を確保《かくほ》することが**焦眉の急**だ。

語源 眉《まゆ》が焦《こ》げるぐらい火《ひ》が目前《もくぜん》にせまり、身《み》が危険《きけん》であるという意味《いみ》。

英 to have fish to fry（魚《さかな》を焼《や》かなければならない、だからぐずぐずしている場《ば》合《あい》じゃない）

勝負《しょうぶ》は時《とき》の運《うん》 ことわざ

意味 勝《か》ち負《ま》けは、その時《とき》の運《うん》しだいで決《き》まるので、優《すぐ》れたものが必《かなら》ず勝《か》つとはかぎらない。 例 優勝候補《ゆうしょうこうほ》が負《ま》け、初出場《はっしゅつじょう》校《こう》が勝利《しょうり》した。まさに**勝負は時の運**だ。

同 勝敗《しょうはい》は時《とき》の運《うん》

★枝葉末節《しようまっせつ》 四字熟語

意味 重要《じゅうよう》でない事《こと》がら。 例 **枝葉末節**にこだわるな。

語源 「枝葉《しよう》」は枝《えだ》や葉《は》、「末節《まっせつ》」は本筋《ほんすじ》からはなれたことで、ともに、つまらない事《こと》がらをあらわす。

正面切《しょうめんき》って 慣用句

意味 遠慮《えんりょ》しないで、はっきりと。 例 **正面切って**反対《はんたい》する。

将《しょう》を射《い》んと欲《ほっ》すればまず馬《うま》を射《い》よ 故事成語

意味 大《おお》きな目的《もくてき》を果《は》たすためには、対象《たいしょう》に直接当《ちょくせつあ》たるより、その周《まわ》りからせめるのが早道《はやみち》である。 例 **将を射んと欲すればまず馬を射よ**だ。まずは、社長《しゃちょう》の側近《そっきん》と親《した》しくなることから始《はじ》めよう。

語源 敵《てき》の大将《たいしょう》を弓《ゆみ》で射《い》るのなら、まず大《たい》将《しょう》が乗《の》っている馬《うま》を射《い》るのがよいということから。

参考 中国《ちゅうごく》の杜甫《とほ》の詩《し》にある言葉《ことば》。

同 将《しょう》を射《い》んとせばまず馬《うま》を射《い》よ

英 He that would the daughter win, must with the mother first begin.（娘《むすめ》を得《え》ようと思《おも》う者《もの》はまずその母親《ははおや》から始《はじ》めなければならない）

諸行無常《しょぎょうむじょう》 四字熟語

意味 この世《よ》のすべてのものは常《つね》に移《うつ》り変《か》わっていて、同《おな》じではないということ。

例 何代《なんだい》も続《つづ》いた店《みせ》が閉店《へいてん》すると聞《き》き、**諸行無常**の感《かん》に打《う》たれる。

参考 (1)仏教《ぶっきょう》の基本的《きほんてき》な考《かんが》え方《かた》の一《ひと》つ。(2)『平家物語《へいけものがたり》』の一節《いっせつ》が有名《ゆうめい》。

英 St. Paul's will not always stand.（セント・ポール寺院《じいん》もいずれは倒《たお》れる）

食指が動く 故事成語

意味 食《た》べたくなる。また、あることをしたいという気持《きも》ちになる。〈『春秋左氏《しゅんじゅうさし》伝《でん》』〉 例 もうけ話《ばなし》に**食指が動い**た。

語源 中国《ちゅうごく》の春秋時代《しゅんじゅうじだい》、鄭《てい》の霊公《れいこう》に面会《めんかい》するため、子公《しこう》が宮殿《きゅうでん》に入《はい》ろうとすると、食指《しょくし》（＝人差《ひとさ》し指《ゆび》）がぴくぴく動《うご》いた。子公《しこう》は同行《どうこう》の者《もの》に、指《ゆび》がこのようになるときは必《かなら》ずごちそうにありつけるのだと言《い》うと、はたして宮中《きゅうちゅう》ではスッポン料《りょう》理《り》の準備《じゅんび》が始《はじ》まっていたという話《はなし》から。

触手《しょくしゅ》を伸《の》ばす 慣用句

意味 自分《じぶん》のものにしようと思《おも》って、ほかのものへ働《はたら》きかける。 例 国《こく》内《ない》だけでなく、海外向《かいがいむ》けの事業《じぎょう》にも**触手を伸ばす**。

語源 「触手《しょくしゅ》」は、イソギンチャクなどの、うでのようなでっぱり。

しょくしゅ

如才《じょさい》ない 慣用句

意味 ❶よく気《き》がつく。愛想《あいそ》がいい。 例 **如才ない**もてなし。

❷自分《じぶん》の得《とく》になりそうなことについて、

機会《きかい》をのがさない。例 如才なく立《た》ち回《まわ》る。
語源「如才《じょさい》」は、気《き》がきかなくて起《お》こった手《て》ぬかり。
類 そつがない

初志貫徹《しょしかんてつ》 四字熟語
意味 最初《さいしょ》に立《た》てた目標《もくひょう》を貫《つらぬ》きとおすこと。例 **初志貫徹**して、科学者《かがくしゃ》になった。
注意「初志《しょし》完徹《てつ》」は誤《あやま》り。

初心忘るべからず《しょしんわするべからず》 ことわざ
意味 学《まな》び始《はじ》めたときの新鮮《しんせん》な気持《きも》ちを、いつも忘《わす》れてはいけないという教《おし》え。例 仕事《しごと》には慣《な》れたが、**初心忘るべからず**、気《き》をぬかないようにしよう。
参考 世阿弥《ぜあみ》の能楽《のうがく》の書《しょ》『花鏡《かきょう》』にある言葉《ことば》。
英 Don't lose sight of your original goal.（初期《しょき》の目標《もくひょう》を見失《みうしな》うな）

所帯を持つ《しょたいをもつ》 慣用句
意味 独立《どくりつ》して、家族《かぞく》と共《とも》に生活《せいかつ》する。また、結婚《けっこん》して家庭《かてい》をつくる。例 **所帯を持**つことになったので、ますます仕事《しごと》にはげもうと決意《けつい》している。
語源「所帯《しょたい》」は、独立《どくりつ》した一《ひと》つの家《いえ》で生活《せいかつ》すること。

助長《じょちょう》 故事成語 ➡マンガdeことわざ（215ページ）
意味 力《ちから》をのばしたり、よい状態《じょうたい》にしたりするように助《たす》けること。また、結果《けっか》としてよくない傾向《けいこう》に進《すす》めてしまうこと。《『孟子《もうし》』》例 過度《かど》の休息《きゅうそく》は疲労《ひろう》を**助長**する。
語源 中国《ちゅうごく》の戦国時代《せんごくじだい》、宋《そう》の国《くに》に、苗《なえ》がなかなか成長《せいちょう》しないのを心配《しんぱい》して、苗《なえ》を引《ひ》っぱった者《もの》がいた。家《いえ》に帰《かえ》り、今日《きょう》、わしは苗《なえ》が伸《の》びるのを助《たす》けてやったと言《い》うので、あわてて息子《むすこ》が見《み》に行《い》くと、苗《なえ》は全部《ぜんぶ》枯《か》れていたという話《はなし》から。よけいなことをして悪《わる》い結果《けっか》を招《まね》くというのが、もともとの意味《いみ》。

蜀犬日に吠ゆ《しょっけんひにほゆ》 故事成語
意味 無知《むち》なために、あたりまえのことを疑《うたが》って、さわぐこと。また、考《かんが》え方《かた》がせまいために、優《すぐ》れた言動《げんどう》を疑《うたが》い、批判《ひはん》すること。例 写真《しゃしん》をとると魂《たましい》を抜《ぬ》かれるといってこわがった時代《じだい》があったが、西洋人《せいようじん》には**蜀犬日に吠ゆ**だと思《おも》われたかもしれない。
語源 雨《あめ》が多《おお》く霧《きり》が深《ふか》い山国《やまぐに》の蜀地方《しょくちほう》（＝中国《ちゅうごく》の四川省《しせんしょう》のあたり）の犬《いぬ》は、たまに見《み》える太陽《たいよう》に驚《おどろ》いて吠《ほ》えたということから。
参考 中国《ちゅうごく》の柳宗元《りゅうそうげん》の文章《ぶんしょう》にある言葉《ことば》。

職権濫用《しょっけんらんよう》 四字熟語
意味 公務員《こうむいん》が許《ゆる》される範囲《はんい》をこえて権利《けんり》を用《もち》いること。例 **職権濫用**の疑《うたが》いをかけられる。
同 職権乱用《しょっけんらんよう》

緒に就く《しょにつく》 慣用句
意味 物事《ものごと》をやり始《はじ》める。また、物事《ものごと》がうまく進《すす》み始《はじ》める。例 計画《けいかく》は**緒に就い**たばかりだ。
語源「緒《しょ》」は、物事《ものごと》のはじめ。
同 緒《ちょ》に就《つ》く

序の口《じょのくち》 慣用句
意味 物事《ものごと》が始《はじ》まったばかりで、本式《ほんしき》でないこと。例 このくらいの暑《あつ》さはまだ**序の口**だ。
語源 相撲《すもう》の番付《ばんづけ》で、一番下《いちばんした》の位《くらい》が「序《じょ》の口《くち》」であることから。

白河夜船《しらかわよふね》 四字熟語
意味 何《なに》が起《お》こっても気《き》づかないほど、ぐっすりねこむこと。例 仕事《しごと》でいそが

マンガ de ことわざ

助長《じょちょう》

弟子《でし》よ わしはいつも
心《こころ》を育成《いくせい》しようとしておる
孟子《もうし》
…どういうことでしょう？
たとえば※道徳《どうとく》の心《こころ》を育《そだ》てようと心《こころ》がけているのだ
こんな昔話《むかしばなし》がある…
昔《むかし》、宋《そう》の国《くに》に苗《なえ》を一本一本《いっぽんいっぽん》引《ひ》っぱって伸《の》ばしてやっている者《もの》がいた。
苗《なえ》がなかなか成長《せいちょう》しないな
ぎゅっ
そして家《いえ》に帰《かえ》り…
今日《きょう》は苗《なえ》が伸《の》びるのを助《たす》けてやったぞ！
つかれたー
家族《かぞく》にこう伝《つた》え
えっ
びっくりした息子《むすこ》があわてて畑《はたけ》に行《い》くと…
やばいっ
ぜったいやばいって〜〜
たっ たっ たっ たっ
ぜんめっ!?
苗《なえ》はぜんぶ枯《か》れていたのだった。
…急《いそ》いでムリに成長《せいちょう》させてはダメなのですね
なるほどー
だからといって何《なに》もせず育《そだ》てようとしないのもダメだぞ！
ずいっ
苗《なえ》がダメになってしまいますね
ちかっ
成長《せいちょう》や発展《はってん》を助《たす》ける「助長《じょちょう》」は、よく考《かんが》えて行《おこな》わないとな！
わーむずかしいなー

※孟子《もうし》は、人《ひと》の内部《ないぶ》からわきおこる道徳心《どうとくしん》の源《みなもと》のようなものを育《そだ》てようとしていたとされます。

しい父《ちち》は、電《でん》車《しゃ》の中《なか》ではいつも**白河夜船**だそうだ。

語源 京《きょう》都《と》を見《み》たといつわった人《ひと》が、白河《しらかわ》という土《と》地《ち》のことを聞《き》かれて川《かわ》の名《な》と思《おも》いこみ、「夜《よる》、ねているときに船《ふね》で通《とお》ったから知《し》らぬ」と答《こた》えたという話《はなし》から。

同 白川夜船《しらかわよふね》

知《し》らぬ顔《かお》の半兵衛《はんべえ》 ことわざ

意味 知《し》っているのに知《し》らない顔《かお》をしていて少《すこ》しも相《あい》手《て》にしないようす。また、そうする人《ひと》。 **例** **知らぬ顔の半兵衛**を決《き》めこむ。

英 to turn a deaf ear（聞《き》こえないふりをする）

知《し》らぬが仏《ほとけ》 ことわざ

意味 知《し》っていれば気《き》になるが、知《し》らなければ平《へい》気《き》でいられるということのたとえ。 **例** 悪口《わるくち》を言《い》われているのに、**知らぬが仏**で上《じょう》きげんだ。

語源 知《し》らなければ腹《はら》も立《た》たず、仏《ほとけ》のように平《へい》気《き》でいられることから。

参考 いろはがるた（江《え》戸《ど》）の一《ひと》つ。

同 知《し》らぬは仏《ほとけ》見《み》ぬが神《かみ》／知《し》らぬは仏《ほとけ》見《み》ぬが極《ごく》楽《らく》

類 見《み》ぬもの清《きよ》し

英 Ignorance is bliss.（知《し》らないのが無《む》上《じょう》の幸《しあわ》せ）

★白《しら》羽《は》の矢《や》が立《た》つ 慣用句

意味 たくさんの中《なか》から注《ちゅう》目《もく》され、選《えら》び出《だ》される。 **例** 大会《たいかい》の選手宣誓《せんしゅせんせい》は兄《あに》に**白羽の矢が立**った。

語源 昔《むかし》、いけにえとなる少女《しょうじょ》の家《いえ》の屋《や》根《ね》に、神《かみ》が白《しろ》い羽《はね》の矢《や》を立《た》てたという話《はなし》から。

白《しら》を切《き》る 慣用句

意味 わざと知《し》らないふりをする。 **例** 母《はは》に弟《おとうと》の居《い》場《ば》所《しょ》を聞《き》かれたが、**白を切り**続《つづ》けた。

語源 「白《しら》」は、「知《し》らない」をあらわすとされる。「切《き》る」は、ある動《どう》作《さ》をすること。

尻馬《しりうま》に乗《の》る 慣用句

意味 よく考《かんが》えもしないで、人《ひと》の後《あと》について行《こう》動《どう》する。 **例** 人《ひと》の**尻馬に乗っ**てさわぐなんて、困《こま》った人《ひと》だ。

語源 ほかの人《ひと》が乗《の》っている馬《うま》の尻《しり》に乗《の》るということから。

英 A fool laughs when others laugh.（おろか者《もの》は他《た》人《にん》が笑《わら》うと自《じ》分《ぶん》も笑《わら》う）

尻《しり》が暖《あたた》まる 慣用句

意味 長《なが》い間《あいだ》同《おな》じ所《ところ》にいて落《お》ち着《つ》く。 **例** いそがしくて、**尻が暖まる**ひまがない。

尻《しり》が重《おも》い 慣用句

意味 すぐに物《もの》事《ごと》をしようとしない。 **例** **尻が重く**て、なかなか宿《しゅく》題《だい》を始《はじ》めない。

同 腰《こし》が重《おも》い **対** 腰《こし》が軽《かる》い

尻《しり》が軽《かる》い 慣用句

意味 落《お》ち着《つ》きがなくて、おこないが軽《かる》々《がる》しい。 **例** **尻が軽い**ので、つまらない失《しっ》敗《ぱい》ばかりする。

同 腰《こし》が軽《かる》い **対** 腰《こし》が重《おも》い

尻《しり》が長《なが》い 慣用句

意味 人《ひと》の家《いえ》に行《い》って、なかなか帰《かえ》らない。 **例** あの人《ひと》は**尻が長い**ので困《こま》る。

尻切《しりき》れとんぼ 慣用句

意味 終《お》わりまで続《つづ》かず、途中《とちゅう》で切《き》れたままであること。例 話《はなし》が尻切れとんぼだ。

類 中途半端《ちゅうとはんぱ》

私利私欲《しりしよく》 四字熟語

意味 自分《じぶん》だけ得《とく》をしようとする気持《きも》ち。例 私利私欲にかられ、悪事《あくじ》を働《はたら》く。

尻《しり》に敷《し》く 慣用句

意味 家庭《かてい》で、妻《つま》が夫《おっと》より強《つよ》い力《ちから》を持《も》ち、夫《おっと》を従《したが》わせる。例 夫《おっと》を尻に敷く妻《つま》。

尻《しり》に火《ひ》が付《つ》く 慣用句

意味 物事《ものごと》がさしせまって、あわてる。例 仕事《しごと》のしめきりが近《ちか》づき、まさに尻に火が付いた状態《じょうたい》だ。

尻拭《しりぬぐ》いをする 慣用句

⇒尻《しり》を拭《ぬぐ》う（217ページ）

★**支離滅裂《しりめつれつ》** 四字熟語

意味 めちゃくちゃで、筋道《すじみち》の通《とお》らないようす。例 よほどあわてているのか、かれの言《い》うことは支離滅裂だ。

尻目《しりめ》に掛《か》ける 慣用句

意味 軽《かる》く見《み》て相手《あいて》にしない。例 尻目に掛けて無視《むし》する。

語源 「尻目《しりめ》」は、目玉《めだま》だけを動《うご》かして、横《よこ》や後《うし》ろを見《み》ること。

参考 人《ひと》を見下《みくだ》し、軽《けい》べつするようすなどに用《もち》いる。

時流《じりゅう》に乗《の》る 慣用句

意味 その時代《じだい》の人々《ひとびと》の、考《かんが》え方《かた》や感《かん》じ方《かた》などの傾向《けいこう》に合《あ》わせる。例 時流に乗った商品《しょうひん》の開発《かいはつ》。

死力《しりょく》を尽《つ》くす 慣用句

意味 死《し》にものぐるいの激《はげ》しい力《ちから》をふりしぼる。例 死力を尽くして戦《たたか》う。

思慮分別《しりょふんべつ》 四字熟語

意味 よく考《かんが》えて、物事《ものごと》を正《ただ》しく判断《はんだん》すること。例 思慮分別のある人《ひと》。

尻《しり》を叩《たた》く 慣用句

意味 やる気《き》を出《だ》すように、はげましたりさいそくしたりする。例 尻を叩いて受験勉強《じゅけんべんきょう》をさせる。

尻《しり》を拭《ぬぐ》う 慣用句

意味 他人《たにん》の失敗《しっぱい》などの後始末《あとしまつ》をする。

例 後輩《こうはい》の失敗《しっぱい》の尻を拭う。

語源 他人《たにん》の尻《しり》のよごれを拭《ぬぐ》う（＝ふきとる）ということから。

同 尻拭《しりぬぐ》いをする

尻《しり》をまくる 慣用句

意味 それまでの態度《たいど》を変えて、急に強い態度《たいど》に出《で》る。居直《いなお》る。例 どうにでもなれと尻をまくった。

語源 昔《むかし》の乱暴者《らんぼうもの》が着物《きもの》のすそをまくって、その場《ば》に座《すわ》りこんで開《ひら》き直《なお》るようすから。

尻《しり》を持《も》ち込《こ》む 慣用句

意味 問題《もんだい》などの後始末《あとしまつ》をさせようとする。例 もめ事《ごと》の尻を持ち込まれる。

知《し》る人《ひと》ぞ知《し》る 慣用句

意味 だれもが知《し》っているわけではないが、ある分野《ぶんや》では有名《ゆうめい》である。例 ここは知る人ぞ知る名店《めいてん》だ。

白《しろ》い歯《は》を見《み》せる 慣用句

意味 笑顔《えがお》を見《み》せる。例 かれは、会《あ》ったとたん、白い歯を見せた。

白《しろ》い目《め》で見《み》る 慣用句

意味 軽《けい》べつした、冷《つめ》たい目《め》で人《ひと》を見《み》る。

例 うわさを信《しん》じて白い目で見るなんてよくないよ。

★**四六時中《しろくじちゅう》** 四字熟語

意味 一日中《いちにちじゅう》。例 かのじょは四六時中仕《し》事《ごと》ばかりしている。

語源 「四《よん》×六《ろく》＝二十四《にじゅうし》」で、二十四時間《にじゅうよじかん》、

つまり一《いち》日《にち》ということ。昔《むかし》は一《いち》日《にち》を昼《ひる》六《むっ》つ、夜《よる》六《むっ》つに分《わ》けていたので「二《に》六《ろく》時《じ》中《ちゅう》」といい、それを言《い》いかえた言《こと》葉《ば》。

白《しろ》黒《くろ》をつける 慣用句

↓白《しろ》黒《くろ》をはっきりさせる（218ページ）

白《しろ》黒《くろ》をはっきりさせる 慣用句

意味 物《もの》事《ごと》のよしあしをきちんと決《き》める。

例 証《しょう》拠《こ》を調《しら》べて、白黒をはっきりさせる。

同 白《しろ》黒《くろ》をつける

人《じん》海《かい》戦《せん》術《じゅつ》 四字熟語

意味 仕《し》事《ごと》をするときに、次《つぎ》々《つぎ》と多《おお》くの人《ひと》を使《つか》うやり方《かた》。例 この仕《し》事《ごと》は少《すく》ない人《にん》数《ずう》では時《じ》間《かん》がかかりすぎるので、人海戦術で対《たい》応《おう》しよう。

語源 「人《じん》海《かい》」は、多《おお》くの人《ひと》の集《あつ》まり。もともとは、多《おお》くの人《にん》間《げん》をくり出《だ》して、敵《てき》を圧《あっ》倒《とう》しようとする戦《せん》術《じゅつ》のこと。

人《じん》間《かん》到《いた》る処《ところ》青《せい》山《ざん》あり ことわざ

↓人《にん》間《げん》到《いた》る処《ところ》青《せい》山《ざん》あり（322ページ）

★★**心《しん》機《き》一《いっ》転《てん》** 四字熟語

意味 あることをきっかけにして、新《あら》たな気《き》持《も》ちになること。例 心機一転して、来《らい》年《ねん》からはまじめにがんばろう。

注意 「心《しん》気《き》一《いっ》転《てん》」「新《しん》規《き》一《いっ》転《てん》」は誤《あやま》り。

新《しん》規《き》蒔《ま》き直《なお》し 慣用句

意味 今《いま》までのことはなかったものとして、新《あたら》しくやり直《なお》すこと。例 商《しょう》売《ばい》の新規蒔き直しを図《はか》る。

注意 「新《しん》規《き》巻《ま》き直《なお》し」は誤《あやま》り。

心《しん》血《けつ》を注《そそ》ぐ 慣用句

意味 ほかのことを考《かんが》えないで、それだけに気《き》持《も》ちをうちこんで物《もの》事《ごと》をする。

例 心血を注いで書《か》きあげた小《しょう》説《せつ》。

人《じん》口《こう》に膾《かい》炙《しゃ》する 故事成語

意味 広《ひろ》く世《せ》間《けん》の人《ひと》に知《し》れわたる。例 人口に膾炙する話《はなし》。

語源 膾《なます》や炙《あぶ》り肉《にく》がおいしくて、多《おお》くの人《ひと》の口《くち》に合《あ》うことから。

参考 中《ちゅう》国《ごく》の林《りん》嵩《すう》の「周《しゅう》朴《ぼく》詩《し》集《しゅう》序《じょ》」から。

人《じん》後《ご》に落《お》ちない 慣用句

意味 ほかの人《ひと》におとらない。例 読《どく》書《しょ》量《りょう》においては人後に落ちない。

語源 「人《じん》後《ご》」は、他《た》人《にん》の後《うし》ろ。他《た》人《にん》の下《した》。

辛《しん》酸《さん》をなめる 慣用句

意味 辛《つら》く苦《くる》しい目《め》にあう。例 辛酸をなめたが、のちに成《せい》功《こう》をおさめた。

人《じん》事《じ》不《ふ》省《せい》 四字熟語

意味 気《き》を失《うしな》って死《し》んだようになること。

例 人事不省におちいる。

類 前《ぜん》後《ご》不《ふ》覚《かく》

神《しん》出《しゅつ》鬼《き》没《ぼつ》 四字熟語

意味 自《じ》由《ゆう》自《じ》在《ざい》にあらわれたり、かくれたりして、居《い》場《ば》所《しょ》がなかなかつかめないこと。例 神出鬼没の忍《にん》者《じゃ》。

英 to appear and disappear like phantoms（幽《ゆう》霊《れい》のごとく出《しゅつ》没《ぼつ》する）

信《しん》賞《しょう》必《ひっ》罰《ばつ》 四字熟語

意味 立《りっ》派《ぱ》な働《はたら》きをした人《ひと》には必《かなら》ず賞《しょう》をあたえ、悪《わる》いことをした人《ひと》には必《かなら》ず罰《ばつ》をあたえること。例 信賞必罰の方《ほう》針《しん》をつらぬく。

英 Pay well, command well, hang well.（よく報《むく》い、よく命《めい》令《れい》し、よく絞《こう》首《しゅ》刑《けい》にせよ）

★**針《しん》小《しょう》棒《ぼう》大《だい》** 四字熟語

意味 大《おお》げさに言《い》うこと。 例 針小棒大に言《い》いふらす。 語源 針《はり》のように小《ちい》さいことを棒《ぼう》のように大《おお》きく言《い》うということから。

英 to make a mountain out of a molehill

（モグラ塚《づか》を山《やま》にする）

寝食《しんしょく》を忘《わす》れる 慣用句

意味 寝《ね》ることも食《た》べることも忘《わす》れるくらい、ある物事《ものごと》に熱中《ねっちゅう》する。 例 寝食を忘れて研究《けんきゅう》にうちこむ。

人事《じんじ》を尽《つ》くして天命《てんめい》を待《ま》つ 故事成語

意味 自分《じぶん》にできる精一杯《せいいっぱい》のことをして、あとは運《うん》に任《まか》せる。〈『読史管見《どくしかんけん》』〉 例 一《いっ》生懸命《しょうけんめい》に練習《れんしゅう》してきた。あとは人事を尽くして天命を待つだけだ。

語源 「天命《てんめい》」は、天《てん》が与《あた》える人《ひと》の運命《うんめい》。

類 天《てん》は自《みずか》ら助《たす》くる者《もの》を助《たす》く

英 Do the likeliest, and God will do the best.（これと思《おも》うことをすれば神《かみ》が最《さい》善《ぜん》を尽《つ》くしてくださる）

★**新進気鋭《しんしんきえい》** 四字熟語

意味 ある分野《ぶんや》に新《あたら》しく登場《とうじょう》し、今後《こんご》が期《き》待《たい》されること。また、その人《ひと》。 例 新進気鋭のピアニスト。

心神喪失《しんしんそうしつ》 四字熟語

意味 自分《じぶん》のしたことについての判断能《はんだんのう》力《りょく》がないこと。 例 事故当時《じこどうじ》は心神喪失の状態《じょうたい》だった。

人生意気《じんせいいき》に感《かん》ず ことわざ

意味 人間《にんげん》は、金銭《きんせん》や名誉《めいよ》のためにではなく、人《ひと》の思《おも》いに感動《かんどう》して行動《こうどう》するものであるということ。 例 人生意気に感ずで、貧《まず》しい国《くに》で医師《いし》として活動《かつどう》する。

語源 中国《ちゅうごく》の魏徴《ぎちょう》の詩《し》「述懐《じゅっかい》」にある言《こと》葉《ば》。皇帝《こうてい》の恩《おん》に報《むく》いようと敵《てき》の討伐《とうばつ》の任務《にんむ》を願《ねが》い出《で》て、許可《きょか》されたときに作《つく》った。

人生朝露《じんせいちょうろ》の如《ごと》し 故事成語

意味 人生《じんせい》は、朝日《あさひ》を浴《あ》びて消《き》えてしまう朝露《あさつゆ》のようにはかないものだ。〈『漢書《かんじょ》』〉

例 人生朝露の如しで限《かぎ》りあるものだけど、悔いのない人生《じんせい》にしたいものだ。

語源 この後《あと》、「どうしていつまでも自《みずか》ら苦《くる》しむ必要《ひつよう》があろうか」という内容《ないよう》の言《こと》葉《ば》が続《つづ》く。中国《ちゅうごく》の漢時代《かんじだい》、北方《ほっぽう》の異民族《いみんぞく》匈奴《きょうど》に漢《かん》の使者《ししゃ》としてやってきた蘇武《そぶ》は、とらえられたが降伏《こうふく》せずにいた。かつて漢《かん》の将軍《しょうぐん》だったが匈奴《きょうど》に降伏《こうふく》し、妻《つま》をめとってその地《ち》に住《す》んでいた李陵《りりょう》が、蘇《そ》武《ぶ》に降伏《こうふく》を勧《すす》めて言《い》った言葉《ことば》から。

類 露《つゆ》の命《いのち》 英 Life is like the morning dew on the grass.（人生《じんせい》は草《くさ》におりた朝《あさ》露《つゆ》のようだ）

人跡未踏《じんせきみとう》 四字熟語

意味 今《いま》までに人《ひと》が一度《いちど》もその土地《とち》に入《はい》りこんでいないこと。 例 人跡未踏のジャングル。

類 前人未踏《ぜんじんみとう》

心臓《しんぞう》が強《つよ》い 慣用句

意味 ものおじしない。また、あつかましい。 例 初舞台《はつぶたい》なのに堂々《どうどう》としている。心臓が強いね。

進退窮《しんたいきわ》まる 慣用句

意味 進《すす》むことも退《しりぞ》くこともできず、どうにもならずに困《こま》る。 例 会社《かいしゃ》がつぶれるのはさけられない。進退窮まるだ。
英 between the devil and the deep sea（悪魔《あくま》と深海《しんかい》にはさまれる）

身体髪膚《しんたいはっぷ》これを父母《ふぼ》に受《う》く 故事成語

意味 からだはすべて父母《ふぼ》からいただいたもので、大切《たいせつ》にしなければならないということ。〈『孝経《こうきょう》』〉 例 身体髪膚これを父母に受くのだから、体《からだ》に傷《きず》をつけるのは親不孝《おやふこう》なことだ。

語源 「身体《しんたい》」は、肉体《にくたい》のこと。「髪膚《はっぷ》」は、髪《かみ》の毛《け》と、皮膚《ひふ》。

死《し》んだ子《こ》の年《とし》を数《かぞ》える ことわざ

意味 今《いま》となってはどうしようもないことについて、くどくど言《い》うことのたとえ。例 死んだ子の年を数えるようなことを言《い》っても始《はじ》まらない。

語源 死《し》んでしまった子《こ》が、今生《いまい》きていたらいくつになるかと、数《かぞ》えてもしかたのないことをするということから。

同 死児《しじ》の齢《よわい》を数《かぞ》える 英 crying over spilt milk（こぼれたミルクを嘆《なげ》く）

心胆《しんたん》を寒《さむ》からしめる 慣用句

意味 心《こころ》からおそれさせる。ぞっとさせる。例 心胆を寒からしめる、おそろしい事件《じけん》が起《お》きた。

語源 「心胆《しんたん》」は、心《こころ》や肝《きも》っ玉《たま》のこと。

新陳代謝《しんちんたいしゃ》 四字熟語

意味 生物《せいぶつ》が、必要《ひつよう》なものを体《からだ》の中《なか》にとり入《い》れて、不要《ふよう》なものを体《からだ》の外《そと》に出《だ》す働《はたら》き。また、古《ふる》いものが去《さ》り、新《あたら》しいものがそれにかわること。例 芸能界《げいのうかい》は新陳代謝が激《はげ》しい。

死《し》んで花実《はなみ》が咲《さ》くものか ことわざ

意味 生《い》きているからこそいいことも味《あじ》わえるのであって、死《し》んでしまったらすべておしまいである。どんなことがあろうとも生《い》きていなければいけない。例 死んで花実が咲くものか、たとえ一時《いっとき》つらいことがあっても、いずれまたよいこともあるはずだ。

語源 「花実《はなみ》」は、名声《めいせい》や成功《せいこう》など良《よ》い結果《けっか》。死《し》んだ木《き》に花《はな》が咲《さ》いたり、実《み》がなったりすることはないことから。

同 死《し》んで花実《はなみ》がなるものか 類 死《し》ぬ者《もの》貧乏《びんぼう》／死《し》ねば死《し》に損生《ぞんい》くれば生《い》き得《どく》／命《いのち》あっての物種《ものだね》 英 Debt is better than death.（死《し》ぬより借金《しゃっきん》）

心頭《しんとう》を滅却《めっきゃく》すれば火《ひ》もまた涼《すず》し 故事成語

意味 どんな苦《くる》しみにあっても、心《こころ》をきたえてあれば、苦《くる》しさを感《かん》じなくなるものであるという教《おし》え。例 心頭を滅却すれば火もまた涼しで、苦難《くなん》を乗《の》り切《き》ろう。

語源 よけいなことを考《かんが》えたり迷《まよ》ったりしなければ、火《ひ》でさえも涼《すず》しく感《かん》じられるということ。織田信長《おだのぶなが》が恵林寺《えりんじ》を焼《や》き討《う》ちにしたとき、快川《かいせん》という僧《そう》がこの言葉《ことば》を唱《とな》えながら焼《や》け死《し》んだとされる。

類 精神一到何事《せいしんいっとうなにごと》か成《な》らざらん 英 Nothing is impossible to a willing mind.（不退転《ふたいてん》の決意《けつい》があればすべてが可能《かのう》になる）

真《しん》に迫《せま》る 慣用句

意味 本物《ほんもの》のようである。迫力《はくりょく》がある。

例 真に迫った演技《えんぎ》。

しんにゅうを掛《か》ける 慣用句

意味 物事《ものごと》をもっと大《おお》げさにする。例 どしゃぶりにしんにゅうを掛けた雨《あめ》。

語源 ある漢字《かんじ》に、部首《ぶしゅ》の「辶《しんにゅう》」を書《か》き加《くわ》えるということから。

親《しん》は泣《な》き寄《よ》り他人《たにん》は食《く》い寄《よ》り

ことわざ

意味 困《こま》ったことや不幸《ふこう》なことがおこると、身内《みうち》は悲《かな》しみのために集《あつ》まるが、他《た》人《にん》は出《だ》されるごちそうを食《た》べるために集《あつ》まる。 **例** 親は泣き寄り他人は食い寄りで仕方《しかた》のないことだが、祖母《そぼ》の葬儀《そうぎ》では、親族《しんぞく》にとても助《たす》けてもらった。

深謀遠慮《しんぼうえんりょ》 四字熟語

意味 遠《とお》い将来《しょうらい》のことまで深《ふか》く考《かんが》えること。また、その考《かんが》え。 **例** 深謀遠慮をめぐらす。

同 遠謀深慮《えんぼうしんりょ》

辛抱《しんぼう》する木《き》に金《かね》が生《な》る ことわざ

意味 辛抱強《しんぼうづよ》くこつこつはげめば、いつか成功《せいこう》し、財産《ざいさん》も持《も》てるようになるというたとえ。 **例** 辛抱する木に金が生るというが、働《はたら》き者《もの》の叔父《おじ》は日々《ひび》まじめに働《はたら》いて、大《おお》きな家《いえ》を建《た》てた。

語源 「木《き》」は「気《き》」にかけていったもの。

類 雨垂《あまだ》れ石《いし》を穿《うが》つ／石《いし》の上《うえ》にも三年《さんねん》／待《ま》てば海路《かいろ》の日和《ひより》あり

英 With patience and time, the mulberry leaf becomes a silk gown.（忍耐《にんたい》と歳月《さいげつ》で桑《くわ》の葉《は》が絹《きぬ》の衣《ころも》となる）

人面獣心《じんめんじゅうしん》 四字熟語

意味 心《こころ》の冷《つめ》たい人《ひと》、恩義《おんぎ》を知《し》らない人《ひと》をののしって言《い》う言葉《ことば》。 **例** 人面獣心のふるまい。

語源 顔《かお》は人間《にんげん》だが心《こころ》は獣《けもの》だということから。

同 人面獣心《にんめんじゅうしん》 **英** A fair face and a foul heart.（美《うつく》しい顔《かお》と汚《きたな》い心《こころ》）

森羅万象《しんらばんしょう》 四字熟語

意味 この宇宙《うちゅう》にある、すべてのもの。 **例** 森羅万象には人間《にんげん》が思《おも》いもつかない法則《ほうそく》がある。

す

水魚《すいぎょ》の交《まじ》わり 故事成語

意味 親《した》しいつきあい。〈『三国志《さんごくし》』〉 **例** わたしたちは出会《であ》って十年《じゅうねん》、水魚の交わりです。

語源 中国《ちゅうごく》の蜀《しょく》の劉備《りゅうび》と、軍師《ぐんし》諸葛孔明《しょかつこうめい》が親密《しんみつ》であることを、配下《はいか》の関羽《かんう》と張飛《ちょうひ》がねたんだ。すると、劉備《りゅうび》は、みなしごのような自分《じぶん》が孔明《こうめい》といるのは、ちょうど、魚《さかな》が水《みず》とはなれることができないようなものだと言《い》ったという話から。

推敲《すいこう》 故事成語 ➡マンガdeことわざ（223ページ）

意味 文章《ぶんしょう》や詩《し》を作《つく》るとき、言葉《ことば》や書《か》きあらわし方《かた》などを何度《なんど》も考《かんが》えて練《ね》り直《なお》すこと。〈『唐詩紀事《とうしきじ》』〉 **例** 作文《さくぶん》を推敲する。

語源 「推《すい》」は、押《お》す、「敲《こう》」は、たたくの意《い》味《み》。中国《ちゅうごく》の唐《とう》の詩人《しじん》賈島《かとう》が、ロバに乗《の》って詩《し》を考《かんが》えていると、「僧《そう》は推《お》す月下《げっか》の門《もん》」という句《く》を思いついた。「推《お》す」を「敲《たた》く」に変《か》えようかどうか迷《まよ》ううちに、都《みやこ》の長官《ちょうかん》韓愈《かんゆ》の行列《ぎょうれつ》にぶつかってしまった。事情《じじょう》を聞《き》いた韓愈《かんゆ》は、「敲《たた》く」のほうがよいと言《い》い、二人《ふたり》は馬《うま》を並《なら》べて詩《し》を論《ろん》じ合《あ》ったという話《はなし》から。

酔生夢死《すいせいむし》 四字熟語

意味 これといった仕事《しごと》もせず、無意味《むいみ》に一生《いっしょう》を送《おく》ること。〈『程氏遺書《ていしいしょ》』〉 **例** 酔生夢死の生《い》き方《かた》でいいのか。

語源 酒《さけ》に酔《よ》い、夢《ゆめ》を見《み》て一生《いっしょう》を終《お》えるということから。

垂涎《すいぜん》の的《まと》 慣用句

意味 だれもが欲《ほ》しがり、うらやましがるもの。 **例** そのカードは、垂涎の的だ。

語源「垂涎《すいぜん》」は、食《た》べたくて涎《よだれ》を垂《た》らすこと。欲《ほ》しいと熱望《ねつぼう》することのたとえ。

水道《すいどう》の水《みず》で産湯《うぶゆ》を使《つか》う 慣用句

意味 江戸《えど》の生《う》まれであることを、江戸《えど》っ子《こ》が自慢《じまん》して言《い》う言葉《ことば》。

例 こっちは**水道の水で産湯を使っ**た江戸《えど》っ子《こ》だと、威勢《いせい》よく言《い》い放《はな》つ。

語源「水道《すいどう》」は、江戸《えど》時代《じだい》に幕府《ばくふ》が多大《ただい》な金《かね》と労力《ろうりょく》をかけてつくった玉川《たまがわ》上水《じょうすい》と神田《かんだ》上水《じょうすい》という上水道《じょうすいどう》のこと。生《う》まれたばかりの赤《あか》ちゃんのとき、この水《みず》をわかして初《はじ》めて入浴《にゅうよく》したということから。

英 He was born within the sound of Bow bell.（ボウ教会《きょうかい》の鐘《かね》の音《ね》の聞《き》こえる所《ところ》で生《う》まれた…生《き》っ粋《すい》のロンドン子《こ》）

水泡《すいほう》に帰《き》する 慣用句

意味 続《つづ》けてきた苦労《くろう》が、むだに終《お》わってしまう。**例** 努力《どりょく》が**水泡に帰する**。

語源 水泡《すいほう》（＝水《みず》の泡《あわ》）は、できてもすぐに消《き》えることから。

類 水《みず》の泡《あわ》になる

酸《す》いも甘《あま》いも噛《か》み分《わ》ける 慣用句

意味 たくさんの経験《けいけん》を通《とお》して、人《ひと》の気持《きも》ちや世《よ》の中《なか》のいろいろな事《こと》がらをよく知《し》っている。**例** **酸いも甘いも噛み分け**た苦労人《くろうにん》。

類 酸《す》いも甘《あま》いも知《し》り抜《ぬ》く

頭《ず》が高《たか》い 慣用句

意味 相手《あいて》を見下《みくだ》す態度《たいど》で、無礼《ぶれい》である。

例 新入《しんい》りのくせに**頭が高い**。

語源 おじぎのとき、頭《あたま》の下《さ》げ方《かた》が足《た》りないということから。

頭寒足熱《ずかんそくねつ》 四字熟語

意味 頭《あたま》は冷《ひ》やして、足《あし》は暖《あたた》かくしておくこと。**例** **頭寒足熱**がいいというから、ひざかけを使《つか》おう。

参考 このようにすると、健康《けんこう》によいといわれる。

英 A cool mouth and warm feet live long.（口《くち》を冷《ひ》やし足《あし》を暖《あたた》かくすれば長《なが》生《い》きする）

★好《す》きこそ物《もの》の上手《じょうず》なれ ことわざ

意味 何事《なにごと》でも、好《す》きであれば一生懸命《いっしょうけんめい》にするから上手《じょうず》になるということ。**例** **好きこそ物の上手なれ**で、昔《むかし》から歌《うた》うことが大好《だいす》きな妹《いもうと》は、歌《うた》がうまい。

類 好《す》きは上手《じょうず》の元《もと》

英 Who likes not his business, his business likes not him.（自分《じぶん》の仕事《しごと》を嫌《きら》う人《ひと》は、その仕事《しごと》に嫌《きら》われる）

過《す》ぎたるはなお及《およ》ばざるが如《ごと》し 故事成語

➡世界のことわざ（225ページ）

意味 やり過《す》ぎることは、足《た》りないのと同様《どうよう》によくないことだ。ほどほどがよい。『論語《ろんご》』

例 食《た》べすぎておなかをこわした。**過ぎたるはなお及ばざるが如し**、だよ。

語源 孔子《こうし》の弟子《でし》の子貢《しこう》が、同《おな》じ弟子《でし》の子張《しちょう》と子夏《しか》のどちらが優《すぐ》れているかを孔子《こうし》にたずねた。孔子《こうし》は、「子張《しちょう》はやりす

推敲《すいこう》

中国《ちゅうごく》の唐《とう》の時代《じだい》、詩人《しじん》の賈島《かとう》は、科挙《かきょ》の試験《しけん》を受《う》けに、都《みやこ》 長安《ちょうあん》にやってきた。
パカ
パカ
パカ
一句《いっく》いいのが思《おも》いついたぞ
僧《そう》は推《お》す月下《げっか》の門《もん》
ブツ
ブツ
ブツ
でもここは「敲《たた》く」のほうがいいか?
考《かんが》えながら道《みち》を行《い》くと、うっかり都《みやこ》の長官《ちょうかん》韓愈《かんゆ》の行列《ぎょうれつ》に突《つ》っ込《こ》んでしまった。
ドガ
あ
無礼者《ぶれいもの》!
賈島《かとう》は、くわしくいきさつを話《はな》すと…
〝敲《たた》く〟がいいな!
そして、二人《ふたり》は馬《うま》を並《なら》べて、詩《し》を論《ろん》じ合《あ》ったのだった。
この後《あと》、韓愈《かんゆ》は賈島《かとう》の無二《むに》の詩友《しゆう》になる。

ぎ、子夏《しか》は足《た》りない」と答《こた》えた。「ならば子張《しちょう》が優《すぐ》れているのでは」と言《い》うと、孔《こう》子《し》は「過《す》ぎているのは及《およ》ばないのと同《おな》じで、どちらもほどほどを得《え》ておらずよくない。」と答《こた》えたという話《はなし》から。

参考「過《す》ぎたるは及《およ》ばざるが如《ごと》し」とも。

類 薬《くすり》も過《す》ぎれば毒《どく》となる／分別《ふんべつ》過《す》ぐれば愚《ぐ》に返《かえ》る／凝《こ》っては思案《しあん》に能《あた》わず

英 Overdone is worse than undone.（焼《や》き過《す》ぎは生焼《なまや》きより悪《わる》い）

数寄《すき》を凝《こ》らす 慣用句

意味 建物《たてもの》や道具《どうぐ》などに、いろいろと風流《ふうりゅう》な工夫《くふう》をほどこす。**例** 数寄を凝らした茶室《ちゃしつ》。

杜撰《ずさん》 故事成語

意味 本《ほん》の内容《ないよう》にまちがいが多《おお》いようす。また、計画《けいかく》や仕事《しごと》のやり方《かた》がいいかげんで、手《て》ぬかりが多《おお》いようす。〈『野客叢書《やかくそうしょ》』〉**例** 杜撰な工事《こうじ》。

語源「杜《ず》」は昔《むかし》の中国《ちゅうごく》の詩人《しじん》、杜黙《ともく》のこと。「撰《さん》」は詩《し》を作《つく》ること。杜黙《ともく》の作《つく》る詩《し》は、詩《し》の規則《きそく》からはずれたものが多《おお》かったことから。

筋《すじ》がいい 慣用句

す

意味 あることの素質《そしつ》がある。**例** かのじょは、ダンスの筋がいい。

筋金入《すじがねい》り 慣用句

意味 ある考《かんが》えや傾向《けいこう》を強《つよ》くもっていること。**例** 兄《あに》は、筋金入りのアニメ好《ず》きだ。

涼《すず》しい顔《かお》 慣用句

意味 自分《じぶん》も関係《かんけい》があるのに、関係《かんけい》のないふりをしてすましている顔《かお》つき。**例** 当《とう》事者《じしゃ》なのに涼《すず》しい顔《かお》をしている。

類 何食《なにく》わぬ顔《かお》

★★ 雀《すずめ》の涙《なみだ》 慣用句

意味 非常《ひじょう》に少《すく》ないことのたとえ。

例 貯金《ちょきん》が雀の涙ほどしか残《のこ》っていないので、あのぬいぐるみは買《か》えない。

語源 小《ちい》さなスズメの流《なが》す、ごくわずかの涙《なみだ》ということから。

英 chicken feed（はした金《かね》…鶏《にわとり》の餌《えさ》の意《い》から）

雀百《すずめひゃく》まで踊《おど》り忘《わす》れず ことわざ

意味 幼《おさな》いときに身《み》についた習慣《しゅうかん》は、年《とし》をとっても忘《わす》れないということ。**例** 雀百まで踊り忘れずで、幼《おさな》いときによく歌《うた》っていた曲《きょく》は今《いま》も歌《うた》える。

語源 スズメのとびはねるような歩《ある》き方《かた》は、死《し》ぬまで変《か》わらないということから。

参考 いろはがるた（京都《きょうと》）の一《ひと》つ。

類 三《み》つ子《ご》の魂百《たましいひゃく》まで **英** What is learned in the cradle is carried to the grave.（揺《ゆ》りかごの中《なか》で覚《おぼ》えたことは墓《はか》場《ば》まで持《も》っていかれる）

鈴《すず》を転《ころ》がすよう 慣用句

意味 女性《じょせい》の声《こえ》が、すんでいて美《うつく》しくひびくようす。**例** 鈴を転がすような歌声《うたごえ》が耳《みみ》に心地《ここち》よい。

頭痛《ずつう》の種《たね》 慣用句

意味 心配《しんぱい》やなやみの原因《げんいん》になることがら。**例** 問題《もんだい》ばかり起《お》こす弟《おとうと》は、我《わ》が家《や》の頭痛の種だ。

捨《す》て石《いし》になる 慣用句

意味 今《いま》はむだなようだが、将来《しょうらい》必《かなら》ず役《やく》に立《た》つようなおこないをする。**例** 世《よ》の捨て石になるかくごでのぞむ。

語源「捨《す》て石《いし》」は、囲碁《いご》を打《う》つときに、後《あと》で有利《ゆうり》になるように打《う》っておく、一見《いっけん》むだなように見《み》える石《いし》。

同 捨《す》て石《いし》となる

捨《す》てる神《かみ》あれば拾《ひろ》う神《かみ》あり

ことわざ

意味 困《こま》っているときに、見捨《みす》てる人《ひと》もいるが、助《たす》けてくれる人《ひと》もいる。世《よ》の中《なか》は広《ひろ》いからくよくよするなということのたとえ。例 アルバイトを首《くび》になったが、別《べっ》の仕事《しごと》が見《み》つかった。捨てる神あれば拾う神あり、だ。

同 捨《す》てる神《かみ》あれば助《たす》ける神《かみ》あり 英 When one door shuts, another opens.（一方《いっぽう》の戸《と》が閉《と》じれば、もう一方《いっぽう》の戸《と》が開《ひら》く）

砂《すな》を噛《か》むよう 慣用句

す

世界《せかい》のことわざ 過《す》ぎたるはなお及《およ》ばざるが如《ごと》し

イギリス 多《おお》すぎると袋《ふくろ》が破《やぶ》れる

なんでも多《おお》ければよいわけではありません。限《げん》度《ど》をこえると、袋《ふくろ》が破《やぶ》れてしまいます。

その他《た》 ドイツ

ドイツ マスタードが多《おお》すぎると肉料理《にくりょうり》がだめになる

「マスタード」は西洋《せいよう》カラシナ・洋《よう》がらしのこと。肉料理《にくりょうり》につけると辛味《からみ》がきいて、おいしく食《た》べられます。しかし、多《おお》すぎてはせっかくの肉料理《にくりょうり》がまずくなってしまいます。

インド（南部《なんぶ》） 甘露《かんろ》も過《す》ぎれば毒《どく》となる

「甘露《かんろ》」は古代《こだい》インドのあまい飲《の》み物《もの》で、苦《くる》しみやなやみを取《と》り除《のぞ》き、長生《ながい》きをたもち、死者《ししゃ》さえ復活《ふっかつ》させるというもの。のちに仏教《ぶっきょう》にも取《と》り入《い》れられ、甘《あま》茶《ちゃ》になりました。このように優《すぐ》れた飲《の》み物《もの》でも、度《ど》が過《す》ぎるとよくないとされています。

インドネシア 焼《や》き過《す》ぎた魚《さかな》はこげる

インドネシアは多《おお》くの島《しま》からなり、漁業《ぎょぎょう》がさかんで国民《こくみん》は魚《さかな》をよく食《た》べます。魚《さかな》をおいしく食《た》べる方法《ほうほう》を知《し》っているからできたことわざです。

意味 物事《ものごと》の味《あじ》わいやおもしろみがないようす。**例** けがをして休《やす》んでいたときは、**砂を噛むよう**な毎日《まいにち》だった。

図《ず》に当《あ》たる 慣用句

意味 物事《ものごと》が自分《じぶん》の思《おも》ったとおりになる。

例 計画《けいかく》が**図に当たっ**た。

★図《ず》に乗《の》る 慣用句

意味 物事《ものごと》が自分《じぶん》の思《おも》うとおりになって、いい気《き》になる。**例** 勝《か》って**図に乗る**。

類 調子《ちょうし》に乗《の》る

脛《すね》に傷《きず》を持《も》つ 慣用句

意味 人《ひと》にかくしている悪事《あくじ》がある。やましいことがある。**例** **脛に傷を持つ**身《み》なので、人《ひと》の批判《ひはん》はしにくい。

同 脛《すね》に傷持《きずも》つ

脛《すね》をかじる 慣用句

意味 親《おや》や兄弟《きょうだい》から学費《がくひ》・生活費《せいかつひ》などを出《だ》してもらって生活《せいかつ》する。**例** 兄《あに》は、まだ当分《とうぶん》**脛をかじる**つもりのようだ。

すべての道《みち》はローマに通《つう》ず ことわざ

意味 やり方《かた》はちがっていても目的《もくてき》は同《おな》じであることのたとえ。また、あらゆる物事《ものごと》は一《ひと》つの真理《しんり》から発《はっ》していることのたとえ。**例** **すべての道はローマに通ず**というように、表現《ひょうげん》のしかたはそれぞれちがうが、結論《けつろん》は同《おな》じだ。

語源 ローマ帝国《ていこく》が栄《さか》えていたころ、世界中《せかいじゅう》からローマに道《みち》が通《つう》じていたということから。

参考 西洋《せいよう》のことわざ。

英 All roads lead to Rome.（すべての道《みち》はローマに通《つう》ず）

図星《ずぼし》を指《さ》される 慣用句

意味 かくしている事《こと》などをぴたりと当《あ》てられる。**例** 弟《おとうと》に**図星を指され**た。

語源 「図星《ずぼし》」は、的《まと》の中心《ちゅうしん》の黒点《こくてん》。

隅《すみ》に置《お》けない 慣用句

意味 思《おも》っていたよりもわざなどが優《すぐ》れていて、油断《ゆだん》ができない。**例** かれは意外《いがい》といい文章《ぶんしょう》を書《か》くので、**隅に置けない**。

語源 目立《めだ》たない隅《すみ》に置《お》いておけないということから。

★住《す》めば都《みやこ》 ことわざ

意味 どんな所《ところ》でも、慣《な》れればそこが一番《いちばん》住《す》みやすくなるということ。**例** 転校《てんこう》は不安《ふあん》だったが**住めば都**で、今《いま》ではすっかりなじんでいる。

注意 「住《す》むなら都《みやこ》がよい」という意味《いみ》ではない。

英 To every bird his own nest is best.（どの鳥《とり》にとっても自分《じぶん》の巣《す》が一番《いちばん》よい）

相撲《すもう》にならない 慣用句

意味 両者《りょうしゃ》の力《ちから》がちがいすぎて勝負《しょうぶ》にならない。**例** プロの選手《せんしゅ》と競《きそ》っても**相撲にならない**。

寸暇《すんか》を惜《お》しむ 慣用句

意味 わずかな暇《ひま》も大事《だいじ》にする。**例** お店《みせ》を立《た》ち上《あ》げたばかりの父《ちち》は、**寸暇を惜しん**で仕事《しごと》をしている。

寸鉄人《すんてつひと》を刺《さ》す 故事成語

意味 短《みじか》い言葉《ことば》で本当《ほんとう》のことを言《い》い当《あ》て、相手《あいて》の弱《よわ》みをつく。〈『鶴林玉露《かくりんぎょくろ》』〉**例** **寸鉄人を刺す**発言《はつげん》でおそれられている評論家《ひょうろんか》。

語源 「寸鉄《すんてつ》」は、小《ちい》さな刃物《はもの》。転《てん》じて、警《けい》句《く》。

参考 区切《くぎ》るときは、「すんてつ、ひとをさす」とする。

英 The tongue is not steel, yet it cuts.（舌《した》は鋼鉄《こうてつ》ならざれども人《ひと》を切《き》る）

せ

青雲《せいうん》の志《こころざし》 故事成語

意味 世《よ》の中《なか》に出《で》て、高《たか》い地位《ちい》と名誉《めいよ》を得《え》ようとする希望《きぼう》。 例 祖父《そふ》は、青雲の志をいだいて上京《じょうきょう》したそうだ。

語源 「青雲《せいうん》」は、晴《は》れた青空《あおぞら》のことで、高《たか》い地位《ちい》をあらわす。

参考 中国《ちゅうごく》の王勃《おうぼつ》の文章《ぶんしょう》にある言葉《ことば》。

精《せい》が出《で》る 慣用句

意味 一生懸命《いっしょうけんめい》はげんでいる。 例 朝早《あさはや》くから、精が出ますね。

語源 「精《せい》」は、気力《きりょく》。元気《げんき》。

成蹊《せいけい》 故事成語

⇒桃李《とうり》もの言《い》わざれど下自《したおの》ずから蹊《けい》を成《な》す（294ページ）

生計《せいけい》を立《た》てる 慣用句

意味 お金《かね》をかせいで生活《せいかつ》する。 例 アルバイトで生計を立てながら、大学《だいがく》へ通《かよ》う。

★**晴耕雨読《せいこううどく》** 四字熟語

意味 晴《は》れた日《ひ》には田畑《たはた》を耕《たがや》し、雨《あめ》の日《ひ》には家《いえ》にいて読書《どくしょ》をすること。静《しず》かに、のんびりと生活《せいかつ》するようすのたとえ。

例 晴耕雨読の日々《ひび》を送《おく》る。

精根《せいこん》尽《つ》きる 慣用句

⇒精《せい》も根《こん》も尽《つ》きる（228ページ）

生殺与奪《せいさつよだつ》 四字熟語

意味 生《い》かすも殺《ころ》すも、与《あた》えるも奪《うば》うも自分《じぶん》の思《おも》いどおりであること。相手《あいて》を自分《じぶん》の思《おも》うままにすること。 例 生殺与奪の権《けん》をにぎる。

精神《せいしん》一到《いっとう》何事《なにごと》か成《な》らざらん 故事成語

意味 心《こころ》を集中《しゅうちゅう》して物事《ものごと》をおこなえば、どんな難《むずか》しいことでも、必《かなら》ずできる。〈『朱子語類《しゅしごるい》』〉 例 精神一到何事か成らざらん、だ。とにかく集中《しゅうちゅう》して、この仕事《しごと》を今日中《きょうじゅう》に終《お》わらせよう。

語源 「一到《いっとう》」は、一《ひと》つのことに集中《しゅうちゅう》すること。

類 思《おも》う念力《ねんりき》岩《いわ》をも通《とお》す／石《いし》に立《た》つ矢《や》

せ

誠心誠意 四字熟語

意味 真心《まごころ》をもって一生懸命《いっしょうけんめい》におこなうようす。 例 相手《あいて》に喜《よろこ》んでもらえるように、誠心誠意《せいしんせいい》サービスに努《つと》める。

正々堂々《せいせいどうどう》 四字熟語

意味 態度《たいど》が正《ただ》しくて、立派《りっぱ》なようす。

例 正々堂々と戦《たたか》う。

語源 「正々《せいせい》」は、正《ただ》しく整《ととの》っているようす。

清濁《せいだく》併《あわ》せ呑《の》む 慣用句

意味 心《こころ》が広《ひろ》く、よい人《ひと》でも悪《わる》い人《ひと》でも分《わ》けへだてなく受《う》け入《い》れる。 例 清濁併せ呑む大人物《だいじんぶつ》。

語源 すんだ水《みず》もにごった水《みず》もいっしょに飲《の》みこむという意味《いみ》から。

英 You must take the fat with the lean.（あぶら身《み》も赤身《あかみ》といっしょに取《と》らねばならぬ）

★**急《せ》いては事《こと》を仕損《しそん》ずる** ことわざ

意味 あわてて物事《ものごと》をすると、かえって失敗《しっぱい》しやすいということ。 例 急いては事を仕損ずるというから、この仕事《しごと》はあせらずじっくり進《すす》めよう。

同 急《せ》いては事《こと》を過《あやま》つ 類 急《いそ》げば必《かなら》ずし

そこなう／急《いそ》がば回《まわ》れ　英 Haste makes waste.（急《いそ》ぐとむだができる）

青天《せいてん》の霹靂《へきれき》　故事成語

意味 突然《とつぜん》起《お》きる大事件《だいじけん》。また、びっくりするようなこと。例 わたしが一位《いちい》になるなんて、まさに青天の霹靂だ。語源「霹靂《へきれき》」は、かみなり。青空《あおぞら》に突《とつ》然《ぜん》かみなりが鳴《な》るということから。参考 中国《ちゅうごく》の陸游《りくゆう》の詩《し》にある言葉《ことば》。英 Like a bolt out of the blue.（青空《あおぞら》からの稲妻《いなづま》のごとく）類 寝耳《ねみみ》に水《みず》

★**青天白日《せいてんはくじつ》**　四字熟語

意味 自分《じぶん》の心《こころ》に後《うし》ろ暗《ぐら》いことがないこと。また、罪《つみ》がないことがはっきりすること。例 疑《うたが》いが晴《は》れて青天白日の身《み》になる。語源「青天《せいてん》」は、晴《は》れた青空《あおぞら》。「白日《はくじつ》」は、太陽《たいよう》。参考 中国《ちゅうごく》の韓愈《かんゆ》の文章《ぶんしょう》にある言葉《ことば》。注意「晴天白日」は誤《あやま》り。

正当防衛《せいとうぼうえい》　四字熟語

意味 危《あぶ》ない目《め》にあったとき、自分《じぶん》を守《まも》るために、しかたなく相手《あいて》に害《がい》を加《くわ》えること。例 正当防衛が認《みと》められた。参考 法律《ほうりつ》では罪《つみ》にならない。

精《せい》も根《こん》も尽《つ》きる　慣用句

意味 精力《せいりょく》も根気《こんき》もなくなる。例 苦難《くなん》の連続《れんぞく》で精も根も尽きる。同 精根《せいこん》尽《つ》きる

清廉潔白《せいれんけっぱく》　四字熟語

意味 心《こころ》がきれいで、自分勝手《じぶんかって》でなく、おこないが正《ただ》しいこと。例 かれは清廉潔白な人物《じんぶつ》です。

精《せい》を出《だ》す　慣用句

意味 一生懸命《いっしょうけんめい》はげむ。例 畑仕事《はたけしごと》に精を出す。

是《ぜ》が非《ひ》でも　慣用句

意味 よくても悪《わる》くても。何《なに》が何《なん》でも。例 この試合《しあい》は是が非でも勝《か》ちたい。

積善《せきぜん》の家《いえ》には必《かなら》ず余慶《よけい》あり　故事成語

意味 善《よ》い行《おこな》いを積《つ》み重《かさ》ねていけば、その報《むく》いとして必《かなら》ず子孫《しそん》にまでおよぶ喜《よろこ》びごとがあり幸《しあわ》せになる。〈『易経《えききょう》』〉例 積善の家には必ず余慶ありというが、あの家《いえ》は先祖《せんぞ》がみんなのために仕事《しごと》をしていたから、今《いま》も子孫《しそん》が栄《さか》えているのだという。語源「余慶《よけい》」は、子孫《しそん》におよぶ幸《しあわ》せの意《い》味《み》。対 積悪《せきあく》の家《いえ》には必《かなら》ず余殃《よおう》有《あ》り

席《せき》の暖《あたた》まる暇《いとま》もない　故事成語

意味 落《お》ち着《つ》く暇《ひま》がないほど、大変《たいへん》いそがしい。例 仕事《しごと》が多《おお》く席の暖まる暇もない。参考 中国《ちゅうごく》の韓愈《かんゆ》の文章《ぶんしょう》にある言葉《ことば》。同 席暖《せきあたた》かなるに暇《いとま》あらず　類 孔席暖《こうせきあたた》まらず

関《せき》の山《やま》　慣用句

意味 いくらがんばっても、それ以上《いじょう》はできないぎりぎりのところ。例 横綱《よこづな》が相《あい》手《て》では、十回《じっかい》に一回《いっかい》勝《か》つのが関の山だ。

赤貧《せきひん》洗《あら》うが如《ごと》し　ことわざ

意味 とても貧《まず》しくて、洗《あら》い流《なが》したように何《なに》も持《も》っていないようす。例 あの作家《さっか》

の幼少時《ようしょうじ》は、赤貧洗うが如しの生活《せいかつ》だったそうだ。

語源「赤《せき》」は、まったくない意味《いみ》で、「赤《せき》貧《ひん》」は、非常《ひじょう》に貧《まず》しいこと。洗《あら》い流《なが》したように何《なに》もないことから。

堰《せき》を切《き》ったように 慣用句

意味 おさえられていた物事《ものごと》が、急《きゅう》に激《はげ》しく起《お》こるようす。 例 堰を切ったようにしゃべり出《だ》す。

語源「堰《せき》」は、水《みず》の流《なが》れを止《と》めたり調節《ちょうせつ》したりする仕切《しき》り。これが切《き》れて、水《みず》があふれるということから。

世間《せけん》が狭《せま》い 慣用句

意味 つきあう相手《あいて》が少《すく》ない。世《よ》の中《なか》のことをよく知《し》らない。 例 積極的《せっきょくてき》なタイプではないので、世間が狭い。

世《せ》間《けん》は広《ひろ》いようで狭《せま》い ことわざ

意味 世間《せけん》は広《ひろ》いようだが、思《おも》いもしないところで知人《ちじん》に会《あ》ったり、知《し》らない人《ひと》でも何《なに》かのつながりがあることがわかったりして、意外《いがい》に狭《せま》いものだということ。 例 君《きみ》があの人《ひと》と知《し》り合《あ》いだなんて、世間は広いようで狭いなあ。

英 The world is but a little place after all.（世《せ》間《けん》は結局《けっきょく》せまいところなんだ）

世《せ》故《こ》に長《た》ける 慣用句

意味 世《よ》の中《なか》のことをよく知《し》っていて、世《よ》わたりがうまい。 例 年《とし》の割《わ》りに世故に長けている人《ひと》。

語源「世《せ》故《こ》」は、世《よ》の中《なか》の習慣《しゅうかん》や習《なら》わし。

背《せ》筋《すじ》が寒《さむ》くなる 慣用句

意味 おそろしさなどのため、ぞっとする。 例 もう少《すこ》しで事故《じこ》になるところだったと知《し》り、背筋が寒くなった。

是《ぜ》々《ぜ》非《ひ》々《ひ》 四字熟語

意味 よいことには賛成《さんせい》し、悪《わる》いことには反対《はんたい》すること。〈『荀子《じゅんし》』〉 例 是々非々の姿勢《しせい》をつらぬく。

切《せっ》磋《さ》琢《たく》磨《ま》 四字熟語

意味 学問《がくもん》などの向上《こうじょう》のために、努力《どりょく》してはげむこと。また、仲間同士《なかまどうし》が、たがいにはげまし合《あ》って努力《どりょく》すること。〈『詩《し》経《きょう》』〉 例 チームの仲間《なかま》と切磋琢磨して練《れん》習《しゅう》する。

英 to make friendly rivalry like David and Jonathan〔ダビデ〔ディビッド〕とヨナタン〔ジョナサン〕のように仲《なか》よく競《きそ》う…ダビデもヨナタンも聖書《せいしょ》にでてくる親友）

切《せっ》歯《し》扼《やく》腕《わん》 四字熟語

意味 とてもおこったりくやしがったりすること。〈『史記《しき》』〉 例 思《おも》いがけない敗《はい》戦《せん》に切歯扼腕する。

語源 歯《は》ぎしりをしたり、腕《うで》をにぎりしめたりするということから。

雪《せつ》辱《じょく》を果《は》たす 慣用句

意味 恥《はじ》を消《け》し去《さ》り、名誉《めいよ》を取《と》り戻《もど》す。特《とく》に、競技《きょうぎ》などで以前《いぜん》負《ま》けた相手《あいて》に勝《か》ち、負《ま》けたときの恥《はじ》を消《け》し去《さ》ること。 例 去《きょ》年完敗《ねんかんばい》した相手《あいて》に今年《ことし》は圧勝《あっしょう》し、雪辱を果たすことができた。

語源「雪辱《せつじょく》」は、「恥《はじ》を雪《すす》ぐ」で、恥《はじ》を消《け》し去《さ》る意味《いみ》。

★★
絶《ぜっ》体《たい》絶《ぜつ》命《めい》 四字熟語

注意「雪辱《せつじょく》を晴《は》らす」は誤《あやま》り。

意味 追《お》いつめられてどうすることもで

きないこと。例にげる場所《ばしょ》がなく、絶体絶命のピンチだ。

注意「絶対絶命《ぜつぜつめい》」は誤《あやま》り。

切羽詰《せっぱつ》まる 慣用句

意味 どうにもしかたのないようすになる。追《お》いつめられて困《こま》る。例切羽詰まってにげ出《だ》した。

語源「切羽《せっぱ》」は、日本刀《にほんとう》のつばが、柄《つか》とさやに接《せっ》するところにはさむ、うすい金具《かなぐ》。切羽《せっぱ》がさやに詰《つ》まると、刀《かたな》がぬけなくなることから。

節《せつ》を曲《ま》げる 慣用句

意味 正《ただ》しいと思《おも》う自分《じぶん》の考《かんが》えを変《か》えて、人《ひと》に合《あ》わせる。例不本意《ふほんい》ながら節を曲げる。

同 節《せつ》を折《お》る

背《せ》にする 慣用句

意味 後《うし》ろにくるようにする。例山々《やまやま》を背にして古《ふる》い神社《じんじゃ》が建《た》つ。

背《せ》に腹《はら》はかえられない ことわざ

⇩ 世界のことわざ（231ページ）

意味 目《め》の前《まえ》にある問題《もんだい》を切《き》りぬけるためには、多少《たしょう》のぎせいや損害《そんがい》はしかたないということのたとえ。例費用《ひよう》がかかってもしかたない。背に腹はかえられないよ。

語源 背中《せなか》のために、大事《だいじ》な腹《はら》を使《つか》うことはできない、それならば背《せ》中《なか》の方《ほう》をぎせいにするということから。

参考 いろはがるた（江戸《えど》）の一《ひと》つ。

同 背《せ》に腹《はら》はかえられぬ 英 Necessity knows no law.（必要《ひつよう》の前《まえ》に法《ほう》はない）

狭《せま》き門《もん》 慣用句

意味 進学《しんがく》や就職《しゅうしょく》などで、競争《きょうそう》が激《はげ》しくて、成功《せいこう》するのが難《むずか》しいことのたとえ。例大学《だいがく》の狭き門を突破《とっぱ》して入学《にゅうがく》する。

語源『新約聖書《しんやくせいしょ》』にある言葉《ことば》から。本来《ほんらい》は、天国《てんごく》に行《い》く道《みち》がけわしくつらいということのたとえ。

世話《せわ》がない 慣用句

意味 ❶手間《てま》がかからない。例何《なん》でも自《じ》

ケニア

病人《びょうにん》になればおかゆの味《あじ》は問題《もんだい》にしない

病気《びょうき》になれば、治《なお》すために栄養《えいよう》を取《と》らないといけないので、味《あじ》にこだわってはいられないということ。ケニアのおかゆは、スワヒリ語《ご》（ケニアの公用《こうよう》語《ご》）で「ウジ」といい、トウモロコシの粉《こな》でできています。

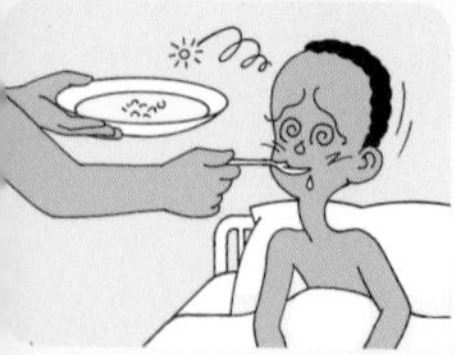

ドイツ

困《こま》れば悪魔《あくま》ははえを食《た》べる

西洋《せいよう》では悪魔《あくま》は人《ひと》の魂《たましい》を食《た》べるとされていますが、食《た》べるものがなくなればハエだって食《た》べるということです。

分《ぶん》でやる子《こ》だから世話がない。

❷あきれて、どうしようもない。例何度《なんど》言《い》っても同《おな》じまちがいをくり返《かえ》すのだから世話がない。

世話《せわ》が焼《や》ける 慣用句

意味 ほかから手助《てだす》けが必要《ひつよう》で、手間《てま》がかかる。例世話が焼ける子供《こども》。

世話《せわ》を焼《や》く 慣用句

意味 進《すす》んで人《ひと》の面倒《めんどう》をみる。例下級生《かきゅうせい》の世話を焼く。

背《せ》を向《む》ける 慣用句

意味 相手《あいて》にしない。また、冷《つめ》たく知《し》らないふりをする。例困《こま》っている友達《ともだち》に背を向けるようなことをするな。

浅学非才《せんがくひさい》 四字熟語

意味 学問《がくもん》や知識《ちしき》が十分《じゅうぶん》に身《み》についていなくて、才能《さいのう》がないこと。例浅学非才の身《み》ですが、できるだけ努力《どりょく》します。

参考 多《おお》く、へりくだって用《もち》いる。

線《せん》が細《ほそ》い 慣用句

意味 人物《じんぶつ》から受《う》ける印象《いんしょう》が、弱々《よわよわ》しく、たよりないようす。例かのじょは線が細《ほそ》く見《み》えるが、このクラブのまとめ役《やく》として、たのもしい人《ひと》だ。

★**千客万来《せんきゃくばんらい》** 四字熟語

意味 たくさんの客《きゃく》が絶《た》え間《ま》なくやって来《く》ること。例千客万来で、店《みせ》がにぎわう。

千軍万馬《せんぐんばんば》 四字熟語

意味 何度《なんど》も戦場《せんじょう》に出《で》て戦《たたか》いの経験《けいけん》が豊《ほう》富《ふ》なこと。また、多《おお》くの経験《けいけん》を積《つ》んでいて、したたかなこと。例かれは、政界《せいかい》では千軍万馬の強者《つわもの》だ。

語源「千軍《せんぐん》」は、多《おお》くの兵士《へいし》。「万馬《ばんば》」は、多《おお》くの軍馬《ぐんば》。

先見《せんけん》の明《めい》 慣用句

意味 先《さき》のことを前《まえ》もって見通《みとお》すことのできる、かしこさ。例このようにいろいろな使《つか》い方《かた》ができる施設《しせつ》をつくったのは、先代《せんだい》の市長《しちょう》に先見の明があったからだ。

前後不覚《ぜんごふかく》 四字熟語

意味 後先《あとさき》の区別《くべつ》もつかないほど、意識《いしき》がぼんやりとすること。例酒《さけ》の飲《の》みすぎで前後不覚になる。

類 人事不省《じんじふせい》

★**千載一遇《せんざいいちぐう》** 四字熟語

意味 千年《せんねん》に一度《いちど》しかめぐりあえないほどの、またとない機会《きかい》。例千載一遇の

世界《せかい》のことわざ　背《せ》に腹《はら》はかえられない

フランス

飢《う》えは狼《おおかみ》を森《もり》の外《そと》へ駆《か》り出《だ》す

オオカミは用心深《ようじんぶか》い動《どう》物《ぶつ》ですが、森《もり》の中《なか》でえさが得《え》られなければ、森《もり》の外《そと》に出《で》て危険《きけん》な人《ひと》里《ざと》に近《ちか》づいてでも、えさをさがさなければならないということです。

チャンスが到来《とうらい》する。 英 a golden opportunity（すばらしいチャンス）

★★
千差万別《せんさばんべつ》 四字熟語

意味 たくさんのものが、それぞれちがっていること。種類《しゅるい》が多《おお》くあること。 例 店頭《てんとう》のパンが**千差万別**で、どれを買《か》うか迷《まよ》う。

語源 千《せん》も万《まん》も、ちがうものがあるということから。

前車《ぜんしゃ》の覆《くつがえ》るは後車《こうしゃ》の戒《いまし》め 故事成語

意味 前《まえ》の人《ひと》の失敗《しっぱい》が、後《あと》の人《ひと》のいましめになるというたとえ。〈『漢書《かんじょ》』〉 例 **前車の覆るは後車の戒め**で、妹《いもうと》は兄《あに》のすることをよく見《み》ているから要領《ようりょう》がよい。

語源 前《まえ》の車《くるま》がひっくり返《かえ》るのを見《み》て、後《あと》の車《くるま》がいましめとする意味《いみ》から。

類 他山《たざん》の石《いし》／人《ひと》のふり見《み》て我《わ》がふり直《なお》せ 英 Happy is the person who can take warning from the mishap of others.（他人《たにん》の災難《さいなん》を戒《いまし》めととれる人《ひと》は幸《さいわ》いである）

前車《ぜんしゃ》の轍《てつ》を踏《ふ》む ことわざ

意味 前《まえ》の人《ひと》と同《おな》じ失敗《しっぱい》をくり返《かえ》す。

例 **前車の轍を踏む**ことのないよう注意《ちゅうい》しよう。

語源 「轍《てつ》」は、前《まえ》の車《くるま》の車輪《しゃりん》の跡《あと》。これを、後《あと》の車《くるま》がたどるということから。

同 前轍《ぜんてつ》を踏《ふ》む／轍《てつ》を踏《ふ》む

千秋楽《せんしゅうらく》 慣用句

意味 相撲《すもう》や芝居《しばい》などの興行《こうぎょう》の最後《さいご》の日《ひ》。

例 歌舞伎《かぶき》の**千秋楽**のチケットを手《て》に入《い》れた。

語源 雅楽《ががく》で、『千秋楽《せんしゅうらく》』という曲《きょく》を最後《さいご》に演奏《えんそう》したことから。

全身全霊《ぜんしんぜんれい》 四字熟語

意味 体《からだ》と心《こころ》のすべて。体力《たいりょく》と精神力《せいしんりょく》のすべて。 例 **全身全霊**をこめて、仕事《しごと》をやりとげる。

★
前人未踏《ぜんじんみとう》 四字熟語

意味 今《いま》までに、だれもそこまで行《い》きついたことがないこと。 例 オリンピックで**前人未踏**の新記録《しんきろく》を出《だ》す。

同 前人未到《ぜんじんみとう》 類 人跡未踏《じんせきみとう》

戦々恐々《せんせんきょうきょう》 四字熟語

意味 あることが起《お》きるのをおそれて、びくびくするようす。〈『詩経《しきょう》』〉 例 不正《ふせい》がいつばれるかと**戦々恐々**としている。

語源 「戦々《せんせん》」も「恐々《きょうきょう》」も、おそれてびくびくするようす。

★★
前代未聞《ぜんだいみもん》 四字熟語

意味 今《いま》までに一度《いちど》も聞《き》いたことがないような、めずらしいこと。また、おどろくべきこと。 例 **前代未聞**の事件《じけん》。

梅檀《せんだん》は双葉《ふたば》より芳《かんば》し ことわざ ⬇世

界のことわざ（233ページ）

意味 優《すぐ》れた人《ひと》は子供《こども》のときから才能《さいのう》がきわだっているということのたとえ。

例 画家《がか》になったかれは、子供《こども》のころから絵《え》が上手《じょうず》だった。**梅檀は双葉より芳し**、だね。

語源 よいかおりのする栴檀《せんだん》（＝ビャクダン）という木《き》は、双葉《ふたば》のときからよいかおりがするということから。

参考 いろはがるた（京都《きょうと》）の一《ひと》つ。

類 実《み》のなる木《き》は花《はな》から知《し》れる／蛇《じゃ》は寸《すん》にして人《ひと》を呑《の》む／竜《りゅう》は一寸《いっすん》にして昇天《しょうてん》の気《き》あり **英** It early pricks that will be a thorn.（茨《いばら》になるのは早《はや》くから刺《さ》す）

全知全能《ぜんちぜんのう》 四字熟語

意味 あらゆることを知《し》っていて、どんなことでもできる力《ちから》。 **例** 神《かみ》は全知全能だ。

前轍《ぜんてつ》を踏《ふ》む ことわざ

⇩前車《ぜんしゃ》の轍《てつ》を踏《ふ》む （232ページ）

先手必勝《せんてひっしょう》 四字熟語

意味 勝《か》ち負《ま》けを決《き》める場面《ばめん》で、相手《あいて》より先《さき》にせめていけば、必《かなら》ず有利《ゆうり》な立場《たちば》になるということ。 **例** 先《さき》にこうげきを始《はじ》め

世界《せかい》のことわざ　栴檀《せんだん》は双葉《ふたば》より芳《かんば》し

シリア　かしこい鶏《にわとり》は卵《たまご》のうちから鳴《な》く

優秀《ゆうしゅう》な人《ひと》は生《う》まれつき優《すぐ》れていて、幼《おさな》いころから才覚《さいかく》をあらわすことのたとえです。「コケコッコー」と夜明《よあ》けを告《つ》げるのはオンドリですが、タマゴのうちから鳴《な》くと大《おお》げさな言《い》い方《かた》をして、ユーモアをそえています。

その他《た》 エジプト

モンゴル　立派《りっぱ》な人《ひと》は子供《こども》のときから、駿馬《しゅんめ》は子馬《こうま》からわかる

モンゴル人《じん》は馬上《ばじょう》で暮《く》らすと言《い》われるぐらい、馬《うま》とは切《き》っても切《き》れない深《ふか》い関係《かんけい》にあります。それが駿馬《しゅんめ》（足《あし》の速《はや》いよい馬《うま》）ならば、たいへんなほこりであり喜《よろこ》びなのです。農耕主体《のうこうしゅたい》の日本《にほん》は栴檀《せんだん》という木《き》で、遊牧主体《ゆうぼくしゅたい》のモンゴルは馬《うま》で見分《みわ》けるというのは特徴的《とくちょうてき》です。

中国《ちゅうごく》　生姜《しょうが》の辛《から》いのは小《ちい》さいときから辛《から》い

ショウガは、食欲《しょくよく》を高《たか》め体《からだ》を温《あたた》めてくれる食材《しょくざい》で、辛《から》いほどよいとされています。小《ちい》さいときから辛《から》いというのは、才能《さいのう》のある人《ひと》は幼《おさな》いときから並《なみ》の人《ひと》とはちがい、優《すぐ》れた能力《のうりょく》を発揮《はっき》することのたとえです。「ショウガはひねたものが辛《から》い」といえば、お年寄《としよ》りは経験豊《けいけんゆた》かで知恵《ちえ》があることのたとえになります。

よう。先手必勝だ。

類 先《さき》んずれば人《ひと》を制《せい》す

先手《せんて》を打《う》つ 慣用句

意味 相手《あいて》より先《さき》に物事《ものごと》をおこなって、有《ゆう》利《り》な立場《たちば》に立《た》つ。例 勝《か》つためには先手を打たなければならない。

類 機先《きせん》を制《せい》する

船頭多《せんどうおお》くして船山《ふねやま》に登《のぼ》る ことわざ

⬇世界のことわざ（235ページ）

意味 指導《しどう》する人《ひと》が多《おお》いと、全体《ぜんたい》の統一《とういつ》がとれず、物事《ものごと》がうまくいかないということのたとえ。例 リーダーを決《き》めないから、船頭多くして船山に登るで、現場《げんば》が大混乱《だいこんらん》だ。

語源 方向《ほうこう》を指図《さしず》する船頭《せんどう》がたくさんいると、進《すす》む方向《ほうこう》が定《さだ》まらず、船《ふね》が山《やま》に登《のぼ》ってしまうようなことになるということから。

参考 「登《のぼ》る」は、「上《のぼ》る」とも書《か》く。

英 Too many cooks spoil the broth.（料《りょう》理人《りにん》が多《おお》すぎるとスープができそこなう）

前途多難《ぜんとたなん》 四字熟語

意味 これから先《さき》に困難《こんなん》が多《おお》くあること。

例 計画《けいかく》はスタートしたが前途多難であることはまちがいない。

前途洋々《ぜんとようよう》 四字熟語

意味 将来《しょうらい》が限《かぎ》りなく大《おお》きく開《ひら》け、希望《きぼう》に満《み》ちていること。例 ピアニストとしての才能《さいのう》が認《みと》められて、かれの人生《じんせい》は前途洋々だ。

語源 「洋々《ようよう》」は、水《みず》が満《み》ちて、はてしなく広《ひろ》がるようす。

善男善女《ぜんなんぜんにょ》 四字熟語

意味 仏教《ぶっきょう》を信《しん》じる男女《だんじょ》。また、信仰《しんこう》の厚《あつ》い人々《ひとびと》。例 仏堂《ぶつどう》の落成式《らくせいしき》に善男善女が集《あつ》まった。

善《ぜん》は急《いそ》げ ことわざ

意味 よいことは、思《おも》いついたら、ためらわずにすぐおこなえという教《おし》え。例 善は急げだ。さっそく今日《きょう》からジョギングを始《はじ》めよう。

参考 「悪《あく》は延《の》べよ（＝悪《わる》いことは先延《さきの》ばしにせよ）」と続《つづ》くこともある。

英 Make hay while the sun shines.（陽《ひ》の照《て》っているうちに干《ほ》し草《くさ》を作《つく》れ）

千編一律《せんぺんいちりつ》 四字熟語

意味 みな同《おな》じ調子《ちょうし》で、おもしろみがないこと。例 あの作家《さっか》の作品《さくひん》は、千編一律でおもしろくない。

語源 「千《せん》」は、数《かず》が多《おお》いことをあらわす。もともとは、多《おお》くの詩《し》が、すべて同《おな》じ調《ちょう》子《し》で作《つく》られているということ。

★★**千変万化《せんぺんばんか》** 四字熟語

意味 物事《ものごと》がいろいろに変化《へんか》すること。〈『列子《れっし》』〉 例 列車《れっしゃ》の窓《まど》から見《み》える千変万化する自然《しぜん》の風景《ふうけい》に目《め》をうばわれる。

語源 「千《せん》」も「万《まん》」も、数《かず》が多《おお》いことをあらわす。

先鞭《せんべん》をつける 故事成語

意味 人《ひと》よりも先《さき》に物事《ものごと》にとりかかる。〈『晋書《しんじょ》』〉 例 ハイテク技術《ぎじゅつ》の開発《かいはつ》に**先鞭をつける**。

語源 「鞭《べん》」は、むちのこと。功名《こうみょう》のために、ほかの人《ひと》より先《さき》に馬《うま》にむちを入《い》れて戦《せん》場《じょう》にかけつけることから。

千万人《せんまんにん》と雖《いえど》も吾往《われゆ》かん 故事成語

意味 自分《じぶん》のおこないについて考《かんが》え、正《ただ》しいと確信《かくしん》できるならば、たとえ反対《はんたい》する者《もの》が千万人《せんまんにん》いようとおそれず、堂々《どうどう》と立《た》ち向《む》かって行《い》こうという心意気《こころいき》を示《しめ》す言葉《ことば》。〈『孟子《もうし》』〉 例 **千万人と雖も吾往かん**で、周囲《しゅうい》に何《なん》と言《い》われようとも、正《ただ》しいと思《おも》う道《みち》を進《すす》むつもりだ。

語源 「自《みずか》ら反省《はんせい》して正《ただ》しくなければ、粗《そ》末《まつ》な服《ふく》を着《き》た身分《みぶん》の低《ひく》い者《もの》もおそれるが、自《みずか》ら反省《はんせい》して正《ただ》しければ、たとえ相《あい》手《て》が千万人《せんまんにん》であろうとも、立《た》ち向《む》かう」という、孔子《こうし》の言葉《ことば》から。

英 Innocence is bold.（身清《みきよ》ければ大胆《だいたん》なり）

前門《ぜんもん》の虎《とら》、後門《こうもん》の狼《おおかみ》 故事成語

せ

世界《せかい》のことわざ 船頭多《せんどうおお》くして船山《ふねやま》に登《のぼ》る

ギリシャ

水先案内人《みずさきあんないにん》が多《おお》すぎると船《ふね》が沈《しず》む

水先案内人《みずさきあんないにん》は、いつも乗船《じょうせん》している船員《せんいん》ではなく、その水域《すいいき》にくわしく、必要《ひつよう》なときだけ乗《の》りこんでくるガイド。たくさんの水先案内人《みずさきあんないにん》がそれぞれ指示《しじ》を出《だ》すと、バランスをくずして、船《ふね》が沈《しず》んでしまうということです。

フランス

料理人《りょうりにん》が多過《おおす》ぎるとスープがまずくなる

料理人《りょうりにん》が多《おお》すぎると、それぞれが勝手《かって》な味《あじ》つけをして、結局《けっきょく》おいしいスープができなくなります。

その他《た》 イギリス

中国《ちゅうごく》

大工《だいく》が多《おお》すぎるとゆがんだ家《いえ》が建《た》つ

大工《だいく》が多《おお》いとりっぱな家《いえ》が建《た》つと思《おも》いきや、みんなが勝手《かって》に釘《くぎ》を打《う》ったり柱《はしら》を立《た》てたりして、結果《けっか》としてゆがんだ家《いえ》になりかねません。

↓世界のことわざ（37ページ）

意味 一《ひと》つの災難《さいなん》をのがれたのに、すぐまた次《つぎ》の災難《さいなん》にあうことのたとえ。〈『評史《ひょうし》』〉 例 仕事先《しごとさき》に車《くるま》で向《む》かっているが、大《だい》じゅうたいをのがれたと思《おも》ったら、今度《こんど》は通行止《つうこうど》めだ。まさに**前門の虎、後門の狼**、だ。

語源 前《まえ》の門《もん》でトラを防《ふせ》いだら、次《つぎ》には後《うし》ろの門《もん》からオオカミがおそってくるということから。

類 一難《いちなん》去《さ》ってまた一難《いちなん》／虎口《ここう》を逃《のが》れて竜穴《りゅうけつ》に入《い》る 英 A precipice in front, a wolf behind.（前《まえ》に絶壁《ぜっぺき》、後《うしろ》に狼《おおかみ》）

先憂後楽《せんゆうこうらく》 四字熟語

意味 人《ひと》の上《うえ》に立《た》つ指導者《しどうしゃ》は、下《した》の人《ひと》より先《さき》に苦労《くろう》をして、下《した》の人《ひと》が楽《らく》になってから後《あと》で楽《たの》しむようにしなくてはならないということ。例 **先憂後楽**を心《こころ》がけると話《はな》す首相《しゅしょう》。

参考 中国《ちゅうごく》の范仲淹《はんちゅうえん》の「岳陽楼記《がくようろうのき》」にある言葉《ことば》。

千里眼《せんりがん》 故事成語

意味 ふつうは見《み》えないような遠《とお》い場所《ばしょ》のできごとや人《ひと》の心《こころ》を見通《みとお》す力《ちから》。また、その力《ちから》を持《も》った人《ひと》。〈『北魏書《ほくぎしょ》』〉 例 母《はは》には何《なん》でも見《み》ぬかれてしまう。まるで**千里眼**だ。

語源 千里《せんり》も先《さき》の遠《とお》いところまで見《み》ることができるということから。

せ

千里《せんり》の堤《つつみ》も蟻《あり》の穴《あな》から崩《くず》れる 故事成語

↓蟻《あり》の穴《あな》から堤《つつみ》も崩《くず》れる（24ページ）

★千里《せんり》の道《みち》も一歩《いっぽ》より始《はじ》まる 故事成語

↓世界のことわざ（237ページ）

意味 大《おお》きな仕事《しごと》も小《ちい》さなことから始《はじ》まる。〈『老子《ろうし》』〉 例 めげずにこつこつとやっていこう。**千里の道も一歩より始まる**、だからね。

語源 千里《せんり》という長《なが》い道《みち》のりの旅《たび》も、最初《さいしょ》の一歩《いっぽ》から始《はじ》まるということから。

同 千里《せんり》の行《こう》も一歩《いっぽ》より始《はじ》まる／千里《せんり》の道《みち》も一歩《いっぽ》から 英 Even the longest journey begins with the first step.（最《もっと》も長《なが》い旅《たび》でも一歩《いっぽ》から始《はじ》まる）

千両役者《せんりょうやくしゃ》 四字熟語

意味 芸《げい》が優《すぐ》れていて、活躍《かつやく》している人《ひと》。例 **千両役者**の登場《とうじょう》だ。

語源 昔《むかし》、演技《えんぎ》がうまくて地位《ちい》の高《たか》い役者《やくしゃ》が、一年分《いちねんぶん》の給料《きゅうりょう》を千両《せんりょう》ももらっていたということから。

千慮《せんりょ》の一失《いっしつ》 故事成語

意味 優《すぐ》れた人《ひと》でも、たまには失敗《しっぱい》すること。また、十分《じゅうぶん》に考《かんが》えても思《おも》いがけない失敗《しっぱい》をすること。〈『史記《しき》』〉 例 かれがあんな失敗《しっぱい》をするとは、**千慮の一失**だ。

語源 「千慮《せんりょ》」は、十分《じゅうぶん》にいろいろと考《かんが》えること。「一失《いっしつ》」は、一《ひと》つの失敗《しっぱい》。

類 弘法《こうぼう》にも筆《ふで》の誤《あやま》り／智者一失《ちしゃいっしつ》 対 愚《ぐ》

者《しゃ》の一得《いっとく》 英 There is none so wise but he is foolish sometimes.（いくら賢者《けんじゃ》でも、おろかなことをすることもある）

先《せん》を越《こ》す 慣用句

→先《さき》を越《こ》す（180ページ）

そ

★**創意工夫《そういくふう》** 四字熟語

意味 それまでの考《かんが》え方《かた》やしきたりなどにとらわれない、新《あたら》しい思《おも》いつきと工《く》夫《ふう》。例 これまで見《み》たことがない、創意工夫をこらした作品《さくひん》。

滄海変《そうかいへん》じて桑田《そうでん》となる 故事成語

意味 世《よ》の中《なか》の移《うつ》り変《か》わりのはげしいことのたとえ。〈『神仙伝《しんせんでん》』〉例 滄海変じて桑田となるで、五年《ごねん》ぶりに昔住《むかしす》んでいた街《まち》を訪《おとず》れたら、大《おお》きな駅《えき》ビルが建《た》っていた。

語源「滄海《そうかい》」は、大海原《おおうなばら》。大海《たいかい》が桑畑《くわばたけ》に変《か》わってしまう意味《いみ》から。桑《くわ》の葉《は》は、生《き》糸《いと》を取《と》るためのカイコのえさとなる。

同 桑田変《そうでんへん》じて滄海《そうかい》となる／滄桑《そうそう》の変《へん》

英 Times change and we with them.（時《とき》

世界《せかい》のことわざ　千里《せんり》の道《みち》も一歩《いっぽ》より始《はじ》まる

モンゴル

しずくを集《あつ》めると海《うみ》になり、聞《き》いたことを集《あつ》めれば学問《がくもん》になる

「しずく」は、ぽたぽたと落《お》ちる水《みず》。わずかな水《みず》も集《あつ》まればやがて海《うみ》になるように、少《すこ》しずつでも習《なら》い覚《おぼ》えたことは将来役《しょうらいやく》に立《た》つので、勉強《べんきょう》するようにという意味《いみ》です。

デンマーク

はしごを登《のぼ》ろうとする者《もの》は、一段目《いちだんめ》から登《のぼ》らなければならない

はしごを登《のぼ》るには、いきなり高《たか》いところから登《のぼ》ることはできず、いちばん下《した》から一段《いちだん》ずつ登《のぼ》るしかありません。曲《ま》がりくねった道《みち》がすんなりいかないものをたとえるのに対《たい》し、垂直《すいちょく》にのびるはしごは、地位《ちい》の上昇《じょうしょう》を連想《れんそう》させます。 その他《た》 エストニア、イギリス

フランス

一歩一歩《いっぽいっぽ》で遠《とお》くへ行《い》く

遠《とお》いところへ行《い》くのはたいへんですが、一歩《いっぽ》ずつ歩《ある》いているといつのまにか遠《とお》くまで行《い》けます。大《おお》きな目標《もくひょう》を達成《たっせい》するには，むやみに急《いそ》いだり焦《あせ》ったりしないで、少《すこ》しずつ着実《ちゃくじつ》に進《すす》んでいくことがたいせつというたとえです。

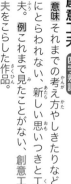

は移《うつ》り変《か》わり、われわれもそれにつれて変《か》わる）

喪家《そうか》の狗《いぬ》 故事成語

意味 ひどくやせおとろえて元気《げんき》のない人《ひと》のたとえ。〈『孔子家語《こうしけご》』〉 例 事業《じぎょう》に失敗《しっぱい》して、喪家の狗のようにやつれる。

語源 喪中《もちゅう》のため餌《えさ》も与《あた》えられずにやせおとろえた犬《いぬ》のこと。鄭《てい》の国《くに》に行《い》き、門人《もんじん》たちとはぐれ、ひとり城門《じょうもん》にたたずんでいた孔子《こうし》のようすを、土地《とち》の人《ひと》が、「喪《そう》家《か》の狗《いぬ》の如《ごと》し」と言《い》った故事《こじ》から。

類 忌中《きちゅう》の家《いえ》の犬《いぬ》のよう

創業《そうぎょう》は易《やす》く守成《しゅせい》は難《かた》し 故事成語

意味 事業《じぎょう》を新《あたら》しく始《はじ》めることはたやすいが、できあがった事業《じぎょう》を守《まも》り育《そだ》ててゆくことはむずかしい。〈『貞観政要《じょうがんせいよう》』〉

例 初代《しょだい》のときに全国展開《ぜんこくてんかい》を成功《せいこう》させた飲食《いんしょく》チェーン店《てん》だが、創業は易く守成は難しで、三代目《さんだいめ》の今《いま》は苦戦《くせん》しているそうだ。

語源 中国《ちゅうごく》の唐《とう》の太宗《たいそう》が、創業《そうぎょう》（＝国家《こっか》の建設《けんせつ》）と守成《しゅせい》（＝国家《こっか》の維持《いじ》）のどちらがむずかしいかと家臣《かしん》たちにたずねたところ、魏徴《ぎちょう》が守成《しゅせい》と答《こた》えたという故事《こじ》から。

英 One hath more ado to preserve than to get.（獲得《かくとく》よりも保持《ほじ》に大骨《おおぼね》が折《お》れる）

象牙《ぞうげ》の塔《とう》 慣用句

意味 世《よ》の中《なか》のことからはなれて、学問《がくもん》の研究《けんきゅう》だけに夢中《むちゅう》になること。また、その場所《ばしょ》。 例 象牙の塔に閉《と》じこもってばかりでは、世間《せけん》のことにうとくなってしまう。

語源 「象牙《ぞうげ》」は、象《ぞう》の牙《きば》。きめが細《こま》かく美《うつく》しいので、貴重品《きちょうひん》とされる。

参考 フランスの批評家《ひひょうか》サント・ブーブの言葉《ことば》から。

糟糠《そうこう》の妻《つま》 故事成語

意味 貧《まず》しいころから苦労《くろう》を共《とも》にしてきた妻《つま》。〈『後漢書《ごかんじょ》』〉 例 作家《さっか》が糟糠の妻への感謝《かんしゃ》をこめた作品《さくひん》を著《あらわ》す。

語源 「糟糠《そうこう》」は、酒糟《さけかす》と、米《こめ》の糠《ぬか》。そまつな食事《しょくじ》のたとえ。『後漢書《ごかんじょ》』にある言葉《ことば》「糟糠《そうこう》の妻《つま》は堂《どう》より下《くだ》さず（＝貧《まず》しいときからともに苦労《くろう》をしてきた妻《つま》は、成功《せいこう》を収《おさ》めても大事《だいじ》にしなければならない）」から。

相好《そうごう》を崩《くず》す 慣用句

意味 喜《よろこ》んで、にこにこする。 例 孫《まご》に会《あ》って相好を崩す老夫婦《ろうふうふ》。

語源 「相好《そうごう》」は、表情《ひょうじょう》のこと。

造作《ぞうさ》を掛《か》ける 慣用句

意味 人《ひと》に面倒《めんどう》をかける。迷惑《めいわく》をかける。

例 造作を掛けて、すみません。

★**相思相愛《そうしそうあい》** 四字熟語

意味 おたがいに思《おも》い合《あ》い、愛《あい》し合《あ》っていること。 例 あの二人《ふたり》は相思相愛の仲《なか》だ。

宋襄《そうじょう》の仁《じん》 故事成語

意味 無用《むよう》の情《なさ》けをほどこし、かえって損《そん》をすること。〈『春秋左氏伝《しゅんじゅうさしでん》』〉 例 テニスの対戦相手《たいせんあいて》がまだ初心者《しょしんしゃ》だったので、手《て》加減《かげん》したら負《ま》けてしまった。宋襄の仁と言《い》うほかない。

語源 中国《ちゅうごく》の春秋時代《しゅんじゅうじだい》、宋《そう》の襄公《じょうこう》が、楚《そ》との戦《たたか》いで、君子《くんし》は相手《あいて》の弱《よわ》みにつけこむべきではないと、楚軍《そぐん》の陣《じん》が整《ととの》うのを待《ま》ってやり、かえって楚《そ》に敗《やぶ》れてしまった故事《こじ》から。

総好《そうす》かんを食《く》う 慣用句

意味 みんなからきらわれる。 例 変《へん》なことを言《い》って、総好かんを食《く》う。

参考「総《そう》スカン」と書《か》くことが多《おお》い。

滄桑《そうそう》の変《へん》 故事成語

↓滄海変《そうかいへん》じて桑田《そうでん》となる（237ページ）

想像《そうぞう》を絶《ぜっ》する 慣用句

意味 想像《そうぞう》できる範囲《はんい》をこえている。

例 想像を絶する被害《ひがい》となった。

想像《そうぞう》をたくましくする 慣用句

意味 勝手気《かってき》ままに、あれこれ思《おも》いうかべる。例 何《なに》があったのかと、想像をたくましくする。

相場《そうば》が決《き》まっている 慣用句

意味 ある物事《ものごと》について、世間《せけん》の考《かんが》え方《かた》では、それが当然《とうぜん》だとされている。例 昔《むかし》から冬《ふゆ》は寒《さむ》いと相場が決まっている。

そうは問屋《とんや》が卸《おろ》さない 慣用句

意味 そんなに思《おも》いどおりには、うまくいかないというたとえ。例 勉強《べんきょう》しないでいい点《てん》を取《と》ろうなんて、そうは問屋が卸さないよ。

語源 お客《きゃく》が望《のぞ》むような安《やす》い値段《ねだん》では、問屋《とんや》が商品《しょうひん》を卸《おろ》してくれない（＝売《う》りわたしてくれない）ということから。

英 Roast geese don't come flying into the mouth.（焼《や》き鳥《とり》が飛《と》んできて口《くち》に入《はい》るものか）

双璧《そうへき》 故事成語

意味 どちらが優《すぐ》れているか決《き》められない二《ふた》つのもの。〈『北史《ほくし》』〉例 二人《ふたり》は演劇界《えんげきかい》の双璧だ。

語源 美《うつく》しい二《ふた》つの璧《へき》（＝宝玉《ほうぎょく》）ということから。

類 兄《けい》たりがたく弟《てい》たりがたし／伯仲《はくちゅう》

総領《そうりょう》の甚六《じんろく》 ことわざ

意味 最初《さいしょ》に生《う》まれた子《こ》は大事《だいじ》にされすぎていて、弟《おとうと》や妹《いもうと》に比《くら》べるとお人《ひと》よしで世間知《せけんし》らずが多《おお》いということ。例 あの人《ひと》は、総領の甚六だね。

語源「総領《そうりょう》」は、家《いえ》のあとつぎ。「甚六《じんろく》」は、のんびりとしてお人《ひと》よしの人《ひと》のこと。

参考 いろはがるた（江戸《えど》）の一《ひと》つ。

英 The younger brother has more wit.（弟《おとうと》のほうが知恵多《ちえおお》し）

速戦即決《そくせんそっけつ》 四字熟語

意味 短時間《たんじかん》のうちに一気《いっき》に決着《けっちゃく》をつけようとすること。例 速戦即決で仕事《しごと》を進《すす》める。

注意「即戦《せん》速決《けつ》」は誤《あやま》り。

底《そこ》が浅《あさ》い 慣用句

意味 内容《ないよう》に深《ふか》みがない。実力《じつりょく》があまりない。例 知《し》ったかぶりばかりする、底が浅い人《ひと》。

底《そこ》が見《み》える 慣用句

意味 ❶物事《ものごと》の本当《ほんとう》の姿《すがた》がわかる。例 じっくり考《かんが》えると、底が見えてくる。❷何《なに》を考《かんが》えているかがわかる。例 かくしていても、そぶりで底が見える。

底《そこ》が割《わ》れる 慣用句

意味 かくしておきたいことを、相手《あいて》に見《み》破《やぶ》られる。例 あの人《ひと》は、すぐに底が割れるような話《はなし》ばかりする。

底《そこ》を突《つ》く 慣用句

意味 たくわえたものが完全《かんぜん》になくなる。例 とうとう米《こめ》が底を突いてしまった。

俎上《そじょう》に載《の》せる 慣用句

意味 ある事《こと》がらを取《と》り上《あ》げて、自由《じゆう》に批判《ひはん》し論《ろん》じる。例 大臣《だいじん》の発言《はつげん》を俎上に載せる。

語源「俎上《そじょう》」は、まな板《いた》の上《うえ》。

同 俎板《まないた》に載《の》せる

俎上《そじょう》の魚《うお》 慣用句

意味 相手《あいて》の思《おも》うままにされるしかない

人《ひと》のたとえ。例審査《しんさ》の結果《けっか》を待《ま》つ今《いま》は、**俎上の魚**も同《どう》然《ぜん》だ。

語源 俎上《そじょう》（＝俎板《まないた》の上《うえ》）で料理《りょうり》されるのを待《ま》つ魚《さかな》ということから。

同 俎板《まないた》の鯉《こい》／俎板《まないた》の魚《うお》

粗製乱造《そせいらんぞう》 四字熟語

意味 そまつな品物《しなもの》をむやみにたくさん作《つく》ること。例その商品《しょうひん》は一時期《いちじき》**粗製乱造**された。

そつがない 慣用句

意味 手ぬかりやむだがない。例あの人《ひと》は、何《なに》をやらせても**そつがない**。

類 如才《じょさい》ない

そっぽを向《む》く 慣用句

意味 知《し》らないふりをする。また、賛成《さんせい》しない態度《たいど》をとる。例きげんの悪《わる》い妹《いもうと》は、いくら話《はな》しかけても、**そっぽを向いて**いる。

袖《そで》にすがる 慣用句

意味 同情《どうじょう》をひいて助《たす》けてもらう。例困《こま》り果《は》てて先生《せんせい》の**袖にすがった**。

袖《そで》にする 慣用句

意味 親《した》しくしていた人《ひと》を冷《つめ》たくあしらう。例世話《せわ》になった人《ひと》なので、**袖にする**ことなどできない。

袖《そで》の下《した》 慣用句

意味 よくない目的《もくてき》で、人《ひと》にお金《かね》や品物《しなもの》をおくること。また、そのお金《かね》や品物《しなもの》。わいろ。例**袖の下**をつかう。

英 to grease the palm（掌《てのひら》に油《あぶら》をぬる…わいろをつかう）

袖《そで》振《ふ》り合《あ》うも多生《たしょう》の縁《えん》 ことわざ

意味 道《みち》で見知《みし》らぬ人《ひと》と袖《そで》が振《ふ》れ合《あ》うようなちょっとしたことでも、前世《ぜんせ》からの縁《えん》によるものだということ。例**袖振り合うも多生の縁**というから、この出会《であ》いを大切《たいせつ》にしよう。

参考 (1)「多生《たしょう》」は、「他生《たしょう》」とも書《か》く。「多《た》生《しょう》」は、何度《なんど》も生《う》まれ変《か》わること。「他生《たしょう》」は、前世《ぜんせ》の意味《いみ》。(2)いろはがるた（京《きょう》都《と》）の一《ひと》つ。

同 袖《そで》すり合《あ》うも多生《たしょう》（他生《たしょう》）の縁《えん》 類 つまずく石《いし》も縁《えん》の端《はし》 英 Even a chance acquaintance is decreed by destiny.（たまたま知《し》り合《あ》うも運命《うんめい》による）

袖《そで》を絞《しぼ》る 慣用句

意味 ひどく泣《な》く。例この映画《えいが》のラストシーンは**袖を絞ら**ずにはいられない。

語源 絞《しぼ》ることができるほど、なみだで袖《そで》がぬれるということから。

備《そな》えあれば憂《うれ》いなし 故事成語

➡世界のことわざ（241ページ）

意味 前《まえ》もって十分《じゅうぶん》に準《じゅん》備《び》をしておけば、いざというときでも何《なに》も心《しん》配《ぱい》することはないということ。《『書経《しょきょう》』》

例 かさを持《も》って行《い》こう。**備えあれば憂いなし**、だよ。

語源 殷《いん》の王《おう》、武丁《ぶてい》に、宰相《さいしょう》の傅説《ふえつ》が言《い》った言葉《ことば》。王《おう》としてなすべきことをしっ

かりおこなえば、物事《ものごと》への備《そな》えができ、備《そな》えができれば心配事《しんぱいごと》がなくなると、傅《ふ》説《えつ》は説《と》いた。

英 Save it for a rainy day.（雨《あめ》の日《ひ》のために貯《たくわ》えておけ）

その手《て》は食《く》わない 慣用句

意味 そのような計略《けいりゃく》には引《ひ》っかからない。例 だまそうとしても、**その手は食わないよ**。

その手《て》は桑名《くわな》の焼《や》き蛤《はまぐり》 ことわざ

意味 そんな計略《けいりゃく》には乗《の》らないということをしゃれていう言葉《ことば》。例 だまそうったって、**その手は桑名の焼き蛤**だよ。

語源「その手《て》は食《く》わない」の「くわない」と地名《ちめい》の「桑名《くわな》」を合《あ》わせて、桑名名物《くわなめいぶつ》の「焼《や》き蛤《はまぐり》」で結《むす》んでいる。

英 An old fox is not easily snared.（年老《としお》いた狐《きつね》はかんたんに罠《わな》にはかからない）

側杖《そばづえ》を食《く》う 慣用句

意味 自分《じぶん》に関係《かんけい》のないことで災《わざわ》いにあう。とばっちりを受《う》ける。例 けんかを止《と》めようとしていたのに、**側杖を食って**ぼくまでしかられてしまった。

語源 杖《つえ》を打《う》ち合《あ》ってけんかをしている

そ

世界《せかい》のことわざ　備《そな》えあれば憂《うれ》いなし

ロシア

夏《なつ》にそりを用意《ようい》し、冬《ふゆ》に荷馬車《にばしゃ》を用意《ようい》せよ

ロシアの北方地域《ほっぽうちいき》など、冬《ふゆ》の環境《かんきょう》がきびしいところでは、雪《ゆき》が降《ふ》りだしてから冬《ふゆ》支度《じたく》をするのでは間《ま》に合《あ》いません。早《はや》くから用意《ようい》する必要《ひつよう》があることを、大《おお》げさに表現《ひょうげん》しています。その他《た》 中国《ちゅうごく》（ウイグル）

中国《ちゅうごく》

晴《は》れた日《ひ》に曇《くも》る日《ひ》の備《そな》えをし、豊年《ほうねん》に凶作《きょうさく》の備《そな》えをする

このように、先《さき》のことを考《かんが》えながら日《ひ》ごろから備《そな》えをしておけば、困《こま》ることや被害《ひがい》が少《すく》なくて済《す》むはずです。

フランス

のどがかわくときのために梨《なし》を一《ひと》つとっておけ

万一困《まんいちこま》ったときにそなえて、ふだんからたくわえは必要《ひつよう》だというたとえ。フランスの梨《なし》は、水分《すいぶん》がたっぷりあります。

側《そば》にいて、まちがって杖《つえ》で打《う》たれるということから。

類 とばっちりを食《く》う／巻《ま》き添《ぞ》えを食《く》う

★反《そ》りが合《あ》わない 慣用句

意味 おたがいの気《き》持《も》ちが合《あ》わない。気《き》が合《あ》わず、仲《なか》がよくない。例 かれとは、どうしても**反りが合わない**。

かたなと、さや

語源 刀《かたな》の反《そ》り（＝曲《ま》がり方《かた》）が、さやと合《あ》わないということから。

算盤《そろばん》が合《あ》う 慣用句

意味 損得《そんとく》の計算《けいさん》が合《あ》って利益《りえき》がでる。例 原価《げんか》が高《たか》くて、**算盤が合わない**。

算盤《そろばん》を弾《はじ》く 慣用句

意味 損得《そんとく》を計算《けいさん》する。例 新《あたら》しい商売《しょうばい》について**算盤を弾く**。

語源 算盤《そろばん》を使《つか》って計算《けいさん》をすることから。

損《そん》して得《とく》取《と》れ ことわざ

⇩世界のことわざ（242ページ）

意味 一時《いっとき》は損《そん》をしても、後《あと》でそれ以上《いじょう》の利益《りえき》を得《え》るようにした方《ほう》がよいという教《おし》え。例 安《やす》く売《う》ってもたくさん売《う》れれ

世界《せかい》のことわざ　損《そん》して得《とく》取《と》れ

中国《ちゅうごく》

小《ち》さい銭《ぜに》が出《で》ていかないと、大《おお》きい銭《ぜに》は入《はい》ってこない

小《ちい》さな出費《しゅっぴ》をおしんでいると、大《おお》きなお金《かね》は入《はい》ってきません。出《だ》すべきお金《かね》や付《つ》き合《あ》いをけちると、入《はい》ってくるお金《かね》も小《ちい》さくなります。

ドイツ

鮭《さけ》を取《と》るには釣《つ》り針《ばり》を失《うしな》うこともある

肉料理《にくりょうり》の印象《いんしょう》が強《つよ》いドイツですが、サケなどの魚《さかな》も食《た》べられます。大昔《おおむかし》、ローマ軍《ぐん》がライン川《がわ》までできたとき、地中海《ちちゅうかい》にはいないサケの大群《たいぐん》を見《み》て、北国《ほっこく》の珍味《ちんみ》と喜《よろこ》んだと言《い》われます。おいしいサケを取《と》るには、釣《つ》り針《ばり》を失《うしな》うことも覚悟《かくご》しなくてはいけません。

イギリス

ブランコの損《そん》は回転木馬《かいてんもくば》でかせぐ

遊園地《ゆうえんち》には、客《きゃく》をよぶために無料《むりょう》のブランコもあります。損《そん》をしているようですが、子《こ》どもたちは有料《ゆうりょう》の回転木馬《かいてんもくば》にも乗《の》るので、採算《さいさん》がとれるわけです。

ば利益《りえき》が出《で》るんですよ。**損して得取れ**、です。

類 損《そん》をして利《り》を見《み》よ 英 Sometimes the best gain is to lose.（時《とき》には損《そん》が最高《さいこう》の利《り》）

た

大海《たいかい》の一粟《いちぞく》 慣用句

意味 きわめて広《ひろ》い所《ところ》に、とても小《ちい》さいものがあることのたとえ。例 長《なが》い歴史《れきし》の中《なか》では、どんな人間《にんげん》でも**大海の一粟**にすぎない。

語源 大《おお》きな海《うみ》の中《なか》にある、一粒《ひとつぶ》の小《ちい》さい粟《あわ》ということから。

同 滄海《そうかい》の一粟《いちぞく》／大海《たいかい》の一滴《いってき》

大願成就《たいがんじょうじゅ》 四字熟語

意味 大《おお》きな願《ねが》いが、思《おも》ったとおりに実現《じつげん》すること。神《かみ》や仏《ほとけ》に願《ねが》ったことが、かなえられること。例 **大願成就**を祝《いわ》う。

対岸《たいがん》の火事《かじ》 慣用句

意味 自分《じぶん》には影響《えいきょう》のおよばない不幸《ふこう》なできごとのたとえ。例 これは、**対岸の火事**ではすまないできごとだ。

語源 自分《じぶん》の方《ほう》に燃《も》え移《うつ》る心配《しんぱい》のない、向《む》こう岸《ぎし》の火事《かじ》ということから。

同 川向《かわむ》こうの火事《かじ》／対岸《たいがん》の火災《かさい》 英 The comforter's head never aches.（なぐさめをいう人《ひと》の頭《あたま》はけっして痛《いた》くない）

★★ **大器晩成《たいきばんせい》** 四字熟語

意味 人《ひと》より優《すぐ》れた才能《さいのう》のある人《ひと》は、若《わか》いときはあまり目立《めだ》たないが、年《とし》をとってから力《ちから》を発揮《はっき》して、立派《りっぱ》になるということ。〈『老子《ろうし》』〉 例 **大器晩成**の彫刻家《ちょうこくか》。

語源 大《おお》きな器《うつわ》をつくるのは時間《じかん》がかかるということから。

参考 ➡金田一先生《きんだいちせんせい》コラム（455ページ）

類 大《おお》きいやかんは湧《わ》きが遅《おそ》い 対 栴檀《せんだん》は双葉《ふたば》より芳《かんば》し

★ **大義名分《たいぎめいぶん》** 四字熟語

意味 そうすることが正《ただ》しいということを人々《ひとびと》に認《みと》めさせる、立派《りっぱ》な理由《りゆう》。例 世《よ》の中《なか》のためと言《い》えば、**大義名分**が立《た》つ。

類 錦《にしき》の御旗《みはた》

大言壮語《たいげんそうご》 四字熟語

意味 できそうもないような、大《おお》げさなことを言《い》うこと。また、その言葉《ことば》。例 金《きん》メダルを取《と》ってみせると**大言壮語**する。

大賢《たいけん》は愚《ぐ》なるが如《ごと》し ことわざ

意味 非常《ひじょう》にかしこい人《ひと》は、知識《ちしき》をひけらかさないので、一見《いっけん》するとおろかな人《ひと》のように見《み》える。例 いつも笑《わら》ってるだけなのに、みんなが困《こま》ると素晴《すば》らしい知恵《ちえ》で、すべてがうまくいく。**大賢は愚なるが如し**で、おばあちゃんは、すごい人《ひと》だ。

類 大賢《たいけん》は愚《ぐ》に近《ちか》し／大巧《たいこう》は拙《せつ》なるが若《ごと》し／大智《だいち》は愚《ぐ》の如《ごと》し／能《のう》ある鷹《たか》は爪《つめ》を隠《かく》す 英 The wise man often must play the fool.（かしこい人《ひと》はしばしばおろか

者《もの》のまねをしなければならない）

太公望《たいこうぼう》 故事成語 ⬇マンガdeことわざ（246ページ）

意味 つりをする人《ひと》。つり好《ず》きな人《ひと》。〈『史《し》記《き》』〉例 海辺《うみべ》は太公望でにぎわっている。

語源「太公望《たいこうぼう》」は、中国《ちゅうごく》の周《しゅう》に仕《つか》えた軍《ぐん》師《し》で、本名《ほんみょう》は呂尚《りょしょう》。太公《たいこう》（＝周《しゅう》の王《おう》の祖《そ》父《ふ》）が待《ま》ち望《のぞ》んだ人物《じんぶつ》の意味《いみ》。周《しゅう》の王《おう》に仕《つか》えることになったのが、つりをしているときであったという話《はなし》から。

大黒柱《だいこくばしら》 慣用句

意味 一家《いっか》や団体《だんたい》を支《ささ》える中心人物《ちゅうしんじんぶつ》。

例 かれは、一族《いちぞく》の大黒柱として、たよりにされている。

語源 もともとは、木造家屋《もくぞうかおく》の中心《ちゅうしん》に立《た》てる太《ふと》い柱《はしら》のこと。

太鼓判《たいこばん》を押《お》す 慣用句

意味 確《たし》かにまちがいないと責任《せきにん》をもってうけあう。例 合格《ごうかく》まちがいなしと太鼓判を押す。

語源「太鼓判《たいこばん》」は、大《おお》きな判《はん》。

醍醐味《だいごみ》 慣用句

意味 物事《ものごと》の本当《ほんとう》のおもしろさや楽《たの》しさ。

例 コンサートに行《い》ってオーケストラの醍醐味を知《し》った。

語源「醍醐《だいご》」は、仏教《ぶっきょう》の言葉《ことば》。牛乳《ぎゅうにゅう》を精《せい》製《せい》してできた、とてもおいしいもののこと。

大根役者《だいこんやくしゃ》 慣用句

意味 演技《えんぎ》の下手《へた》な役者《やくしゃ》。例 かれは、若《わか》いころは大根役者と言《い》われていたが、努力《どりょく》を重《かさ》ね、名優《めいゆう》と呼《よ》ばれるまでになった。

参考 下手《へた》な役者《やくしゃ》をあざけって言《い》う言葉《ことば》。

同 大根《だいこん》

大山鳴動《たいざんめいどう》してねずみ一匹《いっぴき》 ことわざ

⬇世界のことわざ（245ページ）

意味 事前《じぜん》のさわぎが大《おお》きかったわりには、その結果《けっか》がたいしたことがないことのたとえ。例 人気商品《にんきしょうひん》だから品切《しなぎ》れになると大《おお》さわぎになったが、大山鳴動してねずみ一匹、売《う》り切《き》れた店《みせ》はほとんどなかった。

語源 大《おお》きな山《やま》が音《おと》を立《た》ててゆれ動《うご》くので何《なに》があらわれるのかと見守《みまも》っていたが、ネズミが一匹《いっぴき》飛《と》び出《だ》してきただけだったということから。

参考 西洋《せいよう》のことわざ。

類 蛇《へび》が出《で》そうで蚊《か》も出《で》ぬ

英 The mountains have brought forth a mouse.（山々《やまやま》が一匹《いっぴき》のねずみを生《う》んだ）

大事《だいじ》に至《いた》る 慣用句

意味 大変《たいへん》な状態《じょうたい》になってしまう。例 早《はや》めに病気《びょうき》が見《み》つかり、大事に至らずに済《す》んだ。

大事《だいじ》の前《まえ》の小事《しょうじ》 ことわざ

意味 ❶大《おお》きな事《こと》をおこなうためには小《ちい》さなぎせいはやむを得《え》ないということ。

例 大事の前の小事で、これくらいの出費《しゅっぴ》

た

はかくごしなければならないだろう。❷大《おお》きな事《こと》をおこなうときには、小《ちい》さな事《こと》にも気《き》を配《くば》って油断《ゆだん》してはならないということ。例 合格《ごうかく》するためには、どんな小《ちい》さなテストもおろそかにしてはいけない。大事《だいじ》の前《まえ》の小事《しょうじ》だよ。

類 小《しょう》の虫《むし》を捨《す》てて大《だい》の虫《むし》を助《たす》ける／小《しょう》を捨《す》てて大《だい》に就《つ》く

英 The thin edge of the wedge is to be feared.（おそれるべきものは楔《くさび》の細《ほそ》い先端《せんたん》である）

大所高所《たいしょこうしょ》 四字熟語

意味 細《こま》かいことにとらわれずに、全体《ぜんたい》を見《み》わたす立場《たちば》や考《かんが》え方《かた》。例 大所高所に立《た》って国《くに》の行《ゆ》く末《すえ》を考《かんが》える。

大事《だいじ》を取《と》る 慣用句

意味 悪《わる》くなることを心配《しんぱい》して、十分《じゅうぶん》に気《き》をつける。用心《ようじん》する。例 熱《ねつ》があるので大事を取って家《いえ》でねていた。

★**泰然自若《たいぜんじじゃく》** 四字熟語

意味 何《なに》があってもあわてずに、どっしりとして落《お》ち着《つ》いているようす。例 祖父《そふ》は常《つね》に泰然自若としている。

★**大胆不敵《だいたんふてき》** 四字熟語

た

世界《せかい》のことわざ　大山鳴動《たいざんめいどう》してねずみ一匹《いっぴき》

中国《ちゅうごく》

雷《かみなり》の音《おと》ばかり大《おお》きくて雨粒《あまつぶ》は小《ちい》さい

雷《かみなり》が鳴《な》りひびくので、大雨《おおあめ》が降《ふ》ると思《おも》ったのに、ほんのちょっとしか雨《あめ》が降《ふ》らなかったということ。前《まえ》ぶれは大《おお》きいけれど、結果《けっか》は全然大《ぜんぜんたい》したことではなかったときに使《つか》います。

サモア

夜《よる》の雨《あめ》は音《おと》が高《たか》い

サモアは、南太平洋《みなみたいへいよう》の小《ちい》さな島々《しまじま》からなる国《くに》です。伝統的《でんとうてき》なファレ（家《いえ》）は壁《かべ》がなく開放的《かいほうてき》で、屋根《やね》はヤシの葉《は》などで作《つく》っています。夜《よる》はとても静《しず》かなので、雨《あめ》が少《すこ》しふっても大《おお》きな音《おと》がします。おおげさな話《はなし》で、結果《けっか》がつまらないことをいうたとえです。

ウクライナ

雷鳴《らいめい》とどろいてザリガニが一匹死《いっぴきし》んだ

大音量《だいおんりょう》の雷《かみなり》がとどろき、いったいこれから何《なに》が起《お》こるのかと思《おも》っていたら、ザリガニが1匹死《ぴきし》んだだけだった。これも、前《まえ》ぶれはすごかったけれど、結果《けっか》は取《と》るに足《た》りないという意味《いみ》になります。

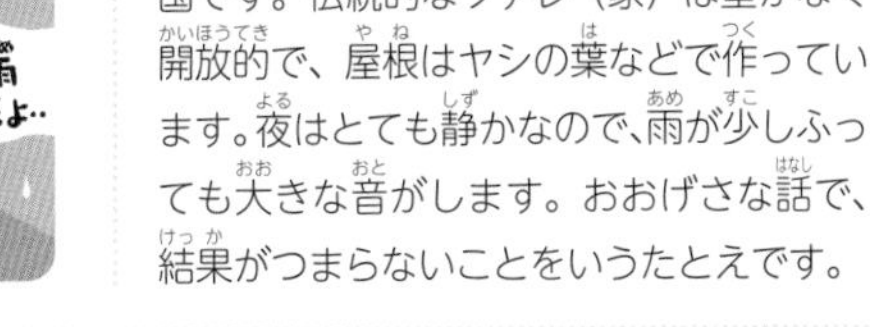

マンガ de ことわざ

太公望《たいこうぼう》・覆水盆《ふくすいぼん》に返《かえ》らず

中国《ちゅうごく》の殷《いん》の時代《じだい》、周《しゅう》の文王《ぶんおう》が狩《か》りについてうらなうと…
いいのが獲《と》れるかな？うらなっちゃお♡
周《しゅう》の文王《ぶんおう》
うらない師《し》
王《おう》よ出《で》ましたぞ 獲物《えもの》は 竜《りゅう》でも虎《とら》でも ヒグマでもない…
王《おう》を補佐《ほさ》する者《もの》であると！
おお なんと！
狩《か》りに出《で》かけると、渭水《いすい》のほとりで釣《つ》りをしている老人《ろうじん》がいる。
話《はな》してみると、大賢人《だいけんじん》であった。
老人《ろうじん》の名《な》は、呂尚《りょしょう》といった。
なんとスゴイ人《ひと》だ！
ああ かつて我《わ》が祖父《そふ》太公《たいこう》が「『聖人《せいじん》が現《あらわ》れ その人《ひと》によって 周《しゅう》は栄《さか》えるであろう』と言《い》っていたが あなたが その方《かた》だっ！
太公《たいこう》が待《ま》ち望《のぞ》んだ聖人《せいじん》なので、「太公望《たいこうぼう》」と呼ばれるようになった。
文王《ぶんおう》は、太公望《たいこうぼう》を車《くるま》に乗《の》せて一緒《いっしょ》に帰《かえ》り、師《し》として仰《あお》いだのだった。
イヤッホ〜イ！
ドガガガ
太公望呂尚《たいこうぼうりょしょう》は、文王《ぶんおう》の死後《しご》、子《こ》の武王《ぶおう》を助《たす》けて殷《いん》の紂王《ちゅうおう》を破《やぶ》り、周王朝《しゅうおうちょう》を建国《けんこく》した。
周王朝
建国
ちなみに、釣《つ》りをしていたことから、日本《にほん》では太公望《たいこうぼう》を『釣《つ》り人《びと》』の意味《いみ》で使《つか》う。

た

太公望呂尚《たいこうぼうりょしょう》は若《わか》いころ、勉強《べんきょう》ばかりしてあまり働《はたら》かなかった。
今日《きょう》も一日中《いちにちじゅう》本《ほん》を読《よ》んでる…
妻《つま》は愛想《あいそ》をつかして、実家《じっか》に帰《かえ》ってしまった。
離婚《りこん》よ 離婚《りこん》！ さよなら
あ…
やがて周王朝《しゅうおうちょう》を建国《けんこく》した功績《こうせき》で斉《せい》の国《くに》を与《あた》えられると…
出世《しゅっせ》した太公望《たいこうぼう》の元《もと》に、元妻《もとつま》が現《あらわ》れた。
復縁《ふくえん》希望《きぼう》！
わっ
ズサー
じゃ〜〜
？
この水《みず》をもう一度《いちど》すくえるか？
一度《いちど》こぼれた水《みず》は元《もと》にはもどせないのだ
太公望《たいこうぼう》は、復縁《ふくえん》をことわったという…

意味 非常《ひじょう》に度胸《どきょう》があって、敵《てき》を敵《てき》とも思《おも》わないようす。例 大胆不敵な男《おとこ》。

★★大同小異《だいどうしょうい》 四字熟語

意味 少《すこ》しのちがいはあるが、だいたい同《おな》じであること。たいした差がなく、似《に》たりよったりであること。例 待《ま》ち合《あ》わせの時刻《じこく》についてもめているが、二人《ふたり》の意《い》見《けん》は大同小異だ。

類 五十歩百歩《ごじっぽひゃっぽ》

大同団結《だいどうだんけつ》 四字熟語

意味 多《おお》くの政党《せいとう》・団体《だんたい》が、主義《しゅぎ》・主張《しゅちょう》の多少《たしょう》のちがいを捨《す》てて、一《ひと》つになること。

例 大同団結して難局《なんきょく》に当《あ》たる。

大《だい》なり小《しょう》なり 慣用句

意味 多少《たしょう》のちがいはあっても。例 大なり小なり欠点《けってん》はある。

類 多《おお》かれ少《すく》なかれ

大《だい》の字《じ》になる 慣用句

意味 両手両足《りょうてりょうあし》をのびのびと広《ひろ》げ、あおむけにねる。例 兄《あに》は帰宅《きたく》してすぐ、布団《ふとん》の上《うえ》で大の字になった。

語源 上《うえ》から見《み》たときに、体全体《からだぜんたい》が「大《だい》」という字《じ》のように見《み》えることから。

大《だい》の虫《むし》を生《い》かして小《しょう》の虫《むし》を殺《ころ》す ことわざ

⇩小《しょう》の虫《むし》を殺《ころ》して大《だい》の虫《むし》を助《たす》ける（212ページ）

大《だい》は小《しょう》を兼《か》ねる 故事成語

意味 大《おお》きなものは、小《ちい》さなものの役目《やくめ》もすることができるということ。〈『春秋《しゅんじゅう》繁露《はんろ》』〉例 大は小を兼ねるというから、大《おお》きなバッグを持《も》って行《い》こう。

英 The greater serves for the lesser.（大《だい》は小《しょう》の代《か》わりに用《もち》いられる）

大欲《たいよく》は無欲《むよく》に似《に》たり ことわざ

意味 ❶大《おお》きな望《のぞ》みを持《も》つ人《ひと》は小《ちい》さな利《り》益《えき》にはこだわらないから、かえって無欲《むよく》に見《み》えるということ。例 何《なん》の欲《よく》もないように見《み》えるかれだが、大欲は無欲に似たりで、大望《たいぼう》をいだいているらしい。

❷欲《よく》が深《ふか》いと、欲《よく》に心《こころ》がまどわされて損《そん》をし、結局欲《けっきょくよく》を持《も》たなかった人《ひと》と同《おな》じ結《けっ》果《か》になるということ。例 安売《やすう》りしていたので大量《たいりょう》に買《か》ったが、結局一《けっきょくひと》つも使《つか》わず損《そん》をした。大欲は無欲に似たり、だなあ。

英 Grasp all, lose all.（みんなつかんでみんな失《うしな》う）

体《たい》をかわす 慣用句

意味 ❶相手《あいて》のこうげきをさけて、体《からだ》を動《うご》かす。例 ひらりと体をかわす。

❷非難《ひなん》などを受《う》けたとき、うまく切《き》りぬける。例 するどい質問《しつもん》にもうまく体をかわす。

高《たか》が知《し》れている 慣用句

意味 程度《ていど》がわかっている。たいしたことはない。例 いくら数《かず》が多《おお》いといっても、高が知れている。

語源 「高《たか》」は、物事《ものごと》の程度《ていど》。

★★たがが緩《ゆる》む 慣用句

意味 張《は》りつめていた気持《きも》ちのしまりがなくなる。例 先生《せんせい》がいなくなると、みんな、たがが緩んでだらけてし

たが

まう。

語源「たが」は、おけやたるなどの外側《そとがわ》にはめてある竹《たけ》や金属《きんぞく》でできた輪《わ》。これが緩《ゆる》むと、おけやたるの板《いた》がばらばらになってしまうことから。

高嶺《たかね》の花《はな》 慣用句

意味 見《み》ているだけで、とても自《じ》分《ぶん》の手《て》に入《はい》りそうもないもののたとえ。例 兄《あに》は、「人気者《にんきもの》のかのじょは、ぼくには高嶺の花だ。」と、なげいている。

語源 高《たか》い山《やま》にある花《はな》は、手《て》に取《と》ることはできず、見《み》ることしかできないということから。

同 高根《たかね》の花《はな》 英 One may look at a star, but not pull at it.（人《ひと》は星《ほし》を見《み》ることはできるが引《ひ》っぱって取《と》ることはできない）

高飛車《たかびしゃ》に出《で》る 慣用句

意味 相手《あいて》を無理《むり》におさえつけるような態度《たいど》をとる。例 相手《あいて》をあなどって高飛車に出る。

語源 将棋《しょうぎ》で、飛車《ひしゃ》というこまを自分《じぶん》の陣《じん》の前《まえ》に出《だ》して、強気《つよき》にせめる戦法《せんぽう》から。

高《たか》みの見物《けんぶつ》 慣用句

意味 自分《じぶん》には、直接関係《ちょくせつかんけい》のない気楽《きらく》な立《たち》場《ば》で、物事《ものごと》のなりゆきを見《み》ること。例 自《じ》分《ぶん》に割《わ》りふられた作業《さぎょう》は終《お》わったので、あとは高みの見物といこう。

語源 高《たか》い所《ところ》から、下《した》で起《お》こっているさわぎなどを見物《けんぶつ》するということから。

英 To see it rain is better than to be in it.（雨《あめ》が降《ふ》るのを見《み》るのは、雨《あめ》の中《なか》にいるよりもよい）

宝《たから》の持《も》ち腐《ぐさ》れ 慣用句

意味 役《やく》に立《た》つものや、立派《りっぱ》な才能《さいのう》をもちながら、うまく使《つか》わないことのたとえ。例 運動神経《うんどうしんけい》が抜群《ばつぐん》なのにスポーツをまったくしないなんて、宝の持ち腐れだ。

語源「持《も》ち腐《ぐさ》れ」は、優《すぐ》れたものを持《も》っていながら、少《すこ》しも役立《やくだ》てないでいること。

宝《たから》の山《やま》に入《い》りながら手《て》を空《むな》しくして帰《かえ》る ことわざ

意味 チャンスにあいながら、結局《けっきょく》なにも得《え》られずに終《お》わることのたとえ。〈『正法《しょうぼう》念処経《ねんじょきょう》』〉例 学校《がっこう》にJ《ジェー》リーガーがやって来《き》た。サッカー部《ぶ》としてアドバイスをもらわなければ、宝の山に入りながら手を空しくして帰るようなものだ。

英 You starve in a cook's shop.（食物屋《たべものや》にいて飢《う》える）

★★ 高《たか》をくくる 慣用句

意味 たいしたことはないだろうと軽《かる》く見《み》る。例 将棋《しょうぎ》の相手《あいて》が小学生《しょうがくせい》なので高をくくっていたら、とても強《つよ》くて負《ま》けてしまった。

語源「高《たか》」は、物事《ものごと》の程度《ていど》。「くくる」は軽《かる》く見《み》ること。

多岐亡羊《たきぼうよう》 四字熟語

意味 学問《がくもん》の道《みち》が多方面《たほうめん》に分《わ》かれていて真理《しんり》をつかみにくいということ。また、方針《ほうしん》が多《おお》くあって、どうすればよいか迷《まよ》うこと。〈『列子《れっし》』〉例 多岐亡羊で、容易《ようい》に結論《けつろん》が出《で》ない。

語源 楊朱《ようしゅ》という学者《がくしゃ》のとなりに住《す》む人《ひと》が、飼《か》っているヒツジをにがしてしまった。大勢《おおぜい》でヒツジを追《お》いかけたが、道《みち》がいくつにも分《わ》かれていて、とうとうヒツジを見失《みうしな》ってしまった。楊朱《ようしゅ》はここから、学問《がくもん》の真理《しんり》は一《ひと》つだが、やり方《かた》がたくさんあるため、真理《しんり》（生《い》き方《かた》）がつかみにくくなると考《かんが》えたという話《はなし》から。

同 亡羊《ぼうよう》の嘆《たん》 英 In too much dispute truth is lost.（行《ゆ》き過《す》ぎた論争《ろんそう》は真理《しんり》を失《うしな》う）

多芸《たげい》は無芸《むげい》 ことわざ

意味 多芸《たげい》な人《ひと》は、一《ひと》つの芸《げい》に精通《せいつう》しにくいので特《とく》に優《すぐ》れた芸《げい》を持《も》たず、芸《げい》がないのと同《おな》じだということ。例 **多芸は無芸**とはよく言《い》ったもので、かのじょには、ぬきんでたものがない。類 器用貧乏人宝《きようびんぼうひとだから》／何《なん》でも来《こ》いに名人《めいじん》なし／百芸《ひゃくげい》は一芸《いちげい》の詳《くわ》しきに如《し》かず 英 Jack of all trades is master of none.（なんでも屋《や》はどれにも熟達《じゅくたつ》しない）

竹《たけ》を割《わ》ったよう 慣用句

意味 性質《せいしつ》がさっぱりしていることのたとえ。例 姉《あね》は**竹を割ったよう**な性格《せいかく》だ。

語源 竹《たけ》は、縦《たて》に割《わ》ると、まっすぐに割れることから。

他山《たざん》の石《いし》 故事成語

意味 ほかの人《ひと》の言葉《ことば》やおこないは、たとえどんなつまらないことでも、その人《ひと》の心《こころ》がけ次第《しだい》で自分《じぶん》をよくするのに役立《やくだ》つものだということ。〈『詩経《しきょう》』〉例 友人《ゆうじん》の失敗《しっぱい》を**他山の石**とする。

語源 ほかの山《やま》から出《で》るつまらない石《いし》でも、自分《じぶん》の宝石《ほうせき》をみがくのに役立《やくだ》つことがあるということから。

類 前車《ぜんしゃ》の覆《くつがえ》るは後車《こうしゃ》の戒《いまし》め／人《ひと》のふり見《み》て我《わ》がふり直《なお》せ 英 The fault of another is a good teacher.（他人《たにん》の失敗《しっぱい》はよい教師《きょうし》である）

多士済々《たしせいせい》 四字熟語

意味 優《すぐ》れた人《ひと》がたくさんいること。〈『詩経《しきょう》』〉例 このチームは**多士済々**なので、好成績《こうせいせき》を残《のこ》せるだろう。

同 多士済々《たしさいさい》

多事多難《たじたなん》 四字熟語

意味 事件《じけん》がたくさん起《お》きて、困難《こんなん》や苦《くる》しみの多《おお》いようす。例 ふり返《かえ》ると**多事多難**な一年《いちねん》だった。

出《だ》しにする 慣用句

↓出《だ》しに使《つか》う（250ページ）

出《だ》しに使《つか》う 慣用句

意味 自分《じぶん》の利益《りえき》や都合《つごう》のための手段《しゅだん》として使《つか》う。例 姉《あね》のひまつぶしの**出しに使われた**。

語源 「出《だ》し」は、「出汁《だし》」のこと。

同 出《だ》しにする

多種多様《たしゅたよう》 四字熟語

意味 種類《しゅるい》が多《おお》く、いろいろ、さまざまなこと。例 この森《もり》の動物《どうぶつ》は**多種多様**だ。

多勢《たぜい》に無勢《ぶぜい》 慣用句

意味 相手《あいて》が大勢《おおぜい》なのに、味方《みかた》の人数《にんずう》が少《すく》ないこと。例 **多勢に無勢**で、わたしの意見《いけん》は通《とお》らなかった。

類 衆寡敵《しゅうかてき》せず 英 Many dogs may

た

easily worry one.（たくさんの犬《いぬ》が一匹《いっぴき》を追《お》いかけまわすのはかんたんだ）

★★**蛇足《だそく》** 故事成語 ⇩マンガdeことわざ（252ページ）

意味 むだなもの。よけいなもの。〈『戦国策《せんごくさく》』〉 例 その説明《せつめい》は蛇足だ。

語源 主人《しゅじん》にもらった酒《さけ》を賭《か》けて、使用人《しようにん》たちがヘビの絵《え》をかく競争《きょうそう》をした。いちばん早《はや》くかけた者《もの》が、調子《ちょうし》にのって足《あし》をかき加《くわ》えたところ、足《あし》があるからヘビではないとされ、酒《さけ》を飲《の》ませてもらえなかったという話《はなし》から。斉《せい》に攻《せ》めこんできた楚《そ》の将軍《しょうぐん》に対《たい》し、斉《せい》の使者《ししゃ》がこの話《はなし》をして、すでに魏《ぎ》に勝利《しょうり》して十分手柄《じゅうぶんてがら》を立《た》てたのに、さらに斉《せい》を攻《せ》めるのは余計《よけい》な付《つ》け足《た》しで、失敗《しっぱい》すると手柄《てがら》も失《うしな》うから、攻撃《こうげき》をやめたほうがよいと説《と》いた。

英 to put a fifth wheel to the coach（馬《ば》車《しゃ》に五《いつ》つ目《め》の車輪《しゃりん》をつける）

叩《たた》けばほこりが出《で》る ことわざ

意味 表面《ひょうめん》は正《ただ》しいようでも、細《こま》かく調《しら》べると欠点《けってん》ややましいところが出《で》てくる。

例 まじめそうに見《み》える人物《じんぶつ》でも、叩けばほこりが出る可能性《かのうせい》はある。

類 垢《あか》はこするほど出《で》る、あらは探《さが》すほど出《で》る

英 Many without punishment, but none without fault.（多《おお》くは罰《ばつ》を受《う》けないが、罪《つみ》のない者《もの》はいない）

叩《たた》けよさらば開《ひら》かれん ことわざ

意味 自分《じぶん》から積極的《せっきょくてき》に努力《どりょく》すれば、必《かなら》ず目的《もくてき》を果《は》たせる。〈『新約聖書《しんやくせいしょ》』〉 例 自《じ》分《ぶん》から声《こえ》をかけてみよう。叩けよさらば開かれん、だ。

語源 もともとは、神《かみ》に救《すく》いを求《もと》めれば必《かなら》ずこたえてもらえるという教《おし》え。「求《もと》めよさらば与《あた》えられん」に続《つづ》くキリストの言葉《ことば》から。

英 Knock, and it shall be opened unto you.（門《もん》を叩《たた》きなさい、そうすれば開《ひら》かれる）

多々益々弁《たたますますべん》ず 故事成語

意味 才能《さいのう》があって、仕事《しごと》などが多《おお》ければ多《おお》いほどうまくやってのける。また、ものが多《おお》ければ多《おお》いほど都合《つごう》がよい。〈『漢《かん》書《じょ》』〉 例 料理上手《りょうりじょうず》の祖母《そぼ》は、多々益々弁ずで、品数《しなかず》が増《ふ》えるほど、腕《うで》をふるっておいしい料理《りょうり》を作《つく》ってくれる。

語源 漢《かん》の皇帝劉邦《こうていりゅうほう》が家臣《かしん》の韓信《かんしん》に、「わたしはどのくらいの兵《へい》を率《ひき》いる将軍《しょうぐん》になれるか」とたずねると、「陛下《へいか》は十万の兵《へい》の将軍《しょうぐん》でしょう」と答《こた》えた。「ではあなたはどうか」とたずねると、「わたしは多《おお》ければ多《おお》いほどうまくやります」と韓信《かんしん》が答《こた》えたという故事《こじ》から。

参考 「多々《たた》」は、多《おお》ければ多《おお》いほど、「弁《べん》ず」は、処理《しょり》するの意味《いみ》。

類 多々益々善《たたますますよ》し

畳《たたみ》の上《うえ》の水練《すいれん》 ことわざ

意味 理屈《りくつ》ばかりで、実際《じっさい》の役《やく》に立《た》たないこと。 例 本《ほん》を読《よ》んでいるだけで実技《じつぎ》の練習《れんしゅう》をしないなら、畳の上の水練で、いつまでたっても上達《じょうたつ》しないよ。

語源 畳《たたみ》の上《うえ》で水《すい》泳《えい》の練習《れんしゅう》をしても、実際《じっさい》に水《みず》の中《なか》では泳《およ》げないという意《い》味《み》から。

同 畳水練《たたみすいれん》／畑水練《はたけすいれん》 類 机上《きじょう》の空論《くうろん》／こたつ兵法《びょうほう》 英 A mere scholar, a mere

た

マンガ de ことわざ

蛇足《だそく》

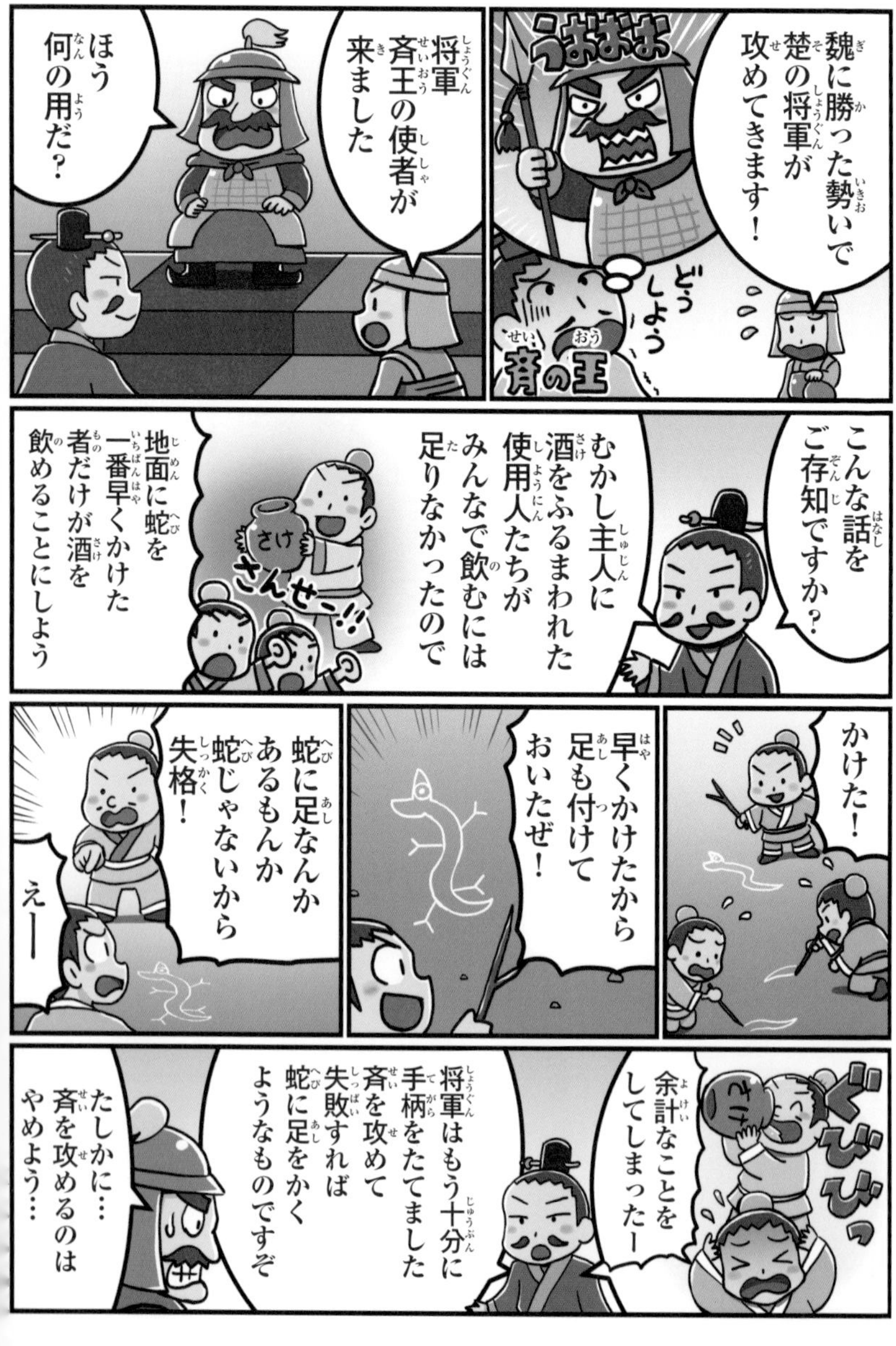
魏《ぎ》に勝《か》った勢《いきお》いで楚《そ》の将軍《しょうぐん》が攻《せ》めてきます！
うおおお
どうしよう
斉《せい》の王《おう》
将軍《しょうぐん》斉王《せいおう》の使者《ししゃ》が来《き》ました
ほう何《なん》の用《よう》だ？
こんな話《はなし》をご存知《ぞんじ》ですか？
むかし主人《しゅじん》に酒《さけ》をふるまわれた使用人《しようにん》たちがみんなで飲《の》むには足《た》りなかったので
さけ
さんせー!!
地面《じめん》に蛇《へび》を一番早《いちばんはや》くかけた者《もの》だけが酒《さけ》を飲《の》めることにしよう
かけた！
早《はや》くかけたから足《あし》も付《つ》けておいたぜ！
蛇《へび》に足《あし》なんかあるもんか蛇《へび》じゃないから失格《しっかく》！
えー
余計《よけい》なことをしてしまったー
ぐびびっ
将軍《しょうぐん》はもう十分《じゅうぶん》に手柄《てがら》をたてました斉《せい》を攻《せ》めて失敗《しっぱい》すれば蛇《へび》に足《あし》をかくようなものですぞ
たしかに…斉《せい》を攻《せ》めるのはやめよう…

ass.（学問《がくもん》を持《も》つだけの人《ひと》はロバにすぎない…ロバはおろか者《もの》）

ただより高《たか》い物《もの》はない ことわざ

世界のことわざ （253ページ）

意味 ただで物《もの》をもらうと、お返《かえ》しにお金《かね》がかかったり、無理《むり》なことをたのまれたりして、かえって高《たか》くつくということ。

例 **ただより高い物はない**というから、それは受《う》け取《と》らない方《ほう》がいい。 対 ただより安《やす》い物《もの》はない 英 What is bought is cheaper than a gift.（買《か》ったほうがもらいものより安《やす》い）

たたらを踏《ふ》む 慣用句

意味 勢《いきお》いあまって止《と》められずに、何歩《なんぼ》か歩《ある》く。 例 急《きゅう》に止《と》められて、**たたらを踏んだ**。

世界《せかい》のことわざ　ただより高《たか》い物《もの》はない

アイルランド

金《かね》を出《だ》して得《え》た助言《じょげん》は ただの助言《じょげん》の倍《ばい》の値《あたい》がある

お金《かね》を出《だ》してまで助言《じょげん》を求《もと》められた人《ひと》は、責任《せきにん》があるので、助言《じょげん》を求《もと》めた人《ひと》のために真剣《しんけん》に考《かんが》えてアドバイスをします。一方《いっぽう》、ただであれば責任《せきにん》はなく、思《おも》いつきで言《い》うことがあるので、助言《じょげん》としての価値《かち》はおとります。

タンザニア

山羊《やぎ》を食《た》べた者《もの》は 牛《うし》を支払《しはら》う

他人《たにん》のヤギを食《た》べてしまうと、あとで罰金《ばっきん》としてウシで支払《しはら》うことになります。

トルコ

無料《むりょう》の泉《いずみ》の水《みず》は飲《の》むな

水《みず》が豊富《ほうふ》な日本《にほん》では、食堂《しょくどう》で出《で》る水《みず》はただで当然《とうぜん》と思《おも》っていますが、外国《がいこく》では有料《ゆうりょう》のところがたくさんあります。また、水道水《すいどうすい》も日本《にほん》のようにきれいで安全《あんぜん》ではないことが多《おお》く、飲《の》むとおなかをこわすかもしれません。

た

語源「たたら」は、昔《むかし》、鉄《てつ》を作《つく》るときに使《つか》った大形《おおがた》のふいご。足《あし》で踏《ふ》んで炉《ろ》に空気《くうき》を送《おく》り、火力《かりょく》を高《たか》める。

駄々《だだ》をこねる 慣用句

意味 子供《こども》などが、あまえて無理《むり》をいったり、わがままにふるまったりして困《こま》らせる。**例** 妹《いもうと》がスマートフォンが欲《ほ》しいと**駄々をこねた**。

太刀打《たちう》ちできない 慣用句

意味 はり合《あ》っても勝《か》ち目《め》がない。**例** わたしの実力《じつりょく》では、かれに**太刀打ちできない**。

語源 太刀《たち》で打《う》ち合《あ》って戦《たたか》うことができないということから。

立《た》つ瀬《せ》がない 慣用句

意味 立場《たちば》がない。**例** そんなことを言《い》われては、わたしの**立つ瀬がない**。

語源 水《みず》の中《なか》に瀬《せ》（＝浅《あさ》くて歩《ある》いてわたれる所《ところ》）がなくて、立《た》てないということから。

立《た》っている者《もの》は親《おや》でも使《つか》え ことわざ

意味 急《いそ》ぎの用事《ようじ》なら、だれでもいいからそばにいる人《ひと》にたのめということ。**例** **立っている者は親でも使え**というとおり、たまたま通《とお》りかかった人《ひと》に手伝《てつだ》ってもらった。

英 Need makes the old wife trot.（必要《ひつよう》は老妻《ろうさい》をも走《はし》らす）

脱兎《だっと》の如《ごと》く 慣用句

意味 非常《ひじょう》に速《はや》いようすのたとえ。〈『孫《そん》子《し》』〉**例** **脱兎の如く**走《はし》り出《だ》す。

語源「脱兎《だっと》」は、にげていく兎《うさぎ》。とても速《はや》く走《はし》ることから。もともとは、『孫子《そんし》』の「始《はじ》めは処女《しょじょ》の如《ごと》く後《のち》は脱兎《だっと》の如《ごと》し」から。

類 脱兎《だっと》の勢《いきお》い

★立《た》つ鳥跡《とりあと》を濁《にご》さず ことわざ

意味 よそに移《うつ》るときは、跡《あと》が見苦《みぐる》しくないように、きちんと始末《しまつ》をしておかなければならないという教《おし》え。**例** そうじをしてから帰《かえ》ろう。**立つ鳥跡を濁さず**、というからね。

語源 水鳥《みずとり》は、跡《あと》をどろで濁《にご》さないようにして飛《と》び立《た》つということから。

同 飛《と》ぶ鳥跡《とりあと》を濁《にご》さず **対** 後《あと》は野《の》となれ山《やま》となれ／旅《たび》の恥《はじ》はかき捨《す》て **英** It is an ill bird that defiles (fouls) its own nest.（自分《じぶん》の巣《す》を汚《よご》す鳥《とり》は愚《おろ》かだ）

手綱《たづな》を引《ひ》き締《し》める 慣用句

意味 勝手《かって》なことをしないように、厳《きび》しく指導《しどう》する。**例** なまけないように、**手綱を引き締める**。

語源「手綱《たづな》」は、馬《うま》をあやつるために、くつわにつけて手《て》に持《も》つ綱《つな》。

たづな

★★立《た》て板《いた》に水《みず》 ことわざ

意味 つかえないですらすら話《はな》すことのたとえ。**例** **立て板に水**の説明《せつめい》。

語源 立《た》てかけてある板《いた》に水《みず》を流《なが》すと、つかえることなく流《なが》れていくことから。

参考 いろはがるた（京都《きょうと》）の一《ひと》つ。

類 戸板《といた》に豆《まめ》 **英** Your tongue runs

世界《せかい》のことわざ　蓼《たで》食《く》う虫《むし》も好《す》き好《ず》き

ロシア

司祭《しさい》が好《す》きな奴《やつ》もいりゃ、
奥《おく》さまが好《す》きな奴《やつ》、
むすめが好《す》きな奴《やつ》もいる

「司祭《しさい》」とは、キリスト教《きょう》（ロシア正教《せいきょう》など）の聖職者《せいしょくしゃ》における役職《やくしょく》。同《おな》じ教会《きょうかい》へ通《かよ》っていても、司祭《しさい》がよいという者《もの》もいれば、いや、奥《おく》さまがよいという者《もの》もあり、むすめがよいという人《ひと》もいます。人《ひと》によって好《この》みがちがうことをたとえています。

司祭《しさい》サマ～♥
奥《おく》さん～♥

ウマイ！
よく食《た》べられるな…
グツグツ

中国《ちゅうごく》

熱《あつ》い油《あぶら》も苦《にが》いおかずも
人《ひと》の好《この》み次第《しだい》

舌《した》をやけどしそうな熱《あつ》い油《あぶら》のかかった料理《りょうり》も、苦《にが》みのきいたちょっとくせのある料理《りょうり》も、人《ひと》それぞれに好《この》みがあるから、いちがいによい悪《わる》いは言《い》えません。

ケニア

米《こめ》は同《おな》じだが料理《りょうり》のしかたはたくさんある

ケニアでも米《こめ》（日本《にほん》の米《こめ》より細長《ほそなが》くパサパサしています）が作《つく》られていて、ピラウ（スパイスのきいたピラフ）、サフランライスやライスケーキなど、さまざまな料理法《りょうりほう》があります。

全部《ぜんぶ》お米《こめ》から
作《つく》ったんだ～

nineteen to the dozen.（十二語ですむところを十九語《じゅうきゅうご》でまくしたてる）

★蓼《たで》食《く》う虫《むし》も好《す》き好《ず》き　ことわざ

⇒世界のことわざ（255ページ）

意味 人《ひと》の好《この》みはさまざまであるということのたとえ。

例 蓼食う虫も好き好きで、こわい話《はなし》が大好《だいす》きだという人《ひと》もいる。

語源 ふつうでは食《た》べない、からい蓼《たで》の葉《は》を好《この》んで食《た》べる虫《むし》がいるということから。

うぇ～、マズイ！
うまいなぁ
スゴイ…

英 There is no accounting for tastes.（人《ひと》の好《この》みは説明《せつめい》できない）

盾《たて》に取《と》る　慣用句

意味 ある事《こと》がらを、自分《じぶん》の利益《りえき》や安全《あんぜん》を守《まも》る手段《しゅだん》とする。例 あの人《ひと》は規則《きそく》を盾に取って、ゆうずうのきかないことばかり言《い》う。

語源「盾《たて》」は、戦《たたか》いのときに矢《や》や刀《かたな》などから身《み》を守《まも》る、木《き》や金属《きんぞく》の板《いた》。

伊達《だて》の薄着《うすぎ》 ことわざ

意味 格好《かっこう》よく見《み》せようとして、寒《さむ》いのにがまんして薄着《うすぎ》をすること。例 伊達の薄着をして風邪《かぜ》をひいた。

語源「伊達《だて》」は、見栄《みえ》をはる者《もの》のこと。戦国武将《せんごくぶしょう》の伊達政宗《だてまさむね》とその軍勢《ぐんぜい》が、派手《はで》な身《み》なりであったからという説《せつ》もある。

英 Pride feels no cold.（得意《とくい》の寒《さむ》さ知《し》らず）

縦《たて》の物《もの》を横《よこ》にもしない 慣用句

意味 面倒《めんどう》だと思《おも》って何《なに》もしない。例 なまけ者《もの》の弟《おとうと》は、縦の物を横にもしない。

語源 物《もの》の向《む》きを変《か》えることさえしないということから。

同 横《よこ》の物《もの》を縦《たて》にもしない

立《た》てば芍薬《しゃくやく》座《すわ》れば牡丹《ぼたん》歩《ある》く姿《すがた》は百合《ゆり》の花《はな》 ことわざ

意味 美人《びじん》の容姿《ようし》を花《はな》にたとえてあらわす言葉《ことば》。例 着物《きもの》のかのじょは、立てば芍薬座れば牡丹歩く姿は百合の花といったようすで、周囲《しゅうい》の目《め》を引《ひ》いた。

語源 立《た》っている姿《すがた》は芍薬《しゃくやく》のように、座《すわ》っている姿《すがた》は牡丹《ぼたん》のように、歩《ある》いている姿《すがた》は百合《ゆり》の花《はな》のように美《うつく》しいということ。

盾《たて》を突《つ》く 慣用句

意味 目上《めうえ》の人《ひと》に逆《さか》らう。例 親《おや》に盾を突く。

語源 身《み》を守《まも》るために使《つか》う盾《たて》を、地面《じめん》に突《つ》き立《た》てて戦《たたか》うということから。

同 盾突《たてつ》く

棚上《たなあ》げにする 慣用句

意味 問題《もんだい》として解決《かいけつ》するべきことを取《と》り上《あ》げずに、放《ほう》っておく。例 その問題《もんだい》については当分《とうぶん》棚上げにしたい。

語源 品物《しなもの》を棚《たな》の上《うえ》に置《お》いたまま使《つか》わないということから。

★**棚《たな》から牡丹餅《ぼたもち》** ことわざ ⇩世界のことわざ（257ページ）

意味 何《なに》もしないのに思《おも》いがけない幸運《こううん》に出会《であ》うことのたとえ。例 弟《おとうと》のつきそいで行《い》ったのに、棚から牡丹餅でぼくもプレゼントをもらった。

語源 自分《じぶん》からは手《て》に入《い》れる努力《どりょく》をしないのに、棚《たな》の上《うえ》から突然《とつぜん》、おいしい牡丹《ぼた》餅《もち》が落《お》ちてくるということから。

中国《ちゅうごく》

肥《こ》えた豚《ぶた》が門《もん》を押《お》しあけて入《はい》ってきた

ブタは富《とみ》や幸運《こううん》の象徴《しょうちょう》で、門《もん》の中《なか》に入《はい》ってくれば、ほんとうについていることになります。

韓国《かんこく》

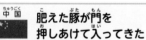

カボチャがつるごと転《ころ》がりこむ

カボチャがつるごと転《ころ》がりこむとは、幸運《こううん》が一気《いっき》にやってくるという意味《いみ》です。韓国《かんこく》では、カボチャはおかずはもちろん、餅《もち》などにも使《つか》われ、つるも薬用《やくよう》や食用《しょくよう》になり、生活《せいかつ》のうえで大切《たいせつ》な植物《しょくぶつ》なのです。

同 棚牡丹《たなぼた》 類 開《あ》いた口《くち》へ牡《ぼ》丹《た》餅《もち》／寝《ね》ていて餅《もち》 対 蒔《ま》かぬ種《たね》は生《は》えぬ 英 He thinks that roasted larks will fall into his mouth.（焼《や》いたひばりの肉《にく》が口《くち》の中《なか》に落《お》っこちてくると思《おも》っている）

掌《たなごころ》を返《かえ》す 慣用句

意味 ❶物事《ものごと》が簡単《かんたん》にできることのたとえ。例 そんなことなら**掌を返す**ように、すぐできる。

❷人《ひと》の態度《たいど》や考《かんが》えが、簡単《かんたん》に変《か》わってしまうことのたとえ。〈『漢書《かんじょ》』〉 例 状況《じょうきょう》が変《か》わると、かのじょは**掌を返す**ような態《たい》度《ど》を示《しめ》した。

語源 「掌《たなごころ》」は、てのひらのこと。てのひらを返《かえ》すことが簡単《かんたん》であることから。

類 手《て》の平《ひら》を返《かえ》す

掌《たなごころ》を指《さ》す 慣用句

意味 物事《ものごと》がはっきりしていることのたとえ。例 そのことについては、**掌を指す**ようにわかっている。

語源 掌《たなごころ》（＝てのひら）にあるものを指《ゆび》さすということから。

棚《たな》に上《あ》げる 慣用句

意味 あることに、わざとふれないでおく。例 自分《じぶん》のあやまちを**棚に上げ**て人《ひと》を責《せ》める。

語源 品物《しなもの》を棚《たな》の上《うえ》に置《お》いて、手《て》をふれないようにするということから。

他人行儀《たにんぎょうぎ》 四字熟語

意味 親《した》しい間《あいだ》がらなのに、まるで他人《たにん》のようにあらたまったふるまいをするようす。例 **他人行儀**なあいさつ。

他人《たにん》の疝気《せんき》を頭痛《ずつう》に病《や》む ことわざ

意味 自分《じぶん》に関係《かんけい》のないことで、よけいな心配《しんぱい》をするたとえ。例 かれは**他人の疝気を頭痛に病む**タイプだ。

語源 「疝気《せんき》」は、漢方《かんぽう》で腹痛《ふくつう》や腰痛《ようつう》のこと。他人《たにん》のそれを心配《しんぱい》して頭《あたま》が痛《いた》むこと。

世界《せかい》のことわざ　棚《たな》から牡丹餅《ぼたもち》

インドネシア

[redacted]

落《お》ちたドリアンを拾《ひろ》う

ドリアンは別名《べつめい》「くだものの王様《おうさま》」ですが、「悪魔《あくま》のくだもの」とも呼《よ》ばれます。独特《どくとく》なにおいの半面《はんめん》、あまくて、なれると病《や》みつきになると言《い》われます。するどいトゲがあり、高《たか》い木《き》の上《うえ》になるので、取《と》るのにとても苦労《くろう》しますが、熟《う》れたドリアンが目《め》の前《まえ》に落《お》ちていれば、こんなに幸運《こううん》なことはありません。

類 隣《となり》の疝気《せんき》を頭痛《ずつう》に病《や》む／人《ひと》の疝気《せんき》を頭痛《ずつう》に病《や》む
英 Meddle not with another man's matter.（他人《たにん》のことに手《て》を出《だ》すな）

他人《たにん》の空似《そらに》 慣用句
意味 血《ち》のつながりがないのに、ぐうぜん顔形《かおかたち》がよく似《に》ていること。例 兄《あに》かと思《おも》ったが、**他人の空似**で知《し》らない人《ひと》だった。

他人《たにん》の飯《めし》を食《く》う 慣用句
意味 他人《たにん》の家《いえ》に住《す》まわせてもらう。また、親元《おやもと》をはなれ、厳《きび》しい社会生活《しゃかいせいかつ》を経《けい》験《けん》する。例 おじは家業《かぎょう》をつぐ前《まえ》の数年《すうねん》、いわゆる**他人の飯を食う**暮《く》らしを送《おく》ったそうだ。

★**狸寝入《たぬきねい》り** 慣用句
意味 ねむっているふりをすること。
例 **狸寝入り**を決《き》めこむ。
語源 タヌキはおどろくと気絶《きぜつ》する習性《しゅうせい》があるが、これを人《ひと》をだますために寝《ね》ていると考《かんが》えられたことから。
英 play possum（ポッサムのまねをする。死《し》んだふりをする。…ポッサムはネズミに似《に》た有袋類《ゆうたいるい》で、驚《おどろ》くと死《し》んだようになる）

種《たね》を蒔《ま》く 慣用句
意味 物事《ものごと》の原因《げんいん》をつくる。例 軽《かる》はずみな発言《はつげん》で争《あらそ》いの**種を蒔い**てはいけない。
参考 争《あらそ》い事《ごと》など、悪《わる》いことの原因《げんいん》となることにいうことが多《おお》い。

頼《たの》みの綱《つな》 慣用句
意味 苦《くる》しいときに、あてにしてたよれる人《ひと》や物事《ものごと》。例 **頼みの綱**が切《き》れた。

束《たば》になって掛《か》かる 慣用句
意味 大勢《おおぜい》がいっしょになって取《と》りかかる。例 **束になって掛かっ**ても、かなう相《あい》手《て》ではない。

荼毘《だび》に付《ふ》す 慣用句
意味 火葬《かそう》にする。死《し》んだ人《ひと》を焼《や》いて、その骨《ほね》をとむらう。例 遺体《いたい》を**荼毘に付す**。
語源 「荼毘《だび》」は、仏教《ぶっきょう》の言葉《ことば》で火葬《かそう》のこと。

旅《たび》の恥《はじ》はかき捨《す》て ことわざ
意味 旅先《たびさき》では知《し》っている人《ひと》もいないので、はずかしいおこないでも平気《へいき》であるということ。例 **旅の恥はかき捨て**とはいうものの、節度《せつど》はわきまえるべきだ。
英 Once over the borders, one may do anything.（国境《こっきょう》を越《こ》えればしたい放題《ほうだい》）

旅《たび》は道連《みちづ》れ世《よ》は情《なさ》け ことわざ
↓世界のことわざ（259ページ）
意味 旅先《たびさき》で道連《みちづ》れがあると心強《こころづよ》いように、世《よ》の中《なか》を生《い》きてゆくにはたがいに思《おも》いやりの心《こころ》を持《も》って助《たす》け合《あ》うことが必要《ひつよう》だということ。例 **旅は道連れ世は情け**、できるだけ周《まわ》りの人《ひと》と仲《なか》よくしよう。

参考 いろはがるた（江戸《えど》）の一《ひと》つ。
英 An agreeable companion on the road is as good as a coach.（よい道連《みちづ》れは馬《ば》車《しゃ》も同然《どうぜん》）

他聞《たぶん》をはばかる 慣用句
意味 関係《かんけい》のない他人《たにん》に聞《き》かれては困《こま》る。
例 この件《けん》は**他聞をはばかる**。

食《た》べず嫌《ぎら》い
↓食《く》わず嫌《ぎら》い（146ページ） 慣用句

食《た》べてすぐ寝《ね》ると牛《うし》になる

ことわざ

意味 食事《しょくじ》のあと、すぐ横《よこ》になる不作法《ぶさほう》をいましめる言葉《ことば》。例 夕食後《ゆうしょくご》すぐにソファーでごろごろしていたら、食べてすぐ寝ると牛になるから食器洗《しょっきあら》いを手伝《てつだ》うように言《い》われた。

語源 牛《うし》は食《た》べたあと、横《よこ》になって食《た》べた物《もの》を反芻《はんすう》（＝飲《の》みこんだ食《た》べ物《もの》を口《くち》の中《なか》に戻《もど》してかみなおし、再《ふたた》び飲《の》みこむこと）する習性《しゅうせい》があることから。

玉《たま》に瑕《きず》

ことわざ

意味 非常《ひじょう》に優《すぐ》れているが、ほんの少《すこ》し欠点《けってん》があることのたとえ。〈『論衡《ろんこう》』〉 例 ほがらかでよい人《ひと》だが、落《お》ち着《つ》きのないのが玉に瑕です。

語源 玉《たま》（＝宝石《ほうせき》）に、小《ちい》さな瑕《きず》があるということから。

英 a fly in the ointment（軟膏《なんこう》の中《なか》のはえ）

玉《たま》の輿《こし》に乗《の》る

慣用句

意味 女《おんな》の人《ひと》が、お金持《かねも》ちや身分《みぶん》の高《たか》い人《ひと》の妻《つま》となる。例 かのじょは玉の輿に乗ったといううわさだ。

世界《せかい》のことわざ　旅《たび》は道連《みちづ》れ世《よ》は情《なさ》け

イタリア

楽《たの》しい道連《みちづ》れは馬車《ばしゃ》と同《おな》じ

話《はなし》がはずむ楽《たの》しい道連《みちづ》れがいれば、長《なが》い道中《どうちゅう》もまるで馬車《ばしゃ》に乗《の》っているように短《みじか》く感《かん》じられます。だから、楽《たの》しい道連《みちづ》れといっしょに旅《たび》をせよ、ということ。歩《ある》いて旅《たび》をするのが当《あ》たり前《まえ》だった時代《じだい》のことわざです。その他 イギリス、フランス

ヒヒン!!
(はや!!)
アハハ
たのしい〜
さくさくさくさくさく

←バーミヤン
カーブル→
よし!行こう!
うん!
ガシッ

アフガニスタン

まず道連《みちづ》れを探《さが》し、次《つぎ》に道《みち》を探《さが》せ

アフガニスタンにはシルクロードと言《い》われる東洋《とうよう》と西洋《せいよう》を結《むす》ぶ道《みち》があります。長《なが》い道《みち》のりは人家《じんか》も少《すく》なく、旅人《たびびと》をおそう集団《しゅうだん》がいたりすることもあるので、同行者《どうこうしゃ》を探《さが》すことが、何《なに》よりも先決《せんけつ》ということです。

中国《ちゅうごく》

餃子《ギョーザ》には箸《はし》がいり、旅《たび》には道連《みちづ》れがいる

餃子《ギョーザ》を食《た》べるのに箸《はし》が必要《ひつよう》なように、旅《たび》をするには道連《みちづ》れが必要《ひつよう》だ、ということわざです。餃子《ギョーザ》と箸《はし》のように、切《き》っても切《き》れない重要《じゅうよう》なもの、という意味《いみ》です。

旅《たび》には君《きみ》が必要《ひつよう》だ!
食《た》べるには君《きみ》が必要《ひつよう》だ!

語源「玉《たま》の輿《こし》」は、昔《むかし》、貴族《きぞく》などが乗《の》った立派《りっぱ》な乗《の》り物《もの》。

玉磨《たまみが》かざれば光《ひかり》なし ことわざ

意味 優《すぐ》れた才能《さいのう》があっても努力《どりょく》して学《まな》ばなければ立派《りっぱ》な人《ひと》になれないことのたとえ。〈『実語教《じつごきょう》』〉 例 なまけていては一流《いちりゅう》にはなれない。玉磨かざれば光なし、だよ。

語源 玉《たま》（＝宝石《ほうせき》）も、もとの石《いし》を磨《みが》かなければ美《うつく》しく光《ひか》らないということから。

類 玉琢《たまみが》かざれば器《き》を成《な》さず、人学《ひとまな》ばざれば道《みち》を知《し》らず 英 An uncut gem does not sparkle.（磨《みが》いてない宝石《ほうせき》は輝《かがや》かない）

玉虫色《たまむしいろ》 慣用句

意味 見方《みかた》によってどのようにも受《う》け取《と》れるような表現《ひょうげん》のしかた。例 大臣《だいじん》の玉虫色の発言《はつげん》が批判《ひはん》された。

語源 玉虫《たまむし》の羽《はね》は、光《ひかり》の当《あ》たり具合《ぐあい》でいろいろな色《いろ》に見《み》えることから。

玉《たま》を転《ころ》がす 慣用句

意味 女《おんな》の人《ひと》の、高《たか》くて、すんだ美《うつく》しい声《こえ》のたとえ。例 玉を転がすような歌声《うたごえ》。

惰眠《だみん》を貪《むさぼ》る 慣用句

意味 なまけて、ねてばかりいる。また、何《なに》もしないで、なまけている。例 惰眠を貪る生活《せいかつ》を改《あらた》める。

語源「惰眠《だみん》」は、なまけて眠《ねむ》ること。「貪《むさぼ》る」は、あきずに欲《ほ》しがること。

矯《た》めつすがめつ 慣用句

意味 一《ひと》つのものをいろいろの方向《ほうこう》からよく見《み》るようす。例 器《うつわ》を手《て》にとって矯めつすがめつながめる。

語源「矯《た》める」は、じっと見《み》ること。「すがめる」は、片目《かため》を細《ほそ》くして見《み》ること。

矯《た》めるなら若木《わかぎ》のうち ことわざ

意味 悪《わる》いくせや欠点《けってん》などは、若《わか》いうちに直《なお》さないと、成長《せいちょう》してからでは直《なお》しにくいということ。例 バレエの基礎練習《きそれんしゅう》とストレッチは、矯めるなら若木のうちで、若《わか》いうちだからこそ大事《だいじ》なのだそうだ。

語源「矯《た》める」は、曲《ま》げて良《よ》い形《かたち》に直《なお》す。枝《えだ》ぶりは、若木《わかぎ》のうちに手《て》を入《い》れないと、かたくなって思《おも》い通《どお》りにならない意《い》味《み》から。

類 老《お》い木《き》は曲《ま》がらぬ／鉄《てつ》は熱《あつ》いうちに打《う》て 英 Strike while the iron is hot.（鉄《てつ》は熱《あつ》いうちに打《う》て）

駄目《だめ》を押《お》す 慣用句

意味 念《ねん》のために、もう一度《いちど》確《たし》かめる。

例 まちがいのないように、駄目を押す。

語源「駄目《だめ》」は、囲碁《いご》で、勝負《しょうぶ》がついた後《あと》のあいている所《ところ》。そこに石《いし》を置《お》いて、どちらの陣地《じんち》かはっきりさせることから。

袂《たもと》を分《わ》かつ 慣用句

意味 今《いま》までいっしょだった人《ひと》と別《わか》れる。関係《かんけい》をなくす。例 ささいなことから、友《ゆう》人《じん》と袂を分かつことになってしまった。

語源「袂《たもと》」は、着物《きもの》のそでの下《した》の、ふくろになっているところ。

便《たよ》りのないのはよい便《たよ》り ことわざ

意味 手紙《てがみ》や電話《でんわ》など連絡《れんらく》がないのは無《ぶ》事《じ》だということで、よい手紙《てがみ》をもらうのと同《おな》じだということ。例 遠《とお》くで暮《く》らす兄《あに》からは連絡《れんらく》が来《こ》ないが、便りのないのはよい便りというから、あまり心配《しんぱい》しないでおこう。

参考 西洋《せいよう》のことわざ。

英 No news is good news.（便《たよ》りのないのはよい便《たよ》り）

たらい回《まわ》し 慣用句

意味《いみ》 一《ひと》つの物《もの》や事《こと》がらをきちんと解決《かいけつ》せずに、そのまま順《じゅん》にほかの人《ひと》に回《まわ》すこと。例 政権《せいけん》のたらい回し。

語源 あおむけに寝《ね》て、足《あし》でたらいを回《まわ》し、そのたらいをとなりの人《ひと》に順番《じゅんばん》にわたしていく曲芸《きょくげい》のようすから。

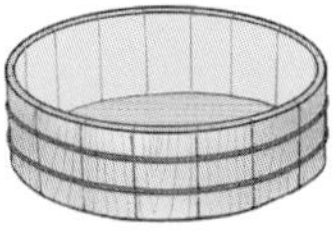

たらい

★他力本願《たりきほんがん》 四字熟語

意味 他人《たにん》の力《ちから》にたよって物事《ものごと》をしようとすること。例 他力本願では成功《せいこう》できない。

語源 もともとは、仏教《ぶっきょう》の言葉《ことば》で、阿弥陀《あみだ》如来《にょらい》の力《ちから》にすがって極楽《ごくらく》へ行《い》こうとすること。「本願《ほんがん》」は、すべての人々《ひとびと》を救《すく》おうという仏《ほとけ》の願《ねが》い。

啖呵《たんか》を切《き》る 慣用句

意味 けんかなどで、威勢《いせい》のよい言葉《ことば》を並《なら》べたてて、相手《あいて》をやりこめる。例 啖呵を切って対決《たいけつ》する。

（263ページ）

短気《たんき》は損気《そんき》 ことわざ ➡世界のことわざ

意味 短気《たんき》をおこすと結局《けっきょく》は失敗《しっぱい》して、自《じ》分《ぶん》が損《そん》をするということ。例 おこるな。短気は損気だよ。

語源 「損気《そんき》」は、「短《たん》気《き》」の語呂《ごろ》合《あ》わせでつくられた言葉《ことば》。

英 Out of temper, out of money.（短気《たんき》で金欠《きんけつ》）

断《だん》じて行《おこな》えば鬼《き》神《じん》も之《これ》を避《さ》く 故事成語

意味 心《こころ》を決《き》めてためらわずにおこなえば、鬼神《きじん》でさえ妨《さまた》げることはできない。決心《けっしん》して断行《だんこう》すればどんなことでも乗《の》り越《こ》えて、成功《せいこう》することができるというたとえ。〈『史記《しき》』〉例 断じて行えば鬼神も之を避くと自分《じぶん》をはげまして、海外留《かいがいりゅう》学《がく》するために英語《えいご》の猛勉強《もうべんきょう》をしている。

語源 「鬼神《きじん》」は、おそろしい神《かみ》。「きしん」ともいう。秦《しん》の始皇帝《しこうてい》の死後《しご》、後継者《こうけいしゃ》である兄《あに》の扶蘇《ふそ》が不在《ふざい》の間《あいだ》に、弟《おとうと》の胡亥《こがい》に皇帝《こうてい》になるようにと、家臣の趙高がそそのかして言《い》った言葉《ことば》。

男女七歳《だんじょしちさい》にして席《せき》を同《おな》じゅうせず ことわざ

意味 男《おとこ》と女《おんな》は、七歳《ななさい》ともなれば、その区別《くべつ》をきびしくして、一《ひと》つの場所《ばしょ》に同席《どうせき》してはならない。〈『礼記《らいき》』〉例 男女別学《だんじょべつがく》の学校《がっこう》は、男女七歳にして席を同じゅうせずの精神《せいしん》を受《う》けつぐといえるだろう。

語源 中国《ちゅうごく》の古《ふる》い道徳《どうとく》の一《ひと》つ。幼《おさな》いときから男女《だんじょ》の区別《くべつ》がきびしいことのたとえによく用《もち》いられる。

（262ページ）

断腸《だんちょう》の思《おも》い 故事成語 ➡マンガdeことわざ

意味 たえられない悲《かな》しい思《おも》いのたとえ。〈『世説新語《せせつしんご》』〉例 断腸の思いで別《わか》れる。

語源 「断腸《だんちょう》」は、腸《はらわた》がちぎれること。また、そうなるほどのつらさ。中国《ちゅうごく》の東晋《とうしん》の時代《じだい》、将軍《しょうぐん》の桓温《かんおん》は、蜀《しょく》に攻《せ》め入《い》るために、軍勢《ぐんぜい》を率《ひき》いて、長江《ちょうこう》を船《ふね》でさかのぼっていた。三峡《さんきょう》という場所《ばしょ》にさしかかったとき、ある兵士《へいし》が子猿《こざる》を捕《つか》まえた。すると、母猿《ははざる》が、悲《かな》しげに鳴《な》きさけびながら、岸伝《きしづた》いに百里《ひゃくり》以上《いじょう》もついてき

た

断腸《だんちょう》の思《おも》い

中国《ちゅうごく》の東晋時代《とうしんじだい》、将軍《しょうぐん》の桓温《かんおん》は、蜀《しょく》を攻めるために、軍勢《ぐんせい》を率《ひき》いて長江《ちょうこう》を船《ふね》でさかのぼっていた。
パシッ
三峡《さんきょう》という場所《ばしょ》にさしかかったとき、ある兵士《へいし》が子猿《こざる》を捕《つか》まえた。
子《こ》ザルゲットー
キ〜
すると、母猿《ははざる》が悲《かな》しげに泣《な》き叫《さけ》びながら、岸伝《きしづた》いに※百里《ひゃくり》以上《いじょう》も追《お》いかけてきた。
キー
キー
キー
キー
バサササササササ
やっと追《お》いつき、船《ふね》に乗《の》り移《うつ》って子猿《こざる》に会《あ》えた瞬間《しゅんかん》、息絶《いきた》えてしまった。
この話《はなし》を聞《き》いた将軍《しょうぐん》の桓温《かんおん》は、怒《いか》りで身《み》をふるわせた。
なんとふびんな…傷《きず》を負《お》い腸《ちょう》がズタズタに断《た》ち切《き》れてまで子《こ》を追《お》いかける母猿《ははざる》の愛《あい》よ…
将軍《しょうぐん》・桓温《かんおん》
クビだ!クビ!こやつを外《そと》へ放《ほう》り出《だ》せ!
ヒー!
『世説新語《せせつしんご》』の「黜免編《ちゅつめんへん》」にある話《はなし》。黜免《ちゅつめん》は、「クビ」や「降格《こうかく》」のこと…

※百里《ひゃくり》は、当時《とうじ》の距離《きょり》で約《やく》44km《キロメートル》。

て、やっと乗《の》り移《うつ》って、子猿《こざる》に会《あ》えた瞬間《しゅんかん》、母猿《ははざる》は死《し》んでしまった。母猿《ははざる》の腹《はら》を裂《さ》いて調《しら》べると、腸《ちょう》がずたずたに断《た》ち切《き》れていた。この話《はなし》を聞《き》いた桓温《かんおん》は、非常《ひじょう》に怒《いか》り、命《めい》を下《くだ》してこの兵士《へいし》をくびにしたという話《はなし》から。

英 to eat one's heart out（悲嘆《ひたん》に暮《く》れる）

★★
単刀直入《たんとうちょくにゅう》 四字熟語

意味 前《まえ》おきや遠回《とおまわ》しな言《い》い方《かた》をせず、いきなり物事《ものごと》の中心《ちゅうしん》に入《はい》ること。例 単刀直入に言《い》う。

語源 刀《かたな》を持《も》ち、一人《ひとり》で敵《てき》の中《なか》に飛《と》びこむということから。

注意「短刀直入《とうちょくにゅう》」は誤《あやま》り。

英 to come straight to the point（真《ま》っすぐ核心《かくしん》に入《はい》る）

短兵急《たんぺいきゅう》 慣用句

意味 ひどく急《きゅう》なようす。例 短兵急な要《よう》求《きゅう》。

語源 短兵《たんぺい》（＝刀剣《とうけん》などの短《みじか》い兵器《へいき》）で、急《きゅう》にこうげきすることから。

注意「単兵急《ぺいきゅう》」は誤《あやま》り。

断末魔《だんまつま》 慣用句

世界《せかい》のことわざ　短気《たんき》は損気《そんき》

ベナン

いかって投《な》げた石《いし》で鳥《とり》は仕《し》留《と》められない

かっとなって石《いし》を投《な》げると、冷静《れいせい》な判断《はんだん》や集中力《しゅうちゅうりょく》に欠《か》け、うまく鳥《とり》には当《あ》たらないということです。

インド（南部《なんぶ》）

いかりは人《ひと》を裸馬《はだかうま》にする

裸馬《はだかうま》は、手綱《たづな》や鞍《くら》などの馬具《ばぐ》がついていない馬《うま》。つまり野生《やせい》で、人《ひと》に手《て》なずけられていない馬《うま》のこと。人《ひと》がおこると、野生《やせい》の暴《あば》れ馬《うま》のように冷静《れいせい》さを失《うしな》い、理性《りせい》の制御《せいぎょ》がきかなくなることです。

アルメニア

おこりっぽい男《おとこ》は早《はや》く年《とし》をとる

人生《じんせい》の終点《しゅうてん》は老年期《ろうねんき》。気《き》が短《みじか》くておこるということは、じっくり待《ま》てずに、先《さき》へ先《さき》へと結果《けっか》をあせることを意味《いみ》します。つまるところ、おこりっぽい人《ひと》は先《さき》へ先《さき》へと生《い》き急《いそ》ぐことになり、結果早《けっかはや》く年《とし》をとることになるということです。その他《た》 ロシア（チュバシ）

意味 死《し》ぬまぎわ。また、そのときの苦《くる》しみ。例 断末魔のさけび。

語源 もとは、仏教《ぶっきょう》の言葉《ことば》。「末魔《まつま》」という急所《きゅうしょ》を断《た》たれると死《し》ぬとされる。

暖《だん》を取《と》る 慣用句

意味 暖《あたた》まる。例 ストーブで暖を取る。

端《たん》を発《はっ》する 慣用句

意味 あることがきっかけで物事《ものごと》が起《お》こる。例 領土問題《りょうどもんだい》に端を発した戦《たたか》い。

語源 「端《たん》」は、物事《ものごと》が始《はじ》まるきっかけ。

ち

知恵《ちえ》を絞《しぼ》る 慣用句

意味 いろいろと考《かんが》える。例 節約《せつやく》のため知恵を絞る。

知恵《ちえ》を付《つ》ける 慣用句

意味 そばにいる人《ひと》が、こうした方《ほう》がいいと教《おし》える。例 かのじょがこんなことをしでかすなんて、きっとだれかに知恵を付けられたにちがいない。

参考 よくないことを教《おし》えるときに用《もち》いることが多《おお》い。

血《ち》が通《かよ》う 慣用句

意味 人間《にんげん》らしいあたたかさが感《かん》じられる。例 血が通った福祉政策《ふくしせいさく》。

語源 血《ち》が流《なが》れていて生《い》きているという意味《いみ》から。

血《ち》が騒《さわ》ぐ 慣用句

意味 気持《きも》ちが高《たか》ぶる。興奮《こうふん》して、じっとしていられなくなる。例 学生時代《がくせいじだい》サッカー部《ぶ》に所属《しょぞく》していた父《ちち》は、試合《しあい》を見《み》るたび血が騒ぐと言《い》う。

血《ち》が絶《た》える 慣用句

意味 血《ち》のつながった人《ひと》がいなくなる。遺伝子《いでんし》を受《う》けつぐ人《ひと》がなくなる。例 子供《こども》がいないために、名家《めいか》の血が絶えた。

血《ち》がつながる 慣用句

意味 実《じつ》の親子兄弟《おやこきょうだい》のような関係《かんけい》がある。血筋《ちすじ》を引《ひ》いている。例 あの人《ひと》は社長《しゃちょう》と血がつながっている。

地下《ちか》に潜《もぐ》る 慣用句

意味 世間《せけん》からかくれて秘密《ひみつ》の活動《かつどう》をおこなう。例 弾圧《だんあつ》からのがれるために地下に潜る。

語源 「地下《ちか》」は、表面《ひょうめん》にあらわれない秘《ひ》密《みつ》の場所《ばしょ》のこと。

血《ち》が上《のぼ》る 慣用句

意味 興奮《こうふん》して頭《あたま》に血《ち》が集《あつ》まる。かっとなる。例 裏切《うらぎ》られたと知《し》り、頭《あたま》に血が上る。

参考 「頭《あたま》に血《ち》が上《のぼ》る」の形《かたち》で用《もち》いることが多《おお》い。

力《ちから》が湧《わ》く 慣用句

意味 気持《きも》ちや体《からだ》に、元気《げんき》が生《う》まれる。勢《いきお》いが出《で》てくる。例 はげまされて力が湧く。

力《ちから》こぶを入《い》れる 慣用句

意味 物事《ものごと》を熱心《ねっしん》におこなう。例 あの学《がっ》校《こう》は英語教育《えいごきょういく》に力こぶを入れている。

語源 「力《ちから》こぶ」は、力《ちから》をこめて腕《うで》を曲《ま》げたときに、上腕《じょうわん》にできる筋肉《きんにく》のもり上《あ》がり。

力《ちから》になる 慣用句

意味 たよられて助《たす》ける。例 かれにはずいぶん力になってもらった。

力《ちから》を入《い》れる 慣用句

意味 一生懸命《いっしょうけんめい》になって、物事《ものごと》をする。例 海外事業《かいがいじぎょう》に力を入れる。

力《ちから》を落《お》とす 慣用句

意味 がっかりする。例 負《ま》けて力を落とす。

力《ちから》を貸《か》す 慣用句
意味 手伝《てつだ》う。例 この仕事《しごと》をやりとげるために、力を貸してほしい。

力《ちから》を尽《つ》くす 慣用句
意味 できる限《かぎ》りのことをする。例 力を尽くして救援活動《きゅうえんかつどう》をする。

契《ちぎ》りを交《か》わす 慣用句
意味 たがいに約束《やくそく》をする。また、夫婦《ふうふ》になる約束《やくそく》をする。例 かたく契りを交わす。

竹馬《ちくば》の友《とも》 故事成語
意味 小《ちい》さいころからの友達《ともだち》。幼《おさな》なじみ。〈『晋書《しんじょ》』〉例 久《ひさ》しぶりになつかしい竹馬の友に会《あ》った。
語源 小《ちい》さいころに竹《たけ》馬《うま》に乗《の》っていっしょに遊《あそ》んでいた友達《ともだち》ということから。
英 Old friends and old wine and old gold are best.（友人《ゆうじん》も酒《さけ》も金《きん》も古《ふる》いのがいちばんよい）

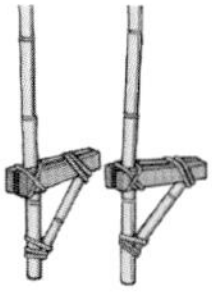
たけうま

知《ち》者《しゃ》は惑《まど》わず勇《ゆう》者《しゃ》は懼《おそ》れず 故事成語
意味 知《ち》恵《え》ある人《ひと》は、物事《ものごと》の道理をよく知《し》っていて、どうしてよいかわからずに困《こま》ることはない。勇気《ゆうき》ある人《ひと》は、信念《しんねん》に従《したが》い自《じ》信《しん》をもって行動《こうどう》するので、おそれることはない。〈『論語《ろんご》』〉例 監督《かんとく》は、知者は惑わず勇者は懼れずで、誰《だれ》もがあっと驚《おどろ》く大胆《だいたん》な作戦《さくせん》で見事《みごと》にチームを優勝《ゆうしょう》に導《みちび》いた。
語源『論語《ろんご》』の言葉《ことば》、「知《ち》者《しゃ》は惑《まど》わず、仁《じん》者《しゃ》は、憂《うれ》えず、勇《ゆう》者《しゃ》は懼《おそ》れず」から。

父《ちち》の恩《おん》は山《やま》よりも高《たか》く、母《はは》の恩《おん》は海《うみ》よりも深《ふか》し 故事成語
意味 父《ふ》母《ぼ》から受《う》けた恩《おん》は、あまりにも深《ふか》く大《おお》きい。〈『童子教《どうじきょう》』〉例 父の恩は山よりも高く、母の恩は海よりも深しとはよく言《い》ったもので、親《おや》には返《かえ》そうと思《おも》っても返《かえ》しきれないほどの恩《おん》がある。
同 父《ふ》母《ぼ》の恩《おん》は山《やま》よりも高《たか》く海《うみ》よりも深《ふか》し 英 God, parents, and our master can never be requited.（神《かみ》と両親《りょうしん》と恩師《おんし》には、十分《じゅうぶん》に恩返《おんがえ》しをすることはできない）

血《ち》で血《ち》を洗《あら》う 故事成語
意味 ❶悪事《あくじ》や暴力《ぼうりょく》に対《たい》して、同《おな》じように悪事《あくし》や暴力でやり返す。〈『旧唐書』〉例 血で血を洗う戦《たたか》いが続《つづ》く。❷肉親同士《にくしんどうし》が争《あらそ》う。例 遺産《いさん》をめぐる、血で血を洗う争《あらそ》い。
語源 血《ち》でよごれた体《からだ》を血《ち》で洗《あら》うということから。
英 Blood will have blood.（血《ち》は血《ち》を求《もと》めるものだ）

血《ち》と汗《あせ》の結晶《けっしょう》 慣用句
意味 苦労《くろう》と努《ど》力《りょく》によって得《え》たもの。
例 この発明《はつめい》は血と汗の結晶だ。

血《ち》となり肉《にく》となる 慣用句
意味 学《まな》んだことや知《し》ったことが、きちんと身《み》につく。例 この勉強《べんきょう》が、きみの血となり肉となるはずだ。

血《ち》に飢《う》える 慣用句
意味 殺《ころ》したり傷《きず》つけたりしたいような、すさんだ気《き》持《も》ちになる。例 血に飢えた

オオカミ。

地《ち》に落《お》ちる 慣用句
意味 勢《いきお》いの盛《さか》んであったものが、すっかりおとろえる。例 父親《ちちおや》の権威《けんい》が地に落ちる。

血《ち》の雨《あめ》を降《ふ》らす 慣用句
意味 戦争《せんそう》やけんかなどで、多《おお》くの人《ひと》を死《し》なせたり、けがをさせたりする。例 激《はげ》しいこうげきで血の雨を降らすことになった両軍《りょうぐん》の争《あらそ》い。
参考 多《おお》くの人《ひと》が死《し》んだり、けがをしたりすることは「血《ち》の雨《あめ》が降《ふ》る」という。

血《ち》の海《うみ》 慣用句
意味 たくさんの血《ち》が流《なが》れて広《ひろ》がっているようすのたとえ。例 辺《あた》り一面《いちめん》血の海だ。

血《ち》の気《け》が失《う》せる 慣用句
意味 おそろしさなどのために、顔《かお》などが青《あお》ざめる。例 事故現場《じこげんば》を見《み》て血の気が失せる。
同 血《ち》の気《け》が引《ひ》く 類 色《いろ》を失《うしな》う

血《ち》の気《け》が多《おお》い 慣用句
意味 興奮《こうふん》しやすくて、すぐおこりだす。
例 血の気が多い若者《わかもの》。

血《ち》の気《け》がない 慣用句
意味 血色《けっしょく》が悪《わる》い。顔色《かおいろ》の赤《あか》みがない。
例 退院《たいいん》したばかりのかれは、血の気がない顔《かお》をしている。

血《ち》の気《け》が引《ひ》く 慣用句
⇒ 血《ち》の気《け》が失《う》せる (266ページ)

血《ち》の出《で》るような 慣用句
⇒ 血《ち》のにじむような (266ページ)

血《ち》のにじむような 慣用句
意味 非常《ひじょう》に苦労《くろう》するようす。例 血のにじむような努力《どりょく》を重《かさ》ねる。
同 血《ち》の出《で》るような

血《ち》の巡《めぐ》りが悪《わる》い 慣用句
意味 物事《ものごと》を理解《りかい》する頭《あたま》の働《はたら》きがにぶい。
例 血の巡りが悪い人《ひと》。

地《ち》の利《り》を得《え》る 慣用句
意味 あることをおこなうのに、土地《とち》の位置《いち》やようすの都合《つごう》がよい。例 地の利を得て成功《せいこう》した店《みせ》。
語源 「地《ち》の利《り》」は、物事《ものごと》をするのに、有利《ゆうり》な条件《じょうけん》をそなえた土地《とち》や地形《ちけい》。

血《ち》は水《みず》よりも濃《こ》い ことわざ
意味 親子《おやこ》・兄弟《きょうだい》など血筋《ちすじ》を引《ひ》いた間《あいだ》がらは、他人同士《たにんどうし》よりも親密《しんみつ》であるということ。例 血は水よりも濃いというとおり、最後《さいご》まで信《しん》じてくれたのは家族《かぞく》だけだった。
語源 「血《ち》」は、同《おな》じ先祖《せんぞ》につながっている血族《けつぞく》、血縁《けつえん》、血筋《ちすじ》、などの意味《いみ》。
参考 西洋《せいよう》のことわざ。
同 血《ち》は水《みず》よりも濃《こ》し 類 血《ち》は血《ち》だけ
英 Blood is thicker than water.（血《ち》は水《みず》よりも濃《こ》い）

地《ち》の利《り》を得《え》る

血《ち》祭《まつ》りに上《あ》げる 慣用句
意味 戦《たたか》いの手《て》はじめに、敵《てき》をやっつけて気持《きも》ちを盛《も》り上《あ》げる。例 とらえた敵《てき》を血祭りに上げて戦《たたか》いにのぞむ。
語源 昔《むかし》の中国《ちゅうごく》で、戦《たたか》いの前《まえ》にいけにえを殺《ころ》し、その血《ち》で軍神《ぐんしん》を祭《まつ》ったことから。

血眼《ちまなこ》になる 慣用句
意味 夢中《むちゅう》になって物事《ものごと》をする。特《とく》に、必《ひっ》

死《し》になって探《さが》し回《まわ》る。**例** 落《お》としたお金《かね》を血眼になって探《さが》す。

語源 「血眼《ちまなこ》」は、興奮《こうふん》して血走《ちばし》った目《め》。

血道《ちみち》を上《あ》げる 慣用句

意味 道楽《どうらく》や恋愛《れんあい》などに夢中《むちゅう》になる。

例 パチンコに血道を上げる。

血《ち》も涙《なみだ》もない 慣用句

意味 心《こころ》が冷《つめ》たくて、人情《にんじょう》が少《すこ》しもない。

例 血も涙もない仕打《しう》ち。

英 to be cold-blooded（冷血漢《れいけつかん》である）

茶々《ちゃちゃ》を入《い》れる 慣用句

意味 冷《ひ》やかして、じゃまをする。**例** 横《よこ》から茶々を入れて、おこられる。

茶腹《ちゃばら》も一時《いっとき》 ことわざ

意味 茶《ちゃ》を飲《の》んだだけでも、ちょっとの間《あいだ》、おなかのすいたのをがまんできる。わずかなものでも一時《いちじ》しのぎになるということのたとえ。**例** 茶腹も一時、あめをなめて空腹《くうふく》をしのごう。

茶番《ちゃばん》 慣用句

意味 底《そこ》の見《み》えすいた、ばかばかしいふるまいや物事《ものごと》。**例** 人気《にんき》を得《え》たいだけの、とんだ茶番だね。

語源 もともとは、ありあわせの物《もの》を使《つか》って、身《み》ぶり手《て》ぶりなどでこっけいなことをして見《み》せる「茶番狂言《ちゃばんきょうげん》」という芝居《しばい》のこと。

注意《ちゅうい》を払《はら》う 慣用句

意味 あることに気《き》をつける。**例** 危険《きけん》の防止《ぼうし》に十分《じゅうぶん》注意を払う。

語源 「払《はら》う」は、気持《きも》ちを一《ひと》つのものに向《む》けること。

忠言耳《ちゅうげんみみ》に逆《さか》らう 故事成語

意味 忠告《ちゅうこく》の言葉《ことば》は、相手《あいて》の心《こころ》に素直《すなお》に受《う》け入《い》れられないことが多《おお》い。〈『孔子家《こうしけ》語《ご》』〉 **例** 忠言耳に逆らうで、せっかくの忠告《ちゅうこく》を無視《むし》してしまった。

類 諫言耳《かんげんみみ》に逆《さか》らう／良薬《りょうやく》は口《くち》に苦《にが》し

英 Good advice is harsh to the ear.（忠《ちゅう》言《げん》は耳《みみ》に痛《いた》い）

中途半端《ちゅうとはんぱ》 四字熟語

意味 物事《ものごと》がやりかけのままであること。どっちつかずであること。**例** 宿題《しゅくだい》を中途半端に終《お》わらせる。

宙《ちゅう》に浮《う》く 慣用句

意味 ❶空中《くうちゅう》に浮《う》かぶ。**例** 気球《ききゅう》がふわりと宙に浮く。❷行《い》きどころがなくなる。**例** その案《あん》は、議会《ぎかい》の大反対《だいはんたい》にあい、宙に浮いた状態になっている。

中肉中背《ちゅうにくちゅうぜい》 四字熟語

意味 やせすぎでも太《ふと》りすぎでもなく、中《ちゅう》くらいの背《せ》の高《たか》さであること。**例** 中肉中背の男性《だんせい》。

宙《ちゅう》に舞《ま》う 慣用句

意味 空中《くうちゅう》でおどるように動《うご》く。**例** 桜《さくら》の花《はな》びらが宙に舞う。

注目《ちゅうもく》の的《まと》 慣用句

意味 たくさんの人々《ひとびと》が心《こころ》をひきつけられて、見守《みまも》っている物事《ものごと》。**例** 金《きん》メダルをとり、全国民《ぜんこくみん》の注目の的になる。

注目《ちゅうもく》を浴《あ》びる 慣用句

意味 多《おお》くの人《ひと》から注意《ちゅうい》して見《み》られる。興味《きょうみ》や関心《かんしん》をもって見《み》られる。**例** 新人《しんじん》選手《せんしゅ》の活躍《かつやく》が注目を浴びた。

注文《ちゅうもん》を付《つ》ける 慣用句

意味 自分《じぶん》の望《のぞ》みどおりにしてほしいとたのむ。**例** 変《へん》な注文を付けられた。

昼夜兼行《ちゅうやけんこう》 四字熟語

意味 昼《ひる》も夜《よる》も休《やす》まないで仕事《しごと》をすること。〈『三国志《さんごくし》』〉 **例** 昼夜兼行で復旧《ふっきゅう》作業《さぎょう》をする。

昼夜《ちゅうや》の別《べつ》なく 慣用句

⇩昼夜《ちゅうや》を分《わ》かたず（268ページ）

昼夜《ちゅうや》をおかず 慣用句

⇩昼夜《ちゅうや》を分《わ》かたず（268ページ）

昼夜《ちゅうや》を分《わ》かたず 慣用句

意味 昼《ひる》と夜《よる》の区別《くべつ》なく。昼《ひる》も夜《よる》も休《やす》まないで。例 昼夜を分かたず働《はたら》き続《つづ》ける。

同 昼夜《ちゅうや》の別《べつ》なく／昼夜《ちゅうや》をおかず

★★ **朝三暮四《ちょうさんぼし》** 四字熟語

意味 目先《めさき》の損得《そんとく》にとらわれて、結《けっ》果《か》が同《おな》じになることにまで気《き》が回《まわ》らないこと。また、うまいことを言《い》って人《ひと》をだますこと。〈『列子《れっし》』〉 例 そんな朝三暮四の話《はなし》にはだまされないぞ。

語源 昔《むかし》、中国《ちゅうごく》の宋《そう》の国《くに》で、狙公《そこう》という者《もの》が、サルを飼《か》っていた。サルにトチの実《み》をあたえるのに、朝《あさ》に三《みっ》つ、夕方《ゆうがた》に四《よっ》つやろうと言《い》ったらおこった。では、朝《あさ》に四《よっ》つ、夕方《ゆうがた》に三《みっ》つやろうと言《い》ったら喜《よろこ》んだという話《はなし》から。

調子《ちょうし》がいい 慣用句

意味 ❶相手《あいて》の気持《きも》ちに合《あ》わせて、上手《じょうず》に話《はなし》をしたり行動《こうどう》したりする。例 かれは調子がいいことばかり言《い》う。❷体《からだ》や仕事《しごと》の具合《ぐあい》が順調《じゅんちょう》である。例 今《こん》月《げつ》の売《う》り上《あ》げは調子がいい。

調子《ちょうし》に乗《の》る 慣用句

意味 ❶仕事《しごと》などの進《すす》み具合《ぐあい》がよくなる。例 調子に乗ってきたので、一気《いっき》に仕上《しあ》げよう。❷おだてられて得意《とくい》になる。よけいなことを言《い》ってしまった。例 調子に乗って、よけいなことを言ってしまった。

類 図《ず》に乗《の》る

長者《ちょうじゃ》の万灯《まんとう》より貧者《ひんじゃ》の一灯《いっとう》 ことわざ

意味 金持《かねも》ちの見栄《みえ》をはった多額《たがく》の寄付《きふ》より、わずかでも心《こころ》のこもった、貧《まず》しい人《ひと》の寄付《きふ》の方《ほう》が勝《まさ》っている。転《てん》じて、金《きん》額《がく》などの多少《たしょう》より、まごころの方《ほう》が大切《たいせつ》であるというたとえ。〈『阿闍世王授決《あじゃせおうじゅけっ》経《きょう》』〉 例 生《う》まれたときからかわいがってくれている叔母《おば》に結婚祝《けっこんいわ》いを贈《おく》りたいと思《おも》い、長者の万灯より貧者の一灯ではないが、お小遣《こづか》いから出《だ》せる範囲《はんい》でお祝《いわ》いの品《しな》を選《えら》んだ。

語源 昔《むかし》、インドで、阿闍世王《あじゃせおう》が釈迦《しゃか》を招《まね》いて供養《くよう》をしたとき、ともした一万《いちまん》の灯《とう》明《みょう》は油《あぶら》がつきて消《き》えてしまった。ところが、ある貧《まず》しい老女《ろうじょ》が、お金《かね》を工面《くめん》して心《こころ》をこめてともした一灯《いっとう》だけは、明《あ》け方《がた》になっても消《き》えず、ますます明《あか》るく輝《かがや》き続《つづ》けたという故事《こじ》から。

同 貧者《ひんじゃ》の一灯《いっとう》／長者《ちょうじゃ》の万灯《まんとう》より貧女《ひんじょ》の一灯《いっとう》

類 長者《ちょうじゃ》の万貫貧者《まんがんひんじゃ》の一文《いちもん》 英 the widow's mite（寡婦《かふ》の乏《とぼ》しい賽銭《さいせん》）

長所《ちょうしょ》は短所《たんしょ》 ことわざ

意味 人《ひと》は長所《ちょうしょ》にたよりすぎて失敗《しっぱい》することがあるので、長所《ちょうしょ》は見方《みかた》を変《か》えれば短所《たんしょ》でもあるということ。例 かれはおおらかでいい人《ひと》だが、長所は短所で、細《こま》かいことに気《き》を配《くば》るのは苦手《にがて》のようだ。

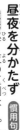

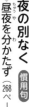

類 水《みず》の達者《たっしゃ》が水《みず》で死《し》ぬ 英 Extremes meet.（両極端《りょうきょくたん》は一致《いっち》する）

帳尻《ちょうじり》を合《あ》わせる 慣用句

意味 最終的《さいしゅうてき》に物事《ものごと》のつじつまが合《あ》うようにする。例 何《なん》とか話《はなし》の帳尻を合わせる。

語源「帳尻《ちょうじり》」は、帳簿《ちょうぼ》の終《お》わりの部分《ぶぶん》。収支《しゅうし》を合《あ》わせることから。

調子《ちょうし》を合《あ》わせる 慣用句

意味 相手《あいて》の気《き》に入《い》るように話《はなし》をしたり行動《こうどう》したりする。例 先輩《せんぱい》の話《はなし》に**調子を合わせる**。

長足《ちょうそく》の進歩《しんぽ》 慣用句

意味 物事《ものごと》の進歩《しんぽ》が非常《ひじょう》にはやいこと。例 宇宙科学《うちゅうかがく》の研究《けんきゅう》は、**長足の進歩**をとげた。

語源「長足《ちょうそく》」は、長《なが》い足《あし》。また、一歩一歩《いっぽいっぽ》のはばが大《おお》きいこと。

長蛇《ちょうだ》の列《れつ》 慣用句

意味 ヘビのように長《なが》くうねって続《つづ》く行《ぎょう》列《れつ》。例 店《みせ》の前《まえ》は**長蛇の列**だ。

丁々発止《ちょうちょうはっし》 四字熟語

意味 たがいに激《はげ》しく言《い》い争《あらそ》うようす。

例 会議《かいぎ》で**丁々発止**とわたり合《あ》う。

語源 もとは、刀《かたな》などで打《う》ち合《あ》う音《おと》やようすをあらわす言葉《ことば》。

提灯《ちょうちん》に釣《つ》り鐘《がね》 ことわざ

意味 差《さ》がありすぎて、二《ふた》つのものがつり合《あ》わないことのたとえ。例 あの二人《ふたり》は、まさに**提灯に釣り鐘**だ。

語源 提灯《ちょうちん》と釣《つ》り鐘《がね》は形《かたち》は似《に》ているが、大《おお》きさや重《おも》さがまったくちがうことから。

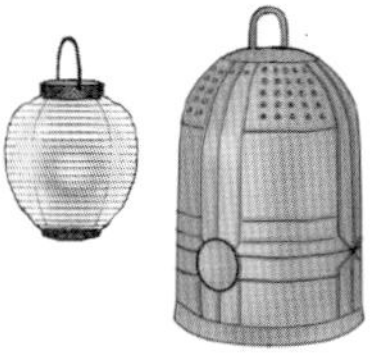

ちょうちん、つりがね

類 雲泥《うんでい》の差《さ》／月《つき》とすっぽん／瓢箪《ひょうたん》に釣《つ》り鐘《がね》 英 Can a mouse fall in love with a cat?（はつかねずみが猫《ねこ》と恋仲《こいなか》になるものか）

提灯《ちょうちん》を持《も》つ 慣用句

意味 ある人《ひと》の手先《てさき》になって、その人《ひと》をほめて回《まわ》る。例 政治家《せいじか》の**提灯を持つ**。

語源 暗《くら》い道《みち》で、人《ひと》の先《さき》に立《た》って提灯《ちょうちん》で道《みち》を照《て》らして歩《ある》くということから。

頂門《ちょうもん》の一針《いっしん》 慣用句

意味 相手《あいて》の急所《きゅうしょ》や弱点《じゃくてん》をついた、するどい教訓《きょうくん》。例 その言葉《ことば》は、かのじょにとってはまさに**頂門の一針**だった。

語源 頂門《ちょうもん》（＝頭《あたま》の上《うえ》）に一本《いっぽん》の針《はり》をさすということから。

英 The sting of a reproach is the truth of it.（非難《ひなん》が痛《いた》いのは真実《しんじつ》だから）

長幼《ちょうよう》の序《じょ》 慣用句

意味 年《とし》が上《うえ》か下《した》かによって決《き》まる一定《いってい》の順序《じゅんじょ》。例 **長幼の序**を重《おも》んじる。

蝶《ちょう》よ花《はな》よ 慣用句

意味 自分《じぶん》の子供《こども》を大変《たいへん》かわいがって、大事《だいじ》にするようす。例 **蝶よ花よ**と育《そだ》てられた少女《しょうじょ》。

朝令暮改《ちょうれいぼかい》 四字熟語

意味 法令《ほうれい》や命令《めいれい》がたびたび変《か》わって、あてにならないこと。〈『漢書《かんじょ》』〉 例 **朝令暮改**にうんざりする。

語源 朝《あさ》に出《だ》した命令《めいれい》を夕方《ゆうがた》には変《か》えてしまうということから。

英 Evening words are not like to morning.（夕方《ゆうがた》の話《はなし》が朝《あさ》とちがっている）

直情径行《ちょくじょうけいこう》 四字熟語

意味 自分《じぶん》の思《おも》ったことを、すぐに言《い》ったりおこなったりすること。〈『礼記《らいき》』〉

例 **直情径行**の青年《せいねん》。

ちょっかいを出《だ》す 慣用句

意味 人《ひと》のしていることに、横《よこ》からよけいなことを言《い》ったり、手《て》を出《だ》したりする。

例 ぼくが勉強《べんきょう》していると、弟《おとうと》が**ちょっか**

いを出すので困《こま》る。

語源「ちょっかい」は、ネコがじゃれて、前《まえ》あしでちょっと物《もの》をかきよせるようにするしぐさ。

★猪突猛進《ちょとつもうしん》 四字熟語

意味 一《ひと》つのことに向《む》かってがむしゃらに突《つ》き進《すす》むようすのたとえ。**例** 兄《あに》は猪突猛進のタイプだ。

語源 イノシシがまっすぐ進《すす》むことから。

緒《ちょ》に就《つ》く 慣用句

↓緒《しょ》に就《つ》く（214ページ）

★塵《ちり》も積《つ》もれば山《やま》となる ことわざ

↓世界のことわざ（271ページ）

意味 ほんのわずかなものでも、積《つ》もり重《かさ》なれば大《おお》きなものになるということのたとえ。**例** 少《すこ》しずつ貯《ちょ》金《きん》していたら、塵も積もれば山となるで、一万円《いちまんえん》になった。

参考 いろはがるた（江戸《えど》）の一《ひと》つ。

英 Many a little makes a mickle.（少量《しょうりょう》のものが多《おお》く集《あつ》まれば多量《たりょう》になる）

血湧《ちわ》き肉躍《にくおど》る 慣用句

意味 興奮《こうふん》して、体中《からだじゅう》に勇気《ゆうき》がわいてくる。**例** 血湧き肉躍る冒険小説《ぼうけんしょうせつ》。

血《ち》を受《う》ける 慣用句

意味 血筋《ちすじ》や特徴《とくちょう》を受《う》けつぐ。**例** ヨーロッパの王族《おうぞく》の血を受けているといわれる人物《じんぶつ》。

同 血を引《ひ》く

血《ち》を吐《は》く思《おも》い 慣用句

意味 ひどくつらく苦《くる》しい思《おも》い。**例** 優勝《ゆうしょう》を夢見《ゆめみ》て、血を吐く思いで練習《れんしゅう》する。

血《ち》を見《み》る 慣用句

意味 争《あらそ》いで、死《し》んだりけがをしたりする人《ひと》が出《で》る。**例** 血を見る事態《じたい》は絶対《ぜったい》にさけたい。

血《ち》を分《わ》ける 慣用句

意味 血《ち》のつながりがある。実《じつ》の親子《おやこ》、または、きょうだいの関係《かんけい》にある。**例** 血を分けた弟《おとうと》。

沈思黙考《ちんしもっこう》 四字熟語

意味 黙《だま》って、考《かんが》えこむこと。**例** 沈思黙考した末《すえ》に決断《けつだん》する。

沈黙《ちんもく》は金《きん》、雄弁《ゆうべん》は銀《ぎん》 ことわざ

↓世界のことわざ（273ページ）

意味 黙《だま》っていることは、よくしゃべることよりも勝《まさ》っているということ。

例 沈黙は金、雄弁は銀というとおり、今《こん》回《かい》のことに対《たい》する父《ちち》の沈黙《ちんもく》は胸《むね》にひびいた。

語源「金《きん》」は、最《もっと》も価値《かち》があること、「銀《ぎん》」は、その次《つぎ》をあらわす。

参考 西洋《せいよう》のことわざ。

同 沈黙《ちんもく》は金《きん》／雄弁《ゆうべん》は銀《ぎん》、沈黙《ちんもく》は金《きん》

類 言《い》わぬが花《はな》／言《い》わぬは言《い》うにまさる／口《くち》は災《わざわ》いの元《もと》

英 Speech is silver, silence is gold.（雄弁《ゆうべん》は銀《ぎん》、沈黙《ちんもく》は金《きん》）

付いて回る 慣用句
意味 ❶はなれることなく、そばにいる。例兄《あに》の後《あと》を一日中《いちにちじゅう》付いて回る。❷ある事《こと》がらがいつまでもはなれない。例悪《わる》い評判《ひょうばん》が付いて回る。

終《つい》のすみか 慣用句
意味 最後《さいご》に住《す》む所《ところ》。また、死後《しご》に落《お》ち着《つ》く所《ところ》。例やっと見《み》つけた終のすみか。

つうと言《い》えばかあ 慣用句
意味 ふだんから相手《あいて》の気持《きも》ちがよくわかっていて、ちょっと話《はな》せばおたがいの考《かん》えがすぐわかることのたとえ。例ぼくたちはつうと言えばかあの仲《なか》だ。
同つうかあ

痛棒《つうぼう》を食《く》らわす 慣用句
意味 きびしくしかったり、非難《ひなん》したりすることのたとえ。例なまけ心《ごころ》に痛棒を食らわす。
語源「痛棒《つうぼう》」は、座禅《ざぜん》のときに心《こころ》の定《さだ》まらない参禅者《さんぜんしゃ》を打《う》つための棒《ぼう》。

痛痒《つうよう》を感《かん》じない 慣用句

世界《せかい》のことわざ　塵《ちり》も積《つ》もれば山《やま》となる

フランス

小鳥《ことり》は少《すこ》しずつで巣《す》をつくる

小鳥《ことり》は、くちばしで小《ちい》さな木《き》の枝《えだ》を何度《なんど》も何度《なんど》も運《はこ》びながら、こつこつと巣《す》をつくります。小鳥《ことり》の巣《す》づくりを観察《かんさつ》してできたことわざです。

タジキスタン

ねずみの小便《しょうべん》も川《かわ》の助《たす》け

国土《こくど》の９割《わり》が高《たか》い山脈《さんみゃく》や高原《こうげん》にあるタジキスタンは、大陸性《たいりくせい》の気候《きこう》で乾燥《かんそう》しています。水《みず》が大切《たいせつ》な土地柄《とちがら》だけに、このようなユーモアのあることわざができたようです。

イラン

羊毛《ようもう》は少《すこ》しずつで絨毯《じゅうたん》になる

イランの絨毯《じゅうたん》は、ペルシャ絨毯《じゅうたん》として世界中《せかいじゅう》に知《し》られています。高級品《こうきゅうひん》は羊毛《ようもう》や絹《きぬ》の手織《てお》りで、一日《いちにち》に数《すう》センチメートルしか織《お》ることができません。辛抱強《しんぼうづよ》く努力《どりょく》し続《つづ》けることが成果《せいか》をもたらすというたとえです。その他《た》 アフガニスタン

意味 何《なん》の影響《えいきょう》も受《う》けず、まったく平気《へいき》である。**例** かれがこの仕事《しごと》から手《て》を引《ひ》いたとしても、何《なん》ら痛痒を感じない。

語源 痛《いた》みも痒《かゆ》みも感《かん》じないということから。

杖《つえ》とも柱《はしら》とも頼《たの》む 慣用句

意味 大変《たいへん》たよりにしている。**例** わたしたち家族《かぞく》が杖とも柱とも頼む人《ひと》。

使《つか》う者《もの》は使《つか》われる ことわざ

意味 人《ひと》を使《つか》おうとすれば、いろいろと気《き》を遣《つか》ったりして苦労《くろう》が多《おお》いから、かえって人《ひと》に使《つか》われているようなものだということ。**例** 使う者は使われるというが、店長《てんちょう》は従業員《じゅうぎょういん》が働《はたら》きやすい環境《かんきょう》を整《ととの》えようと、日々《ひび》気《き》を遣《つか》っている。

同 使《つか》うは使《つか》われる／人《ひと》を使《つか》うは使《つか》わる

英 He that is a master must serve.（主人《しゅじん》は同時《どうじ》に召《め》し使《つか》いでもある）

つかみ所《どころ》のない 慣用句

意味 そのものの値打《ねう》ちや本当《ほんとう》の意味《いみ》を、はっきりと知《し》ることができない。要点《ようてん》がはっきりしない。**例** つかみ所のない人間《にんげん》。

★月《つき》とすっぽん ことわざ

意味 二《ふた》つのもののちがいが大変大《たいへんおお》きいことのたとえ。**例** 二《ふた》つの作品《さくひん》のできばえは、まさに月とすっぽんだ。

語源 スッポンは、カメの一種《いっしゅ》。月《つき》もスッポンも丸《まる》い形《かたち》をしているが、一方《いっぽう》は空《そら》でかがやき、他方《たほう》は泥《どろ》の中《なか》にいて、価値《かち》がまるでちがうということから。

類 雲泥《うんでい》の差《さ》／提灯《ちょうちん》に釣《つ》り鐘《がね》 **英** No more like than chalk and cheese.（チョークとチーズのように似《に》ていない）

月《つき》に叢雲《むらくも》、花《はな》に風《かぜ》 ことわざ

意味 よい状態《じょうたい》は長《なが》く続《つづ》かず、じゃまが入《はい》るということ。**例** 仲間《なかま》が集《あつ》まって楽《たの》しくバーベキューをしていたら雨《あめ》が降《ふ》ってきた。まさに月に叢雲、花に風、だ。

語源 せっかく美《うつく》しい月《つき》が出《で》ても、雲《くも》がおいかくしてしまい、サクラの花《はな》がさいても、風《かぜ》が散《ち》らすということから。

同 花《はな》に嵐《あらし》 **類** 好事魔多《こうじまおお》し

月夜《つきよ》に釜《かま》を抜《ぬ》かれる ことわざ

意味 ひどく油断《ゆだん》して失敗《しっぱい》することのたとえ。**例** 宣伝文句《せんでんもんく》を信用《しんよう》しすぎると、月夜に釜を抜かれるよ。

語源 明《あか》るい月夜《つきよ》に釜《かま》をぬすまれるということから。

参考 (1)いろはがるた（江戸《えど》）の一《ひと》つ。(2)いろはがるた（京都《きょうと》）の一《ひと》つ。

★月夜《つきよ》に提灯《ちょうちん》 ことわざ

意味 むだなこと、不必要《ふひつよう》なことのたとえ。**例** かさを二《ふた》つも持《も》って行《い》くなんて、月夜に提灯だ。

語源 明《あか》るい月夜《つきよ》に提灯《ちょうちん》はいらないということから。

同 月夜《つきよ》に提灯夏火鉢《ちょうちんなつひばち》 **類** 夏炉冬扇《かろとうせん》

英 to carry a lantern in midday（昼間《ひるま》にランプを持《も》っていく）

付《つ》け焼《や》き刃《ば》 慣用句

意味 そのときだけを、うまくごまかすためのやり方《かた》。**例** 付け焼き刃の勉強《べんきょう》では実力《じつりょく》がつかない。

辻褄《つじつま》が合《あ》う 慣用句

意味 物事《ものごと》の筋道《すじみち》が正《ただ》しく当《あ》てはまる。**例** 辻褄が合わない話《はなし》。

語源 「辻《つじ》」は、ぬい目《め》が十字《じゅうじ》に交《まじ》わるところ。

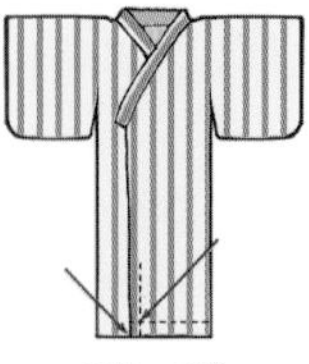

つま、つじ

「褄《つま》」は、着物《きもの》のすそ。ともに、きちんと合《あ》わせるべきであることから。

土一升《つちいっしょう》に金一升《かねいっしょう》 慣用句

意味 土地《とち》の値段《ねだん》がきわめて高《たか》いことのたとえ。例 駅前《えきまえ》は、土一升に金一升だ。

語源「一升《いっしょう》」は、一《いっ》・八《はち》リットル。土一升《つちいっしょう》の値段《ねだん》が金一升《かねいっしょう》と同《おな》じ値段《ねだん》という意味《いみ》から。

同 土一升金一升《つちいっしょうかねいっしょう》

土《つち》が付《つ》く 慣用句

意味 相撲《すもう》で負《ま》ける。また、一般《いっぱん》に、試合《しあい》に負《ま》ける。例 横綱《よこづな》に土が付く。

語源 土俵《どひょう》の土《つち》が付《つ》くということから。

★**津々浦々《つつうらうら》** 四字熟語

意味 全国《ぜんこく》いたるところ。例 この曲《きょく》は今《いま》や津々浦々に知《し》れわたっている。

語源「津《つ》」は港《みなと》、「浦《うら》」は海岸《かいがん》のことで、国《くに》中《じゅう》の港《みなと》や海岸《かいがん》をあらわす。

同 津々浦々《つつうらうら》

角《つの》突《つ》き合《あ》わせる 慣用句

意味 仲《なか》が悪《わる》くて、たえずけんかをする。

例 あの二人《ふたり》はことごとに角突き合わせている。

語源 牛《うし》が角《つの》で突《つ》き合《あ》うようすから。

世界《せかい》のことわざ　沈黙《ちんもく》は金《きん》、雄弁《ゆうべん》は銀《ぎん》

韓国《かんこく》

口数《くちかず》の多《おお》い家《いえ》は味噌《みそ》も苦《にが》い

口数《くちかず》の多《おお》い家《いえ》はよけいなことを言《い》ってもめることも多《おお》く、味噌《みそ》もまずい。韓国《かんこく》では、醤油《しょうゆ》や味噌《みそ》を「ジャン」といい、それぞれの家《いえ》で自家製《じかせい》のものを作《つく》っていました。

タジキスタン

雄弁《ゆうべん》が金《きん》なら沈黙《ちんもく》は真珠《しんじゅ》

真珠《しんじゅ》は金《きん》よりも価値《かち》がないように思《おも》うかもしれません。しかし、真珠《しんじゅ》の養殖《ようしょく》などができなかったころには、非常《ひじょう》に神秘的《しんぴてき》で貴重《きちょう》なものであり、海《うみ》のないタジキスタンの人《ひと》にとってはあこがれのものでした。

スペイン

閉《と》じた口《くち》にははえは入《はい》らぬ

ハエが口《くち》の中《なか》に入《はい》るのは、非常《ひじょう》に不快《ふかい》なことでしょう。しかし、口《くち》を開《ひら》かなければ（よけいなおしゃべりをしなければ）、そのような不快《ふかい》な目《め》にあわなくて済《す》みます。その他 イギリス、ドイツ、イタリアほか

角《つの》を出《だ》す 慣用句

意味 女性《じょせい》がしっとする。例 かれがほかの女性《じょせい》に親切《しんせつ》にしていると、かのじょが角を出す。

語源 能楽《のうがく》で、しっとした女性《じょせい》のたましいが、角《つの》をもった鬼《おに》になるという話《はなし》から。

同 角《つの》を生《は》やす

角《つの》を矯《た》めて牛《うし》を殺《ころ》す ことわざ ⇩世界のことわざ（275ページ）

意味 小《ちい》さな欠点《けってん》を直《なお》そうとして、かえって全体《ぜんたい》をだめにしてしまう。例 小《ちい》さなミスは大目《おおめ》に見《み》てやらないと、角を矯めて牛を殺すことになりかねない。

語源 「矯《た》める」は、のばしたり曲《ま》げたりして形《かたち》を整《ととの》えること。牛《うし》の曲《ま》がった角《つの》をまっすぐにしようとして、牛《うし》を殺《ころ》してしまったということから。

類 枝《えだ》を矯《た》めて花《はな》を散《ち》らす

英 The remedy may be worse than the disease.（治療《ちりょう》が病気《びょうき》よりも悪《わる》いことがある）

鍔《つば》迫《ぜ》り合《あ》い 慣用句

意味 たがいに激《はげ》しく勝負《しょうぶ》を争《あらそ》うこと。例 優勝《ゆうしょう》をめざして両《りょう》チームが鍔迫り合いを演《えん》じる。

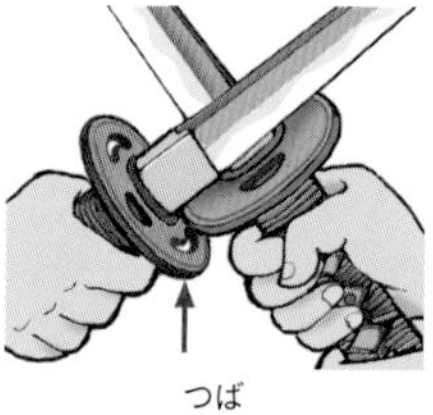

語源 たがいの刀《かたな》を鍔《つば》で受《う》けとめたまま、激《はげ》しくおし合《あ》うことから。

粒《つぶ》がそろう 慣用句

意味 集《あつ》まった人《ひと》や物《もの》が、みんなそろって優《すぐ》れている。例 今年《ことし》の新人《しんじん》は粒がそろっている。

潰《つぶ》しがきく 慣用句

意味 本来《ほんらい》の仕事《しごと》以外《いがい》の仕事《しごと》でも、うまくやれる力《ちから》がある。例 英語《えいご》ができると潰しがきく。

語源 「潰《つぶ》し」は、金属製品《きんぞくせいひん》を溶《と》かして、もとの金属《きんぞく》にすること。そのようにして再利用《さいりよう》ができることから。

壺《つぼ》にはまる 慣用句

意味 ❶物事《ものごと》の大切《たいせつ》な所《ところ》をおさえる。例 壺にはまった説明《せつめい》に感服《かんぷく》する。❷ねらったとおりになる。例 うまく壺にはまって成功《せいこう》した。

語源 「壺《つぼ》」は、①は要点《ようてん》。②は見《み》こみ。

罪《つみ》がない 慣用句

意味 悪気《わるぎ》がない。むじゃきである。

例 罪がない子供《こども》のいたずら。

罪《つみ》を着《き》せる 慣用句

意味 悪《わる》いことをしていない人《ひと》に罪《つみ》をおしつける。例 無実《むじつ》の人《ひと》に罪を着せるとは、とんでもないことだ。

同 罪《つみ》をかぶせる

罪《つみ》を憎《にく》んで人《ひと》を憎《にく》まず 故事成語

意味 罪《つみ》は悪《わる》いこととして憎《にく》んでも、その罪《つみ》を犯《おか》した人《ひと》まで憎《にく》んではならないということ。〈『孔叢子《くぞうし》』〉例 罪を憎んで人を憎まずというから、反省《はんせい》しているなら許《ゆる》そう。

同 其《そ》の罪《つみ》を憎《にく》んで其《そ》の人《ひと》を憎《にく》まず

英 One hates not the person but the vice.（憎《にく》むのはその罪《つみ》であって、その人《ひと》では

ない）

旋毛《つむじ》を曲《ま》げる 慣用句

意味 気分《きぶん》をそこねて、人《ひと》の言《い》うことを聞《き》かない。例 旋毛を曲げて口《くち》もきかない。

語源 「旋毛《つむじ》」は、頭《あたま》のてっぺんにある、毛《け》がうずまきのように生《は》えている所《ところ》。

類 へそを曲《ま》げる

★★ **爪《つめ》に火《ひ》をともす** ことわざ

意味 非常《ひじょう》に貧《まず》しい生活《せいかつ》をすることのたとえ。また、ひどくけちであることのたとえ。例 爪に火をともすようにして、お金《かね》を貯《た》める。

語源 ろうそくの代《か》わりに、爪《つめ》に火《ひ》をともすということから。

英 He would skin a louse and send the hide to market.（虱《しらみ》の皮《かわ》をはいで、それを市場《いちば》へ出《だ》す）

爪《つめ》の垢《あか》ほど 慣用句

意味 ごくわずかなことのたとえ。例 爪の垢ほどの良心《りょうしん》もない。

爪《つめ》の垢《あか》を煎《せん》じて飲《の》む ことわざ

意味 手本《てほん》となる人《ひと》のようになろうとする。例 努力家《どりょくか》のかれの爪の垢を煎じて飲むべきだ。

世界《せかい》のことわざ　角《つの》を矯《た》めて牛《うし》を殺《ころ》す

フランス

子供《こども》が鼻水《はなみず》をたらしても、鼻《はな》をもぎ取《と》るよりそのままにしておくほうがまし

子供《こども》が鼻水《はなみず》をたらす程度《ていど》のことはよくあり、無理《むり》に治《なお》そうとしてうるさく言《い》うと、本人《ほんにん》に害《がい》がおよんでしまうことを大《おお》げさに表現《ひょうげん》しています。

ルーマニア

ノミのためにかけ布団《ぶとん》に火《ひ》をつけるな

ノミにかまれては、かゆくてゆっくり眠《ねむ》ることもできません。しかし、ノミを取《と》り除《のぞ》こうと火《ひ》をつけてしまえば、布団《ふとん》まで失《うしな》うことになり、本来《ほんらい》の目的《もくてき》からはずれて大切《たいせつ》なものをなくしてしまうことになります。

イギリス

ねずみを追《お》いはらうために家《いえ》を焼《や》くな

昔話《むかしばなし》にもよく登場《とうじょう》するネズミはとても身近《みぢか》な存在《そんざい》ですが、同時《どうじ》に、中世《ちゅうせい》に大流行《だいりゅうこう》したペストなどの病気《びょうき》を運《はこ》ぶなど、やっかいな存在《そんざい》でもあります。そんなネズミを追《お》いはらうことに夢中《むちゅう》になり過《す》ぎるあまり、家《いえ》を焼《や》いてしまうのは本末転倒《ほんまつてんとう》だと言《い》っています。

語源 優《すぐ》れた人《ひと》の爪《つめ》にたまった垢《あか》を、煎《せん》じ薬《ぐすり》のようにして飲《の》めば、少《すこ》しでもその人《ひと》に似《に》ることができるだろうということから。

爪《つめ》を研《と》ぐ 慣用句

意味 ねらいをつけて準備《じゅんび》し、機会《きかい》を待《ま》つ。例 今度《こんど》こそ言《い》い負《ま》かそうと爪を研ぐ。

語源 けものが、えものをとらえるために、爪《つめ》をするどく研《と》ぐということから。

類 牙《きば》を研《と》ぐ

面《つら》の皮《かわ》が厚《あつ》い 慣用句

意味 ずうずうしい。例 人《ひと》の家《いえ》に来《き》て食《しょく》事《じ》をさいそくするとは、面の皮が厚いやつだ。

類 厚顔無恥《こうがんむち》／鉄面皮《てつめんぴ》

面《つら》の皮《かわ》を剥《は》ぐ 慣用句

意味 あつかましい人《ひと》の正体《しょうたい》をあばいて面目《めんぼく》を失《うしな》わせる。例 かげで悪事《あくじ》を働《はたら》いている人物《じんぶつ》の面の皮を剥ぐ。

同 面皮《めんぴ》を剥《は》ぐ 類 化《ば》けの皮《かわ》を剥《は》がす

釣《つ》り落《お》とした魚《さかな》は大《おお》きい ことわざ

意味 手《て》に入《い》れそこなったものは、特《とく》に立《りっ》派《ぱ》なものに思《おも》えておしい。例 買《か》うかどうか迷《まよ》っているうちに売《う》れてしまった。釣り落とした魚は大きいとは、このことだ。

語源 釣《つ》りで、逃《に》がした魚《さかな》は、実際《じっさい》よりも大《おお》きな魚《さかな》と思《おも》いがちであるという意味《いみ》から。

類 逃《に》がした魚《さかな》は大《おお》きい

★★ **鶴《つる》の一声《ひとこえ》** 慣用句

意味 多《おお》くの人《ひと》の意《い》見《けん》や議論《ぎろん》をおさえつける、権威《けんい》のある人《ひと》の一言《ひとこと》。例 生徒《せいと》たちのもめ事《ごと》は、先《せん》生《せい》の鶴の一声でおさまった。

語源 ツルは、昔《むかし》から霊鳥《れいちょう》（＝神聖《しんせい》でめでたい鳥《とり》）とされる。その鳴《な》き声《ごえ》が、大《おお》きくするどいことから。

英 A king's word is more than another man's oath.（国王《こくおう》の一言《いちごん》は、他《た》の人《ひと》の誓《せい》言《ごん》にまさる）

鶴《つる》は千年《せんねん》、亀《かめ》は万年《まんねん》 ことわざ

意味 長生《ながい》きでめでたいことのたとえ。例 鶴は千年、亀は万年というように、祖《そ》父母《ふぼ》にはいつまでも元気《げんき》でいてほしい。

語源 ツルとカメは長命《ちょうめい》だという中国《ちゅうごく》の伝説《でんせつ》から。

て

手足《てあし》となる 慣用句

意味 人《ひと》の言《い》いつけどおりに動《うご》く。例 社《しゃ》長《ちょう》の手足となって働《はたら》く。

語源 ある人《ひと》の手足《てあし》の代《か》わりになることから。

手足《てあし》を伸《の》ばす 慣用句

意味 体《からだ》をゆったりとさせて、のんびりと休《やす》む。例 仕事《しごと》を終《お》えて、手足を伸ばす。

亭主関白《ていしゅかんぱく》 四字熟語

意味 家庭《かてい》の中《なか》で、夫《おっと》が妻《つま》に対《たい》していつもえらそうにいばっていること。例 我《わ》が家《や》は亭主関白です。

語源 「関白《かんぱく》」は、昔《むかし》、天皇《てんのう》を助《たす》けて国《くに》の政《せい》治《じ》をおこなった人《ひと》。

対 かかあ天下《でんか》

英 Every man is a king in his own house.（男《おとこ》はだれでも自分《じぶん》の家《いえ》では王様《おうさま》

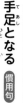

である）

亭主《ていしゅ》の好《す》きな赤烏帽子《あかえぼし》 ことわざ

意味 一家《いっか》の主人《しゅじん》の好《この》みとあれば、家《いえ》の者《もの》はそれに同調《どうちょう》しなければならないということのたとえ。例 祖母《そぼ》は、亭主の好きな赤烏帽子と言《い》って、いつも和服《わふく》で過《す》ごしている。

語源 「烏帽子《えぼし》」は、昔《むかし》の男子《だんし》のかぶりもの。黒《くろ》がふつうだが、一家《いっか》の主人《しゅじん》が赤《あか》が好《す》きなら、赤《あか》にするということから。

参考 いろはがるた（江戸《えど》）の一《ひと》つ。

泥中《でいちゅう》の蓮《はす》 ことわざ

意味 汚《よご》れた悪《わる》い環境《かんきょう》の中《なか》にあっても、それに染《そ》まらず清《きよ》らかに生《い》きていることのたとえ。例 自分《じぶん》さえよければよいと考《かんが》える人《ひと》も多《おお》い中《なか》、人《ひと》の心《こころ》に寄《よ》りそうかのじょは、まさに泥中の蓮だ。

語源 ハスの花《はな》が、泥《どろ》の中《なか》に生《は》えていながら、清《きよ》らかに咲《さ》くことから。「蓮」は、「はちす」とも読《よ》む。

英 A myrtle among thorns is a myrtle still.（茨《いばら》の中《なか》でもギンバイカはギンバイカ…myrtle〔ギンバイカ〕はビーナスの神木《しんぼく》で愛《あい》の象徴《しょうちょう》とされた）

手《て》が上《あ》がる 慣用句

意味 習《なら》い事《ごと》などの技術《ぎじゅつ》が上達《じょうたつ》する。特《とく》に、字《じ》が上手《じょうず》になる。例 習字《しゅうじ》の手が上がった。

類 腕《うで》が上《あ》がる

★**手《て》があく** 慣用句

意味 仕事《しごと》などが終《お》わって、ひまになる。

例 手があいたので手伝《てつだ》うよ。

同 手《て》がすく 対 手《て》が塞《ふさ》がる

手《て》が後《うし》ろに回《まわ》る 慣用句

意味 悪《わる》いことをして、警察《けいさつ》などにつかまる。例 手が後ろに回るようなまねをするな。

語源 つかまったときに、後《うし》ろ手《で》にしばられることから。

手《て》が掛《か》かる 慣用句

意味 多《おお》くの時間《じかん》や労力《ろうりょく》がかかる。例 手が掛かる子供《こども》。

手《て》が切《き》れる 慣用句

意味 それまでつきあっていた人《ひと》と、つきあわなくなる。例 悪《わる》い仲間《なかま》と手が切れる。

手《て》が込《こ》む 慣用句

意味 しかけや作《つく》り方《かた》などが複雑《ふくざつ》である。例 手が込んだ料理。

手枷足枷《てかせあしかせ》 四字熟語

意味 自由《じゆう》な行動《こうどう》をさまたげるもの。

例 高《たか》い地位《ちい》が手枷足枷となって、思《おも》うままに行動《こうどう》できない。

語源 動《うご》けないようにするために、罪人《ざいにん》の手首《てくび》にはめる手枷《てかせ》と、足首《あしくび》にはめる足枷《あしかせ》から。

手刀《てがたな》を切《き》る 慣用句

意味 相撲《すもう》で、勝《か》った力士《りきし》が懸賞金《けんしょうきん》を受《う》け取《と》るときの作法《さほう》として、右手《みぎて》で中央《ちゅうおう》・右《みぎ》・左《ひだり》の順《じゅん》に、刀《かたな》で切《き》るような動作《どうさ》をする。例 優勝《ゆうしょう》を決《き》めた横綱《よこづな》が手刀を切る。

手《て》が足《た》りない 慣用句

意味 あることをするための人数《にんずう》が足《た》りない。例 図書室《としょしつ》の本《ほん》を整理《せいり》するのに、三人《さんにん》では手が足りない。

手《て》が付《つ》けられない 慣用句

意味 程度《ていど》がひどすぎて、どうすることもできない。例 幼《おさな》い弟《おとうと》が泣《な》きわめき始《はじ》めると、手が付けられなくなる。

手《て》が出《で》ない 慣用句

意味 ❶難《むずか》しくて、どうすることもできない。例 この問題《もんだい》には手が出ない。

❷高《たか》くて買《か》えない。例こんなに高《たか》い値《ね》段《だん》では、とても手が出ない。

手《て》が届《とど》く 慣用句

意味❶注《ちゅう》意《い》や世《せ》話《わ》が行《い》き届《とど》く。例その庭《にわ》は、すみずみまで手が届いている。

❷もう少《すこ》しで、ある年齢《ねんれい》になる。例母《はは》はもうすぐ四十《しじゅう》に手が届く。

同手《て》が回《まわ》る

手《て》がない 慣用句

意味❶人手《ひとで》が足《た》りない。例手がなくて仕事《しごと》が進《すす》まない。

❷方法《ほうほう》がない。どうしようもない。例これ以上《いじょう》はうまい手がない。

手《て》が入《はい》る 慣用句

意味❶警察《けいさつ》などが調《しら》べるために立《た》ち入《い》る。例警察《けいさつ》の手が入る。

❷製作《せいさく》の過程《かてい》で、他《ほか》の人《ひと》の修正《しゅうせい》が加《くわ》わる。例親《おや》の手が入った作文《さくぶん》は、すぐわかる。

手《て》が離《はな》せない 慣用句

意味用事《ようじ》をしていて、ほかのことができない。例今《いま》は手が離せないから、後《あと》にしてね。

類手《て》が塞《ふさ》がる

手《て》が離《はな》れる 慣用句

意味❶子供《こども》が大《おお》きくなって、世《せ》話《わ》をしなくてもすむようになる。例ようやく子《こ》供《ども》から手が離れた。

❷仕事《しごと》などが片《かた》づいて、自分《じぶん》と関係《かんけい》がなくなる。例長年続《ながねんつづ》けてきた事業《じぎょう》から手が離れた。

手《て》が早《はや》い 慣用句

意味❶仕事《しごと》などをてきぱきと片《かた》づけるようす。例作業《さぎょう》の手が早い。

❷すぐに暴力《ぼうりょく》をふるうようす。例口《くち》より手が早い。

手《て》が塞《ふさ》がる 慣用句

意味用事《ようじ》をしていて、ほかのことができない。例今《いま》は手が塞がっているので、後《あと》で話《はなし》を聞《き》かせてほしい。

類手《て》が離《はな》せない　対手《て》があく／手《て》がすく

手《て》が回《まわ》る 慣用句

意味❶注《ちゅう》意《い》や世《せ》話《わ》などが行《い》き届《とど》く。例とてもいそがしくて、そこまでは手が回りません。

同手《て》が届《とど》く

❷犯人《はんにん》などをつかまえる準備《じゅんび》ができる。例とうとう、警察《けいさつ》の手が回った。

★★**適材適所《てきざいてきしょ》** 四字熟語

意味才能《さいのう》や力《ちから》に合《あ》った役目《やくめ》や仕事《しごと》をその人《ひと》に受《う》け持《も》たせること。例適材適所を考《かんが》えて、係《かかり》を決《き》めた。

敵《てき》に塩《しお》を送《おく》る 故事成語 ⬇マンガdeことわざ（279ページ）

意味敵《てき》の弱《よわ》みにつけこまず、逆《ぎゃく》にその苦《く》境《きょう》から救《すく》う。例敵に塩を送るあっぱれなふるまい。

語源戦国時代《せんごくじだい》、上杉謙信《うえすぎけんしん》が、塩《しお》の不足《ふそく》に苦《くる》しむ敵《てき》の武田信玄《たけだしんげん》に塩《しお》を送《おく》ったことから。

敵《てき》は本能寺《ほんのうじ》にあり 故事成語

意味本当《ほんとう》の目的《もくてき》が別《べつ》のところにあること。例敵は本能寺にありで、かれの真意《しんい》は別《べつ》にあるかもしれない。

語源明智光秀《あけちみつひで》が、備中《びっちゅう》（＝今《いま》の岡山県《おかやまけん》の西部《せいぶ》）に行《い》くと見《み》せかけて、京都《きょうと》の本能《ほんのう》寺《じ》にいる主君《しゅくん》の織田信長《おだのぶなが》をおそうことを決《き》めたときに言《い》ったとされる言葉《ことば》から。

手《て》ぐすねを引《ひ》く 慣用句

意味しっかりと用意《ようい》をして、そのときの

マンガ de ことわざ

敵《てき》に塩《しお》を送《おく》る

塩《しお》は人《ひと》が生《い》きていくのに欠《か》かせないもの――
その原料《げんりょう》は海水《かいすい》である。
戦国時代《せんごくじだい》――山《やま》に囲《かこ》まれた国《くに》を治《おさ》める武田信玄《たけだしんげん》は、
上杉《うえすぎ》
敵対《てきたい》
海《うみ》のある同盟国《どうめいこく》から塩《しお》を買《か》い付《つ》けていた。
今川《いまがわ》
北条《ほうじょう》
しかし信玄《しんげん》が同盟《どうめい》を破《やぶ》ると…
もう塩《しお》は売《う》らない
塩止《しおど》めだ!
マジ!?
塩《しお》の流通《りゅうつう》が止《と》まり人々《ひとびと》は苦《くる》しんだ。
しお…
しょっぱいものたべたい…
うめぼし…
!!
何《なん》と非道《ひどう》な!戦《たたか》いは米《こめ》や塩《しお》ではなく弓矢《ゆみや》で行《おこな》うべきだ!
信玄《しんげん》のライバル上杉謙信《うえすぎけんしん》
上杉謙信《うえすぎけんしん》からの書状《しょじょう》だと!?
塩《しお》はいくらでも譲《ゆず》るよ
なんたる温情《おんじょう》!
敵《てき》ながらアッパレなやつ!!
ありがとう!!

て

来《く》るのを待《ま》っている。例 敵《てき》が来《く》るのを手ぐすねを引いて待《ま》つ。

語源 手《て》で、「くすね（＝弓《ゆみ》のつるを強《つよ》くするためにぬる薬《くすり》）」を引《ひ》く（＝ぬる）ということから。

梃子入れをする《てこいれをする》 慣用句

意味 うまく進《すす》まない物事《ものごと》を、外側《そとがわ》から助《たす》ける。例 なかなか勝《か》てないチームの梃子入れをするため、新《あたら》しいコーチに来《き》てもらった。

語源 「梃子《てこ》」は、重《おも》いものの下《した》にさし入《い》れて、それを動《うご》かすために使《つか》う棒《ぼう》。

手心を加える《てごころをくわえる》 慣用句

意味 あつかい方《かた》をほどよくする。例 身《み》内《うち》だからといって、手心を加えたりはしないよ。

梃子でも動かない《てこでもうごかない》 慣用句

意味 どうやっても動《うご》かない。また、考《かんが》えなどを変《か》えない。例 弟《おとうと》は、一度《いちど》言《い》い出《だ》したら梃子でも動かない。

てこ

語源 梃子《てこ》を使《つか》っても動《うご》かすことができないということから。

英 All the levers you can lay will not do it.（どんな梃子《てこ》をあてがってもだめ）

手塩に掛ける《てしおにかける》 慣用句

意味 自分《じぶん》でいろいろと面倒《めんどう》をみて育《そだ》てる。例 手塩に掛けて育《そだ》てた子馬《こうま》が、立派《りっぱ》な馬《うま》に育《そだ》った。

語源 「手塩《てしお》」は、好《この》みに応《おう》じて自分《じぶん》で味《あじ》つけができるように、それぞれのおぜんにそえた少量《しょうりょう》の塩《しお》。

出たとこ勝負《でたとこしょうぶ》 慣用句

意味 準備《じゅんび》などをしないで、その場《ば》のなりゆきに任《まか》せて、物事《ものごと》をおこなうこと。例 出たとこ勝負でオーディションを受《う》ける。

手玉に取る《てだまにとる》 慣用句

意味 自分《じぶん》の思《おも》いどおりに相手《あいて》を動《うご》かす。例 周《まわ》りの人間《にんげん》を手玉に取るような態度《たいど》が反感《はんかん》を買《か》い、だれからも相手《あいて》にされなくなった。

おてだま

語源 「手玉《てだま》」は、小豆《あずき》などをつめた小《ち》さな袋《ふくろ》。女《おんな》の子《こ》などが投《な》げて遊《あそ》ぶ、お手《て》玉《だま》。また、曲芸師《きょくげいし》が使《つか》う小《ち》さな玉《たま》。手玉《てだま》で遊《あそ》ぶようにということから。

鉄槌を下す《てっついをくだす》 慣用句

意味 きまりをやぶった者《もの》に厳《きび》しいばつや処分《しょぶん》をあたえる。例 社会《しゃかい》をさわがせた犯人《はんにん》に鉄槌を下す。

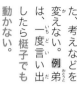

語源 「鉄槌《てっつい》」は、大形《おおがた》のかなづち。

★**徹頭徹尾**《てっとうてつび》 四字熟語

意味 始《はじ》まりから終《お》わりまで、態度《たいど》が変《か》わらないようす。例 徹頭徹尾反対《はんたい》する。

鉄は熱いうちに打て《てつはあついうちにうて》 ことわざ ⇩世界のことわざ（281ページ）

意味 体《からだ》や心《こころ》は若《わか》いときにきたえるべきだという教《おし》え。また、物事《ものごと》をおこなうためにちょうどよい機会《きかい》をのがさないようにするべきだという教《おし》え。例 鉄は熱いうちに打てというから、小学生《しょうがくせい》の今《いま》のうちからしっかり練習《れんしゅう》した方《ほう》がよい。

語源 鉄《てつ》をきたえたり、形《かたち》を整《ととの》えたりするには、熱《ねっ》してやわらかいうちに打《う》たねばならず、冷《ひ》えてかたくなってからでは遅《おそ》いことから。

参考 西洋《せいよう》のことわざ。

類 老《お》い木《き》は曲《ま》がらぬ／矯《た》めるなら若《わか》木《ぎ》のうち

英 Strike while the iron is hot.（鉄《てつ》は熱《あつ》いうちに打《う》て）

鉄砲玉《てっぽうだま》の使《つか》い 慣用句

意味 行《い》ったまま、もどらない使《つか》い。

例 弟《おとうと》にたのむと、いつも鉄砲玉の使いだ。

語源 鉄砲《てっぽう》の弾丸《だんがん》は、発射《はっしゃ》されると、もどってこないことから。

鉄面皮《てつめんぴ》 慣用句

意味 あつかましいようす。また、ずうずうしい人《ひと》。例 鉄面皮なやつ。

語源 面《つら》の皮《かわ》が鉄《てつ》でできているということから。

世界《せかい》のことわざ　鉄《てつ》は熱《あつ》いうちに打《う》て

ソマリア

牛《うし》の角《つの》はナイフの冷《さ》めないうちに切《き》る

牛《うし》に角《つの》があると、けんかしておたがいを傷《きず》つけてしまうので、角《つの》を切《き》り落《お》としてしまいます。シカのように生《は》えかわらず、切《き》ってしまうと生《は》えてきません。ナイフを熱《あつ》くする理由《りゆう》は、消毒《しょうどく》のためと考《かんが》えられます。ナイフ自体《じたい》の消毒《しょうどく》と、傷口《きずぐち》に熱《ねっ》したナイフをあてることでの殺菌《さっきん》です。

キルギス

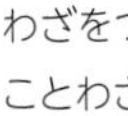

鉄《てつ》は熱《あつ》いうちに打《う》ち、大切《たいせつ》なことは話《はなし》が盛《も》り上《あ》がったときに言《い》え

大切《たいせつ》な話《はなし》をどこで切《き》り出《だ》すかはむずかしいですが、チャンスをのがしては聞《き》いてもらえないかもしれません。二《ふた》つのことわざをつなげたことで、とくに二《ふた》つ目《め》のことわざがより強調《きょうちょう》されています。

イラン

パンはかまどの熱《あつ》いうちに焼《や》け

パン（ナン）は生地《きじ》をかまどの内側《うちがわ》にはりつけるようにして炭火《すみび》で焼《や》きます。かまどの温度《おんど》が低《ひく》いとパン生地《きじ》がくっつかないうえ、上手《じょうず》にパンを焼《や》くことができません。好機《こうき》をのがしてはならないというたとえです。

類 厚顔無恥《こうがんむち》／面《つら》の皮《かわ》が厚《あつ》い 英 He has a brazen face.（かれは真鍮製《しんちゅうせい》の顔《かお》をしている）

轍《てつ》を踏《ふ》む ことわざ
⇩**前車《ぜんしゃ》の轍《てつ》を踏《ふ》む**（232ページ）

手《て》取《と》り足《あし》取《と》り 慣用句
意味 細《こま》かいことまで面倒《めんどう》をみて、ていねいに教《おし》えること。例 手取り足取り親切《しんせつ》に教《おし》える。

手《て》鍋《なべ》提《さ》げても 慣用句
意味 好《す》きな男性《だんせい》と夫婦《ふうふ》になれるならば、どんな貧乏《びんぼう》な生活《せいかつ》でもよいということのたとえ。例 手鍋提げてもという気持《きも》ちで結婚《けっこん》を決める。
語源 「手鍋《てなべ》」は、弦《つる》（＝円弧状《えんこじょう》の持《も》ち手《て》）のついた鍋《なべ》。自分《じぶん》で炊事《すいじ》をするような、つつましい生活《せいかつ》をすることをあらわす。

★**手《て》に汗《あせ》を握《にぎ》る** 慣用句
意味 なりゆきを、緊張《きんちょう》して見守《みまも》る。例 試《し》合《あい》は逆転《ぎゃくてん》したりされたりで、手に汗を握る展開《てんかい》だ。
語源 緊張《きんちょう》すると、てのひらに汗《あせ》をかくことから。
類 固唾《かたず》を呑《の》む

★★**手《て》に余《あま》る** 慣用句
意味 自分《じぶん》の力《ちから》を超《こ》えていて、処理《しょり》や解《かい》決《けつ》ができない。例 これは、わたしの手に余る仕事《しごと》です。

類 手《て》に負《お》えない

手《て》に入《い》れる 慣用句
意味 自分《じぶん》のものにする。例 ほしかったゲームソフトをようやく手に入れた。

手《て》に負《お》えない 慣用句
意味 自分《じぶん》の力《ちから》ではどうすることもできない。例 弟《おとうと》はとてもやんちゃで、わたしの手に負えない。
類 手《て》に余《あま》る

手《て》に落《お》ちる 慣用句
意味 人《ひと》のものになる。例 城《しろ》が敵《てき》の手に落ちる。

手《て》に掛《か》ける 慣用句
意味 ❶自分《じぶん》で十分《じゅうぶん》に世《せ》話《わ》をする。例 手に掛けて育《そだ》てたバラ。❷自分《じぶん》の手《て》で人《ひと》を殺《ころ》す。例 親《おや》のかたきを手に掛ける結末《けつまつ》の物語《ものがたり》。

手《て》にする 慣用句
意味 ❶手《て》に持《も》つ。例 台本《だいほん》を手にして立《た》つ。❷自分《じぶん》のものにする。例 やっと手にした幸《しあわ》せを、絶対《ぜったい》にはなしたくない。

手《て》に付《つ》かない 慣用句
意味 ほかのことに注意《ちゅうい》が向《む》いて、落《お》ち着《つ》いて物事《ものごと》ができない。例 テレビが気《き》になって、勉強《べんきょう》が手に付かない。

手《て》に手《て》を取《と》る 慣用句
意味 たがいに手《て》を取《と》り合《あ》う。仲《なか》よくいっしょに行動《こうどう》する。例 二人《ふたり》は手に手を取って故郷《こきょう》をはなれた。

手《て》に取《と》るように 慣用句
意味 すぐ目《め》の前《まえ》にあるように、はっきりしているようす。例 幼《おさな》なじみのかのじょの気《き》持《も》ちは手に取るようにわかる。

手《て》に乗《の》る 慣用句
意味 だまされて、相手《あいて》の思《おも》いどおりになる。例 その手に乗るな。

手《て》の内《うち》を明《あ》かす 慣用句

意味 心《こころ》の中《なか》の考《かんが》えをうちあける。 例 用《よう》心《じん》してだれにも手の内を明かさない。
語源「手《て》の内《うち》」は、腕前《うでまえ》、心《こころ》の中《なか》などの意《い》味《み》。

手《て》の裏《うら》を返《かえ》す 慣用句
↓手《て》の平《ひら》を返《かえ》す（283ページ）

手《て》の平《ひら》を返《かえ》す 慣用句
意味 急《きゅう》に態度《たいど》を変《か》える。 例 事業《じぎょう》に失敗《しっぱい》したら、手の平を返すように周《まわ》りの人《ひと》が冷《つめ》たくなった。
同 手《て》の裏《うら》を返《かえ》す
英 to sing another song（歌《うた》を変《か》える）

手《て》の舞《ま》い足《あし》の踏《ふ》む所《ところ》を知《し》らず 故事成語
意味 とてもうれしくて、思《おも》わずおどり出《だ》したくなるような気持《きも》ちになるようす。〈『詩経《しきょう》』〉 例 合格《ごうかく》の知《し》らせに、兄《あに》は、手の舞い足の踏む所を知らず、といったようすだった。
語源 あまりにうれしくて、舞《ま》うように、手《て》をふったり足《あし》を踏《ふ》みならしたりするということから。

手《て》八丁《はっちょう》口《くち》八丁《はっちょう》 慣用句
↓口《くち》も八丁《はっちょう》手《て》も八丁《はっちょう》（141ページ）

出鼻《でばな》をくじく 慣用句
意味 物事《ものごと》を始《はじ》めようとしたとたんに、じゃまをする。 例 ジョギングに出《で》かけようとしたら雨《あめ》が降《ふ》り始《はじ》めて、出鼻をくじかれた。
類 出端《でばな》をくじく

手前勝手《てまえがって》 四字熟語
意味 自分《じぶん》の都合《つごう》しか考《かんが》えないこと。
例 きみは手前勝手が過《す》ぎる。

手前味噌《てまえみそ》 四字熟語
意味 自分《じぶん》のことをじまんすること。
例 手前味噌をならべたてる。
語源 自分《じぶん》の家《いえ》で作《つく》った味噌《みそ》を、おいしいとじまんするということから。
類 自画自賛《じがじさん》
英 Every cook commends his own sauce.（どの料理人《りょうりにん》も自分《じぶん》の作《つく》ったソースを自慢《じまん》する）

★★**手《て》も足《あし》も出《で》ない** 慣用句
意味 自分《じぶん》の力《ちから》が足《た》りず、どうすることもできない。 例 問題《もんだい》が難《むずか》しすぎて手も足も出なかった。
英 One's hands are tied.（手《て》がしばられている…つまり手《て》も足《あし》も出《で》ない）

出《で》物《もの》腫れ物所嫌わず ことわざ
意味 おならやできものは、場所《ばしょ》などにかかわりなく勝手《かって》に出《で》るものだということ。
例 出物腫れ物所嫌わずというので、かんべんしてください。
語源「出物《でもの》」は、体《からだ》から出《で》るもので、おならやふきでものの意味《いみ》。とくに、うっかりおならをしたり、目立《めだ》つところにふきでものなどが出《で》たときに言《い》い訳《わけ》めかしていう言葉《ことば》。
英 Necessity knows no law.（必要《ひつよう》に法律《ほうりつ》はいらない）

★**出《で》る杭《くい》は打《う》たれる** ことわざ ↓世界のことわざ（285ページ）
意味 目立《めだ》つ人《ひと》は、人《ひと》からにくまれたり、ねたまれたりするものだということのたとえ。 例 あまり目立《めだ》たない方《ほう》がいいよ。出る杭は打たれるというからね。
語源「杭《くい》」は、物《もの》を支《ささ》えたり目《め》じるにしたりするため地中《ちちゅう》に打《う》ちこむ棒《ぼう》。出《で》すぎた杭《くい》は、高《たか》さをそろえるために打《う》たれるということから。
同 出《で》る釘《くぎ》は打《う》たれる 類 高木《こうぼく》は風《かぜ》に折《お》らる 英 Envy is the companion of

honor:（名声《めいせい》には嫉妬《しっと》はつきもの）

出《で》る杭《くい》は打《う》たれる

出《で》る所《ところ》へ出《で》る 慣用句
意味 もめ事《ごと》の決着《けっちゃく》をつけるために、警察《けいさつ》や裁判所《さいばんしょ》などにうったえ出《で》る。例 出る所へ出て、白黒《しろくろ》をはっきりさせよう。

出《で》る幕《まく》がない 慣用句
意味 参加《さんか》したり、自分《じぶん》の力《ちから》を発揮《はっき》したりする場面《ばめん》がない。例 レギュラーの選手《せんしゅ》が好調《こうちょう》で、補欠《ほけつ》のわたしは出る幕がない。
語源 芝居《しばい》で、その役者《やくしゃ》の出《で》る幕《まく》（＝場《ば》面《めん》）がないということから。

出《で》る幕《まく》ではない 慣用句
意味 出《で》て何《なに》かをしたり、口出《くちだ》ししたりする場合《ばあい》ではない。例 専門家《せんもんか》が話《はな》し合《あ》っていて、素人《しろうと》の出る幕ではない。
語源 芝居《しばい》で、その役者《やくしゃ》の出《で》る幕《まく》（＝場《ば》面《めん》）ではないということから。

手練手管《てれんてくだ》 四字熟語
意味 人《ひと》を思《おも》いのままにだましたり、あやつったりするやり方《かた》。例 手練手管に引《ひ》っかかる。

手《て》を上《あ》げる 慣用句
意味 ❶降参《こうさん》する。例 とてもかなわないと、手を上げる。
❷たたいたりなぐったりする気《き》で、手《て》をふりあげる。例 腹《はら》を立《た》てて、思《おも》わず相手《あいて》に手を上げる。
❸うまくなる。上達《じょうたつ》する。例 ちょっとの間《あいだ》にずいぶん手を上げたね。

手《て》を合《あ》わせる 慣用句
意味 両方《りょうほう》のてのひらを合《あ》わせて、感謝《かんしゃ》やお願《ねが》いなどの気持《きも》ちをあらわす。拝《おが》む。
例 神仏《しんぶつ》に手を合わせる。

手《て》を入《い》れる 慣用句
意味 足《た》りないところをおぎない、悪《わる》いところをよくする。例 書《か》いた作文《さくぶん》を読《よ》み返《かえ》し、手を入れる。
類 手《て》を加《くわ》える

★**手《て》を打《う》つ** 慣用句
意味 ❶相談《そうだん》をまとめる。例 その値段《ねだん》で手を打とう。
❷前《まえ》もってある方法《ほうほう》をとっておく。
例 いざというときのために手を打っておく。

手《て》を替《か》え品《しな》を替《か》え 慣用句
意味 あれこれいろいろな方法《ほうほう》で試《ため》してみるようす。例 手を替え品を替え宣伝《せんでん》する。
英 to try all the keys in the bunch（束《たば》の鍵《かぎ》を全部《ぜんぶ》試《ため》してみる）

手《て》を掛《か》ける 慣用句
意味 時間《じかん》をかけて、ていねいにする。
例 手を掛けて仕上《しあ》げた料理《りょうり》。

手《て》を貸《か》す 慣用句
意味 手助《てだす》けをする。手伝《てつだ》う。例 この机《つくえ》を運《はこ》ぶのに、だれか手を貸してください。

手《て》を借《か》りる 慣用句
意味 手助《てだす》けしてもらう。例 父《ちち》の手を借

世界《せかい》のことわざ　出《で》る杭《くい》は打《う》たれる

ドイツ

高《たか》い木《き》は風《かぜ》を多《おお》く受《う》ける

高《たか》い木《き》は、実力《じつりょく》や地位《ちい》が高《たか》い人《ひと》を指《さ》していて、優秀《ゆうしゅう》な人《ひと》にはねたみが多《おお》く、じゃまが入《はい》りやすいことを示《しめ》しています。同《おな》じ高《たか》さが望《のぞ》ましい日本《にほん》の「杭《くい》」とは考《かんが》え方《かた》が異《こと》なります。

その他《た》　イギリス

フランス

石《いし》を投《な》げられるのは実《み》のなった木《き》だけ

実《み》のなった木《き》も、実力《じつりょく》や地位《ちい》の高《たか》い人《ひと》のたとえです。実《み》を落《お》とそうとして石《いし》を投《な》げるようすは、まるで優秀《ゆうしゅう》な人《ひと》がまわりから攻撃《こうげき》されているようすと重《かさ》なって見《み》えるうまいたとえです。木《き》は、実《み》がなったばかりに石《いし》を投《な》げられてしまうのです。

中国《ちゅうごく》

頭《あたま》を出《だ》した鳥《とり》は鉄砲《てっぽう》で撃《う》たれる

かくれていればいいのに、頭《あたま》を出《だ》したがために鉄砲《てっぽう》で撃《う》たれた鳥《とり》は、人目《ひとめ》につくと損《そん》をするたとえです。

ロシア

雷《かみなり》は高《たか》い木《き》に落《お》ちる

雷《かみなり》は高《たか》いものに落《お》ちる傾向《けいこう》があります。優《すぐ》れた人《ひと》や地位《ちい》が高《たか》い人《ひと》はねたまれ、さまたげられやすいことのたとえです。

りて工作《こうさく》を仕上《しあ》げる。

★**手《て》を切《き》る** 慣用句
意味 つきあうのをやめる。関係《かんけい》をなくす。例 悪《わる》い仲間《なかま》と手を切って、まじめに勉強《べんきょう》する。

手《て》を下《くだ》す 慣用句
意味 自分《じぶん》で実際《じっさい》にそのことをする。例 敵《てき》を成敗《せいばい》するにあたって、将軍《しょうぐん》が自《みずか》ら手を下した。

手《て》を組《く》む 慣用句
意味 共通《きょうつう》の目的《もくてき》をなしとげるために、協《きょう》力《りょく》する。例 外国《がいこく》の会社《かいしゃ》と手を組んで、新《しん》製品《せいひん》を開発《かいはつ》する。

手《て》を加《くわ》える 慣用句
意味 直《なお》したり、おぎなったりする。例 原《げん》稿《こう》に手を加える。
類 手《て》を入《い》れる

手《て》をこまぬく 慣用句
⇒手《て》をこまねく（286ページ）

★**手《て》をこまねく** 慣用句
意味 何《なに》もしないで、なりゆきにまかせる。例 手をこまねいているだけでは、進《しん》歩《ぽ》はない。
語源 「こまねく」は、腕組《うでぐ》みをすること。腕《うで》組《ぐ》みをして、手《て》出《だ》しをしないということから。
同 腕《うで》をこまぬく／腕《うで》をこまねく／手《て》をこまぬく／手《て》を束《つか》ねる

手《て》を差《さ》しのべる 慣用句
意味 助《たす》けを出《だ》す。例 困《こま》っている人《ひと》に手を差しのべる。

手《て》を染《そ》める 慣用句
意味 あることをし始《はじ》める。あることにかかわりをもつ。例 悪事《あくじ》に手を染める。

手《て》を出《だ》す 慣用句
意味 ❶暴力《ぼうりょく》をふるう。例 口《くち》より先《さき》に手を出す。
❷あることをし始《はじ》める。例 事業《じぎょう》に手を出す。

手《て》を束《つか》ねる 慣用句
意味 何《なに》もしないでいる。また、何《なに》もできないでいる。例 事《こと》の意外《いがい》な展開《てんかい》に手を束ねるばかりだ。
語源 「束《つか》ねる」は、腕《うで》組《ぐ》みをすること。
同 手《て》をこまぬく／手をこまねく

手《て》を尽《つ》くす 慣用句
意味 できるかぎりのことをすべてする。例 手を尽くして看病《かんびょう》する。

手《て》を付《つ》ける 慣用句
意味 ❶仕事《しごと》などを始《はじ》める。とりかかる。例 散《ち》らかりすぎていて、片《かた》づけるにもどこから手を付けていいかわからない。
❷使《つか》い始《はじ》める。また、使《つか》う。例 貯金《ちょきん》に手を付ける。
❸食《た》べる。例 せっかくのごちそうなのに何《なに》も手を付けない。

手《て》を取《と》る 慣用句
意味 親切《しんせつ》に教《おし》え導《みちび》く。例 手を取って基《き》本《ほん》から教《おし》える。

手《て》を握《にぎ》る 慣用句
意味 力《ちから》を合《あ》わせてする。また、仲直《なかなお》りする。例 事業拡大《じぎょうかくだい》のため、海外《かいがい》の企業《きぎょう》と手を握る。
類 手《て》を結《むす》ぶ

手《て》を抜《ぬ》く 慣用句
意味 しなければならないことを、しない

でごまかす。例工事《こうじ》の手を抜くなど、あってはならないことだ。

手《て》を伸《の》ばす 慣用句
意味 仕事《しごと》などの範囲《はんい》を広《ひろ》げる。例今《いま》までの事業《じぎょう》に加《くわ》え、水道工事《すいどうこうじ》の分野《ぶんや》にも手を伸ばす。

手《て》を引《ひ》く 慣用句
意味 今《いま》まで関係《かんけい》していたことをやめて、つながりをなくす。例資金《しきん》が足《た》りず、その事業《じぎょう》からは手を引くことにした。

★**手《て》を広《ひろ》げる** 慣用句
意味 仕事《しごと》の範囲《はんい》を大《おお》きくする。いろいろなことに関係《かんけい》をつける。例全国《ぜんこく》に商売《しょうばい》の手を広げる。

手《て》を施《ほどこ》す 慣用句
意味 物事《ものごと》がうまくいくように何《なに》かをする。例こうなっては、もう手を施す方法《ほうほう》がない。

手《て》を回《まわ》す 慣用句
意味 前《まえ》もって、必要《ひつよう》な手配《てはい》や準備《じゅんび》をしておく。例計画《けいかく》が順調《じゅんちょう》に進《すす》められるように手を回す。

手《て》を結《むす》ぶ 慣用句
意味 力《ちから》を合《あ》わせて、何《なに》かをする。例与党《よとう》と野党《やとう》が手を結ぶ。
類 手《て》を握《にぎ》る

★★**手《て》を焼《や》く** 慣用句
意味 物事《ものごと》をうまくとりあつかえなくて困《こま》る。例母《はは》はやんちゃな弟《おとうと》にいつも手を焼いている。

手《て》を休《やす》める 慣用句
意味 仕事《しごと》をしていた手《て》をちょっと止《と》める。例手を休めて話《はなし》を聞《き》く。

手《て》をわずらわす 慣用句
意味 人《ひと》に面倒《めんどう》をかける。人《ひと》の世話《せわ》になる。例あなたの手をわずらわすことになってしまい、申《もう》し訳《わけ》ありません。

★**天衣無縫《てんいむほう》** 四字熟語
意味 ❶文章《ぶんしょう》や詩歌《しいか》にわざとらしさがなく、自然《しぜん》で美《うつく》しいようす。例天衣無縫な作品《さくひん》。
❷性格《せいかく》や言動《げんどう》がありのままで、かざりけがないようす。例天衣無縫にふるまう。
語源 天女《てんにょ》の衣《ころも》には縫《ぬ》い目《め》がないということから。
類 ❷天真爛漫《てんしんらんまん》

天涯孤独《てんがいこどく》 四字熟語
意味 広《ひろ》い世《よ》の中《なか》に身寄《みよ》りが一人《ひとり》もいないこと。例天涯孤独の身《み》の上《うえ》。

天下一品《てんかいっぴん》 四字熟語
意味 仕事《しごと》をする力《ちから》やそのできばえが、この世《よ》でただ一《ひと》つといえるほど優《すぐ》れていること。例かれは、包丁《ほうちょう》を持《も》たせたら天下一品だ。

天下太平《てんかたいへい》 四字熟語
意味 世《よ》の中《なか》が心配《しんぱい》ごともなく、おだやかなこと。また、人《ひと》がのんびりしていること。例天下太平の時代《じだい》。
同 天下泰平《てんかたいへい》

伝家《でんか》の宝刀《ほうとう》 慣用句
意味 いざというときだけに使《つか》う、とっておきの手段《しゅだん》。例総理《そうり》がついに伝家の宝刀をぬいて、国会《こっかい》を解散《かいさん》した。
語源 家《いえ》に代々《だいだい》伝《つた》わる大切《たいせつ》な刀《かたな》を使《つか》うということから。

天下《てんか》晴《は》れて 慣用句

て

意味 おおっぴらに。世間《せけん》に気《き》がねなく。**例** 天下晴れて自由《じゆう》の身《み》となる。

天下無双《てんかむそう》 四字熟語

意味 この世《よ》で比《くら》べるものがないほど、すばらしいようす。〈『史記《しき》』〉 **例** 天下無双の剣術《けんじゅつ》の達人《たつじん》。

語源 「無双《むそう》」は、比《くら》べるものがないほど優《すぐ》れていること。

天下分け目《てんかわけめ》 慣用句

意味 天下《てんか》をとるか、とられるかの分《わ》かれ目《め》。勝負《しょうぶ》が決《き》まる大切《たいせつ》なとき。**例** 天下分け目の戦《たたか》い。

天狗になる《てんぐになる》 慣用句

意味 うぬぼれた態度《たいど》をとる。

例 人《ひと》より上手《じょうず》にできたからといって、天狗になるな。

語源 天狗《てんぐ》は鼻《はな》が高《たか》いので、「鼻《はな》が高《たか》い」の意味《いみ》の得意《とくい》になるということから。

てんぐ

★**電光石火**《でんこうせっか》 四字熟語

意味 とても短《みじか》い時間《じかん》のたとえ。また、非《ひ》常《じょう》にすばやいことのたとえ。

例 電光石火のはやわざ。

語源 「電光《でんこう》」は、いなずまのこと。「石火《せっか》」は、火《ひ》打《う》ち石《いし》からとぶ火花《ひばな》。

天災は忘れた頃にやって来る《てんさいはわすれたころにやってくる》 ことわざ

意味 水害《すいがい》・地《じ》震《しん》などのような自然《しぜん》による災害《さいがい》はいつ起《お》きるかわからないから、いつも用心《ようじん》が大切《たいせつ》だということ。**例** 天災は忘れた頃にやって来るというから、防災《ぼうさい》の備《そな》えをしっかりしておこう。

天井知らず《てんじょうしらず》 慣用句

意味 物《もの》の値段《ねだん》や相場《そうば》が高《たか》くなって、どこまで上《あ》がるかわからないようす。**例** 天井知らずの物価上昇《ぶっかじょうしょう》で、歯止《はど》めをかけるのが難《むずか》しい。

天上天下唯我独尊《てんじょうてんげゆいがどくそん》 故事成語

意味 この世《よ》の中《なか》で、わたしがただ一《ひと》つの尊《とうと》い存在《そんざい》である。

参考 釈迦《しゃか》が誕生《たんじょう》の直後《ちょくご》に、四方《しほう》に七歩《ななほ》ずつ歩《ある》き、右手《みぎて》で天《てん》を指《さ》し、左手《ひだりて》で地《ち》を指《さ》して唱《とな》えたとされる。

同 天上天下唯我独尊《てんじょうてんがゆいがどくそん》／唯我独尊《ゆいがどくそん》

天知る地知る我知る人知る《てんしるちしるわれしるひとしる》 故事成語

意味 悪事《あくじ》は、だれも知《し》らないと思《おも》っても、いつかは知《し》られてしまうものである。〈『後漢書《ごかんじょ》』〉 **例** 天知る地知る我知る人知るというとおり、悪行《あくぎょう》をかくし続《つづ》けることはできない。

語源 中国《ちゅうごく》の後漢時代《ごかんじだい》、楊震《ようしん》という人《ひと》がわいろをおくられた。わいろをわたそうとした人《ひと》が、夜《よる》なので誰《だれ》にもわからないから受《う》け取《と》るよう言《い》ったが、「天《てん》の神《かみ》も、地《ち》の神《かみ》も、わたしも、あなたも知《し》っている」と言《い》っていましめたという話《はなし》から。

同 四知《しち》／天知《てんし》る地知《ちし》る／天知《てんし》る地知《ちし》る我《われ》知《し》る子《こ》知《し》る **類** 壁《かべ》に耳《みみ》あり障子《しょうじ》に目《め》あり **英** The day has eyes, the night has ears.（昼《ひる》に目《め》あり夜《よる》に耳《みみ》あり）

天真爛漫《てんしんらんまん》 四字熟語

意味 むじゃきで、かざりけのないようす。例 妹《いもうと》は**天真爛漫**で、みんなからかわいがられている。
語源 「天真《てんしん》」は、自然《しぜん》のままでかざりけのないようす。「爛漫《らんまん》」は、明《あき》らかにあらわれるようす。
類 天衣無縫《てんいむほう》

転石苔《てんせきこけ》を生《しょう》ぜず ことわざ

➡転《ころ》がる石《いし》には苔《こけ》が生《は》えぬ（173ページ）

椽大《てんだい》の筆《ふで》 故事成語

意味 立派《りっぱ》で堂々《どうどう》とした文章《ぶんしょう》のたとえ。〈『晋書《しんじょ》』〉 例 読書感想文《どくしょかんそうぶん》コンクールで上《じょう》位入賞候補《いにゅうしょうこうほ》に選《えら》ばれた文章《ぶんしょう》は、どれも**椽大の筆**というべきもので、審査員《しんさいん》を大《おお》いに悩《なや》ませた。
語源 「椽《てん》」は、家《いえ》の屋根先《やねさき》を支《ささ》える材木《ざいもく》の「たるき」。昔中国《むかしちゅうごく》で、晋《しん》の王珣《おうじゅん》が、たるきほどもある大《おお》きな筆《ふで》をもらう夢《ゆめ》を見《み》た。そこで、これは大《おお》いに筆《ふで》をふるう前兆《ぜんちょう》だと人《ひと》に語《かた》ったところ、実際《じっさい》に皇帝《こうてい》が亡《な》くなったその葬儀《そうぎ》でとむらいの文《ぶん》章《しょう》を書《か》くことになったという故事《こじ》から。

天高《てんたか》く馬肥《うまこ》ゆる秋《あき》 ことわざ

意味 秋《あき》は、空《そら》は高《たか》く晴《は》れわたり、馬《うま》はよく太《ふと》るよい気候《きこう》であるということのたとえ。例 今日《きょう》は気持《きも》ちのいい日《ひ》だね。まさに、**天高く馬肥ゆる秋**だよ。
英 Of fair things, autumn is fair.（美《うつく》しいものの中《なか》で、ことさら秋《あき》が美《うつく》しい）

天地神明《てんちしんめい》 四字熟語

意味 天地《てんち》の多《おお》くの神々《かみがみ》。例 **天地神明**にちかって、そのようなことはありません。

天地無用《てんちむよう》 四字熟語

意味 荷物《にもつ》などで、上下《じょうげ》を逆《さか》さまにしてはならないという注意《ちゅうい》をあらわす言葉《ことば》。例 段《だん》ボールに**天地無用**と記《しる》す。
語源 「無用《むよう》」は、してはならないという意味《いみ》。

天道様《てんとうさま》と米《こめ》の飯《めし》はどこへも付《つ》いて回《まわ》る ことわざ

意味 どんな所《ところ》にも日《ひ》が当《あ》たるように、どこへ行《い》っても、どんなことをしてもなんとか食《た》べていけるので、くよくよするなということ。例 知《し》らない土地《とち》に引《ひ》っ越《こ》すのは不安《ふあん》だが、**天道様と米の飯はどこへも付いて回る**と言《い》うしどうにかなるだろうと、父《ちち》は笑《わら》っている。
語源 「天道様《てんとうさま》」は、太陽《たいよう》のこと。
同 米《こめ》の飯《めし》と天道様《てんとうさま》はどこへ行《い》っても付《つ》いて回《まわ》る 類 ここばかりに日《ひ》は照《て》らぬ
英 Every day brings its bread with it.（毎日《まいにち》のパンはなんとかなるものだ）

天《てん》に唾《つばき》す ことわざ

意味 人《ひと》をにくんだり害《がい》を与《あた》えようとする者《もの》は、かえって自分《じぶん》がひどい目《め》にあうことのたとえ。例 相手《あいて》の成功《せいこう》をねたんで悪口《わるぐち》を言《い》うのは、**天に唾す**で、いずれ自分《じぶん》に返《かえ》ってくるものだ。
語源 天《てん》に向《む》かってつばをはけば、そのつばは自分《じぶん》の顔《かお》に落《お》ちてくることから。「唾」は「つば」とも読《よ》む。
同 天《てん》に唾《つば》す／天《てん》を仰《あお》いで唾《つばき》す 類 天《てん》に向《む》かって唾《つば》を吐《は》く 英 Who spits against Heaven spits in his own face.（天《てん》に向《む》かって唾《つば》を吐《は》けば自分《じぶん》の顔《かお》に落《お》ちてくる）

天《てん》にも昇《のぼ》る心地《ここち》 慣用句

意味 とてもうれしくて、うきうきする気《き》持《も》ち。例 あこがれていた人《ひと》と話《はな》ができて天にも昇る心地だ。

天王山《てんのうざん》 故事成語 ⇒マンガdeことわざ（388ページ）

意味 勝《か》ち負《ま》けを決《き》める大事《だいじ》なとき。勝《しょう》負《ぶ》の分《わ》かれ目《め》。例 準決勝《じゅんけっしょう》が事実上《じじつじょう》の天王山だ。

語源 豊臣秀吉《とよとみひでよし》がこの山《やま》をとって、明智光《あけちみつ》秀《ひで》をやぶったことから。

天罰覿面《てんばつてきめん》 四字熟語

意味 悪《わる》いことをして、すぐに罰《ばつ》を受《う》ける羽目《はめ》になること。例 悪口《わるくち》を言《い》ったら天罰覿面、自分《じぶん》も悪《わる》く言《い》われてしまった。

英 Swift is Heaven's retribution.（天罰《てんばつ》は迅速《じんそく》である）

天《てん》は二物《にぶつ》を与《あた》えず ことわざ

意味 一人《ひとり》の人間《にんげん》がいくつもの才能《さいのう》やよいところをもつということはないということ。例 天は二物を与えずで、兄《あに》は勉《べん》強《きょう》は得意《とくい》だが、運動《うんどう》は苦手《にがて》だ。

天《てん》は人《ひと》の上《うえ》に人《ひと》を造《つく》らず、人《ひと》の下《した》に人《ひと》を造《つく》らず ことわざ

意味 人《ひと》はもともと平等《びょうどう》で、上下《じょうげ》の区別《くべつ》はないということ。〈『学問《がくもん》のすすめ』〉 例 人《ひと》を差別《さべつ》してはいけない。天は人の上に人を造らず、人の下に人を造らず、だよ。

参考 福沢諭吉《ふくざわゆきち》の言葉《ことば》。

天《てん》は自《みずか》ら助《たす》くる者《もの》を助《たす》く ことわざ

意味 天《てん》は、人《ひと》をたよらず自分《じぶん》で努力《どりょく》する人《ひと》を助《たす》けてくれるものだということ。

例 天は自ら助くる者を助くを信《しん》じて、努力《どりょく》を続《つづ》けよう。

参考 西洋《せいよう》のことわざ。

英 Heaven helps those who help themselves.（天《てん》は自《みずか》ら助《たす》くる者《もの》を助《たす》く）

天秤《てんびん》に掛《か》ける 慣用句

意味 ❶どちらか一《ひと》つをえらぶために、二《ふた》つのものの優劣《ゆうれつ》や損《そん》得《とく》を比《くら》べる。例 お金《かね》か名誉《めいよ》かを天秤に掛ける。

同 秤《はかり》に掛《か》ける

❷どちらの状態《じょうたい》になっても都合《つごう》のいいように、両方《りょうほう》とうまくかかわっておく。例 天秤に掛けて、両方《りょうほう》にいい顔《かお》をする。

同 両天秤《りょうてんびん》に掛《か》ける

語源 「天秤《てんびん》」は、二《ふた》つの皿《さら》に物《もの》をのせて、重《おも》さをはかる道具《どうぐ》。

てんびん

★**天変地異《てんぺんちい》** 四字熟語

意味 たつまきや地震《じしん》など、天空《てんくう》や地上《ちじょう》に起《お》こる、自然《しぜん》の異変《いへん》。例 天変地異の多《おお》い年《とし》。

天網恢々《てんもうかいかい》疎《そ》にして漏《も》らさず 故事成語

意味 悪人《あくにん》には必《かなら》ず悪《あく》の報《むく》いがある。〈『老《ろう》子《し》』〉 例 天網恢々疎にして漏らさずというとおり、とうとう事件《じけん》の黒幕《くろまく》がつかまった。

語源 天《てん》の網《あみ》の目《め》はあらいが、必《かなら》ず悪人《あくにん》をとらえてのがすことはないということから。

英 Heaven's vengeance is slow but sure.（天罰《てんばつ》はすぐにではないが必《かなら》ず来《く》る）

天《てん》を仰《あお》いで唾《つば》す ことわざ

⇒天《てん》に唾《つば》す（289ページ）

天《てん》を焦《こ》がす 慣用句

意味 空《そら》が焦《こ》げてしまうくらいに、高々《たかだか》と

火《ひ》が燃《も》え上《あ》がる。例天を焦がすような勢《いきお》いの炎《ほのお》。

天《てん》を衝《つ》く 慣用句
意味 ❶勢《いきお》いや意気《いき》ごみが、非常《ひじょう》に盛《さか》んなようすのたとえ。例チームの意気《いき》天を衝くで、たのもしいかぎりだ。❷天《てん》に届《とど》きそうに高《たか》く立《た》つ。例天を衝くほどの大《おお》きな木《き》。
類雲《くも》を衝《つ》く

と

★**当意即妙《とういそくみょう》** 四字熟語
意味 その場《ば》に応《おう》じて、すばやく考《かんが》えられること。例当意即妙の答《こた》えを出《だ》す。

頭角《とうかく》を現《あらわ》す 故事成語
意味 知識《ちしき》や才能《さいのう》が特《とく》に優《すぐ》れていて目立《めだ》つようになる。例入団《にゅうだん》してすぐに頭角を現した新人選手《しんじんせんしゅ》。
語源「頭角《とうかく》」は、動物《どうぶつ》の角《つの》や頭《あたま》の先《さき》。
参考 中国《ちゅうごく》の韓愈《かんゆ》の文章《ぶんしょう》にある言葉《ことば》。

灯火親《とうかした》しむべき候《こう》 慣用句
意味 あかりの下《した》で、勉強《べんきょう》や読書《どくしょ》をするのにもっともよい季節《きせつ》。秋《あき》のこと。例灯火親しむべき候となった。
注意「灯《とう》下親《した》しむべき候《こう》」は誤《あやま》り。

灯火親《とうかした》しむべし 故事成語
意味 秋《あき》の夜《よる》は長《なが》く涼《すず》しいので、あかりの下《した》で読書《どくしょ》をするのがよい。例灯火親しむべしというから、今夜《こんや》は本《ほん》を読《よ》んで過《す》ごそう。
参考 中国《ちゅうごく》の韓愈《かんゆ》の詩《し》にある言葉《ことば》。
注意「灯《とう》下親《した》しむべし」は誤《あやま》り。

薹《とう》が立《た》つ 慣用句
意味 年《とし》をとって、盛《さか》りの時期《じき》が過《す》ぎてしまう。例アイドルを名乗《なの》るには、少《すこ》し薹が立っている。
語源「薹《とう》」は、植物《しょくぶつ》において花《はな》についている茎《くき》のこと。もともとは、野菜《やさい》の茎《くき》などがのびすぎて固《かた》くて食《た》べられなくなるところから。

とうがたつ

同気相求《どうきあいもと》める 故事成語
意味 気《き》の合《あ》う者同士《ものどうし》はたがいに求《もと》め合《あ》い、自然《しぜん》に寄《よ》り集《あつ》まる。〈『易経《えききょう》』〉例クラス替《が》えでいっしょになったわたしたち三人《さんにん》は、まさに同気相求めるで、いつの間《ま》にか親《した》しくなっていた。
参考「同気《どうき》」は、同《おな》じ気質《きしつ》の気《き》の合《あ》う仲間《なかま》。
類同類相求《どうるいあいもと》む／類《るい》は友《とも》を呼《よ》ぶ 英Like to like.（同類相求《どうるいあいもと》む）

同行二人《どうぎょうににん》 四字熟語
意味 弘法大師《こうぼうだいし》といっしょという意味《いみ》で、巡礼者《じゅんれいしゃ》などが笠《かさ》などに書《か》きつける言葉《ことば》。例同行二人の言葉《ことば》とともに巡礼《じゅんれい》する。

峠《とうげ》を越《こ》す 慣用句
意味 一番盛《いちばんさか》んな時期《じき》を過《す》ぎる。一番危《いちばんき》険《けん》な時期《じき》を過《す》ぎる。例インフルエンザの流行《りゅうこう》も峠を越したようだ。

桃源郷《とうげんきょう》 故事成語
意味 わずらわしい世《よ》の中《なか》をはなれた、平和《へいわ》な世界《せかい》。〈『桃花源記《とうかげんき》』〉例桃源郷に迷《まよ》いこんだような風景《ふうけい》。
語源 桃《もも》の花《はな》のさく林《はやし》に迷《まよ》いこんだところ、そこには戦争《せんそう》をさけて平和《へいわ》に暮《く》らす人々《ひとびと》の世界《せかい》があったという話《はなし》から。
同桃源《とうげん》／武陵桃源《ぶりょうとうげん》

★**同工異曲《どうこういきょく》** 四字熟語

意味 ちょっと見《み》ると、ちがっているように見《み》えるが、実際《じっさい》の中身《なかみ》はほとんど同《おな》じで、ちがいのないこと。例 どの作品《さくひん》も同工異曲で、おもしろみがない。
参考 中国《ちゅうごく》の韓愈《かんゆ》の詩《し》にある言葉《ことば》。

東西南北《とうざいなんぼく》 四字熟語

意味 東《ひがし》と西《にし》と南《みなみ》と北《きた》の四《よっ》つの方向《ほうこう》。
例 磁石《じしゃく》で東西南北を調《しら》べる。

同床異夢《どうしょういむ》 四字熟語

意味 表面上《ひょうめんじょう》は同《おな》じ立場《たちば》にいても、心《こころ》の中《なか》がちがうこと。例 賛成《さんせい》で一応《いちおう》はまとまったものの、それぞれの目指《めざ》すところはちがうので、しょせん同床異夢だ。
語源 いっしょにねていても、見《み》る夢《ゆめ》は異《こと》なるということから。
英 The horse thinks one thing, and the person that saddles it another.（馬《うま》は甲《こう》を思《おも》い、馬《うま》に鞍《くら》を置《お》く者《もの》は乙《おつ》を考《かんが》える）

冬扇夏炉《とうせんかろ》 四字熟語

⇩夏炉冬扇《かろとうせん》（108ページ）

★灯台下暗《とうだいもとくら》し ことわざ

⇩世界のことわざ
（293ページ）

意味 身近《みぢか》なことは、かえって気《き》がつきにくいことのたとえ。例 探《さが》していたノートはバッグの中《なか》にあった。まさに、灯台下暗しだ。
語源 灯台《とうだい》（＝火《ひ》をともす台《だい》）のすぐ下《した》は光《ひかり》が当《あ》たらず暗《くら》いことから。
注意 海辺《うみべ》の灯台《とうだい》のことではない。
類 近《ちか》くて見《み》えぬはまつげ／提灯持《ちょうちんも》ち川《かわ》へはまる 英 You must go into the country to hear what news at London.（ロンドンのニュースを聞《き》きに田舎《いなか》へ行《い》く）

とうだい

堂々巡《どうどうめぐ》り 慣用句

意味 会議《かいぎ》などで、同《おな》じ議論《ぎろん》がくり返《かえ》されて、先《さき》へ進《すす》まないこと。例 堂々巡りで結《けつ》論《ろん》が出《で》ない。

堂《どう》に入《い》る 故事成語

意味 学問《がくもん》や芸術《げいじゅつ》などのうでまえが非常《ひじょう》に優《すぐ》れている。物事《ものごと》にすっかり慣《な》れて、身《み》についている。〈『論語《ろんご》』〉例 会長《かいちょう》のあいさつは、さすが堂に入ったものだ。
語源 孔子《こうし》の言葉《ことば》、「堂《どう》に升《のぼ》れり、いまだ室《しつ》に入《い》らざるのみ」から。「堂《どう》」は、客間《きゃくま》。「室《しつ》」は、奥《おく》の間《ま》。孔子《こうし》の弟子《でし》は音楽《おんがく》も学《まな》んだ。ある日《ひ》、弟子《でし》の子路《しろ》がひく瑟《しつ》（＝大型《おおがた》の琴《こと》）を、わたしの弟子《でし》にしては調子《ちょうし》外《はず》れだと評《ひょう》したところ、ほかの弟子《でし》たちが子路《しろ》を敬《うやま》わなくなった。そこで孔子《こうし》は、子路《しろ》のうで前《まえ》は堂《どう》にあがっているが、室《しつ》には入《はい》っていない（＝かなりのうで前《まえ》だが、奥義《おうぎ》には達《たっ》していない）だけだからみくびってはならないと言《い》い、弟子《でし》たちをたしなめたという。

問《と》うに落《お》ちず語《かた》るに落《お》ちる ことわざ

意味 秘密《ひみつ》や本心《ほんしん》など、人《ひと》から質問《しつもん》されたときは、用心《ようじん》して話《はな》さないが、自分《じぶん》から話《はな》すときに、ついうっかり話《はな》してしまう。例 しゃべっているうちに、かくし事《ごと》をもらしてしまうなんて、問うに落ちず

語るに落ちるだ。
同 語《かた》るに落《お》ちる 英 The tongue is ever turning to the aching tooth.（舌《した》はいつも痛《いた》む歯《は》へ向《む》かう）

同病相憐れむ《どうびょうあいあわれむ》 故事成語
意味 同《おな》じ苦《くる》しみのある人《ひと》は、たがいに同情《どうじょう》し合《あ》う。〈『呉越春秋《ごえつしゅんじゅう》』〉 例 負《ま》けた者同士《ものどうし》、**同病相憐れむ**で、なぐさめ合《あ》った。
語源 「同病《どうびょう》」は、同《おな》じ病気《びょうき》の人《ひと》。
英 Misery makes strange bedfellows.（不幸《ふこう》で寄《よ》り合《あ》う他人《たにん》かな）

豆腐に鎹《とうふにかすがい》 ことわざ
意味 手《て》ごたえやききめのないことのたとえ。 例 弟《おとうと》は、しかられても、いたずらをやめない。まるで**豆腐に鎹**だ。
語源 やわらかい豆腐《とうふ》の中《なか》に鎹《かすがい》（＝木材《もくざい》をつなぐための金具《かなぐ》）を打《う》ちこんでも、ききめがないことから。
参考 (1)➡子《こ》は鎹《かすがい》 (2)いろはがるた（京都《きょうと》）の一《ひと》つ。
類 糠《ぬか》に釘《くぎ》／のれんに腕押《うでお》し 英 to bolt the door with a boiled carrot（煮《に》えた人参《にんじん》で戸締《とじ》まりする）

東奔西走《とうほんせいそう》 四字熟語

世界《せかい》のことわざ　灯台下暗し《とうだいもとくらし》

中国《ちゅうごく》
高《たか》い燭台《しょくだい》も遠《とお》くは照《て》らすが近《ちか》くは照《て》らさない

燭台《しょくだい》は、火《ひ》をともしたロウソクを立《た》てる台《だい》。背《せ》の高《たか》い燭台《しょくだい》は、遠《とお》くまで照《て》らしますが、台《だい》の足《あし》もとは照《て》らさず暗《くら》いままです。他人《たにん》のことはよく見《み》えても自分《じぶん》のことは意外《いがい》とわからないことのたとえです。

え～と
ランプは
どこかな…

ドイツ
ランプを手《て》にして、それをさがしている者《もの》もいる

ランプで光《ひかり》を照《て》らしながら、そのランプをさがしていること。肝心《かんじん》なこと（もの）は、あまりに近《ちか》くにありすぎて、それを見落《みお》としていることのたとえです。

モンゴル
人《ひと》の家《いえ》をさがすよりも自分《じぶん》の衣装箱《いしょうばこ》からさがせ

遊牧民《ゆうぼくみん》のゲル（テント）では、いつでも移動《いどう》できるように、必要《ひつよう》なものは何《なん》でも衣装箱《いしょうばこ》に入《い》れておきます。何《なに》か見当《みあ》たらないものがあれば、他人《たにん》の家《いえ》ではなく、まず自分《じぶん》の家《いえ》にある箱《はこ》の中《なか》からさがしなさいという意味《いみ》です。

アンタの家《いえ》はとなり…
ボクのパンツ知《し》りません？

意味 仕事《しごと》などのために、あちこちいそがしくかけ回《まわ》ること。例 人集《ひとあつ》めに東奔西走する。

桃李《とうり》もの言《い》わざれど下自《したおの》ずから蹊《けい》を成《な》す 故事成語

意味 徳《とく》のある人《ひと》のもとには、自然《しぜん》に人《ひと》が集《あつ》まるものである。《『史記《しき》』》例 あの先《せん》生《せい》には大勢《おおぜい》の弟子《でし》がいる。桃李もの言わざれど下自ずから蹊を成す、だね。

語源 「蹊」は、「みち」「こみち」とも読《よ》む。桃《もも》や李《すもも》は何《なに》も言《い》わなくても、その花《はな》が美《うつく》しく実がおいしいので、自然《しぜん》に人《ひと》が集《あつ》まり下《した》に道《みち》ができることから。

同 成蹊《せいけい》 英 Good wine needs no bush.(よい酒《さけ》に看板《かんばん》は必要《ひつよう》ない)

★★ **登竜門《とうりゅうもん》** 故事成語

意味 出世《しゅっせ》や成功《せいこう》のために通《とお》らなければならない関門《かんもん》。《『後漢書《ごかんじょ》』》例 このオーディションは若手役者《わかてやくしゃ》の登竜門だ。

語源 黄河《こうが》の「竜門《りゅうもん》」という急流《きゅうりゅう》を登《のぼ》ったコイは竜《りゅう》になるという話《はなし》から。

参考 ⬇鯉《こい》の滝登《たきのぼ》り

蟷螂《とうろう》の斧《おの》 故事成語

意味 自分《じぶん》が弱《よわ》いのに、身《み》のほど知《し》らずに強《つよ》い相手《あいて》に立《た》ち向《む》かうこと。また、うわべだけ強《つよ》がりをいうことのたとえ。《『韓詩外伝《かんしがいでん》』》

例 勝《か》ち目《め》のない戦《たたか》いをいどんで、蟷螂の斧だと言《い》われた。

語源 「蟷螂《とうろう》」は、カマキリ。「斧《おの》」は、カマキリの前《まえ》あしのたとえ。昔《むかし》、中国《ちゅうごく》で斉《せい》の国《くに》の荘公《そうこう》が車《くるま》に乗《の》って狩《か》りに出《で》かけたとき、カマキリが前《まえ》あしをふり上《あ》げて大《おお》きな車輪《しゃりん》を打《う》とうとした。荘公《そうこう》が「これは何《なん》という虫《むし》か」とたずねると、御者《ぎょしゃ》は、「蟷螂《とうろう》といって、進《すす》むことは知《し》っていても退《しりぞ》くことは知《し》りません。自分《じぶん》の力《ちから》も知《し》らず、どんな敵《てき》にも向《む》かっていきます。」と答《こた》えた。それを聞《き》いた荘公《そうこう》は、「もしこれが人間《にんげん》なら、天下《てんか》の勇士《ゆうし》となるだろう。」と言《い》って、カマキリをよけて車《くるま》を進《すす》めさせたという話《はなし》から。

英 The fly that bites a tortoise breaks its beak.(亀《かめ》を噛《か》むはえはその口《くち》を傷《いた》める)

当《とう》を得《え》る 慣用句

意味 道理《どうり》にかなう。例 かれは、いつも当を得《え》た意見《いけん》を言《い》う。

対 当《とう》を失《しっ》する

十日《とおか》の菊《きく》 ことわざ

意味 時期《じき》におくれて役《やく》に立《た》たないもののたとえ。例 今《いま》ごろ来《き》ても十日の菊だ。

語源 菊《きく》は九月九日《くがつここのか》の節句《せっく》の花《はな》で、十日《とおか》では役《やく》に立《た》たないことから。

参考 ⬇六日《むいか》の菖蒲《あやめ》十日《とおか》の菊《きく》

遠《とお》くて近《ちか》きは男女《だんじょ》の仲《なか》 ことわざ

意味 男女《だんじょ》の仲《なか》は近《ちか》づきにくいようでも、意外《いがい》に結《むす》ばれやすいものであるということ。例 遠くて近きは男女の仲というが、まさかあの二人《ふたり》が結婚《けっこん》するとは思《おも》わなかった。

遠《とお》くの親類《しんるい》より近《ちか》くの他人《たにん》 ことわざ

意味 いざというときには、遠《とお》くにいてつきあいのない親類《しんるい》よりも、近《ちか》くにいて親《した》しくしている他人《たにん》のほうがたよりになるということ。例 けがをしたときに助《たす》けてくれたのは近所《きんじょ》の人《ひと》だった。まさに遠くの親類より近くの他人だね。
同 遠《とお》い親戚《しんせき》より近《ちか》くの他人《たにん》 英 A near friend is better than a far-dwelling kinsman.（遠《とお》い親戚《しんせき》よりも近《ちか》くの友人《ゆうじん》のほうがよい）

十《とお》で神童《しんどう》十五《じゅうご》で才子《さいし》二十《はたち》すぎれば只《ただ》の人《ひと》 ことわざ
意味 幼《おさな》いころはぬきんでた才能《さいのう》を持《も》っていた子供《こども》も、成長《せいちょう》するにしたがって、平凡《へいぼん》な人間《にんげん》になってしまう。例 十で神童十五で才子二十すぎれば只の人というが、子供《こども》のころの父《ちち》は将来《しょうらい》を期待《きたい》されるほど勉強《べんきょう》ができたが、高校《こうこう》を卒業《そつぎょう》するころにはすっかり勉強嫌《べんきょうぎら》いになっていたそうだ。
参考「神童《しんどう》」は、神《かみ》から才能《さいのう》を与《あた》えられた、非常《ひじょう》に優《すぐ》れた子供《こども》。「才子《さいし》」は、優《すぐ》れた能力《のうりょく》のある人《ひと》。
英 A person at five may be a fool at fifteen.（五歳《ごさい》で大人並《おとなな》みの子《こ》が十五歳《じゅうごさい》でばかになる）

通《とお》り一遍《いっぺん》 慣用句
意味 うわべだけで、心《こころ》のこもっていないこと。例 通り一遍のあいさつ。

度《ど》が過《す》ぎる 慣用句
意味 ちょうどよい程度《ていど》をこしている。
例 いたずらの度が過ぎる。

時《とき》が解決《かいけつ》する 慣用句
意味 つらいことや苦《くる》しいことも、月日《つきひ》がたてば自然《しぜん》に忘《わす》れ、乗《の》りこえられる。
例 時が解決するのを待《ま》つしかない。

時《とき》は金《かね》なり ことわざ
意味 時間《じかん》はお金《かね》のように大切《たいせつ》だから、決《けっ》してむだに使《つか》ってはいけないという教《おし》え。例 なまけるな。時は金なり、だよ。
参考 西洋《せいよう》のことわざ。
英 Time is money.（時《とき》は金《かね》なり）

度肝《どぎも》を抜《ぬ》く 慣用句
意味 非常《ひじょう》にびっくりさせる。例 敵《てき》の度肝を抜く思《おも》いきった作戦《さくせん》。
語源「度肝《どぎも》」の「度《ど》」は、接頭語《せっとうご》で、肝《きも》を強《つよ》める言葉《ことば》。

時《とき》を移《うつ》さず 慣用句
意味 すぐに。ただちに。例 時を移さず実行《じっこう》する。

時《とき》を稼《かせ》ぐ 慣用句
意味 ほかのことで時間《じかん》を引《ひ》きのばして、物事《ものごと》の準備《じゅんび》などを進《すす》める。例 質問《しつもん》をくり返《かえ》して時を稼ぐ。

時《とき》を刻《きざ》む 慣用句
意味 少《すこ》しずつ、確《たし》かに、時間《じかん》が過《す》ぎる。
例 何万年《なんまんねん》もの時を刻んで流《なが》れる川《かわ》。

得意満面《とくいまんめん》 四字熟語
意味 ほこらしそうな気持《きも》ちが顔《かお》いっぱいにあらわれているようす。例 得意満面でじまん話《ばなし》をする。

毒気《どくけ》を抜《ぬ》かれる 慣用句
⇩毒気《どっけ》を抜《ぬ》かれる（298ページ）

読書百遍《どくしょひゃっぺん》義《ぎ》自《おの》ずからあらわる 故事成語
意味 どんなに難《むずか》しい書物《しょもつ》や文章《ぶんしょう》でも、何《なん》回《かい》も読《よ》めば自然《しぜん》に意味《いみ》がわかるようになる。〈『三国志《さんごくし》』〉例 何回《なんかい》も読《よ》みなさい。読書百遍義自ずからあらわる、だよ。
語源 中国《ちゅうごく》の魏《ぎ》の董遇《とうぐう》という学者《がくしゃ》が、弟子《でし》に教《おし》えを請《こ》われたときに言《い》ったという言葉《ことば》から。
同 読書百遍《どくしょひゃっぺん》意《い》自《おの》ずから通《つう》ず

得心《とくしん》が行《い》く 慣用句
意味 心《こころ》から納得《なっとく》する。例 得心が行くまで何回《なんかい》も質問《しつもん》する。
類 納得《なっとく》が行《い》く

独壇場《どくだんじょう》 慣用句

意味 その人《ひと》だけが、思《おも》うままにふるまうことのできる場所《ばしょ》や場面《ばめん》。例 サッカーになると、かれの独壇場だ。

参考 正《ただ》しくは「独擅場（どくせんじょう）」だが、まちがって「どくだんじょう」と読《よ》まれ、「独壇場」と書《か》かれるようになった。

独断専行《どくだんせんこう》 四字熟語

意味 自分一人《じぶんひとり》の考《かんが》えで決《き》め、思《おも》うとおりにおこなうこと。例 かれの独断専行を止《と》めるため、協議《きょうぎ》の場《ば》を設《もう》けた。

毒《どく》**にも薬**《くすり》**にもならない** 慣用句

意味 害《がい》にならないし、ためにもならない。例 毒にも薬にもならない意見《いけん》。

類 沈香《じんこう》も焚《た》かず屁《へ》もひらず 英 to be neither sugar nor salt.（砂糖《さとう》でも塩《しお》でもない）

特筆大書《とくひつたいしょ》 四字熟語

意味 特《とく》に目立《めだ》つように取《と》り上《あ》げて書《か》くこと。例 特筆大書してみんなに知《し》らせる。

独立自尊《どくりつじそん》 四字熟語

意味 人《ひと》にたよらず自力《じりき》で物事《ものごと》をおこなって、自分《じぶん》の尊《とうと》さを守《まも》ること。例 独立自尊の精神《せいしん》を養《やしな》う。

独立独歩《どくりつどっぽ》 四字熟語

意味 ほかの人《ひと》の力《ちから》をたよらないで、自分《じぶん》の思《おも》うとおりにすること。例 独立独歩の道《みち》を歩《あゆ》む。

とぐろを巻《ま》**く** 慣用句

意味 何人《なんにん》かの人《ひと》が、用《よう》もないのにある場《ば》所《しょ》に集《あつ》まっている。例 高校生《こうこうせい》たちが店《みせ》の前《まえ》でとぐろを巻く。

語源 「とぐろ」は、ヘビが体《からだ》をうずまきのように巻《ま》いた状態《じょうたい》でいること。

毒《どく》**を食**《く》**らわば皿**《さら》**まで** ことわざ

意味 いったん悪《わる》いことをしてしまったら、とことんやりとおすことのたとえ。

例 毒を食らわば皿までのつもりなのか、一人《ひとり》の犯人《はんにん》によると思《おも》われる事件《じけん》が続《つづ》いている。

語源 毒《どく》を食《た》べるからには、それをのせた皿《さら》までなめるということから。

類 尾《お》を踏《ふ》まば頭《かしら》まで 英 As well be hanged for a sheep as for a lamb.（絞首刑《こうしゅけい》になるなら、子羊《こひつじ》より親羊《おやひつじ》を盗《ぬす》んだほうがましである）

毒《どく》**をもって毒**《どく》**を制**《せい》**す** 慣用句

意味 悪《わる》いものをのぞくために、ほかの悪《わる》いものを使《つか》うことのたとえ。例 抗《こう》がん剤《ざい》には毒性《どくせい》もあり、がんを死滅《しめつ》させる、まさに毒をもって毒を制す治療法《ちりょうほう》だ。

語源 毒《どく》の害《がい》を防《ふせ》ぐために、ほかの毒《どく》を使《つか》うということから。

類 盗人《ぬすびと》の番《ばん》には盗人《ぬすびと》を使《つか》え 英 Set a thief to catch a thief.（泥棒《どろぼう》は泥棒《どろぼう》に捕《と》らえさせよ）

床《とこ》**に就**《つ》**く** 慣用句

意味 ❶ねどこに入《はい》ってねる。例 ゆうべは早《はや》く床に就いた。❷病気《びょうき》になってねこむ。例 祖母《そぼ》は、ちょっとした風邪《かぜ》がもとで床に就いた。

どこの馬《うま》**の骨**《ほね》 慣用句

意味 身元《みもと》のはっきりしない人《ひと》。例 どこの馬の骨ともわからない男《おとこ》。

語源 「馬《うま》の骨《ほね》」は、出身《しゅっしん》や身分《みぶん》のわからない人《ひと》を悪《わる》く言《い》う言葉《ことば》。

どこ吹《ふ》**く風**《かぜ》 慣用句

意味 人《ひと》の言《い》うことやすることなどを、少《すこ》しも気《き》にしないようす。例 母《はは》が小言《こごと》を言《い》っても、弟《おとうと》はどこ吹く風といった顔《かお》を

と

して聞《き》き流《なが》す。

所《ところ》変《か》われば品《しな》変《か》わる ことわざ ⇒世界のことわざ（297ページ）

意味 土地《とち》がちがうと、言葉《ことば》や習慣《しゅうかん》などもちがってくることのたとえ。例 所変われば品変わるで、月見《つきみ》だんごは地方《ちほう》によって具材《ぐざい》もかざり方《かた》もずい分《ぶん》とちがう。類 難波《なにわ》の葦《あし》は伊勢《いせ》の浜荻《はまおぎ》 英 So many countries, so many customs.（国《くに》の数《かず》だけ習慣《しゅうかん》がある）

所《ところ》を得《え》る 慣用句

意味 その人《ひと》にふさわしい地位《ちい》や仕事《しごと》につく。例 所を得て活躍《かつやく》する。

年《とし》が明《あ》ける 慣用句

意味 新《あら》しい年《とし》になる。例 次《つぎ》の会合《かいごう》は、年が明けてからにしよう。

世界《せかい》のことわざ　所《ところ》変《か》われば品《しな》変《か》わる

エストニア

それぞれの農家《のうか》ごとに独自《どくじ》のビールがある

日本《にほん》では大手《おおて》の会社《かいしゃ》などがビールをつくっているイメージですが、ヨーロッパではそれぞれの農家《のうか》でビールを醸造《じょうぞう》していました。ヨーロッパでは、現在《げんざい》でも小《ち》さな村《むら》ごとの醸造所《じょうぞうしょ》があり、地域《ちいき》によって風味《ふうみ》がちがうため、お祭《まつ》りをやりながら、どこがいちばんおいしいか競《きそ》い合《あ》っています。

インドネシア

野原《のはら》がちがえば虫《むし》がちがう（淵《ふち》がちがえば魚《さかな》がちがう）

インドネシアには熱帯雨林《ねったいうりん》があり、昆虫《こんちゅう》や鳥《とり》などの種類《しゅるい》が多《おお》いことで知《し》られています。

フランス

パリではからしを呼《よ》び子《こ》を鳴《な》らして売《う》るが、ルーアンでは大声《おおごえ》でさけんで売《う》る

「呼《よ》び子《こ》」は、人《ひと》を呼《よ》ぶための小《ちい》さいふえ。パリはフランスの首都《しゅと》、ルーアンはフランス北西部《ほくせいぶ》の中世《ちゅうせい》からの都市《とし》。ルーアン大聖堂《だいせいどう》が有名《ゆうめい》です。

年《とし》が改《あらた》まる 慣用句
意味 新《あたら》しい年《とし》になる。また、年号《ねんごう》が変《か》わる。例 平成《へいせい》から令和《れいわ》に**年が改まる**。

年甲斐《としがい》もなく 慣用句
意味 その年齢《ねんれい》にふさわしくない行動《こうどう》や考《かんが》え方《かた》をするようす。例 父《ちち》は、**年甲斐もなく**社内運動会《しゃないうんどうかい》でがんばりすぎて、体《からだ》が痛《いた》いとぼやいている。

年《とし》には勝《か》てない 慣用句
意味 年《とし》をとると体力《たいりょく》がなくなり、若《わか》いときのようなわけにはいかない。例 気力《きりょく》は十分《じゅうぶん》だが体《からだ》がついていけなくなった。**年には勝てない**なあ。
英 You can't turn back the clock.（過《す》ぎた時間《じかん》は戻《もど》せない）

年《とし》の功《こう》 慣用句
意味 年《とし》をとって経験《けいけん》を積《つ》み、知識《ちしき》や物事《ものごと》を解決《かいけつ》する力《ちから》があること。例 **年の功**でリーダーに選《えら》ばれた。

年《とし》は争《あらそ》えない 慣用句
意味 若《わか》いつもりでも、体力《たいりょく》や体《からだ》つきのおとろえはかくすことができない。例 ちょっと走《はし》っただけで苦《くる》しくなった。**年は争えない**ものだ。

類 年《とし》には勝《か》てない

徒手空拳《としゅくうけん》 四字熟語
意味 手《て》に何《なに》も持《も》たないこと。例 **徒手空拳**で立《た》ち向《む》かう。
語源「徒手《としゅ》」も「空拳《くうけん》」も、手《て》に何《なに》も持《も》たないこと。

年寄《としよ》りの冷《ひ》や水《みず》 ことわざ
意味 年《とし》をとった人《ひと》が、無理《むり》して危《あぶ》ないことをしたり出《で》しゃばったりすること。例 **年寄りの冷や水**にならぬよう、運動《うんどう》はほどほどにしよう。
語源 年寄《としよ》りが冷《つめ》たい水《みず》をかぶったり飲《の》んだりするのは体《からだ》に悪《わる》いということから。
参考 (1)いろはがるた（江戸《えど》）の一《ひと》つ。(2)老人《ろうじん》が年《とし》に合《あ》わないことをすることをいましめたり冷《ひ》やかしたりする表現《ひょうげん》。
類 老《お》いの木登《きのぼ》り 英 An old sack asketh much patching.（古《ふる》い袋《ふくろ》はおおいに継《つ》ぎの要《よう》あり）

年《とし》を食《く》う 慣用句
意味 年《とし》をとる。例 だいぶ**年を食っ**た男《おとこ》。

年《とし》を越《こ》す 慣用句
意味 前《まえ》の年《とし》をおくって新年《しんねん》をむかえる。例 父《ちち》の実家《じっか》で**年を越す**。

どじを踏《ふ》む 慣用句
意味 間《ま》のぬけた失敗《しっぱい》をする。例 大事《だいじ》な仕事《しごと》で**どじを踏む**。

年《とし》を経《へ》る 慣用句
意味 長《なが》い年月《ねんげつ》がたつ。例 **年を経**て立派《りっぱ》な大木《たいぼく》になる。

塗炭《とたん》の苦《くる》しみ 故事成語
意味 泥《どろ》にまみれ、火《ひ》に焼《や》かれるような苦《くる》しみ。〈『書経《しょきょう》』〉例 裏切《うらぎ》られて**塗炭の苦しみ**を味《あじ》わう。
語源「塗炭《とたん》」は、泥《どろ》と火《ひ》の意味《いみ》。泥《どろ》の中《なか》や火《ひ》の中《なか》にいる苦《くる》しみから。

土壇場《どたんば》 慣用句
意味 これ以上《いじょう》どうしようもない、ぎりぎりのところ。例 **土壇場**でふんばって逆《ぎゃく》転勝《てんが》ちした。

毒気《どっけ》を抜《ぬ》かれる 慣用句
意味 非常《ひじょう》におどろかされて、相手《あいて》に働《はたら》きかける気力《きりょく》がなくなる。例 文句《もんく》を言《い》うつもりだったのに大泣《おおな》きされて**毒気を抜かれた**。
語源「毒気」は、「どっき」ともいう。
同 毒気《どくけ》を抜《ぬ》かれる

と

突然変異《とつぜんへんい》 四字熟語

意味 生物学《せいぶつがく》で、親《おや》とちがった新《あたら》しい形《かたち》や性質《せいしつ》が突然《とつぜん》に子《こ》にあらわれて、それが遺《い》伝《でん》すること。 例 突然変異によってできた品種《ひんしゅ》。

取《と》って付《つ》けたよう 慣用句

意味 言葉《ことば》や態度《たいど》などが不自然《ふしぜん》で、わざとらしいようす。 例 取って付けたようなお世辞《せじ》を言《い》われても白《しら》けるだけだ。

突拍子《とっぴょうし》もない 慣用句

意味 ふつうとはひどくちがっていて、思《おも》いがけない。突飛《とっぴ》である。 例 妹《いもうと》はときどき突拍子もないことを言《い》い出《だ》す。

トップを切《き》る 慣用句

意味 ❶競走《きょうそう》で先頭《せんとう》を走《はし》る。 例 リレーでトップを切っているのは、わたしの兄《あに》だ。

❷真《ま》っ先《さき》に始《はじ》める。 例 トップを切って開発《かいはつ》に着手《ちゃくしゅ》する。

途轍《とてつ》もない 慣用句

意味 ふつうでは考《かんが》えられないような状《じょう》態《たい》である。 例 途轍もない新記録《しんきろく》が出《で》た。

語源 「途轍《とてつ》」は、すじみち。道理《どうり》。

徒党《ととう》を組《く》む 慣用句

意味 よくないことをするために寄《よ》り集《あつ》まる。 例 徒党を組んで悪事《あくじ》を働《はたら》く。

とどのつまり 慣用句

意味 いろいろなことがあって、結局《けっきょく》のところ。

例 さんざんもめたが、とどのつまり最初《さいしょ》の案《あん》が採用《さいよう》された。

語源 魚《さかな》のボラは、成長《せいちょう》するにつれて、「おぼこ」「いな」「ぼら」などと名《な》をかえ、最《さい》後《ご》に「とど」となることから。

とど

とどめを刺《さ》す 慣用句

意味 ❶相手《あいて》に大《おお》きな打撃《だげき》や損害《そんがい》をあたえて、反撃《はんげき》できないようにする。 例 満塁《まんるい》ホームランでとどめを刺す。

❷…が一番優《いちばんすぐ》れている。 例 秋《あき》の味覚《みかく》はマツタケにとどめを刺すと、父《ちち》が言《い》う。

参考 ②は「―は…にとどめを刺《さ》す」の形《かたち》で用《もち》いる。

隣《となり》の芝生《しばふ》は青《あお》い ことわざ

⇩隣《となり》の花《はな》は赤《あか》い（299ページ）

★**隣《となり》の花《はな》は赤《あか》い** ことわざ

⇩世界のことわざ（301ページ）

意味 他人《たにん》のものは何《なん》でもよく見《み》えて、うらやましく思《おも》えることのたとえ。

例 自分《じぶん》の服《ふく》よりも友達《ともだち》の服《ふく》の方《ほう》がすてきに見《み》える。まさに隣の花は赤い、だ。

語源 隣《となり》の家《いえ》の庭《にわ》にさく花《はな》は、自分《じぶん》の家《いえ》の花《はな》よりも赤《あか》く見《み》えるということから。

類 隣《となり》の芝生《しばふ》は青《あお》い／隣《となり》の糂汰味噌《じんだみそ》／隣の飯《めし》はうまい／人《ひと》の花《はな》は赤《あか》い 英 The grass is always greener on the other side of the fence.（垣《かき》の向《む》こうの芝生《しばふ》はいつも青《あお》く見《み》える）

とばっちりを食《く》う 慣用句

意味 そばにいたために、思《おも》わぬ災難《さいなん》にあう。 例 けんかのとばっちりを食う。

参考 「とばっちり」は、「とばしり」（＝しぶき)」から変化《へんか》した、くだけた言《い》い方《かた》。
類 側杖《そばづえ》を食《く》う／巻《ま》き添《ぞ》えを食《く》う

怒髪天《どはつてん》を衝《つ》く 故事成語

意味 髪《かみ》の毛《け》が逆立《さかだ》つほど激《はげ》しくいかる。〈『史記《しき》』〉 例 うそだとわかったときのかれの形相《ぎょうそう》は、まさに**怒髪天を衝く**というようすだった。

語源 中国《ちゅうごく》の戦国時代《せんごくじだい》、趙《ちょう》の国《くに》の宝玉《ほうぎょく》を、強国秦《きょうこくしん》の昭王《しょうおう》が、欲《ほ》しがり、十五《じゅうご》の城《しろ》と交換《こうかん》しようともちかけた。趙《ちょう》の使者《ししゃ》として藺相如《りんしょうじょ》が宝玉《ほうぎょく》を持《も》っていくが、宝玉《ほうぎょく》を手《て》にした昭王《しょうおう》は約束《やくそく》を守《まも》る気《き》がない。藺相如《りんしょうじょ》は、機転《きてん》を利《き》かせて宝玉《ほうぎょく》をとりもどすと、昭王《しょうおう》の不誠実《ふせいじつ》な態度《たいど》に、髪《かみ》の毛《け》を逆立《さかだ》てて怒《おこ》ったところ、その気迫《きはく》におされて、昭王《しょうおう》は宝玉《ほうぎょく》をあきらめたという話《はなし》から。

参考 ⬇完璧《かんぺき》
同 怒《ど》髪冠《はつかんむり》を衝《つ》く

★★
鳶《とび》が鷹《たか》を生《う》む ことわざ

意味 平凡《へいぼん》な親《おや》から優《すぐ》れた子供《こども》が生《う》まれることのたとえ。 例 両親《りょうしん》は運動《うんどう》が得意《とくい》ではないが、息子《むすこ》はオリンピック選手《せんしゅ》になった。まさに**鳶が鷹を生む**、だね。

語源 ありふれた鳥《とり》のトビが、力《ちから》の強《つよ》いタカを生《う》むということから。
同 鳶《とんび》が鷹《たか》を生《う》む　対 瓜《うり》の蔓《つる》に茄子《なすび》はならぬ　英 A black hen lays white eggs.（黒《くろ》い鶏《にわとり》が白《しろ》い卵《たまご》を産《う》む）

鳶《とび》に油揚《あぶらあ》げをさらわれる ことわざ

⬇鳶《とんび》に油揚《あぶらあ》げをさらわれる （306ページ）

飛《と》ぶ鳥跡《とりあと》を濁《にご》さず ことわざ

⬇立《た》つ鳥跡《とりあと》を濁《にご》さず （254ページ）

飛《と》ぶ鳥《とり》を落《お》とす勢《いきお》い 慣用句

意味 勢《いきお》いや権力《けんりょく》が非常《ひじょう》に強《つよ》いようす。
例 **飛ぶ鳥を落とす勢い**の若手実業家《わかてじつぎょうか》。
語源 空《そら》を飛《と》んでいる鳥《とり》でさえ、その勢《いきお》いにおされて地面《じめん》に落《お》ちるということから。
同 飛《と》ぶ鳥《とり》も落《お》とす勢《いきお》い

★
途方《とほう》に暮《く》れる 慣用句

意味 手段《しゅだん》がつきて、どうしたらよいかわからなくなる。 例 道《みち》に迷《まよ》って**途方に暮れる**。

途方《とほう》もない 慣用句

意味 ❶道理《どうり》に合《あ》わない。とんでもない。
例 そんなことを考《かんが》えるとは**途方もない**

ネパール

よその奥《おく》さんは美人《びじん》に見《み》える

よその家《いえ》の奥《おく》さんは自分《じぶん》の奥《おく》さんより美《うつく》しく見《み》えてしまうことです。このことは万国共通《ばんこくきょうつう》のようです。

ポルトガル

隣《となり》の山羊《やぎ》はうちより乳《ちち》の出がよい

隣《となり》の家《いえ》にいるヤギは、自分《じぶん》のヤギとあまり変《か》わりがないのに、自分《じぶん》のよりもいっぱい乳《ちち》が出《で》るように感《かん》じてしまうものです。

その他 スペイン

と

ことだ。

❷物事《ものごと》の程度《ていど》がなみはずれている。

例 途方もない大《おお》きな望《のぞ》みをもつ。

朋《とも》あり遠方《えんぽう》より来《き》たる 故事成語

意味 同《おな》じ志《こころざし》をもった友《とも》が、遠《とお》くから訪《たず》ねて来《き》てくれる。仲間《なかま》がいる楽《たの》しさやうれしさをあらわす言葉《ことば》。〈『論語《ろんご》』〉

例 朋あり遠方より来たるで、祖父《そふ》は訪《たず》ねてきた旧友《きゅうゆう》と楽《たの》しそうに話《はな》していた。

語源 もとは、同《おな》じ学問《がくもん》をいっしょに学《まな》ぼうとする仲間《なかま》について言《い》った。

★**捕《と》らぬ狸《たぬき》の皮算用《かわざんよう》** ことわざ ⇒世界の ことわざ（303ページ）

意味 まだ手《て》にしていないうちから、あれこれあてにして計《けい》算《さん》すること。

例 母《はは》は、宝《たから》くじが当《あ》たる前《まえ》から、捕らぬ狸の皮算用で、何《なに》を買《か》うか決《き》めている。

語源 つかまえてもいないタヌキの皮《かわ》を、いくらで売《う》ろうかと考《かんが》えることから。

類 儲《もう》けぬ前《まえ》の胸算用《むなざんよう》 **英** to sell the bear's skin before one has caught the bear.（熊《くま》を捕《と》らえる前《まえ》にその皮《かわ》を売《う》る）

虎《とら》の威《い》を借《か》る狐《きつね》 故事成語

意味 自分《じぶん》には力《ちから》がないのに、強《つよ》い人《ひと》の力《ちから》をたより、そのかげにかくれていばること。〈『戦国策《せんごくさく》』〉

例 リーダーに気《き》に入《い》られているのをいいことに好《す》き勝手《かって》なことをするなんて、虎の威を借る狐だね。

語源 トラに食《た》べられそうになったキツネが、「わたしは神《かみ》のつかいだから、食《た》べるとばちがあたる。うそだと思《おも》うなら、ついてきなさい。」と言《い》った。ほかの動《どう》物《ぶつ》たちは、キツネの後《うし》ろにいるトラをお

世界《せかい》のことわざ　隣《となり》の花《はな》は赤《あか》い

アメリカ

隣《となり》の芝生《しばふ》は青《あお》い

アメリカでよく使《つか》われることわざで、日《に》本《ほん》でもテレビドラマから広《ひろ》まりました。

ブルガリア

他人《たにん》の卵《たまご》には黄身《きみ》が二《ふた》つある

まれに黄身《きみ》が二《ふた》つある卵《たまご》もありますが、他人《たにん》の卵《たまご》だからといってそうそう二《ふた》つあるはずはありません。うらやましがることによって、そう思《おも》えてしまうことのたとえです。

それてにげたのだが、トラはキツネをおそれてにげたと思《おも》ったという話《はなし》から。

英 an ass in a lion's skin（ライオンの皮《かわ》をかぶったロバ）

虎《とら》の尾《お》を踏《ふ》む　故事成語

意味 きわめて危《き》険《けん》なことをすることのたとえ。〈『易《えき》経《きょう》』〉 例 このかけひきは、まさに虎の尾を踏むようなものだ。

類 虎《とら》の口《くち》へ手《て》を入《い》れる

虎《とら》の子《こ》　慣用句

意味 大《たい》切《せつ》にしまっている品《しな》物《もの》やお金《かね》。 例 虎の子の三《さん》万《まん》円《えん》をおろして、カメラを買《か》った。

語源 トラは自《じ》分《ぶん》の子《こ》をとても大《だい》事《じ》にするといわれることから。

虎《とら》の巻《まき》　故事成語

意味 兵《へい》法《ほう》（＝戦《いくさ》のしかた）の一《いち》番《ばん》大《だい》事《じ》な事《こと》がらを書《か》いたもの。また、教《きょう》科《か》書《しょ》などの内《ない》容《よう》をわかりやすく解《かい》説《せつ》した参《さん》考《こう》書《しょ》。

例 虎の巻をたよりに宿《しゅく》題《だい》をする。

参考 中《ちゅう》国《ごく》の兵《へい》法《ほう》書《しょ》『六《りく》韜《とう》』の「虎《こ》韜《とう》巻《かん》」という巻《かん》名《めい》から。

虎《とら》は死《し》して皮《かわ》を留《とど》め人《ひと》は死《し》して名《な》を残《のこ》す　ことわざ

意味 死《し》後《ご》に名《めい》誉《よ》や功《こう》績《せき》などが残《のこ》るようにすべきであるという教《おし》え。 例 虎は死して皮を留め人は死して名を残すといわれる生《い》き方《かた》をしたいものだ。

語源 トラが死《し》んだ後《あと》に美《うつく》しい毛《け》皮《がわ》を残《のこ》すように、人《ひと》も死《し》んだ後《あと》に名《めい》誉《よ》や功《こう》績《せき》を残《のこ》せるように生《い》きなければならないということから。

同 虎《とら》は死《し》して皮《かわ》を残《のこ》し人《ひと》は死《し》して名《な》を残《のこ》す　英 He has not lived that lives not after death.（死《し》して生《い》きざるは生《い》きたるにあらず）

虎《とら》は千《せん》里《り》行《い》って千《せん》里《り》帰《かえ》る　ことわざ

意味 勢《いきお》いが盛《さか》んなことのたとえ。また、親《おや》が子《こ》を思《おも》う心《こころ》の深《ふか》いことのたとえ。

例 虎は千里行って千里帰るというが、母《はは》はどんなに仕《し》事《ごと》で疲《つか》れていても、笑《え》顔《がお》を絶《た》やさず接《せっ》してくれた。

語源 獣《けもの》の王《おう》であるトラは、一《いち》日《にち》に千《せん》里《り》もの遠《とお》い道《みち》のりを行《い》き、またその道《みち》をもどってくることができるという意《い》味《み》から。

類 虎《とら》は一《いち》日《にち》千《せん》里《り》行《い》く

虎《とら》を野《の》に放《はな》つ　ことわざ

意味 危《き》険《けん》なものを野《の》放《ばな》しにして災《わざわ》いの元《もと》を作《つく》ることのたとえ。 例 あんなやつを許《ゆる》すとは、虎を野に放つようなものだ。

同 千《せん》里《り》の野《の》に虎《とら》を放《はな》つ

取《と》り返《かえ》しがつかない　慣用句

意味 元《もと》の状《じょう》態《たい》にもどすことができない。

例 早《はや》く医《い》者《しゃ》にみせないと取り返しがつかないことになる。

★取《と》り付《つ》く島《しま》もない　慣用句

意味 相《あい》手《て》がとげとげしくて、話《はな》しかけるきっかけもない。相《あい》手《て》の態《たい》度《ど》が冷《つめ》たく、たよりにすることができない。 例 姉《あね》をおこらせてしまった。話《はな》しかけても横《よこ》を向《む》いてしまい取り付く島もない。

取《と》り留《と》めがない　慣用句

意味 つかみどころがない。まとまりがない。 例 取り留めがない話《はなし》。

語源「取《と》り留《と》め」は、しっかりと定《さだ》まること。

鳥《とり》なき里《さと》のこうもり ことわざ

↓世界のことわざ（305ページ）

意味 優《すぐ》れた者《もの》のいない所《ところ》では、つまらない者がいばるということのたとえ。

例 一流選手《いちりゅうせんしゅ》がいない大会《たいかい》で勝《か》って得意《とくい》になっているが、まるで**鳥なき里のこうもり**だ。

語源 コウモリは鳥《とり》ではなく、ほにゅう類《るい》の動物《どうぶつ》。鳥《とり》がいない所《ところ》で、自分《じぶん》ほどよく飛《と》ぶ者《もの》はいないと、コウモリがじまんするということから。

類 貂《てん》なき森《もり》のいたち **英** For want of a wise man, a fool is set in the chair.（賢者《けんじゃ》がいないと愚者《ぐしゃ》が議長席《ぎちょうせき》に着《つ》く）

鳥肌《とりはだ》が立《た》つ 慣用句

意味 寒《さむ》さやおそろしさで、ひふが毛《け》をむ

世界《せかい》のことわざ 捕《と》らぬ狸《たぬき》の皮算用《かわざんよう》

コンゴ共和国《きょうわこく》

ジャッカルを捕《つか》まえる前《まえ》に毛皮《けがわ》を売《う》るな

ジャッカルは、体形《たいけい》がオオカミとキツネの中間《ちゅうかん》の獣《けもの》で、南《みなみ》アジアからアフリカ南《なん》部《ぶ》にかけて生息《せいそく》します。死肉《しにく》や小動物《しょうどうぶつ》などを食《た》べ、毛皮《けがわ》は価値《かち》があります。

その他《た》 コンゴ民主共和国《みんしゅきょうわこく》、ルワンダ

ロシア

熊《くま》を捕《と》らえる前《まえ》に熊《くま》の皮《かわ》を売《う》るな

クマの毛皮《けがわ》は防寒用《ぼうかんよう》のコートや帽子《ぼうし》、敷《し》物《もの》などに使《つか》われ、人気《にんき》がありますが、クマを捕《つか》まえる前《まえ》に売《う》ってはダメです。

その他《た》 フランス、ドイツ、イギリス、ブルガリア

韓国《かんこく》

卵《たまご》をかえす前《まえ》にひよこを数《かぞ》えるな

ニワトリのタマゴは、あたためてもすべてヒヨコにかえるとはかぎりません。不確《ふたし》かなことをあてにして、自分《じぶん》につごうのよい計画《けいかく》をたてることをいましめる表現《ひょうげん》です。

しった後《あと》の鳥《とり》の肌《はだ》のようにぶつぶつになる。例 こわい話《はなし》を聞《き》いて**鳥肌が立つ**。

参考 強《つよ》い感動《かんどう》を受《う》けたときにも用《もち》いることがある。

取《と》るに足《た》りない 慣用句

意味 取《と》り上《あ》げて言《い》うほどの価値《かち》もない。

例 **取るに足りない**意見《いけん》。

同 取《と》るに足《た》らない

取《と》る物《もの》も取《と》りあえず 慣用句

意味 持《も》って行《い》く物《もの》を取《と》るひまもないくらい、急《いそ》いで。例 急病《きゅうびょう》と聞《き》いて、**取る物も取りあえず**かけつけた。

泥仕合《どろじあい》 慣用句

意味 正《ただ》しい議論《ぎろん》をせず、たがいに相手《あいて》の欠点《けってん》やひみつなどをあばいて勝《か》とうとすること。また、そのようなみにくい争《あらそ》い。例 与党《よとう》と野党《やとう》が**泥仕合**を演《えん》じる。

泥縄《どろなわ》 ことわざ

⇒泥棒《どろぼう》を捕《と》らえて縄《なわ》をなう（304ページ）

泥《どろ》のように 慣用句

意味 ぐっすり眠《ねむ》りこんでいるようす。

例 つかれているのか、**泥のように**眠《ねむ》っている。

泥棒《どろぼう》に追《お》い銭《せん》 ことわざ

意味 損《そん》をしたうえに、さらに損《そん》をすることのたとえ。例 こんなまずい物《もの》を食《た》べさせられたうえに、高《たか》いお金《かね》をはらうなんて、まるで**泥棒に追い銭**じゃないか。

語源 泥棒《どろぼう》に物《もの》をとられて、その上《うえ》お金《かね》をやるということから。

同 盗人《ぬすびと》に追《お》い銭《せん》

泥棒《どろぼう》にも三分《さんぶ》の理《り》 ことわざ

意味 どんなひどいことをしても、何《なに》かしらの理屈《りくつ》をつけられるということ。また、罪《つみ》を犯《おか》すにはそれなりの理由《りゆう》があり、同情《どうじょう》の余地《よち》も必要《ひつよう》だということ。

例 あまりに美《うつく》しいので、つい取《と》ってしまったなんて、**泥棒にも三分の理**といったところだね。

同 盗人《ぬすびと》にも三分《さんぶ》の理《り》 英 Give the devil his due.（悪魔《あくま》にも権利《けんり》は認《みと》めよ）

泥棒《どろぼう》を捕《と》らえて縄《なわ》をなう ことわざ

意味 困《こま》ったことが起《お》きてから、あわてて対応《たいおう》することのたとえ。例 地震《じしん》が起《お》きてから避難《ひなん》の荷物《にもつ》をまとめるなんて、**泥棒を捕らえて縄をなう**ようなものだ。

同 泥縄《どろなわ》／盗人《ぬすびと》を捕《と》らえて縄《なわ》をなう／盗《ぬす》人《びと》を見《み》て縄《なわ》をなう 英 to lock the stable after the horse is stolen（馬《うま》が盗《ぬす》まれた後《あと》に馬《うま》小屋《ごや》の鍵《かぎ》をかける）

泥《どろ》をかぶる 慣用句

意味 他人《たにん》の失敗《しっぱい》や悪事《あくじ》の責任《せきにん》を負《お》う。

例 部下《ぶか》のミスの**泥をかぶる**。

泥《どろ》を塗《ぬ》る 慣用句

⇒顔《かお》に泥《どろ》を塗《ぬ》る（88ページ）

泥《どろ》を吐《は》く 慣用句

意味 調《しら》べられて、かくしていたことなどを言《い》う。悪事《あくじ》をすっかり白状《はくじょう》する。

例 問《と》いつめられた容疑者《ようぎしゃ》が**泥を吐く**。

度《ど》を失《うしな》う 慣用句

意味 ふだんの落《お》ち着《つ》きをなくして、あわてる。例 突然《とつぜん》の地震《じしん》に**度を失う**。

度《ど》を過《す》ごす 慣用句

意味 ちょうどよい度合《どあ》いをこえる。

例 **度を過ごし**た悪《わる》ふざけをして、きつくしかられる。

同 度《ど》を越《こ》える／度《ど》を越《こ》す

世界《せかい》のことわざ　鳥《とり》なき里《さと》のこうもり

トルコ

羊《ひつじ》がいないところでは山羊《やぎ》が女王様《じょおうさま》だ

ヒツジはおとなしい獣《けもの》で草《くさ》を食《た》べます。羊毛《ようもう》が取《と》れ、食肉《しょくにく》としても価値《かち》があります。ヤギは草《くさ》や低木《ていぼく》の葉《は》を食《た》べ、活動的《かつどうてき》ですが、ヒツジより価値《かち》はおとります。

アイツがいなければ
ワタシが女王《じょおう》よ！

今日《きょう》から
ワシが王様《おうさま》じゃ！
トラ

中国《ちゅうごく》

山《やま》に虎《とら》がいないと犬《いぬ》が王様《おうさま》を名乗《なの》る

中国《ちゅうごく》では、トラは「地上《ちじょう》で最強《さいきょう》の動物《どうぶつ》」とされています。強《つよ》いトラがいなくなると、犬《いぬ》のような小《ちい》さな動物《どうぶつ》が大物《おおもの》のようにふるまう、というたとえです。

インドネシア

鷲《わし》のいないところでは雀《すずめ》が鷲《わし》のふりをする

ワシのような大《おお》きくて強《つよ》い鳥《とり》がいないところでは、小《ちい》さいスズメがワシのように、えらそうにふるまうこと。スズメはつまらないものの象徴《しょうちょう》です。

オイラは強《つよ》いぞ！
チュンチュン！

★★

どんぐりの背《せい》比《くら》べ　ことわざ

意味 どれも同《おな》じくらいで、特《とく》に優《すぐ》れたものがないこと。**例** 今《こん》回《かい》のおうぼ作品《さくひん》は、**どんぐりの背比べ**で、最優秀《さいゆうしゅう》賞《しょう》を選《えら》ぶのに苦労《くろう》した。

語源 どんぐりは、どれも形《かたち》や大《おお》きさが同《おな》じくらいであることから。

英 Neither barrel better herring.（どの樽《たる》のにしんも優劣《ゆうれつ》なし）

飛《と》んで火《ひ》に入《い》る夏《なつ》の虫《むし》　ことわざ

意味 自分《じぶん》から進《すす》んで、危《あぶ》ないところに入《はい》って、災《わざわ》いを受《う》けることのたとえ。**例** 気《き》が立《た》っている連中《れんちゅう》の所《ところ》に自分《じぶん》から出《で》かけて行《い》くなんて、**飛んで火に入る夏の虫**だよ。

語源 夏《なつ》の夜《よる》、明《あか》るい火《ひ》に寄《よ》ってきた虫《むし》が、火《ひ》に焼《や》かれて死《し》ぬことから。

英 The fly that plays too long by the

candle singes his wings at last.（ろうそくのまわりを長《なが》く飛《と》び回《まわ》るはえは、やがて羽《はね》を焼《や》いてしまう）

鳶《とんび》が鷹《たか》を生《う》む ことわざ
⇩鳶《とび》が鷹《たか》を生《う》む（300ページ）

鳶《とんび》に油《あぶら》揚《あ》げをさらわれる ことわざ
意味 大事《だいじ》なものをさっと横《よこ》からとられることのたとえ。例 目《め》をかけていた選手《せんしゅ》をほかのチームにとられた。まさに鳶に油揚げをさらわれる、だ。
語源 手《て》に持《も》っていた油揚《あぶらあ》げを、飛《と》んでいるトンビにとられるということから。
同 鳶《とび》に油揚《あぶらあ》げをさらわれる

丼勘定《どんぶりかんじょう》 慣用句
意味 手元《てもと》にあるお金《かね》を大《おお》ざっぱに出《だ》し入《い》れすること。例 家計簿《かけいぼ》をつけず、丼勘定で済《す》ませる。
語源 昔《むかし》、職人《しょくにん》などが丼《どんぶり》（＝衣服《いふく》についている大《おお》きなポケットのようなもの）の中《なか》へお金《かね》を入《い》れ、そこから適当《てきとう》に出《だ》して使《つか》ったことから。

とんぼ返《がえ》り 慣用句
意味 目的地《もくてきち》へ着《つ》いて、すぐに引《ひ》きかえすこと。例 父《ちち》は今日《きょう》、大阪《おおさか》までとんぼ返りの出張《しゅっちょう》だ。
注意「とんぼ帰り」は誤《あやま》り。

な

★内柔外剛《ないじゅうがいごう》 四字熟語
意味 おだやかで優《やさ》しいが、うわべはいかめしく強《つよ》そうに見《み》えること。〈『易経《えききょう》』〉
例 かれは内柔外剛で、実《じつ》は心優《こころやさ》しい愛犬《あいけん》家《か》なんだよ。
対 外柔内剛《がいじゅうないごう》

内助《ないじょ》の功《こう》 慣用句
意味 表《おもて》に出《で》ない働《はたら》き。特《とく》に、仕事《しごと》をする夫《おっと》を支《ささ》える妻《つま》の働《はたら》きのこと。例 妻《つま》の内助の功に感謝《かんしゃ》する。

ない袖《そで》は振《ふ》れない ことわざ
意味 実際《じっさい》に持《も》っていないものは出《だ》しようがない。例 貸《か》してあげたいのはやまやまだが、ない袖は振れない。
語源 袖《そで》のない着物《きもの》を着《き》ているときには、袖《そで》を振《ふ》ることはできないということから。
同 ない袖《そで》は振《ふ》れぬ

泣《な》いて暮《く》らすも一生《いっしょう》笑《わら》って暮《く》らすも一生《いっしょう》 ことわざ
意味 悲《かな》しんで暮《く》らしても、楽《たの》しんで暮《く》らしても、どちらも同《おな》じ一生《いっしょう》ならば楽《たの》しく暮《く》らしたほうがよい。例 泣いて暮らすも一生笑って暮らすも一生なのだから、前向《まえむ》きに生《い》きたいものだ。
英 As long lives a merry man as a sad.（陽気《ようき》な者《もの》は陰気《いんき》な者《もの》と同《おな》じ年月《ねんげつ》を生《い》きる）

泣《な》いて馬謖《ばしょく》を斬《き》る 故事成語
意味 全体《ぜんたい》の規律《きりつ》を保《たも》つために、しかたなくかわいがっている者《もの》を処分《しょぶん》することのたとえ。〈『三国志《さんごくし》』〉例 腹心《ふくしん》の部下《ぶか》のかれに、この仕事《しごと》からはずれてもらうことにした。泣いて馬謖を斬る、だ。

語源 蜀《しょく》の名将諸葛孔明《めいしょうしょかつこうめい》がかわいがっていた部下《ぶか》の馬謖《ばしょく》は、重要《じゅうよう》な作戦《さくせん》をまかされていたが、命令《めいれい》にそむいて大敗《たいはい》した。孔明《こうめい》は、馬謖《ばしょく》の才能《さいのう》をおしみつつ、泣《な》く泣《な》く処刑《しょけい》した話《はなし》から。

英 Be just before you are generous.（寛《かん》大《だい》に見《み》る前《まえ》に正当《せいとう》にあつかえ）

泣《な》いても笑《わら》っても 慣用句

意味 どのようにしてみても事実《じじつ》や結果《けっか》は変《か》わらないということのたとえ。

例 泣いても笑っても本番《ほんばん》まであと一週《いっしゅう》間《かん》しかない。

参考 多《おお》く、期限《きげん》がせまっている場合《ばあい》に用《もち》いる。

類 どうあがいても／どう転《ころ》んでも

内憂外患《ないゆうがいかん》 四字熟語

意味 自分《じぶん》の国《くに》の中《なか》にある心配事《しんぱいごと》と、外国《がいこく》から受《う》ける心配事《しんぱいごと》。〈『春秋左氏伝《しゅんじゅうさしでん》』〉

例 財政危機《ざいせいきき》と、周辺国《しゅうへんこく》との関係悪化《かんけいあっか》という内憂外患に苦《くる》しむ。

長《なが》い目《め》で見《み》る 慣用句

意味 一時《いちじ》の失敗《しっぱい》などは気《き》にしないで、気《き》長《なが》に将来《しょうらい》の成長《せいちょう》を見守《みまも》る。例 かれは未《み》熟《じゅく》だが、長い目で見ようよ。

長《なが》い物《もの》には巻《ま》かれろ ことわざ

意味 目上《めうえ》の人《ひと》や勢力《せいりょく》のある人《ひと》には、反抗《はんこう》するより従《したが》ったほうが得《とく》であるということ。例 この件《けん》については、長い物には巻かれろで、多数派《たすうは》の意見《いけん》に同調《どうちょう》することにした。

英 Kings have long arms, and have eyes and ears.（王《おう》には長《なが》い腕《うで》があり、目《め》も耳《みみ》もある）

名《な》が売《う》れる 慣用句

意味 世《よ》の中《なか》に名前《なまえ》がよく知《し》られるようになる。有名《ゆうめい》になる。例 かれは、この本《ほん》を書《か》いてから作家《さっか》として名が売れるようになった。

鳴《な》かず飛《と》ばず 故事成語

意味 これといった活躍《かつやく》やおこないをしていないことのたとえ。〈『史記《しき》』〉 例 鳴かず飛ばずの下積《したづ》み生活《せいかつ》をへてスターになった。

語源 中国《ちゅうごく》の春秋時代《しゅんじゅうじだい》、楚《そ》の荘王《そうおう》は、即位《そくい》して三年《さんねん》の間《あいだ》、まともに政治《せいじ》もおこなわず、ただ遊《あそ》んで暮《く》らしていた。注意《ちゅうい》する者《もの》は処刑《しょけい》するとまで公言《こうげん》していたが、ある家臣《かしん》が、命《いのち》がけでなぞかけをして言《い》った。「丘《おか》の上《うえ》に鳥《とり》がいて、三年《さんねん》の間《あいだ》飛《と》ばないし鳴《な》きません。これは何《なん》という鳥《とり》でしょう。」すると、荘王《そうおう》は、「三年《さんねん》だまっていたが、飛《と》べば大空高《おおぞらたか》く飛《と》び、鳴《な》けば人《ひと》をおどろかせる鳥《とり》だろう。」と答《こた》え、このときをさかいに、優秀《ゆうしゅう》な家臣《かしん》と不《ふ》まじめな家臣《かしん》をふりわけ、政治《せいじ》に取《と》り組《く》むようになったという話《はなし》から。

同 三年飛《さんねんと》ばず鳴《な》かず

名《な》が立《た》つ 慣用句

意味 世《よ》の中《なか》の評判《ひょうばん》になる。例 詩人《しじん》として名が立つ。

名《な》が通《とお》る 慣用句

意味 世《よ》の中《なか》に広《ひろ》く名《な》が知《し》られる。有名《ゆうめい》になる。例 おじは、名が通った会社《かいしゃ》に勤《つと》めている。

鳴《な》かぬ蛍《ほたる》が身《み》を焦《こ》がす ことわざ

意味 口《くち》に出《だ》してものを言《い》う者《もの》よりも、だまっている者《もの》のほうが、心《こころ》の中《なか》での思《おも》いは痛切《つうせつ》なのだというたとえ。例 鳴かぬ蛍が身を焦がすというとおり、かれのことを思《おも》い続《つづ》けるだけの日々《ひび》はとても苦《くる》しかった。

語源 鳴《な》くことのできない蛍《ほたる》が光《ひか》るとこ

ろが、まるで燃《も》えているように見《み》えることから。

同 鳴《な》く蟬《せみ》よりも鳴《な》かぬ蛍《ほたる》が身《み》を焦《こ》がす
類 言《い》わぬは言《い》うに勝《まさ》る 英 Light cares speak, great ones are dumb.（小憂《しょうゆう》は語《かた》り、大憂《だいゆう》は黙《だま》る）

流《なが》れに棹差《さおさ》す ことわざ

意味 機会《きかい》をつかんで勢《いきお》いに乗《の》り、物事《ものごと》をうまく進《すす》める。例 受賞《じゅしょう》が**流れに棹差す**結果《けっか》となり、ほかの作品《さくひん》も注目《ちゅうもく》された。
語源 流《なが》れに乗《の》った船《ふね》で、さらに棹《さお》を差《さ》してうまく川《かわ》を下《くだ》るということから。
注意「流《なが》れに逆《さか》らう」という意味《いみ》で用《もち》いるのは誤《あやま》り。
類 得手《えて》に帆《ほ》を揚《あ》げる

流《なが》れを汲《く》む 慣用句

意味 ❶血筋《ちすじ》を受《う》けついでいる。子孫《しそん》である。例 平氏《へいし》の**流れを汲む**武将《ぶしょう》。
類 血《ち》を引《ひ》く
❷学問《がくもん》やわざなどで、あるやり方《かた》を受《う》けついでいる。例 狩野派《かのうは》の**流れを汲む**画《が》人《じん》。

中《なか》を取《と》る 慣用句

意味 中間《ちゅうかん》を選《えら》ぶ。例 両方《りょうほう》の言《い》い分《ぶん》の**中を取る**。

★★ **泣《な》き面《つら》に蜂《はち》** ことわざ

意味 苦《くる》しんでいる人《ひと》に、さらに心配事《しんぱいごと》や苦《くる》しみが重《かさ》なること。例 転《ころ》んでけがをし、さいふまで落《お》として、まったく**泣き面に蜂**だ。

語源 悲《かな》しくて泣《な》いている顔《かお》を、さらに蜂《はち》が刺《さ》すということから。
参考 いろはがるた（江戸《えど》）の一《ひと》つ。
同 泣きっ面《つら》に蜂《はち》 類 傷口《きずぐち》に塩《しお》／踏《ふ》んだり蹴《け》ったり／弱《よわ》り目《め》に祟《たた》り目《め》
英 Misfortunes never come singly.（不《ふ》幸《こう》は単独《たんどく》では決《けっ》してやってこない）

なきにしもあらず 慣用句

意味 ないわけではない。少《すこ》しはある。
例 失敗《しっぱい》のおそれも、**なきにしもあらず**だ。

泣《な》きの涙《なみだ》 慣用句

意味 涙《なみだ》を流《なが》して泣《な》くこと。とても悲《かな》しくつらいようす。例 毎日《まいにち》を**泣きの涙**で暮《く》らす。

亡《な》き者《もの》にする 慣用句

意味 殺《ころ》す。例 戦国時代《せんごくじだい》には、敵《てき》の大名《だいみょう》を**亡き者にする**たくらみがなされた。

泣《な》きを入《い》れる 慣用句

意味 泣《な》きついて、たのむ。例 そんなことで**泣きを入れる**なんて情《なさ》けない。

泣《な》きを見《み》る 慣用句

意味 泣《な》くような、つらい目《め》にあう。例 思《おも》いがけず**泣きを見る**。

泣《な》く子《こ》と地頭《じとう》には勝《か》てぬ ことわざ

意味 道理《どうり》のわからない子供《こども》や力《ちから》のある者《もの》の言《い》い分《ぶん》は、きくしかないということ。例 社長《しゃちょう》の命令《めいれい》だからしかたない。**泣く子と地頭には勝てぬ**、だ。
語源「地頭《じとう》」は、昔《むかし》、税《ぜい》の取《と》り立《た》てなどをした役人《やくにん》。農民《のうみん》からおそれられていた。
英 The crying child and my lord will have their own ways.（泣《な》く子《こ》と領主《りょうしゅ》〔夫《おっと》〕は思《おも》いを通《とお》す）

泣《な》く子《こ》は育《そだ》つ ことわざ

意味 よく泣《な》く赤《あか》ん坊《ぼう》は、元気《げんき》な証拠《しょうこ》で、

じょうぶな子《こ》に育《そだ》つ。例 わたしは、泣《な》く子は育つで、よく泣きよく食《た》べる元気《げんき》な赤《あか》ん坊《ぼう》だったそうだ。
類 寝《ね》る子《こ》は育《そだ》つ

泣《な》く子《こ》も黙《だま》る 慣用句

意味 だだをこねて泣《な》いている子供《こども》でも黙《だま》るほど、おそろしいようすのたとえ。
例 泣く子も黙る、新選組《しんせんぐみ》（＝幕末《ばくまつ》に京都《きょうと》の町《まち》を取《と》りしまった、幕府《ばくふ》がつくった警《けい》備隊《びたい》）。

なくて七癖《ななくせ》 ことわざ

意味 一見《いっけん》、癖《くせ》がないようでも、だれにもそれぞれ癖《くせ》があるものだということ。
例 なくて七癖とはいうけれど、友人《ゆうじん》に言《い》われて初《はじ》めて自分《じぶん》の癖《くせ》に気付《きづ》いた。
同 なくて七癖《ななくせ》あって四十八癖《しじゅうはちくせ》
英 Everybody has his faults.（だれにも欠点《けってん》がある）

鳴《な》くまで待《ま》とうほととぎす ことわざ

意味 物事《ものごと》を成功《せいこう》させるため、あせらずにしんぼう強《づよ》く待《ま》つ態度《たいど》。例 鳴くまで待とうほととぎすというように、返事《へんじ》が来《く》るまでしばらく様子《ようす》を見《み》よう。
語源 戦国時代《せんごくじだい》の三人《さんにん》の武将《ぶしょう》の性格《せいかく》を批評《ひひょう》した句《く》から。鳴《な》かないホトトギスを前《まえ》に、短気《たんき》な織田信長《おだのぶなが》は「鳴《な》かぬなら殺《ころ》してしまえほととぎす」、人《ひと》のあつかいが上手《じょうず》な豊臣秀吉《とよとみひでよし》は「鳴《な》かぬなら鳴《な》かしてみしょうほととぎす」、一方《いっぽう》がまん強《づよ》い徳川家康《とくがわいえやす》なら「鳴《な》かぬなら鳴《な》くまで待《ま》とうほととぎす」とよむであろうという想像《そうぞう》の句《く》で、実際《じっさい》に三人《さんにん》がよんだわけではない。

情《なさ》けが仇《あだ》 ことわざ

意味 思《おも》いやりが、かえって相手《あいて》のためにならないということ。例 今《いま》、この失敗《しっぱい》を見《み》のがしてやっても、長《なが》い目《め》で見《み》ると情けが仇になるかもしれない。
類 恩《おん》が仇《あだ》 英 Pardon makes offenders.（許すということは犯罪者を増やすことになる）

情《なさ》けに刃向《はむ》かう刃《やいば》なし ことわざ

意味 情《なさ》けをかけてくれた人《ひと》には、逆《さか》らうことはできない。例 誰《だれ》に対《たい》しても親切《しんせつ》にしておけば、情けに刃向かう刃なしで、意地悪《いじわる》をされることはないでしょう。
語源 「刃《やいば》」は、「焼《や》き刃《ば》」の変化《へんか》した語《ご》で、刀《かたな》や剣《けん》のこと。
類 仁者《じんしゃ》に敵《てき》なし 英 Kindness is the noblest weapon to conquer with.（親切《しんせつ》は人《ひと》を制《せい》する最大《さいだい》の武器《ぶき》）

★★**情《なさ》けは人《ひと》のためならず** ことわざ

意味 人《ひと》に親切《しんせつ》にしておけば、いつか自分《じぶん》も人《ひと》から親切《しんせつ》にされるということ。
例 情けは人のためならずというから、たよられたら、できるだけ力《ちから》になろう。
注意 「情《なさ》けをかけると、あまやかすことになって、その人《ひと》のためにならない」という意味《いみ》で用《もち》いるのは誤《あやま》り。
英 A kindness is never lost.（親切《しんせつ》はむだにならない）

情《なさ》け容赦《ようしゃ》もない 慣用句

意味 思《おも》いやりや手《て》加減《かげん》がないようす。

な

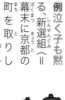

例 情け容赦もないこうげき。

梨《なし》のつぶて 慣用句

意味 返事《へんじ》がないことや、便《たよ》りがないことのたとえ。例 かれは転校《てんこう》してから梨のつぶてだ。

語源 つぶて（＝投《な》げた小石《こいし》）がもどってこないことから。

参考 「梨《なし》」に同《おな》じ読《よ》みの「無《な》し」の意味《いみ》をもたせている。

為《な》せば成《な》る ことわざ

意味 やろうと思《おも》えばできないことはないということ。例 為せば成るの精神《せいしん》で苦難《くなん》を乗《の》りこえてきた。

参考 江戸時代《えどじだい》、米沢藩主《よねざわはんしゅ》の上杉鷹山《うえすぎようざん》が詠《よ》んだ歌《うた》「為《な》せば成《な》る、為《な》さねば成《な》らぬ何事《なにごと》も、成《な》らぬは人《ひと》の為《な》さぬなりけり（やろうと思《おも》えばできないことはない。できないのは、本気《ほんき》で取《と》り組《く》まないからだ）」が有名《ゆうめい》。

英 Where there's a will, there's a way.（意志《いし》あるところに道《みち》あり）

なぞを掛《か》ける 慣用句

意味 それとなくわからせるように遠回《とおまわ》しに言《い》う。例 祖父《そふ》になぞを掛けて、ほしい物《もの》を買《か》ってもらう。

雪崩《なだれ》を打《う》つ 慣用句

意味 たくさんの人《ひと》が一度《いちど》にどっと移《うつ》り動《うご》く。例 スーパーの半額《はんがく》セールに、客《きゃく》が雪崩を打っておしよせる。

語源 「雪崩《なだれ》」は、降《ふ》り積《つ》もったたくさんの雪《ゆき》が、山《やま》の斜面《しゃめん》を急《きゅう》にくずれ落《お》ちること。

七重《ななえ》の膝《ひざ》を八重《やえ》に折《お》る ことわざ

意味 これ以上《いじょう》はもうできないというところまでへりくだって、頼《たの》んだり、あやまったりするようす。例 借金《しゃっきん》の返済《へんさい》をこれ以上《いじょう》待《ま》ってもらうには、七重の膝を八重に折って頼《たの》むしかない。

参考 二重《ふたえ》にしか折《お》れないひざを、七重《ななえ》、八重《やえ》と折《お》り曲《ま》げることはできないが、それほどまでに無理《むり》をしても、という誇張《こちょう》した言《い》い方《かた》。

七転《ななころ》び八起《やお》き ことわざ

意味 何度《なんど》失敗《しっぱい》しても、くじけないでがんばること。例 七転び八起きで努力《どりょく》を重《かさ》ねる。

語源 七回転《ななかいころ》んで八回起《はちかいお》き上《あ》がるということから。

同 七転八起《しちてんはっき》 英 Walking is a succession of falls.（歩《ある》くことは転《ころ》ぶことの連続《れんぞく》）

何《なに》かと言《い》うと 慣用句

意味 何《なに》かがあるたびに。例 何かと言うと口《くち》を出《だ》したがる人《ひと》。

何《なに》が何《なん》でも 慣用句

意味 どんなことがあっても。例 何が何でも最後《さいご》までやりぬくぞ。

何《なに》かにつけ 慣用句

意味 あれやこれやと、事《こと》あるごとに。例 何かにつけ文句《もんく》を言《い》う、うるさい人《ひと》。

同 何《なに》かにつけて

何《なに》から何《なに》まで 慣用句

意味 何《なに》もかもすべて。例 幼《おさな》い弟《おとうと》は何から何までぼくのまねをしようとする。

何《なに》くれとなく 慣用句

意味 あれこれと。いろいろと。例 上級生《じょうきゅうせい》は何くれとなく、新入生《しんにゅうせい》の面倒《めんどう》をみている。

何食《なにく》わぬ顔《かお》 慣用句
意味 自分《じぶん》のしたことや関係《かんけい》のあることについて、まったく関係《かんけい》がないようなふるまい。例 うわさを広《ひろ》めた張本人《ちょうほんにん》なのに、何食わぬ顔で話《はなし》を聞《き》いているとは、ひどい人《ひと》だ。
類 涼《すず》しい顔《かお》

何《なに》するものぞ 慣用句
意味「たいしたことはない」という意味《いみ》で、困難《こんなん》にあったときなどに気持《きも》ちをふるいたたせて言《い》う言葉《ことば》。例 悪天候《あくてんこう》も何するものぞ。

何《なに》はさておき 慣用句
意味 ほかのことは後回《あとまわ》しにしても。
例 何はさておき、応援《おうえん》にかけつける。

何《なに》はともあれ 慣用句
意味 ほかのことはどうであっても。
例 何はともあれ、無事《ぶじ》に帰《かえ》ることができてよかった。

何《なに》はなくとも 慣用句
意味 ほかには何《なに》もなくても。例 何はなくとも健康《けんこう》な体《からだ》でいたいものだ。

難波《なにわ》の葦《あし》は伊勢《いせ》の浜荻《はまおぎ》 ことわざ
意味 難波《なにわ》（大阪市《おおさかし》）でいう植物《しょくぶつ》のアシを、伊勢《いせ》（三重県《みえけん》）ではハマオギと呼《よ》ぶように、物《もの》の呼《よ》び名《な》は地域《ちいき》によって変《か》わる。また、土地《とち》によって風俗《ふうぞく》や習慣《しゅうかん》も変《か》わることのたとえ。例 難波の葦は伊勢の浜荻というが、肉《にく》まんは、関西《かんさい》では豚《ぶた》まんと言《い》うそうだよ。
類 所《ところ》変《か》われば品《しな》変わる

何《なに》をおいても 慣用句
意味 ほかのことはどうであろうとも。
例 何をおいても、明日《あす》の会《かい》は成功《せいこう》させなくてはならない。

何《なに》をか言《い》わんや 慣用句
意味 あきれはてて、それ以上《いじょうなに》何を言《い》ってもしかたがないことをあらわす言葉《ことば》。
例 こんな簡単《かんたん》な問題《もんだい》も解《と》けないとは、何をか言わんやだ。

名《な》のある 慣用句
意味 名前《なまえ》が知《し》られている。例 きっと名のある人《ひと》にちがいない。

名《な》乗《の》りを上《あ》げる 慣用句
意味 競争《きょうそう》などに参加《さんか》する気持《きも》ちをはっきりとあらわす。また、立候補《りっこうほ》する。
例 市長選《しちょうせん》に新人《しんじん》二人《ふたり》が名乗りを上げる。

★名《な》は体を表す ことわざ
意味 名前《なまえ》はそのもののありのままの姿《すがた》をあらわしている。例 名は体を表すというとおり、友達《ともだち》の大《だい》ちゃんは、体《からだ》も心《こころ》も大《おお》きい人《ひと》だ。

ナポリを見《み》て死《し》ね ことわざ
意味 死《し》ぬまでに一度《いちど》は、ナポリの美《うつく》しい景色《けしき》を見《み》ておくべきだ。例 ナポリを見て死ねと言《い》われるぐらいだから、イタリア旅行《りょこう》に行《い》ったら、絶対《ぜったい》にナポリは行《い》かないとね。
語源 イタリアのナポリ市《し》の風景《ふうけい》が優《すぐ》れていることをいった西洋《せいよう》のことわざ。
同 ナポリを見《み》てから死《し》ね 類 日光《にっこう》を見《み》ずして結構《けっこう》と言《い》うな 英 See Naples and then die.（ナポリを見《み》て死《し》ね）

生木《なまき》を裂《さ》く 慣用句
意味 愛《あい》し合《あ》う恋人同士《こいびとどうし》を無理《むり》に引《ひ》きは

な

なす。例 あの二人《ふたり》に対《たい》して、そんな生木を裂くようなことは、したくない。

怠《なま》け者《もの》の節《せっ》句《く》働《ばたら》き ことわざ

意味 ふだん怠《なま》けている者《もの》に限《かぎ》って、ほかの人《ひと》たちが休《やす》むときになって、働《はたら》くものだということ。例 日《ひ》ごろだらけているくせに、まったく怠け者の節句働きだよ。

語源「節《せっ》句《く》」は、季《き》節《せつ》の変《か》わり目《め》を祝《いわ》う休日《きゅうじつ》。三月三日《さんがつみっか》の「桃《もも》の節《せっ》句《く》」や五月五日《ごがついつか》の「端午《たんご》の節《せっ》句《く》」など。

生唾《なまつば》を飲《の》み込《こ》む 慣用句

意味 目《め》の前《まえ》にあるものが、ほしくてたまらなくなる。例 あこがれのゲームソフトを見《み》つけて生唾を飲み込む。

類 喉《のど》が鳴《な》る

生兵法《なまびょうほう》は大怪我《おおけが》のもと ことわざ ⬇

世界のことわざ（313ページ）

意味 十分《じゅうぶん》ではない知識《ちしき》にたよると、かえって大失敗《だいしっぱい》をすることのたとえ。

例 生兵法は大怪我のもとだから、登山《とざん》をするなら、その道《みち》の先輩《せんぱい》の言《い》うことを守《まも》った方《ほう》がいい。

語源「生兵法《なまびょうほう》」は、戦《いくさ》の方法《ほうほう》をよく身《み》につけていないこと。

同 生兵法《なまびょうほう》は大疵《おおきず》のもと

英 A little learning is a dangerous thing.（少《すこ》しばかり知《し》っていることは危険《きけん》なことである）

訛《なま》りは国《くに》の手形《てがた》 ことわざ

意味 方言《ほうげん》を聞《き》くと、その人《ひと》の生《う》まれ故郷《こきょう》がわかる。例 訛りは国の手形で、となりに越《こ》してきた人《ひと》は関西出身《かんさいしゅっしん》だとすぐにわかった。

語源「国《くに》」は、ふるさと。「手形《てがた》」は、この場合《ばあい》、江戸時代《えどじだい》に使《つか》われた身分証明書《みぶんしょうめいしょ》。

類 言葉《ことば》は国《くに》の手形《てがた》

波風《なみかぜ》が立《た》つ 慣用句

意味 争《あらそ》いや、もめ事《ごと》が起《お》こる。例 家《いえ》の中《なか》に波風が立つ。

涙《なみだ》に暮《く》れる 慣用句

意味 ひどく泣《な》いて、悲《かな》しむ。悲《かな》しみながら時《とき》を過《す》ごす。例 事故《じこ》で母《はは》を失《うしな》って、娘《むすめ》は涙に暮れている。

涙《なみだ》にむせぶ 慣用句

意味 息《いき》をつまらせるようにして、泣《な》く。

例 感激《かんげき》の涙にむせぶ。

涙《なみだ》を誘《さそ》う 慣用句

意味 泣《な》きたい気分《きぶん》にさせる。例 涙を誘う親子《おやこ》の別《わか》れの物語《ものがたり》。

★**涙《なみだ》を呑《の》む** 慣用句

意味 今《いま》にも出《で》そうな涙《なみだ》をこらえる。また、非常《ひじょう》につらいことやくやしいことをがまんする。例 大切《たいせつ》にしていたものを、涙を呑んで手《て》ばなす。

波《なみ》に乗《の》る 慣用句

意味 そのときの流《なが》れや勢《いきお》いにうまく調子《ちょうし》が合《あ》う。例 景気《けいき》の波に乗る。

なめくじに塩《しお》 慣用句

意味 手《て》ごわい相手《あいて》に対《たい》して、縮《ちぢ》みあがっ

な

てしまうことのたとえ。例 やんちゃなかれも、先生《せんせい》にしかられて、なめくじに塩といったようすだ。

語源 ナメクジに塩《しお》をかけると、水分《すいぶん》を失《うしな》って縮《ちぢ》むことから。

類 蛇《へび》ににらまれた蛙《かえる》

名《な》もない 慣用句

意味 世《よ》の中《なか》に知《し》られていない。例 名もない画家《がか》の作品《さくひん》。

習《なら》い性《せい》となる 故事成語

➡世界のことわざ（315ページ）

意味 同《おな》じことをくり返《かえ》していると、その習慣《しゅうかん》がその人《ひと》の生《う》まれつきの性《せい》質《しつ》のようになる。〈『書経《しょきょう》』〉

例 うそをくり返《かえ》していると、うそをつくのが習い

世界《せかい》のことわざ　生兵法《なまびょうほう》は大怪我《おおけが》のもと

イギリス

はんぱな知識《ちしき》はこわいもの

表現《ひょうげん》はちがいますが、日本《にほん》のことわざとそっくり同《おな》じ内容《ないよう》です。

ドイツ

羽《はね》のないうちは飛《と》ぶな

飛《と》ぶには羽《はね》が必要《ひつよう》で、ちゃんと羽《はね》が生《は》えそろってから飛《と》びなさい。鳥《とり》をたとえにして、能力《のうりょく》や条《じょう》件《けん》がととのっていないのに危険《きけん》な行動《こうどう》をすることをたしなめています。

韓国《かんこく》

未熟《みじゅく》な巫女《みこ》が人《ひと》を殺《ころ》す

巫女《みこ》は、おはらいをして悪《わる》い霊《れい》をはらったり、神《かみ》様《さま》にお願《ねが》いをしたり、また、死《し》んだ人《ひと》や神様《かみさま》の言《こと》葉《ば》を伝《つた》えたりする女性《じょせい》。悪霊《あくりょう》をはらうつもりでも、未熟《みじゅく》だと人《ひと》を殺《ころ》してしまうおそれがあります。

性となるから、改《あらた》めるべきだ。
語源 中国《ちゅうごく》の殷《いん》の時代《じだい》、宰相《さいしょう》の伊尹《いいん》が、王《おう》の生活態度《せいかつたいど》や政治《せいじ》への姿勢《しせい》に対《たい》し、「このまま直《なお》さないと、習慣《しゅうかん》がもっと直《なお》りにくい性格《せいかく》になってしまいますよ。」といましめた言葉《ことば》から。
参考 区切《くぎ》るときは、「ならい、せいとなる」とする。

習《なら》うより慣《な》れよ ことわざ
意味 人《ひと》に教《おし》えられて覚《おぼ》えるよりも、自分《じぶん》で何度《なんど》もやりながら覚《おぼ》えた方《ほう》がよく身《み》につくという教《おし》え。**例** **習うより慣れよ**で、毎日練習《まいにちれんしゅう》を続《つづ》けている。
英 Practice makes perfect.（練習《れんしゅう》が完全《かんぜん》を作《つく》る）

（前項）**英** Habit becomes second nature.（習慣《しゅうかん》は第二《だいに》の天性《てんせい》となる）

奈落《ならく》の底《そこ》 慣用句
意味 どうしてもぬけだせない、つらい運命《うんめい》や身《み》の上《うえ》のたとえ。**例** 倒産《とうさん》した直後《ちょくご》は、**奈落の底**につき落《お》とされたような日々《ひび》だった。
語源 「奈落《ならく》」は、地獄《じごく》のこと。

ならぬ堪忍《かんにん》するが堪忍《かんにん》 ことわざ
意味 ちょっとしたがまんなら、たやすくできるが、どうにもがまんできないところをがまんするのが、本当《ほんとう》のがまんである。**例** 腹《はら》が立《た》つが、もう少《すこ》しがまんして話《はな》し合《あ》いを続《つづ》けよう。**ならぬ堪忍するが堪忍**、だ。
語源 「堪忍《かんにん》」は、いかりをおさえて、他人《たにん》の失敗《しっぱい》や無礼《ぶれい》などを許《ゆる》すこと。
類 堪忍《かんにん》の忍《にん》の字《じ》が百貫《ひゃっかん》する／忍《にん》の一字《いちじ》は衆妙《しゅうみょう》の門《もん》 **英** Patience is a flower that grows not in every garden.（忍耐《にんたい》という花《はな》は、どこの庭《にわ》でも咲《さ》くという花《はな》ではない）

鳴《な》り物入《ものい》り 慣用句
意味 大《おお》げさに宣伝《せんでん》すること。**例** **鳴り物入り**でプロ入《い》りした新人選手《しんじんせんしゅ》。
語源 「鳴《な》り物《もの》」は、笛《ふえ》やたいこなどの楽器《がっき》。

鳴《な》りを潜《ひそ》める 慣用句
意味 静《しず》かになる。また、活動《かつどう》がとだえ、目立《めだ》たなくなる。**例** あの山《やま》は去年大噴火《きょねんだいふんか》したが、今《いま》のところ**鳴りを潜めている**。
同 鳴《な》りを静《しず》める

成《な》れの果《は》て 慣用句
意味 落《お》ちぶれた結果《けっか》。また、落《お》ちぶれたみじめな姿《すがた》。**例** あれが、かつて権勢《けんせい》をふるった男《おとこ》の**成れの果て**だ。

名《な》を上《あ》げる 慣用句
意味 世《よ》の中《なか》で名声《めいせい》を得《え》る。**例** 若《わか》いうちに**名を上げる**ことを目標《もくひょう》に努力《どりょく》する。

名《な》を売《う》る 慣用句
意味 名《な》が知《し》れわたるようにする。**例** ホームラン王《おう》として世間《せけん》に**名を売る**。

名《な》を惜《お》しむ 慣用句
意味 名声《めいせい》が消《き》えることを残念《ざんねん》に思《おも》う。**例** 亡《な》くなったカメラマンの**名を惜しん**で、写真集《しゃしんしゅう》が出版《しゅっぱん》された。

名《な》を借《か》りる 慣用句
意味 口実《こうじつ》にする。**例** アンケートに**名を借りて**品物《しなもの》を売《う》りつけられた。

名《な》を汚《けが》す 慣用句
意味 名誉《めいよ》を傷《きず》つける。**例** 母校《ぼこう》の**名を汚し**てはならない。

名《な》を捨《す》てて実《じつ》を取《と》る ことわざ
意味 うわべだけの名誉《めいよ》や権威《けんい》を得《え》るよりも、実際《じっさい》の利益《りえき》を選《えら》ぶ。**例** **名を捨てて実を取る**で、有名《ゆうめい》なブランドの服《ふく》ではなく、実用的《じつようてき》な服《ふく》を買《か》った。

名《な》を成《な》す 慣用句

意味 成功《せいこう》して有名《ゆうめい》になる。例 科学者《かがくしゃ》として、名を成す。

名《な》を残《のこ》す 慣用句

意味 後《のち》の世《よ》まで名声《めいせい》が伝《つた》えられる。例 科学者《かがくしゃ》として名を残す。

難行苦行《なんぎょうくぎょう》 四字熟語

意味 ひどい苦労《くろう》をすること。例 難行苦行にたえる。

難癖《なんくせ》を付《つ》ける 慣用句

意味 ちょっとした欠点《けってん》や失敗《しっぱい》を取《と》り上《あ》げて責《せ》める。例 かれは、人《ひと》のすることにいちいち難癖を付ける。

難攻不落《なんこうふらく》 四字熟語

意味 ❶守《まも》りがかたくて攻《せ》めるのが難《むずか》しく、攻め落《お》とせないこと。例 ここは難攻不落の城《しろ》として有名《ゆうめい》だった。
❷相手《あいて》が手《て》ごわくて、こちらの思《おも》いどおりにならないこと。例 あの会社《かいしゃ》は難攻不落で取《と》り引《ひ》きが難《むずか》しい。

汝《なんじ》の敵《てき》を愛《あい》せよ ことわざ

意味 あなたをにくむ敵《てき》に対《たい》して、愛《あい》でこたえなさいという教《おし》え。〈『新約聖書《しんやくせいしょ》』〉

な

世界《せかい》のことわざ　習《なら》い性《せい》となる

オランダ

古靴《ふるぐつ》を捨《す》てるのは習慣《しゅうかん》を捨《す》てるよりやさしい

かつて革靴《かわぐつ》は、靴屋《くつや》が客《きゃく》の足《あし》に合《あ》わせて一《ひと》つ一《ひと》つ手《て》づくりしていました。庶民《しょみん》には決《けっ》して安《やす》いものではなく（そのため木靴《きぐつ》も使《つか》われていました）、いたんだら何度《なんど》も修理《しゅうり》して長《なが》く使《つか》うものでした。長年使《ながねんつか》ってきた愛着《あいちゃく》から、今日《こんにち》のように簡単《かんたん》に捨《す》てることはできませんでした。しかし、それでも習慣《しゅうかん》を捨《す》てるよりは、古靴《ふるぐつ》を捨《す》てるほうがまだやさしかったということです。

チェコ

習慣《しゅうかん》は鉄《てつ》のシャツを着《き》ている

「鉄《てつ》」ということで、簡単《かんたん》に曲《ま》げられない、つまり容易《ようい》に変《か》えることができないことのたとえです。その他《た》 スロバキア

イギリス

習慣《しゅうかん》は第二《だいに》の天性《てんせい》

習慣《しゅうかん》は、ふだんから繰《く》り返《かえ》されることによって天性《てんせい》（生《う》まれつきの性質《せいしつ》）に次《つ》ぐものとなり、行動《こうどう》や考《かんが》え方《かた》に大《おお》きな影響《えいきょう》をおよぼします。

その他《た》 フランス、オランダ、ドイツ、イタリア

例 汝の敵を愛せよというとおり、広《ひろ》い心《こころ》で生《い》きていきたいものだ。

英 Love your enemies.（汝《なんじ》の敵《てき》を愛《あい》せよ）

難色《なんしょく》を示《しめ》す 慣用句

意味 賛成《さんせい》しないというようすを見《み》せる。

例 計画《けいかく》に難色を示す。

★**南船北馬《なんせんほくば》** 四字熟語

意味 あちらこちらといそがしく旅《たび》をしてまわること。〈『淮南子《えなんじ》』〉 例 会社《かいしゃ》を設立《せつりつ》するため、南船北馬の毎日《まいにち》を送《おく》る。

語源 昔《むかし》、中国《ちゅうごく》では、南《みなみ》の地方《ちほう》は川《かわ》が多《おお》いので船《ふね》を使《つか》い、北《きた》の地方《ちほう》は地続《じつづ》きなので馬《うま》を使《つか》って旅《たび》をしたことから。

類 東奔西走《とうほんせいそう》

難《なん》を逃《のが》れる 慣用句

意味 災難《さいなん》にあわずにすむ。 例 危《あぶ》ないところで難を逃れる。

に

煮《に》え湯《ゆ》を飲《の》まされる 慣用句

意味 信《しん》じていた相手《あいて》に裏切《うらぎ》られて、ひどい目《め》にあわされることのたとえ。 例 味《み》方《かた》だと思《おも》っていた知人《ちじん》に煮え湯を飲まされる。

語源 ぐらぐらと煮《に》えた熱《あつ》い湯《ゆ》を飲《の》まされるほど、ひどい目《め》にあうということから。

類 飼《か》い犬《いぬ》に手《て》を噛《か》まれる

匂《にお》い松茸《まつたけ》味《あじ》しめじ ことわざ

意味 キノコを食《た》べるならば、香《かお》りはマツタケが、味《あじ》はシメジが優《すぐ》れている。 例 マツタケは高《たか》いし、匂い松茸味しめじというから、今日《きょう》はシメジの炊《た》きこみご飯《はん》でいこう。

仁王立《におうだ》ち 慣用句

意味 仁王《におう》の像《ぞう》のように、いかめしく力強《ちからづよ》く立《た》つこと。 例 悪人《あくにん》を前《まえ》にして、勇《いさ》ましい武士《ぶし》が仁王立ちになる。

におう

語源 「仁王《におう》」は、仏教《ぶっきょう》を守《まも》る神《かみ》。寺《てら》の門《もん》の両《りょう》わきなどに、像《ぞう》を安置《あんち》する。「金剛《こんごう》力士《りきし》」ともいう。

★**二階《にかい》から目薬《めぐすり》** ことわざ

意味 非常《ひじょう》に回《まわ》りくどいことのたとえ。また、まったく効果《こうか》のないことのたとえ。 例 そんな言《い》い方《かた》では二階から目薬で、気持《きも》ちが伝《つた》わらないよ。

語源 二階《にかい》から、下《した》にいる人《ひと》に目薬《めぐすり》をさそうとしても、うまくできないということから。

参考 いろはがるた（京都《きょうと》）の一《ひと》つ。

同 天井《てんじょう》から目薬《めぐすり》

荷《に》が重《おも》い 慣用句

意味 責任《せきにん》が大《おお》きい。負担《ふたん》が重《おも》すぎてたえられない。 例 その仕事《しごと》はかなり荷が重い。

類 荷《に》が勝《か》つ

荷《に》が勝《か》つ 慣用句

意味 責任《せきにん》や負担《ふたん》がとても大《おお》きい。 例 かれには荷が勝ちすぎる仕事《しごと》だ。

類 荷《に》が重《おも》い

逃《に》がした魚《さかな》は大《おお》きい ことわざ ➡世界のことわざ（317ページ）

意味 つり上《あ》げる途中《とちゅう》でにがした魚《さかな》は、くやしさのあまり、実際《じっさい》より大《おお》きく思《おも》える。手《て》に入《い》れかけて失《うしな》ったものは、ひときわ優《すぐ》れていたように思《おも》えて惜《お》しまれることのたとえ。 例 入団交渉《にゅうだんこうしょう》をしていた選手《せんしゅ》が別《べつ》のチームに入《はい》ることになった。まさに逃《に》がした魚は大きいといった心境《しんきょう》だ。

同 逃《に》げた魚《さかな》は大《おお》きい

類 釣《つ》り落《お》とした魚《さかな》は大《おお》きい

英 You should have seen the fish that got away.（逃《に》がした魚《さかな》を見《み》てほしかった）

大物《おおもの》だった！

苦虫《にがむし》をかみつぶしたよう 慣用句

意味 非常《ひじょう》にきげんの悪《わる》い顔《かお》つきのたとえ。例 **苦虫をかみつぶしたよう**な顔《かお》で話《はな》す。

語源「苦虫《にがむし》」は、かんだら苦《にが》いだろうと想像《そうぞう》される虫《むし》のこと。実際《じっさい》に特定《とくてい》の虫《むし》がいるわけではない。

英 to look as sour as a crab（野生《やせい》のりんごみたいな酸《す》っぱそうな顔《かお》）

憎《にく》まれっ子《こ》世《よ》にはばかる ことわざ

世界《せかい》のことわざ　逃《に》がした魚《さかな》は大《おお》きい

中国《ちゅうごく》

死《し》んだ子《こ》はかしこく、逃《に》げた魚《さかな》は大《おお》きい

亡《な》くなった子《こ》どもは、もう取《と》り返《かえ》しがつかないから、いっそうかしこくてかわいく感《かん》じられるものです。

息子《むすこ》よ、オマエは優秀《ゆうしゅう》だった…
そんなことは…

そんなに出《だ》さなかったよ…
モ〜
アイツはたくさ
乳を出したなあ

ジョージア

いなくなった牛《うし》は乳《ちち》がよく出《で》た

これまでふつうに乳《ちち》が出《で》た牛《うし》も、いなくなってみると、何《なん》だかとってもよく乳《ちち》を出《だ》す牛《うし》だったように思《おも》われるということです。

スイス

なくしたものの値《あたい》はいつでも倍《ばい》になる

なくしたものは、二《ふた》つとない貴重《きちょう》なものだったように思《おも》われます。だからまるで、値段《ねだん》も倍《ばい》のように感《かん》じられ、おしくてたまらないという人間《にんげん》の心理《しんり》をあらわしています。

もしかしてこの小《ちい》さな…
ワタシの大《おお》きいダイヤが〜！

意味 人《ひと》に憎《にく》まれるような人《ひと》が、かえって世《よ》の中《なか》では勢《いきお》いをふるっているということ。例 かれは毒舌《どくぜつ》で批判《ひはん》されることもあるが、よくテレビに出《で》ている。まさに**憎まれっ子世にはばかる**、だ。
語源 「はばかる」は、はばをきかすという意味《いみ》。
参考 いろはがるた（江戸《えど》）の一《ひと》つ。
英 Ill weeds grow apace.（雑草《ざっそう》はのびがはやい）

肉《にく》を切《き》らせて骨《ほね》を断《た》つ ことわざ

意味 自分《じぶん》もかなり損害《そんがい》を受《う》けるが、その代《か》わり相手《あいて》には決定的《けっていてき》な損害《そんがい》をあたえるということ。例 事実《じじつ》を公表《こうひょう》すると自《じ》分《ぶん》も批判《ひはん》されるだろうが、不正《ふせい》を正《ただ》すためにはしかたない。**肉を切らせて骨を断つ**、だ。
同 肉《にく》を切《き》らせて骨《ほね》を切《き》る

逃《に》げるが勝《か》ち ことわざ

→世界のことわざ（319ページ）

意味 にげて、相手《あいて》に勝《か》ちをゆずった方《ほう》が、かえって得《とく》になるということ。例 今《いま》はいったん引《ひ》こう。**逃げるが勝ち**、だから。
類 三十六計《さんじゅうろっけい》逃《に》げるに如《し》かず／損《そん》して得取《とくと》れ／負《ま》けるが勝《か》ち
英 He that fights and runs away may live to fight another day.（逃《に》げるが勝《か》ち）

逃《に》げを打《う》つ 慣用句

意味 にげるための用意《ようい》をする。責任《せきにん》をのがれようとする。例 うまくいかないとすぐ**逃げを打つ**とは、困《こま》った人《ひと》だ。

錦《にしき》の御旗《みはた》 慣用句

意味 自分《じぶん》の考《かんが》えや行動《こうどう》を正当化《せいとうか》し、人《ひと》を従《したが》わせるために広《ひろ》く示《しめ》すもの。例 先生《せんせい》が認《みと》めたということを**錦の御旗**にして、自《じ》分《ぶん》の意見《いけん》をおしつける。
語源 明治維新《めいじいしん》のときに官軍《かんぐん》が用《もち》いた、赤《あか》い錦《にしき》（＝絹織物《きぬおりもの》の一《ひと》つ）に金銀《きんぎん》の糸《いと》で太《たい》陽《よう》と月《つき》のししゅうをした旗《はた》から。
類 大義名分《たいぎめいぶん》

錦《にしき》を飾《かざ》る ことわざ

→故郷《こきょう》へ錦《にしき》を飾《かざ》る（161ページ）

西《にし》も東《ひがし》もわからない 慣用句

意味 物事《ものごと》に慣《な》れていなくて、何《なに》をどうしたらいいかわからない。例 初《はじ》めての仕《し》事《ごと》で、**西も東もわからない**ので、よろしくお願《ねが》いします。

★二者択一《にしゃたくいつ》 四字熟語

意味 二《ふた》つのうちのどちらかを選《えら》ぶこと。
例 **二者択一**をせまる。

★★二束三文《にそくさんもん》 四字熟語

意味 非常《ひじょう》に安《やす》い値段《ねだん》のこと。例 集《あつ》めていた古《ふる》い本《ほん》を**二束三文**で売《う》った。
語源 「文《もん》」は、昔《むかし》のお金《かね》の単位《たんい》。二束《ふたたば》でわずか三文《さんもん》にしかならないということから。
注意 「二《に》足三文《さんもん》」は誤《あやま》り。

二足《にそく》の草鞋《わらじ》を履《は》く 慣用句

意味 一人《ひとり》が、二《ふた》つの職業《しょくぎょう》を持《も》つこと。例 作家《さっか》と医者《いしゃ》の、二足の草鞋を履く。語源 昔《むかし》、博徒《ばくと》（＝ばくちを職業《しょくぎょう》のようにしている人《ひと》）が、罪人《ざいにん》をとらえる仕事《しごと》もしたことから。

似《に》た者夫婦《ものふうふ》 ことわざ

意味 夫婦《ふうふ》は、性質《せいしつ》や好《この》みが似《に》てくるということ。また、そのような夫婦《ふうふ》。例 動物《どうぶつ》好《ず》きの似た者夫婦。

似《に》たり寄《よ》ったり 慣用句

意味 どちらも同《おな》じようで、たいしたちがいのないこと。例 似たり寄ったりの作《さく》品《ひん》。

日常茶飯事《にちじょうさはんじ》 慣用句

意味 ありふれたこと。身近《みぢか》に見聞《みき》きすること。例 このバスがおくれるのは日常茶飯事だ。語源 ふだん、お茶《ちゃ》を飲《の》んだりご飯《はん》を食《た》べたりするように、ありふれているということから。同 日常茶飯《にちじょうさはん》

日光《にっこう》を見《み》ずして結構《けっこう》と言《い》うな ことわざ

意味 日光《にっこう》の東照宮《とうしょうぐう》を見《み》ないうちは、何《なに》を

世界《せかい》のことわざ　逃《に》げるが勝《か》ち

アイルランド 
素早《すばや》い退却《たいきゃく》は悪《あ》しき抵抗《ていこう》にまさる

どんなにがんばっても思《おも》い通《どお》りに行《い》かないことがあります。いつまでもむやみに抵抗《ていこう》するよりも、状況《じょうきょう》に応《おう》じて素早《すばや》く退却《たいきゃく》するほうが、結果的《けっかてき》に有効《ゆうこう》な手段《しゅだん》となる場合《ばあい》もあります。

フランス 
よい頭《あたま》のないときはよい足《あし》をもたねばならない

頭《あたま》がはたらかなければ、元気《げんき》な脚《あし》を使《つか》うしかありません。ぐずぐず悩《なや》んでいてもしょうがないので素早《すばや》く逃《に》げてもよいし、脚《あし》をいかしてこまめに仕事《しごと》をしてもよいでしょう。

イギリス 
戦《たたか》って逃《に》げる者《もの》は生《い》きのびてまた戦《たたか》える

死《し》んでしまえばおしまいですが、生《い》きていればまた力《ちから》をたくわえて、戦《たたか》うことができます。逃《に》げることはかしこいことで、悪《わる》いことではないという意味《いみ》です。

見《み》ても「結構《けっこう》」と言《い》ってはいけない。東《とう》照宮《しょうぐう》ほどすばらしいものはないということ。例 日光を見ずして結構と言うなというとおり、東照宮《とうしょうぐう》はすばらしいね。参考 栃木県日光市《とちぎけんにっこうし》にある東照宮《とうしょうぐう》は、徳《とく》川家康《がわいえやす》を祭《まつ》った神社《じんじゃ》。「日光《にっこう》」「結構《けっこう》」と、「こう」を重《かさ》ねている。英 See Naples and die.（ナポリを見《み》てから死《し》ね）

★★日進月歩《にっしんげっぽ》 四字熟語

意味 科学《かがく》・文化《ぶんか》などが、たえまなく進歩《しんぽ》すること。例 日進月歩の科《か》学技術《がくぎじゅつ》によって生《う》まれた、新《あたら》しい製《せい》品《ひん》。語源 日《ひ》ごと月《つき》ごとに進歩《しんぽ》するということから。

二進《にっち》も三進《さっち》も 慣用句

意味 行《い》きづまって、どうにも解決《かいけつ》できないようす。例 みんなが勝手《かって》なことを言《い》い出《だ》したので、会議《かいぎ》が二進も三進もいかなくなってしまった。語源「二進《にっち》」「三進《さっち》」は、そろばんの割《わ》り算《ざん》で用《もち》いる言葉《ことば》。どうにも計算《けいさん》ができないということから。参考「にっちもさっちもいかない」の形《かたち》で、平仮名《ひらがな》で書《か》かれることが多《おお》い。

似《に》て非《ひ》なるもの 故事成語

意味 見《み》かけは似《に》ているが、実体《じったい》は異《こと》なるもの。〈『孟子《もうし》』〉例 自由《じゆう》と放任《ほうにん》は似て非なるものだ。語源 孔子《こうし》の言葉《ことば》「似《に》て非《ひ》なる者《もの》を悪《にく》む」から。孔子《こうし》は似《に》ていて本物《ほんもの》ではないものがきらいで、誠実《せいじつ》そうに見《み》える偽善者《ぎぜんしゃ》は、本当《ほんとう》に徳《とく》のある人《ひと》に似《に》ていて、まぎらわしいからきらいであるとしている。

似《に》ても似《に》つかない 慣用句

意味 全然《ぜんぜん》似《に》ていない。例 同姓同名《どうせいどうめい》だが、性格《せいかく》は似ても似つかない二人《ふたり》。

煮《に》ても焼《や》いても食《く》えない 慣用句

意味 ずるがしこくて、あつかいようがない。例 ずるくて、煮ても焼いても食えないやつ。語源 煮《に》ても焼《や》いても、食《た》べられるように料理《りょうり》ができないということから。類 酢《す》でも蒟蒻《こんにゃく》でも／海《うみ》に千年山《せんねんやま》に千年《せんねん》

二転三転《にてんさんてん》 四字熟語

意味 物事《ものごと》が次々《つぎつぎ》と何度《なんど》も変《か》わること。例 計画《けいかく》が二転三転して決《き》まらない。

二度《にど》あることは三度《さんど》ある ことわざ

意味 二度《にど》同《おな》じことが起《お》これば、もう一度《いちど》同《おな》じことが起《お》こるということ。物事《ものごと》はくり返《かえ》して起《お》こるものだということ。例 二度あることは三度あるというから、次《つぎ》こそかぎをなくさないようにしよう。英 One loss brings another.（ロスは重《かさ》なる）

★二兎《にと》を追《お》う者《もの》は一兎《いっと》をも得《え》ず

ことわざ ⬇世界のことわざ（21ページ）

意味 二《ふた》つのことを一度《いちど》にしようとすると、どちらも成功《せいこう》しないということのたとえ。例 二兎を追う者は一兎をも得ずというから、どちらか一《ひと》つにしぼってがんばるべきだ。語源 二匹《にひき》の兎《うさぎ》を同時《どうじ》にとろうとすると、結局一匹《けっきょくいっぴき》もとれないということから。参考 西洋《せいよう》のことわざ。類 虻蜂取《あぶはちと》らず 対 一挙両得《いっきょりょうとく》／一石二鳥《いっせきにちょう》

英 If you run after two hares, you will catch neither.（二兎《にと》を追《お》う者《もの》は一兎《いっと》をも得《え》ず）

二人三脚《ににんさんきゃく》 四字熟語

意味 二人《ふたり》が一組《ひとくみ》になって横《よこ》に並《なら》び、内側《うちがわ》のとなりあった足首《あしくび》を結《むす》び合《あ》わせて走《はし》る競技《きょうぎ》。また、二人《ふたり》の人《ひと》が一《ひと》つの物事《ものごと》を協力《きょうりょく》しておこなうこと。例 かれと**二人三脚**でなしとげた仕事《しごと》。

★**二《に》の足《あし》を踏《ふ》む** 慣用句

意味 気が進《すす》まなくて、ぐずぐずする。例 おもしろそうな本《ほん》を見《み》つけたが、値段《ねだん》が高《たか》くて**二の足を踏む**。

語源 一歩《いっぽ》進《すす》んで二歩目《にほめ》は足踏《あしぶ》みをするということから。

★**二《に》の句《く》が継《つ》げない** 慣用句

意味 非常《ひじょう》におどろいたり、あきれたりして、次《つぎ》の言葉《ことば》が出《で》てこない。例 貸《か》した本《ほん》をなくしたと言《い》われ、**二の句が継げない**。

語源 二《に》の句《く》（＝次《つぎ》に言《い》う言葉《ことば》）が出《で》ないということから。

二《に》の舞《まい》を演《えん》じる 慣用句

意味 他人《たにん》と同《おな》じ失敗《しっぱい》を自分《じぶん》もしてしまう。例 発表会《はっぴょうかい》であがって失敗《しっぱい》した友達《ともだち》の**二の舞を演じる**ことはさけたい。

語源 舞楽《ぶがく》で、「安摩《あま》」という舞《まい》の次《つぎ》にそれをまねて演《えん》じるこっけいな舞《まい》から。

同 二《に》の舞《まい》を演《えん》ずる

二《に》の矢《や》が継《つ》げない 慣用句

意味 続《つづ》いて打《う》つべき手《て》がなく、ひどく困《こま》る。例 改革《かいかく》に乗《の》り出《だ》したものの、**二の矢が継げず**失敗《しっぱい》した。

語源 「二《に》の矢《や》」は、二番目《にばんめ》に射《い》る矢《や》。

二番煎《にばんせん》じ 慣用句

意味 前《まえ》にあったことをまねていて、新《あたら》しさやおもしろさがないこと。また、そのようなもの。例 この映画《えいが》は外国映画《がいこくえいが》の**二番煎じ**だ。

語源 茶《ちゃ》や薬《くすり》を二回煎《にかいせん》じると、味《あじ》やききめが落《お》ちることから。

にべもない 慣用句

意味 そっけない。例 協力《きょうりょく》をお願《ねが》いしたら、**にべもなく**断《ことわ》られた。

語源 「にべ」は、ニベという魚《さかな》のうきぶくろからつくる、粘着力《ねんちゃくりょく》の強《つよ》い接着剤《せっちゃくざい》。そのようなねばり気《け》がないということから。

二枚舌《にまいじた》を使《つか》う 慣用句

意味 前《まえ》と後《あと》で食《く》いちがったことを言《い》う。例 かれは**二枚舌を使う**ので信用《しんよう》できない。

語源 舌《した》が二枚《にまい》あって、それぞれでちがうことを言《い》うということから。

二枚目《にまいめ》 慣用句

意味 映画《えいが》・演劇《えんげき》などの美男《びなん》の役《やく》。また、顔立《かおだ》ちのととのった男性《だんせい》。例 かれは、だれもが認《みと》める**二枚目**だ。

語源 江戸時代《えどじだい》、歌舞伎《かぶき》の看板《かんばん》で、美男《びなん》の役《やく》を演《えん》じる人《ひと》の名前《なまえ》が二枚目《にまいめ》に書《か》かれたことから。

参考 ⬇三枚目《さんまいめ》

★**にらみを利《き》かせる** 慣用句

意味 相手《あいて》の心《こころ》を、強《つよ》い力《ちから》や勢《いきお》いでおさえつける。例 勝手《かって》なことをしないように、**にらみを利かせる**。

に

語源「にらみ」は、おさえつけること。

★**二律背反**《にりつはいはん》 四字熟語

意味 二《ふた》つとも正《ただ》しいが、たがいに矛盾《むじゅん》・対立《たいりつ》して両立《りょうりつ》しないこと。例 技術《ぎじゅつ》の進《しん》歩《ぽ》と環境保護《かんきょうほご》は、場合《ばあい》によって二律背反となることもある。

鶏《にわとり》を割《さ》くにいずくんぞ牛刀《ぎゅうとう》を用《もち》いん 故事成語

意味 小《ちい》さな事《こと》を処理《しょり》するのに、大人物《だいじんぶつ》や大《おお》げさな手段《しゅだん》は必要《ひつよう》がないことのたとえ。〈『論語《ろんご》』〉 例 簡単《かんたん》な修理《しゅうり》なのに親方《おやかた》を呼《よ》ぶことはない。鶏を割くにいずくんぞ牛刀を用いん、だよ。

語源 鶏《にわとり》を料理《りょうり》するのに牛《うし》を解体《かいたい》するために使《つか》う大《おお》きな刀《かたな》は必要《ひつよう》ないということから。

類 しらみの皮《かわ》を槍《やり》ではぐ／正宗《まさむね》で薪割《たきぎわ》る 英 to employ a steam hammer to crack a nut（くるみを割《わ》るのに蒸気《じょうき》ハンマーを使《つか》う）

人間到《にんげんいた》る処青山《ところせいざん》あり ことわざ

意味 生《う》まれた土地《とち》から出《で》て、広《ひろ》い世《よ》の中《なか》で活躍《かつやく》しなさいという教《おし》え。例 人間到る処青山ありというから、留学《りゅうがく》しようと思《おも》う。

語源「青山《せいざん》」は、墓場《はかば》のこと。故郷《こきょう》の墓《はか》場《ば》でなくても骨《ほね》をうずめる所《ところ》はほかにもあるという意味《いみ》。幕末《ばくまつ》の僧《そう》、月性《げっしょう》の詩《し》から。

同 人間到《じんかんいた》る処青山《ところせいざん》有《あ》り 英 To a brave man every soil forms his country.（勇敢《ゆうかん》な人《ひと》にとってはどこの土地《とち》も故郷《こきょう》となる）

人間《にんげん》は考《かんが》える葦《あし》である ことわざ

意味 人間《にんげん》は川辺《かわべ》に生《は》える植物《しょくぶつ》のアシと同《おな》じように弱《よわ》いものだが、考《かんが》える能力《のうりょく》がある点《てん》で、アシと決定的《けっていてき》にちがう。例 人間は考える葦であるという言葉《ことば》のとおり、熟考《じゅっこう》してから結論《けつろん》を出《だ》そう。

語源 フランスの哲学者《てつがくしゃ》パスカルの『パンセ』にある言葉《ことば》から。

人間万事塞翁《にんげんばんじさいおう》が馬《うま》 故事成語

➡塞翁《さいおう》が馬《うま》（177ページ）

ぬ

★★**糠《ぬか》に釘《くぎ》** ことわざ

➡世界のことわざ（323ページ）

意味 いくら言《い》っても、手《て》ごたえやききめのないことのたとえ。例 弟《おとうと》は何回注意《なんかいちゅうい》しても糠に釘で、部《へ》屋《や》をかたづけない。

語源「糠《ぬか》」は、玄米《げんまい》を白米《はくまい》にするときに出《で》る粉《こな》。糠《ぬか》の中《なか》に釘《くぎ》を打《う》っても、ききめがないことから。

参考 いろはがるた（京都《きょうと》）の一《ひと》つ。

類 豆腐《とうふ》に鎹《かすがい》／のれんに腕押《うでお》し／馬耳東風《ばじとうふう》 英 Bolt the door with a boiled carrot.（ゆでた人参《にんじん》で戸締《とじま》りする）

糠味噌《ぬかみそ》が腐《くさ》る 慣用句

意味 歌《うた》などを歌《うた》うときの、声《こえ》の悪《わる》さや調子《ちょうし》はずれな歌《うた》いぶりをばかにして言《い》う言葉《ことば》。例 なんて下手《へた》な歌《うた》だ。糠味噌が腐るよ。

糠喜び《ぬかよろこび》 慣用句
意味 一度《いちど》喜《よろこ》んだあとで、実《じつ》はまちがいとわかり、がっくりすること。例 宝《たから》くじに当《あ》たったと思《おも》ったが、見《み》まちがいで糠喜びだった。
語源 「糠《ぬか》」は、はかない、むだの意味《いみ》をあらわす接頭語《せっとうご》。

抜《ぬ》**き足**《あし》**差**《さ》**し足**《あし》 慣用句
意味 足音《あしおと》を立《た》てないように、つま先《さき》でそっと歩《ある》くようす。例 赤《あか》ちゃんを起《お》こさないように抜き足差し足で歩《ある》く。

抜《ぬ》**き差**《さ》**しならない** 慣用句
意味 物事《ものごと》を進《すす》めることもやめることもできない状態《じょうたい》になる。例 話《はなし》がこじれて抜き差しならなくなりそうだ。
語源 抜《ぬ》くことも差《さ》しこむこともできないということから。
類 進退窮《しんたいきわ》まる 英 to be between the upper and the nether millstone（上《うえ》と下《した》の石臼《いしうす》の間《あいだ》にはさまれて）

抜《ぬ》**け駆**《が》**けの功名**《こうみょう》 ことわざ
意味 人《ひと》を出《だ》しぬいて立《た》てた手《て》がら。
例 抜け駆けの功名をねらう。
語源 「抜《ぬ》け駆《が》け」は、戦場《せんじょう》で、ひそかに陣《じん》

世界《せかい》のことわざ　糠《ぬか》に釘《くぎ》

韓国《かんこく》

カボチャに針《はり》を打《う》つ

韓国《かんこく》のことわざにはカボチャがよく出《で》てきます。効《き》き目《め》や反応《はんのう》がなくてむだなことのほかに、とても簡単《かんたん》であることにも使《つか》われます。

フランス

鰻《うなぎ》をひざで折《お》る

ウナギはぬるぬるしていてつかみにくく、ぐにゃぐにゃとやわらかいです。ひざで折《お》ろうとしても、折《お》ることはできず、するりと手《て》からぬけてしまい、手《て》ごたえのないことのたとえです。

アルメニア

荷車千台《にぐるませんだい》のクルミを教会《きょうかい》の丸屋根《まるやね》にあけても一《ひと》つも残《のこ》りやしない

話《はなし》をしても何《なん》の反応《はんのう》もないことのたとえです。アルメニアはトルコ東側《ひがしがわ》にあり、4世紀《せいき》初《はじ》めに世界《せかい》で初《はじ》めてキリスト教《きょう》を国《くに》の宗教《しゅうきょう》として採用《さいよう》しました。

ぬ

地《ち》を抜《ぬ》け出《で》て、他人《たにん》より先《さき》に敵《てき》をせめること。そうして手《て》がらを立《た》てるということから。
英 to steal a march（人《ひと》がやる前《まえ》にやってしまう）

抜《ぬ》け目《め》がない 慣用句
意味 注意深《ちゅういぶか》くて、抜《ぬ》けたところがない。また、自分《じぶん》の得《とく》になりそうだと思《おも》うと、その機会《きかい》をのがさない。例 悪《わる》がしこくて抜け目がない人《ひと》。

盗人猛々《ぬすっとたけだけ》しい 慣用句
意味 盗《ぬす》みなどの悪事《あくじ》をしていながら、ずうずうしいようす。例 人《ひと》のアイデアを盗《ぬす》んで金《かね》もうけをするなんて盗人猛々しい。
語源「盗人《ぬすっと》」は、泥棒《どろぼう》のこと。
英 He bites the ear, yet seems to cry for fear.（相手《あいて》の耳《みみ》をかんでおきながら、こわいといって泣《な》く）

盗人《ぬすびと》に追《お》い銭《せん》 ことわざ
↓泥棒《どろぼう》に追《お》い銭《せん》（304ページ）

盗人《ぬすびと》にも三分《さんぶ》の理《り》 ことわざ
↓泥棒《どろぼう》にも三分《さんぶ》の理《り》（304ページ）

盗人《ぬすびと》の昼寝《ひるね》 ことわざ
意味 何《なん》でもないような行動《こうどう》にも、かくされた考《かんが》えがあることのたとえ。例 こんなことをするのも盗人の昼寝で、何《なに》かわけがあるのだろうか。
語源 夜《よる》に盗《ぬす》みをするために、盗人《ぬすびと》（＝泥棒《どろぼう》）が昼寝《ひるね》をするということから。
参考 いろはがるた（江戸《えど》）の一《ひと》つ。
英 A fox sleeps, but counts hens in his dream.（狐《きつね》は眠《ねむ》っていても夢《ゆめ》の中《なか》で鶏《にわとり》を数《かぞ》える）

盗人《ぬすびと》を捕《と》らえて見《み》れば我《わ》が子《こ》なり ことわざ
意味 意外《いがい》なことにおどろいて、困《こま》ってしまうことのたとえ。また、身近《みぢか》な者《もの》にも油断《ゆだん》できないことのたとえ。例 いたずらをしたのがうちの子《こ》だったなんて、まさに盗人を捕らえて見れば我が子なりだ。

盗人《ぬすびと》を見《み》て縄《なわ》をなう ことわざ
↓泥棒《どろぼう》を捕《と》らえて縄《なわ》をなう（304ページ）

ぬるま湯《ゆ》につかる 慣用句
意味 今《いま》の生活《せいかつ》にそれほど不満《ふまん》も心配《しんぱい》もなく、ぼんやり過《す》ごすことのたとえ。
例 ぬるま湯につかったような毎日《まいにち》を改《あらた》めようと思《おも》う。
語源「ぬるま湯《ゆ》」は、温度《おんど》の低《ひく》いふろ。つかると気持《きも》ちいいが、出《で》ると寒《さむ》いので、なかなか出《で》られないことから。

濡《ぬ》れ紙《がみ》を剥《は》がすように 慣用句
↓薄紙《うすがみ》を剥《は》ぐように（56ページ）

濡《ぬ》れ衣《ぎぬ》を着《き》せられる 慣用句
意味 身《み》に覚《おぼ》えのない罪《つみ》を負《お》わされる。
例 濡れ衣を着せられて、しかられた。
語源「濡《ぬ》れ衣《ぎぬ》」は、濡《ぬ》れた衣服《いふく》のこと。無実《むじつ》の罪《つみ》のたとえ。

★★濡《ぬ》れ手《て》で粟《あわ》 ことわざ
意味 苦労《くろう》しないでたくさんもうけることのたとえ。例 親《おや》から受《う》けついだ土地《とち》の値上《ねあ》がりで大《おお》もうけし、濡れ手で粟だと喜《よろこ》ぶ。
語源「粟《あわ》」は、黄色《きいろ》くて小《ちい》さいつぶの穀《こく》物《もつ》。濡《ぬ》れた手《て》でアワの実《み》をつかむと、たくさんつかめるということから。
類 一攫千金《いっかくせんきん》 英 to make one's fortune

あわ

at one stroke（一挙《いっきょ》に産《さん》を成《な》す）

濡《ぬ》れねずみ 慣用句

意味 服《ふく》を着《き》たまま、体中《からだじゅう》びっしょり濡《ぬ》れること。また、そのような人《ひと》。例 雨《あめ》に降《ふ》られて**濡れねずみ**になった。

語源 水《みず》につかったネズミのようすから。

寝息《ねいき》をうかがう 慣用句

意味 本当《ほんとう》にねむっているかどうかを確《たし》かめる。また、人《ひと》がねむっている間《あいだ》に、悪《わる》いことをしようとする。例 赤《あか》ちゃんの**寝息をうかがって**部屋《へや》から出《で》る。

寝返《ねがえ》りを打《う》つ 慣用句

意味 味方《みかた》を裏切《うらぎ》って敵側《てきがわ》につく。例 そそのかされて**寝返りを打つ**。

願《ねが》ったり叶《かな》ったり 慣用句

意味 すっかり願《ねが》いどおりになるようす。例 そうしてもらえれば、**願ったり叶ったり**だ。

願《ねが》ってもない 慣用句

意味 たとえ願《ねが》っても実現《じつげん》しそうにないことが、思《おも》いがけなく実現《じつげん》してうれしいようす。例 あなたといっしょに東京《とうきょう》へ行《い》けるなんて**願ってもない**ことだ。

根《ね》が生《は》える 慣用句

意味 ある場所《ばしょ》や地位《ちい》から動《うご》かなくなる。例 さっきから**根が生え**たように、校庭《こうてい》のすみでじっとしている。

値《ね》が張《は》る 慣用句

意味 値段《ねだん》がふつうのものより高《たか》い。例 少《すこ》し**値が張る**が、すばらしいカメラだ。

寝首《ねくび》を掻《か》く 慣用句

意味 ❶ねむっている人《ひと》を殺《ころ》す。例 君主《くんしゅ》の**寝首を掻く**。❷油断《ゆだん》させておいて、人《ひと》をおとしいれる。例 信用《しんよう》していた部下《ぶか》に**寝首を掻か**れる。

猫《ねこ》かぶり 慣用句

意味 本当《ほんとう》はそうでないのに、おとなしそうなふりをしていること。また、そのような人《ひと》。例 **猫かぶり**に、すっかりだまされた。

英 A wolf in sheep's clothing.（羊《ひつじ》の皮《かわ》をかぶった狼《おおかみ》）

猫《ねこ》なで声《ごえ》 慣用句

意味 人《ひと》のきげんをとろうとして出《だ》す、優《やさ》しいあまえるような声《こえ》。例 おこづかいがほしくて、**猫なで声**を出《だ》す。

語源 ネコがなでられたときに出《だ》す、あまえたような声《こえ》から。

猫《ねこ》にかつおぶし ことわざ

意味 好《す》きな物《もの》をそばに置《お》いておくと、油断《ゆだん》がならないことのたとえ。例 弟《おとうと》にゲームを見《み》せたら**猫にかつおぶし**で、そわそわし始《はじ》めた。

語源 かつおぶしはネコが好《す》きな食《た》べ物《もの》で、放《ほう》っておけば食《た》べられてしまうにきまっているという意味《いみ》から。

類 狐《きつね》に小豆飯《あずきめし》／盗人《ぬすびと》に蔵《くら》の番《ばん》 英 to set the wolf to guard the sheep（狼《おおかみ》に羊《ひつじ》の番《ばん》をさせる）

★★**猫《ねこ》に小判《こばん》** ことわざ ➡世界のことわざ（327ページ）

意味 どんなに値打《ねう》ちのあるものでも、知《し》らない人《ひと》にとっては、何《なん》の役《やく》にも立《た》たないことのたとえ。例 高価《こうか》な絵《え》だが、わたしには**猫に小判**で、よさがまったくわからない。

語源 「小判《こばん》」は、昔《むかし》の金貨《きんか》。ネコにはそ

ね

の値打《ねう》ちがわからないということから。

参考 いろはがるた（京《きょう》都《と》）の一《ひと》つ。

類 馬《うま》の耳《みみ》に念仏《ねんぶつ》／豚《ぶた》に真珠《しんじゅ》 英 pearls before swine（豚《ぶた》に真珠《しんじゅ》）

猫《ねこ》の首《くび》に鈴《すず》を付《つ》ける 慣用句

意味 いい考《かんが》えのように思《おも》えるが、実行《じっこう》するのは難《むずか》しいことのたとえ。例 意見《いけん》はまとまったが、**猫の首に鈴を付ける**人《ひと》がいない。

語源 ネコの首《くび》に鈴《すず》を付《つ》ければネコが近《ちか》づいてきたことがわかってよいと、ネズミたちが話《はな》し合《あ》ったが、鈴《すず》を付《つ》けに行《い》くのはこわくてだれも引《ひ》き受《う》けなかったというイソップ物語《ものがたり》の話《はなし》から。

類 言《い》うは易《やす》く行《おこな》うは難《かた》し

猫《ねこ》の子《こ》一匹《いっぴき》いない 慣用句

意味 まったく人《ひと》の姿《すがた》が見《み》えない。例 **猫の子一匹いない**日曜日《にちようび》の校庭《こうてい》。

★★ **猫《ねこ》の手《て》も借《か》りたい** 慣用句

意味 大変《たいへん》いそがしくて、だれでもよいから手《て》伝《つだ》いがほしいことのたとえ。例 **猫の手も借りたい**ほどのいそがしさ。

語源 人手《ひとで》が足《た》りないので、ネコにまで手伝《てつだ》ってほしいということから。

★★ **猫《ねこ》の額《ひたい》** 慣用句

意味 非常《ひじょう》にせまい場所《ばしょ》のたとえ。例 **猫の額**ほどの庭《にわ》。

語源 ネコの額《ひたい》がとてもせまいことから。

猫《ねこ》の目《め》のよう 慣用句

意味 非常《ひじょう》に変《か》わりやすいようすのたとえ。例 あの人《ひと》は気《き》まぐれで、気持《きも》ちが**猫の目のように**かわる。

語源 ネコのひとみは、光《ひかり》によって太《ふと》くなったり細《ほそ》くなったり、変《か》わりやすいことから。

英 like a weathercock in the wind（風《かぜ》の中《なか》の風見鶏《かざみどり》のように）

猫の目

猫《ねこ》ばば 慣用句

意味 悪《わる》いことをして、あとをごまかしてかくすこと。特《とく》に、拾《ひろ》った物《もの》をだまって自分《じぶん》のものにしておくこと。例 財布《さいふ》を拾《ひろ》って**猫ばば**を決《き》めこむ。

語源 ネコがふん（＝ばば）をしたときに、砂《すな》をかけてかくすことから。

猫《ねこ》も杓子《しゃくし》も 慣用句

意味 だれもかれも、みんな。どれもこれも。例 **猫も杓子も**流行《りゅうこう》のスタイルをまねる。

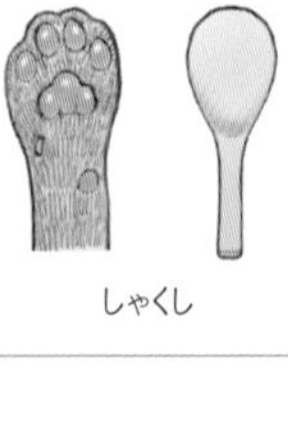
しゃくし

語源 ネコの手《て》と、杓《しゃく》子《し》（＝しゃもじ）の形《かたち》が似《に》ていることから。また、ネコは身近《みぢか》な動物《どうぶつ》で、杓子《しゃくし》も

ね

身近《みぢか》な道具《どうぐ》だからともいわれる。
英 everyone that can lick a dish（皿《さら》をなめられる者《もの》はだれもかれも）

★★猫《ねこ》をかぶる 慣用句
意味 本当《ほんとう》の性質《せいしつ》をかくして、おとなしそうに見《み》せかける。例 妹《いもうと》は、家《いえ》ではわがままだが、学校《がっこう》では**猫をかぶって**いる。
語源 ネズミをとるときは強暴《きょうぼう》なのに、飼《か》い主《ぬし》の前《まえ》でおとなしくなるネコのようすから。

寝覚《ねざ》めが悪《わる》い 慣用句
意味 自分《じぶん》がしたよくないおこないなどが思《おも》い出《だ》されて、気持《きも》ちがすっきりしない。例 友達《ともだち》に謝《あやま》らずに別《わか》れてきたので、どうも**寝覚めが悪い**。

ねじが緩《ゆる》む 慣用句
意味 はりつめた気持《きも》ちが緩《ゆる》んで、だらしなくなる。例 受験《じゅけん》が終《お》わって**ねじが緩ん**だのか、兄《あに》はテレビばかり見《み》ている。

ねじを巻《ま》く 慣用句
意味 ゆるんだ気持《きも》ちや態度《たいど》をひきしめる。例 チームに**ねじを巻く**必要《ひつよう》がある。

ねずみの嫁入《よめい》り ことわざ
↓マンガdeことわざ（329ページ）

世界《せかい》のことわざ　猫《ねこ》に小判《こばん》

マレーシア
犬《いぬ》にダイヤの首輪《くびわ》をする
ダイヤという高価《こうか》な宝石《ほうせき》がついた首輪《くびわ》をつけても、犬《いぬ》にはその価値《かち》がわからないという意味《いみ》です。

イタリア
豚《ぶた》に真珠《しんじゅ》を投《な》げるな

『新約聖書《しんやくせいしょ》』「マタイによる福音書《ふくいんしょ》」の言葉《ことば》。ここから、日本《にほん》でも「豚《ぶた》に真《しん》珠《じゅ》」と言《い》うようになりました。「ブタ」は、単《たん》に動物《どうぶつ》を指《さ》すだけではなく、きたなくて軽《けい》べつすべきものというイメージがあります。キリスト教文化《きょうぶんか》からは常《つね》にきらわれて、不潔《ふけつ》な者《もの》、大食漢《たいしょくかん》などの代名詞《だいめいし》になっています。ユダヤ教《きょう》やイスラム教《きょう》ではブタを食《た》べません。
その他《た》 イギリス、ドイツ、フランス、ロシア、スペイン

インドネシア
猿《さる》に花《はな》
花《はな》をサルにやっても、美《うつく》しさはわかりません。よいものを価値《かち》のわからない人《ひと》にあたえるのは無意味《むいみ》です。

インド
猿《さる》に生姜《しょうが》
ショウガは、インドのカレー料理《りょうり》にも使《し》用《よう》される重要《じゅうよう》な香辛料《こうしんりょう》（スパイス）です。とはいえ、サルにはショウガの味《あじ》はわからないので、何《なん》の価値《かち》もありません。

意味 あれこれと考《かんが》えて選《えら》ぼうとしてみても、結局《けっきょく》は平凡《へいぼん》な所《ところ》に落《お》ち着《つ》くたとえ。例 若《わか》いころ役者《やくしゃ》を目指《めざ》した父《ちち》は、結《けっ》局《きょく》はねずみの嫁入りで、代々続《だいだいつづ》いてきた家業《かぎょう》の農業《のうぎょう》を継《つ》いだ。

語源『沙石集《しゃせきしゅう》』などにある昔話《むかしばなし》から。ネズミの夫婦《ふうふ》が娘《むすめ》に世界一《せかいいち》の婿《むこ》を迎《むか》えたいと思《おも》い、まず太陽《たいよう》に申《もう》し入《い》れた。すると太陽《たいよう》は、自分《じぶん》の光《ひかり》をさえぎる雲《くも》のほうが偉《えら》いと言《い》うので、今度《こんど》は雲《くも》に申《もう》し入《い》れたが、雲《くも》は風《かぜ》に吹《ふ》き飛《と》ばされるから風《かぜ》のほうが優《すぐ》れていると言《い》う。そこで風《かぜ》に申《もう》し入《い》れると、風《かぜ》は、吹《ふ》きつけてもゆるがない壁《かべ》にはかなわないと言《い》う。ならばと壁《かべ》に申《もう》し入《い》れたところ壁《かべ》は、自分《じぶん》をかじって穴《あな》をあけるネズミのほうが上《うえ》だと言《い》ったので、ネズミの夫婦《ふうふ》は結局《けっきょく》、ネズミの仲間《なかま》から娘《むすめ》の婿《むこ》を選《えら》んだ。

類 ねずみの婿取《むこと》り

寝《ね》た子《こ》を起《お》こす 慣用句

意味 ようやくさわぎがおさまったのに、よけいな手出《てだ》しをして再《ふたた》び問題《もんだい》をひきおこすことのたとえ。例 寝た子を起こすようなことを言《い》うな。

語源 ようやく寝《ね》かしつけた子供《こども》を、わざわざ起《お》こすということから。

英 Wake not a sleeping lion.（眠《ねむ》れる獅《し》子《し》を起《お》こすな）

熱《ねっ》が冷《さ》める 慣用句

意味 熱中《ねっちゅう》する度合《どあ》いが低《ひく》くなる。例 最《さい》近《きん》、急《きゅう》に、野球《やきゅう》に対《たい》する熱が冷めた。

熱《ねっ》しやすく冷《さ》めやすい 慣用句

意味 一《ひと》つの物事《ものごと》にすぐ夢中《むちゅう》になるが、また、すぐあきるようす。例 熱しやすく冷めやすいので、何事《なにごと》も長続《ながつづ》きしない。

熱《ねっ》に浮《う》かされる 慣用句

意味 のぼせて夢中《むちゅう》になる。例 アイドルを好《す》きになり、熱に浮かされたように追《お》いかけている。

熱《ねっ》を上《あ》げる 慣用句

意味 夢中《むちゅう》になる。例 サッカーに熱を上げる。

熱《ねっ》を入《い》れる 慣用句

意味 一心《いっしん》におこなう。例 勉強《べんきょう》に熱を入れる。

寝《ね》ても覚《さ》めても 慣用句

意味 どんなときでも。例 寝ても覚めても、かれのことが頭《あたま》からはなれない。

語源 寝《ね》ているときでも、目《め》が覚《さ》めているときでもということから。

根《ね》に持《も》つ 慣用句

意味 あることをうらんで、いつまでも忘《わす》れない。例 会議《かいぎ》で反対《はんたい》されたことを根に持って、いやみを言《い》ってくる。

根《ね》掘《ほ》り葉《は》掘《ほ》り 慣用句

意味 細《こま》かいことまであれこれ聞《き》くようす。例 家族《かぞく》のことを根掘り葉掘り聞《き》かれた。

語源「根掘《ねほ》り」は、とことん掘《ほ》り起《お》こすという意味《いみ》。「葉掘《はほ》り」は、根掘《ねほ》りに語呂《ごろ》を合《あ》わせておもしろくいった言葉《ことば》。

★★ 寝《ね》耳《みみ》に水《みず》 ことわざ

意味 急《きゅう》に思《おも》いがけないことが起《お》こり、非常《ひじょう》におどろくことのたとえ。例 会社《かいしゃ》が倒《とう》産《さん》するなんて寝耳に水だ。

語源 寝《ね》ているときに、耳《みみ》に水《みず》を入《い》れられ

マンガ de ことわざ

ねずみの嫁入《よめい》り

※「嫁入《よめい》り」は、結婚《けっこん》の昔《むかし》の言《い》い方《かた》。昔《むかし》は女性《じょせい》が男性《だんせい》の家《いえ》に入《はい》ることが一般的《いっぱんてき》だった。

昔々《むかしむかし》あるところに、ねずみの夫婦《ふうふ》がいた。
娘《むすめ》も年頃《としごろ》になった世界一《せかいいち》の者《もの》に嫁入《よめい》りさせねば
それならこの世《よ》をすみずみまで照《て》らすお日様《ひさま》でしょう
世界一《せかいいち》のお日様《ひさま》娘《むすめ》を嫁《よめ》にもらってくだされ
いやいや雲《くも》が世界一《せかいいち》ですよ
雲《くも》にかくされたら世界《せかい》を照《て》らせません!
わたしよりも風《かぜ》のほうが世界一《せかいいち》でしょう!
ぴゅーん
とばされちゃう
そんなそんな壁《かべ》が世界一《せかいいち》です!
びくともしない
世界一《せかいいち》はあなたたちさ!かじられたらたまらない…
ねずみが世界一《せかいいち》!!
ハッピー!!
いろいろ迷《まよ》ったけど、これでよかったんだね。

ておどろくということから。類 青天《せいてん》の霹靂《へきれき》（青天《せいてん》から稲妻《いなずま》）英 a bolt from the blue

★**根《ね》も葉《は》もない** 慣用句
意味 何《なん》の証拠《しょうこ》もない。例 根も葉もないうわさが立《た》つ。
英 There's not an ounce of truth to it.（〔それには〕事実性《じじつせい》がみじんもない）

寝《ね》る子《こ》は育《そだ》つ ことわざ
意味 よく寝《ね》る子供《こども》は健康《けんこう》でじょうぶに育《そだ》つということ。例 赤《あか》ちゃんがぐっすり眠《ねむ》っている。寝る子は育つというから、いいことだ。類 泣《な》く子《こ》は育《そだ》つ

★**音《ね》を上《あ》げる** 慣用句
意味 苦《くる》しみにたえられず、声《こえ》をたてる。降参《こうさん》する。例 そんなことで音を上げるようでは、この先《さき》が思《おも》いやられる。

語源 苦《くる》しくて泣《な》き声《ごえ》を上《あ》げるということから。

根《ね》を下《お》ろす 慣用句
意味 しっかりした土台《どだい》をつくる。定着《ていちゃく》する。例 かれもこの町《まち》にすっかり根を下ろしたようだ。
語源 草木《くさき》が大地《だいち》にしっかり根《ね》をつけるということから。

根《ね》を生《は》やす 慣用句
意味 一《ひと》つの場所《ばしょ》に長《なが》く落《お》ち着《つ》いている。ある場所《ばしょ》に長《なが》く住《す》みつく。例 かれは離《り》島《とう》で根を生やして、がんばっている。

根《ね》を張《は》る 慣用句
意味 勢力《せいりょく》を広《ひろ》げて動《うご》かしがたくなる。例 地元《じもと》に根を張る政治家《せいじか》。

年季《ねんき》が入《はい》る 慣用句
意味 長年《ながねん》同《おな》じ仕事《しごと》をしていて、熟練《じゅくれん》している。例 年季が入った、みごとな腕前《うでまえ》の職人《しょくにん》。

年季《ねんき》を入《い》れる 慣用句
意味 長《なが》い年月《ねんげつ》をかけて、その仕事《しごと》の経験《けいけん》を積《つ》む。例 年季を入れただけあって、みごとなできばえだ。

年貢《ねんぐ》の納《おさ》め時《どき》 慣用句
意味 長《なが》い間《あいだ》悪《わる》いことをしていた者《もの》が、ついにつかまって罰《ばつ》を受《う》けるとき。例 犯人《はんにん》がようやくつかまった。年貢の納め時だろう。
語源 「年貢《ねんぐ》」は、昔《むかし》、農民《のうみん》が納《おさ》めていた税《ぜい》。ためていた年貢《ねんぐ》を納《おさ》める時《とき》がきたということから。
英 Every fox must pay its own skin to the flayer.（どの狐《きつね》も自分《じぶん》の毛皮《けがわ》を皮《かわ》はぎ人《にん》に与《あた》えなければならない）

年功序列《ねんこうじょれつ》 四字熟語
意味 会社《かいしゃ》などで、勤《つと》めた年数《ねんすう》によって地《ち》位《い》や給料《きゅうりょう》が決《き》まること。例 年功序列で昇進《しょうしん》する。

念頭《ねんとう》に置《お》く 慣用句
意味 忘《わす》れずにいつも心《こころ》に覚《おぼ》えておく。例 責任《せきにん》は個人個人《こじんこじん》にあることを念頭に置いて行動《こうどう》してください。

念《ねん》には念《ねん》を入《い》れる ことわざ
意味 注意《ちゅうい》を重《かさ》ねるということ。例 出発《しゅっぱつ》前《まえ》、念には念を入れて戸《と》じまりをする。
参考 「念《ねん》には念《ねん》を入《い》れ」の形《かたち》は、いろはがるた（江戸《えど》）の一《ひと》つ。
英 Look before you leap.（跳《と》ぶ前《まえ》に見《み》よ）

ね

年々歳々《ねんねんさいさい》 四字熟語

意味 毎年何《まいとしなに》かがおこなわれるようす。毎年毎年《まいとしまいとし》。例 年々歳々、庭《にわ》の桜《さくら》が美《うつく》しくさく。

参考 中国《ちゅうごく》の劉廷芝《りゅうていし》の詩《し》「年々歳々花相《ねんねんさいさいはなあい》似《に》たり、歳々年々人同《さいさいねんねんひとおな》じからず」から。

念力岩をも通す《ねんりきいわをもとおす》 ことわざ

意味 心《こころ》にわいてくる力《ちから》を一《ひと》つに集《あつ》めて物事《ものごと》をおこなえば、どんなことでもなしとげられるということ。例 念力岩をも通すで、コンクールで一位《いちい》になった。

同 石《いし》に立《た》つ矢《や》／一念岩《いちねんいわ》をも徹《とお》す／思《おも》う念力岩《ねんりきいわ》を通《とお》す

念《ねん》**を入**《い》**れる** 慣用句

意味 細《こま》かい点《てん》にまでよく注意《ちゅうい》する。

例 念を入れて、何度《なんど》も確認《かくにん》する。

★**念**《ねん》**を押**《お》**す** 慣用句

意味 まちがいのないように、もう一度相《いちどあい》手《て》に注意《ちゅうい》をする。例 母《はは》は弟《おとうと》に、忘《わす》れ物《もの》がないか念を押して聞《き》いた。

の

★★**能**《のう》**ある鷹**《たか》**は爪**《つめ》**を隠**《かく》**す** ことわざ

➡世界のことわざ（333ページ）

意味 本当《ほんとう》に優《すぐ》れた才能《さいのう》のある人《ひと》は、むやみにそれを見《み》せびらかさないということのたとえ。例 能ある鷹は爪を隠すというとおり、かれは一番実力《いちばんじつりょく》があるのに、常《つね》にひかえ目《め》だ。

語源 えものをとるのがうまいタカは、ふだんは、するどい爪《つめ》を隠《かく》しているということから。

類 上手《じょうず》の猫《ねこ》が爪《つめ》を隠《かく》す／ねずみ捕《と》る猫《ねこ》は爪隠《つめかく》す 英 Cats hide their claws.（猫《ねこ》は爪《つめ》を隠《かく》す）

能《のう》**がない** 慣用句

意味 ❶持《も》って生《う》まれた能力《のうりょく》がない。例 自分《じぶん》には能がないとあきらめる。❷工夫《くふう》が足《た》りない。例 同《おな》じまちがいをするのはあまりに能がないよ。

嚢中《のうちゅう》**の錐**《きり》 故事成語

意味 自然《しぜん》にその真価《しんか》があらわれる、才能《さいのう》のある人《ひと》のたとえ。〈『史記《しき》』〉例 わき役《やく》でも光《ひか》るもののあるあの役者《やくしゃ》こそ、嚢中の錐ということだろう。

語源 錐《きり》はふくろの中《なか》に入《い》れても、その先《さき》がつき出《で》ることから。中国《ちゅうごく》の戦国時代《せんごくじだい》、趙《ちょう》の平原君《へいげんくん》は、密命《みつめい》を実行《じっこう》するために優《すぐ》れた家臣《かしん》を選《えら》んでいたところ、毛遂《もうすい》という者《もの》が名乗《なの》り出《で》た。平原君《へいげんくん》はその名前《なまえ》を聞《き》いたことがなかったので、「嚢中《のうちゅう》の錐《きり》というように、優《すぐ》れた人物《じんぶつ》ではないから知《し》られていないのでは」と言《い》った。すると、毛遂《もうすい》は、「今《いま》まで知《し》られてなかったのですが、今回選《こんかいえら》んでくだされば、必《かなら》ず錐《きり》が袋《ふくろ》を破《やぶ》って、柄《え》まで飛《と》び出《で》るぐらい活躍《かつやく》しましょう。」と答《こた》え、その言葉《ことば》どおり、大活躍《だいかつやく》をしたという話《はなし》による。

軒《のき》**を争**《あらそ》**う** 慣用句

意味 軒《のき》と軒《のき》とが接《せっ》するほど家《いえ》が接近《せっきん》していて、建《た》てこんでいる。例 **軒を争う**ように店《みせ》が並《なら》ぶ。

類 軒《のき》を連《つら》ねる／軒《のき》を並《なら》べる

のき

軒《のき》を並《なら》べる 慣用句

意味 となり合《あ》って家《いえ》が立《た》ち並《なら》ぶ。例 新《あたら》しい店《みせ》が**軒を並べ**ている。

類 軒《のき》を争《あらそ》う／軒《のき》を連《つら》ねる

残《のこ》り物《もの》には福《ふく》がある ことわざ

意味 人《ひと》が先《さき》に取《と》って残《のこ》ったものの中《なか》に、案外《あんがい》よいものがあるということ。例 そんなにあせるな。**残り物には福がある**って言《い》うじゃないか。

英 Good luck lies in odd numbers.（半端《はんぱ》物《もの》に幸運《こううん》あり）

熨斗《のし》を付《つ》ける 慣用句

意味 喜《よろこ》んで相手《あいて》に物《もの》をやる気持《きも》ちをあらわす言葉《ことば》。例 こんなものでよいのなら、**熨斗を付け**てあげるよ。

語源 「熨斗《のし》」は、紅白《こうはく》の紙《かみ》を細《ほそ》い六角形《ろっかっけい》に折《お》り、お祝《いわ》いのおくりものにつけるもの。

参考 自分《じぶん》には不要《ふよう》なものであることを強調《きょうちょう》するときに用《もち》いる。

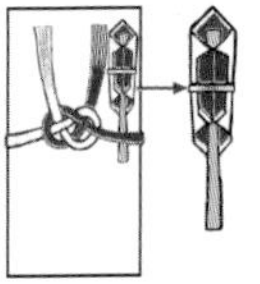

のし

のっぴきならない 慣用句

意味 どうしてものがれられない。例 かれは今日《きょう》、**のっぴきならない**用事《ようじ》があってパーティーに参加《さんか》できないらしい。

語源 「のっぴき」は、さけたり退《しりぞ》いたりすること。「退《の》き引《ひ》き」から変化《へんか》した言葉《ことば》。

喉《のど》が鳴《な》る 慣用句

意味 おいしそうな食《た》べ物《もの》を目《め》の前《まえ》にして、すぐに食《た》べたくなる。例 ごちそうを見《み》て**喉が鳴る**。

類 生唾《なまつば》を飲《の》み込《こ》む

★喉《のど》から手《て》が出《で》る 慣用句

意味 非常《ひじょう》にほしくてたまらないことのたとえ。例 あの記念切手《きねんきって》は、**喉から手が出る**ほどほしい。

類 よだれが出《で》る

喉元《のどもと》過《す》ぎれば熱《あつ》さを忘《わす》れる ことわざ

➡世界のことわざ（335ページ）

意味 苦《くる》しいことでも過《す》ぎてしまえば、その苦《くる》しさをすぐ忘《わす》れてしまうことのたとえ。例 **喉元過ぎれば熱さを忘れる**で、今年《ことし》もまた夏休《なつやす》みの宿題《しゅくだい》がぎりぎりになってしまった。

参考 いろはがるた（江戸《えど》）の一《ひと》つ。

対 羹《あつもの》にこりて膾《なます》を吹《ふ》く 英 The danger past, and God forgotten.（危険《きけん》が過《す》ぎると神《かみ》は忘《わす》れ去《さ》られる）

喉《のど》を詰《つ》まらせる 慣用句

意味 感動《かんどう》や悲《かな》しみで言葉《ことば》が出《で》なくなる。

例 恩師《おんし》が亡《な》くなったという知《し》らせに**喉を詰まらせ**た。

のべつ幕《まく》なし 慣用句

意味 休《やす》みなく続《つづ》けるようす。例 おしゃべりな妹《いもうと》は、**のべつ幕なし**に話《はな》している。

語源 芝居《しばい》で、幕《まく》を引《ひ》かずに続《つづ》けて演《えん》じる

ことから。

上《のぼ》り一日《いちにち》下《くだ》り一時《いっとき》 ことわざ

意味 作《つく》り上《あ》げるのは時間《じかん》も手間《てま》もかかるが、こわすのはすぐにできるということ。例 父《ちち》は、何日《なんにち》もかけて作《つく》った焼《や》き物《もの》のつぼを落《お》とし、一瞬《いっしゅん》で粉々《こなごな》にしてしまった。まさに上り一日下り一時、だ。

語源 上《のぼ》るには一日《いちにち》かかるが、同《おな》じ道《みち》を下《くだ》るには一時《いっとき》（＝わずかな時間《じかん》）しかかからないということから。

乗《の》り掛《か》かった船《ふね》 慣用句

➡世界のことわざ（337ページ）

意味 いったん始《はじ》めたことは中途《ちゅうと》でやめられないということのたとえ。例 乗り掛かった船なので、やれるだ

だいじょうぶかな〜
クゥ〜ン
ギコギコ
絶対《ぜったい》最後《さいご》まで作《つく》るぞー!

世界《せかい》のことわざ　能《のう》ある鷹《たか》は爪《つめ》を隠《かく》す

中国《ちゅうごく》　ねずみをよく捕《つか》まえる猫《ねこ》は鳴《な》かない

ネズミをとる猫《ねこ》は鳴《な》き声《ごえ》を立《た》てたり音《おと》を出《だ》したりしません。実力《じつりょく》のある人《ひと》は、むやみに能力《のうりょく》をひけらかさないというたとえです。

ナイジェリア　ナイフは包《つつ》んでおくと切《き》れ味《あじ》が保《たも》たれる

ナイフは刃《は》が見《み》えるようにして持《も》っていると、いつの間《ま》にか切《き》れ味《あじ》が悪《わる》くなります。人間《にんげん》の能力《のうりょく》も、ふだんはむやみに見《み》せびらかしたりしないで、大事《だいじ》なときに発揮《はっき》することが大切《たいせつ》です。

タイ　爪《つめ》を隠《かく》した虎《とら》

表向《おもてむ》きはおとなしそうなふりをしているが、本当《ほんとう》は強《つよ》い力《ちから》をもっていて、いつ攻撃《こうげき》してくるかわからない人《ひと》のことです。タイでは、マレートラが最《もっと》も強《つよ》い動物《どうぶつ》で、権力者《けんりょくしゃ》のたとえとしても使《つか》われます。

けやってみよう。
語源 岸《きし》をはなれた船《ふね》からは降《お》りられないことから。
英 He that is out at sea must either sail or sink.（海《うみ》に乗《の》り出《だ》した人《ひと》は進《すす》むか沈《しず》むしかない）

伸《の》るか反《そ》るか 慣用句
意味 成功《せいこう》するか、失敗《しっぱい》するか。**例** かんとくは伸るか反るか勝負《しょうぶ》をかけて代打《だいだ》を送《おく》った。
類 一《いち》か八《ばち》か／乾坤一擲《けんこんいってき》

★**のれんに腕押《うでお》し** ことわざ
意味 いくら力《ちから》を入《い》れても、手《て》ごたえが少《すこ》しもないことのたとえ。**例** 何《なに》を聞《き》いてものらりくらりとしていて、まったくのれんに腕押しだ。
語源「のれん」は、店《みせ》や部屋《へや》の出入《でい》り口《ぐち》などにたらす布《ぬの》。手《て》で押《お》しても手《て》ごたえがないことから。
類 豆腐《とうふ》に鎹《かすがい》／糠《ぬか》に釘《くぎ》 **英** to scoop water with a sieve（篩《ふるい》で水《みず》を汲《く》む）

のれん

のれんに傷《きず》が付《つ》く 慣用句
意味 店《みせ》の信用《しんよう》が失《うしな》われる。**例** そんな品《しな》物《もの》を出《だ》したら、この店《みせ》ののれんに傷が付くことになる。
語源「のれん」は、店《みせ》の名前《なまえ》を染《そ》めぬいて店先《みせさき》にかける布《ぬの》。店《みせ》の象徴《しょうちょう》であり、その格式《かくしき》や信用《しんよう》などをあらわす。

のれんを下《お》ろす 慣用句
意味 ❶商売《しょうばい》をやめて、店《みせ》を閉《し》める。**例** 長《なが》年《ねん》やってきたが、ついにのれんを下ろすことになった。❷その日《ひ》の商売《しょうばい》を終《お》える。**例** もうのれんを下ろす時刻《じこく》だ。

のれんを分《わ》ける 慣用句
意味 長年勤《ながねんつと》めた店員《てんいん》などに、新《あたら》しく店《みせ》を出《だ》させ、同《おな》じ店《みせ》の名《な》を名乗《なの》ることを許《ゆる》す。**例** のれんを分けてもらって、独立《どくりつ》する。

狼煙《のろし》を上《あ》げる 慣用句
意味 世間《せけん》に、ある物事《ものごと》を起《お》こすことを知《し》らせ、勢《いきお》いを示《しめ》す。**例** 幕府打倒《ばくふだとう》の狼煙を上げる。
語源「狼煙《のろし》」は、戦《いくさ》などで合図《あいず》のために上《あ》げた煙《けむり》。中国《ちゅうごく》で昔《むかし》、狼《おおかみ》のふんを焼《や》いたことからいう。

のろし

呑《の》んでかかる 慣用句
意味 相手《あいて》を見《み》くびってあつかう。**例** はじめから相手《あいて》チームを呑んでかかったのが敗因《はいいん》だ。

は

ぱあになる 慣用句
意味 お金《かね》や物《もの》などが、すべてなくなる。むだになる。**例** 計画《けいかく》がぱあになる。

敗軍《はいぐん》の将《しょう》は兵《へい》を語《かた》らず 故事成語
意味 失敗《しっぱい》した者《もの》はその事《こと》について意見《いけん》を言《い》う資格《しかく》がない。〈『史記《しき》』〉 **例** 敗軍の将は兵を語らずで、かんとくは何《なに》も言《い》わずに去《さ》った。
語源「兵《へい》」は、「兵法《へいほう》」のこと。漢《かん》の名将《めいしょう》韓信《かんしん》が、背水《はいすい》の陣《じん》で趙《ちょう》を破《やぶ》った戦《たたか》いで、趙《ちょう》の兵法家《へいほうか》の広武君《こうぶくん》をとらえた。韓信《かんしん》は広武君《こうぶくん》に敬意《けいい》を表《ひょう》し、縄《なわ》を解《と》いて兵法《へいほう》について教《おし》えを請《こ》うた。これに対《たい》して広武君《こうぶくん》が述《の》べた、「戦《たたか》いに負《ま》けた将軍《しょうぐん》が、武勇《ぶゆう》について語《かた》る資格《しかく》はありません。」という内容《ないよう》の言葉《ことば》から。

英 Who excuses himself, accuses himself.（弁解《べんかい》する人《ひと》は、自分《じぶん》を非難《ひなん》することになる）

背水《はいすい》の陣《じん》 故事成語 ⇒マンガdeことわざ（338ページ）

意味 負《ま》けたら死《し》ぬというかくごで戦《たたか》うこと。また、そのようなかくごで、物事《ものごと》をおこなうこと。〈『史記《しき》』〉 例 背水の陣で選挙戦《せんきょせん》に臨《のぞ》む。

語源 漢《かん》の名将韓信《めいしょうかんしん》が、趙《ちょう》を攻《せ》める重要《じゅうよう》な戦《たたか》いで、わざと川《かわ》を背《せ》にした陣《じん》をしいた。すると、兵《へい》はにげることができず、死《し》にものぐるいで戦《たたか》って勝利《しょうり》したという話《はなし》から。

英 to burn one's boats（背後《はいご》のボートを焼《や》く…敵側《てきがわ》の岸《きし》に着《つ》けたボートを焼《や》いて引《ひ》き返《かえ》せなくする）

肺腑《はいふ》をえぐる 慣用句

意味 心《こころ》の奥底《おくそこ》に刃物《はもの》でえぐるような強《つよ》い痛《いた》みをあたえる。例 肺腑をえぐる言《こと》

世界《せかい》のことわざ 喉元過《のどもとす》ぎれば熱《あつ》さを忘《わす》れる

フランス 食《た》べたパンは味《あじ》がしない

おいしく食《た》べても、おなかの中《なか》に入《はい》ってしまえば、もはや味《あじ》はしません。恩《おん》は忘《わす》れやすいことのたとえです。

パキスタン 家《いえ》が建《た》つと大工《だいく》は忘《わす》れられる

家《いえ》が建《た》ってしまうと、家《いえ》のありがたみは感《かん》じていても、家《いえ》を建《た》てた大工《だいく》さんのことは忘《わす》れられてしまうものです。

ポルトガル 危険《きけん》が過《す》ぎると聖人《せいじん》を忘《わす》れる

あぶない目《め》にあうと、聖人《せいじん》（キリスト教《きょう》で徳《とく》をつみ、信者《しんじゃ》に尊敬《そんけい》される人《ひと》）に助《たす》けてもらおうとして祈《いの》り、すがろうとします。しかし、危険《きけん》が過《す》ぎてしまうと、いつのまにか忘《わす》れがちです。苦《くる》しいときに受《う》けた恩《おん》も、楽《らく》になると忘《わす》れてしまうことのたとえです。

その他《た》 スペイン

ベトナム 痛《いた》みが消《き》えると薬《くすり》は忘《わす》れられる

治《なお》ると薬《くすり》のことは忘《わす》れてしまうという発想《はっそう》は、全世界共通《ぜんせかいきょうつう》のようです。

は

葉《ば》。

語源「肺腑《はいふ》」は、肺《はい》のことで、心《こころ》の奥底《おくそこ》をあらわす。

肺腑《はいふ》を衝《つ》く 慣用句

意味 深《ふか》い感動《かんどう》を感《かん》じさせる。例 観衆《かんしゅう》の**肺腑を衝く**演説《えんぜつ》。

語源「肺腑《はいふ》」は、肺《はい》のことで、心《こころ》の奥底《おくそこ》をあらわす。

はえば立《た》て、立《た》てば歩《あゆ》めの親心《おやごころ》 ことわざ

意味 わが子《こ》の成長《せいちょう》を待《ま》ち望《のぞ》む親《おや》の気持《きも》ちを言《い》う言葉《ことば》。例 **はえば立て、立てば歩めの親心**で、子供《こども》の成長《せいちょう》を見守《みまも》る。

歯《は》が浮《う》く 慣用句

意味 わざとらしかったり気《き》どっていたりする言葉《ことば》やふるまいに接《せっ》して、ふゆかいになることのたとえ。例 **歯が浮く**ようなおせじを言《い》う。

はかが行《い》く 慣用句

意味 仕事《しごと》などがはかどる。例 勉強《べんきょう》の**はかが行く**。

語源「はか」は、仕事《しごと》や物事《ものごと》の進《すす》みぐあい。

場数《ばかず》を踏《ふ》む 慣用句

意味 経験《けいけん》を重《かさ》ねる。例 **場数を踏ん**で強《つよ》くなる。

★★**歯《は》が立《た》たない** 慣用句

意味 力《ちから》がおよばない。強《つよ》くて、かなわない。例 何《なに》をやっても父《ちち》には**歯が立たない**。

語源 かたすぎて、歯《は》でかみくだくことができないということから。

馬鹿《ばか》とはさみは使《つか》いよう ことわざ

意味 役《やく》に立《た》ちそうにない人《ひと》でも、使《つか》いようでは役《やく》に立《た》つということ。例 ぼくのことを何《なに》もできないと決《き》めつけるな。**馬鹿とはさみは使いよう**と言《い》うだろう。

参考 使《つか》われる相手《あいて》に向《む》かって用《もち》いると失礼《しつれい》になる。

馬鹿《ばか》にする 慣用句

意味 あなどる。みくびる。例 内心《ないしん》では**馬鹿にして**いるにちがいない。

馬鹿《ばか》に付《つ》ける薬《くすり》はない ことわざ

意味 おろか者《もの》は救《すく》いようがないというたとえ。例 いとこは働《はたら》かずにギャンブルばかりしていて、親戚《しんせき》から**馬鹿に付ける薬はない**と言《い》われている。

馬鹿《ばか》にならない 慣用句

意味 無視《むし》したり軽《かる》く見《み》たりすることはできない。例 毎日《まいにち》のバス代《だい》も**馬鹿にならない**金額《きんがく》だ。

馬鹿《ばか》になる 慣用句

意味 もともとの働《はたら》きがなくなる。例 古《ふる》いねじが**馬鹿になっ**て使《つか》えない。

歯《は》が抜《ぬ》けたよう 慣用句

↓**歯《は》の抜《ぬ》けたよう**（348ページ）

馬鹿《ばか》の一《ひと》つ覚《おぼ》え 慣用句

意味 一《ひと》つのことだけを覚《おぼ》えて、どんなときにも、得意《とくい》そうにそれだけを言《い》ったりしたりすること。例 また、あの話《はなし》をしているよ。**馬鹿の一つ覚え**だね。

秤《はかり》に掛《か》ける 慣用句

↓**天秤《てんびん》に掛《か》ける❶**（290ページ）

馬鹿《ばか》を見《み》る 慣用句

意味 損《そん》をする。つまらない結果《けっか》になる。例 だまされて**馬鹿を見る**。

破顔一笑《はがんいっしょう》 四字熟語

意味 顔《かお》をほころばせて、にっこり笑《わら》うこと。例 子供《こども》のかわいいつぶやきに、思《おも》わず破顔一笑した。

歯《は》**ぎしりをする** 慣用句

意味 ひどくくやしがることのたとえ。

例 だまされたと知《し》って、かれは歯ぎしりをしてくやしがった。

語源 「歯《は》ぎしり」は、ねむっているときなどに、歯《は》を強《つよ》くかみ合《あ》わせて音《おと》を立《た》てること。

掃《は》**きだめに鶴**《つる》 ことわざ

意味 つまらないものの中《なか》に、優《すぐ》れているものや美《うつく》しいものがまじっていることのたとえ。例 優勝経験者《ゆうしょうけいけんしゃ》が弱小《じゃくしょう》クラブに入《はい》ってくれた。まさに掃きだめに鶴だ。

語源 掃《は》きだめ（＝ごみ捨《す》て場《ば》）に美《うつく》しいツルがまいおりたということから。

類 鶏群《けいぐん》の一鶴《いっかく》 英 a jewel in a dunghill（糞《ふん》の山《やま》の中《なか》に宝石《ほうせき》）

馬脚《ばきゃく》**をあらわす** 慣用句

意味 かくしていたことがあらわれる。

例 身元《みもと》をいつわっていた人《ひと》が、とうとう

世界《せかい》のことわざ　乗《の》り掛《か》かった船《ふね》

ロシア

きのこと名乗《なの》ったからには籠《かご》に入《はい》れ

自分《じぶん》からキノコと名乗《なの》ったからには、キノコを入《い》れるかごに入《はい》るのがよいという意味《いみ》です。キノコ採《と》りに家族《かぞく》で森《もり》へ出《で》かけ、キノコ料理《りょうり》を好《この》む、ロシアならではのことわざです。

スペイン

教会《きょうかい》を建《た》てたからには祭壇《さいだん》もすえよ

教会《きょうかい》の建物《たてもの》を建《た》てても祭壇《さいだん》をそなえつけなければ、おいのりをすることができないから、祭壇《さいだん》までつくるように、という意味《いみ》です。スペインの宗教《しゅうきょう》はカトリックが大半《たいはん》です。

フランス

ぶどう酒《しゅ》が（樽《たる》から）出《だ》されたからには飲《の》まねばならぬ

フランスではブドウ酒《しゅ》がよくつくられ、よく飲《の》まれます。樽《たる》に入《い》れて保管《ほかん》し、熟成《じゅくせい》させますが、ブドウ酒《しゅ》は一度《いちど》樽《たる》から出《だ》したら戻《もど》せません。はじめたからには最後《さいご》までやらなくてはならないというたとえです。

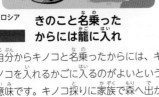

マンガ de ことわざ

韓信《かんしん》の股《また》くぐり・背水《はいすい》の陣《じん》

中国《ちゅうごく》の漢王朝建国《かんおうちょうけんこく》の立役者《たてやくしゃ》、大将軍韓信《たいしょうぐんかんしん》。若《わか》い頃《ころ》はとても貧乏《びんぼう》であった。
グ〜
腹《はら》へった…
今日《きょう》も持《も》ってきてやったぞ
たべな
かたじけない…
出世《しゅっせ》したら恩返《おんがえ》しするから
けっ！何《なに》を言《い》ういい大人《おとな》が食《く》いつめおって！
ハハハ
おい韓信《かんしん》、図体《ずうたい》はでかいがびびってるんだろう！その剣《けん》でおれを刺《さ》してみろ！できねえなら股《また》をくぐれ！
ズイー
…
ヒヒヒ…
フハハハ
この臆病者《おくびょうもの》め！
ズッ
大志《たいし》の前《まえ》の小《ちい》さな恥辱《ちじょく》など些細《ささい》なことよ

は

国士無双《こくしむそう》とよばれ、ついに大将軍《たいしょうぐん》となった。
趙《ちょう》の塞《とりで》を攻撃《こうげき》したとき…
漢
よいか！川《かわ》を背《せ》にして陣《じん》を敷《し》け！
兵法《へいほう》ではだめなんじゃ…大丈夫《だいじょうぶ》かな？
ドドドッドドド
おい見《み》ろ！漢軍《かんぐん》は川《かわ》を背《せ》にして布陣《ふじん》したぞ
馬鹿《ばか》め！兵法《へいほう》を知《し》らんのか！
趙
一気《いっき》に押《お》しつぶしてやる！かかれ～
もう後《あと》がない！
ここで負《ま》けたら終《お》わりだ！やるしかない！
ドドドドドド
趙《ちょう》の塞《とりで》を占領《せんりょう》したぞ！
オーーッ
しまった！手間取《てまど》っているうちに背後《はいご》を突《つ》かれた！
ハア
ハア
にげ場《ば》がなければ、必死《ひっし》の思《おも》いで戦《たたか》うものだ
フフフ…
ドドドドドド
にげろ～
出世《しゅっせ》した韓信《かんしん》は、あのご飯《はん》をくれたおばあさんに、恩返《おんがえ》しをした。
どうぞ
ど
ひぃ～

は

馬脚をあらわした。
語源 芝居《しばい》で、馬《うま》の脚《あし》になっていた人《ひと》が、うっかり姿《すがた》を見《み》せるということから。
類 化《ば》けの皮《かわ》が剥《は》がれる
英 to show the cloven hoof（悪魔《あくま》の本性《ほんしょう》をあらわす）

箔《はく》が付《つ》く 慣用句
意味 値打《ねう》ちが上《あ》がる。**例** フランスで修《しゅ》行《ぎょう》したおかげで、料理人《りょうりにん》としての**箔が付**いた。
語源 「箔《はく》」は、金《きん》や銀《ぎん》をうすくのばしたもの。物《もの》の表面《ひょうめん》に付《つ》けると、立派《りっぱ》に見《み》えることから。

白眼視《はくがんし》 故事成語
意味 意地《いじ》の悪《わる》い目《め》で見《み》ること。冷《つめ》たくあつかうこと。〈『晋書《しんじょ》』〉**例** 気《き》に入《い》らない相手《あいて》だからと**白眼視**するのはよくない。
語源 中国《ちゅうごく》の三国時代《さんごくじだい》、阮籍《げんせき》という人《ひと》が、気《き》に入《い》らない人《ひと》は白眼《はくがん》（＝白《しろ》い目《め》）でむかえ、気《き》に入《い》った人《ひと》は青眼《せいがん》（＝黒《くろ》い目《め》）でむかえたという話《はなし》から。

莫逆《ばくぎゃく》の友《とも》 故事成語
意味 たがいに心《こころ》の通《かよ》い合《あ》った友達《ともだち》。親《しん》友《ゆう》。〈『荘子《そうじ》』〉**例** かれは**莫逆の友**で、つらいときにはいつも助《たす》け合《あ》ってきた。
語源 「莫逆《ばくぎゃく》」は、「逆《さか》らうこと莫《な》し」という意味《いみ》。
同 莫逆《ばくげき》の友《とも》 **類** 心腹《しんぷく》の友《とも》／管鮑《かんぽう》の交《まじ》わり／刎頸《ふんけい》の交《まじ》わり **英** A good friend never offends.（良友《りょうゆう》は気《き》に障《さわ》ることをしない）

薄志弱行《はくしじゃっこう》 四字熟語
意味 意志《いし》が弱《よわ》く、物事《ものごと》を実行《じっこう》する力《ちから》がとぼしいこと。**例** **薄志弱行**で何事《なにごと》も長《なが》続《つづ》きしない。

白日《はくじつ》の下《もと》にさらす 慣用句
意味 すっかり明《あき》らかにする。**例** 悪事《あくじ》をすべて**白日の下にさらす**。
語源 「白日《はくじつ》」は、明《あか》るい太陽《たいよう》。

白紙《はくし》に戻《もど》す 慣用句
意味 それまでのことをなかったことにして、元《もと》の状態《じょうたい》に戻《もど》す。**例** 契約《けいやく》を**白紙に戻す**。
語源 「白紙《はくし》」は白《しろ》い紙《かみ》のことで、何《なに》もなかった元《もと》の状態《じょうたい》をあらわす。
同 白紙《はくし》に返《かえ》す

白砂青松《はくしゃせいしょう》 四字熟語
意味 白《しろ》い砂《すな》と青々《あおあお》とした松《まつ》がつらなる、美《うつく》しい浜辺《はまべ》の景色《けしき》。**例** **白砂青松**の地《ち》。
同 白砂青松《はくさせいしょう》

拍車《はくしゃ》を掛《か》ける 慣用句
意味 力《ちから》を加《くわ》えて、物事《ものごと》がいっそうはやく進《すす》むようにする。**例** 復旧工事《ふっきゅうこうじ》に**拍車を掛ける**。
語源 「拍車《はくしゃ》」は、乗馬用《じょうばよう》のくつのかかとに取《と》りつけてある金具《かなぐ》。その金具《かなぐ》で馬《うま》の腹《はら》をけって、はやく走《はし》らせる。

はくしゃ

拍手喝采《はくしゅかっさい》 四字熟語
意味 手《て》をたたいて、大声《おおごえ》でほめること。**例** すばらしい演奏《えんそう》に、**拍手喝采**する。

伯仲《はくちゅう》 故事成語
意味 どちらも優《すぐ》れていて、ほとんど差《さ》がないこと。**例** 実力《じつりょく》が**伯仲**する。
語源 中国《ちゅうごく》で兄弟《きょうだい》を上《うえ》から順《じゅん》に、伯《はく》・仲《ちゅう》・叔《しゅく》・季《き》といい、伯《はく》（長男《ちょうなん》）と仲《ちゅう》（次男《じなん》）では、年《とし》の差《さ》があまりないということから。
類 兄《けい》たりがたく弟《てい》たりがたし／双璧《そうへき》

は

白髪三千丈《はくはつさんぜんじょう》 故事成語

意味 長年《ながねん》の心配事《しんぱいごと》のため髪《かみ》が白《しろ》くなって長《なが》くのびたことを大《おお》げさに言《い》った言葉《ことば》。例 心配事《しんぱいごと》が多《おお》く白髪三千丈となりそうだ。

語源 「丈《じょう》」は、長《なが》さの単位《たんい》で、唐《とう》の時代《じだい》は約三《やくさん》・一《いち》メートル。「三千丈《さんぜんじょう》」はとても長《なが》いことをあらわす。

参考 中国《ちゅうごく》の李白《りはく》の詩《し》にある言葉《ことば》。

白眉《はくび》 故事成語

意味 多《おお》くの中《なか》で、最《もっと》も優《すぐ》れた人《ひと》や物《もの》。例 歴史小説《れきししょうせつ》の白眉とされる〈『三国志《さんごくし》』〉作品《さくひん》。

語源 中国《ちゅうごく》の三国時代《さんごくじだい》、蜀《しょく》の馬氏《ばし》には、五《ご》人《にん》の兄弟《きょうだい》がいて、秀才《しゅうさい》ぞろいであった。そのうち、眉《まゆ》に白《しろ》い毛《け》のある長男《ちょうなん》の馬良《ばりょう》が最《もっと》も優《すぐ》れていたという話《はなし》から。

英 one person among a thousand （千人《せんにん》中《ちゅう》ただ一人《ひとり》の人間《にんげん》）

薄氷《はくひょう》を踏《ふ》む 慣用句

意味 非常《ひじょう》に危険《きけん》なことをして、ひやひやすることのたとえ。〈『詩経《しきょう》』〉例 薄氷を踏む思《おも》いで、敵地《てきち》にしのびこむ。

語源 割《わ》れやすい薄《うす》い氷《こおり》の上《うえ》を歩《ある》くということから。

博覧強記《はくらんきょうき》 四字熟語

意味 広《ひろ》く書物《しょもつ》を読《よ》んだり見聞《けんぶん》したりして知識《ちしき》を得《え》て、それをよく記憶《きおく》していること。例 博覧強記の人《ひと》。

薄利多売《はくりたばい》 四字熟語

意味 値段《ねだん》を安《やす》くして品物《しなもの》を多《おお》く売《う》り、全体《ぜんたい》でもうけを出《だ》すこと。例 薄利多売でかせぐ店《みせ》。

化《ば》けの皮《かわ》が剥《は》がれる 慣用句

意味 かくしている真相《しんそう》や正体《しょうたい》などがわかって、本当《ほんとう》のことが明《あき》らかになる。例 善人《ぜんにん》ぶっていたが、とうとう化けの皮が剥がれた。

類 馬脚《ばきゃく》をあらわす 英 To strip the wolf of his sheep skin.（狼《おおかみ》が羊《ひつじ》の皮《かわ》を脱《ぬ》いで正体《しょうたい》をあらわす）

箱入《はこい》り 慣用句

意味 あまり外《そと》へ出《だ》さないようにして、非《ひ》常《じょう》に大切《たいせつ》にしている人《ひと》や物《もの》。例 かのじょは箱入りのひとり娘《むすめ》なので、世間《せけん》のことをあまり知《し》らない。

語源 箱《はこ》に入《い》れて大切《たいせつ》にするということから。

同 箱入《はこい》り息子《むすこ》／箱入《はこい》り娘《むすめ》

箸《はし》が転《ころ》んでも笑《わら》う 慣用句

意味 ふつうなら何《なん》でもないようなことでも笑《わら》うようすのたとえ。例 箸が転んでも笑う年《とし》ごろ。

語源 箸《はし》が転《ころ》がるような、日常《にちじょう》の何《なん》でもないことを見《み》ても笑《わら》うということから。

参考 ふつう十代後半《じゅうだいこうはん》くらいの女性《じょせい》に用《もち》いる。

★★ **馬耳東風《ばじとうふう》** 四字熟語

意味 人《ひと》の言《い》ったことなどを、少《すこ》しも気《き》にかけないこと。例 母《はは》の忠告《ちゅうこく》を馬耳東風と聞《き》き流《なが》す。

語源 馬《うま》の耳《みみ》に東風《とうふう》（＝春風《はるかぜ》）がふいても、馬《うま》は何《なに》も感《かん》じないことから。

参考 中国《ちゅうごく》の李白《りはく》の詩《し》にある言葉《ことば》。

類 馬《うま》の耳《みみ》に念仏《ねんぶつ》 英 In one ear and out the other.（一方《いっぽう》の耳《みみ》から入《はい》って片方《かたほう》から出《で》る）

箸《はし》にも棒《ぼう》にも掛《か》からない ことわざ

意味 能力《のうりょく》や程度《ていど》がいちじるしくおとっていて、どうしようもない。また、手《て》がつけられない。例 **箸にも棒にも掛からない**レベルだ。

語源 細《ほそ》い箸《はし》でも太《ふと》い棒《ぼう》でもあつかえないということから。

英 Past cure, past care.（治《なお》らないものはあきらめるしかない）

箸《はし》の上《あ》げ下《お》ろし 慣用句

意味 ちょっとした動作《どうさ》や細《こま》かいこと。例 作法《さほう》に厳《きび》しい祖母《そぼ》は、**箸の上げ下ろし**にも小言《こごと》を言《い》う。

恥《はじ》の上塗《うわぬ》り 慣用句

意味 一度《いちど》だけでなく、重《かさ》ねて恥《はじ》をかくこと。例 訂正《ていせい》した内容《ないよう》がまちがっているなんて、**恥の上塗り**だ。

英 It is a shame to steal, but worse to carry home.（盗《ぬす》むのも悪《わる》いが、それを家《いえ》に持《も》って帰《かえ》るのはもっと悪《わる》い）

始《はじ》めちょろちょろ中《なか》ぱっぱ赤子《あかご》泣《な》くとも蓋《ふた》とるな ことわざ

意味 釜《かま》でおいしい飯《めし》をたくには、始《はじ》めは弱火《よわび》で、中《なか》ごろは強火《つよび》にし、何《なに》があっても蓋《ふた》を取《と》ってはいけないということ。例 キャンプでご飯《はん》を炊《た》いていたら、**始めちょろちょろ中ぱっぱ赤子泣くとも蓋とるな**というのに、せっかちな弟《おとうと》が蓋《ふた》を開《あ》けてしまった。

始《はじ》めは処女《しょじょ》の如《ごと》く後《のち》は脱兎《だっと》の如《ごと》し 故事成語

意味 始《はじ》めはたいしたことがないように見《み》せかけて相手《あいて》を油断《ゆだん》させ、あとになると目《め》を見張《みは》るような力《ちから》を発揮《はっき》するたとえ。〈『孫子《そんし》』〉例 **始めは処女の如く後は脱兎の如し**で、前半《ぜんはん》は体力《たいりょく》を温存《おんぞん》してようすを見《み》、後半《こうはん》になってから一挙《いっきょ》に攻《せ》めて、勝利《しょうり》した。

語源 始《はじ》めは少女《しょうじょ》のようになよなよと見《み》せかけて敵《てき》を安心《あんしん》させ、後《のち》にはにげるウサギのようにすばしっこく行動《こうどう》する意《い》味《み》から。

恥《はじ》も外聞《がいぶん》もない 慣用句

意味 恥《は》ずかしいと思《おも》ったり、世間《せけん》の評判《ひょうばん》を気《き》にしたりしない。人《ひと》にどう思《おも》われようと気《き》にしていられない。なりふりをかまわない。例 ここまできたら、もう**恥も外聞もない**。

馬車馬《ばしゃうま》のよう 慣用句

意味 わき目《め》もふらず一生懸命《いっしょうけんめい》に物事《ものごと》をすることのたとえ。例 **馬車馬のように**働《はたら》く。

語源 馬車《ばしゃ》を引《ひ》く馬《うま》には、わき見《み》ができないように、目《め》の外側《そとがわ》におおいをつけて走《はし》らせることから。

恥《はじ》をかく 慣用句

意味 人前《ひとまえ》で恥《は》ずかしい目《め》にあう。例 自《じ》分《ぶん》の名前《なまえ》をまちがえて、**恥をかい**た。

恥《はじ》をさらす 慣用句

意味 自分《じぶん》の恥《はじ》を大勢《おおぜい》の人《ひと》に見《み》られてしまう。例 天下《てんか》に**恥をさらす**。

橋《はし》を渡《わた》す 慣用句

意味 両者《りょうしゃ》の関係《かんけい》を取《と》り持《も》つ。例 一通《いっつう》の書簡《しょかん》が、こじれかけていた両国《りょうこく》の**橋を渡**した。

バスに乗《の》り遅《おく》れる 慣用句

意味 時代《じだい》の流《なが》れに遅《おく》れる。また、チャンスをのがす。例 海外《かいがい》の動向《どうこう》にも目《め》を向《む》けていないと、**バスに乗り遅れる**よ。

参考 英語《えいご》の慣用句《かんようく》から。

英 miss a bus（バスに乗《の》り遅《おく》れる）

弾《はず》みが付《つ》く 慣用句

意味 調子《ちょうし》がつく。勢《いきお》いがつく。例 勉強《べんきょう》に弾みが付く。

弾《はず》みを食《く》う 慣用句

意味 ほかのものの勢《いきお》いを自分《じぶん》の身《み》に受《う》ける。例 バスが急《きゅう》ブレーキをかけたので、弾みを食《く》ってたおれそうになった。

類 あおりを食う

旗色《はたいろ》が悪《わる》い 慣用句

意味 負《ま》けそうである。形勢《けいせい》がよくない。例 我《わ》がチームの旗色が悪い。

類 形勢《けいせい》が悪《わる》い 対 旗色《はたいろ》がよい

肌《はだ》が合《あ》わない 慣用句

意味 心《こころ》の持《も》ち方《かた》や性質《せいしつ》が、自分《じぶん》と合《あ》わない。例 かれとは、どうしても肌が合わない。

裸一貫《はだかいっかん》 慣用句

意味 財産《ざいさん》を何《なに》も持《も》っていなくて、自分《じぶん》の体《からだ》だけがたよりであること。例 裸一貫から大会社《だいがいしゃ》に成長《せいちょう》させた。

語源 「貫《かん》」は、昔《むかし》のお金《かね》の単位《たんい》で、自分《じぶん》の体《からだ》だけが一貫《いっかん》の値打《ねう》ちがあるということから。

畑違《はたけちが》い 慣用句

意味 自分《じぶん》のしている研究《けんきゅう》や職業《しょくぎょう》と、方面《ほうめん》や種類《しゅるい》がちがうこと。例 父《ちち》は畑違いの業種《ぎょうしゅ》の人《ひと》とも交流《こうりゅう》している。

肌身離《はだみはな》さず 慣用句

意味 大切《たいせつ》にして、いつも身《み》につけている。例 お守《まも》りを肌身離さず持《も》っている。

働《はたら》かざる者《もの》食《く》うべからず ことわざ

意味 働《はたら》かないなまけ者《もの》は食《た》べてはいけない。食《た》べるためにはまじめに働《はたら》かなければならない。例 食事《しょくじ》の支度《したく》を手伝《てつだ》うよう頼《たの》まれてしぶっていたら、働かざる者食うべからずだとしかられた。

語源 『新約聖書《しんやくせいしょ》』にある言葉《ことば》。

英 Those who don't work don't eat.（働《はたら》かざる者《もの》食《く》うべからず）

旗《はた》を揚《あ》げる 慣用句

意味 新《あたら》しく物事《ものごと》を始《はじ》める。新《あたら》しく仕事《しごと》を始《はじ》める。例 いよいよ新《あたら》しい会社《かいしゃ》の旗を揚げることになった。

旗《はた》を巻《ま》く 慣用句

意味 負《ま》けて降参《こうさん》する。例 いさぎよく旗を巻く。

語源 かかげていた旗《はた》を巻《ま》いておさめることから。

罰《ばち》が当《あ》たる 慣用句

意味 悪事《あくじ》をこらしめるために、神《かみ》や仏《ほとけ》の報《むく》いがある。例 そんなことをすると罰が当たるよ。

破竹《はちく》の勢《いきお》い 故事成語

意味 止《と》めようとしても止《と》めることができないほどの、激《はげ》しい勢《いきお》い。〈『晋書《しんじょ》』〉

例 破竹の勢いで勝《か》ち進《すす》む。

語源 中国《ちゅうごく》の晋《しん》の時代《じだい》、呉《ご》を攻《せ》める作戦会議《さくせんかいぎ》で、雨期《うき》に攻《せ》めるのは病気《びょうき》がはやってうまくいかないから、雨期《うき》が明《あ》けてから攻《せ》めようという意見《いけん》が多数《たすう》を占《し》めていた。しかし、名将杜預《めいしょうとよ》だけは、軍《ぐん》の士気《しき》が上《あ》がっている今《いま》は、たとえるなら、竹《たけ》を割《わ》るようなもので、はじめの一節《ひとふし》を割《わ》れば、後《あと》は次々《つぎつぎ》に割《わ》れていくから、一気《いっき》に攻《せ》めるべきだと主張《しゅちょう》した。戦《たたか》ってみるとそのとおりになり、呉《ご》を滅《ほろ》ぼすことができたという話《はなし》から。

英 He is ready to leap over nine hedges.（九《ここの》つもの生《い》け垣《がき》をも飛《と》び越《こ》えんとする勢《いきお》い）

蜂《はち》の巣《す》をつついたよう 慣用句

意味 大勢《おおぜい》の人《ひと》がひどくさわいで、おさまりがつかなくなるようす。例 動物園《どうぶつえん》からライオンがにげ出《だ》して、周囲《しゅうい》は**蜂の巣をつついたよう**なさわぎになった。

語源 蜂《はち》の巣《す》をつつくと、多《おお》くの蜂《はち》が飛《と》び出《だ》してきて盛《さか》んに飛《と》び回《まわ》ることから。

英 to stir up a hornet's nest（スズメバチの巣《す》をかき回《まわ》す）

八面六臂《はちめんろっぴ》 四字熟語

意味 あらゆる仕事《しごと》を一人《ひとり》で立派《りっぱ》にやりこなすこと。**例** **八面六臂**の大活躍《だいかつやく》だ。

語源 八《やっ》つの顔《かお》と六本《ろっぽん》の腕《うで》を持《も》つ仏像《ぶつぞう》から。

類 三面六臂《さんめんろっぴ》

ばつが悪《わる》い 慣用句

意味 その場《ば》にいるのがはずかしくて、きまりが悪《わる》い。**例** ちこくした人《ひと》は、**ばつが悪**《わる》**そう**に、そっと入《はい》ってきた。

語源「ばつ」は、「場都合《ばつごう》」の略《りゃく》で、その場《ば》の都合《つごう》のこととされる。

はったりを利《き》かせる 慣用句

意味 相手《あいて》をおさえつけるために、大《おお》げさなことを言《い》ったり、強《つよ》そうなふるまいをしたりする。**例** 初対面《しょたいめん》の相手《あいて》に、**はったりを利かせる**。

はっても黒豆《くろまめ》 ことわざ

意味 まちがいが明《あき》らかなのに、誤《あやま》りや失《しっ》敗《ぱい》を認《みと》めないこと。また、強情《ごうじょう》をおしとおすこと。**例** **はっても黒豆**で、どうしてもまちがいを認《みと》めない。

語源 黒豆《くろまめ》だと思《おも》った黒《くろ》いつぶがはい出《だ》しても、まだ虫《むし》と認《みと》めず、黒豆《くろまめ》だと言《い》いはったという話《はなし》から。

類 石《いし》に漱《くちすす》ぎ流《なが》れに枕《まくら》す

英 A willful man will have his way.（強情者《ごうじょうもの》はわが意《い》を通《とお》すもの）

ぱっとしない 慣用句

意味 見《み》ばえがしない。また、好《この》ましくない。**例** 新商品《しんしょうひん》の売《う》れ行《ゆ》きが**ぱっとしない**。

発破《はっぱ》を掛《か》ける 慣用句

意味 強《つよ》い言葉《ことば》をかけて、はげましたり気《き》合《あ》いを入《い》れたりする。**例** かんとくが選《せん》手《しゅ》に**発破を掛ける**。

語源「発破《はっぱ》」は、岩《いわ》などをくだくために使《つか》う火薬《かやく》。

類 活《かつ》を入《い》れる

★★八方美人《はっぽうびじん》 四字熟語

意味 だれからもよく思《おも》われるように立《た》ち回《まわ》る人《ひと》。**例** 妹《いもうと》は**八方美人**だ。

語源「八方《はっぽう》」は、あらゆる方面《ほうめん》。

参考 よくない意《い》味《み》で用《もち》いることが多《おお》い。

英 A friend to all is a friend to none.（すべての人《ひと》の友《とも》はだれの友《とも》でもない）

八方塞《はっぽうふさ》がり 慣用句

意味 何《なに》をやるにも、さしさわりがあり、手《て》の打《う》ちようがないこと。**例** 資金《しきん》もアイデアもなく**八方塞がり**だ。

語源 どちらの方角《ほうがく》へ行《い》っても悪《わる》いことが起《お》こるということから。

英 to be in a pretty fix（苦境《くきょう》におちいる）

八方破《はっぽうやぶ》れ 慣用句

意味 すきだらけで、備《そな》えのまったくない状態《じょうたい》。**例** そんな**八方破れ**のやり方《かた》など、作戦《さくせん》とはいえない。

語源 八方《はっぽう》（＝あらゆる方面《ほうめん》）が破《やぶ》れているということから。

破天荒《はてんこう》 故事成語

意味 それまでにだれもしなかったことをすること。それまでになかったことが起《お》きること。〈『北夢瑣言《ほくむさげん》』〉 例 破天荒の大記録《だいきろく》。

語源 役人《やくにん》の試験《しけん》の合格者《ごうかくしゃ》が一人《ひとり》も出《で》ず、「天荒《てんこう》（＝未開《みかい》の地《ち》）」と呼《よ》ばれていた地《ち》方《ほう》で、ようやく合格者《ごうかくしゃ》が出《で》て、「天荒《てんこう》を破《やぶ》った」と言《い》われたという話《はなし》から。

注意 型破《かたやぶ》り・豪快《ごうかい》・大胆《だいたん》の意《い》で使《つか》うのは誤《あやま》り。

類 前代未聞《ぜんだいみもん》／未曾有《みぞう》

鳩《はと》が豆鉄砲《まめでっぽう》を食《く》ったよう 慣用句

意味 突然《とつぜん》のことに大変《たいへん》おどろいて、目《め》を丸《まる》くしているようす。 例 妹《いもうと》は、急《きゅう》に自分《じぶん》の誕生《たんじょう》パーティーが始《はじ》まって、鳩が豆鉄砲を食ったような顔《かお》になった。

語源 ハトが豆鉄砲《まめでっぽう》でうたれて、おどろくようすから。

鳩《はと》に三枝《さんし》の礼《れい》あり烏《からす》に反哺《はんぽ》の孝《こう》あり 故事成語

意味 子《こ》は親《おや》に礼儀《れいぎ》をつくし、親孝行《おやこうこう》するべきであるということ。〈『学友抄《がくゆうしょう》』〉

例 起業《きぎょう》して財《ざい》を成《な》した男《おとこ》は、両親《りょうしん》に新《あたら》しい家《いえ》を贈《おく》った。鳩に三枝の礼あり烏に反哺の孝ありだ。

語源 子《こ》バトは親《おや》バトより三本下《さんぼんした》の枝《えだ》にとまる。カラスは、親《おや》に育《そだ》ててもらった恩《おん》に報《むく》いるため、成長《せいちょう》してからは親《おや》ガラスの口《くち》に餌《えさ》をふくませる。鳥《とり》さえ親孝《おやこう》行《こう》するのだから、人間《にんげん》ならばなおさら孝《こう》行《こう》の道《みち》をつくすべきだという教《おし》え。

歯止《はど》めを掛《か》ける 慣用句

意味 物事《ものごと》が行《い》きすぎないように、食《く》いとめる。 例 景気《けいき》の悪化《あっか》に歯止めを掛ける政策《せいさく》。

バトンを渡《わた》す 慣用句

意味 次《つぎ》の人《ひと》に仕事《しごと》や役目《やくめ》をゆずる。

例 後輩《こうはい》にバトンを渡す。

鼻息《はないき》が荒《あら》い 慣用句

意味 得意《とくい》になり、威勢《いせい》がよい。 例 かれは、優勝《ゆうしょう》はこっちの物《もの》だと鼻息が荒い。

鼻息《はないき》をうかがう 慣用句

意味 相手《あいて》のきげんを探《さぐ》ろうとする。

例 先輩《せんぱい》の鼻息をうかがう。

鼻《はな》が利《き》く 慣用句

意味 においをよくかぎわけられる。また、いい話《はなし》などをかぎつける。 例 新《あたら》しい情報《じょうほう》には鼻が利く。

★★

鼻《はな》が高《たか》い 慣用句

意味 ほこらしく思《おも》うようす。得意《とくい》であるようす。 例 愛犬《あいけん》が賞《しょう》をもらって、ぼくまで鼻が高い。

参考 自分《じぶん》のことではなく、自分《じぶん》とかかわりのあるほかの人《ひと》の名誉《めいよ》に関《かん》して用《もち》いることが多《おお》い。

鼻《はな》が曲《ま》がる 慣用句

意味 ひどくいやなにおいがするようすのたとえ。 例 鼻が曲がるような、ごみのにおい。

鼻薬《はなぐすり》を嗅《か》がせる 慣用句

意味 ちょっとした、わいろをわたす。

例 鼻薬を嗅がせて味方《みかた》につけるなんて、ひきょうだ。

参考 大《おお》きなわいろには用《もち》いない。

類 袖《そで》の下《した》を使《つか》う

鼻先《はなさき》であしらう 慣用句
➡鼻《はな》であしらう（346ページ）

話《はなし》が付《つ》く 慣用句
意味 話《はな》し合《あ》いがまとまる。決着《けっちゃく》が付《つ》く。
例 おたがいに協力《きょうりょく》し合《あ》うということで**話が付**いた。

話《はなし》が弾《はず》む 慣用句
意味 おもしろかったり、楽《たの》しかったりして、会話《かいわ》が活発《かっぱつ》に続《つづ》く。例 子供《こども》のころの思《おも》い出《で》に**話が弾む**。
類 話《はなし》に花《はな》が咲《さ》く

話《はなし》がわかる 慣用句
意味 世間《せけん》のことや人《ひと》の気持《きも》ちなどをよく知《し》っていて、物事《ものごと》に理解《りかい》がある。例 うわさどおり、あの人《ひと》は**話がわかる**人《ひと》だ。

話《はな》し上手《じょうず》は聞《き》き上手《じょうず》 ことわざ
意味 話《はなし》をするのがうまい人《ひと》は、相手《あいて》の話《はなし》もよく聞《き》くということ。例 **話し上手は聞き上手**というが、かのじょはまさにそのような人《ひと》だ。

話《はなし》にならない 慣用句
意味 ❶話《はな》す値打《ねう》ちがない。例 ばかばかしくて**話にならない**。
❷話《はな》し合《あ》いができない。例 そんなに興《こう》奮《ふん》していては**話にならない**。

話《はなし》に花《はな》が咲《さ》く 慣用句
意味 次《つぎ》から次《つぎ》へといろいろな話《はなし》が出《で》て会話《かいわ》が盛《も》り上《あ》がる。例 久《ひさ》しぶりに会《あ》った友達《ともだち》と、**話に花が咲**いた。
類 話《はなし》が弾《はず》む

話《はなし》に実《み》が入《はい》る 慣用句
意味 話《はなし》に熱中《ねっちゅう》する。例 ほかのことが気《き》になって**話に実が入ら**ない。

話《はなし》の腰《こし》を折《お》る 慣用句
意味 話《はな》そうと思《おも》っている人《ひと》のじゃまをしたり、話《はなし》を続《つづ》けられなくさせたりする。例 急《きゅう》に大声《おおごえ》を出《だ》した弟《おとうと》に、**話の腰を折ら**れた。

話半分《はなしはんぶん》 慣用句
意味 話《はな》すことのうち、事実《じじつ》は半分《はんぶん》くらいだということ。例 友達《ともだち》のじまん話《ばなし》を**話半分**に聞《き》いておく。
語源 人《ひと》の話《はなし》は大《おお》げさになりがちで、本当《ほんとう》のことは半分《はんぶん》くらいだということから。
英 Gossiping and lying go hand in hand.
（うわさと嘘《うそ》は手《て》に手《て》を取《と》って）

鼻《はな》っ柱《ぱしら》が強《つよ》い 慣用句
意味 負《ま》けることがきらいで、人《ひと》の言《い》いなりにならない。例 あの子《こ》は**鼻っ柱が強い**。

鼻《はな》っ柱《ぱしら》をへし折《お》る 慣用句
意味 相手《あいて》の負《ま》けん気《き》をくじく。例 先輩《せんぱい》に**鼻っ柱をへし折ら**れて、しょんぼりしている。

鼻《はな》つまみ 慣用句
意味 非常《ひじょう》にきらわれること。また、そのような人《ひと》。例 村《むら》の**鼻つまみ**といわれる。
語源 くさいものは、鼻《はな》をつまんでさけることから。

★**鼻《はな》であしらう** 慣用句
意味 相手《あいて》を軽《かる》く見《み》て、いいかげんにあつかう。問題《もんだい》にしない。例 友人《ゆうじん》に相談《そうだん》をもちかけたら、**鼻であしらわ**れた。
同 鼻先《はなさき》であしらう 類 歯牙《しが》にもかけない

★**鼻《はな》で笑《わら》う** 慣用句

は

意味 相手《あいて》を見下《みくだ》して笑《わら》う。鼻先《はなさき》でふんと笑《わら》う。例 自分《じぶん》の意見《いけん》を言《い》ったら、上級《じょうきゅう》生《せい》に鼻で笑われてしまった。
同 鼻先《はなさき》で笑《わら》う

花《はな》に嵐《あらし》 ことわざ
➡月《つき》に叢雲《むらくも》、花《はな》に風《かぜ》（272ページ）

★★**鼻《はな》に掛《か》ける** 慣用句
意味 じまんする。得意《とくい》がる。例 テストの点《てん》がよかったことを鼻に掛ける人《ひと》。

★**鼻《はな》に付《つ》く** 慣用句
意味 あきて、ふゆかいになる。いやみに感《かん》じる。例 気《き》どった話《はな》し方《かた》が鼻に付く。
語源 いやなにおいが鼻《はな》に付《つ》いてはなれず、不快《ふかい》になるということから。

鼻《はな》の下《した》が長《なが》い 慣用句
意味 男性《だんせい》が、女性《じょせい》に対《たい》して、だらしなく、あまい。例 女性《じょせい》に囲《かこ》まれて、鼻の下が長くなる。

花道《はなみち》を飾《かざ》る 慣用句
意味 最後《さいご》にみごとな働《はたら》きをして、人《ひと》から惜《お》しまれながら仕事《しごと》や役目《やくめ》をやめる。例 引退試合《いんたいじあい》でゴールを決《き》め、花道を飾った。
語源 「花道《はなみち》」は、歌舞伎《かぶき》などの舞台《ぶたい》で、客《きゃく》席《せき》をつらぬいて設《もう》けた通路《つうろ》。役者《やくしゃ》の登《とう》場《じょう》・退場《たいじょう》などに用《もち》いる。ここでは退場《たいじょう》する道《みち》をあらわす。
類 有終《ゆうしゅう》の美《び》を飾《かざ》る

鼻持《はなも》ちならない 慣用句
意味 考《かんが》え方《かた》やおこないなどが、いやな感《かん》じでがまんできない。例 あの人《ひと》は気取《きど》り屋《や》で、鼻持ちならない。
語源 いやなにおいがするので、鼻《はな》が持《も》たないということから。

はなも引《ひ》っ掛《か》けない 慣用句
意味 ばかにして相手《あいて》にしない。相手《あいて》を無視《むし》する。例 素人《しろうと》だからと、はなも引っ掛けないとは許《ゆる》せない。
語源 「はな」は、鼻水《はなみず》のこと。

花《はな》も実《み》もある 慣用句
意味 外《そと》から見《み》たようすが美《うつく》しく、中身《なかみ》も十分《じゅうぶん》そなわっていることのたとえ。道《どう》理《り》も人情《にんじょう》もそなえていることのたとえ。例 あの人《ひと》の一生《いっしょう》は、まさに花も実もあるものだったと言えるだろう。
語源 美《うつく》しい花《はな》がさいているうえに、実《み》もついているということから。

★★**花《はな》より団子《だんご》** ことわざ
意味 見《み》て美《うつく》しいものより、実際《じっさい》に役立《やくだ》つもののほうがよいということのたとえ。例 会《かい》場《じょう》ではかざりつけよりごちそうが注《ちゅう》目《もく》された。花より団子だね。

語源 美《うつく》しいが食《た》べられないサクラの花《はな》をながめるよりも、腹《はら》がいっぱいになる団子《だんご》の方《ほう》がよいということから。
参考 いろはがるた（江戸《えど》）の一《ひと》つ。
類 詩《し》を作《つく》るより田《た》を作《つく》れ 英 Pudding before praise.（称賛《しょうさん》よりもプディング）

★**鼻《はな》を明《あ》かす** 慣用句
意味 自分《じぶん》より優《すぐ》れていたり強《つよ》かったりする人《ひと》のすきをついて、相手《あいて》をびっくりさせる。例 難《むずか》しい問題《もんだい》を解《と》いて、算数《さんすう》が得意《とくい》な友達《ともだち》の鼻を明かした。

★**鼻《はな》を折《お》る** 慣用句
意味 思《おも》い上《あ》がっている人《ひと》の気持《きも》ちをく

は

じく。得意《とくい》になっている人《ひと》をやりこめて、はじをかかせる。**例** 生意気《なまいき》なかれの**鼻を折って**やりたい。
参考 意味《いみ》を強《つよ》めて「鼻《はな》をへし折《お》る」とも言《い》う。

鼻《はな》を突《つ》き合《あ》わせる 慣用句
意味 鼻《はな》と鼻《はな》がくっつくくらい、近《ちか》い所《ところ》にいる。**例** 会長《かいちょう》と副会長《ふくかいちょう》が**鼻を突き合わせて**相談《そうだん》している。

鼻《はな》を突《つ》く 慣用句
意味 鼻《はな》が痛《いた》くなるほど強《つよ》くにおう。
例 くさったようなにおいが**鼻をつく**。

鼻《はな》を鳴《な》らす 慣用句
意味 鼻《はな》にかかった声《こえ》を出《だ》して甘《あま》える。
例 おこづかいがほしくて**鼻を鳴らして**いる妹《いもうと》。

鼻《はな》をへし折《お》る 慣用句
意味 「鼻《はな》を折《お》る」を、強《つよ》めた言《い》い方《かた》。
例 いつか、あいつの**鼻をへし折って**やるぞ。

★**花《はな》を持《も》たせる** 慣用句
意味 名誉《めいよ》や手《て》がらを相手《あいて》にゆずって、相《あい》手《て》を引《ひ》き立《た》たせる。**例** 後輩《こうはい》に**花を持たせて**賞《しょう》をゆずる。

類 顔《かお》を立《た》てる

★★**歯《は》に衣《きぬ》着《き》せぬ** 慣用句
意味 思《おも》っていることを率直《そっちょく》に言《い》う。**例** 父《ちち》は、何《なに》についても**歯に衣着せぬ**性《せい》格《かく》だ。

語源 歯《は》に衣服《いふく》を着《き》せて、つつみかくすようなことはしない、ということから。
英 to call a spade a spade（鋤《すき》を鋤《すき》と呼《よ》ぶ…あからさまに言《い》う）

羽《はね》が生《は》えたよう 慣用句
意味 商品《しょうひん》がとてもよく売《う》れることのたとえ。**例** その本《ほん》は**羽が生えたように**売《う》れた。
同 羽《はね》が生《は》えて飛《と》ぶよう

羽《はね》が生《は》えて飛《と》ぶよう 慣用句
⇩羽《はね》が生《は》えたよう（348ページ）

羽《はね》を伸《の》ばす 慣用句
意味 口《くち》うるさい人《ひと》や遠慮《えんりょ》しなければならない人《ひと》がいなくなり、のびのびとする。**例** 母《はは》が出《で》かけたので**羽を伸ばす**。

歯《は》の抜《ぬ》けたよう 慣用句
意味 あるはずのものがなくなって、さびしいようすのたとえ。**例** 何人《なんにん》も風邪《かぜ》で休《やす》んでいて、教室《きょうしつ》は**歯の抜けたよう**なさびしさだ。
同 歯《は》が抜《ぬ》けたよう

歯《は》の根《ね》が合《あ》わない 慣用句
意味 寒《さむ》さやおそろしさなどのためにふるえる。**例** 雪《ゆき》の中《なか》、ずっと立《た》ち続《つづ》けていたので**歯の根が合わない**。
英 to be so scared that one's teeth chatter（こわくて歯《は》ががちがち鳴《な》る）

幅《はば》を利《き》かせる 慣用句
意味 その分野《ぶんや》で実力《じつりょく》があり、勢《いきお》いをふるう。**例** あの人《ひと》は、この町《まち》ではかなり**幅を利かせて**いる。

羽振《はぶ》りがよい 慣用句
意味 世《よ》の中《なか》で認《みと》められ、勢《いきお》いがある。
例 事業《じぎょう》が成功《せいこう》して、**羽振りがよい**。
語源 「羽振《はぶ》り」は、鳥《とり》の羽《はね》の格好《かっこう》やようす。

羽目《はめ》を外《はず》す 慣用句
意味 調子《ちょうし》にのって、程度《ていど》をこす。**例** たま

には羽目を外して大《おお》さわぎをしよう。語源「羽目《はめ》」は、馬《うま》をあやつるために馬《うま》の口《くち》にくわえさせる「はみ」のこととされる。それを外《はず》すと、馬《うま》が自由《じゆう》に走《はし》り回《まわ》るということから。

波紋《はもん》を投《な》げる 慣用句
意味 周《まわ》りの人《ひと》の心《こころ》に影響《えいきょう》をおよぼす。例 政治家《せいじか》の一言《ひとこと》が、世《よ》に波紋を投げる。語源「波紋《はもん》」は、水面《すいめん》に石《いし》を投《な》げたときなどに起《お》こる波《なみ》の輪《わ》。どんどん広《ひろ》がることから。
同 波紋《はもん》を投《とう》じる

早《はや》い話《はなし》が 慣用句
意味 簡単《かんたん》に言《い》えば。要《よう》するに。例 早い話が、いやだということです。

早《はや》い者《もの》勝《が》ち 慣用句
意味 人《ひと》より早《はや》くした者《もの》が得《とく》をするということ。例 この商品《しょうひん》は早い者勝ちだ。
英 First come, first served.（最初《さいしょ》に来《き》た者《もの》が最初《さいしょ》に接待《せったい》される）

早起《はやお》きは三文《さんもん》の得《とく》 ことわざ
意味 朝早《あさはや》く起《お》きると何《なに》かよいことがあるということのたとえ。例 早起《はやお》きして勉強《べんきょう》したら成績《せいせき》が上《あ》がった。早起きは三文の得だね。
参考「得《とく》」は「徳《とく》」とも書《か》く。
同 朝起《あさお》きは三文《さんもん》の得《とく》 英 The early bird catches the worm.（早起《はやお》きの鳥《とり》は虫《むし》を捕《つか》まえる）

早飯《はやめし》も芸《げい》の内《うち》 ことわざ
意味 食事《しょくじ》をすばやくすますことも、人《ひと》によっては特技《とくぎ》の一《ひと》つである。例 見習《みなら》い芸人《にん》は、早飯も芸の内、早々《そうそう》に食事《しょくじ》を済《す》ませて師匠《ししょう》の元《もと》にかけつけた。
類 早飯早糞早算用《はやめしはやぐそはやざんよう》／早飯早糞早走《はやめしはやぐそはやばし》り
英 Quick at meat, quick at work.（食事《しょくじ》の速《はや》い人《ひと》は仕事《しごと》も速《はや》い）

流行物《はやりもの》は廃《すた》り物《もの》 ことわざ
意味 一時的《いちじてき》に流行《りゅうこう》したものは、あきられるのも早《はや》い。流行《りゅうこう》は長続《ながつづ》きしない。例 流行《りゅうこう》の型《かた》のバッグが欲《ほ》しいと言《い》ったら、流行物は廃り物というし、定番《ていばん》の型《かた》が一番《いちばん》だと母《はは》に言《い》われた。
類 流行事《はやりごと》は六十日《ろくじゅうにち》

★**腹《はら》が黒《くろ》い** 慣用句
意味 心《こころ》がゆがんでいて、悪事《あくじ》をたくらむ性質《せいしつ》である。例 誠実《せいじつ》そうに見《み》えて、実《じつ》はとても腹が黒い。

腹《はら》が据《す》わる 慣用句
意味 落《お》ち着《つ》いていて、少《すこ》しのことではおどろかない。例 堂々《どうどう》として腹が据わっているね。

腹《はら》が立《た》つ 慣用句
意味 いかりを感《かん》じる。例 兄《あに》が約束《やくそく》を守《まも》らないので腹が立つ。

腹《はら》が太《ふと》い 慣用句
意味 心《こころ》が広《ひろ》くて、細《こま》かいことを気《き》にしない。例 腹が太くて、みんなにたよられる。

腹《はら》が減《へ》っては戦《いくさ》ができぬ ことわざ
⇒世界のことわざ（351ページ）
意味 おなかがすいたままでは、十《じゅう》分《ぶん》に活動《かつどう》ができない。何《なに》をするにも、まず腹《はら》ごしらえが大切《たいせつ》だということのたとえ。例 作《さ》業《ぎょう》をする前《まえ》に食事《しょくじ》をしよう。腹が減っ

ちょっと待て
腹《はら》ごしらえ
してからじゃ
何しとる!

は

ては戦ができぬ、だ。
英 The stomach carries the feet.（胃《い》が足《あし》を運《はこ》ぶ）

腹鼓《はらつづみ》を打《う》つ 慣用句
意味 おなかいっぱい食《た》べて満足《まんぞく》しているようす。例 誕生《たんじょう》パーティーで**腹鼓を打つ**。
語源 十分《じゅうぶん》に食《た》べてふくらんだおなかを、鼓《つづみ》のように打《う》ち鳴《な》らすということから。

腹《はら》に一物《いちもつ》 慣用句
意味 心《こころ》の中《なか》に何《なに》かたくらみがあること。
例 **腹に一物**ありそうな顔《かお》。
類 胸《むね》に一物《いちもつ》 英 to say little but think the more（口数《くちかず》は少《すく》ないが、その分考《ぶんかんが》えていることが多《おお》い）

腹《はら》に据《す》えかねる 慣用句
意味 いかりをおさえることができない。
例 あの言《い》い方《かた》は**腹に据えかねる**。
類 腹《はら》の虫《むし》が治《おさ》まらない

腹《はら》の皮《かわ》がよじれる 慣用句
意味 おかしくて大笑《おおわら》いするようすのたとえ。例 お笑《わら》いの番組《ばんぐみ》を見《み》て**腹の皮がよじれる**ほど笑《わら》った。
語源 おなかの皮《かわ》がよじれる（＝ねじれる）ほどということから。

腹《はら》の虫《むし》が治《おさ》まらない 慣用句
意味 いかりをがまんすることができない。例 一言《ひとこと》言《い》わなければ**腹の虫が治まらない**。
語源「腹《はら》の虫《むし》」は、腹《はら》の中《なか》にあって感情《かんじょう》を動《うご》かすとされる虫《むし》。
類 腹《はら》に据《す》えかねる

腹八分《はらはちぶ》に医者《いしゃ》いらず ことわざ
意味 満腹《まんぷく》になるまで食《た》べずにほどほどのところでやめておけば、病気《びょうき》にかからないということ。例 **腹八分に医者いらず**だから、おかわりはしないでおこう。
語源「八分《はちぶ》」は、全体《ぜんたい》を十《じゅう》としたときの、八《はち》。
英 Feed by measure and defy the physician.（適度《てきど》に食《た》べて医者《いしゃ》を無視《むし》せよ）

腹《はら》も身《み》の内《うち》 ことわざ
意味 おなかも自分《じぶん》の体《からだ》の一部《いちぶ》だから、飲《の》みすぎ食《た》べすぎはするなということ。
例 大好物《だいこうぶつ》だからといって食《た》べすぎないように。**腹も身の内**だよ。

腸《はらわた》がちぎれる 慣用句
意味 大変悲《たいへんかな》しく、つらいことのたとえ。
例 親友《しんゆう》との別《わか》れは、**腸がちぎれる**思《おも》いだ。

腸《はらわた》が煮《に》えくり返《かえ》る 慣用句
意味 とてもがまんができないほど腹《はら》が立《た》つ。例 裏切《うらぎ》られて**腸が煮えくり返る**。

腹《はら》を痛《いた》める 慣用句
意味 苦《くる》しい思《おも》いをして自分《じぶん》が実際《じっさい》に子供《こども》を産《う》む。例 この子《こ》は、わたしが**腹を痛めた**大切《たいせつ》な子供《こども》です。

腹《はら》を抱《かか》える 慣用句
意味 とてもおかしくて大笑《おおわら》いするようすのたとえ。例 **腹を抱えて**笑《わら》う。

腹《はら》を固《かた》める 慣用句
意味 考《かんが》えや気持《きも》ちを定《さだ》める。例 会社《かいしゃ》をやめようと**腹を固める**。

★★**腹《はら》を決《き》める** 慣用句
意味 ある物事《ものごと》をおこなおうと決《き》める。決心《けっしん》する。例 正直《しょうじき》に言《い》ってしまおうと**腹を決める**。

腹《はら》をくくる 慣用句
意味 結果《けっか》がどのようになっても受《う》け入《い》れることにする。かくごする。例 **腹をくくって**、真相《しんそう》を告白《こくはく》する。

類 腹《はら》を据《す》える

腹《はら》を肥《こ》やす 慣用句

⇩私腹《しふく》を肥《こ》やす（201ページ）

腹《はら》を探《さぐ》る 慣用句

意味 それとなく人《ひと》の気持《きも》ちや考《かんが》えをうかがう。例 相手《あいて》の**腹を探る**。

腹《はら》を据《す》える 慣用句

意味 心《こころ》を落《お》ち着《つ》けて決意《けつい》する。かくごを決《き》める。例 もうこうなったら**腹を据え**て対決《たいけつ》しよう。

類 腹《はら》をくくる

腹《はら》を立《た》てる 慣用句

意味 おこる。例 兄《あに》はすぐに**腹を立てる**。

★★

腹《はら》を割《わ》る 慣用句

意味 かくさずに、本心《ほんしん》をうちあける。

例 おたがいに**腹を割って**話《はなし》をすれば、きっとわかり合《あ》えるだろう。

語源 「腹《はら》」は、心《こころ》の内《うち》をあらわす。

★

波瀾万丈《はらんばんじょう》 四字熟語

意味 事件《じけん》などが次々《つぎつぎ》に起《お》こり、その変化《へんか》が非常《ひじょう》に激《はげ》しいこと。例 波瀾万丈の物《もの》語《がたり》。

語源 「波瀾《はらん》」は、小波《こなみ》と大波《おおなみ》。「万丈《ばんじょう》」は、非常《ひじょう》に高《たか》いこと。

世界《せかい》のことわざ　腹《はら》が減《へ》っては戦《いくさ》ができぬ

韓国《かんこく》　刑場《けいじょう》に行《い》くにも食《く》わねばならぬ

たとえ絞首台《こうしゅだい》に引《ひ》かれていって死刑《しけい》になるとわかっていたとしても、人《ひと》は食《た》べなくてはならない。何《なに》をするにもまず食《た》べて、元気《げんき》をつけなければならないというたとえ。

ドイツ　まず胃袋《いぶくろ》、それから襟《えり》

「襟《えり》」、つまり服装《ふくそう》に気《き》を配《くば》る前《まえ》に、まずは「胃袋《いぶくろ》」つまり食《た》べなくてはならないということ。

ロシア　外套《がいとう》ではなくパンが暖《あたた》めてくれる

外套《がいとう》は寒《さむ》いときに着《き》る、オーバーコートのこと。腹《はら》が減《へ》っていてはいくら上等《じょうとう》なコートを着《き》こんでも暖《あたた》かくなりません。衣服《いふく》よりもまずは食事《しょくじ》が必要《ひつよう》ということ。

同 波乱万丈《はらんばんじょう》

張《は》り子《こ》の虎《とら》 慣用句

意味 見《み》かけは強《つよ》そうでも本当《ほんとう》は弱《よわ》いことのたとえ。例 あいつは**張り子の虎**だから、こわくない。

語源 紙《かみ》を張《は》って作《つく》ったおもちゃのトラは強《つよ》くないということから。

英 He shrinks in the wetting.（かれはぬれると縮《ちぢ》んでしまう）

罵詈雑言《ばりぞうごん》 四字熟語

意味 口《くち》ぎたなく、ひどくののしること。また、その言葉《ことば》。例 **罵詈雑言**をあびせる。

語源 「罵詈《ばり》」は、ののしること。「雑言《ぞうごん》」は悪口《わるくち》を言《い》うこと。

針《はり》の穴《あな》から天《てん》をのぞく ことわざ

意味 せまい考《かんが》えや足《た》りない知識《ちしき》で、大《おお》きな問題《もんだい》を自分勝手《じぶんかって》に判断《はんだん》することのたとえ。例 **針の穴から天をのぞく**ようなやり方《かた》ではだめだ。

語源 針《はり》の小《ち》さな穴《あな》から空《そら》を見《み》ても、少《すこ》ししか見《み》えないということから。

参考 いろはがるた（京都《きょうと》）の一《ひと》つ。

類 葦《よし》の髄《ずい》から天井《てんじょう》をのぞく

針《はり》の筵《むしろ》 慣用句

意味 周《まわ》りから責《せ》められたり、自分《じぶん》で自分《じぶん》を責《せ》めたりして、心《こころ》が少《すこ》しも安《やす》まらない立場《たちば》のたとえ。例 ぼくのエラーで優勝《ゆうしょう》をのがしたので、**針の筵**だった。

語源 針《はり》をたくさん植《う》えたような筵《むしろ》（＝しき物《もの》）に座《すわ》るということから。

英 sitting on pins and needles（針《はり》と縫《ぬ》い針《ばり》の上《うえ》にすわっているようす）

針《はり》ほどのことを棒《ぼう》ほどに言《い》う ことわざ

意味 小《ち》さなことを、大《おお》げさに言《い》う。例 ゴムボールをぶつけただけなのに骨《ほね》が折《お》れたような痛《いた》みだなんて、妹《いもうと》は**針ほどのことを棒ほどに言う**。

類 一寸《いっすん》の事《こと》を一丈《いちじょう》に言《い》いなす／針小棒大《しんしょうぼうだい》

腫《は》れ物《もの》に触《さわ》るよう 慣用句

意味 相手《あいて》のきげんをそこねないように、おそるおそるものを言《い》ったり、大切《たいせつ》にあつかったりするようす。例 あの人《ひと》はおこると手《て》がつけられないので、みんな、**腫れ物に触るように**している。

歯《は》を食《く》いしばる 慣用句

意味 痛《いた》みや苦《くる》しみを、じっとがまんする。例 **歯を食いしばって**、涙《なみだ》をこらえる。

語源 歯《は》をかたくかみしめて、たえることから。

半官半民《はんかんはんみん》 四字熟語

意味 政府《せいふ》と民間《みんかん》とが共同《きょうどう》で出資《しゅっし》して経営《けいえい》すること。また、その事業形態《じぎょうけいたい》。例 **半官半民**の企業《きぎょう》。

判官贔屓《はんがんびいき》 四字熟語

⬇判官贔屓《ほうがんびいき》（383ページ）

反感《はんかん》を買《か》う 慣用句

意味 逆《さか》らいたくなる気持《きも》ちを持《も》たれる。

例 目立《めだ》ちすぎて**反感を買う**。

反旗《はんき》を翻《ひるがえ》す 慣用句

意味 反逆《はんぎゃく》する。例 役員会《やくいんかい》の決定《けってい》に納得《なっとく》できないので、**反旗を翻す**。

語源 「反旗《はんき》」は、反逆《はんぎゃく》した人《ひと》の旗《はた》。主君《しゅくん》を裏切《うらぎ》って兵《へい》を挙《あ》げる意味《いみ》から。

万策尽《ばんさくつ》きる 慣用句

意味 あらゆる方法《ほうほう》を試《ため》してみたが、もう

は

どうしようもない。例 万策尽きて降参《こうさん》した。

万事休す《ばんじきゅうす》 故事成語

意味 すべての事《こと》が終《お》わってしまい、もうどうすることもできない。〈『宋史《そうし》』〉
例 最後《さいご》の打者《だしゃ》が三振《さんしん》して、**万事休す**だった。
英 to be at the end of one's rope（綱《つな》の端《はし》に来《く》る…どうしようもなくなった状態《じょうたい》）

半死半生《はんしはんしょう》 四字熟語

意味 生きるか死ぬかの境目《さかいめ》。例 発作《ほっさ》で**半死半生**の状態《じょうたい》におちいったが、どうにか回復《かいふく》した。

半畳を入れる《はんじょうをいれる》 慣用句

意味 人《ひと》の言動《げんどう》をまぜかえしたり、からかったりする。例 演説《えんぜつ》に**半畳を入れて**、じゃまをする。
語源 「半畳《はんじょう》」は、昔《むかし》の芝居小屋《しばいごや》で、座布団《ざぶとん》の代《か》わりに観客《かんきゃく》がしいた一人用《ひとりよう》の小さなござ。役者《やくしゃ》が下手《へた》なときに、客《きゃく》がこれを舞台《ぶたい》に投《な》げ入《い》れて不満《ふまん》をあらわしたことから。
同 半畳《はんじょう》を打《う》つ

★★ **半信半疑**《はんしんはんぎ》 四字熟語

意味 半分信《はんぶんしん》じ、半分《はんぶん》疑《うたが》っていて、どちらとも心《こころ》を決《き》められないでいるようす。例 うわさ話《ばなし》を**半信半疑**で聞《き》いた。

判で押したよう《はんでおしたよう》 慣用句

意味 同《おな》じようなことをいつもくり返《かえ》すこと。例 父《ちち》は、**判で押したように**毎日七時《まいにちしちじ》に帰宅《きたく》する。
語源 判子《はんこ》で押《お》すと、いくつも同《おな》じものができることから。

パンドラの箱《はこ》 慣用句

意味 災《わざわ》いの元《もと》となるため、ふれてはいけないもの。例 あの一言《ひとこと》が**パンドラの箱**を開《あ》けてしまったかもしれない。あれから関係《かんけい》がこじれてしまった。
語源 ギリシャ神話《しんわ》で、最高神《さいこうしん》であるゼウスが罪《つみ》や災《わざわ》いをふうじこめて、人類最初《じんるいさいしょ》の女性《じょせい》であるパンドラにわたしたという箱《はこ》。パンドラがこれを開《あ》けたため、罪《つみ》や災《わざわ》いが飛《と》び出《だ》して地上《ちじょう》に広《ひろ》がり、急《いそ》いでふたをしめると中《なか》には希望《きぼう》だけが残《のこ》ったという話《はなし》から。

万難を排する《ばんなんをはいする》 慣用句

意味 たくさんの困難《こんなん》を取《と》りのぞく。
例 **万難を排して**問題《もんだい》の解決《かいけつ》に取《と》り組《く》む。

万物の霊長《ばんぶつのれいちょう》 慣用句

意味 すべての物《もの》の中《なか》で最《もっと》も優《すぐ》れているもの。人間《にんげん》のこと。〈『書経《しょきょう》』〉例 人間《にんげん》は**万物の霊長**である。

反面教師《はんめんきょうし》 四字熟語

意味 よくない見本《みほん》だが、それによって正《ただ》しいことやよいことがはっきりわかること。例 兄《あに》を**反面教師**にしたのか、弟《おとうと》はとてもまじめだ。

ひ

ひいきの引き倒し《ひいきのひきたおし》 慣用句

意味 ひいきをしたために、かえって相手《あいて》に迷惑《めいわく》をかけること。例 あまり面倒《めんどう》を見《み》すぎては、**ひいきの引き倒し**になってしまうよ。
類 有難迷惑《ありがためいわく》 英 to kill with kindness

（親切《しんせつ》で殺《ころ》す）

ひいき目《め》に見《み》る 慣用句

意味 気《き》に入《い》った人《ひと》を実際《じっさい》より、よく思《おも》う。例どうひいき目に見ても、こちらの方《ほう》ができが悪《わる》い。

日《ひ》が浅《あさ》い 慣用句

意味 あまり日《ひ》にちがたっていない。例ここに来《き》てから、まだ日が浅い。

被害妄想《ひがいもうそう》 四字熟語

意味 他人《たにん》から害《がい》を加《くわ》えられていると、自《じ》分《ぶん》だけで思《おも》いこむこと。例仲間《なかま》はずれだなんて、かれの被害妄想にすぎない。

火《ひ》が消《き》えたよう 慣用句

↓火《ひ》の消《き》えたよう（363ページ）

火《ひ》が付《つ》く 慣用句

意味 あることがきっかけになり、事件《じけん》やさわぎが起《お》こる。例ちょっとした小《こ》ぜり合《あ》いから、紛争《ふんそう》に火が付いた。

光《ひかり》を放《はな》つ 慣用句

意味 優《すぐ》れた才能《さいのう》や力《ちから》を周《まわ》りに示《しめ》す。例かのじょは舞台《ぶたい》で光を放っていた。

引《ひ》かれ者《もの》の小唄《こうた》 慣用句

意味 負《ま》けおしみに強《つよ》がりを言《い》うこと。例わざと負《ま》けたなんて、引かれ者の小唄だね。

語源 引《ひ》かれ者《もの》（＝刑場《けいじょう》に連《つ》れて行《い》かれる罪人《ざいにん》）が、わざと平気《へいき》な顔《かお》をして小唄《こうた》をうたうということから。

引《ひ》き合《あ》いに出《だ》す 慣用句

意味 話《はなし》の中《なか》で、例《れい》として出《だ》す。例自分《じぶん》の失敗《しっぱい》を引き合いに出して思《おも》いとどまるよう説得《せっとく》する。

悲喜交々《ひきこもごも》 四字熟語

意味 悲《かな》しみと喜《よろこ》びをかわるがわる味《あじ》わうこと。悲《かな》しみと喜《よろこ》びが入《い》りまじること。例悲喜交々の光景《こうけい》。

引《ひ》きも切《き》らず 慣用句

意味 少《すこ》しの切《き》れ目《め》もなく。例見物人《けんぶつにん》は引きも切らずやってきた。

びくともしない 慣用句

意味 ❶少《すこ》しも動《うご》かない。例この岩《いわ》は重《おも》くて、どんなにおしてもびくともしない。❷少《すこ》しもおどろかない。例何《なに》を言《い》われてもびくともしない。

引《ひ》くに引《ひ》けない 慣用句

意味 やめようと思《おも》っても、今《いま》さらやめるわけにはいかない。例話《はな》し合《あ》いがこじれて、おたがいに引くに引けなくなる。

日《ひ》暮《く》れて道遠《みちとお》し 故事成語

意味 年老《としお》いたが、まだ目的《もくてき》を達《たっ》していないことのたとえ。また、期日《きじつ》はせまっているが、仕事《しごと》がはかどっていないことのたとえ。〈『史記《しき》』〉例まだ多《おお》くの作業《さぎょう》が残《のこ》っている。日暮れて道遠し、だ。

語源 中国《ちゅうごく》の春秋時代《しゅんじゅうじだい》、楚《そ》の平王《へいおう》に父《ちち》と兄《あに》を殺《ころ》された伍子胥《ごししょ》は、となりの呉《ご》の国《くに》にげこんだ。復《ふく》しゅうを誓《ちか》った伍子胥《ごししょ》は、十数年後《じゅうすうねんご》、呉軍《ごぐん》を率《ひき》いて楚《そ》を討《う》ち、すでに死《し》んでいた平王《へいおう》の死体《したい》を墓《はか》から掘《ほ》り出《だ》して、むちをうった。その残酷《ざんこく》さを人《ひと》に非難《ひなん》されたときに、伍子胥《ごししょ》は、「日《ひ》が暮《く》れたのに目的地《もくてきち》にはまだ遠《とお》い（＝年《とし》老《お》いたのに目的《もくてき》を達成《たっせい》していない）から、人《ひと》の道《みち》など考《かんが》えてはいられなかった。」と、弁解《べんかい》した話《はなし》から。

英 The day is short and work is much.（日《ひ》は短《みじか》く仕事《しごと》は多《おお》い）

引《ひ》けを取《と》らない 慣用句

意味 ほかと比《くら》べて、おとらない。例算数《さんすう》だけはだれにも引けを取らない。

語源 「引《ひ》け」は、おとること。

非業《ひごう》の最期《さいご》 慣用句

ひ

意味 思《おも》いがけない事故《じこ》や災《わざわ》いで死《し》ぬこと。例 **非業の最期**をとげた作家《さっか》。

参考「非業《ひごう》」は仏教《ぶっきょう》の言葉《ことば》で、前世《ぜんせ》の報《むく》いではないということ。

同 非業《ひごう》の死《し》

膝《ひざ》が笑《わら》う 慣用句

意味 急《きゅう》な山道《やまみち》を下《くだ》るときなどに、つかれのために膝《ひざ》ががくがくする。例 登山《とざん》の行《い》きは楽《たの》しかったが、帰《かえ》りは**膝が笑って**大変《たいへん》だった。

庇《ひさし》を貸《か》して母屋《おもや》を取《と》られる ことわざ

意味 一部分《いちぶぶん》を貸《か》したために、全部《ぜんぶ》または大事《だいじ》な部分《ぶぶん》を取《と》られてしまう。また、親《しん》切《せつ》にしてやった相手《あいて》にひどい目《め》にあわされる。例 ノートを貸《か》したら、研究《けんきゅう》すべてを取《と》られてしまった。**庇を貸して母屋を取られる**、だ。

語源 庇《ひさし》(=軒先《のきさき》)を使《つか》わせているうちに、母屋《おもや》(=建物《たてもの》の主要《しゅよう》な部分《ぶぶん》。家全体《いえぜんたい》のこと)を取《と》られてしまうということから。

英 Give him an inch and he'll take a mile.(一《いち》インチを譲《ゆず》ってやれば、一《いち》マイルを取《と》ってしまうやつ)

膝《ひざ》とも談合《だんごう》 ことわざ

意味 一人《ひとり》で思《おも》いなやむより、つまらない相手《あいて》であっても話《はな》し合《あ》ってみた方《ほう》が、それなりの成果《せいか》はあるということ。例 友《ゆう》人《じん》とけんかをしてしまった。どうやって仲直《なかなお》りしたらよいか、**膝とも談合**で、弟《おとうと》に相談《そうだん》してみた。

語源「談合《だんごう》」は、相談《そうだん》。困《こま》ったときには自分《じぶん》の膝《ひざ》を抱《かか》えて相談相手《そうだんあいて》とする意味《いみ》から。

類 物《もの》は相談《そうだん》 英 Consult with your pillow.(枕《まくら》と相談《そうだん》せよ)

膝《ひざ》を打《う》つ 慣用句

意味 感心《かんしん》したり、急《きゅう》に思《おも》いついたりするときに、手《て》で軽《かる》くひざをたたく動作《どうさ》。

例 味方《みかた》のファインプレーに**膝を打って**喜《よろこ》ぶ。

同 膝《ひざ》を叩《たた》く

膝《ひざ》を折《お》る 慣用句

意味 相手《あいて》に負《ま》けて従《したが》う。例 **膝を折って**許《ゆる》しを求《もと》める。

同 膝《ひざ》を屈《くっ》する

膝《ひざ》を抱《かか》える 慣用句

意味 何《なに》もせずにじっとしている。例 **膝を抱えて**、一日《いちにち》ぼんやりと過《す》ごす。

膝《ひざ》を崩《くず》す 慣用句

意味 正座《せいざ》をやめて楽《らく》にする。例 どうぞ、**膝を崩して**ください。

膝《ひざ》を進《すす》める 慣用句

意味 乗《の》り気《き》になる。例 うまいもうけ話《ばなし》に**膝を進める**。

膝《ひざ》を正《ただ》す 慣用句

意味 きちんと正座《せいざ》して座《すわ》る。あらたまった態度《たいど》をとる。例 **膝を正して**あいさつする。

膝《ひざ》を乗《の》り出《だ》す 慣用句

意味 興味《きょうみ》などを感《かん》じて、体《からだ》を前《まえ》の方《ほう》へ出《だ》す。例 好《す》きなアニメの話《はなし》に**膝を乗り出す**。

膝《ひざ》を交《まじ》える 慣用句

意味 親《した》しく話《はな》し合《あ》うようすのたとえ。

例 **膝を交えて**納得《なっとく》のいくまで話《はな》し合《あ》う。

語源 おたがいの膝《ひざ》がくっつくほど近《ちか》くに座《すわ》って話《はな》すということから。

肘鉄砲《ひじでっぽう》を食《く》わせる 慣用句

意味 人《ひと》のさそいや申《もう》しこみをはねつける。例 気《き》に入《い》らない相手《あいて》に**肘鉄砲を食わせる**。

ひ

語源「肘鉄砲《ひじでっぽう》」は、肘《ひじ》で相手《あいて》をどんと突《つ》くこと。
同 肘鉄《ひじてつ》を食《く》わせる／肘《ひじ》を食《く》わせる

美辞麗句《びじれいく》 四字熟語
意味 美《うつく》しい言葉《ことば》をうまく組《く》み合《あ》わせた、聞《き》いて快《こころよ》く感《かん》じる語句《ごく》。例 美辞麗句をならべる。

美人薄命《びじんはくめい》 四字熟語
➡ 佳人薄命《かじんはくめい》（92ページ）

ひそみに倣《なら》う 故事成語
意味 事《こと》のよしあしを考《かんが》えず、むやみに人《ひと》のまねをする。また、他人《たにん》にならってすることを、へりくだった言《い》い方《かた》。〈『荘子《そうじ》』〉 例 先輩《せんぱい》のひそみに倣って、英会話《えいかいわ》を始《はじ》めた。
語源 昔《むかし》、中国《ちゅうごく》で絶世《ぜっせい》の美女《びじょ》である西施《せいし》が胸《むね》を病《や》み、苦痛《くつう》でまゆをひそめていた。すると、その姿《すがた》がいちだんと美《うつく》しいとして、村《むら》の女性《じょせい》がまねをしたという話《はなし》から。本来《ほんらい》は、よく考《かんが》えずに他人《たにん》をまねることをいう。
同 西施《せいし》のひそみに倣《なら》う

額《ひたい》を集《あつ》める 慣用句
意味 寄《よ》り集《あつ》まって、相談《そうだん》する。例 部員《ぶいん》が額を集めて話《はな》し合《あ》う。
語源 おたがいの額《ひたい》がくっつくように近《ちか》づくということから。

★**左《ひだり》うちわで暮《く》らす** 慣用句
意味 仕事《しごと》をしなくても、お金《かね》に困《こま》らず、楽《らく》に暮《く》らしていける。例 かれは昔《むかし》、大《おお》もうけをしたので、今《いま》では左うちわで暮らしているそうだ。
語源 左手《ひだりて》にうちわを持《も》って、のんびりとあおぐということから。
英 to live on easy street（「安楽通《あんらくどお》り」に住《す》む…楽《らく》な暮《く》らしをしている）

左前《ひだりまえ》になる 慣用句
意味 お金《かね》のやりくりや商売《しょうばい》などが、うまくいかなくなる。例 店《みせ》が左前になる。
語源 「左前《ひだりまえ》」は、ふつうとは逆《ぎゃく》に、着物《きもの》の左側《ひだりがわ》の部分《ぶぶん》を手前《てまえ》の方《ほう》（右側《みぎがわ》の部分《ぶぶん》の下《した》）にして着《き》ることで、ふつうとはちがうことをあらわす。

引《ひ》っ込《こ》みがつかない 慣用句
意味 物事《ものごと》のおさまりがつかず、退《しりぞ》くことができない。例 あんなにおこった手前《てまえ》、引っ込みがつかない。

筆舌《ひつぜつ》に尽《つ》くしがたい 慣用句
意味 文章《ぶんしょう》や言葉《ことば》ではとてもあらわしきれない。例 この感動《かんどう》は筆舌に尽くしがたい。
語源 「筆舌《ひつぜつ》」は、文章《ぶんしょう》に書《か》くことと、口《くち》で話《はな》すこと。

ピッチを上《あ》げる 慣用句
意味 運動《うんどう》や仕事《しごと》をするはやさを、はやくする。例 仕事《しごと》のピッチを上げる。
語源 「ピッチ」は、くり返《かえ》す動作《どうさ》の回数《かいすう》や速度《そくど》。

必要《ひつよう》は発明《はつめい》の母《はは》 ことわざ
意味 どうしても必要《ひつよう》だと思《おも》うところから発明《はつめい》は生《う》まれるということのたとえ。
例 便利《べんり》な生活《せいかつ》を求《もと》めて、さまざまな製品《せいひん》が開発《かいはつ》された。必要は発明の母だね。
参考 西洋《せいよう》のことわざ。
英 Necessity is the mother of invention.（必要《ひつよう》は発明《はつめい》の母《はは》）

一味違《ひとあじちが》う 慣用句
意味 ほかとは少《すこ》し違《ちが》った味《あじ》わいがある。
例 一味違った作品《さくひん》。

人当《ひとあ》たりがいい 慣用句
意味 人《ひと》と応対《おうたい》するときのようすがいい。また、そのときに、相手《あいて》にあたえる感《かん》じがいい。例 人当たりがいい人《ひと》。

一泡吹《ひとあわふ》かせる 慣用句
意味 相手《あいて》が考《かんが》えていないようなことをして、おどろかせ、あわてさせる。例 思《おも》いきった作戦《さくせん》で敵《てき》に一泡吹かせよう。

一息入《ひといきい》れる 慣用句
意味 少《すこ》し休《やす》む。ひと休《やす》みする。例 お茶《ちゃ》を飲《の》み、一息入れる。

人《ひと》がいい 慣用句
意味 人《ひと》がらがよい。また、お人《ひと》よしである。例 迷惑《めいわく》をかけられたのに助《たす》けてやるなんて、人がいいにもほどがある。

一方《ひとかた》ならぬ 慣用句
意味 ふつうの程度《ていど》ではない。たいへん。
例 一方ならぬ世話《せわ》になった相手《あいて》。
語源 「一方《ひとかた》」は、ふつうであるようす。

一皮剥《ひとかわむ》ける 慣用句
意味 いろいろな経験《けいけん》をしてさらに成長《せいちょう》する。例 一皮剥けてたくましくなった。

人聞《ひとぎ》きが悪《わる》い 慣用句
意味 ほかの人《ひと》が聞《き》いたときに受《う》ける感《かん》じがよくない。例 いんちきだなどと言《い》われては、人聞きが悪い。

一筋縄《ひとすじなわ》では行《い》かない 慣用句
意味 ふつうのやり方《かた》では思《おも》いどおりにあつかえない。例 あの男《おとこ》はずるがしこくて、とても一筋縄では行かない。
英 You cannot catch old birds with chaff.（老鳥《ろうちょう》は、もみがらでは捕《つか》まえられない）

一《ひと》たまりもない 慣用句
意味 わずかの間《あいだ》も、持《も》ちこたえることができない。例 こんな少《すく》ない人数《にんずう》では、敵《てき》がせめてきたら一たまりもない。

一《ひと》つ穴《あな》の狢《むじな》 慣用句
⇒ 同《おな》じ穴《あな》の狢《むじな》（76ページ）

人《ひと》と屏風《びょうぶ》は直《す》ぐには立《た》たぬ ことわざ
意味 屏風《びょうぶ》は折《お》らないと立《た》たないように、人間《にんげん》も人《ひと》と折《お》り合《あ》わなければ、世《よ》の中《なか》をうまく渡《わた》ってはいけないというたとえ。
例 自分《じぶん》の思《おも》い通《どお》りにならないからとおこってはいけない。人と屏風は直ぐには立たぬというし、相手《あいて》の都合《つごう》に合《あ》わせることも大事《だいじ》だね。
語源 「直《す》ぐ」は、まっ直《す》ぐのこと。
類 商人《あきんど》と屏風《びょうぶ》は直《す》ぐには立《た》たぬ／曲《ま》がらなければ世《よ》が渡《わた》られぬ／水清《みずきよ》ければ魚《うお》すまず
英 A straight stick is crooked in water.（まっ直《す》ぐな棒《ぼう》も水《みず》の中《なか》では曲《まが》っている）

人《ひと》には添《そ》うてみよ、馬《うま》には乗《の》ってみよ ことわざ
⇒ 馬《うま》には乗《の》ってみよ、人《ひと》には添《そ》うてみよ（60ページ）

★**人《ひと》のうわさも七十五日《しちじゅうごにち》** ことわざ
意味 世《よ》の中《なか》のうわさはいつのまにか消《き》えていくものであるということのたとえ。例 あんなにさわがれていたのに、人のうわさも七十五日、今《いま》ではだれもその話《はなし》をしない。
英 A wonder lasts but nine days.（驚《おどろ》きも九日《ここのか》しか続《つづ》かない）

人《ひと》の口《くち》に戸《と》は立《た》てられぬ ことわざ
⇒ 世界のことわざ（359ページ）
意味 世間《せけん》のうわさは止《と》めることができ

ないということのたとえ。例どんなに口《くち》止《ど》めしても、人の口に戸は立てられぬ。

語源 家《いえ》の出《で》入《い》り口《ぐち》は戸《と》を立《た》ててふさぐことはできるが、人《ひと》の口《くち》に戸《と》を立《た》てて言葉《ことば》が出《で》ないようにすることはできないということから。

英 Who can hold people's tongues?（世《せ》人《じん》の舌《した》を押《お》さえきれる人《ひと》はいるか）

人《ひと》のはえを追《お》うより我《わ》がはえを追《お》え ことわざ

↓頭《あたま》の上《うえ》のはえを追《お》え（14ページ）

★人《ひと》のふり見《み》て我《わ》がふり直《なお》せ ことわざ

意味 他人《たにん》のおこないがよくないと思《おも》うときは、自分《じぶん》もそのようなおこないをしていないかどうか、反省《はんせい》してみるとよいという教《おし》え。例図書委員《としょいいん》が、貸《か》した本《ほん》を返《かえ》さない人《ひと》が多《おお》いと言《い》って困《こま》っている。人のふり見て我がふり直せで、借《か》りたものは早《はや》く返《かえ》すように心《こころ》がけよう。

語源「ふり」は、態度《たいど》やおこない。

類 前車《ぜんしゃ》の覆《くつがえ》るは後車《こうしゃ》の戒《いまし》め／他山《たざん》の石《いし》

英 Learn wisdom by the follies of others.（他人《たにん》の愚行《ぐこう》から分別《ふんべつ》を学《まな》べ）

人《ひと》のふんどしで相撲《すもう》を取《と》る ことわざ

↓世界のことわざ（361ページ）

意味 ほかの人《ひと》のものを自分《じぶん》のためにうまく使《つか》って得《とく》をすることのたとえ。

例 他人《たにん》のアイデアで金《かね》をもうけるなんて、人のふんどしで相撲を取るようなものだ。

語源 人《ひと》のふんどし（＝まわし）を借《か》りて相撲《すもう》を取《と》るということから。

類 人《ひと》の提灯《ちょうちん》で明《あ》かりをとる／もらい物《もの》で義理《ぎり》すます

英 One beats the bush, and another catches the birds.（甲《こう》が藪《やぶ》をたたき乙《おつ》が鳥《とり》を捕《つか》まえる）

人《ひと》の将《まさ》に死《し》なんとするその言《げん》や善《よ》し 故事成語

意味 人《ひと》が死《し》にぎわに語《かた》る言葉《ことば》は、人《ひと》の心《こころ》を打《う》つ真実《しんじつ》がこめられているということ。〈『論語《ろんご》』〉 例 父《ちち》は、祖父《そふ》が死《し》に際《ぎわ》に残《のこ》した感謝《かんしゃ》の言葉《ことば》を今《いま》も忘《わす》れられないという。まさに人の将に死なんとするその言や善しという言葉《ことば》のとおりだ。

語源 孔子《こうし》の弟子《でし》の曾子《そうし》が、死《し》の間際《まぎわ》に見《み》舞《ま》いの者《もの》に言《い》った言葉《ことば》。鳥《とり》が死《し》ぬときは、胸《むね》にせまるような声《こえ》で鳴《な》き、人《ひと》が死《し》ぬときは、うそ偽《いつわ》りのないよい言葉《ことば》を口《くち》にするという。だから、わたしの言葉《ことば》を心《こころ》して聞《き》いてくださいと言《い》った話《はなし》から。

類 鳥《とり》の将《まさ》に死《し》なんとするその鳴《な》くや哀《かな》し

英 Dying men speak true.（死《し》にゆく人《ひと》はほんとうのことをいう）

人《ひと》は一代《いちだい》、名《な》は末代《まつだい》 ことわざ

意味 人《ひと》は死《し》んでしまったらそれで終《お》わ

世界《せかい》のことわざ　人《ひと》の口《くち》に戸《と》は立《た》てられぬ

フィリピン
川《かわ》の流《なが》れは止《と》められても、人《ひと》の口《くち》は止《と》められない

たとえ川《かわ》の流《なが》れはせき止《と》めることができたとしても、人《ひと》の口《くち》はふさぐことはできません。それくらいに、やめさせることはできないのだと強調《きょうちょう》しています。

ロシア
他人《たにん》の口《くち》にハンカチはかけられない

自分《じぶん》の口《くち》をハンカチでおさえることはできますが、他人《たにん》の口《くち》をハンカチでおさえて、うわさが広《ひろ》がるのを止《と》めることはできません。

ウクライナ
人《ひと》の舌《した》は しばっておけない

人《ひと》の舌《した》はしばって自由《じゆう》を奪《うば》うことができません。人《ひと》のうわさは、止《と》めることができないということです。

インド（南部《なんぶ》）
鍋《なべ》が沸騰《ふっとう》するのは止《と》められても、村人《むらびと》の口《くち》は止《と》められない

ぐつぐつ煮《に》えた鍋《なべ》にふたをしたり火《ひ》を消《け》したりして、煮汁《にじる》がふき出《で》るのを止《と》めることはできますが、村人《むらびと》の口《くち》からわき出《で》るうわさ話《ばなし》は、止《と》めることができません。

りだが、名前《なまえ》は死《し》んだ後《あと》もいつまでも残《のこ》る。立派《りっぱ》な仕事《しごと》をして、立派《りっぱ》な名《な》を残《のこ》すようにしなさいという教《おし》え。**例** **人は一代、名は末代**というから、後世《こうせい》にはずかしくない仕事《しごと》をしよう。**語源**「一代《いちだい》」は、生《う》まれてから死《し》ぬまでの間《あいだ》。「末代《まつだい》」は、死《し》んだあとの時代《じだい》。**類** 虎《とら》は死《し》して皮《かわ》を留《とど》め人《ひと》は死《し》して名《な》を残《のこ》す／骨《ほね》は朽《く》ちても名《な》は朽《く》ちぬ **英** A man dies but his name remains.（人《ひと》は死《し》ぬがその名《な》は残《のこ》る）

一旗揚《ひとはたあ》げる　慣用句

意味 新《あたら》しく事業《じぎょう》などを始《はじ》める。**例** 都会《とかい》に出《で》て、**一旗揚げる**。

語源 兵《へい》を集《あつ》めて、自分《じぶん》が将《しょう》となり事《こと》を起《お》こすことから。

一肌脱《ひとはだぬ》ぐ　慣用句

意味 助《たす》けを求《もと》めてきた人《ひと》のために力《ちから》を貸《か》す。**例** 親友《しんゆう》のために**一肌脱い**だ。

語源 着物《きもの》の一方《いっぽう》の肩《かた》をぬいで、力仕事《ちからしごと》に加《くわ》わるようすから。

一花咲《ひとはなさ》かせる　慣用句

意味 仕事《しごと》などがうまくいって、一時《いちじ》はなやかな時期《じき》をおくる。**例** 曲《きょく》がヒットして**一花咲かせ**た歌手《かしゅ》。

人《ひと》はパンのみにて生《い》きるにあらず　ことわざ

意味 人間《にんげん》は物質的《ぶっしつてき》な豊《ゆた》かさだけを目的《もくてき》に生《い》きているのではないということ。〈『新約聖書《しんやくせいしょ》』〉 **例** 高価《こうか》なものに囲《かこ》まれていれば幸《しあわ》せというわけではない。**人はパンのみにて生きるにあらず**、だ。

語源「パン」は、物質《ぶっしつ》、とくに食《た》べ物《もの》の代表《だいひょう》。悪魔《あくま》がイエスをゆうわくし、もしお前《まえ》が神《かみ》の子《こ》なら、この石《いし》をパンに変《か》えてみろと言《い》ったのに対《たい》し、イエスが答《こた》えた言葉《ことば》から。

同 人《ひと》はパンのみにて生《い》くるにあらず

英 Man shall not live by bread alone.（人《ひと》はパンのみにて生《い》きるにあらず）

人《ひと》は見《み》かけによらぬもの　ことわざ

意味 人《ひと》の気持《きも》ちや才能《さいのう》は外《そと》から見《み》ただけではわからないということ。**例** かれがあんなに動物《どうぶつ》

ドイツ

他人《たにん》の家《いえ》でなら大《おお》いに客《きゃく》が呼《よ》べる

自分《じぶん》の家《いえ》にお客《きゃく》を呼《よ》ぶとなると、そうじや食《た》べ物《もの》の準備《じゅんび》にあと片付《かたづ》けなどもしなくてはなりません。しかし他人《たにん》の家《いえ》なら、あまり後《あと》のことを考《かんが》えずに、気安《きやす》くお客《きゃく》が呼《よ》べるということです。

アイルランド

馬《うま》の分《ぶん》の麦《むぎ》なら鶏《にわとり》も気前《きまえ》がよい

馬《うま》にやる分《ぶん》の麦《むぎ》なら、ニワトリも気前《きまえ》よくなります。しかし、これが自分《じぶん》のえさとなる分《ぶん》だったらそうはいきません。その他《た》 イギリス

好《ず》きだなんて、人は見かけによらぬものだね。

英 Appearances are deceptive.（見《み》かけは当《あ》てにならないものだ）

瞳《ひとみ》を凝《こ》らす 慣用句

⬇目《め》を凝《こ》らす（420ページ）

人目《ひとめ》がうるさい 慣用句

意味 ほかの人《ひと》が見《み》て、いろいろとうわさをするのがわずらわしい。例 **人目がうるさい**ので、目立《めだ》たない場所《ばしょ》で会《あ》おう。

人目《ひとめ》に余《あま》る 慣用句

意味 おこないなどがひどくて、周《まわ》りの人《ひと》にいやな思《おも》いをさせる。例 **人目に余る**ふるまい。

人目《ひとめ》に立《た》つ 慣用句

⬇人目《ひとめ》に付《つ》く（361ページ）

人目《ひとめ》に付《つ》く 慣用句

意味 目立《めだ》って見《み》える。例 **人目に付か**ない場所《ばしょ》に、自転車《じてんしゃ》をとめておく。

同 人目《ひとめ》に立《た》つ 類 人目《ひとめ》を引《ひ》く

人目《ひとめ》を忍《しの》ぶ 慣用句

意味 人《ひと》に見《み》られないように気《き》をつける。例 **人目を忍ん**で会《あ》いに行《い》く。

類 人目《ひとめ》をはばかる

人目《ひとめ》を盗《ぬす》む 慣用句

意味 ほかの人《ひと》の見《み》ていないうちに、こっそりとあることをおこなう。例 **人目を盗ん**でデータをコピーするなんて、してはいけないおこないだ。

人目《ひとめ》をはばかる 慣用句

意味 ほかの人《ひと》に見《み》られないように気《き》をくばる。例 **人目をはばかっ**て外出《がいしゅつ》する。

類 人目《ひとめ》を忍《しの》ぶ

人目《ひとめ》を引《ひ》く 慣用句

意味 目立《めだ》って、人《ひと》をひきつける。例 派手《はで》な姿《すがた》が、**人目を引い**た。

類 人目《ひとめ》に付《つ》く

一役買《ひとやくか》う 慣用句

意味 ある役割《やくわり》や仕事《しごと》を、自分《じぶん》から進《すす》んで引《ひ》き受《う》ける。例 町《まち》の美化運動《びかうんどう》に**一役買う**。

一山当《ひとやまあ》てる 慣用句

意味 思《おも》いがけない利益《りえき》などをねらって成功《せいこう》し、大《おお》もうけをする。例 商売《しょうばい》で**一山当てる**。

語源 金《きん》や銀《ぎん》がとれる山《やま》を掘《ほ》り当《あ》てるということから。

ひ

世界《せかい》のことわざ　人《ひと》のふんどしで相撲《すもう》を取《と》る

中国《ちゅうごく》

他人《たにん》の馬《うま》に乗《の》った男《おとこ》は飛《と》ばしたがり、他人《たにん》の服《ふく》を着《き》た男《おとこ》は相撲《すもう》を取《と》りたがる

中国北部《ちゅうごくほくぶ》の遊牧民《ゆうぼくみん》の人《ひと》たちは、馬《うま》をあやつるのがみな上手《じょうず》です。他人《たにん》の馬《うま》なら後《あと》のことを考《かんが》えずに乗《の》り回《まわ》し、他人《たにん》の服《ふく》だったらよごれても破《やぶ》れても気《き》にしないで、相撲《すもう》を取《と》りたくなるというものです。

一人口《ひとりぐち》は食《く》えぬが二人口《ふたりぐち》は食《く》える ことわざ

意味 一人暮《ひとりぐ》らしはいろいろむだが多《おお》くて生活《せいかつ》しにくいが、夫婦《ふうふ》だと節約《せつやく》できる部分《ぶぶん》が多《おお》くなり、かえって暮《く》らしやすくなる。例 若《わか》くして結婚《けっこん》した両親《りょうしん》は給料《きゅうりょう》も安《やす》かったが、**一人口《き》は食えぬが二人口**で、どうにか切《き》り抜《ぬ》けたそうだ。英 Two can live as cheaply as one.（二人《ふたり》は一人《ひとり》と同《おな》じぐらい安《やす》く暮《く》らせる）

独《ひと》り相撲《ずもう》 慣用句

意味 相手《あいて》もいないのに、一人《ひとり》で勢《いきお》いこむこと。また、成果《せいか》が得《え》られそうにないことに努力《どりょく》すること。例 相手《あいて》にされず**独り相撲**に終《お》わってしまった。

独《ひと》り舞台《ぶたい》 慣用句

意味 ❶大勢《おおぜい》の中《なか》で、一人《ひとり》だけが特《とく》に目《め》立《だ》った活《かつ》やくをすること。例 この試合《しあい》は、キャプテンの**独り舞台**だった。❷大勢《おおぜい》の中《なか》で、一人《ひとり》が思《おも》いのままにふるまうこと。例 アニメの話《はなし》になると、かれの**独り舞台**になる。

人《ひと》を食《く》う 慣用句

意味 人《ひと》をばかにする。例 いかにも**人を食った**話《はなし》だ。

人《ひと》を呪《のろ》わば穴二《あなふた》つ ことわざ

意味 他人《たにん》に害《がい》を与《あた》えようとすれば、それがいつか自分《じぶん》の身《み》にも必《かなら》ずはね返《かえ》ってくるというたとえ。例 **人を呪わば穴二つ**だから、ひどいことを言《い》った人《ひと》をいつまでも恨《うら》むのは自分《じぶん》にとってよくない。語源 相手《あいて》をのろい殺《ころ》せば、自分《じぶん》も相手《あいて》のうらみで殺《ころ》されるから、墓穴《はかあな》が二《ふた》つ必要《ひつよう》になるという意味《いみ》から。類 人《ひと》を憎《にく》むは身《み》を憎《にく》む 英 Curses, like chickens, come home to roost.（呪《のろ》いはひよこがねぐらに帰《かえ》るように我《わ》が身《み》に返《かえ》るものだ）

人《ひと》を見《み》たら泥棒《どろぼう》と思《おも》え ことわざ

意味 ほかの人《ひと》は信用《しんよう》できないもので、まず疑《うたが》えということ。例 **人を見たら泥棒と思え**というから、まずは相手《あいて》の素行《そこう》を調《しら》べよう。

英 They that think none ill are soonest beguiled.（だれをも悪《わる》く思《おも》わぬ人《ひと》はすぐだまされる）

人《ひと》を見《み》て法《ほう》を説《と》け ことわざ

意味 人《ひと》に働《はたら》きかけをするときには、その人物《じんぶつ》にふさわしい方法《ほうほう》を選《えら》ぶのがよいということ。例 **人を見て法を説け**というから、うたぐり深《ぶか》いかれにはじっくり時間《じかん》をかけて説明《せつめい》しよう。語源 釈迦《しゃか》が仏教《ぶっきょう》を説《と》くときに、相手《あいて》の身分《ぶん》や教養《きょうよう》にあわせて話《はなし》を選《えら》んだということから。英 Cleave the log according to the grain.（木目《もくめ》に応《おう》じて丸木《まるき》を割《わ》れ）

火《ひ》に油《あぶら》を注《そそ》ぐ 慣用句

意味 勢《いきお》いの強《つよ》いものに、さらに勢《いきお》いをそえることのたとえ。例 なだめるつもりの言葉《ことば》でよけいにおこらせてしまい、**火に油を注ぐ**結果《けっか》になった。語源 燃《も》えている火《ひ》に油《あぶら》をかけると、ますます燃《も》えることから。

微《び》に入《い》り細《さい》をうがつ 慣用句

意味 非常《ひじょう》に細《こま》かい点《てん》まで念入《ねんい》りにする。例 **微に入り細をうがつ**説明《せつめい》。

ひ

髀肉《ひにく》の嘆《たん》 故事成語

意味 腕前《うでまえ》を示《しめ》し功名《こうみょう》を立《た》てる機会《きかい》を得《え》られない嘆《なげ》き。〈『三国志《さんごくし》』〉 例 **髀肉の嘆**の身《み》の上《うえ》。

語源 「髀肉《ひにく》」は、ももの肉《にく》。中国《ちゅうごく》の三国《さんごく》時代《じだい》、蜀《しょく》の劉備《りゅうび》は、自分《じぶん》の領土《りょうど》を失《うしな》い、同族《どうぞく》の劉表《りゅうひょう》のもとに身《み》を寄《よ》せていた。長《なが》い間《あいだ》馬《うま》に乗《の》って戦場《せんじょう》をかけめぐっていないため、ももに余分《よぶん》な肉《にく》がついてしまったのを見《み》て、「年《とし》を取《と》るのに、いまだ手柄《てがら》を立《た》てられないのがくやしい。」と嘆《なげ》いたという話《はなし》から。

非《ひ》の打《う》ち所《どころ》がない 慣用句

意味 欠点《けってん》が一《ひと》つもない。完全《かんぜん》である。

例 **非の打ち所がない**演技《えんぎ》。

類 間然《かんぜん》する所《ところ》なし／完全無欠《かんぜんむけつ》

★**火《ひ》の消《き》えたよう** 慣用句

意味 急《きゅう》に活気《かっき》がなくなって、さびしくなるようす。例 お祭《まつ》りが終《お》わって、あたりは**火の消えたよう**に静《しず》かになった。

同 火《ひ》が消《き》えたよう

檜舞台《ひのきぶたい》 慣用句

意味 自分《じぶん》の腕前《うでまえ》を広《ひろ》く示《しめ》す、晴《は》れの場所《ばしょ》。例 世界《せかい》の**檜舞台**に立《た》つ。

語源 檜《ひのき》の板《いた》で作《つく》った大劇場《だいげきじょう》の舞台《ぶたい》の意《い》味から。

火《ひ》の車《くるま》 慣用句

意味 お金《かね》が足《た》りなくて、経済状態《けいざいじょうたい》が苦《くる》しいこと。例 赤字続《あかじつづ》きで、家計《かけい》は**火の車**だ。

語源 仏教《ぶっきょう》の言葉《ことば》で、罪《つみ》のある死者《ししゃ》を地獄《じごく》に運《はこ》ぶという、火《ひ》の燃《も》えている車《くるま》から。

火《ひ》の付《つ》いたよう 慣用句

意味 ❶泣《な》き声《ごえ》の激《はげ》しいようす。例 赤《あか》ん坊《ぼう》が**火の付いたよう**に泣《な》く。❷急《きゅう》で落《お》ち着《つ》かないようす。例 早《はや》くしなさいと、**火の付いたよう**にせきたてる。

火《ひ》の手《て》が上《あ》がる 慣用句

意味 火《ひ》が燃《も》え上《あ》がる。また、物事《ものごと》の勢《いきお》いが激《はげ》しくなる。例 反撃《はんげき》の**火の手が上がる**。

日《ひ》の出《で》の勢《いきお》い 慣用句

意味 朝日《あさひ》がのぼるような、盛《さか》んな勢《いきお》い。

例 あの会社《かいしゃ》はいまや**日の出の勢い**だ。

火《ひ》のない所《ところ》に煙《けむり》は立《た》たない ことわざ

意味 うわさがたつのは、何《なに》かしら原因《げんいん》になることがあるからだということのたとえ。例 **火のない所に煙は立たない**というから、そのうわさも本当《ほんとう》なのかもしれない。

語源 火《ひ》の気《け》のない所《ところ》から、煙《けむり》が立《た》ちのぼることはありえないということから。

参考 西洋《せいよう》のことわざ。

同 火《ひ》のない所《ところ》に煙《けむり》は立《た》たぬ 英 There is no smoke without fire.（火《ひ》のない所《ところ》に煙《けむり》はない）

日《ひ》の目《め》を見《み》る 慣用句

意味 今《いま》まで人々《ひとびと》に知《し》られていなかったものが、世《よ》の中《なか》に認《みと》められる。また、状況《じょうきょう》が変《か》わって、よい状態《じょうたい》になる。例 かれの死後《しご》に発見《はっけん》された作品《さくひん》が出版《しゅっぱん》され、やっと**日の目を見る**ことになった。

語源 日《ひ》の光《ひかり》をあびるということから。

火花《ひばな》を散《ち》らす 慣用句

意味 激《はげ》しく争《あらそ》う。例 **火花を散らす**大熱戦《だいねっせん》。

語源 刀《かたな》で戦《たたか》うときに、刀《かたな》と刀《かたな》がぶつかって火花《ひばな》が出《で》ることから。

類 鎬《しのぎ》を削《けず》る

ひびが入《はい》る 慣用句

意味 人《ひと》と人《ひと》の関係《かんけい》がうまくいかなくな

る。例 友情《ゆうじょう》にひびが入《い》る。

火蓋《ひぶた》を切《き》る 慣用句

意味 戦争《せんそう》や競技《きょうぎ》などを始《はじ》める。例 熱戦《ねっせん》の**火蓋を切る**。

語源 火縄銃《ひなわじゅう》の火《ひ》蓋《ぶた》を開《あ》けて、火《ひ》をつける準備《じゅんび》をすることから。

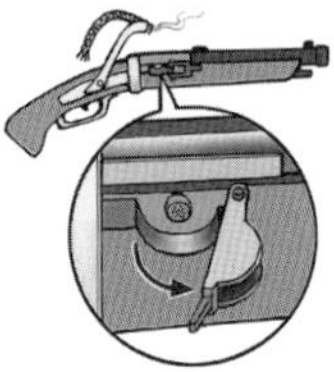
ひぶた

暇《ひま》に飽《あ》かす 慣用句

意味 暇《ひま》が十分《じゅうぶん》にあるので、時間《じかん》をかけておこなう。例 **暇に飽かして**じっくり絵《え》をかく。

暇《ひま》を出《だ》す 慣用句

意味 やとっている人《ひと》をやめさせる。例 工場《こうじょう》が倒産《とうさん》し、従業員《じゅうぎょういん》全員《ぜんいん》に**暇を出す**ことにした。

語源「暇《ひま》」は、休《やす》み。また、主従《しゅじゅう》の関係《かんけい》を断《た》つこと。

同 暇《いとま》をやる

暇《ひま》を盗《ぬす》む 慣用句

意味 いそがしい中《なか》で、何《なに》かをする時間《じかん》を見《み》つける。例 **暇を盗ん**では、映画《えいが》を見《み》る。

悲鳴《ひめい》を上《あ》げる 慣用句

意味 困《こま》ったときやつらいときなどに、弱《よわ》音《ね》や泣《な》き言《ごと》を言《い》う。例 あまりのいそがしさに**悲鳴を上げる**。

眉目秀麗《びもくしゅうれい》 四字熟語

意味 顔立《かおだ》ちが美《うつく》しいこと。例 **眉目秀麗**な青年《せいねん》。

語源「眉目《びもく》」は、眉《まゆ》と目《め》のことで、顔《かお》かたちをあらわす。

参考 ふつう、男性《だんせい》について言《い》う。

ひもじいときにまずいものなし ことわざ ⇩世界のことわざ（365ページ）

意味 空腹《くうふく》に食《た》べるとなんでもうまい。例 少《すこ》し焦《こ》げた食《しょく》パンだったが、**ひもじいときにまずいものなし**で、ぺろりと食《た》べてしまった。

語源「ひもじい」は、ひどく腹《はら》がへっているようす。

イタリア

空腹《くうふく》は豆《まめ》をアーモンドに変《か》える

イタリアでは、豆《まめ》は安《やす》い食材《しょくざい》で、庶民《しょみん》に親《した》しまれていますが、とくにおいしいものではありません。そんな豆《まめ》でも、おなかがすいていれば、アーモンドのようにおいしく感《かん》じるのです。

フランス

空腹《くうふく》は最高《さいこう》のソース

西洋料理《せいようりょうり》のソースは、日本《にほん》でコロッケやとんかつにかける、ウスターソースだけではありません。料理《りょうり》をおいしく食《た》べるために多彩《たさい》な種類《しゅるい》と味《あじ》があり、よく用《もち》いられています。その他《た》 イギリス、オランダ、デンマーク

同 ひだるい時《とき》にまずい物《もの》なし ては食《しょく》を択《えら》ばず／空《す》き腹《ばら》にまずい物《もの》なし 英 Hunger is the best sauce.（空腹《くうふく》は最上《さいじょう》のソース）

百害《ひゃくがい》あって一利《いちり》なし ことわざ

意味 悪《わる》いところばかりで、ためになることは一《ひと》つもないということ。例 無理《むり》な運動《うんどう》は、百害あって一利なしだ。

百戦錬磨《ひゃくせんれんま》 四字熟語

意味 実社会《じっしゃかい》で多《おお》くの経験《けいけん》を積《つ》んで、きたえあげられること。例 百戦錬磨の弁護《べんご》士《し》。

百日《ひゃくにち》の説法《せっぽう》屁《へ》一《ひと》つ ことわざ

意味 長《なが》い間《あいだ》の苦労《くろう》が、ほんのちょっとしたしくじりのために、台《だい》なしになることのたとえ。例 毎日練習《まいにちれんしゅう》してきたのに、寝《ね》坊《ぼう》して試合《しあい》に間《ま》に合《あ》わなかったとは、百日の説法屁一つだ。

語源 百日《ひゃくにち》もの長《なが》い時間《じかん》をかけてありがたい説法《せっぽう》をした坊《ぼう》さんが、最後《さいご》におならをしたとたんに、説法《せっぽう》のありがたみが消《け》し飛《と》んでしまうことから。

類 磯際《いそぎわ》で舟《ふね》を破《やぶ》る／九仞《きゅうじん》の功《こう》を一簣《いっき》に欠《か》く 英 One hour's cold will spoil seven years' warming.（一時間《いちじかん》の寒《さむ》さで七年間《しちねんかん》の暖《あたた》かさが台《だい》なしになる）

百年河清《ひゃくねんかせい》を俟《ま》つ 故事成語

意味 いくら待《ま》っても実現《じつげん》する見《み》こみのないことのたとえ。〈『春秋左氏伝《しゅんじゅうさしでん》』〉

例 対策《たいさく》もせずに大気汚染《たいきおせん》を完全《かんぜん》になくすのは、百年河清を俟つようなものだ。

語源 いつもにごっている黄河《こうが》の水《みず》が清《きよ》く澄《す》むのを待《ま》つということから。昔中《むかしちゅう》国《ごく》で、鄭《てい》の国《くに》が楚《そ》の国《くに》に攻《せ》められたとき、楚《そ》への降伏《こうふく》を主張《しゅちょう》する人《ひと》が、「援軍《えんぐん》が来《く》るのを期待《きたい》するのは、黄河《こうが》が澄《す》むのを望《のぞ》むようなものだ」と言《い》ったことから。

同 河清《かせい》を俟《ま》つ

百年《ひゃくねん》の恋《こい》も一時《いちじ》に冷《さ》める ことわざ

意味 好《す》きな人《ひと》の思《おも》いもかけない一面《いちめん》を知《し》ることで、長《なが》い間《あいだ》いだいていた恋心《こいごころ》がいっぺんに消《き》え失《う》せてしまう。例 とても人気《にんき》のあるアイドルだが、心《こころ》ない発言《はつげん》のために、多《おお》くのファンを失《うしな》った。百年の恋も一時に冷める出来事《できごと》だった。

百八十度《ひゃくはちじゅうど》の転回《てんかい》 慣用句

意味 今《いま》までと正反対《せいはんたい》になる、大《おお》きな変《へん》化《か》。例 政策《せいさく》が百八十度の転回をすること

世界《せかい》のことわざ　ひもじいときに まずいものなし

マダガスカル

飢《う》えた鰐《わに》は獲物《えもの》を選《えら》ばない

マダガスカルのワニは、全長《ぜんちょう》５メートルをこえるナイルワニです。幼《おさな》いワニは、水《みず》の中《なか》の昆虫《こんちゅう》やカニなどを食《た》べます。成長《せいちょう》すると魚《さかな》を食《た》べるようになり、さらに大《おお》きくなると水《みず》を飲《の》みに来《き》た牛馬《ぎゅうば》やカモシカなどを水中《すいちゅう》に引《ひ》きずりこみ、おぼれさせて食《た》べます。川《かわ》や湖《みずうみ》で人《ひと》がおそわれることもあります。

とになった。
語源 三百六十度《さんびゃくろくじゅうど》で一回転《いっかいてん》なので、その半《はん》分《ぶん》の百八十度《ひゃくはちじゅうど》転回《てんかい》したときには反対向《はんたいむ》きになるということから。
同 百八十度《ひゃくはちじゅうど》の転換《てんかん》

★★
百聞《ひゃくぶん》は一見《いっけん》に如《し》かず 故事成語 ⇩世界のことわざ（367ページ）

意味 何回《なんかい》も人《ひと》の話《はなし》を聞《き》くよりも、たった一度《いちど》でも実際《じっさい》に見《み》る方《ほう》がずっとよくわかるという教《おし》え。〈『漢《かん》書《じょ》』〉 例 百聞は一見に如かずというから実際《じっさい》に行《い》ってみるといいよ。
英 Seeing is believing.（見《み》ることは信《しん》じることである）

百《ひゃく》も承知《しょうち》 慣用句
意味 十分《じゅうぶん》知《し》っていること。例 そんなこと ぐらい、言《い》われなくても百も承知だ。

百薬《ひゃくやく》の長《ちょう》 故事成語 ⇩酒《さけ》は百薬《ひゃくやく》の長《ちょう》（181ページ）

百《ひゃく》里《り》を行《い》く者《もの》は九十《きゅうじゅう》を半《なか》ばとす 故事成語
意味 大変《たいへん》なことや重要《じゅうよう》なことをおこなうときには、最後《さいご》まで気《き》をゆるめてはいけないという教《おし》え。〈『戦国策《せんごくさく》』〉 例 作業《さぎょう》は終《お》わりに近《ちか》づいた。でも、百里を行く者は九十を半ばとすというから、気《き》をぬかず進《すす》めよう。
語源 百里《ひゃくり》（＝約四百《やくよんひゃく》キロメートル）もの長《なが》い道《みち》のりを行《い》くときは、九十里《きゅうじゅうり》のところでやっと半分進《はんぶんすす》んだと思《おも》うつもりで行《い》くとよいということから。

百花斉放《ひゃっかせいほう》 四字熟語
意味 芸術《げいじゅつ》や学問《がくもん》が、自由《じゆう》に盛《さか》んにおこなわれること。例 百花斉放の時代《じだい》。
語源 いろいろな花《はな》が一度《いちど》にさくことから。

★
百家争鳴《ひゃっかそうめい》 四字熟語
意味 多《おお》くの人《ひと》が何《なん》の遠慮《えんりょ》もなく自由《じゆう》に論争《ろんそう》し合《あ》うこと。例 今日《きょう》の会議《かいぎ》は百家争鳴だった。

百花繚乱《ひゃっかりょうらん》 四字熟語
意味 ❶いろいろな種類《しゅるい》の花《はな》が、美《うつく》しくさき乱《みだ》れること。例 春《はる》の植物園《しょくぶつえん》は百花繚乱だ。
❷優《すぐ》れた人物《じんぶつ》が一時期《いちじき》に多《おお》く出《で》て、立派《りっぱ》な成果《せいか》がまとまってあらわれること。例 優秀《ゆうしゅう》な人材《じんざい》が集《あつ》まり、百花繚乱だ。

百鬼夜行《ひゃっきやこう》 四字熟語
意味 多《おお》くの悪人《あくにん》が勝手気《かってき》ままにふるまうこと。例 百鬼夜行の世《よ》。
語源 もとは、さまざまな妖怪《ようかい》が夜中《よなか》に行《こう》進《しん》する意《い》。
同 百鬼夜行《ひゃっきやぎょう》

★
百発百中《ひゃっぱつひゃくちゅう》 四字熟語
意味 ❶打《う》てば必《かなら》ず命中《めいちゅう》すること。例 百発百中の腕前《うでまえ》。
❷予想《よそう》や計画《けいかく》が、全部当《ぜんぶあ》たること。例 試《し》験問題《けんもんだい》を予想《よそう》したら、百発百中だった。

冷《ひ》や飯《めし》を食《く》う 慣用句
意味 自分《じぶん》にふさわしい仕事《しごと》や地位《ちい》をあたえられず、冷《つめ》たくあつかわれる。例 上《うわ》役《やく》ににらまれて、冷や飯を食う。
語源 冷《つめ》たくなったご飯《はん》を食《た》べるということから。

氷山《ひょうざん》の一角《いっかく》 慣用句

ひ

意味 表面《ひょうめん》にあらわれていることは、全体《ぜんたい》のほんの一部《いちぶ》にすぎないということのたとえ。**例** その事件《じけん》についてわかっているのは**氷山の一角**にすぎない。
語源 海《うみ》の上《うえ》に見《み》える氷山《ひょうざん》は全体《ぜんたい》のほんの一部《いちぶ》で、ほとんどは海《うみ》の中《なか》にかくれていることから。
英 the tip of the iceberg（氷山《ひょうざん》の一角《いっかく》）

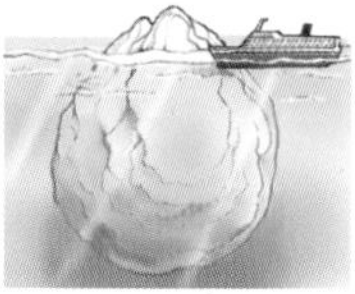
ひょうざん

瓢簞《ひょうたん》から駒《こま》 ことわざ
意味 思《おも》いがけないことが実現《じつげん》してしまうことのたとえ。**例** 一時間足《いちじかんた》らずでかいた絵《え》がコンクールで入選《にゅうせん》するなんて、**瓢簞から駒**だ。
語源 ヒョウタンから駒《こま》（＝馬《うま》）が出《で》るのはありえないということから。
参考 「瓢簞《ひょうたん》から駒《こま》が出《で》る」のように使《つか》うこともある。

瓢簞《ひょうたん》で鯰《なまず》を押《お》さえる ことわざ
意味 とらえどころがなく、さっぱり要領《ようりょう》を得《え》ないことのたとえ。**例** 友人《ゆうじん》の本心《ほんしん》を確《たし》かめたくてあれこれ質問《しつもん》したが、瓢

世界《せかい》のことわざ　百聞《ひゃくぶん》は一見《いっけん》に如《し》かず

タイ

断言《だんげん》する十《じゅう》の舌《した》は一《ひと》つの目に如《し》かず、見《み》る目《め》二《ふた》つはさわる手《て》一《ひと》つに如《し》かず。

十人《じゅうにん》の証言《しょうげん》を聞《き》いたところであてにはならず、一度《いちど》自分《じぶん》の目《め》で見《み》るほうが確実《かくじつ》です。さらに、目《め》で見《み》るよりも、実際《じっさい》にさわってみるほうがもっと正確《せいかく》な情報《じょうほう》が得《え》られます。情報取《じょうほうしゅ》得《とく》の正確《せいかく》さを強調《きょうちょう》したことわざです。

イラク

真実《しんじつ》と嘘《うそ》の間《あいだ》は指四本《ゆびよんほん》

「指四本《ゆびよんほん》」とは、目《め》と耳《みみ》までの距離《きょり》をあらわしています。真実《しんじつ》と嘘《うそ》の差《さ》が、たったそれだけの距離《きょり》の中《なか》にあるというするどい表現《ひょうげん》です。

その他《た》 パキスタン、ルーマニア

キルギス

目《め》で見《み》たことは真実《しんじつ》、耳《みみ》で聞《き》いたことは疑《うたが》わしい

しかし結婚相手《けっこんあいて》を選《えら》ぶのは例外《れいがい》で、「妻《つま》は目《め》でなく耳《みみ》で選《えら》べ」（ポーランド）、ということわざもあります。これは、人《ひと》を容姿《ようし》で判断《はんだん》せず、まわりの評判《ひょうばん》を聞《き》くのがいちばんよいということからでしょう。

簞で鯰を押さえるような答《こた》えではぐらかされてしまった。

語源 ぬるぬるしたナマズを、丸《まる》くてつるつるしたヒョウタンで押《お》さえようとしても難《むずか》しいという意味《いみ》から。略《りゃく》して「瓢《ひょう》簞鯰《たんなまず》」とも。

英 There is as much hold of his words as of a wet eel by the tail.（かれの言《い》うことは濡《ぬ》れたうなぎの尾《お》のようにつかみどころがない）

★表裏一体《ひょうりいったい》 四字熟語

意味 異《こと》なる二《ふた》つのものの関係《かんけい》が密接《みっせつ》で、切《き》りはなせないこと。例 技術革新《ぎじゅつかくしん》と環《かん》境問題《きょうもんだい》は表裏一体だ。

比翼連理《ひよくれんり》 四字熟語

意味 夫婦《ふうふ》の深《ふか》い結《むす》びつきのたとえ。

例 比翼連理のちぎり。

語源 おすとめすが常《つね》に一体《いったい》となって飛《と》ぶ「比翼《ひよく》の鳥《とり》」と、枝《えだ》がほかの木《き》の枝《えだ》とくっついて一《ひと》つになっている「連理《れんり》の枝《えだ》」から。

参考 中国《ちゅうごく》の白居易《はくきょい》の詩《し》にある言葉《ことば》。

日和見《ひよりみ》 慣用句

意味 形勢《けいせい》を見《み》て有利《ゆうり》な方《ほう》につこうとして、はっきりした態度《たいど》を示《しめ》さないこと。

例 日和見なんて許《ゆる》されない状況《じょうきょう》だ。

語源 日和《ひより》（＝天気《てんき》のようす）を見《み》るということから。

類 洞《ほら》が峠《とうげ》を決《き》め込《こ》む

ピリオドを打《う》つ 慣用句

意味 けじめをつける。物事《ものごと》を終《お》わりにする。例 長《なが》い争《あらそ》いにピリオドを打つ。

語源 「ピリオド」は、文《ぶん》の最後《さいご》に打《う》つ点《てん》。

疲労困憊《ひろうこんぱい》 四字熟語

意味 ひどくつかれ苦《くる》しむこと。例 走《はし》り続《つづ》けたので疲労困憊している。

語源 「困憊《こんぱい》」は、つかれはてること。

日《ひ》を追《お》って 慣用句

意味 日《ひ》がたつにつれて。例 日を追って寒《さむ》くなる。

火《ひ》を出《だ》す 慣用句

意味 火事《かじ》を起《お》こす。例 不注意《ふちゅうい》から火を出す。

火《ひ》を付《つ》ける 慣用句

意味 さわぎなどのきっかけをつくる。

例 議論《ぎろん》に火を付ける。

火《ひ》を通《とお》す 慣用句

意味 にたり焼《や》いたりして、食《た》べ物《もの》に熱《ねつ》をゆきわたらせる。例 肉《にく》に火を通す。

火《ひ》を吐《は》く 慣用句

意味 ❶火《ひ》をふき出《だ》す。例 火山《かざん》が火を吐く。

❷口調《くちょう》が激《はげ》しいようすのたとえ。例 火を吐くような演説《えんぜつ》。

火《ひ》を吹《ふ》く 慣用句

意味 ❶銃《じゅう》からたまがとび出《だ》す。例 機関《きかん》銃《じゅう》がいっせいに火を吹いた。

❷中《なか》にこもっていたものが、激《はげ》しくふき出《だ》す。例 民衆《みんしゅう》の不満《ふまん》が火を吹いた。

火《ひ》を見《み》るよりも明《あき》らか 慣用句

意味 はっきりしていて、疑《うたが》いをはさむ余《よ》地《ち》がまったくないようす。例 この計画《けいかく》が失敗《しっぱい》するのは、火を見るよりも明らかだ。

語源 火《ひ》は明《あか》るいので見《み》ればすぐわかるが、それよりももっとはっきりしているということから。

類 明々白々《めいめいはくはく》

ピンからキリまで 慣用句

意味 はじめから終《お》わりまで。また、一番《いちばん》優《すぐ》れたものから一番《いちばん》おとったものまで。

例 野菜《やさい》一《ひと》つとってみても、ピンからキリ

までである。

語源「ピン」も「キリ」も、元《もと》はポルトガル語《ご》で、「ピン」は「一《いち》」、「キリ」は「十《じゅう》」をあらわすとされる。

★品行方正《ひんこうほうせい》 四字熟語

意味 おこないが正《ただ》しいようす。例 品行方正な人《ひと》。

貧者《ひんじゃ》の一灯《いっとう》 ことわざ

⇩長者《ちょうじゃ》の万灯《まんとう》より貧者《ひんじゃ》の一灯《いっとう》（268ページ）

ひんしゅくを買《か》う 慣用句

意味 他人《たにん》にきらわれ、軽《けい》べつされる。

例 そのようなことを言《い》うと、**ひんしゅくを買い**ますよ。

語源「ひんしゅく」は、顔《かお》をしかめたり、まゆをひそめたりすること。

貧《ひん》すれば鈍《どん》する ことわざ

意味 貧乏《びんぼう》になると、頭《あたま》の働《はたら》きが鈍《にぶ》くなったり品性《ひんせい》がいやしくなったりするということ。例 **貧すれば鈍する**で、悪事《あくじ》に手《て》を出《だ》してしまった。

英 Poverty is demoralizing.（貧困《ひんこん》は気《き》力《りょく》を奪《うば》う）

貧乏《びんぼう》くじを引《ひ》く 慣用句

意味 ほかに比《くら》べて損《そん》な役割《やくわり》が回《まわ》ってくる。例 **貧乏くじを引い**て、片《かた》づけの係《かかり》になってしまった。

貧乏暇《びんぼうひま》なし ことわざ

意味 貧《まず》しさのために生活《せいかつ》に追《お》われて、少《すこ》しも時間《じかん》のゆとりがないこと。例 **貧乏暇なし**で、休《やす》みなく働《はたら》いている。

参考 いろはがるた（江戸《えど》）の一《ひと》つ。

英 Poverty leaves no leisure.（貧乏《びんぼう》には暇《ひま》がない）

ふ

ふいになる 慣用句

意味 それまでの苦労《くろう》や手《て》に入《い》れたものなどが、むだになる。例 せっかくのかざりつけが、雨《あめ》で**ふいになっ**た。

不意《ふい》を打《う》つ 慣用句

意味 突然《とつぜん》おそう。いきなりせめる。

例 油断《ゆだん》している敵《てき》の**不意を打つ**。

同 不意《ふい》を突《つ》く

不意《ふい》を食《く》う 慣用句

意味 思《おも》いもよらない目《め》にあう。例 **不意を食っ**て、あわてる。

同 不意《ふい》を食《く》らう

不意《ふい》を突《つ》く 慣用句

⇩不意《ふい》を打《う》つ（369ページ）

風雲急《ふううんきゅう》を告《つ》げる 慣用句

意味 大《おお》きなできごとが起《お》こりそうな、ただならぬようすである。例 両国《りょうこく》の関係《かんけい》は**風雲急を告げる**状勢《じょうせい》にある。

語源 風《かぜ》と雲《くも》が、嵐《あらし》の前《まえ》ぶれであることから。

風光明媚《ふうこうめいび》 四字熟語

意味 自然《しぜん》のながめが清《きよ》らかで美《うつく》しいこと。また、そのようす。例 **風光明媚**な土《と》地《ち》。

風樹《ふうじゅ》の嘆《たん》 故事成語

意味 親孝行《おやこうこう》ができる年《とし》にはすでに親《おや》がなく、孝行《こうこう》がしたくてもできないという嘆《なげ》き。〈『韓詩外伝《かんしがいでん》』〉例 **風樹の嘆**とならないように、今《いま》から親孝行《おやこうこう》をしよう。

語源 木《き》は静《しず》かにしたいと思《おも》っても風《かぜ》は

やまないのでそれができない、同《おな》じように、子《こ》は孝行《こうこう》をしたいと思《おも》っても親《おや》は生《い》きて待《ま》っていてくれないという言葉《ことば》から。

同 樹《き》静《しず》かならんと欲《ほっ》すれども風止《かぜや》まず 類 石《いし》に布団《ふとん》は着《き》せられず／孝行《こうこう》のしたい時分《じぶん》に親《おや》はなし 英 feeling sorry after it's too late（後悔《こうかい》しても遅《おそ》い）

風前《ふうぜん》の灯《ともしび》 慣用句

意味 物事《ものごと》が今《いま》にもだめになりそうなことのたとえ。また、危険《きけん》がせまって命《いのち》が危《あぶ》ないことのたとえ。 例 敵《てき》の大軍《たいぐん》に囲《かこ》まれた城《しろ》の運命《うんめい》は、まさに風前の灯だ。

語源 風《かぜ》のふくところにあって、今《いま》にも消《き》えてしまいそうな、ろうそくの弱々《よわよわ》しい火《ひ》から。

類 風《かぜ》の前《まえ》の塵《ちり》／絶体絶命《ぜったいぜつめい》 英 A candle flickering in the wind.（風《かぜ》にゆらめく灯《とも》し火《び》）

夫婦喧嘩《ふうふげんか》は犬《いぬ》も食《く》わない ことわざ

意味 夫婦《ふうふ》は喧嘩《けんか》をしても、やがては仲直《なかなお》りするのだから、他人《たにん》が口出《くちだ》しするものではないということ。 例 放《ほう》っておきなよ。夫婦喧嘩は犬も食わない、と言《い》うだろう。

語源 何《なん》でも食《た》べる犬《いぬ》でさえ見向《みむ》きもしないということから。

英 One should not interfere in lovers' quarrels.（痴話喧嘩《ちわげんか》に干渉《かんしょう》すべからず）

風林火山《ふうりんかざん》 四字熟語

意味 戦《たたか》うときの心《こころ》がまえで、動《うご》くときは風《かぜ》のようにすばやく、かまえるときは林《はやし》のように静《しず》かに、侵略《しんりゃく》するときは火《ひ》のように激《はげ》しく、動《うご》かないときは山《やま》のようにどっしりと、ということ。〈『孫子《そんし》』〉 例 風林火山の軍旗《ぐんき》がはためく。

参考 中国《ちゅうごく》の『孫子《そんし》』にある「其《そ》の疾《はや》きこと風《かぜ》の如《ごと》く、其《そ》の徐《しず》かなること林《はやし》の如《ごと》く、侵掠《しんりゃく》すること火《ひ》の如《ごと》く、動《うご》かざること山《やま》の如《ごと》し」という句《く》から。この句《く》は、戦国時代《せんごくじだい》の武将《ぶしょう》、武田信玄《たけだしんげん》が軍旗《ぐんき》に用《もち》いたことで知《し》られている。

武運長久《ぶうんちょうきゅう》 四字熟語

意味 戦《たたか》いに勝利《しょうり》する運《うん》がいつまでも続《つづ》くこと。 例 武運長久をいのる。

笛吹《ふえふ》けども踊《おど》らず ことわざ

意味 いくらさそっても、人《ひと》がこたえてくれないことのたとえ。〈『新約聖書《しんやくせいしょ》』〉 例 盛大《せいだい》に宣伝《せんでん》したが、笛吹けども踊らずであまり人《ひと》が集《あつ》まらなかった。

同 笛吹《ふえふ》けど踊《おど》らず

付加価値《ふかかち》 四字熟語

意味 加工《かこう》することなどによって、新《あら》たに付《つ》け加《くわ》えた価値《かち》。 例 付加価値を高《たか》める。

不覚《ふかく》を取《と》る 慣用句

意味 油断《ゆだん》をして失敗《しっぱい》する。 例 年下《としした》の相《あい》手《て》に不覚を取ってしまい、負《ま》けた。

不可抗力《ふかこうりょく》 四字熟語

意味 人《ひと》の力《ちから》ではどうにもできない外《そと》からの力《ちから》。防《ふせ》ぎようのないこと。 例 天災《てんさい》は不可抗力だ。

深《ふか》みにはまる 慣用句

意味 関係《かんけい》が深《ふか》くなっていて、簡単《かんたん》ににげ出《だ》せなくなる。 例 ずるずると深みにはまって、悪《わる》い仲間《なかま》からぬけ出《だ》せない。

分《ぶ》が悪《わる》い 慣用句

意味 不利《ふり》である。 例 この勝負《しょうぶ》はどう考《かんが》えてみても分が悪い。

不帰《ふき》の客《きゃく》となる 慣用句

意味 死《し》ぬ。 例 有名《ゆうめい》な作家《さっか》が、おしまれつつ不帰の客となった。

語源 この世《よ》に帰《かえ》ってこない人《ひと》となるということから。

参考 「死《し》ぬ」のていねいな言《い》い方《かた》。

不興《ふきょう》を買《か》う 慣用句

意味 目上《めうえ》の人《ひと》のきげんを悪《わる》くしてしまう。 例 失敗《しっぱい》をして、上役《うわやく》の不興を買う。

複雑怪奇《ふくざつかいき》 四字熟語

意味 大変《たいへん》こみ入《い》っていて、怪《あや》しく、わかりにくいようす。 例 複雑怪奇な人間関《にんげんかん》係《けい》になやまされる。

覆水盆《ふくすいぼん》に返《かえ》らず 故事成語 ⇩世界のことわざ（373ページ） ⇩マンガdeことわざ（246ページ）

意味 一度《いちど》してしまったことは取《と》り返《かえ》しがつかないことのたとえ。〈『拾遺記《しゅういき》』〉

例 今《いま》さら謝《あやま》っても、もうおそい。覆水盆に返らず、だよ。

語源 中国《ちゅうごく》、周《しゅう》の太公望《たいこうぼう》がまだ貧《まず》しかったときに去《さ》って行《い》った妻《つま》が、太公《たいこう》望《ぼう》が出世《しゅっせ》すると、もどってきて復縁《ふくえん》を願《ねが》った。そこで太《たい》公《こう》望《ぼう》は盆《ぼん》の水《みず》をこぼして、この水《みず》を元《もと》どおりにできたら、また妻《つま》にしようと言《い》ったという話《はなし》から。

参考 ➡太公望《たいこうぼう》

類 後悔先《こうかいさき》に立《た》たず

英 It is no use crying over spilt milk.（こぼれたミルクのことを嘆《なげ》いても始《はじ》まらない）

伏線《ふくせん》を張《は》る 慣用句

意味 後《あと》で起《お》こることを予想《よそう》して、そうなったときのために前《まえ》もって準備《じゅんび》をしたり示《しめ》したりする。 例 あとで責《せ》められぬように伏線を張っておく。

語源 もともとは、小説《しょうせつ》などで、後《あと》の方《ほう》で起《お》こることを前《まえ》の方《ほう》でそれとなく述《の》べておくこと。

不倶戴天《ふぐたいてん》 四字熟語

意味 相手《あいて》を生《い》かしてはおけないと思《おも》うくらいに深《ふか》いにくしみがあること。〈『礼《らい》記《き》』〉 例 不倶戴天の敵《てき》。

語源 「倶《とも》に天《てん》を戴《いただ》かず（＝同《おな》じ天《てん》の下《した》でいっしょに生《い》きることはできない）」ということから。

ふぐは食《く》いたし命《いのち》は惜《お》しし ことわざ

意味 楽《たの》しいことや得《とく》することはしたいが、そのために危《あぶ》ない目《め》にあうのはいやなので、するかやめるか迷《まよ》うことのたとえ。 例 コンサートに行《い》きたいけど、台風《たいふう》が近《ちか》づいているらしいので迷《まよ》う。ふぐは食いたし命は惜しし、だなあ。

語源 おいしいフグ料理《りょうり》は食《た》べたいが、あたると死《し》ぬような毒《どく》があるので迷《まよ》うということから。

英 Honey is sweet, but the bee stings.（蜂蜜《はちみつ》は甘《あま》いが蜂《はち》は刺《さ》す）

★**袋《ふくろ》のねずみ** 慣用句

意味 追《お》いつめられて、にげ道《みち》がなくなる

こと。例 犯人《はんにん》は、もはや袋のねずみだ。
語源 袋《ふくろ》に入《い》れられたネズミのようすから。
同 袋《ふくろ》の中《なか》のねずみ

吹《ふ》けば飛《と》ぶよう 慣用句
意味 吹《ふ》いたらすぐ飛《と》んでいってしまいそうなほど、軽《かる》くて小《ちい》さいようす。例 吹けば飛ぶような小屋《こや》。

★★**不言実行《ふげんじっこう》** 四字熟語
意味 あれこれ言《い》わずに、よいと思《おも》うことを実際《じっさい》におこなうこと。例 兄《あに》は不言実行の人《ひと》だ。

不幸中《ふこうちゅう》の幸《さいわ》い 慣用句
意味 不幸《ふこう》に出会《であ》ったが、もっと悪《わる》いことにあわないですんだのだから、よかったということ。例 事故《じこ》にあったが不幸中の幸いで、軽《かる》いけがですんだ。

富国強兵《ふこくきょうへい》 四字熟語
意味 国《くに》の経済《けいざい》を豊《ゆた》かにして、軍事力《ぐんじりょく》を強《つよ》くすること。〈『戦国策《せんごくさく》』〉例 富国強兵は明治政府《めいじせいふ》の政策《せいさく》だ。

武《ぶ》士《し》は食《く》わねど高楊枝《たかようじ》 ことわざ
意味 貧《まず》しくても清《きよ》く正《ただ》しい生活《せいかつ》で満足《まんぞく》し、自尊心《じそんしん》が高《たか》いことのたとえ。また、やせがまんすること。例 ほしいものがあっても、がまんしよう。武士は食わねど高楊枝、だ。
語源 武士《ぶし》は、貧《まず》しくて食事《しょくじ》ができないときでも、食《た》べたふりをして楊枝《ようじ》を使《つか》い、ゆうゆうとしているということから。
参考 いろはがるた（京都《きょうと》）の一《ひと》つ。
類 渇《かっ》しても盗泉《とうせん》の水《みず》を飲《の》まず
英 Better go to bed supperless than to rise in debt.（借金《しゃっきん》を背負《せお》って起《お》きるくらいなら晩飯《ばんめし》ぬきで寝《ね》る）

不惜身命《ふしゃくしんみょう》 四字熟語
意味 仏《ほとけ》の教《おし》えのためには命《いのち》を惜《お》しまずささげるということ。〈『法華経《ほけきょう》』〉例 不惜身命の精神《せいしん》。

不承不承《ふしょうぶしょう》 四字熟語
意味 人《ひと》に言《い》われたことに気乗《きの》りがしないようす。例 不承不承、参加《さんか》する。
語源 「不承《ふしょう》」は、いやいやながら承知《しょうち》すること。

夫唱婦随《ふしょうふずい》 四字熟語
意味 夫《おっと》が言《い》い出《だ》し、妻《つま》がそれに同意《どうい》すること。例 あの二人《ふたり》は夫唱婦随で、何《なに》をするのもいっしょだ。

布石《ふせき》を打《う》つ 慣用句
意味 将来《しょうらい》を考《かんが》えて、前《まえ》もって手《て》はずを整《ととの》えておく。例 うまく仕事《しごと》をするための布石を打つ。
語源 「布石《ふせき》」は、囲碁《いご》で、はじめに全体《ぜんたい》を見通《みとお》して置《お》く石《いし》。

★**不即不離《ふそくふり》** 四字熟語
意味 二《ふた》つのものの関係《かんけい》が、くっつきすぎず、また離《はな》れすぎてもいないこと。例 近所《きんじょ》の人《ひと》とは、不即不離のちょうどよい関係《かんけい》にある。

二《ふた》つとない 慣用句
意味 ただ一《ひと》つしかない。例 二つとない記念《きねん》の品《しな》。

二《ふた》つ返事《へんじ》 慣用句
意味 すぐに気持《きも》ちよく引《ひ》き受《う》けること。例 姉《あね》にたのんだら二つ返事でやってくれた。

語源「はい、はい」と返事《へんじ》をすることから。

★★**豚《ぶた》に真珠《しんじゅ》** ことわざ

⬇世界のことわざ（327ページ）

意味 どんなに値打《ねう》ちのあるものでも、知《し》らない人《ひと》にとっては、何《なん》の役《やく》にも立《た》たないことのたとえ。〈『新約聖書《しんやくせいしょ》』〉 例 有名《ゆうめい》な画家《がか》の絵《え》だが、わたしにはよさがわからない。まさに**豚に真珠**だ。

語源 ブタに真珠《しんじゅ》をやっても何《なん》の役《やく》にも立《た》たないということから。

参考 西洋《せいよう》のことわざ。

類 猫《ねこ》に小判《こばん》 英 Cast not pearls before swine.（豚《ぶた》の前《まえ》に真珠《しんじゅ》を投《な》げるべからず）

二股《ふたまた》かける 慣用句

意味 二《ふた》つの物事《ものごと》に、同時《どうじ》にかかわる。 例 かれは、会社員《かいしゃいん》と起業家《きぎょうか》の**二股かけて**いる。

二股膏薬《ふたまたごうやく》 四字熟語

⬇内股膏薬《うちまたごうやく》（58ページ）

二目《ふため》と見《み》られない 慣用句

意味 あまりにむごたらしかったり、みにくかったりして、二度《にど》と見《み》たいと思《おも》わない。 例 **二目と見られない**ひどいありさい。

ふ

世界《せかい》のことわざ　覆水盆《ふくすいぼん》に返《かえ》らず

ロシア

荷車《にぐるま》から落《お》ちたものは失《うしな》ったもの

いったん荷車《にぐるま》から落《お》としたものは、なかなか見《み》つからないし、見《み》つかっても自分《じぶん》のものだと証明《しょうめい》することが困難《こんなん》です。

ソマリア

亡《な》くなった魂《たましい》と西《にし》に去《さ》った雨《あめ》は帰《かえ》ってこない

死《し》んでしまった人《ひと》は、生《い》き返《かえ》ることはありません。雨季《うき》と乾季《かんき》があるソマリアでは、9月《がつ》～11月《がつ》にかけて、北東《ほくとう》の強《つよ》い季節風《きせつふう》が吹《ふ》き、雨《あめ》がほとんど降《ふ》らなくなります。

イギリス

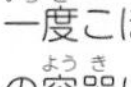

こぼれたミルクをなげいてもしかたがない

一度《いちど》こぼしてしまった牛乳《ぎゅうにゅう》は、どんなになげいても元《もと》の容器《ようき》にもどるわけではありません。泣《な》いたり悔《く》やんだりするのではなく、取《と》り返《かえ》しがつかないことを認《みと》めて、気持《きも》ちを切《き》り換《か》えることをすすめることわざです。「覆水盆《ふくすいぼん》に返《かえ》らず」とよく似《に》た表現《ひょうげん》ですが、くよくよしてもしょうがないと、前向《まえむ》きにはげましてくれます。

まだった。

豚《ぶた》もおだてりゃ木《き》に登《のぼ》る ことわざ

意味 才能《さいのう》がない者《もの》でも、ほめられると機《き》嫌《げん》がよくなって、思《おも》わぬ才能《さいのう》を発揮《はっき》することがある。例 なかなか芸《げい》を覚《おぼ》えないうちの犬《いぬ》に、豚もおだてりゃ木に登るで大《おお》げさに褒《ほ》めながら教《おし》えたら、ようやくお手《て》ができるようになった。

蓋《ふた》を開《あ》ける 慣用句

意味 ❶物事《ものごと》を始《はじ》める。例 年末《ねんまつ》セールが蓋を開けた。❷物事《ものごと》の実情《じつじょう》や結果《けっか》を見《み》る。例 選挙《せんきょ》の当落《とうらく》は、蓋を開けてみるまでわからない。

物議《ぶつぎ》を醸《かも》す 慣用句

意味 世間《せけん》の問題《もんだい》になって、さわがしい論《ろん》議《ぎ》を引《ひ》き起《お》こす。例 テレビタレントの失言《しつげん》が物議を醸す。

語源 「物議《ぶつぎ》」は、世間《せけん》の人々《ひとびと》のやかましい議論《ぎろん》。

降《ふ》って湧《わ》いたよう 慣用句

意味 今《いま》までそこになかったものが急《きゅう》にあらわれることのたとえ。例 自動車《じどうしゃ》が家《いえ》にとびこんでくるという、降って湧いたような災難《さいなん》にあった。

語源 空《そら》から降《ふ》ってきたのか、土《つち》の中《なか》から出《で》てきたのか、突然《とつぜん》にあらわれるということから。

筆《ふで》が立《た》つ 慣用句

意味 文章《ぶんしょう》を書《か》くことが上手《じょうず》である。例 かのじょは筆が立つ。

筆《ふで》を入《い》れる 慣用句

意味 文章《ぶんしょう》や文字《もじ》を直《なお》す。例 この作品《さくひん》は筆を入れれば、もっとよくなる。

類 筆《ふで》を加《くわ》える

筆《ふで》をおく 慣用句

意味 文章《ぶんしょう》を書《か》き終《お》わる。例 言《い》い足《た》りないが、このへんで筆をおくことにする。

参考 「おく」は漢字《かんじ》では「置《お》く」または「擱《お》く」と書《か》き、「やめる」という意味《いみ》。

類 ペンをおく

筆《ふで》を折《お》る 慣用句

意味 文筆活動《ぶんぴつかつどう》をやめる。例 不本意《ふほんい》ながら筆を折る。

同 筆《ふで》を断《た》つ／ペンを折《お》る

筆《ふで》を加《くわ》える 慣用句

意味 文章《ぶんしょう》を直《なお》す。書《か》き加《くわ》える。例 前《まえ》に書《か》いた文章《ぶんしょう》に筆を加える。

「豚《ぶた》に真珠《しんじゅ》」

古《ふる》い書物《しょもつ》からも、さまざまなことわざや慣用句《かんようく》などが生《う》まれていきます。

よく耳《みみ》にする「豚《ぶた》に真珠《しんじゅ》」という言葉《ことば》は、じつは『新約聖書《しんやくせいしょ》』（キリスト教《きょう》の聖典《せいてん》の一《ひと》つ）が元《もと》になっています。『新約聖書《しんやくせいしょ》』の中《なか》に「聖《せい》なるものを犬《いぬ》にあたえてはいけない。また、豚《ぶた》の前《まえ》に真珠《しんじゅ》を投《な》げてはいけない。」とあって、それが言葉《ことば》の由来《ゆらい》なのです。

「目《め》から鱗《うろこ》が落《お》ちる」も、『新約聖《しんやくせい》書《しょ》』にあります。目《め》が見《み》えなかった人《ひと》の目《め》から、あるとき鱗《うろこ》が落《お》ちて、それから見《み》えるようになったという話《はなし》が由来《ゆらい》となっています。

このように、遠《とお》い外国《がいこく》で生《う》まれた言葉《ことば》ですが、今《いま》ではすっかり日本《にほん》になじんでいます。

類 筆《ふで》を入《い》れる

筆《ふで》を断《た》つ 慣用句
⬇筆《ふで》を折《お》る（374ページ）

筆《ふで》を執《と》る 慣用句
意味 絵《え》や文章《ぶんしょう》をかく。例 三年《さんねん》ぶりに筆を執る。
類 ペンを執《と》る

筆《ふで》を走《はし》らせる 慣用句
意味 文章《ぶんしょう》などをすらすらと書《か》く。例 考《かんが》えがまとまると、すぐに筆を走らせる。

筆《ふで》をふるう 慣用句
意味 絵《え》や文字《もじ》をかく。例 人《ひと》にたのまれて筆をふるう。

不撓不屈《ふとうふくつ》 四字熟語
意味 どんな困難《こんなん》にも決《けっ》してくじけないこと。例 不撓不屈の精神《せいしん》でがんばる。
語源「不撓《ふとう》」も「不屈《ふくつ》」も、どんな困難《こんなん》にぶつかってもくじけないこと。

不得要領《ふとくようりょう》 四字熟語
意味 大事《だいじ》な点《てん》が明確《めいかく》でないこと。例 不得要領な返事《へんじ》。

懐《ふところ》が暖《あたた》かい 慣用句
意味 お金《かね》をたくさん持《も》っている。例 今《こん》月《げつ》は懐が暖かいから、おごるよ。
語源「懐《ふところ》」は、着物《きもの》の内側《うちがわ》の胸《むね》のあたり。また、そこに入《い》れて持《も》つお金《かね》。
対 懐《ふところ》が寒《さむ》い

懐《ふところ》が寒《さむ》い 慣用句
意味 持《も》っているお金《かね》が少《すく》ない。例 給料《きゅうりょう》日前《びまえ》で懐が寒い。
参考 ⬇懐《ふところ》が暖《あたた》かい

懐《ふところ》が深《ふか》い 慣用句
同 懐《ふところ》がさびしい　対 懐《ふところ》が暖《あたた》かい
意味 人《ひと》を受《う》け入《い》れる気持《きも》ちが広《ひろ》い。
例 懐が深くて、たのもしい人《ひと》。
語源「懐《ふところ》」は、心《こころ》の中《なか》のこと。

懐《ふところ》を痛《いた》める 慣用句
意味 自分《じぶん》のお金《かね》を出《だ》す。例 懐を痛めるのはいやだ。
参考 ⬇懐《ふところ》が暖《あたた》かい
類 身銭《みぜに》を切《き》る

腑《ふ》に落《お》ちない 慣用句
意味 納得《なっとく》がいかない。例 その話《はなし》は、腑に落ちない。
語源「腑《ふ》」は、心《こころ》のこと。心《こころ》の中《なか》に入《はい》らないということから。

舟《ふね》に刻《きざ》みて剣《けん》を求《もと》む 故事成語
意味 時勢《じせい》の変化《へんか》に気《き》づかず、昔《むかし》の古《ふる》いしきたりにとらわれているおろかさのたとえ。〈『呂氏春秋《りょししゅんじゅう》』〉例 スポーツにおいて、舟に刻みて剣を求むような行《ゆ》き過《す》ぎた根性論《こんじょうろん》よりも、科学的根拠《かがくてきこんきょ》に基《もと》づいたトレーニングが、今《いま》は求《もと》められている。
語源 昔中国《むかしちゅうごく》で楚《そ》の国《くに》の人《ひと》が、舟《ふね》から剣《けん》を落《お》としたとき、すぐ舟《ふな》べりに印《しるし》をつけ、舟《ふね》が止《と》まってから印《しるし》の下《した》をさがしたが、剣《けん》は見《み》つからなかったという故事《こじ》から。
同 剣《けん》を落《お》として舟《ふね》を刻《きざ》む／刻舟《こくしゅう》　英 A wise man changes his mind, but a fool never.（おろか者《もの》はいつまでも自分《じぶん》の考《かんが》えを変《か》えない）

舟《ふね》をこぐ 慣用句
意味 体《からだ》を前後《ぜんご》にゆらしながら、いねむりをする。例 音楽《おんがく》をききながら、気持《きも》ちよさそうに舟をこぐ。
語源 いねむりをするとき、舟《ふね》をこぐように体《からだ》がゆれることから。

不偏不党《ふへんふとう》 四字熟語
意味 一《ひと》つの主義《しゅぎ》や政党《せいとう》にかたよらず、公平《こうへい》・中立《ちゅうりつ》の立場《たちば》に立《た》つこと。例 不偏不党の姿勢《しせい》で報道《ほうどう》する。
語源「不党《ふとう》」は、一方《いっぽう》だけに味方《みかた》しないこ

ふ

と。

不眠不休《ふみんふきゅう》 四字熟語
意味 物事《ものごと》をするために、眠《ねむ》ることも休《やす》むこともしないこと。例 母《はは》は不眠不休で、病気《びょうき》の祖母《そぼ》を看病《かんびょう》した。

不問《ふもん》に付《ふ》す 慣用句
意味 取《と》り立《た》てて問題《もんだい》にしないで、そのままにしておく。例 小《ちい》さなあやまちは、不問に付す。

冬来《ふゆき》たりなば春遠《はるとお》からじ ことわざ
意味 今《いま》はつらく苦《くる》しくても、やがて幸《しあわ》せなよいときがやってくるはずだから、しんぼうしなさいという教《おし》え。例 この苦労《くろう》が報《むく》われる日《ひ》が来《く》るはずだ。冬来たりなば春遠からじというからね。
語源 寒《さむ》くてつらい冬《ふゆ》の後《あと》には、暖《あたた》かく明《あか》るい春《はる》がやってくるということから。
参考 イギリスの詩人《しじん》シェリーの詩《し》にある言葉《ことば》。
英 If Winter comes, can Spring be far behind?（冬来《ふゆき》たりなば春遠《はるとお》からじ）

振《ふ》り出《だ》しに戻《もど》る 慣用句
意味 物事《ものごと》のはじめのようすに返《かえ》る。例 振り出しに戻って計画《けいかく》を考《かんが》え直《なお》してみる。

ふるいに掛《か》ける 慣用句
意味 多《おお》くの中《なか》からよいものを選《えら》び出《だ》す。例 メンバーをふるいに掛けて正選手《せいせんしゅ》を決《き》める。
語源 「ふるい」は、つぶや粉《こな》などを大《おお》きさによって分《わ》けるための道具《どうぐ》。

ふるい

★★**故《ふる》きを温《たず》ねて新《あたら》しきを知《し》る** 故事成語
意味 昔《むかし》のことを勉強《べんきょう》して、そこから新《あたら》しい知識《ちしき》や考《かんが》え方《かた》を見《み》つけ出《だ》す。〈『論語《ろんご》』〉
例 故きを温ねて新しきを知るで、古《ふる》い記《き》録《ろく》を読《よ》み直《なお》してみることにした。
参考 ➡温故知新《おんこちしん》
同 故《ふる》きを温《あたた》めて新《あたら》しきを知《し》る

不老長寿《ふろうちょうじゅ》 四字熟語
意味 いつまでも年《とし》をとらず、長生《ながい》きすること。例 不老長寿を願《ねが》う。

★**不老不死《ふろうふし》** 四字熟語
意味 いつまでも年《とし》をとらず、死《し》なないこと。例 不老不死の薬《くすり》を求《もと》める昔話《むかしばなし》。

★★**付和雷同《ふわらいどう》** 四字熟語
意味 自分《じぶん》の考《かんが》えがなく、他人《たにん》の意見《いけん》にすぐ調子《ちょうし》を合《あ》わせること。例 多数派《たすうは》の意見《いけん》に付和雷同する。
語源 「付和《ふわ》」は、他人《たにん》の意見《いけん》にわけもなく従《したが》うこと。「雷同《らいどう》」は、雷《かみなり》が鳴《な》りひびくと、それに応《おう》じて鳴《な》りひびくこと。
注意 「不和雷同《わらいどう》」は誤《あやま》り。
英 If one sheep leaps over the ditch, all the rest will follow.（一匹《いっぴき》の羊《ひつじ》がみぞを跳《と》び越《こ》えると残《のこ》りもみな後《あと》に続《つづ》く）

踏《ふ》ん切《ぎ》りがつく 慣用句
意味 あることをしようと、思《おも》いきって決《き》める。例 ようやく踏ん切りがついて、クラブをやめることにした。
語源 「踏《ふ》ん切《ぎ》り」は「踏《ふ》み切《き》り」から変《へん》化《か》した言葉《ことば》で、「決断《けつだん》」の意味《いみ》。

刎頸《ふんけい》の交《まじ》わり 故事成語 ⬇マンガdeことわざ（378ページ）

意味 その人《ひと》のために首《くび》を切《き》られてもよいほどの深《ふか》い友情《ゆうじょう》で結《むす》ばれた関係《かんけい》。〈『史《し》記《き》』〉 例 **刎頸の交わり**の友《とも》のために力《ちから》をつくす。

語源 中国《ちゅうごく》の戦国時代《せんごくじだい》、趙《ちょう》の名将廉頗《めいしょうれんぱ》は、外交官《がいこうかん》の藺相如《りんしょうじょ》が自分《じぶん》より高《たか》い位《くらい》になったことでひがみ、会《あ》ったらみなの前《まえ》ではずかしめてやると公言《こうげん》していた。それを聞《き》いた藺相如《りんしょうじょ》は、廉頗《れんぱ》と会《あ》うのを避《さ》けるようになった。家来《けらい》たちが主人《しゅじん》の藺相如《りんしょうじょ》の弱気《よわき》な態度《たいど》を非難《ひなん》すると、「強国《きょうこく》の秦《しん》が攻《せ》めて来《こ》ないのは、この国《くに》に廉頗将軍《れんばしょうぐん》と私《わたし》がいるからだ。二人《ふたり》が争《あらそ》えば、たちどころに攻《せ》められるだろう。国《くに》のために、二人《ふたり》は争《あらそ》ってはいけないのだ。」と、藺相如《りんしょうじょ》はさとして言《い》った。廉頗《れんぱ》は、藺相如《りんしょうじょ》のこの高《たか》い精神《せいしん》を聞《き》くや心《こころ》から謝《あやま》り、二人《ふたり》は相手《あいて》のためなら首《くび》をはねられてもよいという友情《ゆうじょう》を結《むす》んだという故事《こじ》から。

★**粉骨砕身《ふんこつさいしん》** 四字熟語

意味 力《ちから》のかぎりをつくすこと。 例 粉骨砕身、努力《どりょく》する。

語源 骨《ほね》を粉《こな》にし、体《からだ》を砕《くだ》くということから。

類 身《み》を砕《くだ》く

踏《ふ》んだり蹴《け》ったり 慣用句

意味 続《つづ》けてひどい目《め》にあうようす。

例 突然《とつぜん》の大雨《おおあめ》でびしょぬれになったうえに、転《ころ》んでしりもちをついてしまうなんて、**踏んだり蹴ったり**だ。

語源 踏《ふ》まれるうえに蹴《け》られるということから。

類 泣《な》き面《つら》に蜂《はち》／弱《よわ》り目《め》に祟《たた》り目《め》

ふんどしを締《し》めてかかる 慣用句

意味 気持《きも》ちをひきしめて物事《ものごと》を始《はじ》める。

例 手《て》ごわい相手《あいて》だ。**ふんどしを締めてかかる**ぞ。

文《ぶん》は人《ひと》なり ことわざ

意味 文章《ぶんしょう》には、書《か》いた人《ひと》の人《ひと》がらや考《かんが》え方《かた》があらわれる。 例 **文は人なり**というから、短《みじか》い文章《ぶんしょう》でも気《き》をつけて書《か》こう。

参考 フランスの博物学者《はくぶつがくしゃ》ビュフォンの言葉《ことば》。

英 The style is the man.（文体《ぶんたい》は人《ひと》である）

分秒《ふんびょう》を争《あらそ》う 慣用句

意味 とても急《いそ》ぐ必要《ひつよう》がある。 例 災害時《さいがいじ》のひなんは**分秒を争う**。

文武両道《ぶんぶりょうどう》 四字熟語

意味 学問《がくもん》と武芸《ぶげい》の両方《りょうほう》。 例 **文武両道**に優《すぐ》れる。

文明開化《ぶんめいかいか》 四字熟語

意味 文明《ぶんめい》の開《ひら》けた世《よ》の中《なか》になること。特《とく》に、日本《にほん》で明治時代《めいじじだい》のはじめに、西洋《せいよう》の文明《ぶんめい》をとり入《い》れたこと。 例 **文明開化**の時代《じだい》。

へ

平穏無事《へいおんぶじ》 四字熟語

意味 何事《なにごと》もなく、おだやかに過《す》ごすこと。また、そのようす。 例 **平穏無事**な毎《まい》日《にち》をおくる。

平気《へいき》の平左《へいざ》 慣用句

意味 まったく平気《へいき》であるようす。 例 何《なに》を言《い》われても**平気の平左**で気《き》にしないでいる。

語源 「平気《へいき》の平左衛門《へいざえもん》」の略《りゃく》。「平気《へいき》」「平《へい》左衛門《ざえもん》」と、「へい」を重《かさ》ね、平気《へいき》である

完璧《かんぺき》・刎頸《ふんけい》の交《まじ》わり

中国《ちゅうごく》の戦国時代《せんごくじだい》、趙《ちょう》の国《くに》に世《よ》にも珍《めずら》しい璧《へき》があった。
強国《きょうこく》の秦《しん》の昭王《しょうおう》はこれを欲《ほ》しがり、十五《じゅうご》の城《しろ》と交換《こうかん》しようともちかけた。
秦《じん》の昭王《じょうおう》
はやく持《も》ってこーーい
ははーーっ
逆《さか》らうと戦争《せんそう》をしかけられるかもしれない。断《ことわ》ることもできず…
蘭相如《りんしょうじょ》なんとかして〜
蘭相如
趙《ちょう》の恵王《けいおう》
恵王《けいおう》私《わたし》にお任《まか》せを
ドガガガガガガガ
王《おう》は交換《こうかん》する気《き》などなく、ただこれをだましとろうとした。
すげー見事《みごと》じゃー
みてみて〜ゲットした〜♡
ホラ〜
キャー
やはり約束《やくそく》を守《まも》る気《き》はないな…
傷《きず》があるのでお教《おし》えしましょう
サッ
どこ？
そーなの？はい！
両国《りょうこく》の友好《ゆうこう》を重《おも》んじた約束《やくそく》を王《おう》は守《まも》ろうとしません！
宮殿《きゅうでん》の柱《はしら》に璧《へき》と私《わたし》の頭《あたま》を打《う》ちつけともにくだけ散《ち》ります！
えぇ〜！
こうして蘭相如《りんしょうじょ》は璧《へき》を完全《かんぜん》な状態《じょうたい》で自国《じこく》へ持《も》ち帰《かえ》ったのだった。
……
ドガガガガ

秦《しん》から璧《へき》を持《も》ち帰《かえ》ったあと、藺相如《りんしょうじょ》はいくつも手柄《てがら》をたててとうとう大臣《だいじん》になった。
名将《めいしょう》と言《い》われた廉頗将軍《れんぱしょうぐん》より位《くらい》が上《うえ》になったのだ。
大臣
わしは戦《たたか》いに次《つ》ぐ戦《たたか》いで功績《こうせき》をあげたのに あいつは口先《くちさき》だけで上《うえ》になった
あんな奴《やつ》の下《した》にはおれんいつか恥《はじ》をかかせてやる!
それを聞《き》いた藺相如《りんしょうじょ》は、廉頗《れんぱ》を避《さ》けてにげるようになった。
ズシズシズシ
はっ!
ヤバイ
ズシズシズシ
サッ
殿《との》!この国《くに》で一番位《いちばんくらい》の高《たか》いあなた様《さま》がなぜにげてばかりなのですか!
ゾロゾロ
もう部下《ぶか》をやめます
ねぇちょっとちょっと
強国《きょうこく》の秦《しん》が攻《せ》めてこないのは この国《くに》に廉頗将軍《れんぱしょうぐん》と私《わたし》がいるからだ
趙
二人《ふたり》が争《あらそ》えばたちまち攻《せ》めてくるだろう
私《わたし》はあの昭王《しょうおう》とすらわたりあったのだ怖《こわ》いものはないよそれより国《くに》の安全《あんぜん》が大事《だいじ》!
わあっ
心《こころ》のせまい自分《じぶん》が恥《は》ずかしい!
藺相如《りんしょうじょ》どのどうか荊《いばら》でわしを打《う》ってくだされ!
お立《た》ちくださいともに手《て》を取《と》り合《あ》って国《くに》を守《まも》りましょう!
やがて二人《ふたり》は、相手《あいて》のためなら首《くび》をはねられてもよいという、友情《ゆうじょう》を結《むす》んだという。

ことを人《ひと》の名前《なまえ》のようにあらわした言葉《ことば》。

平行線《へいこうせん》をたどる 慣用句

意味 意見《いけん》などが食《く》いちがい、どこまでいっても一致《いっち》しない。例 話《はな》し合《あ》いは平行線をたどる。

語源 「平行線《へいこうせん》」は、どこまで行《い》っても交《まじ》わらない二《ふた》つの直線《ちょくせん》。

★**平身低頭《へいしんていとう》** 四字熟語

意味 体《からだ》を低《ひく》くして深《ふか》く頭《あたま》を下《さ》げ、心《こころ》からおそれいること。例 平身低頭して許《ゆる》しをこう。

平々凡々《へいへいぼんぼん》 四字熟語

意味 特《とく》に優《すぐ》れたところもなく、きわめてありふれているようす。例 平々凡々なできばえ。

参考 「平凡《へいぼん》」を強《つよ》めた言《い》い方《かた》。

ベストを尽《つ》くす 慣用句

意味 全力《ぜんりょく》をあげて物事《ものごと》をおこなう。

例 勝利《しょうり》のためにベストを尽くす。

へそで茶《ちゃ》を沸《わ》かす 慣用句

意味 おかしかったり、ばかばかしかったりしてたまらないことのたとえ。例 部《へ》屋《や》がこんなに散《ち》らかっているのにきれい好《ず》きだなんて、へそで茶を沸かすよ。

同 へそが茶《ちゃ》を沸《わ》かす　英 It would make a horse laugh.（馬《うま》も笑《わら》うほどだ）

べそをかく 慣用句

意味 今《いま》にも泣《な》き出《だ》しそうな顔《かお》になる。

例 妹《いもうと》がべそをかく。

へそを曲《ま》げる 慣用句

意味 きげんを悪《わる》くして、かたくなになる。気《き》に入《い》らず、意地悪《いじわる》な態度《たいど》をとる。

例 へそを曲げて、口《くち》もきかない。

類 旋毛《つむじ》を曲《ま》げる

下手《へた》な鉄砲《てっぽう》も数撃《かずう》ちゃ当《あ》たる ことわざ

意味 下手《へた》でも何度《なんど》もやっていれば、まぐれ当《あ》たりでうまくいくこともあるということ。

例 下手な鉄砲も数撃ちゃ当たるというから、いろいろな案《あん》を提出《ていしゅつ》してみた。

語源 鉄砲《てっぽう》を撃《う》つのが下手《へた》な人《ひと》でも、数多《かずおお》く撃《う》てば少《すこ》しは当《あ》たるということから。

英 He that shoots often at last shall hit the mark.（何度《なんど》も撃《う》つ人《ひと》はついには的《まと》に当《あ》てる）

下手《へた》の考《かんが》え休《やす》むに似《に》たり ことわざ

意味 よい考《かんが》えもうかばないのに、いつまでも考《かんが》えているのは時間《じかん》のむだだ。

例 いつまで考《かんが》えているつもりだ。下手の考え休むに似たりと、言《い》うだろう。

参考 もともとは、将棋《しょうぎ》や囲碁《いご》などで、長《なが》い時間考《じかんかんが》えることをあざけって用《もち》いる言葉《ことば》。

英 Mickle fails that fools think.（おろか者《もの》が考《かんが》えた多《おお》くのことは失敗《しっぱい》となる…mickle は、スコットランドの方言《ほうげん》でたくさん〔much〕のこと）

下手《へた》の道具調《どうぐしら》べ ことわざ

意味 腕前《うでまえ》のない人《ひと》ほど、道具《どうぐ》のよしあしにこだわる。また、下手《へた》な人《ひと》にかぎって、大《おお》げさな準備《じゅんび》をする。例 真面目《まじめ》に勉強《べんきょう》しようと新《あたら》しい参考書《さんこうしょ》を買《か》いこむのは下手の道具調べだ。まずは教科書《きょうかしょ》や今《いま》ある参考書《さんこうしょ》を活用《かつよう》するべきだろう。

同 下手《へた》の道具立《どうぐだ》て　対 弘法筆《こうぼうふで》を択《えら》ばず

／能書筆《のうしょふで》を択《えら》ばず 英 A bad workman quarrels with his tools.（下手《へた》な職人《しょくにん》は道具《どうぐ》に文句《もんく》を言《い》う）

下手《へた》の長談義《ながだんぎ》 ことわざ

意味 話《はなし》の下手《へた》な人《ひと》にかぎって話《はなし》が長《なが》いということ。例 **下手の長談義**で、周《まわ》りが迷惑《めいわく》する。

参考 いろはがるた（京都《きょうと》）の一《ひと》つ。

英 Brevity is the soul of wit.（簡潔《かんけつ》であることが機知《きち》の生命《せいめい》である）

★★**下手《へた》の横好《よこず》き** ことわざ

意味 下手《へた》なのにそれが非常《ひじょう》に好《す》きなこと。

例 わたしの将棋《しょうぎ》は下手の横好きで、いつまでたっても強《つよ》くならない。

対 好《す》きこそ物《もの》の上手《じょうず》なれ

屁《へ》とも思《おも》わない 慣用句

意味 何《なん》とも思《おも》わない。例 親《おや》の注意《ちゅうい》など屁とも思わない。

語源 「屁《へ》」は、おならのこと。

屁《へ》の河童《かっぱ》 慣用句

意味 何《なん》でもないこと。簡単《かんたん》なこと。

例 そんなの**屁の河童**だ。

参考 「河童《かっぱ》の屁《へ》」を逆《さか》さまにした言葉《ことば》。

蛇《へび》に嚙《か》まれて朽《く》ち縄《なわ》に怖《お》じる ことわざ

意味 一度《いちど》ひどい目《め》にあったために、必要《ひつよう》以上《いじょう》に用心深《ようじんぶか》くなることのたとえ。

例 一度《いちど》熱《あつ》いお茶《ちゃ》で舌《した》をやけどしてから、**蛇に嚙まれて朽ち縄に怖じる**で、ぬるいお茶《ちゃ》しか飲《の》めなくなってしまった。

語源 ヘビにかまれてからは、腐《くさ》った縄《なわ》を見《み》ても「ヘビだ」と驚《おどろ》き、こわがることから。

類 羹《あつもの》に懲《こ》りて膾《なます》を吹《ふ》く 英 Scalded cats fear even cold water.（お湯《ゆ》でやけどした猫《ねこ》は冷《つめ》たい水《みず》でもおそれる）

蛇《へび》ににらまれた蛙《かえる》 ことわざ

意味 おそろしくて動《うご》けないことのたとえ。例 こわい先生《せんせい》の前《まえ》では、さすがのかれも**蛇ににらまれた蛙**も同然《どうぜん》だ。

語源 カエルがヘビをおそれることから。

同 蛇《へび》に見込《みこ》まれた蛙《かえる》／蛇《へび》に蛙《かえる》 類 なめくじに塩《しお》

蛇《へび》に見込《みこ》まれた蛙《かえる》 ことわざ

⇩蛇《へび》ににらまれた蛙《かえる》（381ページ）

蛇《へび》の生殺《なまごろ》し ことわざ

意味 物事《ものごと》をはっきりしないままにして、相手《あいて》を苦《くる》しめることのたとえ。例 思《おも》い切《き》って告白《こくはく》したのにはっきりとした返《へん》事《じ》をもらえず、**蛇の生殺し**の状態《じょうたい》だ。

語源 「生殺《なまごろ》し」は、ほとんど死《し》にそうな状態《じょうたい》にすること。

減《へ》らず口《ぐち》を叩《たた》く 慣用句

意味 負《ま》けおしみを言《い》うこと。言《い》いたい放題《ほうだい》のことを言《い》うこと。例 **減らず口を叩いて**にくまれる。

屁《へ》を放《ひ》って尻《しり》すぼめる ことわざ

意味 失敗《しっぱい》をしてしまったあとで、あわててごまかそうとすることのたとえ。

例 母《はは》の本《ほん》にジュースをこぼしてしまった。あわててふき取《と》ったが、本《ほん》はしわしわ。**屁を放って尻すぼめる**で、すぐ母《はは》に見《み》つかってしまった。

語源 人前《ひとまえ》でおならをしてから、尻《しり》の穴《あな》をふさごうとしても間《ま》に合《あ》わないという意味《いみ》から。「屁《へ》を放《ひ》って尻《しり》つぼめ」ともいう。

参考 いろはがるた（江戸《えど》）の一《ひと》つ。

英 After death, the doctor.（死《し》んだあとに医者《いしゃ》）

弁《べん》が立《た》つ 慣用句

意味 話《はな》し方《かた》がうまい。例 弁が立つかれに演説《えんぜつ》をしてもらおう。

弁慶《べんけい》の立《た》ち往生《おうじょう》 故事成語

意味 進《すす》むことも退《しりぞ》くこともできないようす。例 大雪《おおゆき》で電車《でんしゃ》が止《と》まり、弁慶の立ち往生となった。

語源 鎌倉時代《かまくらじだい》、衣川《ころもがわ》の戦《たたか》いで、弁慶《べんけい》が体《からだ》じゅうに矢《や》を受《う》けて、なぎなたをつえにして立《た》ったまま死《し》んだということから。

参考 ➡内弁慶《うちべんけい》の外味噌《そとみそ》

弁慶《べんけい》の泣《な》き所《どころ》 慣用句

意味 向《む》こうずね。また、その人《ひと》の一番《いちばん》弱《よわ》い所《ところ》。ただ一《ひと》つの弱点《じゃくてん》。例 才能《さいのう》のある選手《せんしゅ》だが、けがが多《おお》いのが弁慶の泣き所だ。

語源 強《つよ》い弁慶《べんけい》でも向《む》こうずねをけられると、痛《いた》がって泣《な》くということから。

参考 ➡内弁慶《うちべんけい》の外味噌《そとみそ》

英 Achilles' heel（アキレス腱《けん》）

変幻自在《へんげんじざい》 四字熟語

意味 思《おも》いどおりに変《か》わったり、あらわれたり消《き》えたりするようす。例 オーロラの変幻自在な動《うご》きに見《み》とれる。

片言隻語《へんげんせきご》 四字熟語

意味 ちょっとした短《みじか》い言葉《ことば》。例 片言隻語も聞《き》きのがさないようにする。

同 片言隻句《へんげんせっく》

変哲《へんてつ》もない 慣用句

意味 何《なに》も変《か》わったところがない。例 何《なん》の変哲もない話《はなし》でつまらない。

ペンは剣《けん》よりも強《つよ》し ことわざ

意味 言葉《ことば》の力《ちから》は武力《ぶりょく》・暴力《ぼうりょく》より強《つよ》いということ。例 ペンは剣よりも強しを信《しん》念《ねん》に、戦争反対《せんそうはんたい》の記事《きじ》を書《か》き続《つづ》けた。

参考 西洋《せいよう》のことわざから。

対 力《ちから》は正義《せいぎ》なり

英 The pen is mightier than the sword.（ペンは剣《けん》よりも強《つよ》し）

ぺんぺん草《ぐさ》が生《は》える 慣用句

意味 家《いえ》や土地《とち》などがあれ果《は》てていることのたとえ。例 あの家《いえ》は長《なが》い間《あいだ》だれも住《す》んでいなくて、ぺんぺん草が生えるようなありさまだ。

語源 「ぺんぺん草《ぐさ》」は、ナズナのこと。野《の》原《はら》や道《みち》ばたなどに生《は》える。

偏旁冠脚《へんぼうかんきゃく》 四字熟語

意味 漢字《かんじ》の構成部分《こうせいぶぶん》で、偏《へん》・旁《つくり》・冠《かんむり》・脚《あし》のこと。例 漢字《かんじ》の偏旁冠脚を学《まな》ぶ。

語源 「偏《へん》」は漢字《かんじ》の左側《ひだりがわ》の部分《ぶぶん》で、「にんべん（亻）」「きへん（木）」など。「旁《つくり》」は漢字《かんじ》の右側《みぎがわ》の部分《ぶぶん》で、「りっとう（刂）」「おおざと（阝）」など。「冠《かんむり》」は漢字《かんじ》の上《うえ》の部分《ぶぶん》で、「くさかんむり（艹）」「あめかんむり（⻗）」など。「脚《あし》」は漢字《かんじ》の下《した》の部分《ぶぶん》で「ひとあし（儿）」「れんが（灬）」など。

片鱗《へんりん》を示《しめ》す 慣用句

意味 大《おお》きなことの中《なか》の、ごくわずかな部《ぶ》分《ぶん》をあらわす。例 才能《さいのう》の片鱗を示す。

語源 「片鱗《へんりん》」は、わずか一枚《いちまい》の魚《さかな》の鱗《うろこ》。

参考 本当《ほんとう》の能力《のうりょく》はまだまだこんなものではない、という意味《いみ》がふくまれる。

ペンを折《お》る 慣用句
→**筆《ふで》を折《お》る**（374ページ）

ペンを執《と》る 慣用句
→**筆《ふで》を執《と》る**（375ページ）

ほ

暴飲暴食《ぼういんぼうしょく》 四字熟語
意味 酒《さけ》などを飲《の》みすぎたり、食《た》べ物《もの》を食《た》べすぎたりすること。例 暴飲暴食をくり返《かえ》し、おなかをこわした。

砲火《ほうか》を交《まじ》える 慣用句
意味 戦争《せんそう》を始《はじ》める。例 となりの国《くに》と砲火を交える。

判官贔屓《ほうがんびいき》 四字熟語
意味 不運《ふうん》な英雄《えいゆう》や弱者《じゃくしゃ》に対《たい》して、直接関《ちょくせつかん》係《けい》のない人《ひと》が好意的《こういてき》な見方《みかた》をすること。
例 判官贔屓で、弱小《じゃくしょう》チームを応援《おうえん》する。
語源 九郎判官《くろうほうがん》と呼《よ》ばれた源義経《みなもとのよしつね》が不運《ふうん》な英雄《えいゆう》として人々《ひとびと》から同情《どうじょう》されたことから。
同 判官贔屓《はんがんびいき》

★**傍若無人《ぼうじゃくぶじん》** 四字熟語
意味 勝手気《かってき》ままにふるまうこと。〈『史記《しき》』〉 例 傍若無人の態度《たいど》。
参考 「傍《かたわ》らに人無《ひとな》きが若《ごと》し」とも読《よ》む。そばに人《ひと》がいないかのようにということ。
英 to behave outrageously（乱暴《らんぼう》にふるまう）

坊主憎《ぼうずにく》けりゃ袈裟《けさ》まで憎《にく》い ことわざ
意味 あるものを憎《にく》むと、それに関係《かんけい》のあるすべてが憎《にく》くなることのたとえ。例 坊主憎けりゃ袈裟まで憎いで、かれが親《した》しくしている人《ひと》たちまで、憎《にく》らしく思《おも》えてくる。

けさ

語源 お坊《ぼう》さんがきらいになると、お坊《ぼう》さんが着《き》ている袈裟《けさ》もきらいになるということから。
英 Love me, love my dog.（私《わたし》を愛《あい》するなら私《わたし》の犬《いぬ》も愛《あい》しなさい）

★**茫然自失《ぼうぜんじしつ》** 四字熟語
意味 気《き》がぬけて、ぼんやりとしてしまうこと。例 思《おも》わぬ結果《けっか》に茫然自失となる。
語源 「自失《じしつ》」は、我《われ》を忘《わす》れること。

忙中閑《ぼうちゅうかん》あり ことわざ
意味 忙《いそが》しいときにも少《すこ》しの閑《ひま》はあるものだということ。例 忙中閑ありで、本《ほん》を読《よ》む時間《じかん》はある。
英 I am never less leisured than when at leisure, nor less alone than when alone.（閑暇《かんか》のときよりも閑暇《かんか》ならざることなく、孤独《こどく》のときよりも孤独《こどく》ならざることなし）

棒《ぼう》に振《ふ》る 慣用句
意味 せっかくの努力《どりょく》などを、むだにする。例 けがをして、一年間《いちねんかん》の苦労《くろう》を棒に振ってしまった。

忘年《ぼうねん》の交《まじ》わり 故事成語
意味 年《とし》の差《さ》を気《き》にしない、親《した》しいつきあい。〈『後漢書《ごかんじょ》』〉 例 六十歳《ろくじゅっさい》でフラダンス教室《きょうしつ》に通《かよ》い始《はじ》めた祖母《そぼ》には、忘年の交わりで若《わか》い仲間《なかま》がたくさんできた。
語源 中国《ちゅうごく》の後漢《ごかん》の孔融《こうゆう》は、政治家《せいじか》であり名高《なだか》い文章家《ぶんしょうか》。年齢《ねんれい》は五十歳《ごじゅっさい》であったが、二十歳《はたち》にも満《み》たない禰衡《でいこう》が人並《ひとな》みはずれた才能《さいのう》の持《も》ち主《ぬし》であったため、年齢《ねんれい》に関係《かんけい》なく親《した》しくつきあったという故《こ》事《じ》から。

類 忘年《ぼうねん》の友《とも》

豊年満作《ほうねんまんさく》 四字熟語

意味 穀物《こくもつ》の実《みの》りが多《おお》いこと。例 豊年満作を祈願《きがん》する。

注意 「豊年万作《ほうねんまんさく》」は誤《あやま》り。

抱腹絶倒《ほうふくぜっとう》 四字熟語

意味 おなかをかかえて転《ころ》げ回《まわ》るほど、大笑《おおわら》いすること。例 あのお笑《わら》い番組《ばんぐみ》は、**抱腹絶倒**だった。

英 to bust a gut（腹《はら》が裂《さ》ける）

ほうほうの体《てい》 慣用句

意味 やっとのことでにげ出《だ》すようす。例 激《はげ》しい風雨《ふうう》のため、**ほうほうの体**で帰《かえ》ってきた。

語源 「ほうほう」は「這《は》う這《は》う」から変化《へんか》した言葉《ことば》で、這《は》うようにしてということ。

棒《ぼう》ほど願《ねが》って針《はり》ほど叶《かな》う ことわざ

意味 大《おお》きな望《のぞ》みを持《も》っても、実際《じっさい》に叶《かな》えられるのはほんのわずかであることのたとえ。例 大金《たいきん》を当《あ》てたかったが、宝《たから》くじで当《あ》たったのは三百円《さんびゃくえん》だった。まさに**棒ほど願って針ほど叶う**、だ。

参考 「棒《ぼう》」は大《おお》きなもの、「針《はり》」は小《ちい》さなもののたとえ。

英 Ask much to have a little.（少《すこ》し得《う》るために多《おお》く求《もと》めよ）

亡羊《ぼうよう》の嘆《たん》 故事成語

⇒多岐亡羊《たきぼうよう》（249ページ）

吠《ほ》える犬《いぬ》は噛《か》みつかぬ ことわざ

世界のことわざ（385ページ）⇒

意味 大《おお》げさにさわぎ立《た》てる人《ひと》はおそろしくないことのたとえ。例 道《どう》理《り》に合《あ》わない文句《もんく》をつけた客《きゃく》は、店員《てんいん》のまったく動《どう》じない態度《たいど》に負《ま》け、すごすご帰《かえ》っていった。**吠える犬は噛みつかぬ**だ。

参考 西洋《せいよう》のことわざ。

英 A barking dog never bites.（吠《ほ》える犬《いぬ》が噛《か》むことはない）

頬《ほお》が落《お》ちる 慣用句

⇒ほっぺたが落《お》ちる（386ページ）

頬《ほお》かぶりをする 慣用句

意味 知《し》らないふりをする。例 事件《じけん》について**頬かぶりをする**。

語源 「頬《ほお》かぶり」は、手《て》ぬぐいなどで頭《あたま》から頬《ほお》にかけておおうこと。そうすると、顔《かお》がかくれることから。

同 頬《ほ》っかむりをする

ほおかぶり

頬《ほお》をふくらます 慣用句

意味 気《き》に入《い》らない、おもしろくないという気持《きも》ちをあらわす。例 ちこくを厳《きび》しく注意《ちゅうい》したら、**頬をふくらました**。

墨守《ぼくしゅ》 故事成語

意味 古《ふる》い習慣《しゅうかん》や自分《じぶん》の説《せつ》を、かたくなに守《まも》ること。〈『墨子《ぼくし》』〉例 昔《むかし》からの習慣《しゅうかん》を**墨守**する。

語源 中国《ちゅうごく》の思想家《しそうか》の墨子《ぼくし》が、机上《きじょう》でおこなった模擬戦《もぎせん》で、楚《そ》の攻撃《こうげき》を九回退《きゅうかいしりぞ》け宋《そう》を守《まも》りとおしたという話《はなし》から。

英 to stand to one's tackling（自分《じぶん》の索《さく》

具《ぐ》〔＝綱《つな》でつくった船具《せんぐ》〕を守《まも》る）

墓穴《ぼけつ》を掘《ほ》る 慣用句

意味 自分《じぶん》で自分《じぶん》をほろぼす原因《げんいん》をつくる。例 余計《よけい》なことを言《い》って、墓穴を掘る。

語源 自分《じぶん》をほうむるための墓《はか》の穴《あな》を自《じ》分《ぶん》で掘《ほ》るということから。

矛先《ほこさき》を向《む》ける 慣用句

意味 論争《ろんそう》や批判《ひはん》の攻撃《こうげき》を、ある人《ひと》や物《もの》事《ごと》に向《む》ける。例 別《べつ》の人《ひと》に矛先を向ける。

語源 「矛《ほこ》」は、武器《ぶき》の一種《いっしゅ》で、棒《ぼう》の先《さき》に両《りょう》刃《ば》の剣《つるぎ》をつけて、敵《てき》を突《つ》くもの。

ほこ

反故《ほご》にする 慣用句

意味 役《やく》に立《た》たない、値打《ねう》ちのないものにする。例 約束《やくそく》を反故にする。

語源 「反故《ほご》」は、書《か》きそんじた不要《ふよう》の紙《かみ》のこと。

同 反古《ほご》にする

ほしいままにする 慣用句

意味 自分《じぶん》の望《のぞ》むままにする。例 権力《けんりょく》をほしいままにする。

ほぞをかむ 故事成語

世界《せかい》のことわざ　吠《ほ》える犬《いぬ》は噛《か》みつかぬ

マレーシア

吠《ほ》える虎《とら》は人《ひと》を食《く》い殺《ころ》さない

吠《ほ》えて相手《あいて》をおどしているトラは、人《ひと》を食《く》い殺《ころ》さない。なぜなら、自分《じぶん》もこわくて、おどしているだけだから。「けれども、吠《ほ》えないときは食《く》い殺《ころ》す」と続《つづ》けることもあります。

アルメニア

おとなしい馬《うま》のけりはきつい

「人《ひと》は見《み》かけによらない」という経験《けいけん》や沈黙《ちんもく》をおそれる人《ひと》の気持《きも》ちを反映《はんえい》していることわざだともいえます。

レソト

角《つの》で突《つ》きかかるのは黙《だま》っている牛《うし》だ

角《つの》で突《つ》き刺《さ》そうと向《む》かってくる牛《うし》は、ふだんは黙《だま》っているやつだ。牛《うし》をたとえに、無《む》口《くち》な人《ひと》をあなどってはならないことを教《おし》えています。

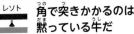

意味 どうにもならないことを、後《あと》になってくやむことのたとえ。〈『春秋左氏伝《しゅんじゅうさしでん》』〉 例 備《そな》えが足《た》りなくて、ほぞをかんだ。 語源 「ほぞ」は、へそ。自分《じぶん》のへそをかもうとしてもできないことから。

菩提《ぼだい》を弔《とむら》う 慣用句

意味 死者《ししゃ》の冥福《めいふく》をいのる。 例 祖父《そふ》の菩提を弔う。

ほっぺたが落《お》ちる 慣用句

意味 とてもおいしいことのたとえ。 例 このプリン、ほっぺたが落ちるほどおいしいね。 同 頬《ほお》が落《お》ちる 類 顎《あご》が落《お》ちる

仏作《ほとけつく》って魂入《たましいい》れず ことわざ

意味 形《かたち》はできても、一番大事《いちばんだいじ》なことがぬけ落《お》ちていて、意味《いみ》がないことのたとえ。 例 自分《じぶん》の考《かんが》えが入《はい》っていない文章《ぶんしょう》など仏作って魂入れずで、価値《かち》がない。 語源 仏像《ぶつぞう》の形《かたち》はできても魂《たましい》を入《い》れなければ、できあがったとはいえないということから。仏像《ぶつぞう》ができあがると、魂《たましい》を吹《ふ》きこむための「入魂式《にゅうこんしき》」という儀式《ぎしき》をおこなう。 類 画竜点睛《がりょうてんせい》を欠《か》く 英 Ploughing the field and forgetting the seeds.（耕《たがや》して種《たね》を蒔《ま》き忘《わす》れる）

★**仏《ほとけ》の顔《かお》も三度《さんど》** ことわざ

意味 どんなに情《なさ》け深《ぶか》い人《ひと》でも、何度《なんど》もひどいことをされればおこりだすということのたとえ。 例 仏の顔も三度というから、あまり迷惑《めいわく》をかけないように。 語源 情《なさ》け深《ぶか》い仏様《ほとけさま》でも、三度《さんど》も顔《かお》をなで回《まわ》されたらおこるということから。 参考 いろはがるた（京都《きょうと》）の一《ひと》つ。 同 仏《ほとけ》の顔《かお》も三度《さんど》なずれば腹立《はらた》つ／仏《ほとけ》の顔《かお》も三度《さんど》まで 英 When the pot's full it will boil over.（鍋《なべ》も一杯《いっぱい》になると吹《ふ》きこぼれる）

ほとぼりが冷《さ》める 慣用句

意味 事件《じけん》などに対《たい》する人々《ひとびと》の関心《かんしん》がうすれる。 例 ほとぼりが冷めるまで身《み》をひそめている。 語源 「ほとぼり」は、余熱《よねつ》のこと。

骨折《ほねお》り損《ぞん》のくたびれ儲《もう》け ことわざ

意味 苦労《くろう》するばかりで、少《すこ》しもよいことがないことのたとえ。 例 やっとのことで宿題《しゅくだい》を終《お》わらせたと思《おも》ったら、やるページをまちがえていたなんて、骨折り損のくたびれ儲けだ。 参考 いろはがるた（江《え》戸《ど》）の一《ひと》つ。 類 労多《ろうおお》くして功《こう》なし 英 Great pains but all in vain.（たいそう骨折《ほねお》りしたがすべてがむだ）

骨《ほね》がある 慣用句

意味 困難《こんなん》にくじけない強《つよ》い心《こころ》がある。 例 かれは、思《おも》ったより骨があるね。 語源 「骨《ほね》」は、物事《ものごと》にたえる気力《きりょく》のこと。

★**骨《ほね》が折《お》れる** 慣用句

意味 物事《ものごと》をするのにとても苦労《くろう》する。 例 骨が折れる仕事《しごと》。

骨《ほね》になる 慣用句

意味 死《し》んで遺骨《いこつ》になる。死《し》ぬ。 例 人《ひと》はみな、いつかは骨になる。

骨抜《ほねぬ》きにする 慣用句

意味 大切《たいせつ》なところを取《と》って中身《なかみ》のない

ものにする。例 その法案《ほうあん》は骨抜きにされた。

骨《ほね》の髄《ずい》まで 慣用句
意味 体《からだ》の一番《いちばん》おくまで。どこまでも。
例 あいつは骨の髄までずるいやつだ。

骨《ほね》までしゃぶる 慣用句
意味 相手《あいて》のすべてを利用《りよう》する。例 かれにかかわると骨までしゃぶられるから注意《ちゅうい》した方《ほう》がいい。

骨身《ほねみ》にこたえる 慣用句
意味 苦《くる》しさや痛《いた》みなどが、体《からだ》の中心部《ちゅうしんぶ》まで届《とど》く。例 この寒《さむ》さは骨身にこたえる。
類 骨身《ほねみ》に染《し》みる

骨身《ほねみ》に染《し》みる 慣用句
意味 体《からだ》の中《なか》までしみるように、強《つよ》く感《かん》じる。例 人《ひと》の優《やさ》しさが骨身に染みる。
類 骨身《ほねみ》にこたえる

骨身《ほねみ》を惜《お》しまず 慣用句
意味 苦労《くろう》や面倒《めんどう》をいやがらないことのたとえ。例 恩人《おんじん》のために骨身を惜しまず働《はたら》く。
参考 一生懸命《いっしょうけんめい》働《はたら》くようすを言《い》う。

骨身《ほねみ》を削《けず》る 慣用句
意味 体《からだ》が細《ほそ》くなるほど、苦心《くしん》や苦労《くろう》をする。例 骨身を削って原稿《げんこう》を書《か》く。
類 身《み》を削《けず》る

骨《ほね》を埋《う》める 慣用句
意味 ❶その土地《とち》で一生《いっしょう》を終《お》わる。例 アメリカに骨を埋める。
❷一生《いっしょう》をささげる。例 わたしはこの仕事《しごと》に骨を埋めるかくごだ。

★**骨《ほね》を折《お》る** 慣用句
意味 苦労《くろう》をいやがらず、一生懸命《いっしょうけんめい》にする。また、人《ひと》のために努力《どりょく》する。例 友《とも》の頼《たの》みだから、ひとつ骨を折ってみよう。

洞《ほら》ケ峠《がとうげ》を決《き》め込《こ》む ことわざ ⬇マンガdeことわざ（388ページ）
意味 形勢《けいせい》の有利《ゆうり》な方《ほう》につこうとして、なりゆきを見《み》る。例 洞ケ峠を決め込んで、なかなか返事《へんじ》をしない。
語源 「洞ケ峠《ほらがとうげ》」は、京都府《きょうとふ》と大阪府《おおさかふ》の境《さかい》にある峠《とうげ》。戦国時代《せんごくじだい》の武将《ぶしょう》の筒井順慶《つついじゅんけい》が、ここで豊臣秀吉《とよとみひでよし》（＝羽柴秀吉《はしばひでよし》）と明智光秀《あけちみつひで》の戦《たたか》いの形勢《けいせい》がはっきりするまで見《み》ていて、有利《ゆうり》な方《ほう》につこうとしたと言《い》われていることから。
類 日和見《ひよりみ》 英 to take a wait-and-see policy（なりゆきを見守《みまも》る）

ほらを吹《ふ》く 慣用句
意味 物事《ものごと》を大《おお》げさに言《い》う。でたらめを言《い》う。例 世界一周《せかいいっしゅう》をしたと、ほらを吹く。
語源 「ほら」は、大《おお》げさな話《はなし》。でたらめ。

蒲柳《ほりゅう》の質《しつ》 慣用句
意味 体《からだ》が弱《よわ》くて病気《びょうき》にかかりやすい体質《たいしつ》。例 妹《いもうと》は蒲柳の質で、体調《たいちょう》が心配《しんぱい》だ。
語源 「蒲柳《ほりゅう》」は、カワヤナギ。秋《あき》になるとすぐ葉《は》が落《お》ちることから。

ぼろが出《で》る 慣用句
意味 かくしていた欠点《けってん》があらわれる。
例 話《はな》しているうちにぼろが出た。
語源 ぼろ（＝着物《きもの》などの破《やぶ》れている所《ところ》）が出《で》てしまうということから。

本腰《ほんごし》を入《い》れる 慣用句
意味 真剣《しんけん》になって取《と》り組《く》む。本気《ほんき》になる。例 問題《もんだい》の解決《かいけつ》に本腰を入れる。

盆《ぼん》と正月《しょうがつ》が一緒《いっしょ》に来《き》たよう ことわざ
意味 とてもいそがしいようすのたとえ。また、よいことやうれしいことなどが重《かさ》なって起《お》こることのたとえ。例 注文《ちゅうもん》が急《きゅう》に増《ふ》えて、盆と正月が一緒に来たようないそがしさだ。

ほ

マンガdeことわざ

元《もと》の木阿弥《もくあみ》・洞《ほら》ケ《が》峠《とうげ》を決《き》め込《こ》む・三日《みっか》天下《てんか》

※現在《げんざい》の奈良県《ならけん》。

それから十数年後《じゅうすうねんご》――
順慶《じゅんけい》は天下統一《てんかとういつ》へ突《つ》き進《すす》む
信長
織田信長《おだのぶなが》の臣下《しんか》となった。
その仲立《なかだ》ちをしたのは同《おな》じ臣下《しんか》で戦友《せんゆう》の
光秀
明智光秀《あけちみつひで》であった。
本能寺《ほんのうじ》の変《へん》
ところが1582年《ねん》 光秀《みつひで》は信長《のぶなが》を裏切《うらぎ》った。
光秀《みつひで》がおそった!?
信長様《のぶながさま》が自害《じがい》!?
うそでしょ!?
光秀《みつひで》を討《う》つため羽柴秀吉《はしばひでよし》は天王山《てんのうざん》に陣《じん》をはり、
秀吉
どっちにつけばよいのだ…
う〜ん
光秀《みつひで》からは協力《きょうりょく》を求《もと》める書状《しょじょう》が届《とど》いた。
迷《まよ》いに迷《まよ》った順慶《じゅんけい》は、両軍《りょうぐん》の様子《ようす》をうかがい結局《けっきょく》どちらの軍《ぐん》にも加《くわ》わることはなかった。
やがて光秀《みつひで》は秀吉《ひでよし》に敗《やぶ》れた。
光秀《みつひで》が信長《のぶなが》を倒《たお》してから秀吉《ひでよし》に討《う》たれるまでのわずかな期間《きかん》を称《しょう》して三日天下《みっかてんか》という。
洞ヶ峠《ほらがとうげ》
戦《たたか》いが終《お》わり、秀吉《ひでよし》の下《もと》に参《さん》じた順慶《じゅんけい》は、
洞ヶ峠《ほらがとうげ》で日和見《ひよりみ》をしおって!! けしからんぞ!
秀吉
申《もう》し訳《わけ》ございませーん!!
厳《きび》しく責《せ》められたが、許《ゆる》され臣下《しんか》となった。
しかし2年後《ねんご》、順慶《じゅんけい》は病《やまい》に倒《たお》れ
36年《ねん》の人生《じんせい》を閉《と》じた。

語源「盆《ぼん》」は、七月《しちがつ》または八月《はちがつ》におこなう祖先《そせん》を祭《まつ》る行事《ぎょうじ》。

英 As busy as if all quarter days had come together.（四期支払日《しきしはらいび》が一緒《いっしょ》に来《き》たように忙《いそが》しい…quarter daysは、一年《いちねん》を四期《よんき》に分《わ》け、期間内《きかんない》の支払《しはら》いを済《す》ますよう決《き》められた日《ひ》。）

★★本末転倒《ほんまつてんとう》 四字熟語

意味 大切《たいせつ》なことと、大切《たいせつ》でないことが反《はん》対《たい》になること。例 病気《びょうき》が見《み》つかるのがいやで検査《けんさ》を受《う》けないのは、**本末転倒**だ。

類 主客転倒《しゅかくてんとう》 英 to put the cart before the horse（馬《うま》の前《まえ》に荷馬車《にばしゃ》をつける）

ま

枚挙《まいきょ》に暇《いとま》がない 慣用句

意味 たくさんありすぎて数《かぞ》えきれない。

例 この手《て》の単純《たんじゅん》なミスは**枚挙に暇がない**。

語源 枚挙《まいきょ》（＝一《ひと》つ一《ひと》つ数《かぞ》え上《あ》げること）をする暇《いとま》（＝時間《じかん》）がないということから。

魔《ま》が差《さ》す 慣用句

意味 ふと悪《わる》い心《こころ》を起《お》こす。例 かれがあんなことをするなんて、**魔が差し**たとしか思《おも》えない。

語源 悪魔《あくま》が人《ひと》の心《こころ》に入《はい》りこむということから。

間《ま》が抜《ぬ》ける 慣用句

意味 物事《ものごと》の大事《だいじ》な所《ところ》が抜《ぬ》け落《お》ちている。また、ばかげて見《み》える。例 **間が抜け**た返《へん》事《じ》。

語源「間《ま》」は、音楽《おんがく》の拍子《ひょうし》のこと。拍子《ひょうし》が抜《ぬ》けて、調子《ちょうし》がはずれることから。

蒔《ま》かぬ種《たね》は生《は》えぬ ことわざ

意味 何《なに》もしなければ、よい結果《けっか》は得《え》られないということのたとえ。例 **蒔かぬ種は生えぬ**というから、とにかく実行《じっこう》あるのみだ。

語源 種《たね》を蒔《ま》かなければ何《なに》も生《は》えないということから。

参考 いろはがるた（京都《きょうと》）の一《ひと》つ。

対 棚《たな》から牡丹餅《ぼたもち》

英 Harvest follows seedtime.（収穫《しゅうかく》は種《たね》を蒔《ま》いたあとに来《く》る）

間《ま》が持《も》てない 慣用句

意味 何《なに》もすることがなくて、時間《じかん》をもてあます。例 約束《やくそく》の時間《じかん》よりかなり早《はや》く着《つ》いてしまい、**間が持てなく**て困《こま》った。

語源「間《ま》」は、空《あ》いた時間《じかん》。

同 間《ま》が持《も》たない

間《ま》が悪《わる》い 慣用句

意味 ❶時期《じき》が悪《わる》い。また、運《うん》が悪《わる》い。例 **間が悪い**ときにお客《きゃく》が来《き》た。❷その場《ば》にいるのがはずかしい。例 人《ひと》ちがいをして知《し》らない人《ひと》に声《こえ》をかけ、**間が悪い**思《おも》いをした。

巻《ま》き添《ぞ》えを食《く》う 慣用句

意味 ほかの人《ひと》の事件《じけん》や事故《じこ》などに巻《ま》きこまれて、疑《うたが》いをかけられたり、損害《そんがい》をこうむったりする。例 けんかの**巻き添えを食っ**て、けがをした。

類 側杖《そばづえ》を食《く》う／とばっちりを食《く》う

紛《まぎ》れもない 慣用句

意味 まちがえようがない。明白《めいはく》である。

例 今話《いまはな》したことは、**紛れもない**事実《じじつ》だ。

幕《まく》が開《あ》く 慣用句

意味 物事《ものごと》や期間《きかん》が始《はじ》まる。例 ペナントレースの**幕が開く**。

語源 幕《まく》が開《あ》いて、芝居《しばい》が始《はじ》まることから。

同 幕《まく》が上《あ》がる　対 幕《まく》が下《お》りる／幕《まく》が閉《と》じる

幕《まく》が下《お》りる 慣用句

意味 物事《ものごと》や期間《きかん》が終《お》わる。例 スキーシーズンの**幕が下りる**。

同 幕《まく》が閉《と》じる　対 幕《まく》が上《あ》がる／幕《まく》が開《あ》く

枕《まくら》を高《たか》くして寝《ね》る 故事成語

意味 安心《あんしん》してねむる。〈『戦国策《せんごくさく》』〉例 犯《はん》人《にん》がつかまったので、**枕を高くして寝る**ことができるよ。

語源 中国《ちゅうごく》の戦国時代《せんごくじだい》、斉《せい》の貴族《きぞく》である孟《もう》嘗君《しょうくん》は、政治的《せいじてき》に不安定《ふあんてい》な立場《たちば》にあった。そこで、ある部下《ぶか》が、「すばしっこいウサギでも、生《い》きのびるために三《みっ》つは逃《に》げ道《みち》を用意《ようい》しているのに、ご主君《しゅくん》には一《ひと》つしか切《き》り札《ふだ》がありません。これでは、枕《まくら》を高《たか》くして寝《ね》られないでしょうから、残《のこ》り二《ふた》つをご用意《ようい》しましょう。」と提案《ていあん》したという話《はなし》から。

同 枕《まくら》を高《たか》くする　英 to be able to sleep on both ears（どちらの耳《みみ》を下《した》にしても眠《ねむ》れる）

枕《まくら》を並《なら》べる 慣用句

意味 ❶同《おな》じところで、並《なら》んでねる。例 親《おや》子三人《こさんにん》で**枕を並べる**。❷多《おお》くの人《ひと》が、同《おな》じところで、そろって同《おな》じことをする。特《とく》に、同《おな》じところでたおれる。例 **枕を並べ**て討《う》ち死《じ》にする。

幕《まく》を開《あ》ける 慣用句

意味 物事《ものごと》が始《はじ》まりになる。例 ワールドカップが**幕を開ける**。

同 幕《まく》を上《あ》げる　対 幕《まく》を下《お》ろす／幕《まく》を閉《と》じる

幕《まく》を切《き》って落《お》とす 慣用句

意味 はなばなしく物事《ものごと》を始《はじ》める。例 選《せん》挙戦《きょせん》の**幕を切って落とす**。

語源 歌舞伎《かぶき》で、幕《まく》を一気《いっき》にふり落《お》として、演技《えんぎ》を始《はじ》めることから。

幕《まく》を閉《と》じる 慣用句

意味 物事《ものごと》が終《お》わりになる。例 野球大会《やきゅうたいかい》が**幕を閉じる**。

語源 幕《まく》を閉《し》めて、芝居《しばい》を終《お》えることから。

同 幕《まく》を下《お》ろす　対 幕《まく》を開《あ》ける／幕《まく》を上《あ》げる

負《ま》けず劣《おと》らず 慣用句

意味 おたがいに力《ちから》や勢《いきお》いが同《おな》じくらいで、せり合《あ》うようす。例 兄《あに》に**負けず劣らず**、弟《おとうと》も気《き》が強《つよ》い。

負《ま》けるが勝《か》ち ことわざ ↓世界のことわざ（393ページ）

意味 相手《あいて》と無理《むり》に争《あらそ》わないで表面《ひょうめん》では負《ま》けておくことが、結局《けっきょく》は勝《か》ちになるということ。

例 **負けるが勝ち**というから、ここはかれの意見《いけん》を通《とお》しておこう。

参考 いろはがるた（江戸《えど》）の一《ひと》つ。

類 逃《に》げるが勝《か》ち／負《ま》けて勝《か》つ　英 to stoop to conquer（勝《か》とうとして身《み》をかがめる…はじめは下手《したて》に出《で》ること）

馬子《まご》にも衣装《いしょう》 ことわざ ↓世界のことわざ（395ページ）

意味 どんな人《ひと》でも、立派《りっぱ》な服《ふく》を着《き》れば立《りっ》

ま

派《ば》に見《み》えるということのたとえ。例馬子にも衣装で、タキシードを着《き》たら見《み》ちがえた。

語源「馬《ま》子」は、昔《むかし》、馬《うま》を引《ひ》いて荷物《にもつ》や人《ひと》を運《はこ》ぶ仕事《しごと》をした人《ひと》。ふだんは粗末《そまつ》な身《み》なりをしている馬子《まご》も、きれいに着かざると立派《りっぱ》に見《み》えるという意味《いみ》から。

英 Fine feathers make fine birds.（美《うつく》しい羽毛《うもう》は鳥《とり》を美《うつく》しくする）

まさかの時《とき》 慣用句

意味 事態《じたい》がさしせまったとき。万一《まんいち》の場合《ばあい》。例まさかの時に備《そな》える。

摩《ま》擦《さつ》を生《しょう》じる 慣用句

意味 意見《いけん》や気持《きも》ちの食《く》いちがいによって争《あらそ》いが起《お》こる。例考《かんが》えのちがいから摩擦を生じる。

勝《まさ》るとも劣《おと》らない 慣用句

意味 勝《まさ》っていることはあっても、劣《おと》っていることはない。例かれはまだ若《わか》いが、ほかの人《ひと》に勝るとも劣らない技術《ぎじゅつ》をもっている。

間《ま》尺《しゃく》に合《あ》わない 慣用句

意味 損《そん》になる。例間尺に合わない仕事《しごと》。

語源「間尺《ましゃく》」は、長《なが》さの単位《たんい》の間《けん》と尺《しゃく》で、建築物《けんちくぶつ》に用《もち》いる寸法《すんぽう》。

まず隗《かい》より始《はじ》めよ 故事成語

↓隗《かい》より始《はじ》めよ（87ページ）

またとない 慣用句

意味 二度《にど》とない。また、二《ふた》つとない。例またとない機会《きかい》。

股《また》に掛《か》ける 慣用句

意味 各地《かくち》を歩《ある》き回《まわ》る。各地《かくち》で活躍《かつやく》する。例世界《せかい》を股に掛けて商売《しょうばい》をしている。

待《ま》たれる身《み》より待《ま》つ身《み》は辛《つら》い ことわざ

意味 人《ひと》を待《ま》たせるのはつらいものだが、待《ま》っている人《ひと》はそれ以上《いじょう》にいらいらして落《お》ち着《つ》かず、つらいものである。例友《とも》達《だち》は約束《やくそく》の時間《じかん》に一時間《いちじかん》も遅《おく》れてきた。待たれる身より待つ身は辛いで、こちらは気《き》をもんだ。

類待《ま》たるるとも待《ま》つ身《み》になるな／待《ま》つ身《み》は長《なが》い　対待《ま》つ身《み》よりも待《ま》たるる身《み》

待《ま》ちに待《ま》った 慣用句

意味 長《なが》い間《あいだ》待《ま》ち望《のぞ》んでいた。例今日《きょう》は、待ちに待った運動会《うんどうかい》だ。

末《まつ》期《ご》の水《みず》 慣用句

意味 人《ひと》が死《し》ぬまぎわに、その口《くち》にふくませる水《みず》。死《し》に水《みず》。例末期の水を取《と》る。

末《まっ》席《せき》を汚《けが》す 慣用句

意味 会合《かいごう》や集団《しゅうだん》などに加《くわ》わる。例この委員会《いいんかい》の末席を汚すことになりました。

語源「末席《まっせき》」は、下位《かい》の席《せき》、または下位《かい》の地位《ちい》。

参考 へりくだるときに用《もち》いる。

待《ま》てど暮《く》らせど 慣用句

意味 いくら待《ま》っていても。例待てど暮らせど、あらわれない。

★待《ま》てば海路《かいろ》の日和《ひより》あり ことわざ

意味 じっと待《ま》っていれば、そのうちきっとよいことがあるという教《おし》え。例あせるな。待てば海路の日和あり、だよ。

語源 待《ま》っていれば、海《うみ》の静《しず》かな航海《こうかい》するのによい天気《てんき》のときもめぐってくると

ま

いうことから。

参考「待《ま》てば甘《かん》露《ろ》の日和《ひより》あり（=待《ま》っていれば甘《あま》い露《つゆ》が天《てん》から降《ふ》ってくるような天気《てんき》もある）」を言《い》いかえた言葉《ことば》とされる。

英 Everything comes to the person who waits.（待《ま》つ人《ひと》に来《こ》ないものなし）

★的《まと》を射《い》る 慣用句

意味 要点《ようてん》や本質《ほんしつ》を確《たし》かにとらえる。

例 的を射た意見《いけん》。

語源 矢《や》が的《まと》に当《あ》たることから。

注意「的《まと》を得る（える）」は誤《あやま》り。

的《まと》を絞《しぼ》る 慣用句

意味 目標《もくひょう》を一《ひと》つに決《き》める。例 苦手《にがて》な科《か》目《もく》に的を絞って勉強《べんきょう》する。

俎板《まないた》に載《の》せる 慣用句

→ 俎上《そじょう》に載《の》せる（239ページ）

世界《せかい》のことわざ　負《ま》けるが勝《か》ち

韓国《かんこく》

勝《か》つことが負《ま》けること

勝《か》ったと思《おも》っても、実質的《じっしつてき》に負《ま》けているということ。表面的《ひょうめんてき》なことだけを考《かんが》えないほうがよいという意味《いみ》があります。

ドイツ

かしこい人《ひと》はゆずる

かしこい人《ひと》は単純《たんじゅん》な勝《か》ち負《ま》けにこだわりません。いろいろなことを考《かんが》えて、場合《ばあい》によっては勝《か》ちをゆずることもあるのです。

中国《ちゅうごく》

一寸《いっすん》ゆずって一尺《いっしゃく》ゆずられる

一寸《いっすん》は約《やく》3cm《センチメートル》、一尺《いっしゃく》は約《やく》30cm《センチメートル》。

実際《じっさい》の長《なが》さの問題《もんだい》ではなく、少《すこ》しゆずったようでも、後《あと》でもっとたくさんのものを得《え》るということ。

俎板《まないた》の鯉《こい》 慣用句

→俎上《そじょう》の魚《うお》（239ページ）

まなじりを決《けっ》する 慣用句

意味 目《め》を大《おお》きく見開《みひら》いて、いかりや強《つよ》い決心《けっしん》をあらわす顔《かお》つきをする。例 まなじりを決して、留学《りゅうがく》の決意《けつい》を語《かた》る。

語源 「まなじり」は、目《め》じりのこと。「決《けっ》する」は、裂《さ》くの意味《いみ》。

学《まな》びて思《おも》わざれば則《すなわ》ち罔《くら》し 故事成語

意味 いくら広《ひろ》く学《まな》んでも、自分《じぶん》なりにじっくり考《かんが》えてみなければ、ほんとうの理解《りかい》にはつながらない。〈『論語《ろんご》』〉 例 学びて思わざれば則ち罔しだ、覚《おぼ》えたことわざは日常生活《にちじょうせいかつ》で使《つか》おう。

語源 孔子《こうし》の言葉《ことば》。「罔《くら》し」は、暗《くら》い。

英 Learning without thought is labor lost.（思考《しこう》を伴《ともな》わない学問《がくもん》は徒労《とろう》である）

学《まな》びて時《とき》に之《これ》を習《なら》う亦説《またよろこ》ばしからずや 故事成語

意味 学《まな》んだことを何度《なんど》も復習《ふくしゅう》したり、考《かんが》えたりしているうちに、さらに学問《がくもん》を深《ふか》めることになる、なんと楽《たの》しいことではないかということ。〈『論語《ろんご》』〉 例 学びて時に之を習う、亦説ばしからずやというが、復習《ふくしゅう》して初《はじ》めて気《き》づくことはある。

真《ま》に受《う》ける 慣用句

意味 本当《ほんとう》だと思《おも》いこむ。例 そんな話《はなし》を真に受けるな。

目《ま》の当《あ》たりにする 慣用句

意味 目《め》の前《まえ》で見《み》る。例 絶景《ぜっけい》を目の当たりにした。

語源 「目《ま》の当《あ》たり」は、目《め》のすぐ前《まえ》。

豆《まめ》を煮《に》るに萁《まめがら》を燃《た》く 故事成語

意味 兄弟《きょうだい》がたがいに傷《きず》つけ合《あ》うことのたとえ。〈『世説新語《せせつしんご》』〉 例 むやみに兄弟《きょうだい》げんかをするのはやめよう、豆を煮るに萁を燃くという言葉《ことば》もある。

語源 豆《まめ》を煮《に》るのに、その豆《まめ》をとった豆《まめ》がらを燃料《ねんりょう》にするということ。昔《むかし》、中国《ちゅうごく》の魏《ぎ》の曹植《そうしょく》は、兄《あに》の曹丕《そうひ》からその才能《さいのう》をねたまれ、七歩《ななほ》歩《ある》くうちに詩《し》を作《つく》らなければ処刑《しょけい》すると言《い》われた。すると曹植《そうしょく》は、「豆《まめ》がらは釜《かま》の下《した》で燃《も》え、豆《まめ》は釜《かま》の中《なか》で泣《な》く。ともに同《おな》じ根《ね》から生《う》まれたのに、なぜ豆《まめ》がらは盛《さか》んに燃《も》えて厳《きび》しく煮《に》つめるという、ひどいしうちをするのか」とい

「的《まと》を射《い》る」

「的《まと》を射《い》る」は、形《かたち》をまちがえやすい言葉《ことば》です。「的《まと》を得《え》る」とまちがえて覚《おぼ》えている人《ひと》が、大人《おとな》にもいます。

「気《き》が置《お》けない」は、意味《いみ》をまちがえやすい言葉《ことば》です。気軽《きがる》につきあえるというのが本来《ほんらい》の意味《いみ》ですから、逆《ぎゃく》の、気《き》が許《ゆる》せないという意味《いみ》で使《つか》うのは誤《あやま》りです。

「情《なさ》けは人《ひと》のためならず」は、相手《あいて》にかけた情《なさ》けはいつか自分《じぶん》にいいこととして帰《かえ》ってくるという意味《いみ》です。情《なさ》けをかけることはあまやかすことになってしまい、かえって相手《あいて》のためにならないというのは誤《あやま》りです。

ただし、言葉《ことば》は変化《へんか》していきます。使《つか》う人《ひと》が多《おお》くなれば、本来《ほんらい》の意味《み》とちがっても、通用《つうよう》するようになることもあるのです。

う意味《いみ》の詩《し》をたちどころに作《つく》ったので、兄《あに》の曹丕《そうひ》は恥《は》じたという故事《こじ》による。

参考➡七歩《しちほ》の才《さい》

類兄弟牆《けいていかき》にせめぐ

眉唾物《まゆつばもの》 慣用句

意味 信用《しんよう》できないもの。あやしげなもの。**例**そのうわさは眉唾物だ。

参考➡眉《まゆ》に唾《つば》を付《つ》ける

眉《まゆ》に唾《つば》を付《つ》ける 慣用句

意味 だまされないように用心《ようじん》する。

例かれの話《はなし》は**眉に唾を付け**て聞《き》こう。

語源 キツネやタヌキは人《ひと》をだます動物《どうぶつ》と言《い》われ、眉《まゆ》に唾《つば》をつけると、だまされないですむとされていたことから。

参考➡眉唾物《まゆつばもの》

同眉唾《まゆつば》／眉《まゆ》に唾《つば》する／眉《まゆ》に唾《つば》を塗《ぬ》る

★眉《まゆ》をひそめる 慣用句

意味 心配《しんぱい》なことがあったり、いやなことを見《み》たりして、顔《かお》をしかめる。**例**乱暴《らんぼう》なふるまいに

世界《せかい》のことわざ　馬子《まご》にも衣装《いしょう》

中国《ちゅうごく》

人《ひと》は衣装《いしょう》、馬《うま》は鞍《くら》

人《ひと》は着《き》ている衣服《いふく》によって立派《りっぱ》にも、みすぼらしくも見《み》えます。馬《うま》はつける鞍《くら》によって名馬《めいば》のようにも、駄馬《だば》のようにも見《み》えます。

カザフスタン

木《き》が美《うつく》しいのは葉《は》によって、人《ひと》は衣服《いふく》によって

木《き》が美《うつく》しく見《み》えるのは、葉《は》におおわれているから。だから、人間《にんげん》も、人前《ひとまえ》ではきちんとした美《うつく》しい衣服《いふく》を着《き》なくてはいけないということです。地位《ちい》などを考《かんが》えて、その人《ひと》にふさわしい衣服《いふく》を身《み》につけることが大切《たいせつ》であり、かっこよく見《み》えるということにもなります。

オランダ

衣服《いふく》が人《ひと》をつくる

昔《むかし》のヨーロッパは、貴族《きぞく》とふつうの人《ひと》とでは身分《みぶん》がちがい、どんな服《ふく》を着《き》ているかによって、その人《ひと》の社会《しゃかい》的《てき》な身分《みぶん》がだいたいわかってしまいました。そういった歴史《れきし》背景《はいけい》から、服《ふく》によってその人《ひと》の社会的地位《しゃかいてきちい》がわかり、りっぱな衣服《いふく》を着《き》ると、地位《ちい》の高《たか》い人物《じんぶつ》に見《み》えることをいいます。**その他《た》** イギリス、フランス、ドイツ

ま

眉をひそめる。

語源「ひそめる」は、眉《まゆ》と眉《まゆ》の間《あいだ》に、しわを寄《よ》せること。

眉《まゆ》を開《ひら》く 慣用句

意味 心配《しんぱい》することがなくなって、安心《あんしん》した顔《かお》つきになる。例 母《はは》の病気《びょうき》がよくなって、家族《かぞく》は**眉を開い**た。

同 愁眉《しゅうび》を開《ひら》く

丸《まる》い卵《たまご》も切《き》りようで四角《しかく》 ことわざ

意味 物事《ものごと》は、そのあつかい方《かた》によって円満《えんまん》におさまることもあり、もめてしまうこともあるということ。例 ほかの言《い》い方《かた》をすれば、おこらせずにすんだのに。**丸い卵も切りようで四角**、だよ。

語源「丸《まる》い」は物事《ものごと》が円満《えんまん》にいく、「四角《しかく》」は角《かど》が立《た》つという意味《いみ》をかけた言葉《ことば》。

参考「物《もの》も言《い》いようで角《かど》が立《た》つ」とあとに続《つづ》く。

英 Smooth words make smooth ways.（柔和《にゅうわ》な言葉《ことば》は柔和《にゅうわ》な行動《こうどう》をとらせる）

丸裸《まるはだか》になる 慣用句

意味 体《からだ》のほかには、お金《かね》や物《もの》が何《なに》もなくなる。例 商売《しょうばい》で失敗《しっぱい》し、**丸裸になる**。

真綿《まわた》で首《くび》を締《し》める 慣用句

意味 時間《じかん》をかけてじわじわと少《すこ》しずつ痛《いた》めつける。例 **真綿で首を締める**ようなやり方《かた》はやめてくれ。

語源 やわらかくて丈夫《じょうぶ》な真綿《まわた》（カイコのまゆから作《つく》る綿《わた》）で首《くび》を締《し》めると、じわじわとしだいに強《つよ》く締《し》まることから。

英 to be hanged on a fair gallows（美《うつく》しい絞首台《こうしゅだい》でしばり首《くび》にされる）

間《ま》を持《も》たせる 慣用句

意味 あいた時間《じかん》を、何《なに》かをして過《す》ごす。

例 テレビを見《み》て**間を持たせる**。

満更《まんざら》でもない 慣用句

意味 まったく悪《わる》いというわけではない。かなりよい。例 **満更でもない**口《くち》ぶりだ。

★**満場一致《まんじょういっち》** 四字熟語

意味 その場《ば》にいる人全員《ひとぜんいん》の意見《いけん》が一《ひと》つにまとまること。例 かれの案《あん》が**満場一致**で可決《かけつ》された。

まんじりともしない 慣用句

意味 少《すこ》しもねむれない。例 母《はは》の病気《びょうき》が心配《しんぱい》で、**まんじりともしない**で夜《よ》を明《あ》かした。

満身創痍《まんしんそうい》 四字熟語

意味 体中《からだじゅう》が傷《きず》だらけであること。また、ひどく痛《いた》めつけられていること。例 **満身創痍**で投《な》げ続《つづ》けるピッチャー。

満面朱《まんめんしゅ》をそそぐ 慣用句

意味 おこって顔《かお》を真《ま》っ赤《か》にする。例 **満面朱をそそい**で、どなる。

満《まん》を持《じ》す 故事成語

意味 十分《じゅうぶん》に用意《ようい》して機会《きかい》を待《ま》つ。〈『史記《しき》』〉例 **満を持して**、自分《じぶん》の出番《でばん》を待《ま》つ。

語源「満《まん》」は弓《ゆみ》を十分《じゅうぶん》に引《ひ》きしぼることで、その状態《じょうたい》でじっとかまえるということから。

み

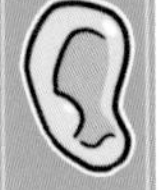

ミイラ取《と》りがミイラになる ことわざ

意味 人《ひと》を連《つ》れもどしに行《い》った者《もの》が帰《かえ》ってこなくなったり、説得《せっとく》に行《い》った者《もの》が逆《ぎゃく》に説得《せっとく》されて

しまったりなど、相手《あいて》に働《はたら》きかけるつもりが逆《ぎゃく》に取《と》りこまれてしまうことのたとえ。例 弟《おとうと》をむかえに行《い》った兄《あに》が弟《おとうと》といっしょに遊《あそ》んでもどってこない。ミイラ取りがミイラになるとは、このことだ。
語源 「ミイラ」は、人間《にんげん》や動物《どうぶつ》の死体《したい》が、くさらずにかわいて、元《もと》に近《ちか》い形《かたち》のままで残《のこ》っているもの。ミイラを探《さが》しに行《い》った者《もの》が、自分《じぶん》もそこで死《し》んでミイラになるということから。
英 Many go out for wool and come home shorn.（羊毛《ようもう》を求《もと》めに行《い》くが自分《じぶん》の毛《け》を刈《か》られて帰《かえ》る者《もの》が多《おお》い）

見得《みえ》を切《き》る 慣用句

意味 大《おお》きなことができると、自信《じしん》をもって言《い》う。例 キャプテンは、必《かなら》ず優勝《ゆうしょう》すると見得を切った。
語源 もともとは歌舞伎《かぶき》などで、感情《かんじょう》が頂点《ちょうてん》に達《たっ》したことをしめすために、役者《やくしゃ》が目立《めだ》つ顔《かお》つきやしぐさをすること。

見栄《みえ》を張《は》る 慣用句

意味 実際以上《じっさいいじょう》に見《み》かけをよくしようとする。例 見栄を張って、高《たか》い料理《りょうり》を注文《ちゅうもん》する。
語源 「見栄《みえ》」は、自分《じぶん》をよく見《み》せようとする態度《たいど》。

磨《みが》きを掛《か》ける 慣用句

意味 より優《すぐ》れたものに仕上《しあ》げるためにきたえる。例 芸《げい》に磨きを掛ける。

身《み》が入《はい》る 慣用句

意味 一生懸命《いっしょうけんめい》になる。例 勉強《べんきょう》に身が入らない。

身《み》が持《も》たない 慣用句

意味 体力《たいりょく》が続《つづ》かない。例 休《やす》みなしでは身が持たない。

★★
身《み》から出《で》た錆《さび》 ことわざ

意味 自分《じぶん》がした悪《わる》いおこないのために、後《あと》で自分《じぶん》が苦《くる》しむことのたとえ。例 本番《ほんばん》で失敗《しっぱい》したのは練《れん》習《しゅう》をなまけたせいだ。身から出た錆だね。
語源 「身《み》」は、刀《かたな》の身《み》（＝刀《かたな》の刃《は》の部《ぶ》分《ぶん》）、または、その人自身《ひとじしん》のこと。「錆《さび》」は、金属《きんぞく》が空気《くうき》や水《みず》に触《ふ》れたときに表面《ひょうめん》にできるもので、悪《わる》い結果《けっか》をあらわす。
参考 いろはがるた（江戸《えど》）の一《ひと》つ。
類 因果応報《いんがおうほう》／自業自得《じごうじとく》 英 An ill life, an ill end.（悪《わる》い生活《せいかつ》をすると悪《わる》い死《し》に方《かた》をする）

右《みぎ》から左《ひだり》 慣用句

意味 入《はい》ってきたお金《かね》や品物《しなもの》を、すぐにほかの人《ひと》にわたして、手元《てもと》に残《のこ》す間《ま》のないようす。例 もうけたお金《かね》を右から左に使《つか》ってしまう。

右《みぎ》と言《い》えば左《ひだり》 慣用句

意味 人《ひと》の言《い》うことに、何《なん》でも反対《はんたい》すること。例 いつも右と言えば左という、ひねくれた人《ひと》。
類 白《しろ》と言《い》えば黒《くろ》

右《みぎ》に出《で》る者《もの》がない 慣用句

意味 最《もっと》も優《すぐ》れている。例 絵《え》をかかせたら、あの人《ひと》の右に出る者がない。
語源 昔《むかし》の中国《ちゅうごく》で、上《うえ》の位《くらい》の人《ひと》が右《みぎ》の席《せき》に座《すわ》ることになっていて、それよりも右《みぎ》に座《すわ》る人《ひと》がいないということから。
同 右《みぎ》に出《で》る者《もの》がいない

み

右《みぎ》の耳《みみ》から左《ひだり》の耳《みみ》 慣用句

意味 人《ひと》の話《はなし》などをいいかげんに聞《き》いて、心《こころ》にとどめないこと。例 かれときたら、何《なに》を言《い》っても、右の耳から左の耳だ。

語源 右《みぎ》の耳《みみ》から入《はい》ってきたことが、頭《あたま》の中《なか》をすどおりして、左《ひだり》の耳《みみ》へぬけてしまうということから。

英 In one ear and out the other.（片方《かたほう》の耳《みみ》から入《はい》り、他方《たほう》の耳《みみ》から出《で》ていってしまう）

右《みぎ》へ倣《なら》え 慣用句

意味 人《ひと》のまねをすること。例 何《なん》でも右へ倣えでは進歩《しんぽ》しない。

右《みぎ》も左《ひだり》もわからない 慣用句

意味 何《なに》もわからないようす。例 初参加《はつさんか》で、右も左もわからない。

見切《みき》り発車《はっしゃ》 慣用句

意味 調査《ちょうさ》や話《はな》し合《あ》いが不十分《ふじゅうぶん》なまま、実行《じっこう》にふみ切《き》ること。例 時間《じかん》がないので、今回《こんかい》は見切り発車することになったが、心配《しんぱい》だ。

見切《みき》りを付《つ》ける 慣用句

意味 見《み》こみがないと考《かんが》えてあきらめる。

例 見切りを付ける前《まえ》に、もう一度《いちど》よく考《かんが》えた方《ほう》がいい。

神輿《みこし》を上《あ》げる 慣用句

意味 仕事《しごと》などに取《と》りかかる。例 夕方近《ゆうがたちか》くになって、ようやく神輿を上げる。

語源 「神輿《みこし》」は、神社《じんじゃ》の祭《まつ》りのときにかつぐもの。ふだんは動《うご》かさない神輿《みこし》の「輿《こし》」と、「腰《こし》を上《あ》げる」の「腰《こし》」を重《かさ》ねている。

神輿《みこし》を担《かつ》ぐ 慣用句

意味 他人《たにん》をおだてるなどして、高《たか》い地位《ちい》につかせる。例 神輿を担いで、会長《かいちょう》にする。

語源 神輿《みこし》を担《かつ》ぐように、人《ひと》を持《も》ち上《あ》げるということから。

神輿《みこし》を据《す》える 慣用句

意味 座《すわ》りこんで動《うご》かないでいる。例 神輿を据えて話《はな》しこむ。

語源 神輿《みこし》を置《お》くようにということから。神輿《みこし》の「輿《こし》」と、「腰《こし》を落《お》ち着《つ》ける」の「腰《こし》」を重《かさ》ねている。

見猿《みざる》聞《き》か猿《ざる》言《い》わ猿《ざる》 ことわざ

意味 よけいなことを見《み》たり聞《き》いたり言《い》ったりしないことのたとえ。例 その件《けん》については、見猿聞か猿言わ猿だ。

語源 「〜しない」という意味《いみ》の「ざる」と、「〇〇猿《ざる》」を重《かさ》ねている。両目《りょうめ》・両耳《りょうみみ》・口《くち》を両手《りょうて》でふさいだ三匹《さんびき》のサルの姿《すがた》であらわされる。

英 See no evil, hear no evil, speak no evil.（悪《わる》いことを見《み》るな、聞《き》くな、言《い》うな）

みじんもない 慣用句

意味 ごくわずかもない。例 友達《ともだち》を困《こま》らせようという気持《きも》ちなど、みじんもなかった。

語源 「みじん」は、細《こま》かいちり。

水入《みずい》らず 慣用句

意味 家族《かぞく》など親《した》しい人《ひと》ばかりで、他人《たにん》がまじっていないこと。例 親子《おやこ》水入らずで食事《しょくじ》をした。

水《みず》が合《あ》わない 慣用句

意味 その土地《とち》の風土《ふうど》や気風《きふう》になじめない。例 わたしには都会《とかい》の水が合わない。

水掛《みずか》け論《ろん》 慣用句

意味 おたがいが、自分《じぶん》に都合《つごう》のいい理屈《りくつ》を言《い》い合《あ》って、いつまでも終《お》わらない議論《ぎろん》。例 水掛け論をくり返《かえ》す。

水《みず》が入《はい》る 慣用句

意味 相撲《すもう》で、勝負《しょうぶ》が長引《ながび》いたとき、勝負《しょうぶ》

み

を一時《いちじ》中止《ちゅうし》して少《すこ》し休《やす》ませる。例 両者《りょうしゃ》ゆずらず**水が入る**一番《いちばん》。

同 水入《みずい》りになる

水清《みずきよ》ければ魚《うお》棲《す》まず 故事成語

意味 清《きよ》く正《ただ》しすぎると、かえって人《ひと》に親《した》しまれず、孤立《こりつ》してしまうことのたとえ。〈『孔《こう》子家語《しけご》』〉 例 あまり厳《きび》しすぎると人《ひと》ははなれていってしまうよ。**水清ければ魚棲まず**、と言《い》うだろう。

語源 水《みず》がきれいで、かくれる所《ところ》がないと、魚《さかな》がすまないということから。

類 曲《ま》がらねば世《よ》が渡《わた》られぬ 英 A clear stream is avoided by fish.（清《きよ》き流《なが》れを魚《さかな》は避《さ》ける）

水際立《みずぎわだ》つ 慣用句

意味 特《とく》に優《すぐ》れていて、よく目立《めだ》つ。例 **水際立**ったわざ。

水臭《みずくさ》い 慣用句

意味 親《した》しい間《あいだ》がらなのに、他人《たにん》のように、よそよそしい。例 きみとぼくの仲《なか》でそんな**水臭い**ことを言《い》うな。

水心《みずごころ》あれば魚心《うおごころ》 ことわざ

↓魚心《うおごころ》あれば水心《みずごころ》（55ページ）

水《みず》と油《あぶら》 慣用句

意味 性質《せいしつ》が合《あ》わなくて、しっくり調和《ちょうわ》しないこと。例 あの二人《ふたり》は**水と油**だ。

語源 水《みず》と油《あぶら》はとけ合《あ》わないことから。

同 水《みず》に油《あぶら》／油《あぶら》に水《みず》 英 Oil and water don't mix.（油《あぶら》と水《みず》は混《ま》ざらない）

★★
水《みず》に流《なが》す 慣用句

意味 今《いま》までのいざこざやうらみなどを捨《す》てて、以後《いご》こだわらないようにする。例 おたがいに、今《いま》までのことは**水に流し**て、これからは力《ちから》を合《あ》わせよう。

水《みず》の泡《あわ》 慣用句

意味 努力《どりょく》や苦労《くろう》が、むだになってしまうこと。例 せっかくの苦労《くろう》が**水の泡**になってしまった。

語源 水面《すいめん》にうかぶ水《みず》の泡《あわ》は、こわれやすく、すぐに消《き》えてしまうことから。

類 水泡《すいほう》に帰《き》する

水《みず》のしたたるような 慣用句

意味 みずみずしく美《うつく》しい人《ひと》のようすのたとえ。例 **水のしたたるような**いい男《おとこ》。

同 水《みず》もしたたる

水《みず》は方円《ほうえん》の器《うつわ》に随《したが》う 故事成語

意味 人《ひと》は友人《ゆうじん》や環境《かんきょう》によってよくも悪《わる》くもなる。〈『韓非子《かんびし》』〉 例 **水は方円の器に随う**というから、一刻《いっこく》も早《はや》く、悪《わる》い仲間《なかま》からははなれるべきだ。

語源 「方《ほう》」は、四角《しかく》、「円《えん》」は、まるいこと。水《みず》は入《い》れ物《もの》によって四角《しかく》くもまるくもなるということから。

水《みず》もしたたる 慣用句

↓水《みず》のしたたるような（399ページ）

水《みず》も漏《も》らさぬ 慣用句

意味 警戒《けいかい》などが完全《かんぜん》で、少《すこ》しのすきもないようすのたとえ。例 **水も漏らさぬ**守《まも》り。

類 蟻《あり》のはい出《で》る隙《すき》もない

★
水《みず》をあける 慣用句

意味 競争相手《きょうそうあいて》を大《おお》きく引《ひ》きはなす。

例 ライバルに**水をあける**。

語源 水泳《すいえい》やボートレースで、身長《しんちょう》あるいはボートの長《なが》さ以上《いじょう》に相手《あいて》を引《ひ》きはなすということから。

み

★**水《みず》を打《う》ったよう** 慣用句

意味 たくさんの人《ひと》が熱心《ねっしん》に聞《き》き入《い》って、静《しず》まりかえっているようす。例 会場《かいじょう》は**水を打ったように**しんとなった。

語源 「水《みず》を打《う》つ」は、「水《みず》をまく」ということ。水《みず》をまくとほこりがおさまることから。

水《みず》を得《え》た魚《うお》のよう 慣用句

意味 自分《じぶん》の活躍《かつやく》できる場《ば》で、生《い》き生《い》きしているようす。例 弟《おとうと》は、体育《たいいく》の時間《じかん》は**水を得た魚のよう**だ。

語源 水《みず》の中《なか》で生《い》き生《い》きと泳《およ》ぐ魚《さかな》のようすから。

★★**水《みず》を差《さ》す** 慣用句

意味 せっかくうまくいっている物事《ものごと》を、そばでじゃまをして、うまくいかないようにする。例 二人《ふたり》の友情《ゆうじょう》に**水を差す**ことを言《い》う。

語源 水《みず》を加《くわ》えて、ぬるくしたり、うすくしたりするということから。

英 to put water in the wine (酒《さけ》に水《みず》を入《い》れる)

★**水《みず》を向《む》ける** 慣用句

意味 相手《あいて》の気持《きも》ちがこちらの思《おも》う方向《ほうこう》に向《む》くよう、さそいかける。例 ひみつを聞《き》き出《だ》そうと**水を向ける**。

語源 巫女《みこ》が霊《れい》を呼《よ》ぶときに水《みず》を差《さ》し出《だ》すことから。

類 鎌《かま》を掛《か》ける

身銭《みぜに》を切《き》る 慣用句

意味 自分《じぶん》のお金《かね》でしはらう。例 **身銭を切って**、客《きゃく》を接待《せったい》する。

類 自腹《じばら》を切《き》る

店《みせ》を畳《たた》む 慣用句

意味 商売《しょうばい》をやめる。例 不景気《ふけいき》で**店を畳む**。

類 店《みせ》をしまう

未曾有《みぞう》 慣用句

意味 今《いま》までに一度《いちど》もなかったこと。非常《ひじょう》にめずらしいこと。例 **未曾有**の被害《ひがい》をもたらした台風《たいふう》。

語源 「未《いま》だ曾《かつ》て有《あ》らず」と読《よ》み、今《いま》までに一度《いちど》もないという意味《いみ》。元《もと》は仏教《ぶっきょう》の言葉《ことば》。

参考 特《とく》に重大《じゅうだい》なことに用《もち》いる。

類 前代未聞《ぜんだいみもん》/破天荒《はてんこう》

味噌《みそ》も糞《くそ》も一緒《いっしょ》 ことわざ

意味 良《よ》いものも悪《わる》いものも、価値《かち》のあるものもないものも、区別《くべつ》せずに同《おな》じにあつかうことのたとえ。例 今《いま》どきの若者《わかもの》は言葉《ことば》の使《つか》い方《かた》を知《し》らないなどと、**味噌も糞も一緒**にしないでほしい。

類 玉石混交《ぎょくせきこんこう》

味噌《みそ》を付《つ》ける 慣用句

意味 しくじって、はじをかく。例 調子《ちょうし》に乗《の》って、**味噌を付け**てしまった。

道草《みちくさ》を食《く》う 慣用句

意味 ある場所《ばしょ》への行《い》き来《き》の途中《とちゅう》で、ほかのことをして時間《じかん》をとる。例 **道草を食っ**て、ちこくする。

語源 馬《うま》が道《みち》ばたの草《くさ》を食《た》べて、なかなか進《すす》まないということから。

道《みち》を付《つ》ける 慣用句

意味 きっかけをつくる。例 先生《せんせい》が、他校《たこう》との共同研究《きょうどうけんきゅう》に**道を付ける**。

語源 道《みち》のない所《ところ》に新《あたら》しく道《みち》を設《もう》けると

み

いうことから。

三日天下《みっかてんか》 四字熟語

➡マンガdeことわざ（388ページ）

意味 わずかな間《あいだ》しか地位《ちい》や力《ちから》を持《も》つことができないこと。**例** もう辞任《じにん》だなんて三日天下だね。

語源 明智光秀《あけちみつひで》が織田信長《おだのぶなが》をたおして天《てん》下《か》を取《と》ったが、すぐにほろぼされたことから。「天下」は、「でんか」とも読《よ》む。

三日《みっか》にあげず 慣用句

意味 たびたび。毎日《まいにち》のように。**例** 三日にあげず遊《あそ》びに来《く》る。

語源 三日《みっか》の間《あいだ》もあけないでということから。

★三日坊主《みっかぼうず》 四字熟語

意味 物事《ものごと》にあきやすく、長続《ながつづ》きしないこと。また、そのような人《ひと》。**例** ジョギングは三日坊主に終《お》わった。

語源 坊主《ぼうず》（＝僧《そう》）になっても修行《しゅぎょう》の厳《きび》しさにたえられず、すぐやめる人《ひと》が多《おお》いことから。

英 Soon hot, soon cold.（熱《ねっ》し易《やす》きは冷《さ》め易《やす》し）

三日見《みっかみ》ぬ間《ま》の桜《さくら》 ことわざ

意味 物事《ものごと》の変化《へんか》や世《よ》の中《なか》の移《うつ》り変《か》わりが早《はや》いことのたとえ。**例** 三日見ぬ間の桜で、旅行《りょこう》から帰《かえ》ったら新《あたら》しい店《みせ》ができていた。

語源 サクラの花《はな》はさいてから散《ち》るまでの変化《へんか》が非常《ひじょう》に早《はや》いことから。江戸《えど》時《じ》代《だい》、大島蓼太《おおしまりょうた》の俳句《はいく》「世《よ》の中《なか》は三日見《みっかみ》ぬ間《ま》に桜《さくら》かな」による。

三《み》つ子《ご》の魂《たましい》百《ひゃく》まで ことわざ

➡世界のことわざ（403ページ）

意味 幼《おさな》いころの性質《せいしつ》は、年《とし》をとっても変《か》わらないということ。**例** 三つ子の魂百までで、姉《あね》は今《いま》でもあわてんぼうだ。

語源 三《み》つ子《ご》（＝三歳《さんさい》の子供《こども》）のときの性《せい》格《かく》は百歳《ひゃくさい》になっても変《か》わらないということから。

類 雀百《すずめひゃく》まで踊《おど》り忘《わす》れず **英** As the boy, so the man.（子供《こども》のとおりに大人《おとな》になる）

三《み》つ指《ゆび》をつく 慣用句

意味 座《すわ》って親指《おやゆび》・人《ひと》さし指《ゆび》・中指《なかゆび》をたたみなどにつけて、ていねいに礼《れい》をする。**例** 三つ指をついて、お客様《きゃくさま》を出《で》むかえる。

緑《みどり》の黒髪《くろかみ》 慣用句

意味 黒《くろ》くてつやつやとした、美《うつく》しい髪《かみ》の毛《け》。**例** 美《うつく》しい緑の黒髪。

語源 この場合《ばあい》の「緑《みどり》」は、色《いろ》ではなく、つやのあるようすをあらわす。

参考 女性《じょせい》の髪《かみ》をほめて言《い》う。

同 緑《みどり》の髪《かみ》

身《み》に余《あま》る 慣用句

意味 自分《じぶん》の値打《ねう》ち以上《いじょう》である。**例** 身に余る光栄《こうえい》です。

参考 ふつう、へりくだって用《もち》いる。

身《み》に覚《おぼ》えがない 慣用句

意味 自分《じぶん》でそのことをした記憶《きおく》がない。

み

思《おも》いあたることがない。例身に覚えがない疑《うたが》いをかけられる。

身《み》に染《し》みる 慣用句

意味❶心《こころ》に深《ふか》く感《かん》じる。例優《やさ》しさが身に染みる。

❷寒《さむ》さや冷《つめ》たさが体《からだ》に強《つよ》く感《かん》じられる。例冬《ふゆ》の寒《さむ》さが身に染みる。

★**身《み》に付《つ》く** 慣用句

意味知識《ちしき》や技術《ぎじゅつ》などが、自分《じぶん》のものとなる。例長《なが》い外国生活《がいこくせいかつ》のおかげで、自然《しぜん》な英会話《えいかいわ》が身に付いた。

身《み》に付《つ》ける 慣用句

意味知識《ちしき》や技術《ぎじゅつ》などを自分《じぶん》のものにする。例学問《がくもん》を身に付ける。

身《み》につまされる 慣用句

意味人《ひと》の不幸《ふこう》や苦《くる》しみなどが自分《じぶん》のことのように思《おも》われる。例身につまされる話《はなし》。

語源「つまされる」は、心《こころ》を強《つよ》く動《うご》かされること。

身《み》になる 慣用句

意味❶その人《ひと》のおかれている立場《たちば》に立《た》つ。例相手《あいて》の身になって考《かんが》える。

❷体《からだ》の血《ち》や肉《にく》になる。例おかしではなく、もっと身になるものを食《た》べなさい。

見《み》ぬ物清《ものきよ》し ことわざ

意味実際《じっさい》に見《み》なければ、どんなきたないものでもきれいで美《うつく》しく思《おも》われる。例たんすの中《なか》のごちゃごちゃを、見ぬ物清しでそのままにしてはいけない。

参考「見《み》ぬこと清《きよ》し」とも。

類知《し》らぬが仏《ほとけ》

身《み》の置《お》き所《どころ》がない 慣用句

意味はずかしかったり困《こま》ったりして、その場《ば》にいられる心境《しんきょう》ではない。例試合《しあい》でミスをしてしまい、身の置き所がない。

身《み》の毛《け》がよだつ 慣用句

意味あまりのおそろしさや気味悪《きみわる》さのために、体中《からだじゅう》の毛《け》が立《た》つように感《かん》じる。例初《はじ》めておばけやしきに入《はい》って、身の毛がよだつ思《おも》いをした。

同身《み》の毛《け》もよだつ／総毛立《そうけだ》つ

身《み》の振《ふ》り方《かた》 慣用句

意味今後《こんご》の生活《せいかつ》についての方針《ほうしん》。例卒《そつ》業《ぎょう》した後《あと》の身の振り方を考《かんが》える。

身《み》の程知《ほどし》らず 慣用句

意味自分《じぶん》の力《ちから》がどのくらいのものかを知《し》らず、それ以上《いじょう》のことをしようとしたり、えらそうにふるまったりすること。また、そのような人《ひと》。例身の程知らずの望《のぞ》みをいだく。

ことわざ **実《みの》るほど頭《あたま》の下《さ》がる稲穂《いなほ》かな**

意味優《すぐ》れた人物《じんぶつ》ほど、ひかえ目《め》であることのたとえ。例あの先生《せんせい》はだれに対《たい》しても腰《こし》が低《ひく》い。まさに実るほど頭の下がる稲穂かな、だ。

語源稲《いね》の穂《ほ》は、実《みの》れば実《みの》るほど重《おも》くなって、頭《あたま》の方《ほう》が下《さ》がるということから。

同実《みの》るほど頭《こうべ》を垂《た》れる稲穂《いなほ》かな

英 The boughs that bear most hang lowest.（実《み》のなる枝《えだ》ほど低《ひく》く垂《た》れる）

身《み》二《ふた》つになる 慣用句

意味出産《しゅっさん》する。例姉《あね》が無事《ぶじ》身二つになっ

み

て安心《あんしん》した。

★★耳《みみ》が痛《いた》い 慣用句

意味 自分《じぶん》の悪《わる》いところや弱《よわ》みを言《い》われて、聞《き》くのがつらい。例 ゲームに熱中《ねっちゅう》していたので、「受験勉強《じゅけんべんきょう》はがんばっているかね。」と聞《き》かれて、**耳が痛かった**。

耳《みみ》が肥《こ》える 慣用句

意味 音楽《おんがく》などをたくさん聴《き》いていて、よしあしがよくわかる。例 クラシック音《おん》楽《がく》には**耳が肥えて**いる。

耳《みみ》が遠《とお》い 慣用句

意味 年《とし》をとったり病気《びょうき》をしたりして、音《おと》がよく聞《き》こえない。例 祖父《そふ》は**耳が遠い**。

★耳《みみ》が早《はや》い 慣用句

意味 物音《ものおと》やうわさをすぐに聞《き》きつける。

例 もう知《し》ってるの。**耳が早い**ね。

耳慣《みみな》れない 慣用句

意味 聞《き》いたことがなく、めずらしい。

例 **耳慣れない**言葉《ことば》なので、意味《いみ》をたずねた。

耳《みみ》に入《い》れる 慣用句

意味 話《はな》して聞《き》かせる。例 念《ねん》のために、本《ほん》人《にん》の**耳に入れて**おこう。

耳《みみ》にする 慣用句

世界《せかい》のことわざ　三《みっ》つ子《ご》の魂百《たましいひゃく》まで

フランス

ゆりかごで学《まな》んだことは墓場《はかば》まで持《も》って行《い》く

「ゆりかごから墓場《はかば》まで」とは人《ひと》の一生《いっしょう》のこと。生《う》まれて初《はじ》めて接《せっ》する道具《どうぐ》がゆりかごで、だれでも幼《おさな》いときに身《み》につけた好《この》みや癖《くせ》などは、一生変《いっしょうか》わらないということです。その他《た》 イギリス

イギリス

子《こ》どもは大人《おとな》の父《ちち》

人格《じんかく》は子《こ》どものころに形成《けいせい》されるので、子《こ》どもを見《み》ると将来《しょうらい》どんな大人《おとな》になるか、だいたいわかるということです。ふつうは父《ちち》が大人《おとな》だと思《おも》いますが、わざと逆《ぎゃく》の表現《ひょうげん》にして注意《ちゅうい》をひいています。

コロンビア

曲《ま》がって生《は》えた木《き》は、まっすぐに生長《せいちょう》しない

幼《おさな》いときの環境《かんきょう》や育《そだ》ちが、大人《おとな》になった後《あと》も大《おお》きな影響《えいきょう》をあたえることのたとえ。隣《りん》国《ごく》ベネズエラでは「曲《ま》がって生長《せいちょう》した木《き》の幹《みき》はまっすぐにできない」といいます。

み

意味 聞《き》く。聞《き》こえてくる。例 うわさを耳にする。

★耳《みみ》にたこができる 慣用句

意味 同《おな》じことを何度《なんど》も聞《き》かされて、いやになる。例 また、その話《はなし》か。耳にたこができるよ。

語源「たこ」は、手《て》や足《あし》の、いつも使《つか》ってすれるところが固《かた》くなって盛《も》り上《あ》がったもの。

★耳《みみ》に付《つ》く 慣用句

意味 ❶声《こえ》や音《おと》がうるさく感《かん》じられる。例 川《かわ》の音《おと》が耳に付いてねむれない。❷聞《き》いた言葉《ことば》などが、気《き》になって忘《わす》れられない。例 友達《ともだち》が別《わか》れぎわに言《い》った言葉《ことば》が耳に付いている。❸聞《き》きあきる。例 かのじょのじまん話《ばなし》が耳に付く。

耳《みみ》に留《と》まる 慣用句

意味 聞《き》こえてきたことに注意《ちゅうい》が向《む》く。例 何気《なにげ》ない一言《ひとこと》が耳に留まる。

耳《みみ》に残《のこ》る 慣用句

意味 人《ひと》の言葉《ことば》や物音《ものおと》などが、いつまでも記憶《きおく》に残《のこ》る。例 卒業《そつぎょう》のときの先生《せんせい》の言葉《ことば》が、今《いま》も耳に残っています。

耳《みみ》に入《はい》る 慣用句

意味 聞《き》こえる。聞《き》いて知《し》る。例 けんかをしたことが母《はは》の耳に入った。

耳《みみ》に挟《はさ》む 慣用句

意味 ちらりと聞《き》く。例 友達《ともだち》のうわさを耳に挟む。

類 小耳《こみみ》に挟《はさ》む

耳寄《みみよ》り 慣用句

意味 聞《き》いておく値打《ねう》ちのあること。また、そのようなようす。例 耳寄りな話《はなし》を聞《き》いた。

★耳《みみ》を疑《うたが》う 慣用句

意味 意外《いがい》なことを聞《き》いておどろく。例 優勝候補《ゆうしょうこうほ》が負《ま》けたと聞《き》いて耳を疑う。

耳《みみ》を掩《おお》うて鐘《かね》を盗《ぬす》む 故事成語

意味 ❶自分《じぶん》の良心《りょうしん》をだまして、悪《わる》いことをするたとえ。例 耳を掩うて鐘を盗むという言葉《ことば》があるように、嘘《うそ》をついても後悔《こうかい》するのは自分《じぶん》だ。❷ひそかに悪《わる》いことをしたつもりでも、すっかり人々《ひとびと》に知《し》れわたっていることのたとえ。〈『呂氏春秋《りょししゅんじゅう》』〉

語源 昔《むかし》、中国《ちゅうごく》である男《おとこ》が、鐘《かね》を盗《ぬす》もうとした。その鐘《かね》が重《おも》すぎるので、槌《つち》でたたき割《わ》って運《はこ》ぼうとしたが大《おお》きな音《おと》がしたので、人《ひと》に聞《き》かれては大変《たいへん》と、おろかにも自分《じぶん》の耳《みみ》をおおったという故事《こじ》から。

類 耳《みみ》を掩《おお》うて鈴《すず》を盗《ぬす》む／目《め》を掩《おお》うて雀《すずめ》を捕《と》らう 英 The cat shuts its eyes while it steals cream.（猫《ねこ》はクリームを盗《ぬす》むとき目《め》を閉《と》じる）

★耳《みみ》を貸《か》す 慣用句

意味 人《ひと》の話《はなし》を聞《き》いてやる。たのみを受《う》け入《い》れてやる。例 おこって耳を貸さない。

★耳《みみ》を傾《かたむ》ける 慣用句

意味 しっかりと聞《き》く。例 熱心《ねっしん》に話《はな》す先生《せんせい》の言葉《ことば》に、みんなが耳を傾けた。

み

耳《みみ》をくすぐる 慣用句

意味 相手《あいて》が喜《よろこ》ぶようなことを言《い》う。例 ほめ言葉《ことば》に耳をくすぐられて調子《ちょうし》に乗《の》ってしまった。

★**耳《みみ》を澄《す》ます** 慣用句

意味 心《こころ》を落《お》ち着けて、静《しず》かに聞《き》く。例 虫《むし》の声《こえ》に耳を澄ます。

耳《みみ》をそばだてる 慣用句

意味 聞《き》きのがさないように注意《ちゅうい》して、一生懸命《いっしょうけんめい》に聞《き》く。例 あやしい物音《ものおと》に、みんなが耳をそばだてた。

語源「そばだてる」は、高《たか》く立《た》てるということ。立《た》てた耳《みみ》を音《おと》のする方《ほう》に向《む》けるということから。

★**耳《みみ》をそろえる** 慣用句

意味 全額《ぜんがく》をまとめる。例 借《か》りた金《かね》を耳をそろえて返《かえ》す。

語源「耳《みみ》」は、昔《むかし》のお金《かね》の大判《おおばん》・小判《こばん》のふちのこと。そのふちをそろえるということから。

見向《みむ》きもしない 慣用句

意味 まったく関心《かんしん》を示《しめ》さない。例 父《ちち》はあまいものには見向きもしない。

身《み》も蓋《ふた》もない 慣用句

意味 あまりにはっきり言《い》いすぎて、おもしろみやおもむきがない。例 そこまで言《い》っては身も蓋もなくなる。

語源 身《み》（＝入《い》れ物《もの》）に入《はい》ってもいないし、蓋《ふた》もされていなくて、むき出《だ》しであるということから。

身《み》も世《よ》もない 慣用句

意味 悲《かな》しみや苦《くる》しみがひどくて、自分《じぶん》のことも世間《せけん》のことも考《かんが》えていられない。

例 身も世もなくなげき悲《かな》しむ。

語源「身《み》」は、我《わ》が身《み》、「世《よ》」は、世間体《せけんてい》。我《わ》が身《み》も世間体《せけんてい》もかまってはいられないという意味《いみ》から。

脈《みゃく》がある 慣用句

意味 望《のぞ》みがある。例 はっきり断《ことわ》られてはいないので、まだ脈があると思《おも》う。

語源 脈拍《みゃくはく》があって、生《い》きる見《み》こみがあるということから。

見様見真似《みようみまね》 慣用句

意味 人《ひと》のしているのを見《み》て、真似《まね》をすること。例 ぼんおどりの輪《わ》に入《はい》って、見様見真似でおどる。

参考「見《み》よう見《み》まね」または「見《み》よう見《み》真似《まね》」と書《か》くことが多《おお》い。

冥利《みょうり》に尽《つ》きる 慣用句

意味 ある立場《たちば》で受《う》ける最高《さいこう》の幸福《こうふく》を感《かん》じる。例 役者《やくしゃ》として冥利に尽きる。

語源「冥利《みょうり》」は、神仏《しんぶつ》が授《さず》けるめぐみ。また、よいおこないをしたことであたえられる幸福《こうふく》。

参考 立場《たちば》をあらわす語《ご》に直接《ちょくせつ》付《つ》けて、「教師冥利《きょうしみょうり》に尽《つ》きる」のように使《つか》うことも多《おお》い。

未来永劫《みらいえいごう》 四字熟語

意味 未来《みらい》にまでわたること。例 未来永劫語《かた》りつがれる真実《しんじつ》。

語源「永劫《えいごう》」は、非常《ひじょう》に長《なが》い年月《ねんげつ》のこと。

見《み》る影《かげ》もない 慣用句

意味 前《まえ》とすっかり変《か》わって、見《み》るのも気《き》の毒《どく》なほどみすぼらしく、あわれである。例 見る影もなく落《お》ちぶれた姿《すがた》。

見《み》ると聞《き》くとは大違《おおちが》い ことわざ

意味 聞《き》いた話《はなし》と実際《じっさい》に見《み》たものとでは大《おお》きな違《ちが》いがあるということ。例 こんなに小《ちい》さな像《ぞう》だったなんて、見ると聞くとは大違いだ。

参考 多《おお》く、見《み》てがっかりしたようなときに用《もち》いる。

見《み》るに忍《しの》びない 慣用句

意味 かわいそうで、見《み》ていられない。 例 戦争《せんそう》で家族《かぞく》をなくした人《ひと》の姿《すがた》は、見るに忍びない。

見《み》るに堪《た》えない 慣用句

意味 見《み》る値打《ねう》ちがない。 例 できの悪《わる》いアニメで見るに堪えない。

類 目《め》も当《あ》てられない

見《み》るに見《み》かねて 慣用句

意味 だまってじっと見《み》ていることができなくて。 例 ひどいいたずらをしていたので、見るに見かねて注意《ちゅうい》した。

見《み》る目《め》がある 慣用句

意味 そのものの価値《かち》を判断《はんだん》する力《ちから》がある。 例 かれは、人《ひと》を見る目があるから、人員《じんいん》の配置《はいち》について相談《そうだん》してみよう。

身《み》を誤《あやま》る 慣用句

意味 生《い》き方《かた》をまちがえる。 例 そんな生《せい》活《かつ》をしていると、身を誤るよ。

身《み》を入《い》れる 慣用句

意味 心《こころ》をこめておこなう。一生懸命《いっしょうけんめい》にする。 例 先生《せんせい》の話《はなし》を身を入れて聞《き》く。

身《み》を固《かた》める 慣用句

意味 ❶しっかりと身《み》じたくをする。 例 制服《せいふく》に身を固める。 ❷結婚《けっこん》する。 例 そろそろ身を固めようと思《おも》うと、いとこが話《はな》していた。

身《み》を切《き》られるよう 慣用句

意味 ❶非常《ひじょう》に寒《さむ》いようす。 例 身を切られるような寒《さむ》さ。 ❷ひどくつらいようす。 例 親友《しんゆう》と別《わか》れるのは身を切られるようにつらい。

同 身《み》を切《き》るよう

身《み》を砕《くだ》く 慣用句

意味 大変《たいへん》な苦労《くろう》をする。一生懸命《いっしょうけんめい》に努《ど》力《りょく》する。 例 町長《ちょうちょう》はこの町《まち》のために身を砕いている。

類 粉骨砕身《ふんこつさいしん》

身《み》を削《けず》る 慣用句

意味 体《からだ》がやせ細《ほそ》るような苦労《くろう》や心配《しんぱい》をする。 例 身を削って五人《ごにん》の子《こ》を育《そだ》てる。

類 骨身《ほねみ》を削《けず》る

身《み》を焦《こ》がす 慣用句

意味 苦《くる》しいほど恋《こい》しく思《おも》う。 例 かなわぬ恋《こい》に身を焦がす青年《せいねん》が主人公《しゅじんこう》の物語《ものがたり》。

身《み》を粉《こ》にする 慣用句

意味 苦労《くろう》をいやがらず、一生懸命《いっしょうけんめい》に働《はたら》くようす。 例 身を粉にして働《はたら》く。

語源 自分《じぶん》の体《からだ》を細《こま》かくくだいて粉《こな》にするほどということから。

注意 「みをこなにする」と読《よ》むのは誤《あやま》り。

類 粉骨砕身《ふんこつさいしん》 英 to work oneself to death（死《し》ぬかのように働《はたら》く）

身《み》を捨《す》ててこそ浮《う》かぶ瀬《せ》もあれ ことわざ

意味 自分《じぶん》の身《み》をぎせいにするだけのかくごがあって、初《はじ》めて物事《ものごと》に成功《せいこう》するという教《おし》え。 例 身を捨ててこそ浮かぶ瀬もあれというから、とにかく必死《ひっし》でやってみよう。

語源 おぼれたとき、川《かわ》の流《なが》れに体《からだ》をゆだねれば自然《しぜん》に体《からだ》が浮《う》いて、浅《あさ》い瀬《せ》に立《た》つこともできるということから。

英 Fortune favors the bold.（運命《うんめい》の女神《めがみ》は勇者《ゆうしゃ》をひいきにする）

身《み》を捨《す》てる 慣用句

意味 自分《じぶん》をぎせいにする。 例 身を捨てて平和《へいわ》のためにつくした人《ひと》をたたえる。

身《み》を立《た》てる 慣用句

意味 ある仕事《しごと》について、それによって生《せい》活《かつ》する。また、出世《しゅっせ》する。 例 医者《いしゃ》として身を立てる。

み

身《み》を挺《てい》する 慣用句
意味 自分《じぶん》をぎせいにして、おこなう。 例 **身を挺して**仲間《なかま》を助《たす》ける。

実《み》を結《むす》ぶ 慣用句
意味 努力《どりょく》したことが、よい結果《けっか》となってあらわれる。 例 長《なが》い間《あいだ》の苦労《くろう》が**実を結び**、有名《ゆうめい》になった画家《がか》。

身《み》を持《も》ち崩《くず》す 慣用句
意味 おこないが悪《わる》くて、生活《せいかつ》がだらしなくなる。 例 ギャンブルで**身を持ち崩す**。

身《み》をもって 慣用句
意味 自分《じぶん》の体《からだ》で。 例 **身をもって**経験《けいけん》したことは、いつまでも忘《わす》れない。

身《み》を寄《よ》せる 慣用句
意味 よその家《いえ》に住《す》んで、世話《せわ》になる。 例 親《しん》せきの家《いえ》に**身を寄せる**。

む

六日《むいか》の菖蒲《あやめ》十日《とおか》の菊《きく》 ことわざ
意味 時期《じき》におくれて役《やく》に立《た》たないもののたとえ。 例 今《いま》ごろ完成《かんせい》しても**六日の菖蒲十日の菊**だ。
語源 「菖蒲《あやめ》」は、五月五日《ごがついつか》の端午《たんご》の節句《せっく》に用《もち》いる花《はな》で、六日《むいか》では役《やく》に立《た》たない。同様《どうよう》に「菊《きく》」は、九月九日《くがつここのか》の節句《せっく》の花《はな》で、十日《とおか》では役《やく》に立《た》たないことから。
同 六日《むいか》の菖蒲《あやめ》／十日《とおか》の菊《きく》 類 後《あと》の祭《まつり》
英 the day after the fair（市《いち》の後《あと》の日《ひ》）

向《む》かう所《ところ》敵《てき》なし 慣用句
意味 非常《ひじょう》に強《つよ》くて負《ま》けることがないことのたとえ。 例 二十連勝中《にじゅうれんしょうちゅう》で、**向かう所敵なし**の投手《とうしゅ》。

昔《むかし》取《と》った杵柄《きねづか》 ことわざ
意味 若《わか》いころ身《み》につけて、自信《じしん》のある技術《ぎじゅつ》や能力《のうりょく》。 例 **昔取った杵柄**で、父《ちち》は今《いま》も野球《やきゅう》がうまい。
語源 「杵柄《きねづか》」は、うすに入《い》れた穀物《こくもつ》をつく杵《きね》の柄《え》（＝棒《ぼう》の部分《ぶぶん》）。昔《むかし》、いつも杵《きね》柄《づか》をにぎって穀物《こくもつ》をついていたということから。

きねづか

参考 いろはがるた（京都《きょうと》）の一《ひと》つ。
英 Utilizing one's experience of former days.（昔《むかし》の経験《けいけん》を生《い》かす）

★★
無我夢中《むがむちゅう》 四字熟語
意味 そのことだけに一生懸命《いっしょうけんめい》になり、ほかのことを忘《わす》れるようす。 例 **無我夢中**で勉強《べんきょう》をした。
注意 「無我無中《むがむちゅう》」「無我霧中《むがむちゅう》」は誤《あやま》り。

むきになる 慣用句
意味 ちょっとしたことを受《う》け流《なが》さず本気《ほんき》になる。 例 妹《いもうと》をからかったら、**むきになって**おこった。

無芸大食《むげいたいしょく》 四字熟語
意味 ただたくさん食《た》べるだけで、何《なん》のとりえもないこと。また、そのような人《ひと》。 例 わたしなんか**無芸大食**で何《なに》もできません。
参考 相手《あいて》をばかにしたり、自分《じぶん》がへりくだったりするときに用《もち》いる。

向《む》こう三軒両隣《さんげんりょうどなり》 慣用句
意味 日《ひ》ごろ親《した》しくつきあっている隣近《となりきん》

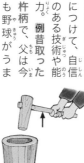

所《じょ》を、調子《ちょうし》よくいった言葉《ことば》。例 引《ひ》っ越《こ》してきたので、向こう三軒両隣には、ごあいさつをしておこう。
語源 自分《じぶん》の家《いえ》の向《む》かい側三軒《がわさんげん》と左右《さゆう》の二軒《にけん》。
英 A good neighbor, a good morrow.（よい隣人《りんじん》がいれば、よい明日《あす》もやってくる）

向《む》こうに回《まわ》す 慣用句
意味 敵《てき》にする。相手《あいて》として争《あらそ》う。例 大《おお》勢《ぜい》を向こうに回して大《おお》あばれする。

向《む》こうを張《は》る 慣用句
意味 相手《あいて》になって張《は》り合《あ》う。負《ま》けずに競争《きょうそう》する。例 中学生《ちゅうがくせい》チームの向こうを張って、小学生《しょうがくせい》チームが大健闘《だいけんとう》した。

★**虫《むし》がいい** 慣用句
意味 自分《じぶん》に都合《つごう》のよいことばかり考《かんが》える。自分勝手《じぶんかって》で、ずうずうしい。例 そんな虫がいい話《はなし》があるか。
同 虫《むし》のいい

★**虫《むし》が知《し》らせる** 慣用句
意味 前《まえ》もって何《なん》となく感《かん》じる。予感《よかん》がする。例 虫が知らせたのか、急《いそ》いで帰《かえ》ると、兄《あに》が交通事故《こうつうじこ》でけがをしていた。
参考 主《おも》に、悪《わる》いできごとに言《い》う。

虫《むし》が好《す》かない 慣用句
意味 はっきりした理由《りゆう》はないが、何《なん》となく気《き》に入《い》らない。例 初《はじ》めて会《あ》ったときから、あの人《ひと》は虫が好かなかった。

虫《むし》が付《つ》く 慣用句
意味 未婚《みこん》の女性《じょせい》によくない恋人《こいびと》ができる。例 娘《むすめ》に虫が付かないよう気《き》を配《くば》る。

虫唾《むしず》が走《はし》る 慣用句
意味 いやでたまらない気持《きも》ちになる。
例 事件《じけん》の結末《けつまつ》を聞《き》いて、虫唾が走る。
語源「虫唾《むしず》」は、胃《い》から出《で》るすっぱい液《えき》。
同 虫酸《むしず》が走《はし》る 英 I would not touch him with a pair of tongs.（火箸《ひばし》を使《つか》っても彼《かれ》に触《ふ》れるのはいやだ）

虫《むし》の息《いき》 慣用句
意味 今《いま》にも息《いき》が止《と》まって死《し》にそうなこと。また、今《いま》にも止《と》まりそうな息《いき》。例 病《びょう》院《いん》に運《はこ》ばれたとき、すでに虫の息だった患者《かんじゃ》が、奇跡的《きせきてき》に持《も》ち直《なお》した。
英 to be on one's last legs（最後《さいご》の足《あし》で立《た》っている…死《し》の瀬戸際《せとぎわ》にある）

★**虫《むし》の居所《いどころ》が悪《わる》い** 慣用句
意味 きげんが悪《わる》くておこりっぽい。
例 今日《きょう》の母《はは》は虫の居所が悪いみたいだ。

虫《むし》の知《し》らせ 慣用句
意味 よくないことが起《お》こりそうだと感《かん》じること。例 虫の知らせか、何《なん》だか気《き》が進《すす》まない。

虫《むし》も殺《ころ》さない 慣用句
意味 虫《むし》さえも殺《ころ》せないほど、おとなしく見《み》えるようす。例 虫も殺さないような顔《かお》をしていて、実《じつ》は気《き》があらい。
語源 一匹《いっぴき》の虫《むし》を殺《ころ》すことができないほど情《なさ》け深《ぶか》いということから。
参考「虫《むし》も殺《ころ》さないような顔《かお》をして」という形《かたち》で、うわべだけおとなしい場合《ばあい》に用《もち》いることが多《おお》い。
英 to look as if butter would not melt in one's mouth（口《くち》の中《なか》でバターさえ溶《と》けそうもない顔《かお》をしている）

★★**矛盾《むじゅん》** 故事成語 ➡マンガdeことわざ（410ページ）
意味 はじめに話《はな》したことと後《あと》で話《はな》したことが、食《く》いちがうこと。〈『韓非子《かんぴし》』〉
例 あの人《ひと》の話《はなし》は、矛盾だらけだ。
語源 昔《むかし》、中国《ちゅうごく》で矛《ほこ》と盾《たて》を売《う》る人《ひと》が、この矛《ほこ》はどんな盾《たて》でもつき破《やぶ》り、この盾《たて》はどんな矛《ほこ》でも防《ふせ》ぐと言《い》ったので、その矛《ほこ》でその盾《たて》をついたらどうなるのかとたず

む

ねたところ、何《なに》も答《こた》えられなかったという話《はなし》から。『韓非子《かんぴし》』の中《なか》では、儒学者《じゅがくしゃ》を批判《ひはん》するためのたとえとして用《もち》いられている。

娘一人に婿八人《むすめひとりにむこはちにん》 ことわざ

意味 一《ひと》つしかないのに、それをほしがる人《ひと》がたくさんいることのたとえ。例 数量限定《すうりょうげんてい》のバッグが大人気《だいにんき》だ。娘一人に婿八人、だね。

語源 一人《ひとり》の娘《むすめ》に対《たい》して婿《むこ》の候補《こうほ》が八人《はちにん》もいるということから。

同 娘一人《むすめひとり》に婿三人《むこさんにん》／娘一人《むすめひとり》に婿十人《むこじゅうにん》

無駄足を踏む《むだあしをふむ》 慣用句

意味 わざわざ出《で》かけていったかいがない。例 訪《たず》ねた相手《あいて》が留守《るす》で無駄足を踏んでしまった。

無駄骨を折る《むだぼねをおる》 慣用句

意味 一生懸命《いっしょうけんめい》やっても、よい結果《けっか》が得《え》られない。例 庭《にわ》そうじの後《あと》、すぐに落《お》ち葉《ば》でいっぱいになり、無駄骨を折った。

無知蒙昧《むちもうまい》 四字熟語

意味 知識《ちしき》や学問《がくもん》がなく、おろかなこと。

例 自分《じぶん》の無知蒙昧をはじる。

無茶苦茶《むちゃくちゃ》 四字熟語

意味 ❶考《かんが》え方《かた》や言葉《ことば》や行動《こうどう》がでたらめなようす。また、でたらめで乱暴《らんぼう》なようす。例 無茶苦茶な計画《けいかく》。❷ふつうの程度《ていど》をひどくこえているようす。例 無茶苦茶に混《こ》んでいる電車《でんしゃ》。

胸くそが悪い《むなくそがわるい》 慣用句

意味 胸《むね》がむかむかするほど、ふゆかいだ。例 あんなわがままな人《ひと》といっしょに仕事《しごと》をするなんて、胸くそが悪い。

語源 「胸《むな》くそ」は、「胸《むね》」を強《つよ》めて言《い》うらんぼうな言葉《ことば》。

胸突き八丁《むなつきはっちょう》 慣用句

意味 登山道《とざんどう》などで、山頂《さんちょう》の手前《てまえ》の、けわしくて登《のぼ》りにくいところ。また、仕事《しごと》などで、一番苦《いちばんくる》しくて難《むずか》しい場面《ばめん》。例 工事《こうじ》は最後《さいご》の胸突き八丁にさしかかった。

語源 もともとは、富士山《ふじさん》に登《のぼ》るときの頂上《ちょうじょう》までの八丁《はっちょう》（＝約八百七十二《やくはっぴゃくななじゅうに》メートル）のけわしい道《みち》のこと。

無にする《むにする》 慣用句

意味 むだにする。例 人《ひと》の厚意《こうい》を無にするものではない。

胸が熱くなる《むねがあつくなる》 慣用句

意味 感謝《かんしゃ》や感動《かんどう》の気持《きも》ちが高《たか》まる。例 友人《ゆうじん》のはげましに胸が熱くなる。

胸が痛む《むねがいたむ》 慣用句

意味 悲《かな》しみや心配《しんぱい》があって、心《こころ》につらさを感《かん》じる。例 大会前《たいかいまえ》にけがをした友人《ゆうじん》のことを思《おも》うと胸が痛む。

類 心《こころ》が痛《いた》む

胸が一杯になる《むねがいっぱいになる》 慣用句

意味 悲《かな》しみや喜《よろこ》びなどで心《こころ》が満《み》たされる。例 みんなに祝福《しゅくふく》されて、胸が一杯になる。

★**胸が躍る《むねがおどる》** 慣用句

意味 喜《よろこ》びや期待《きたい》などで、心《こころ》がときめく。例 明日《あす》は遠足《えんそく》なので胸が躍る。

類 心《こころ》が躍《おど》る／心《こころ》が弾《はず》む

胸が裂ける《むねがさける》 慣用句

⇩胸《むね》が張《は》り裂《さ》ける（411ページ）

胸が騒ぐ《むねがさわぐ》 慣用句

意味 悪《わる》いことが起《お》こりそうな気《き》がして

矛盾《むじゅん》

儒学者《じゅがくしゃ》いわく——
堯《ぎょう》と舜《しゅん》はすばらしい政治《せいじ》をした※聖王《せいおう》です
堯《ぎょう》が民《たみ》を救《すく》ったのなら次《つぎ》の舜《しゅん》はやることがないですよね？
次《つぎ》の舜《しゅん》が民《たみ》を救《すく》ったのなら堯《ぎょう》の政治《せいじ》は失敗《しっぱい》でしたよね？
二人《ふたり》がともに聖王《せいおう》なのはおかしいのでは？
むかし…
楚《そ》の国《くに》に盾《たて》と矛《ほこ》を売《う》るものがいた。
この盾《たて》はとても頑丈《がんじょう》！突《つ》き通《とお》せるものはない！
チョー無敵《むてき》
この矛《ほこ》はとても鋭《するど》い！どんなものでも突《つ》き通《とお》せるぜ！
チョー強《つよ》い
じゃあその矛《ほこ》でその盾《たて》を突《つ》いたらどうなるの？
えっ！えーと…
すべてをはじく盾《たて》とすべてを突《つ》き通《とお》す矛《ほこ》は同時《どうじ》に存在《そんざい》できない。堯《ぎょう》と舜《しゅん》も同《おな》じなのだ。

※儒教《じゅきょう》の教《おし》えでは、堯《ぎょう》と舜《しゅん》の二代《にだい》を聖王《せいおう》とあがめていた。

落《お》ち着《つ》かない。例 今朝《けさ》からなぜか**胸《むね》が騒《さわ》ぐ**。
類 心《こころ》が騒《さわ》ぐ

胸《むね》がすく 慣用句
意味 気持《きも》ちがさっぱりして、せいせいする。例 ずっと言《い》えなかったことを言《い》うことができて、**胸がすく**思《おも》いだ。

胸《むね》が高鳴《たかな》る 慣用句
意味 希望《きぼう》や期待《きたい》などで、胸《むね》がどきどきする。例 新《あたら》しい出会《であ》いへの期待《きたい》で**胸が高鳴る**。

胸《むね》がつかえる 慣用句
意味 悲《かな》しみや心配《しんぱい》で心《こころ》が苦《くる》しくなる。例 あまりの悲《かな》しさに**胸がつかえ**て、何《なに》も言《い》えない。

胸《むね》が潰《つぶ》れる 慣用句
意味 非常《ひじょう》におどろく。また、深《ふか》く悲《かな》しむ。例 事故《じこ》のニュースを聞《き》いて、**胸が潰れる**思《おも》いがした。

胸《むね》が詰《つ》まる 慣用句
意味 悲《かな》しみや感動《かんどう》などがこみあげてきて、息《いき》ができないように感《かん》じる。例 思《おも》いやりのある言葉《ことば》に**胸が詰まる**。

胸《むね》が張《は》り裂《さ》ける 慣用句
意味 胸《むね》が破《やぶ》れるほど、悲《かな》しさや苦《くる》しさを強《つよ》く感《かん》じる。例 やさしかった祖母《そぼ》の死《し》は、**胸が張り裂ける**ほどつらかった。
同 胸《むね》が裂《さ》ける

胸《むね》がふくらむ 慣用句
意味 希望《きぼう》や喜《よろこ》びの気持《きも》ちがいっぱいになる。例 楽《たの》しい旅行《りょこう》になりそうだと、期待《きたい》に**胸がふくらむ**。

胸《むね》が塞《ふさ》がる 慣用句
意味 暗《くら》い気持《きも》ちになる。例 戦争《せんそう》の話《はなし》を聞《き》き、**胸が塞がる**思《おも》いがした。

胸《むね》が焼《や》ける 慣用句
意味 みぞおちのあたりが焼《や》けるような感《かん》じがして苦《くる》しい。胸焼《むねや》けがする。例 食《た》べすぎて**胸が焼け**た。

胸《むね》に一物《いちもつ》 慣用句
意味 不満《ふまん》を感《かん》じて、心《こころ》の中《なか》にたくらみをもつこと。例 見《み》るからに**胸に一物**ありそうな男《おとこ》。
類 腹《はら》に一物《いちもつ》

胸《むね》に納《おさ》める 慣用句
意味 心《こころ》の中《なか》にしまって、ほかの人《ひと》に言《い》わない。例 この話《はなし》は、わたしの**胸に納め**ておくことにしよう。

胸《むね》に刻《きざ》む 慣用句
意味 忘《わす》れないように、しっかりと覚《おぼ》えておく。例 二度《にど》と同《おな》じまちがいをしないと、父《ちち》の教《おし》えを**胸に刻む**。
類 心《こころ》に刻《きざ》む

胸《むね》に迫《せま》る 慣用句
意味 悲《かな》しみや感動《かんどう》がこみあげてきて、心《こころ》におしよせてくるように感《かん》じる。例 この物語《ものがたり》を読《よ》んでいると、親子《おやこ》の愛情《あいじょう》がひしひしと**胸に迫っ**てくる。

胸《むね》に手《て》を当《あ》てる 慣用句
意味 落《お》ち着《つ》いて、よく考《かんが》える。例 **胸に手を当て**て思《おも》い出《だ》してごらん。
同 胸《むね》に手《て》を置《お》く

胸《むね》を痛《いた》める 慣用句
意味 悲《かな》しみや苦《くる》しみを感《かん》じ、ひどく心配《しんぱい》する。例 事故《じこ》のニュースを見《み》て**胸を痛める**。
類 心《こころ》を痛《いた》める

胸《むね》を打《う》つ 慣用句
意味 強《つよ》く感動《かんどう》させられる。例 **胸を打つ**友情物語《ゆうじょうものがたり》。
類 心《こころ》を打《う》つ

胸《むね》を躍《おど》らせる 慣用句

む

意味 希望《きぼう》や期待《きたい》などで、胸《むね》をわくわくさせる。 **例** 胸を躍らせて、運動会《うんどうかい》の入場行進《にゅうじょうこうしん》をした。

同 胸《むね》を弾《はず》ませる **類** 心《こころ》を躍《おど》らせる

胸《むね》を貸《か》す 慣用句

意味 強《つよ》い人《ひと》が未熟《みじゅく》な人《ひと》の練習《れんしゅう》の相手《あいて》をしてやる。 **例** クラブ活動《かつどう》で、先輩《せんぱい》が後輩《こうはい》に**胸を貸す**。

語源 相撲《すもう》で、上位《じょうい》の力士《りきし》が下位《かい》の力士《りきし》の練習《れんしゅう》の相手《あいて》をしてやることから。

★胸《むね》を借《か》りる 慣用句

意味 力《ちから》をつけるためや、実力《じつりょく》を試《ため》すために、強《つよ》い相手《あいて》に練習《れんしゅう》の相手《あいて》をしてもらう。 **例** 相手《あいて》は昨年《さくねん》の優勝《ゆうしょう》チームなのだから、**胸を借りるつもりで戦《たたか》おう。**

語源 相撲《すもう》で、上位《じょうい》の力士《りきし》に練習《れんしゅう》の相手《あいて》をしてもらうことから。

胸《むね》を焦《こ》がす 慣用句

意味 ある人《ひと》のことを強《つよ》くしたう。 **例** 初《はつ》恋《こい》の相手《あいて》に**胸を焦がす。**

胸《むね》を反《そ》らす 慣用句

意味 体《からだ》を後《うし》ろの方《ほう》へ弓《ゆみ》なりに曲《ま》げて、さも得意《とくい》そうなようすをする。 **例** 誇《ほこ》らしげに**胸を反らす。**

胸《むね》を突《つ》く 慣用句

意味 ふいに強《つよ》く心《こころ》を動《うご》かす。はっとさせる。 **例** なみだながらのうったえに**胸を突かれた。**

胸《むね》を詰《つ》まらせる 慣用句

意味 悲《かな》しみや感動《かんどう》で胸《むね》がいっぱいになる。 **例** 受賞《じゅしょう》の感激《かんげき》で**胸を詰まらせた。**

胸《むね》をときめかせる 慣用句

意味 うれしさや期待《きたい》などで胸《むね》をどきどきさせる。 **例** あこがれの人《ひと》からのさそいに、**胸をときめかせた。**

★胸《むね》をなで下《お》ろす 慣用句

意味 心配《しんぱい》なことがなくなって、安心《あんしん》する。 **例** 大雪《おおゆき》の中《なか》、出《で》かけていた兄《あに》が無事《ぶじ》に帰《かえ》ってきて、母《はは》とわたしは**胸をなで下ろした。**

語源 安心《あんしん》したときの動作《どうさ》で、胸《むね》の上《うえ》から下《した》へ向《む》けてなでることから。

胸《むね》を弾《はず》ませる 慣用句

↓胸《むね》を躍《おど》らせる（411ページ）

胸《むね》を張《は》る 慣用句

意味 胸《むね》を大《おお》きく広《ひろ》げて、堂々《どうどう》とした態度《たいど》をとる。 **例** たとえ負《ま》けても**胸を張って**帰《かえ》って来《き》なさい。

胸《むね》をふくらませる 慣用句

意味 希望《きぼう》や喜《よろこ》びの気持《きも》ちで胸《むね》をいっぱいにする。 **例** 入学《にゅうがく》の喜《よろこ》びに**胸をふくらませる。**

無念無想《むねんむそう》 四字熟語

意味 よけいなことは何《なに》も考《かんが》えないで、すみきった心《こころ》になること。 **例** バッターボックスに入《はい》ったら、**無念無想**になってかまえる。

参考 元《もと》は、仏教《ぶっきょう》の言葉《ことば》。

無病息災《むびょうそくさい》 四字熟語

意味 病気《びょうき》にかからないで、健康《けんこう》であること。 **例** 初《はつ》もうででは、家族《かぞく》の**無病息災**をいのった。

語源 「無病《むびょう》」は、病気《びょうき》をしないこと。「息《そく》災《さい》」は、無事《ぶじ》で元気《げんき》なこと。

無味乾燥《むみかんそう》 四字熟語

意味 おもしろみや味《あじ》わいのないこと。

例 **無味乾燥**な文章《ぶんしょう》。

む

無用《むよう》の長物《ちょうぶつ》 ことわざ

意味 あってもじゃまになるだけで、何《なん》の役《やく》にも立《た》たないもの。例 立派《りっぱ》な建《たて》物《もの》だが、使《つか》わないなら**無用の長物**だ。

語源「無用《むよう》」は、役《やく》に立《た》たないこと。「長物《ちょうぶつ》」は、長《なが》い物《もの》。役《やく》に立《た》たない長《なが》い物《もの》は、じゃまになることから。

英 to be good for nothing（無用《むよう》だ）

無用《むよう》の用《よう》 故事成語

意味 役《やく》に立《た》たないとされているものが、大《おお》いに役《やく》に立《た》つこと。〈『荘子《そうじ》』〉例 意外《いがい》なものが役《やく》に立《た》った。**無用の用**だ。

語源『荘子《そうじ》』にある、「有用《ゆうよう》なものが役《やく》に立《た》つことはみな知《し》っているが、無用《むよう》なものが役《やく》に立《た》つことを知《し》らない」という言《こと》葉《ば》から。

英 Everything is good for something.（どんなものもなにかの役《やく》に立《た》つ）

無理《むり》が通《とお》れば道理《どうり》が引《ひ》っ込《こ》む ことわざ

意味 筋道《すじみち》の通《とお》らないことが世《よ》の中《なか》で多《おお》くおこなわれると、筋道《すじみち》の通《とお》ったことがおこなわれなくなるということ。例 ルールを無視《むし》する人《ひと》が増《ふ》えると、**無理が通れば道理が引っ込む**で、結局《けっきょく》だれもルールを守《まも》らなくなってしまう。

語源「無理《むり》」は、筋道《すじみち》の通《とお》らないまちがったこと。「道理《どうり》」は、筋道《すじみち》の通《とお》った正《ただ》しいこと。

参考 いろはがるた（江戸《えど》）の一《ひと》つ。

同 無理《むり》が通《とお》れば道理《どうり》引《ひ》っ込《こ》む

英 When might is master, justice is servant.（力《ちから》が主人《しゅじん》のときは正義《せいぎ》は召《め》し使《つか》いである）

無理算段《むりさんだん》 四字熟語

意味 非常《ひじょう》に苦《くる》しいところを、何《なん》とかやりくりして都合《つごう》をつけること。例 **無理算段**した金《かね》。

★**無理難題《むりなんだい》** 四字熟語

意味 とてもできそうにない、無理《むり》な要《よう》求《きゅう》。例 **無理難題**をふっかける。

無理無体《むりむたい》 四字熟語

意味 道理《どうり》に合《あ》わないやり方《かた》をおしつけるようす。例 **無理無体**な要求《ようきゅう》。

無理《むり》もない 慣用句

意味 当然《とうぜん》のことである。例 そんなことをしたら、かれがおこるのは**無理もない**。

め

明暗《めいあん》を分《わ》ける 慣用句

意味 勝《か》ち負《ま》けや、成功《せいこう》するか失敗《しっぱい》するかなどが、それによってはっきり決《き》まる。例 会社《かいしゃ》の**明暗を分ける**商戦《しょうせん》。

迷宮入《めいきゅうい》り 慣用句

意味 犯罪《はんざい》事件《じけん》などで、犯人《はんにん》がわからず、解決《かいけつ》がつかないままになること。例 **迷宮入り**の事件《じけん》。

語源「迷宮《めいきゅう》」は、中《なか》に入《はい》ると出口《でぐち》がわからなくなるようにつくった宮殿《きゅうでん》。

★**明鏡止水《めいきょうしすい》** 四字熟語

意味 心《こころ》に何《なん》のわだかまりもなく、安《やす》らかに落《お》ち着《つ》いていること。〈『荘子《そうじ》』〉例 **明鏡止水**の心境《しんきょう》。

語源「明鏡《めいきょう》」は、くもりのない鏡《かがみ》。「止水《しすい》」

め

は、静《しず》かな水面《すいめん》のようす。

名実《めいじつ》ともに 慣用句

意味 名前《なまえ》と実際《じっさい》が、どちらも。評判《ひょうばん》も実《じつ》力《りょく》も。例 名実ともに優《すぐ》れた政治家《せいじか》。

名状《めいじょう》しがたい 慣用句

意味 言葉《ことば》で言《い》いあらわせない。例 名状しがたい、むごい光景《こうけい》。

冥土《めいど》の土産《みやげ》 慣用句

意味 それがあると悔《く》いが残《のこ》らず安心《あんしん》して死《し》ねるような喜《よろこ》ばしい事《こと》がら。例 金《きん》賞《しょう》をとったわたしの絵《え》を見《み》て、「冥途の土産に良《よ》いものが見《み》られたよ。」と、祖《そ》父《ふ》が笑《わら》って言《い》った。

語源 死《し》んであの世《よ》に持《も》っていくみやげから。

名物《めいぶつ》に旨《うま》い物《もの》なし ことわざ

意味 名物《めいぶつ》（＝その土地《とち》の有名《ゆうめい》な食《た》べ物《もの》）と言《い》われるものには、おいしいものがないということ。例 このおかしの味《あじ》は、期《き》待《たい》していたほどではないね。やはり、名物に旨い物なし、だ。

同 名物《めいぶつ》は聞《き》くに名高《なだか》く食《く》うに味《あじ》なし

類 名所《めいしょ》に見所《みどころ》なし

明眸皓歯《めいぼうこうし》 四字熟語

意味 美《うつく》しい目《め》と白《しろ》い歯《は》。例 明眸皓歯の女性《じょせい》。

語源 杜甫《とほ》の詩《し》の中《なか》で、唐《とう》の玄宗皇帝《げんそうこうてい》の妃《きさき》であった楊貴妃《ようきひ》を形容《けいよう》した言葉《ことば》。美人《びじん》のたとえに用《もち》いる。

明々白々《めいめいはくはく》 四字熟語

意味 とてもはっきりとしているようす。

例 かれの無実《むじつ》は明々白々だ。

参考 「明白《めいはく》」を強《つよ》めた言《い》い方《かた》。

類 火《ひ》を見《み》るより明《あき》らか

目《め》が粗《あら》い 慣用句

意味 あみや布《ぬの》など、編《あ》んだり織《お》ったりして作《つく》られた物《もの》のすきまが大《おお》きい。例 このネットは目が粗い。

目《め》が潤《うる》む 慣用句

意味 目《め》になみだがにじむ。例 悲《かな》しい話《はなし》に目が潤む。

★**目《め》が利《き》く** 慣用句

意味 ❶物《もの》のよい悪《わる》いを見分《みわ》ける力《ちから》が優《すぐ》れている。例 母《はは》は、宝石《ほうせき》には目が利く。

類 目《め》が肥《こ》える／目《め》が高《たか》い

❷遠《とお》くまでよく見《み》える。例 タカは目が利くので、遠《とお》くのえものも見《み》のがさない。

目《め》がくらむ 慣用句

意味 お金《かね》や品物《しなもの》などに心《こころ》をうばわれて、正《ただ》しい判断《はんだん》ができなくなる。例 大金《たいきん》に目がくらみ、悪《わる》い仲間《なかま》に入《はい》る。

目《め》が肥《こ》える 慣用句

意味 よいものを見《み》なれて、よい悪《わる》いの見《み》分《わ》けができる。例 絵画《かいが》に関《かん》しては目が肥えている。

類 目《め》が利《き》く／目《め》が高《たか》い

目《め》が冴《さ》える 慣用句

意味 頭《あたま》がはっきりして、ねむくなくなる。例 考《かんが》え事《ごと》をしていたら、目が冴えてしまった。

目《め》が覚《さ》める 慣用句

意味 心《こころ》の迷《まよ》いやまちがいに気《き》づく。例 しかられて、やっと目が覚めた。

目頭《めがしら》が熱《あつ》くなる 慣用句

意味 感動《かんどう》して、目《め》になみだがにじんでくる。例 昔《むかし》の友達《ともだち》に会《あ》って思《おも》わず目頭が熱くなった。

語源 「目頭《めがしら》」は、目《め》の、鼻《はな》に近《ちか》い方《ほう》のはし。

目頭《めがしら》を押《お》さえる 慣用句

意味 出《で》てくるなみだを、指《ゆび》などで押《お》さえて、ぬぐう。例 優勝《ゆうしょう》したかんとくが目頭を押さえている。
語源「目頭《めがしら》」は、目《め》の、鼻《はな》に近《ちか》い方《ほう》のはし。

目《め》が据《す》わる 慣用句
意味 酒《さけ》によったり、おこったりして、目《め》の玉《たま》が一《ひと》つの所《ところ》を見《み》つめて動《うご》かなくなる。例 酒《さけ》によって、**目が据わって**いる人《ひと》。

★★
目《め》が高《たか》い 慣用句
意味 物《もの》のよさを見分《みわ》ける力《ちから》が優《すぐ》れている。例 すてきなおみやげをありがとう。さすがにきみは、**目が高い**ね。
語源「高《たか》い」は、能力《のうりょく》が優《すぐ》れているということ。
同 お目《め》が高《たか》い
類 目《め》が利《き》く／目《め》が肥《こ》える

目《め》が出《で》る 慣用句
意味 幸運《こううん》がめぐってくる。例 十年目《じゅうねんめ》で曲《きょく》がヒットし**目が出**た歌手《かしゅ》。
語源 さいころで、いい目《め》が出《で》るということから。

芽《め》が出《で》る 慣用句
意味 苦労《くろう》をした後《あと》、幸運《こううん》がめぐってくる。例 苦《くる》しくてもがまんして練習《れんしゅう》を続《つづ》けていれば、いつかは**芽が出る**はずだ。
語源 植物《しょくぶつ》の芽《め》が出《で》てくるということから。

目《め》が届《とど》く 慣用句
意味 注意《ちゅうい》や世話《せわ》が十分《じゅうぶん》に行《い》きわたる。
例 いそがしくて、全体《ぜんたい》に**目が届か**ない。

目《め》が飛《と》び出《で》る 慣用句
➡目玉《めだま》が飛《と》び出《で》る （416ページ）

★
目《め》がない 慣用句
意味 分別《ふんべつ》がなくなるくらい、非常《ひじょう》に好《す》きであるようす。例 姉《あね》はあまいものには**目がない**。

眼鏡《めがね》に適《かな》う 慣用句
意味 目上《めうえ》の人《ひと》に、よいとみとめられる。気《き》に入《い》られる。例 兄《あに》はかんとくの**眼鏡に適い**、主将《しゅしょう》になった。
同 お眼鏡《めがね》に適《かな》う

目《め》が離《はな》せない 慣用句
意味 たえず注意《ちゅうい》して見守《みまも》る必要《ひつよう》がある。
例 幼児《ようじ》の一人歩《ひとりある》きは、危《あぶ》なくて**目が離せない**。

目《め》が早《はや》い 慣用句
意味 気《き》がつくのが早《はや》い。例 きみはなかなか**目が早い**ね。

目《め》が光《ひか》る 慣用句
意味 厳《きび》しく見《み》はる。例 警察《けいさつ》の**目が光る**。

★
目《め》が回《まわ》る 慣用句
意味 非常《ひじょう》にいそがしいことのたとえ。
例 年末《ねんまつ》になると、店《みせ》は**目が回る**ほどいそがしい。

目《め》から鱗《うろこ》が落《お》ちる 慣用句
意味 それまでわからなかったことが、何《なに》かがきっかけになって、急《きゅう》に理解《りかい》できるようになる。〈『新約聖書《しんやくせいしょ》』〉例 あなたの説明《せつめい》を聞《き》いて**目から鱗が落ち**ました。
語源 目《め》についていた鱗《うろこ》が落《お》ちたら、目《め》が見《み》えるようになったという話《はなし》から。

★★
目《め》から鼻《はな》へ抜《ぬ》ける 慣用句
意味 利口《りこう》で、物事《ものごと》を理解《りかい》するのが早《はや》い。ぬけめがなくて、すばしこい。例 **目から鼻へ抜ける**ようなかしこい少女《しょうじょ》。
語源 目《め》と鼻《はな》はすぐ近《ちか》くにあるので、目《め》から鼻《はな》へ抜《ぬ》けるのは早《はや》いということから。
類 一《いち》を聞《き》いて十《じゅう》を知《し》る 英 to be as

目《め》から火《ひ》が出《で》る

sharp as a needle（針《はり》のように鋭《するど》い）

慣用句

意味 頭《あたま》やひたいを強《つよ》くぶつけたときの感《かん》じのたとえ。例 電柱《でんちゅう》にぶつかって目から火が出た。

★目《め》くじらを立《た》てる

慣用句

意味 小《ち》さなことを取《と》り立《た》てて、とがめる。他人《たにん》のあらさがしをして非難《ひなん》する。

例 ささいなことに目くじらを立てる。

語源 「目《め》くじら」は、目《め》のはし（＝目《め》じり）のこと。

目《め》くそ鼻《はな》くそを笑《わら》う

ことわざ

意味 似《に》たりよったりの者《もの》が、自分《じぶん》の欠点《けってん》に気《き》づかずに、他人《たにん》の欠点《けってん》をあざ笑《わら》うことのたとえ。例 足《あし》がおそい人《ひと》をばかにしているけど、かれもそんなに速《はや》くはないのだから、目くそ鼻くそを笑う、だ。

語源 目《め》やにが自分《じぶん》がきたないことを忘《わす》れて、鼻《はな》くそのことをきたないと笑《わら》うということから。

類 五十歩百歩《ごじっぽひゃっぽ》　英 The pot called the kettle black.（鍋《なべ》がやかんを黒《くろ》いという）

目先《めさき》が利《き》く

慣用句

意味 先《さき》のことを見通《みとお》す力《ちから》がある。例 かれは目先が利いて、たよりになる。

目先《めさき》を変《か》える

慣用句

意味 見《み》た感《かん》じを変《か》えて新《あたら》しくする。

例 ショーウインドーのかざりつけを目先を変えて夏《なつ》らしくする。

目《め》じゃない

慣用句

意味 問題《もんだい》にならない。たいしたことはない。例 そんなの目じゃない。こちらの方《ほう》が、ずっとよくできているよ。

参考 「目《め》ではない」のくだけた言《い》い方《かた》。

同 目《め》ではない

目尻《めじり》を下《さ》げる

慣用句

意味 うれしそうな顔《かお》つきをする。気《き》に入《い》ったような顔《かお》をする。例 祖父《そふ》は目尻を下げて、妹《いもうと》の話《はなし》に聞《き》き入《い》っている。

目白押《めじろお》し

慣用句

意味 大勢《おおぜい》の人《ひと》がせまい場所《ばしょ》におし合《あ》って並《なら》ぶこと。例 客《きゃく》が目白押しの店《みせ》。

語源 鳥《とり》のメジロが集《あつ》まって木《き》の枝《えだ》にとまるとき、押《お》し合《あ》うように並《なら》ぶことから。

めじろ

メスを入《い》れる

慣用句

意味 問題《もんだい》を根本的《こんぽんてき》に解決《かいけつ》するために、思《おも》いきった手段《しゅだん》をとる。例 腐敗《ふはい》した政治《せいじ》にメスを入れる。

語源 「メス」は、手術《しゅじゅつ》をするときに使《つか》う、するどい小刀《こがたな》のこと。悪《わる》い部分《ぶぶん》をメスで切《き》ることから。

目玉《めだま》が飛《と》び出《で》る

慣用句

意味 ❶ひどくしかられることのたとえ。例 小犬《こいぬ》をいじめて、目玉が飛び出るほどしかられた。

❷非常《ひじょう》に値段《ねだん》が高《たか》くておどろくことのたとえ。例 目玉が飛び出るほど高価《こうか》なバッグ。

同 目《め》が飛《と》び出《で》る／目《め》の玉《たま》が飛《と》び出《で》る

めっきが剝《は》げる

慣用句

意味 うわべのごまかしができなくなって、本当《ほんとう》の姿《すがた》があらわれる。例 だんだんとめっきが剝げて、ついに正体《しょうたい》を知《し》られる。

語源 「めっき」は、金《きん》・銀《ぎん》・クロム・ニッケルなどをうすくしたもので、金属《きんぞく》の表《ひょう》面《めん》にかぶせる。そのめっきが剝《は》がれて、下《した》にある金属《きんぞく》が見《み》えてしまうということから。

滅私奉公《めっしほうこう》 四字熟語
意味 自分《じぶん》の利益《りえき》や考《かんが》えを捨《す》てて公共《こうきょう》のためにつくすこと。例 かのじょは、滅私奉公の精神《せいしん》の持《も》ち主《ぬし》だ。

滅相もない《めっそう》 慣用句
意味 とんでもない。あるべきことではない。例 わたしがあなたをだましているなんて、滅相もない話《はなし》だ。
語源 「滅相《めっそう》」は、とんでもないこと。「もない」と続《つづ》けて、意味《いみ》を強《つよ》めている。

目処が付く《めど》《つ》 慣用句
意味 見通《みとお》しがはっきりする。例 仕事《しごと》の目処が付く。
同 目処《めど》が立《た》つ

目と鼻の間《め》《はな》《あいだ》 慣用句
➡目《め》と鼻《はな》の先《さき》（417ページ）

目と鼻の先《め》《はな》《さき》 慣用句
意味 非常《ひじょう》に近《ちか》いことのたとえ。例 小学《しょうがっ》校《こう》と幼稚園《ようちえん》は、目と鼻の先にある。
語源 目《め》と鼻《はな》は、すぐ近《ちか》くにあることから。
同 目《め》と鼻《はな》の間《あいだ》 類 指呼《しこ》の間《かん》

★★**目に余る**《め》《あま》 慣用句
意味 だまって見《み》すごすことができないほど、ひどい。
例 最近《さいきん》、となりの家《いえ》の子供《こども》のいたずらが目に余る。
語源 「余《あま》る」は限度《げんど》をこえているということ。

目に入れても痛くない《め》《い》《いた》 慣用句
意味 自分《じぶん》の子供《こども》や孫《まご》をひどくかわいがっていることのたとえ。例 孫《まご》は目に入れても痛くないほど、かわいい。
同 目《め》の中《なか》に入《い》れても痛《いた》くない

目に浮かぶ《め》《う》 慣用句
意味 目《め》の前《まえ》に見《み》ているように思《おも》われる。
例 亡《な》くなった祖母《そぼ》のおもかげが目に浮かぶ。

目に角を立てる《め》《かど》《た》 慣用句
意味 ひどくおこって、にらみつける。
例 目に角を立てるほどのことではない。

目に染みる《め》《し》 慣用句
意味 色《いろ》などが、非常《ひじょう》にあざやかに感《かん》じられる。例 新緑《しんりょく》が目に染みる。

目にする《め》 慣用句
意味 見《み》る。例 今《いま》まで目にしたこともない大木《たいぼく》が並《なら》んでいた。

目に付く《め》《つ》 慣用句
意味 目立《めだ》って見《み》える。例 休日《きゅうじつ》なので親《おや》子連《こづ》れが目に付く。

目に留まる《め》《と》 慣用句
意味 注意《ちゅうい》や関心《かんしん》を引《ひ》く。例 大売《おおう》り出《だ》しののぼりが目に留まる。

目には青葉、山ほととぎす、初鰹《め》《あおば》《やま》《はつがつお》 ことわざ
意味 初夏《しょか》に愛《あい》される、代表的《だいひょうてき》な自然《しぜん》や風物《ふうぶつ》。例 目には青葉、山ほととぎす、初鰹といわれるように、初夏《しょか》の初鰹《はつがつお》の刺身《さしみ》はおいしい。
語源 江戸時代《えどじだい》の俳人《はいじん》、山口素堂《やまぐちそどう》の句《く》。「初鰹《はつがつお》」は、その年初《としはじ》めて世《よ》の中《なか》に出回《でまわ》る魚《さかな》のカツオ。

目に入る《め》《はい》 慣用句
意味 見《み》える。視野《しや》に入《はい》る。例 手《て》をふる

め

弟《おとうと》の姿《すがた》が目に入《はい》った。

目《め》には目《め》を、歯《は》には歯《は》を ことわざ

意味 相手《あいて》がしたことに対《たい》して、されたとおりのしかえしをしろということ。〈『旧《きゅう》約聖書《やくせいしょ》』〉 例 目には目を、歯には歯をで、やり返《かえ》した。

語源 自分《じぶん》の目《め》をつぶされたら、しかえしに相手《あいて》の目《め》をつぶし、自分《じぶん》の歯《は》を折《お》られたら相手《あいて》の歯《は》を折《お》るということから。

参考 バビロニアのハンムラビ法典《ほうてん》にもある言葉《ことば》。

英 An eye for an eye, and a tooth for a tooth.（目《め》には目《め》を、歯《は》には歯《は》を）

目《め》に触《ふ》れる 慣用句

意味 自然《しぜん》と見《み》える。 例 旅行先《りょこうさき》では、目に触れるものすべてがめずらしい。

目《め》に見《み》えて 慣用句

意味 見《み》てすぐわかるほどに。 例 母《はは》は目に見えて元気《げんき》になった。

目《め》にも留《と》まらぬ 慣用句

意味 あまりはやくて、はっきり見《み》ることができないようす。 例 目にも留まらぬはやわざ。

目《め》に物言《ものい》わす 慣用句

意味 目《め》で気持《きも》ちを伝《つた》える。 例 目に物言わして、教室《きょうしつ》のさわぎをおさめるとは、さすがだ。

目《め》に物見《ものみ》せる 慣用句

意味 ひどい目《め》にあわせて、相手《あいて》に思《おも》い知《し》らせる。 例 いつか目に物見せてやるつもりだ。

目《め》の色《いろ》を変《か》える 慣用句

意味 おこったり、おどろいたり、必死《ひっし》になったりして、目《め》のようすを変《か》える。

例 少《すこ》しでも安《やす》いものを買《か》おうと目の色を変えて探《さが》す。

目《め》の上《うえ》のこぶ ことわざ

意味 地位《ちい》や実力《じつりょく》が上《うえ》で、自分《じぶん》の活《かつ》動《どう》をさまたげる人《ひと》のたとえ。 例 目の上のこぶだった上役《うわやく》が転勤《てんきん》して、やりやすくなった。

語源 目《め》の上《うえ》にできたこぶは、上《うえ》を見《み》るのにじゃまになるということから。

参考 いろはがるた（江戸《えど》）の一《ひと》つ。

同 目《め》の上《うえ》のたんこぶ

★**目《め》の敵《かたき》** 慣用句

意味 何《なに》かにつけてにくく思《おも》う人《ひと》。 例 となりの犬《いぬ》は、ぼくを目の敵にしているように、ほえる。

目《め》の黒《くろ》いうち 慣用句

意味 命《いのち》のあるうち。生《い》きている間《あいだ》。

例 親《おや》の目の黒いうちに、親孝行《おやこうこう》しておこう。

語源 人《ひと》が死《し》ぬと、目《め》の黒《くろ》い部分《ぶぶん》が白《しろ》っぽくなることから。

同 目《め》の玉《たま》が黒《くろ》いうち

目《め》の覚《さ》めるよう 慣用句

意味 あざやかで非常《ひじょう》に美《うつく》しいようす。

例 目の覚めるようなファインプレーに、スタジアムがわいた。

語源 ねむくても、それを見《み》ると目《め》が覚《さ》めるということから。

目《め》の玉《たま》が飛《と》び出《で》る 慣用句

⇩目玉《めだま》が飛《と》び出《で》る （416ページ）

目《め》の付《つ》け所《どころ》 慣用句

意味 集中《しゅうちゅう》して注意《ちゅうい》を向《む》けるところ。

例それを商売《しょうばい》にするなんて、目の付け所がいい。

目《め》の毒《どく》 慣用句
意味見《み》ないほうがいいもの。また、見《み》るとほしくなるもの。例そのおもちゃは、子供《こども》には目の毒だ。

目《め》の中《なか》に入《い》れても痛《いた》くない 慣用句
⇒目《め》に入《い》れても痛《いた》くない（417ページ）

目《め》の保養《ほよう》 慣用句
意味美《うつく》しいものやすばらしいものを見《み》て、楽《たの》しい思《おも》いをすること。例川沿《かわぞ》いには満開《まんかい》のサクラがさき乱《みだ》れていて、目の保養になった。
同目《め》の正月《しょうがつ》

目《め》の前《まえ》が真《ま》っ暗《くら》になる 慣用句
意味将来《しょうらい》への希望《きぼう》がなくなって、がっかりする。例不採用《ふさいよう》の通知《つうち》に、目の前が真っ暗になった。
同目《め》の前《まえ》が暗《くら》くなる

目《め》は口《くち》ほどに物《もの》を言《い》う ことわざ
⇒世界のことわざ（421ページ）
意味気持《きも》ちのこもった目《め》つきは、言葉《ことば》と同《おな》じように感情《かんじょう》を伝《つた》えることができるということ。例目は口ほどに物を言うで、かのじょがおこっているのはよくわかった。
英 The eyes have one language everywhere.（目《め》はどこででも通《つう》じる一《ひと》つの言語《げんご》を持《も》っている）

目端《めはし》が利《き》く 慣用句
意味すばやく判断《はんだん》ができる。例何《なに》にでも目端が利く人《ひと》。
語源「目端《めはし》」は、その場《ば》のようすに応《おう》じて行動《こうどう》する機転《きてん》。
類機転《きてん》が利《き》く

目鼻《めはな》が付《つ》く 慣用句
意味物事《ものごと》のだいたいの見通《みとお》しが立《た》つ。
例ようやく仕事《しごと》の目鼻が付いた。
語源目《め》と鼻《はな》が付《つ》けば、顔《かお》の形《かたち》がだいたい整《ととの》うということから。

目星《めぼし》が付《つ》く 慣用句
意味見当《けんとう》がつく。例証拠《しょうこ》が見《み》つかり、犯人《はんにん》の目星が付いた。
語源「目星《めぼし》」は、見当《けんとう》、見込《みこ》みのこと。

目星《めぼし》を付《つ》ける 慣用句
意味見当《けんとう》をつける。例主役《しゅやく》の目星を付ける。
語源「目星《めぼし》」は、見当《けんとう》、見込《みこ》みのこと。

目《め》も当《あ》てられない 慣用句
意味ひどくて見《み》ていられない。例たつまきの通《とお》り過《す》ぎた町《まち》は、目も当てられないありさまだった。
類見《み》るに堪《た》えない

★**目《め》もくれない** 慣用句
意味見《み》ようともしない。相手《あいて》にしない。
例周《まわ》りの人《ひと》には目もくれないで歩《ある》く。

★**目《め》を疑《うたが》う** 慣用句
意味見《み》たものがあまりに意外《いがい》で、本当《ほんとう》だとは思《おも》えない。例その人《ひと》があまりに父《ちち》に似《に》ていたので、自分《じぶん》の目を疑った。
語源見《み》まちがいではないかと思《おも》うという意味《いみ》から。

目《め》を奪《うば》う 慣用句
意味すばらしさなどで、見《み》とれさせる。

め

例 色《いろ》あざやかな紅葉《こうよう》に**目を奪われる**。

目《め》を覆《おお》う 慣用句

意味 あまりにひどいようすで、まともに見《み》ていられない。例 **目を覆う**ばかりの残酷《ざんこく》な場面《ばめん》。

目《め》を落《お》とす 慣用句

意味 目《め》を下《した》に向《む》ける。下《した》を向《む》く。例 はずかしくて、思《おも》わず**目を落とした**。

類 目《め》を伏《ふ》せる

目《め》を輝《かがや》かす 慣用句

意味 喜《よろこ》びや興味《きょうみ》などで目《め》つきがいきいきする。目《め》をきらきらさせる。例 きれいな服《ふく》を見《み》て**目を輝かす**。

★**目《め》を掛《か》ける** 慣用句

意味 特《とく》によく世話《せわ》をする。かわいがる。

例 日《ひ》ごろから**目を掛けて**いる部下《ぶか》。

目《め》をかすめる 慣用句

意味 人《ひと》の見《み》ていないすきにする。例 親《おや》の**目をかすめて**、いたずらをする。

類 目《め》を盗《ぬす》む

目《め》を配《くば》る 慣用句

意味 注意《ちゅうい》して、あちこちを見《み》る。例 左右《さゆう》に**目を配って**、ふみきりをわたる。

目《め》をくらます 慣用句

意味 人《ひと》の目《め》をごまかす。例 敵《てき》の**目をくらまして**、にげる。

★**目《め》を凝《こ》らす** 慣用句

意味 じっと見《み》つめる。注意《ちゅうい》してよく見《み》ようとする。例 だれかいるのではないかと、暗《くら》やみの中《なか》で**目を凝らして**見《み》る。

同 瞳《ひとみ》を凝《こ》らす

目《め》を覚《さ》ます 慣用句

意味 ❶まちがいに気《き》づいて、本来《ほんらい》の自分《じぶん》にもどる。例 だらけた暮《く》らしをしていたが、ようやく**目を覚まし**、まじめに働《はたら》くようになった。

❷何《なに》かのきっかけで、おさえていた感情《かんじょう》やかくれていた本能《ほんのう》などが動《うご》き出《だ》す。

例 旅《たび》に出《で》たい気持《きも》ちが**目を覚ます**。

目《め》を皿《さら》のようにする 慣用句

意味 目《め》を大《おお》きく開《ひら》いて、物《もの》をよく見《み》る。

例 落《お》としたお金《かね》を**目を皿のようにして**探《さが》した。

語源 目《め》を皿《さら》のように大《おお》きくするということから。

同 目《め》を皿《さら》にする

目《め》を三角《さんかく》にする 慣用句

意味 おこって、こわい目《め》つきをする。例 **目を三角にして**、どなった。

目《め》を白黒《しろくろ》させる 慣用句

意味 非常《ひじょう》におどろき、あわてる。例 急《きゅう》に名前《なまえ》を呼《よ》ばれて、**目を白黒させた**。

語源 目《め》の白《しろ》い部分《ぶぶん》や黒《くろ》いひとみの部分《ぶぶん》を、盛《さか》んに動《うご》かすということから。

目《め》を据《す》える 慣用句

意味 目玉《めだま》を動《うご》かさないで、じっと見《み》つめる。例 かれは遠《とお》くに**目を据えて**いて、呼《よ》んでもふり向《む》かなかった。

目《め》を注《そそ》ぐ 慣用句

意味 注意《ちゅうい》して見《み》る。注目《ちゅうもく》する。例 黒板《こくばん》の字《じ》に**目を注ぐ**。

目《め》を背《そむ》ける 慣用句

意味 見《み》ていられなくて、目《め》をほかの方《ほう》へ向《む》ける。例 あまりのむごたらしさに思《おも》わず**目を背けた**。

目《め》をそらす 慣用句

意味 見《み》つめていた目《め》を、ほかの方《ほう》へ移《うつ》す。例 うそがばれてしまい、気《き》まずくなって**目をそらした**。

目《め》を付《つ》ける 慣用句

意味 注意《ちゅうい》や関心《かんしん》を向《む》けて見《み》る。例 前《まえ》から**目を付けて**いた自転車《じてんしゃ》を買《か》ってもらった。

目《め》をつぶる 慣用句

意味 人《ひと》のあやまちなどを、見《み》て見《み》ないふりをする。例 部下《ぶか》の失敗《しっぱい》に**目をつぶる**。

芽《め》を摘《つ》む 慣用句

意味 これから成長《せいちょう》しようとするものや、発展《はってん》しようとするものを、取《と》りのぞく。例 才能《さいのう》の**芽を摘ん**ではいけない。

目《め》を吊《つ》り上《あ》げる 慣用句

意味 目《め》じりを上《あ》げてこわい目《め》つきをする。例 うそをついたぼくを、母《はは》は**目を吊り上げ**ておこった。

目《め》を通《とお》す 慣用句

意味 ひととおり見《み》る。ざっと見《み》る。例 新聞《しんぶん》に**目を通し**てから出《で》かける。

目《め》を盗《ぬす》む 慣用句

意味 見《み》つからないように、こっそりとする。例 母《はは》の**目を盗ん**で漫画《まんが》を読《よ》んでいたのがばれて、しかられた。
類 目《め》をかすめる

目《め》を離《はな》す 慣用句

意味 見《み》ないでおく。そのものから注意《ちゅうい》をそらす。例 赤《あか》ちゃんから**目を離す**な。

目《め》を光《ひか》らす 慣用句

世界《せかい》のことわざ　目《め》は口《くち》ほどに物《もの》を言《い》う

シリア

目《め》には気《き》をつけよ、口《くち》よりもよく心《こころ》を映《うつ》し出《だ》す

相手《あいて》の目《め》を注意深《ちゅういぶか》く見《み》なさい、言葉《ことば》よりも真実《しんじつ》を語《かた》りかけているから。また、自分《じぶん》の目《め》に気《き》をつけよ、言葉《ことば》とはうらはらに、自分《じぶん》の思《おも》いを外《そと》に発信《はっしん》していることもある、ということです。

あの目《め》はアヤシイ！
ちょっといいですかぁ～

お金落《かねお》としちゃって…

インド

四《よっ》つの目《め》が出会《であ》うと愛《あい》が芽生《めば》える

口《くち》に出《だ》して愛《あい》を告白《こくはく》しなくとも、目《め》は自然《しぜん》と好《す》きな人《ひと》のほうばかり見《み》てしまうもの。四《よっ》つの目《め》、つまり二人《ふたり》の目《め》が見《み》つめ合《あ》えば、愛《あい》が芽生《めば》えているのです。

フィリピン

目《め》は心《こころ》の鏡《かがみ》

目《め》は心《こころ》の状態《じょうたい》を映《うつ》し出《だ》す鏡《かがみ》のようなもので、口《くち》では何《なん》と言《い》おうとも、目《め》を見《み》ればすぐに心《こころ》の奥底《おくそこ》にある気持《きも》ちがわかってしまいます。

その他《た》 イギリス、フランス、ドイツ、イタリア、スペイン、ロシア

やっぱりお前《まえ》が犯人《はんにん》だ！

意味 見《み》落《お》としがないよう厳《きび》しく見《み》はる。 例 警官《けいかん》が目を光らす。

目《め》を引《ひ》く 慣用句

意味 注意《ちゅうい》を引《ひ》きつける。 例 人《ひと》の目を引く行動《こうどう》をする。

芽《め》を吹《ふ》く 慣用句

意味 才能《さいのう》が出始《ではじ》める。また、ききめがあらわれる。 例 長《なが》い間《あいだ》の努力《どりょく》が芽を吹いて入賞《にゅうしょう》した。

語源 「吹《ふ》く」は、表面《ひょうめん》に出《で》るということ。草《くさ》や木《き》の芽《め》が出《で》てくるということから。

目《め》を伏《ふ》せる 慣用句

意味 目《め》を下《した》に向《む》ける。伏《ふ》し目《め》になる。

例 問《と》いつめられて目を伏せた。

類 目《め》を落《お》とす

目《め》を細《ほそ》くする 慣用句

⬇目《め》を細《ほそ》める（422ページ）

★**目《め》を細《ほそ》める** 慣用句

意味 うれしそうな顔《かお》つきになる。 例 おばあさんは目を細めて孫《まご》をだいた。

同 目《め》を細《ほそ》くする

★**目《め》を丸《まる》くする** 慣用句

意味 目《め》を大《おお》きく開《ひら》いて、おどろく。 例 値《ね》段《だん》があまりに高《たか》くて、目を丸くした。

目《め》を回《まわ》す 慣用句

意味 とてもいそがしいことや、うろたえることのたとえ。 例 あまりのいそがしさに目を回した。

★★**目《め》を見張《みは》る** 慣用句

意味 おどろいたり、感心《かんしん》したり、あきれたりして、目《め》を大《おお》きく見開《みひら》く。 例 山頂《さんちょう》からの景色《けしき》に目を見張った。

目《め》を剝《む》く 慣用句

意味 おこったりおどろいたりして、大《おお》きく目《め》を開《ひら》く。 例 失礼《しつれい》な対応《たいおう》をされ、客《きゃく》が目を剝いて、どなった。

目《め》を養《やしな》う 慣用句

意味 物事《ものごと》の価値《かち》を見分《みわ》ける力《ちから》を育《そだ》てる。

例 優《すぐ》れた作品《さくひん》を見《み》て目を養う。

目《め》をやる 慣用句

意味 目《め》をその方《ほう》に向《む》ける。 例 窓《まど》の外《そと》に目をやると、雪《ゆき》が降《ふ》っていた。

免許皆伝《めんきょかいでん》 四字熟語

意味 先生《せんせい》が弟子《でし》にわざをすべて伝授《でんじゅ》すること。 例 免許皆伝の腕前《うでまえ》。

★**面従腹背《めんじゅうふくはい》** 四字熟語

意味 表面的《ひょうめんてき》には従《したが》うように見《み》せかけて、内心《ないしん》では従《したが》わないこと。 例 愛想《あいそ》はいいが、きっと面従腹背だ。

語源 面《めん》（＝顔《かお》）では従《したが》っているが、腹《はら》（＝心《こころ》の中《なか》）では背《そむ》いているということから。

英 Many kiss the hand they wish to cut off.（多《おお》くの人《ひと》は切《き》り落《お》としたいと思《おも》っている手《て》にキスする）

面倒《めんどう》を掛《か》ける 慣用句

意味 わずらわせる。また、世話《せわ》になる。

例 面倒を掛けて、すみません。

面倒《めんどう》を見《み》る 慣用句

意味 人《ひと》の世話《せわ》をする。助《たす》ける。 例 病人《びょうにん》の面倒を見る。

面《めん》と向《む》かって 慣用句

意味 直接《ちょくせつ》その人《ひと》に向《む》かって。 例 面と向かって反対《はんたい》の意見《いけん》をのべる勇気《ゆうき》がない。

面目次第《めんぼくしだい》もない 慣用句

意味 まことにはずかしい。 例 こんなばかなことをしてしまい面目次第もない。

語源「面目《めんぼく》」は、人《ひと》と会《あ》うことができる顔《かお》のことで、世間《せけん》から受《う》ける評価《ひょうか》をあらわす。「めんもく」とも。

同 面目次第《めんもくしだい》もない

面目《めんぼく》を失《うしな》う 慣用句

意味 評判《ひょうばん》を落《お》とす。名誉《めいよ》を傷《きず》つけられる。例 格下《かくした》の相手《あいて》に負《ま》けて**面目を失う**。

語源 ⬇面目次第《めんぼくしだい》もない

対 面目《めんぼく》を施《ほどこ》す

面目《めんぼく》を施《ほどこ》す 慣用句

意味 しなければならないことを、きちんとおこなって、世間《せけん》の評判《ひょうばん》を高《たか》める。例 立派《りっぱ》な仕事《しごと》をして、ベテランとして**面目を施す**。

語源 ⬇面目次第《めんぼくしだい》もない

対 面目《めんぼく》を失《うしな》う

も

孟母三遷《もうぼさんせん》の教《おし》え 故事成語 ⬇マンガdeことわざ（424ページ）

意味 子供《こども》の教育《きょういく》には環境《かんきょう》が大切《たいせつ》であるという教《おし》え。〈『列女伝《れつじょでん》』〉 例 **孟母三遷の**教えにならって、住《す》む所《ところ》を考《かんが》え直《なお》すことにした。

語源 中国《ちゅうごく》の戦国時代《せんごくじだい》、孟子《もうし》の母《はは》は墓地《ぼち》の近《ちか》くに住《す》んでいたが、幼《おさな》い孟子《もうし》が葬式《そうしき》のまねをして遊《あそ》ぶので、教育上好《きょういくじょうこの》ましくないと思い、市場《いちば》の近《ちか》くに引《ひ》っこした。今度《こんど》は商売《しょうばい》のまねをして遊《あそ》んだので、学校《がっこう》の近《ちか》くへ引《ひ》っこした。すると、礼儀作法《れいぎさほう》のまねをするようになったので、この場所《ばしょ》こそ教育《きょういく》によいと思《おも》い、定住《ていじゅう》することにしたという話《はなし》から。

同 三遷《さんせん》の教《おし》え／孟母三遷《もうぼさんせん》

孟母断機《もうぼだんき》の教《おし》え 故事成語 ⬇マンガdeことわざ（424ページ）

意味 物事《ものごと》を途中《とちゅう》でやめてはいけないという教《おし》え。〈『列女伝《れつじょでん》』〉 例 **孟母断機の教え**のとおり、苦《くる》しくても練習《れんしゅう》を続《つづ》けよう。

語源 中国《ちゅうごく》の戦国時代《せんごくじだい》、孟子《もうし》が幼《おさな》いころ、母《はは》のもとを離《はな》れて学問《がくもん》を修《おさ》めていたが、母《はは》が恋《こい》しくなり、学業《がくぎょう》を打《う》ちすてて家《いえ》に帰《かえ》ってきた。すると、孟子《もうし》の母《はは》は織《お》りかけていた機糸《はたいと》を刀《かたな》で断《た》ち切《き》って、修業《しゅぎょう》を途中《とちゅう》でやめるのは、織《お》りかけている布《ぬの》の糸《いと》を切《き》るようなものだと言《い》い、孟子《もうし》をいましめたという話《はなし》から。

藻屑《もくず》となる 慣用句

意味 事故《じこ》や戦《たたか》いで、海《うみ》で死《し》ぬ。例 平家一《へいけいち》門《もん》は壇ノ浦《だんのうら》で**藻屑となった**。

語源 「藻屑《もくず》」は、海中《かいちゅう》の藻《も》の切《き》れはし。

同 海《うみ》の藻屑《もくず》となる

持《も》ち出《だ》しになる 慣用句

意味 費用《ひよう》の足《た》りない分《ぶん》を、自分《じぶん》のお金《かね》を出《だ》しておぎなうことになる。例 材料費《ざいりょうひ》が少《すこ》し**持ち出しになる**が、しかたない。

持《も》ちつ持《も》たれつ 慣用句 ⬇世界のことわざ（427ページ）

意味 おたがいに助《たす》けたり助《たす》けられたりすること。例 わたしたちは、**持ちつ持たれつ**の間《あいだ》がらで仲良《なかよ》くやってきた。

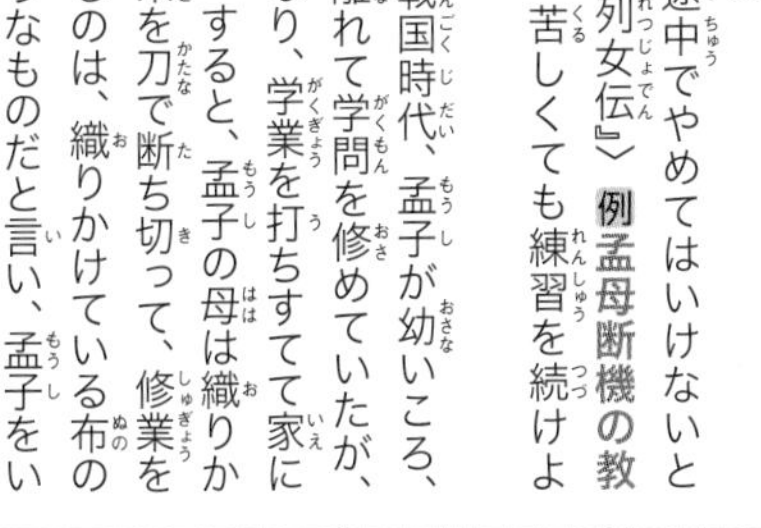

おにぎり作っておくわ
テーブルの修理《しゅうり》やっておくね

マンガde ことわざ

孟母三遷《もうぼさんせん》の教《おし》え・孟母断機《もうぼだんき》の教《おし》え

孟子《もうし》の母《はは》は、たいへん教育《きょういく》に熱心《ねっしん》な賢母《けんぼ》(=かしこい母《はは》)として知《し》られる。
孟子《もうし》が幼《おさな》いとき、墓地《ぼち》の近《ちか》くに住《す》むと、葬式《そうしき》ごっこをして遊《あそ》ぶことがあった。
ここはうちの子《こ》を住《す》まわせるところじゃないわ引《ひ》っ越《こ》そう!
次《つぎ》に市場《いちば》の近《ちか》くに住《す》むと、商売《しょうばい》ごっこばかりするようになった。
今ならお得《とく》だよっ!
どうしよう…
ここもだめだ引《ひ》っ越《こ》そう!
今度《こんど》は、学校《がっこう》のそばに住《す》んだ。すると、小《ちい》さな孟子《もうし》は、礼儀作法《れいぎさほう》の真似《まね》をするようになった。
まあ
ペコリ
先生《せんせい》こんにちは
学問《がくもん》と作法《さほう》を学《まな》ばせたかった孟子《もうし》の母《はは》は、そこを住《す》まいと定《さだ》め…
よかったここに引《ひ》っ越《こ》して
もう引《ひ》っ越《こ》すことはなかったという。

孟子《もうし》は成長《せいちょう》して母《はは》のもとを離《はな》れ、学問《がくもん》にいそしんでいた。
ある時《とき》勉強《べんきょう》のとちゅうで、家《いえ》に帰《かえ》ってきたことがあった。
母上《ははうえ》！ただいま!!
勉強《べんきょう》の進《すす》み具合《ぐあい》はどう？
いやあ全然進歩《ぜんぜんしんぽ》してません
……
プチッ
あっ!!
シュッ
学業《がくぎょう》を途中《とちゅう》で投《な》げ出《だ》すのは、この織《お》りかけの布《ぬの》の糸《いと》を途中《とちゅう》で切《き》ってしまうようなものだよ
あわわわ
孟子《もうし》は学校《がっこう》にもどって一生懸命勉強《いっしょうけんめいべんきょう》し
さっ学校《がっこう》で勉強《べんきょう》勉強《べんきょう》ーっと！
孔子《こうし》に次《つ》ぐ聖人《せいじん》とまで呼《よ》ばれる偉大《いだい》な学者《がくしゃ》になったのだった。

も

餅《もち》は餅屋《もちや》 ことわざ ↓世界のことわざ（429ページ）

意味 物事《ものごと》には、それぞれの専門家《せんもんか》がいて、その人《ひと》が一番上手《いちばんじょうず》であるということ。
例 餅は餅屋で、料理《りょうり》を作《つく》るのは料理人《りょうりにん》のかのじょに任《まか》せるのが一番《いちばん》だ。
語源 餅《もち》を上手《じょうず》につくのは餅屋《もちや》だということから。
参考 いろはがるた（京都《きょうと》）の一《ひと》つ。
英 There is a mystery in the meanest trade.（どんなつまらない仕事《しごと》にも秘訣《ひけつ》がある）

もっけの幸《さいわ》い 慣用句

意味 思《おも》いがけない幸運《こううん》。 例 たまたま友達《ともだち》に会《あ》ったのをもっけの幸いと、いっしょに出《で》かけた。
語源 「もっけ」は、思《おも》いがけないこと。

もったいを付《つ》ける 慣用句

意味 わざと重々《おもおも》しく、大《おお》げさにふるまう。 例 もったいを付けないで、早《はや》く用件《ようけん》を言《い》いなさい。
語源 「もったい」は、重々《おもおも》しく取《と》りつくろった態度《たいど》。

もっての外《ほか》 慣用句

意味 とても考《かんが》えつかないようなこと。また、とんでもないこと。 例 人《ひと》をいじめるなんて、もっての外だ。

元《もと》の鞘《さや》に収《おさ》まる 慣用句

意味 仲《なか》の悪《わる》くなった人同士《ひとどうし》が、仲直《なかなお》りをして、もう一度元《いちどもと》の関係《かんけい》にもどる。 例 けんかをしていた二人《ふたり》だが、誤解《ごかい》がとけて元の鞘に収まった。
語源 鞘《さや》からぬいた刀《かたな》が、また元《もと》の鞘《さや》に収《おさ》まるということから。

さや

元《もと》の木阿弥《もくあみ》 ことわざ ↓マンガdeことわざ（388ページ）

意味 よい状態《じょうたい》になったものが、また元《もと》の状態《じょうたい》にもどることのたとえ。 例 せっかく病気《びょうき》が治《なお》ってきたのに、無理《むり》をしては元の木阿弥だ。
語源 戦国時代《せんごくじだい》、大名《だいみょう》の筒井順昭《つついじゅんしょう》が病気《びょうき》で死《し》ぬとき、後《あと》つぎの筒井順慶《つついじゅんけい》はまだ幼《おさな》かった。そこで、敵《てき》の目《め》をあざむくために、声《こえ》のよく似《に》た木阿弥《もくあみ》という者《もの》をうす暗《ぐら》いねどこにねかせて、自分《じぶん》がまだ生《い》きているように見《み》せかけた。子《こ》の順慶《じゅんけい》がやがて大《おお》きくなったとき、木阿弥《もくあみ》は、元《もと》の身分《みぶん》にもどされたという話《はなし》から。
英 to return home as wise as one went（少《すこ》しもかしこくならずに戻《もど》ってくる）

求《もと》めよさらば与《あた》えられん ことわざ

意味 他人《たにん》から与《あた》えられることを待《ま》つのではなく、自分《じぶん》から積極的《せっきょくてき》に求《もと》めれば、成功《せいこう》が得《え》られる。〈『新約聖書《しんやくせいしょ》』〉 例 俳優《はいゆう》になりたくて英語《えいご》の勉強《べんきょう》を始《はじ》めた。求めよさらば与えられんというからね。
語源 もともとは、一心《いっしん》に神《かみ》に祈《いの》れば、神《かみ》は正《ただ》しい心《こころ》と正《ただ》しい信仰《しんこう》を与《あた》えてくれるという教《おし》え。あとに「探《さが》せよさらば見《み》

も

つからん。叩《たた》けよさらば開《ひら》かれん」と続《つづ》くキリストの言葉《ことば》から。
英 Ask, and it shall be given you.（求《もと》めよ、さらば与《あた》えられん）

元《もと》も子《こ》もない 慣用句
意味 すべてを失《うしな》って、努力《どりょく》がむだになる。例 練習《れんしゅう》のしすぎでけがをしたら、**元も子もない**よ。
語源 「元《もと》」は、元金《がんきん》（＝元《もと》のお金《かね》）、「子《こ》」は、利息《りそく》（＝お金《かね》を貸《か》すことに対《たい》してしはらわれるお金《かね》）で、どちらも失《うしな》うということから。
同 元《もと》も子《こ》もなくなる／元《もと》も子《こ》も失《うしな》う

もぬけの殻《から》 慣用句
意味 人《ひと》がぬけ出《だ》して、空《から》になっているねどこや家《いえ》のこと。また、空《から》になっていること。例 部屋《へや》は**もぬけの殻**だった。
語源 「もぬけ」は、セミやヘビが脱皮《だっぴ》すること。また、その後《あと》の殻《から》。

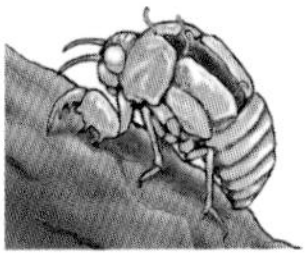
もぬけ

物言《ものい》えば唇《くちびる》寒《さむ》し秋《あき》の風《かぜ》 ことわざ
意味 人《ひと》の悪口《わるくち》を言《い》った後《あと》は、後味《あとあじ》の悪《わる》い

世界《せかい》のことわざ　持《も》ちつ持《も》たれつ

イギリス

手《て》は手《て》を洗《あら》う
右手《みぎて》が左手《ひだりて》を洗《あら》い、左手《ひだりて》が右手《みぎて》を洗《あら》います。右手《みぎて》で右手《みぎて》を洗《あら》おうとすると難《むずか》しいですが、おたがいに助《たす》け合《あ》うと、両手《りょうて》がきれいになります。その他《た》 フランス、ドイツ、イタリア、ロシア、チェコ、スロバキア、インドほか

モンゴル

助《たす》けは助《たす》け合《あ》ってこそ　縄《なわ》はより合《あ》わせてこそ
助《たす》けるのはおたがいさまで、他《ほか》の人《ひと》と助《たす》け合《あ》うことでよい関係《かんけい》になり、縄《なわ》はより合《あ》わせることで強《つよ》くなります。世《よ》の中《なか》は、おたがいに協力《きょうりょく》し合《あ》ってこそうまくいくことを教《おし》えてくれます。

アイスランド
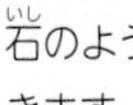
手《て》は手《て》を洗《あら》い、石《いし》は石《いし》をみがく
石《いし》のようにかたいものは、かたいものでみがきます。最《もっと》もかたい宝石《ほうせき》であるダイヤモンドは、ダイヤモンドでしかみがけません。

思《おも》いをするものだということ。また、よけいなことを言《い》えば、そのために災《わざわ》いを招《まね》くものだということ。例 悪口《わるくち》はそれくらいにしておけ。**物言えば唇寒し秋の風**、だよ。
参考 松尾芭蕉《まつおばしょう》の俳句《はいく》から。
類 口《くち》は災《わざわ》いの元《もと》 英 Few words are best.（寡言《かげん》〔口数《くちかず》が少《すく》ないこと〕が最高《さいこう》）

物《もの》がわかる 慣用句
意味 物事《ものごと》の道理《どうり》や人情《にんじょう》がわかる。例 かれは、**物がわかる**人《ひと》だから、みんなにたよりにされている。

物心《ものごころ》が付《つ》く 慣用句
意味 子供《こども》が成長《せいちょう》して、世《よ》の中《なか》のようすが何《なん》となくわかるようになる。例 **物心が付く**ころには、この町《まち》に住《す》んでいた。

物《もの》ともしない 慣用句
意味 問題《もんだい》にしない。相手《あいて》にしない。
例 反対《はんたい》を**物ともしない**で、計画《けいかく》を進《すす》める。
同 物《もの》ともせず

物《もの》ともせず 慣用句
⇒物《もの》ともしない（428ページ）

物《もの》にする 慣用句
意味 ❶役《やく》に立《た》つものに仕上《しあ》げる。また、思《おも》いどおりに自由《じゆう》に使《つか》えるようにする。例 勉強《べんきょう》して英語《えいご》を**物にする**。❷自分《じぶん》のものにする。手《て》に入《い》れる。例 取材《しゅざい》を続《つづ》けて、ついにスクープを**物に**した。

物《もの》になる 慣用句
意味 人《ひと》や仕事《しごと》などが、りっぱな状態《じょうたい》になる。例 妹《いもうと》のピアノも、ようやく**物になっ**てきた。

物《もの》の数《かず》 慣用句
意味 特《とく》に取《と》り上《あ》げて数《かぞ》えるほどの値打《ねう》ち。例 あんなチームなんか**物の数**ではない。
参考 多《おお》く、後《あと》に「…ない」などの打《う》ち消《け》しの言葉《ことば》がくる。

物《もの》の弾《はず》み 慣用句
意味 そのときの思《おも》いがけない勢《いきお》い。その場《ば》のなりゆき。例 **物の弾み**で、よけいなことを言《い》ってしまった。

物《もの》の見事《みごと》に 慣用句
意味 非常《ひじょう》にあざやかに。大変《たいへん》りっぱに。
例 柔道《じゅうどう》で、**物の見事に**投《な》げとばされた。

物《もの》の用《よう》 慣用句
意味 何《なに》かの役《やく》。例 こわれていては**物の用**にもならないよ。

物《もの》は言《い》いよう ことわざ
意味 同《おな》じことでも言《い》い方《かた》によって、相手《あいて》の受《う》け取《と》り方《かた》がよくもなるし、悪《わる》くもなるということ。例 **物は言いよう**で、派手《はで》な格好《かっこう》も、はなやかと言《い》われれば悪《わる》い気《き》がしない。
英 Not so much what you say, but how you say it.（なにを言《い》うかより、いかに言うかが大切《たいせつ》）

物《もの》は考《かんが》えよう 慣用句
意味 同《おな》じことでも考《かんが》え方《かた》によって、よい方《ほう》にも悪《わる》い方《ほう》にも取《と》ることができるということ。例 失敗《しっぱい》しても**物は考えよう**で、次《つぎ》の機会《きかい》に役立《やくだ》つと思《おも》えばよい。
英 A man is weal or woe as he thinks himself so.（人《ひと》は考《かんが》えようによっては幸《しあわ》せにも不幸《ふこう》にもなる）

物《もの》は相談《そうだん》 慣用句
意味 どんなことでもだれかに相談《そうだん》してみると、よい考《かんが》えや結果《けっか》が得《え》られることもあるということ。また、人《ひと》に相談《そうだん》を持《も》ちかけるときなどに言《い》う言葉《ことば》。例 **物は相談**だけど、ぼくの代《か》わりに会議《かいぎ》に出《で》て

も

くれないか。

物《もの》は試《ため》し 慣用句

意味 物事《ものごと》は、実際《じっさい》にやってみなければ、いいか悪《わる》いかわからないということ。

例 物は試しだ。一度《いちど》やってみよう。

英 You never know what you can do till you try.（やってみるまでは、なにができるかわからないものだ）

物見遊山《ものみゆさん》 四字熟語

意味 あちらこちらを見物《けんぶつ》しながら歩《ある》き回《まわ》ること。 例 祖父母《そふぼ》は、ヨーロッパへ物見遊山の旅《たび》に出《で》た。

物《もの》も言《い》いようで角《かど》が立《た》つ ことわざ

意味 何《なん》でもないことでも話《はなし》のしかたによっては、相手《あいて》に悪《わる》く受《う》け取《と》られるということ。 例 物も言いようで角が立つというとおり、あんな言《い》い方《かた》をしたら反発《はんぱつ》されるに決《き》まっている。

参考 ➡丸《まる》い卵《たまご》も切《き》りようで四角《しかく》

英 A good tale ill told is marred in the telling.（よい話《はなし》も下手《へた》な語《かた》り方《かた》では損《そこ》なわれる）

物《もの》を言《い》う 慣用句

意味 役《やく》に立《た》つ。ききめがある。 例 日《ひ》ご

世界《せかい》のことわざ　餅《もち》は餅屋《もちや》

ウズベキスタン

雀《すずめ》を切《き》るのも肉屋《にくや》にまかせろ

獲物《えもの》の大小《だいしょう》にかかわらず、たとえスズメのような小《ちい》さい鳥《とり》でも、肉《にく》をさばくことに関《かん》してはプロである肉屋《にくや》にまかせたほうがよいということです。 その他 タジキスタン

フランス

玉《たま》ねぎ売《う》りはねぎをよく知《し》っている

タマネギを売《う》る人《ひと》なら、商売《しょうばい》がらネギをよく知《し》っているのは当《あ》たり前《まえ》です。ネギの種類《しゅるい》や産地《さんち》など、しろうとではわからない知識《ちしき》や判断力《はんだんりょく》があります。だれだって自分《じぶん》の仕事《しごと》については、他《ほか》の人《ひと》とは比《くら》べものにならない知識《ちしき》や能力《のうりょく》があることのたとえです。

中国《ちゅうごく》

なまぐさ坊主《ぼうず》でもうまい精進料理《しょうじんりょうり》をつくる

修行中《しゅぎょうちゅう》に食《た》べてはいけない肉《にく》や魚《さかな》(なまぐさい食《た》べ物《もの》)をこっそり食《た》べるような、決《き》まりを破《やぶ》る不《ふ》まじめなお坊《ぼう》さんを「なまぐさ坊主《ぼうず》」といいます。そんな不《ふ》まじめなお坊《ぼう》さんでも、つくり慣《な》れた精進料理《しょうじんりょうり》（肉《にく》や魚《さかな》を使《つか》わない野菜中心《やさいちゅうしん》の料理《りょうり》）は、上手《じょうず》につくれるということです。

ろの練習《れんしゅう》が物を言う。

物《もの》を言《い》わせる 慣用句
意味 持《も》っているものの力《ちから》やききめを十《じゅう》分《ぶん》につかって、役《やく》に立《た》たせる。例 金《かね》に物を言わせて好《す》き勝手《かって》なことをする。

桃栗三年柿八年《ももくりさんねんかきはちねん》 ことわざ
意味 桃《もも》と栗《くり》は芽《め》が出《で》て三年《さんねん》、柿《かき》は八年《はちねん》たつと実《み》がなるということ。例 桃栗三年柿八年、再来年《さらいねん》にはこの柿《かき》の木《き》にも実《み》がなるかな。

諸手《もろて》を挙《あ》げて 慣用句
意味 無条件《むじょうけん》に。全面的《ぜんめんてき》に。例 かれの考《かんが》えに諸手を挙げて賛成《さんせい》する。
語源 「諸手《もろて》」は、両手《りょうて》のこと。

諸肌《もろはだ》を脱《ぬ》ぐ 慣用句
意味 全力《ぜんりょく》で物事《ものごと》をする。例 友人《ゆうじん》のために諸肌を脱ぐ。
語源 「諸肌《もろはだ》」は、上半身《じょうはんしん》の肌《はだ》。着物《きもの》の上《じょう》半身《はんしん》の部分《ぶぶん》を脱《ぬ》ぐと、腕《うで》が自由《じゆう》に動《うご》くことから。
同 両肌《もろはだ》を脱《ぬ》ぐ

両刃《もろは》の剣《つるぎ》 ことわざ
意味 一方《いっぽう》ではよい結果《けっか》をもたらすが、他《た》方《ほう》では危険《きけん》を招《まね》くおそれもあるもののたとえ。例 この薬《くすり》はよくきくが、副作用《ふくさよう》もある両刃の剣だ。
語源 「両刃《もろは》」は、両方《りょうほう》に刃《やいば》がついていること。敵《てき》を切《き》ることもできるが、自分《じぶん》を傷《きず》つけることもあるということから。
注意 「どちらにも使《つか》える便利《べんり》なもの」という意味《いみ》で用《もち》いるのは誤《あやま》り。
同 諸刃《もろは》の剣《つるぎ》／両刃《りょうば》の剣《つるぎ》

門外漢《もんがいかん》 慣用句
意味 そのことについて専門《せんもん》でない人《ひと》。
例 ぼくは、文学《ぶんがく》にはまったくの門外漢だからわかりません。

門外不出《もんがいふしゅつ》 四字熟語
意味 とても大切《たいせつ》な絵画《かいが》・書《しょ》・彫刻《ちょうこく》などの芸術品《げいじゅつひん》を、持《も》ち出《だ》したり貸《か》したりしないで自分《じぶん》のところにしまっておくこと。
例 美術館《びじゅつかん》が所蔵《しょぞう》する門外不出の名画《めいが》。

門前市《もんぜんいち》を成《な》す 故事成語
意味 門《もん》の前《まえ》にたくさんの人《ひと》たちがむらがり集《あつ》まることのたとえ。また、その家《いえ》に住《す》む人《ひと》の持《も》っている力《ちから》や評判《ひょうばん》などをしたって、訪《たず》ねてくる人《ひと》が多《おお》いことのたとえ。〈『漢書《かんじょ》』〉例 よく当《あ》たると評判《ひょうばん》のうらない師《し》の店《みせ》は、いつも門前市を成す状態《じょうたい》だ。
語源 中国《ちゅうごく》の漢《かん》の時代《じだい》、大臣《だいじん》の鄭崇《ていすう》のところには、名声《めいせい》をしたう客《きゃく》があとをたたなかった。これをねたんだある者《もの》が、こびへつらう客《きゃく》ばかりだと告《つ》げ口《ぐち》をした。ときの皇帝《こうてい》にこの事《こと》を責《せ》められた鄭崇《ていすう》は、わたしの家《いえ》の門《もん》の前《まえ》は市場《いちば》のようにたくさんの人《ひと》が訪《たず》ねて来《き》ますが、わたしの心《こころ》は水《みず》のようにすみきっていますと答《こた》えた話《はなし》から。
対 閑古鳥《かんこどり》が鳴《な》く／門前雀羅《もんぜんじゃくら》を張《は》る

門前《もんぜん》の小僧《こぞう》習《なら》わぬ経《きょう》を読《よ》む ことわざ
意味 ふだんよく見《み》たり聞《き》いたりしていることは、知《し》らず知《し》らずのうちに覚《おぼ》えてしまうということのたとえ。例 門前の小僧習わぬ経を読むで、プロ野球選手《やきゅうせんしゅ》を

父《ちち》に持《も》つかれは、子供《こども》のころから野球《やきゅう》がうまい。

語源 寺《てら》の門前《もんぜん》に住《す》む子供《こども》は、いつもお経《きょう》を聞《き》いていて、特別《とくべつ》に習《なら》わなくても自然《しぜん》に覚《おぼ》えているということから。

参考 いろはがるた（江戸《えど》）の一《ひと》つ。

類 勧学院《かんがくいん》の雀《すずめ》は蒙求《もうぎゅう》をさえずる 英 A saint's maid quotes Latin.（聖人《せいじん》の家《いえ》のお手伝《てつだ》いはラテン語《ご》を引用《いんよう》する）

門前払《もんぜんばら》い 慣用句

意味 たずねてきた人《ひと》に会《あ》わないで、追《お》い返《かえ》すこと。例 弟子入《でしい》り志願《しがん》の青年《せいねん》に、門前払いを食《く》わす。

問題《もんだい》にならない 慣用句

意味 比《くら》べものにならない。問題《もんだい》として取《と》り上《あ》げる価値《かち》がない。例 問題にならないような、ひどいできだ。

類 取《と》るに足《た》りない

問答無用《もんどうむよう》 四字熟語

意味 話《はな》し合《あ》いや議論《ぎろん》の必要《ひつよう》がないということ。例 遅刻《ちこく》した学生《がくせい》を問答無用で、きびしくしかる。

もんどりを打《う》つ 慣用句

意味 とび上《あ》がって空中《くうちゅう》で一回《ひとまわ》りする。例 うたれたシカがもんどりを打《う》ってたおれた。

語源「もんどり」は、空中《くうちゅう》で一回転《いっかいてん》すること。

門《もん》を叩《たた》く 慣用句

意味 弟子入《でしい》りさせてくれるようにたのむ。例 有名《ゆうめい》な落語家《らくごか》の門を叩く。

や

刃《やいば》に掛《か》かる 慣用句

意味 刀《かたな》できり殺《ころ》される。例 敵《てき》の刃に掛かって命《いのち》を落《お》とす。

夜陰《やいん》に乗《じょう》じる 慣用句

意味 夜《よる》の暗《くら》さを利用《りよう》する。例 夜陰に乗じて敵《てき》の城《しろ》をせめた。

八百長《やおちょう》 慣用句

意味 競技《きょうぎ》や試合《しあい》などで、観客《かんきゃく》には本気《ほんき》でやっているように見《み》せかけて、実際《じっさい》には、前《まえ》もっておたがいが打《う》ち合《あ》わせたとおりに勝負《しょうぶ》をつけること。例 八百長試《じ》合《あい》を取《と》りしまる。

語源 昔《むかし》、八百屋《やおや》の長兵衛《ちょうべえ》（通称《つうしょう》「八百長《やおちょう》」）という囲碁《いご》の得意《とくい》な人《ひと》が、いつも相手《あいて》と一勝一敗《いっしょういっぱい》になるように碁《ご》を打《う》って、相手《あいて》を喜《よろこ》ばせたということから。

矢面《やおもて》に立《た》つ 慣用句

意味 質問《しつもん》や非難《ひなん》などが集中《しゅうちゅう》する立場《たちば》に自分《じぶん》から立《た》つ。例 社長《しゃちょう》が非難《ひなん》の矢面に立った。

語源 戦場《せんじょう》で飛《と》んでくる矢《や》の正面《しょうめん》に立《た》つということから。

焼《や》きが回《まわ》る 慣用句

意味 勢《いきお》いや能力《のうりょく》などがおとろえてにぶくなる。例 こんな失敗《しっぱい》をするなんて、あの人《ひと》も焼きが回ったな。

語源 刀《かたな》などを焼《や》くとき、火《ひ》が回《まわ》りすぎると、かえって切《き》れ味《あじ》が悪《わる》くなることから。

焼《や》き餅《もち》を焼《や》く 慣用句

意味 人《ひと》のことをうらやんで、にくんだりねたんだりする。例 たいしたことではないのに、すぐ焼き餅を焼く。

語源「焼《や》き餅《もち》」は、うらやみねたむ意味《いみ》の「焼《や》く」に餅《もち》をつけた言葉《ことば》。

焼《や》きを入《い》れる 慣用句

意味 弱《よわ》い人《ひと》やぼんやりしている人《ひと》にしげきをあたえる。また、暴力《ぼうりょく》をふるう。

例 なまけているやつに焼きを入れる。
語源 刀《かたな》などを焼《や》いてきたえることから。

役者《やくしゃ》が一枚上《いちまいうえ》 慣用句
意味 計略《けいりゃく》やかけひきなどが優《すぐ》れているようす。例 金《かね》もうけなら、あいつの方《ほう》が役者が一枚上だ。
語源 芝居《しばい》の役者《やくしゃ》の番付《ばんづけ》で、上位《じょうい》の役者《やくしゃ》の名《な》を上《うえ》に書《か》いたことから。
同 一枚上《いちまいうえ》／役者《やくしゃ》が上《うえ》

役《やく》に立《た》つ 慣用句
意味 何《なに》かをするとき、十分《じゅうぶん》にその用《よう》を果《は》たす。例 急場《きゅうば》の役に立つ道具《どうぐ》。

焼《や》け石《いし》に水《みず》 ことわざ
意味 少《すこ》しばかりの助《たす》けや努力《どりょく》ではききめのないことのたとえ。例 前日《ぜんじつ》になってテスト勉強《べんきょう》を始《はじ》めたって焼け石に水だ。
語源 焼《や》けた石《いし》に少《すこ》しばかりの水《みず》をかけても、すぐには冷《さ》めないということから。
英 What is a pound of butter among a kennel of hounds.（猟犬《りょうけん》の群《む》れに1ポンドのバターは、どれほど足《た》しになろうか）

焼《や》け野《の》の雉夜《きぎすよる》の鶴《つる》 ことわざ
意味 親《おや》の、子《こ》を思《おも》う愛情《あいじょう》が深《ふか》いことのたとえ。例 焼け野の雉夜の鶴というとおり、何《なに》があっても我《わ》が子《こ》を守《まも》るつもりだ。
語源 巣《す》のある野原《のはら》を焼《や》かれた雉《きぎす》（鳥《とり》のキジの別名《べつめい》）が身《み》の危険《きけん》を忘《わす》れて子《こ》を救《すく》い、寒《さむ》い夜《よる》にツルがつばさで子《こ》をおおって暖《あたた》めることから。
参考 「雉《きぎす》」は、「雉子《きぎす》」とも書《か》く。
同 焼《や》け野《の》の雉子夜《きぎすよる》の鶴《つる》 英 A mother's heart is always with her children.（母《はは》の心《こころ》はいつも子供《こども》とともにある）

焼《や》け木杭《ぼっくい》に火《ひ》が付《つ》く ことわざ
意味 一度縁《いちどえん》が切《き》れていた恋愛関係《れんあいかんけい》が、また元《もと》にもどることのたとえ。例 かれらは焼け木杭に火が付いて、またつきあっているそうだ。
語源 「焼《や》け木杭《ぼっくい》」は、焼《や》けた木《き》の棒《ぼう》。一《いち》度《ど》焼《や》けた木《き》の棒《ぼう》は、火《ひ》が付《つ》きやすいことから。

野《や》次《じ》馬《うま》 慣用句
意味 事件《じけん》などが起《お》こったときに、自分《じぶん》には何《なん》の関係《かんけい》もないのに、人《ひと》の後《あと》についてわけもなくさわぐ人《ひと》。例 事故現場《じこげんば》に野次馬が集《あつ》まる。
同 弥《や》次馬《じうま》

野《や》次《じ》を飛《と》ばす 慣用句
意味 他人《たにん》の言葉《ことば》や行動《こうどう》を、とがめたりからかったりする。例 野球場《やきゅうじょう》で、相手《あいて》チームの選手《せんしゅ》に向《む》かって野次を飛ばす。

安《やす》かろう悪《わる》かろう 慣用句
意味 値段《ねだん》は安《やす》いが、その分質《ぶんしつ》も悪《わる》いということ。また、値段《ねだん》が安《やす》いものに、質《しつ》のよいものはないということ。例 お買《か》い得《どく》かと思《おも》ったけど、やっぱり安かろう悪かろう、だね。

易《やす》きに就《つ》く 慣用句
意味 簡単《かんたん》で楽《らく》な方《ほう》を選《えら》ぶ。例 ついつい易きに就いてしまう。
同 易《やす》きに付《つ》く

安物買《やすものが》いの銭失《ぜにうしな》い ことわざ ➡世界のことわざ（433ページ）
意味 安《やす》いものは品質《ひんしつ》がよくないので長《なが》持《も》ちせず、かえって損《そん》になるということ。例 安《やす》く買《か》ったカメラが、もうこわれてしまった。まさに安物買いの銭失いだ。

参考 いろはがるた（江《え》戸《ど》）の一《ひと》つ。英 A cheap purchase is money lost.（安物買《やすものが》いは銭失《ぜにうしな》いである）

痩《や》せても枯《か》れても

慣用句

意味 どんなに落《お》ちぶれても。例 痩せても枯れても悪事《あくじ》に手《て》を貸《か》したりはしない。参考 自分《じぶん》について、対面《たいめん》を保《たも》とうとするときに言《い》う。

痩《や》せの大食《おおぐ》い

ことわざ

意味 痩《や》せている人《ひと》は、わりにたくさん食《た》べること。また、痩《や》せているから少《すこ》ししか食《た》べないかと思《おも》うと、思《おも》ったよりたくさん食《た》べること。例 兄《あに》は痩せの大食いだ。

厄介《やっかい》を掛《か》ける

慣用句

意味 面倒《めんどう》を見《み》てもらったり世話《せわ》をして

世界《せかい》のことわざ　安物買《やすものが》いの銭失《ぜにうしな》い

フィンランド

三十《さんじゅう》マルカの仕立《した》て屋《や》は三千《さんぜん》マルカの損《そん》

フィンランドの通貨《つうか》は今《いま》はユーロですが、その前《まえ》はマルカが使《つか》われていました。安《やす》い仕立《した》て屋《や》は服《ふく》のできばえも生地《きじ》もよくないので、つくりなおさねばならないこともあり、かえって高《たか》くつくことを強調《きょうちょう》したものです。

ポーランド

安《やす》い値段《ねだん》で犬《いぬ》の肉《にく》を食《た》べる

肉《にく》を安《やす》く買《か》ってきたと思《おも》って喜《よろこ》んで食《た》べると、実《じつ》は牛《うし》やブタの肉《にく》ではなく、本来《ほんらい》なら売《う》り物《もの》にならない犬《いぬ》の肉《にく》だったということです。

スロベニア

安物《やすもの》と安売《やすう》りが財布《さいふ》を空《から》にする

安物《やすもの》や安売《やすう》りに飛《と》びついて必要《ひつよう》のないものを買《か》いあさると、財布《さいふ》が空《から》になるのはどこの国《くに》でも同《おな》じです。その他《た》 フランス、ドイツ、イタリア

もらったりする。例 兄弟《きょうだい》そろって厄介を掛けて、すみません。

躍起《やっき》になる 慣用句

意味 あせって、むきになる。例 借《か》りていた本《ほん》を躍起になって探《さが》す。

矢《や》でも鉄砲《てっぽう》でも持《も》ってこい 慣用句

意味 どんな手段《しゅだん》でもかかってこい、負《ま》けないぞという気持《きも》ちのたとえ。例 矢でも鉄砲でも持ってこい。決心《けっしん》は絶対《ぜったい》に変《か》わらないぞ。

参考 かくごをしたときや、やけになったときなどに用《もち》いる。

柳《やなぎ》に風《かぜ》 慣用句

意味 相手《あいて》に逆《さか》らわないで、上手《じょうず》にあしらうことのたとえ。例 悪口《わるくち》を言《い》われても柳に風と受《う》け流《なが》す。

語源 ヤナギの枝《えだ》は風《かぜ》に逆《さか》らわずに、しなやかになびくため、折《お》れることがないことから。

英 No reply is best.（返事《へんじ》をしないにこしたことはない）

柳《やなぎ》に雪《ゆき》折《お》れなし ことわざ

意味 弱《よわ》いように見《み》えても、やわらかくしなやかで、強《つよ》いこと。例 柳に雪折れなしというとおり、かれはおとなしいが、ねばり強《づよ》く、さまざまな困難《こんなん》を乗《の》りこえていった。

語源 ヤナギの枝《えだ》はよくしなって、雪《ゆき》が積《つ》もっても曲《ま》がるだけで折《お》れないことから。

英 Oaks may fall when reeds brave the storm.（葦《あし》が嵐《あらし》に耐《た》えるとき樫《かし》が倒《たお》れる）

柳《やなぎ》の下《した》にいつもどじょうはいない ことわざ

意味 一度《いちど》運《うん》よくうまくいったとしても、同《おな》じやり方《かた》でいつもうまくいくとはかぎらないということ。例 前《まえ》のテストで山《やま》をかけてうまくいったからって、調子《ちょうし》に乗《の》らない方《ほう》がいい。柳の下にいつもどじょうはいない、というからね。

語源 一度《いちど》ヤナギの下《した》でドジョウをつかまえたからといって、いつもそこにドジョウがいるわけではないということから。

同 柳《やなぎ》の下《した》のどじょう 対 二度《にど》あることは三度《さんど》ある 英 A fox is not taken twice in the same snare.（狐《きつね》は同《おな》じ罠《わな》に二度《にど》はかからぬ）

野《や》に下《くだ》る 慣用句

意味 役人《やくにん》などの公職《こうしょく》をやめて、民間《みんかん》の生《せい》活《かつ》をする。例 議員《ぎいん》を辞職《じしょく》し、野に下る。

注意「のにくだる」と読《よ》むのは誤《あやま》り。

矢《や》の催促《さいそく》 慣用句

意味 早《はや》く早《はや》くと、はげしくせきたてること。例 返事《へんじ》を求《もと》めて矢の催促がきた。

語源 矢を次々《つぎつぎ》に射《い》るような催促《さいそく》ということから。

やはり野《の》に置《お》け蓮華草《れんげそう》 ことわざ

意味 レンゲソウは野原《のはら》という自然《しぜん》の中《なか》で咲《さ》いていてこそ美《うつく》しく、つみ取《と》って部《へ》屋《や》にかざっても美《うつく》しくはない。同様《どうよう》に、物《もの》にも人《ひと》にも、それぞれにふさわしい場《ば》所《しょ》があるということ。例 やはり野に置

や

け蓮華草というし、人《ひと》にはその人《ひと》に合《あ》った場所《ばしょ》があるものだ。
語源 江戸時代中期《えどじだいちゅうき》の俳人《はいじん》、瓢水《ひょうすい》の句《く》「手《て》に取《と》るなやはり野《の》におけ蓮華草《れんげそう》」から。
類 花《はな》は山人《やまひと》は里《さと》　**英** Dogs are fine in the field.（犬《いぬ》は野原《のはら》にいて映《は》える）

藪《やぶ》から棒《ぼう》 慣用句
意味 突然《とつぜん》、物事《ものごと》をおこなうこと。特《とく》に相手《あいて》がとまどう言動《げんどう》をおこなうこと。
例 **藪から棒**に、そんな話《はなし》を持《も》ち出《だ》されても困《こま》るよ。
語源 藪《やぶ》にかくれていて、突然《とつぜん》、棒《ぼう》をつき出《だ》すことから。
英 a bolt from the blue（青天《せいてん》から稲妻《いなづま》）

やぶさかでない 慣用句
意味 努力《どりょく》をおしまない。喜《よろこ》んでする。
例 協力《きょうりょく》するに**やぶさかでない**。
参考 多《おお》く、「…にやぶさかでない」の形《かたち》で「…する努力《どりょく》をおしまない」「喜《よろこ》んで…する」という意味《いみ》で用《もち》いる。
注意 「仕方《しかた》なくする」意《い》で使《つか》うのは誤《あやま》り。

藪《やぶ》の中《なか》 慣用句
意味 関係《かんけい》した人《ひと》たちの言《い》い分《ぶん》が食《く》いちがっていて、本当《ほんとう》のことがわからないこと。
例 事件《じけん》の真相《しんそう》は**藪の中**だ。
語源 芥川龍之介《あくたがわりゅうのすけ》の小説《しょうせつ》の題名《だいめい》から。

藪蛇《やぶへび》 ことわざ
➡ 藪《やぶ》をつついて蛇《へび》を出《だ》す（435ページ）

藪《やぶ》をつついて蛇《へび》を出《だ》す ことわざ
意味 よけいなことに口出《くちだ》しをしたり手《て》出《だ》しをしたりして、かえって面倒《めんどう》なことを引《ひ》き起《お》こす。**例** 調子《ちょうし》に乗《の》って話《はな》しているうちに、うそがばれてしまった。**藪をつついて蛇を出す**、だ。
語源 つつく必要《ひつよう》のない藪《やぶ》をつついて、いやなヘビを出《だ》してしまうということから。
参考 略《りゃく》して「藪蛇《やぶへび》」ともいう。
同 藪蛇《やぶへび》　**英** Let sleeping dogs lie.（眠《ねむ》っている犬《いぬ》はそっとしておけ）

病膏肓《やまいこうこう》に入《い》る 故事成語
意味 熱中《ねっちゅう》してぬけ出《だ》せなくなる。〈『春秋左氏伝《しゅんじゅうさしでん》』〉 **例** かれの鉄道好《てつどうず》きもとうとう**病膏肓に入って**、外国《がいこく》にまで出《で》かけるようになったらしい。
語源 「膏《こう》」は、心臓《しんぞう》の下《した》の部分《ぶぶん》、「肓《こう》」は、横隔膜《おうかくまく》の上《うえ》の部分《ぶぶん》。膏《こう》と肓《こう》の間《あいだ》は治療《ちりょう》しにくいとされる所《ところ》。中国《ちゅうごく》の春秋時代《しゅんじゅうじだい》、

「藪《やぶ》から棒《ぼう》」

藪蛇《やぶへび》とか、藪医者《やぶいしゃ》とか、「藪《やぶ》」を使《つか》った言葉《ことば》がいくつかあります。藪《やぶ》というのは、今《いま》でこそ公園《こうえん》や山道《やまみち》でなければなかなか見《み》られませんが、昔《むかし》はあちこちにあったことでしょう。

道《みち》は藪《やぶ》の間《あいだ》にできていて、歩《ある》いていると、道《みち》の横《よこ》の藪《やぶ》の中《なか》から急《きゅう》に棒《ぼう》が突《つ》き出《だ》される。さぞびっくりすることだろうと思《おも》います。でも、棒《ぼう》が飛《と》び出《だ》したわけですから、藪《やぶ》の中《なか》に棒《ぼう》を突《つ》き出《だ》した誰《だれ》かがいたはずです。その人《ひと》はどうだったのでしょう。

たぶんちょっとしたいたずらでしょう。誰《だれ》かが来《く》るのを藪《やぶ》の中《なか》でじっと待《ま》っていた。蚊《か》に刺《さ》されたり、いろいろつらいこともあったに違《ちが》いありません。藪《やぶ》から棒《ぼう》を突《つ》き出《だ》されて驚《おどろ》いた人《ひと》は気《き》の毒《どく》ですが、藪《やぶ》の中《なか》で潜《ひそ》んでじっと待《ま》っていた人《ひと》のことを考《かんが》えると、なんだか可笑《おか》しく思《おも》えます。

晋《しん》の景公《けいこう》が重病《じゅうびょう》にかかり、名医《めいい》を呼《よ》ぶことにした。すると、二人《ふたり》の子供《こども》の姿《すがた》をした病魔《びょうま》が、膏《こう》と肓《こう》の間《あいだ》にかくれようと話《はな》している夢《ゆめ》を見《み》た。その後到着《ごとうちゃく》した名医《めいい》が診察《しんさつ》すると、治療《ちりょう》ができない病気《びょうき》であることがわかったという話《はなし》から。

注意「肓（こう）」を「盲（もう）」と書《か》くのは誤《あやま》り。

病《やまい》は気《き》から　ことわざ

意味 病気《びょうき》は気《き》の持《も》ちようで、よくなったり悪《わる》くなったりするということ。例 **病は気から**というから、まずは必《かなら》ず治《なお》るという気持《きも》ちをしっかり持《も》とう。

英 Care killed the cat.（心配《しんぱい》は〔九《ここの》つの命《いのち》を持《も》つといわれる〕猫《ねこ》さえ殺《ころ》す）

病《やまい》は口《くち》より入《い》り、禍《わざわい》は口《くち》より出《い》ず　故事成語

意味 病気《びょうき》は悪《わる》い食《た》べ物《もの》やばいきんを口《くち》に入《い》れたために起《お》こり、わざわいはよけいなことを口《くち》に出《だ》したために起《お》こる。よく考《かんが》えないでものを言《い》ってはいけないという教《おし》え。〈『太平御覧《たいへいぎょらん》』〉例 **病は口より入り、禍は口より出ず**というから、よく考《かんが》えてから話《はな》すようにしよう。

類 災《わざわ》いは口《くち》から

山《やま》が当《あ》たる　慣用句

意味 多分《たぶん》こうなるという見《み》こみが、そのとおりになる。例 理科《りか》のテストで**山が当たる**。

山《やま》が見《み》える　慣用句

意味 難《むずか》しい所《ところ》を乗《の》りきって、全体《ぜんたい》の見通《みとお》しがつく。例 この仕事《しごと》もようやく**山が見えてきた**。

語源「山《やま》」は、物事《ものごと》の一番大切《いちばんたいせつ》なところ。

山高《やまたか》きが故《ゆえ》に貴《たっと》からず　ことわざ

意味 本当《ほんとう》の価値《かち》は見《み》かけではなく、中身《なかみ》によって決《き》まるものであるということ。〈『実語経《じつごきょう》』〉例 高価《こうか》なドレスを着《き》ていても、品《ひん》のないふるまいをしていては一流《いちりゅう》とはいえない。**山高きが故に貴からず**、だよ。

語源 山《やま》は高《たか》いからすばらしいのではなく、樹木《じゅもく》という中身《なかみ》があるからすばらしいのだということから。

英 Looks are not everything.（見《み》かけがすべてではない）

山《やま》を掛《か》ける　慣用句

意味 もしかしたらと幸運《こううん》をねらって物事《ものごと》をおこなう。当《あ》たるかもしれないと予想《よそう》して準備《じゅんび》をする。例 **山を掛けて**勉強《べんきょう》したところがテストに出《で》た。

語源「山《やま》」は、よほどの幸運《こううん》がないと掘《ほ》り当《あ》てることができない、鉱脈《こうみゃく》のこと。

同 山《やま》を張《は》る

山《やま》を越《こ》す　慣用句

意味 物事《ものごと》の最《もっと》も盛《さか》んなときが過《す》ぎる。また、危険《きけん》な状態《じょうたい》や時期《じき》が過《す》ぎる。例 病状《びょうじょう》は**山を越した**。

山《やま》を張《は》る　慣用句

➡山《やま》を掛《か》ける（436ページ）

闇《やみ》から闇《やみ》に葬《ほうむ》る　慣用句

意味 都合《つごう》の悪《わる》いことを人《ひと》に知《し》られないようにこっそりと処理《しょり》する。例 真実《しんじつ》を**闇から闇に葬る**。

闇夜《やみよ》に提灯《ちょうちん》　慣用句

意味 困《こま》っているときに、望《のぞ》んでいるものにめぐり合《あ》うこと。例 英語《えいご》の得意《とくい》な君《きみ》が来《き》てくれて助《たす》かった。まさに**闇夜に提灯**だ。

同 闇夜《やみよ》の提灯《ちょうちん》

闇夜《やみよ》の鉄砲《てっぽう》　ことわざ

意味 目的《もくてき》やあてのない、でたらめな行動《こうどう》

や

のたとえ。例君《きみ》の判断《はんだん》は、いつも闇夜の鉄砲だ。

語源 闇夜《やみよ》に向《む》かって鉄砲《てっぽう》をうつということから。

参考 いろはがるた（京都《きょうと》）の一《ひと》つ。

同 闇夜《やみよ》に鉄砲《てっぽう》／闇《やみ》に鉄砲《てっぽう》

止《や》むに止《や》まれぬ 慣用句

意味 どうしてもそうしないではいられない。例止むに止まれぬ事情《じじょう》がある。

語源 やめようとしてもやめられないということから。

止《や》むを得《え》ず 慣用句

意味 しかたなく。例台風接近《たいふうせっきん》のため、止むを得ず大会《たいかい》を中止《ちゅうし》した。

止《や》むを得《え》ない 慣用句

意味 ほかにどうしようもない。例止むを得ない急用《きゅうよう》のため、欠席《けっせき》した。

矢《や》も楯《たて》もたまらず 慣用句

意味 そうしたい気持《きも》ちが強《つよ》くて、じっとしていられないようす。例母《はは》のことが心配《しんぱい》で、矢も楯もたまらず家路《いえじ》を急《いそ》いだ。

語源 勢《いきお》いが強《つよ》くて、矢《や》で射《い》ても、楯《たて》（＝盾《たて》）で防《ふせ》ごうとしても止《と》められないという意味《いみ》から。

同 矢《や》も盾《たて》もたまらず

遣《や》らずの雨《あめ》 慣用句

意味 帰《かえ》ろうとする人《ひと》や、出《で》かけようとする人《ひと》を引《ひ》き止《と》めるかのように降《ふ》ってくる雨《あめ》。例遣らずの雨に足止《あしど》めされた。

語源 「遣《や》らず」は、「行《い》かせない」という意味《いみ》。

やらずぶったくり 慣用句

意味 自分《じぶん》から人《ひと》にあたえることはしないで、取《と》り上《あ》げるばかりであること。

例 あいつはいつもやらずぶったくりだ。

槍玉《やりだま》に挙《あ》げる 慣用句

意味 非難《ひなん》やこうげきの目標《もくひょう》にする。

例 不正《ふせい》なことをして勝《か》ったチームを槍玉に挙げる。

語源 「槍玉《やりだま》」は、長《なが》い槍《やり》をまるで小《ちい》さな手玉《てだま》のように思《おも》いのままにあつかうこと。また、槍《やり》で突《つ》きさすこと。

類 槍玉《やりだま》に上《あ》げる

夜郎自大《やろうじだい》 四字熟語

意味 自分《じぶん》の力《ちから》の程度《ていど》を知《し》らずに、いばっていること。例今《いま》のきみは夜郎自大だ。

語源 昔《むかし》、中国《ちゅうごく》にあった「夜郎国《やろうこく》」が、漢《かん》の強大《きょうだい》さを知《し》らずに自国《じこく》の勢力《せいりょく》をほこったことから。

英 As proud as the devil.（悪魔《あくま》のようにいばっている）

ゆ

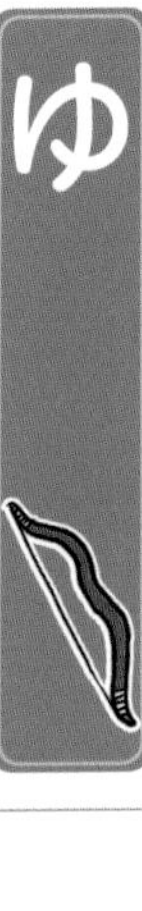

唯一無二《ゆいいつむに》 四字熟語

意味 それ一《ひと》つだけで、二《ふた》つとないこと。またとないこと。例唯一無二の親友《しんゆう》。

参考 「唯一《ゆいいつ》」を強《つよ》めた言《い》い方《かた》。

★**唯我独尊《ゆいがどくそん》** 四字熟語

意味 自分《じぶん》だけがえらいとうぬぼれること。例唯我独尊の態度《たいど》。

参考 ➡天上天下唯我独尊《てんじょうてんげゆいがどくそん》

有害無益《ゆうがいむえき》 四字熟語

意味 害《がい》だけがあって、ためになることがないようす。例有害無益な話《はなし》。

有形無形《ゆうけいむけい》 四字熟語

意味 形《かたち》のあるものとないもの。目《め》に見《み》えるものと見《み》えないもの。例先生《せんせい》からは有形無形の恩《おん》を受《う》けた。

有言実行《ゆうげんじっこう》 四字熟語

意味 あらかじめ宣言《せんげん》して、物事《ものごと》を実行《じっこう》すること。例かれは有言実行をつらぬこうと、がんばっている。

有終《ゆうしゅう》の美《び》を飾《かざ》る 慣用句

意味 物事《ものごと》を、最後《さいご》までやりとおして、立派《りっぱ》に終《お》わらせる。 例 引退試合《いんたいじあい》でホームランを打《う》ち、**有終の美を飾っ**た。

英 to crown one's career with success（成功《せいこう》で生涯《しょうがい》の有終《ゆうしゅう》の美《び》を飾《かざ》る）

★★
優柔不断《ゆうじゅうふだん》 四字熟語

意味 ぐずぐずして、物事《ものごと》をはっきり決《き》めることができないようす。 例 **優柔不断**なので、どちらのバッグを買《か》おうか、なかなか決《き》められない。

語源 「優柔《ゆうじゅう》」は、優《やさ》しく柔《やわ》らかいということで、はきはきしないことをあらわす。「不断《ふだん》」は、なかなか決《き》められないということ。

勇将《ゆうしょう》の下《もと》に弱卒《じゃくそつ》なし 故事成語

意味 上《うえ》に立《た》つ者《もの》が優《すぐ》れていれば、その部《ぶ》下《か》もまた優《すぐ》れているということ。 例 あのかんとくの率《ひき》いるチームは、**勇将の下に弱卒なし**で、とても強《つよ》い。

語源 中国《ちゅうごく》の蘇軾《そしょく》の文章《ぶんしょう》にある、「強将《きょうしょう》の下《もと》に弱卒《じゃくそつ》なし」から。大将《たいしょう》が強《つよ》いと、部《ぶ》下《か》の兵士《へいし》も自然《しぜん》と強《つよ》くなるという意味《いみ》。

英 Like master, like man.（この主人《しゅじん》にしてこの家来《けらい》あり）

優勝劣敗《ゆうしょうれっぱい》 四字熟語

意味 強者《きょうしゃ》が勝《か》ち、弱者《じゃくしゃ》が負《ま》けること。また、環境《かんきょう》に合《あ》ったものが栄《さか》え、合《あ》わないものがほろびること。 例 企業《きぎょう》の**優勝劣敗**が明確《めいかく》になる。

語源 「優勝《ゆうしょう》」は、優《すぐ》れている者《もの》が勝《か》つこと。「劣敗《れっぱい》」は、劣《おと》っている者《もの》が負《ま》けること。

有職故実《ゆうそくこじつ》 四字熟語

意味 朝廷《ちょうてい》や武家《ぶけ》における官職《かんしょく》・法令《ほうれい》・装束《しょうぞく》・儀式《ぎしき》などを研究《けんきゅう》する学問《がくもん》。 例 **有職故実**にくわしい人《ひと》。

語源 「有職《ゆうそく》」は、朝廷《ちょうてい》や武家《ぶけ》の官職《かんしょく》・儀《ぎ》式《しき》などの知識《ちしき》。「故実《こじつ》」は、昔《むかし》の儀式《ぎしき》・装《しょう》束《ぞく》などの決《き》まりや習《なら》わし。

夕立《ゆうだち》は馬《うま》の背《せ》を分《わ》ける ことわざ

意味 夕立《ゆうだち》は局地的《きょくちてき》なものであること。 例 こちらの町《まち》では夕立《ゆうだち》はなかったよ。**夕立は馬の背を分ける**、だね。

語源 夕立《ゆうだち》が馬《うま》の背《せ》の片側《かたがわ》にだけ降《ふ》って、もう一方《いっぽう》には降《ふ》らないということから。

★★
有名無実《ゆうめいむじつ》 四字熟語

意味 名前《なまえ》や評判《ひょうばん》ばかりよくて、中身《なかみ》がそれにともなわないこと。〈『国語《こくご》』〉 例 あの規則《きそく》は、まさに**有名無実**だ。

勇猛果敢《ゆうもうかかん》 四字熟語

意味 勇《いさ》ましくて勢《いきお》いがあり、思《おも》いきって実行《じっこう》すること。〈『漢書《かんじょ》』〉 例 **勇猛果敢**な消火活動《しょうかかつどう》で、見事《みごと》に火《ひ》を消《け》し止《と》めた。

語源 「果敢《かかん》」は、思《おも》いきりのよいこと。

夕焼《ゆうや》けに鎌《かま》を研《と》げ ことわざ

意味 夕焼《ゆうや》けになれば翌日《よくじつ》は晴《は》れにちがいないから、今《いま》のうちに鎌《かま》を研《と》いで明日《あす》の仕事《しごと》の準備《じゅんび》をしておけということ。

英 An evening red and a morning grey are sure sighns of a fair day.（夕焼《ゆうや》けと朝曇《あさぐも》りは晴天《せいてん》のしるし）

悠々閑々《ゆうゆうかんかん》 四字熟語

意味 のんびりして落《お》ち着《つ》いているようす。 例 **悠々閑々**と暮《く》らす。

★★ **悠々自適**《ゆうゆうじてき》 四字熟語

意味 自分《じぶん》の思《おも》いのままに心静《こころしず》かに暮《く》らすこと。 例 悠々自適の生活《せいかつ》を送《おく》る。

幽霊の正体見たり枯れ尾花《ゆうれいのしょうたいみたりかれおばな》 ことわざ

意味 おそろしいと思《おも》いこんでいたものの正体《しょうたい》が、実《じつ》は何《なん》でもないものだったということのたとえ。 例 あやしい人《ひと》かげと思《おも》ったのは看板《かんばん》だった。まさに幽霊の正体見たり枯れ尾花、だね。

語源 幽霊《ゆうれい》だと思《おも》ったものが、枯《か》れた尾花《おばな》（＝ススキ）だということから。

類 疑心暗鬼《ぎしんあんき》を生《しょう》ず

勇を鼓す《ゆうをこす》 慣用句

意味 勇気《ゆうき》をふるい起《お》こす。 例 勇を鼓して強敵《きょうてき》に立《た》ち向《む》かう。

行き当たりばったり《ゆきあたりばったり》 慣用句

⇩行《い》き当《あ》たりばったり（26ページ）

行きがけの駄賃《ゆきがけのだちん》 慣用句

⇩行《い》きがけの駄賃《だちん》（26ページ）

雪だるま式《ゆきだるましき》 慣用句

意味 数量《すうりょう》が急速《きゅうそく》に増《ふ》えていくようす。

例 雪だるま式に借金《しゃっきん》が増《ふ》える。

語源 雪《ゆき》だるまを作《つく》るときに、雪《ゆき》のかたまりを雪《ゆき》の上《うえ》で転《ころ》がすと、どんどん大《おお》きくなることから。

行きつ戻りつ《ゆきつもどりつ》 慣用句

⇩行《い》きつ戻《もど》りつ（27ページ）

往く者は追わず、来る者は拒まず《ゆくものはおわず、きたるものはこばまず》 故事成語

意味 立《た》ち去《さ》る者《もの》は無理《むり》に引《ひ》き止《と》めたりせず、来《き》てくれる者《もの》は拒《こば》んだりせず、だれでも受《う》け入《い》れる。〈『孟子《もうし》』〉 例 往く者は追わず、来る者は拒まずで、我《わ》が部《ぶ》は思《おも》いを同《おな》じくする仲間《なかま》を募集《ぼしゅう》しています。

同 去《さ》る者《もの》は追《お》わず／去《さ》る者《もの》は追《お》わず、来《く》る者《もの》は拒《こば》まず 英 Who can hold that will away?（離《はな》れていこうとする者《もの》をだれが引《ひ》き止《と》められるだろうか）

★★ **油断大敵**《ゆだんたいてき》 四字熟語

意味 油断《ゆだん》することは、思《おも》わぬ失敗《しっぱい》の元《もと》になるということ。 例 連勝中《れんしょうちゅう》だが油断大敵だ。気《き》をひきしめていこう。

参考 いろはがるた（江戸《えど》）の一《ひと》つ。 英 Security is the greatest enemy.（安心《あんしん》は最大《さいだい》の敵《てき》である）

油断も隙もない《ゆだんもすきもない》 慣用句

意味 少《すこ》しも気《き》を許《ゆる》したり、隙《すき》を見《み》せたりできない。 例 弟《おとうと》は、すぐになまけようとするので油断も隙もない。

指一本も差させない《ゆびいっぽんもささせない》 慣用句

意味 他人《たにん》にまったく口出《くちだ》しや非難《ひなん》をさせない。 例 自分《じぶん》のしていることには、指一本も差させない。

指折り数える《ゆびおりかぞえる》 慣用句

意味 指《ゆび》を折《お》り曲《ま》げて日《ひ》を数《かぞ》えるように、待《ま》ち遠《どお》しく思《おも》うようす。 例 指折り数えて遠足《えんそく》の日《ひ》を待《ま》つ。

指折りの《ゆびおりの》 慣用句

意味 多《おお》くの中《なか》でも、指《ゆび》を折《お》って数《かぞ》えられるほど優《すぐ》れていること。**例** かれは、世界《せかい》でも**指折りの**科学者《かがくしゃ》だ。

★**指《ゆび》をくわえる** 慣用句
意味 ほしいけれども手《て》が出《だ》せず、むなしくながめていることのたとえ。**例** 高価《こうか》で買《か》えず、**指をくわえる**しかない。

弓《ゆみ》折《お》れ矢《や》尽《つ》きる 慣用句
意味 完全《かんぜん》に戦《たたか》いに敗《やぶ》れる。また、力尽《ちからつ》きてどうすることもできなくなる。**例** ねばりを見《み》せたが、とうとう**弓折れ矢尽き**て試合《しあい》に負《ま》けた。
同 刀《かたな》折《お》れ矢《や》尽《つ》きる

湯水《ゆみず》のように使《つか》う 慣用句
意味 やたらにお金《かね》を使《つか》うことのたとえ。
例 絵画《かいが》の収集《しゅうしゅう》のため、かれは財産《ざいさん》を**湯水のように使っ**た。
語源 「湯水《ゆみず》」は、湯《ゆ》や水《みず》のことで、たくさんあって、おしげもなく使《つか》うということから。

弓《ゆみ》を引《ひ》く 慣用句
意味 敵対《てきたい》する。反抗《はんこう》する。**例** 政府《せいふ》に**弓を引く**。
類 反旗《はんき》を翻《ひるがえ》す

夢《ゆめ》のまた夢《ゆめ》 慣用句
意味 現実《げんじつ》からはかけはなれていることのたとえ。**例** 探検家《たんけんか》になるなんて、ぼくには**夢のまた夢**だよ。
同 夢《ゆめ》の夢《ゆめ》

夢枕《ゆめまくら》に立《た》つ 慣用句
意味 神《かみ》や仏《ほとけ》、死《し》んだ人《ひと》などが夢《ゆめ》にあらわれる。また、そうして何《なに》かを告《つ》げる。
例 亡《な》き祖母《そぼ》が**夢枕に立ち**、いましめてくれた。
語源 「夢枕《ゆめまくら》」は、夢《ゆめ》を見《み》ている人《ひと》の枕元《まくらもと》。

夢《ゆめ》を描《えが》く 慣用句
意味 願《ねが》いや望《のぞ》みを心《こころ》の中《なか》に思《おも》いうかべる。**例** 将来《しょうらい》の**夢を描く**のは楽《たの》しい。

夢《ゆめ》を見《み》る 慣用句
意味 明《あか》るい未来《みらい》などについて空想《くうそう》する。
例 母《はは》は今《いま》でも歌手《かしゅ》になる**夢を見**ている。

揺《ゆ》り籠《かご》から墓場《はかば》まで ことわざ
意味 生《う》まれてから死《し》ぬまで。**例** **揺り籠から墓場まで**の福祉《ふくし》の充実《じゅうじつ》を図《はか》る。
参考 第二次世界大戦後《だいにじせかいたいせんご》にイギリスが掲《かか》げた社会保障政策《しゃかいほしょうせいさく》の標語《ひょうご》。
英 From the cradle to the grave.（揺《ゆ》り籠《かご》から墓場《はかば》まで）

よ

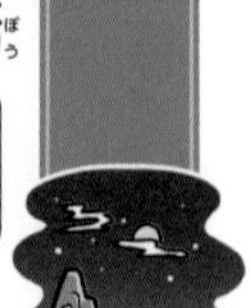

宵《よい》っ張《ぱ》りの朝寝坊《あさねぼう》 ことわざ
意味 夜《よる》おそくまで起《お》きていて、朝《あさ》はおそく起《お》きること。また、そのような人《ひと》。
例 兄《あに》は**宵っ張りの朝寝坊**だ。
同 朝寝坊《あさねぼう》の宵《よい》っ張《ば》り **英** Loath to bed and loath out of it.（床《とこ》に入《はい》るのも出《で》るのも嫌《きら》い）

★**用意周到《よういしゅうとう》** 四字熟語
意味 用意《ようい》が十分《じゅうぶん》に行《い》き届《とど》いて落《お》ち度《ど》がないこと。**例** **用意周到**な計画《けいかく》。

用《よう》が足《た》りる 慣用句
意味 役《やく》に立《た》つ。間《ま》に合《あ》う。**例** 会《あ》いに行《い》かなくても電話《でんわ》で**用が足り**た。

容姿端麗《ようしたんれい》 四字熟語
意味 顔《かお》や姿《すがた》が美《うつく》しいようす。**例** **容姿端麗**な人《ひと》。

夜討《ようう》ち朝駆《あさが》け 慣用句
意味 新聞《しんぶん》やテレビの記者《きしゃ》などが、取材《しゅざい》のため深夜《しんや》や早朝《そうちょう》に相手《あいて》の自宅《じたく》などを予告《よこく》なしに訪問《ほうもん》すること。**例** 新聞記者《しんぶんきしゃ》が**夜討ち朝駆け**で取材《しゅざい》をする。

語源 戦法《せんぽう》を意味《いみ》する言葉《ことば》から。深夜《しんや》、あるいは早朝《そうちょう》、敵《てき》の不意《ふい》をついておそうこと。

★羊頭狗肉《ようとうくにく》 四字熟語

意味 見《み》かけだけ立派《りっぱ》で、内容《ないよう》がともなわないことのたとえ。
例 大《おお》きな店《みせ》だが、たいした物《もの》は置《お》いていない。あれでは羊頭狗肉だ。

語源 店先《みせさき》に、上等《じょうとう》とされているヒツジの肉《にく》のしるしのヒツジの頭《あたま》を出《だ》しておきながら、実際《じっさい》には下等《かとう》とされる狗《いぬ》（＝犬《いぬ》）の肉《にく》を売《う》ったという話《はなし》から。
参考『無門関《むもんかん》』という仏教書《ぶっきょうしょ》にある言《こと》葉《ば》、「羊頭《ようとう》を掲《かか》げて狗肉《くにく》を売《う》る」の略《りゃく》。
類 看板《かんばん》に偽《いつわ》りあり 英 He cries wine, and sells vinegar.（ワインだと叫《さけ》んで酢《す》を売《う》る）

洋《よう》の東西《とうざい》を問《と》わず 慣用句

意味 東洋《とうよう》、西洋《せいよう》の区別《くべつ》なく、世界中《せかいじゅう》どこでも。例 洋の東西を問わず、親《おや》が子《こ》を思《おも》う気持《きも》ちにちがいはない。

要領《ようりょう》がいい 慣用句

意味 ❶物事《ものごと》の処理《しょり》がうまくて、手際《てぎわ》がよい。例 要領がいい仕事《しごと》のやり方《かた》。❷ずるいやり方《かた》で、自分《じぶん》に有利《ゆうり》になるように、うまく立《た》ち回《まわ》る。例 あの人《ひと》の要領がいいのにはあきれる。

要領《ようりょう》を得《え》ない 慣用句

意味 物事《ものごと》の大切《たいせつ》なところがはっきりしない。例 要領を得ない話《はなし》。

用《よう》を足《た》す 慣用句

意味 ❶しなければならないことをする。例 町《まち》に出《で》て用を足す。❷大便《だいべん》や小便《しょうべん》をする。例 ちょっと用を足してくるね。

世《よ》が世《よ》なら 慣用句

意味 昔《むかし》のように、栄《さか》えていた時代《じだい》であったなら。その人《ひと》にとって有利《ゆうり》な時代《じだい》であったなら。例 世が世ならこんな貧《まず》しい生活《せいかつ》をしていない。

善《よ》かれ悪《あ》しかれ 慣用句

意味 よくても悪《わる》くても。例 善かれ悪しかれ、出《だ》された案《あん》を受《う》け入《い》れるしかない。

善《よ》く泳《およ》ぐ者《もの》は溺《おぼ》れる 故事成語

意味 自分《じぶん》の得意《とくい》なことは油断《ゆだん》するので、かえって失敗《しっぱい》も多《おお》いことのたとえ。〈『淮《え》南子《なんじ》』〉 例 あわててしまい、得意《とくい》な算数《さんすう》の点数《てんすう》が伸《の》びず、上位《じょうい》に入《はい》れなかった。善く泳ぐ者は溺れるだ。
語源「善《よ》く游《およ》ぐ者《もの》は溺《おぼ》れ、善《よ》く騎《の》る者《もの》は堕《お》つ」から。泳《およ》ぎの上手《じょうず》な人《ひと》は、自信《じしん》があるので油断《ゆだん》して、溺《おぼ》れることがある。同様《どうよう》に、乗馬《じょうば》が上手《じょうず》な人《ひと》は、落馬《らくば》することがある。
類 泳《およ》ぎ上手《じょうず》は川《かわ》で死《し》ぬ／河童《かっぱ》の川流《かわなが》れ 英 Good swimmers at length are drowned.（泳《およ》ぎ上手《じょうず》もついには溺《おぼ》れる）

欲《よく》に目《め》がくらむ 慣用句

意味 ほしいもののことに気《き》をとられて、正《ただ》しい心《こころ》をなくす。例 欲に目がくらんで、うそをついた。英 Avarice blinds our eyes.（欲《よく》は目《め》を見《み》えなくする）

欲《よく》の皮《かわ》が突《つ》っ張《ぱ》る 慣用句

意味 大変《たいへん》欲《よく》が深《ふか》い。例 欲の皮が突っ張った悪人《あくにん》。

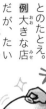

語源「欲《よく》の皮《かわ》」は、欲《よく》が強《つよ》いことを皮《かわ》にたとえた言葉《ことば》。

欲《よく》の熊鷹《くまたか》股《また》裂《さ》ける ことわざ

意味 あまり欲《よく》ばりすぎると、ひどい目《め》に遭《あ》うというたとえ。例 デザート食《た》べ放題《ほうだい》だからといってケーキもアイスもと食《た》べていたら、**欲の熊鷹股裂ける**でおなかを壊《こわ》してしまった。

語源「熊鷹《くまたか》」は、ワシの一種《いっしゅ》の大《おお》きな鳥《とり》。二頭《にとう》のイノシシをつかんだクマタカが、左右《さゆう》ににげようとするイノシシを、欲《よく》をかいてどちらも放《はな》さなかったため、その股《また》が裂《さ》けてしまったという話《はなし》から。

よく学《まな》びよく遊《あそ》べ ことわざ

意味 立派《りっぱ》な人物《じんぶつ》になるには、勉強《べんきょう》するときはしっかりと勉強《べんきょう》し、遊《あそ》ぶときは思《おも》いきり遊《あそ》ぶのがよい。例 **よく学びよく遊べ**というから、宿題《しゅくだい》が終《お》わったら友達《ともだち》と遊《あそ》びに行《い》こう。

英 All work and no play makes Jack a dull boy.（勉強《べんきょう》ばかりで遊《あそ》ばないとばかな子供《こども》になる）

欲《よく》を言《い》えば 慣用句

意味 まあまあ満足《まんぞく》だが、もっと望《のぞ》むとすれば。例 **欲を言えば**もう少《すこ》し休《やす》みがほしい。

欲《よく》をかく 慣用句

意味 欲《よく》を深《ふか》くする。欲《よく》ばったことをする。例 **欲をかいて**失敗《しっぱい》した。

横紙破《よこがみやぶ》り 慣用句

意味 不合理《ふごうり》なことや習慣《しゅうかん》に反《はん》したことでも、無理《むり》に自分《じぶん》の思《おも》いどおりにおしとおそうとすること。また、そのような人《ひと》。例 勝手《かって》に日時《にちじ》を変《か》えるなんて、**横紙破り**だ。

語源 和紙《わし》は縦《たて》には破《やぶ》りやすいが、横《よこ》には破《やぶ》りにくい。それを無理《むり》に横《よこ》に破《やぶ》ろうとするということから。

★**横車《よこぐるま》を押《お》す** 慣用句

意味 筋《すじ》の通《とお》らないことを無理矢理《むりやり》に押《お》しとおすことのたとえ。例 かれは何《なに》かといえば**横車を押す**ので、みんな困《こま》っている。

語源 車《くるま》は前《まえ》や後《うし》ろには動《うご》くが、横《よこ》には動《うご》かない。それを無理《むり》に横《よこ》に押《お》すということから。

横《よこ》になる 慣用句

意味 体《からだ》を横《よこ》にする。横《よこ》になって休《やす》む。例 つかれているようだから、少《すこ》し**横になった**方《ほう》がいい。

横《よこ》の物《もの》を縦《たて》にもしない 慣用句

⬇縦《たて》の物《もの》を横《よこ》にもしない （256ページ）

横道《よこみち》にそれる 慣用句

意味 本筋《ほんすじ》からはずれる。例 話《はなし》はいつのまにか**横道にそれて**いた。

横槍《よこやり》を入《い》れる 慣用句

意味 ほかの者《もの》が横《よこ》から文句《もんく》を言《い》う。関係《けい》のない者《もの》がじゃまをする。例 だれか力《ちから》のある人《ひと》が**横槍を入れて**、計画《けいかく》を中止《ちゅうし》させたらしい。

語源 戦場《せんじょう》で戦《たたか》っている人《ひと》の横《よこ》から、別《べつ》の人《ひと》が槍《やり》をつき出《だ》すということから。

横《よこ》を向《む》く 慣用句

意味 相手《あいて》を見《み》ないように、よその方《ほう》を向《む》く。知《し》らん顔《かお》をする。例 きげんをそこねたのか、**横を向かれて**しまった。

葦《よし》の髄《ずい》から天井《てんじょう》をのぞく ことわざ
意味 せまい考《かんが》えや足《た》りない知識《ちしき》で、広《ひろ》い世界《せかい》を判断《はんだん》することのたとえ。例 葦の髄から天井をのぞくようなやり方《かた》では、問題《もんだい》は解決《かいけつ》できない。
語源 植物《しょくぶつ》の葦《よし》（＝アシ）の細《ほそ》い茎《くき》の穴《あな》から天井《てんじょう》を見《み》て、全体《ぜんたい》を見《み》たと思《おも》いこむことから。
参考 いろはがるた（江戸《えど》）の一《ひと》つ。
類 針《はり》の穴《あな》から天《てん》をのぞく

余勢《よせい》を駆《か》る 慣用句
意味 何《なに》かをやりとげた勢《いきお》いで、続《つづ》けて別《べつ》のことをやろうとする。例 一勝《いっしょう》した余勢を駆って、次々《つぎつぎ》に勝《か》ち進《すす》む。

よだれを垂《た》らす 慣用句
意味 ほしくてたまらない気持《きも》ちが強《つよ》いようす。例 値段《ねだん》が高《たか》すぎて、買《か》えない。よだれを垂《た》らして見《み》ているだけだ。

与太《よた》を飛《と》ばす 慣用句
意味 でたらめなことを言《い》う。例 弟《おとうと》は与太を飛ばしてばかりいる。

寄《よ》ってたかって 慣用句
意味 大勢《おおぜい》の人《ひと》が寄《よ》り集《あつ》まって。例 寄ってたかって弱《よわ》い者《もの》いじめをするなんて、許《ゆる》せない。

四《よ》つに組《く》む 慣用句
意味 正面《しょうめん》から立《た》ち向《む》かう。本気《ほんき》で取《と》り組《く》む。例 公害問題《こうがいもんだい》と四つに組む。
語源 「四《よ》つ」は、相撲《すもう》で、おたがいが両方《りょうほう》のうでを出《だ》して組《く》み合《あ》うこと。

世《よ》に聞《き》こえた 慣用句
意味 世間《せけん》に広《ひろ》く知《し》られている。例 世に聞こえた作曲家《さっきょくか》。

世《よ》に出《で》る 慣用句
意味 世《よ》の中《なか》に知《し》られるようになる。また、出世《しゅっせ》する。例 作者《さくしゃ》の死後《しご》、世に出た作品《さくひん》。

世《よ》に伯楽《はくらく》ありてしかる後《のち》に千里《せんり》の馬《うま》あり 故事成語
意味 優秀《ゆうしゅう》な人物《じんぶつ》も、その才能《さいのう》を見抜《みぬ》く人《ひと》がいなければ、だれにも知《し》られずに終《お》わってしまうことのたとえ。例 世に伯楽ありてしかる後に千里の馬ありで、あの選手《せんしゅ》は小学生《しょうがくせい》のときに元《もと》オリンピック選手《せんしゅ》のコーチに才能《さいのう》を見出《みいだ》されたことでプロになったそうだ。
語源 「伯楽《はくらく》」は、馬《うま》のよしあしを見分《みわ》ける名人《めいじん》の名《な》。「千里《せんり》の馬《うま》」は、一日《いちにち》に千里《せんり》も距離《きょり》をかけることができる名馬《めいば》。伯楽《はくらく》がいてはじめて多《おお》くの馬《うま》の中《なか》から名馬《めいば》を見出《みいだ》すことができることから。
参考 中国《ちゅうごく》の韓愈《かんゆ》の文章《ぶんしょう》にある言葉《ことば》。

余念《よねん》がない 慣用句
意味 ほかのことは考《かんが》えず、あることを熱心《ねっしん》におこなう。例 兄《あに》はテスト勉強《べんきょう》に余念がない。
参考 多《おお》く、「…に余念《よねん》がない」の形《かたち》で用《もち》いる。

世《よ》の習《なら》い 慣用句
意味 世間《せけん》の習《なら》わし。また、世間《せけん》であたりまえであること。例 栄枯盛衰《えいこせいすい》（＝栄《さか》えたり衰《おとろ》えたりすること）は世の習いだ。

夜《よる》の目《め》も寝《ね》ずに 慣用句
意味 夜《よる》の間《あいだ》、まったくねないで。例 夜の目も寝ずに看病《かんびょう》する。
語源 夜《よる》は眠《ねむ》るはずの目《め》が眠《ねむ》らないでという意味《いみ》から。

呼《よ》び声《ごえ》が高《たか》い 慣用句
意味 評判《ひょうばん》が高《たか》い。うわさになっている。例 次期総理大臣《じきそうりだいじん》との呼び声が高い人《ひと》。

呼《よ》び水《みず》になる 慣用句
意味 物事《ものごと》の起《お》こるきっかけとなる。

例 ホームランが反撃《はんげき》の呼び水になった。
語源「呼《よ》び水《みず》」は、ポンプの水《みず》が出《で》ないときに、水《みず》をさそい出《だ》すために上《うえ》から注《そそ》ぐ水《みず》。

読《よ》みが深《ふか》い 慣用句
意味 物事《ものごと》のなりゆきを正《ただ》しく見通《みとお》している。例 結果《けっか》は、読みが深い姉《あね》の言《い》ったとおりになった。

夜《よ》目《め》遠《とお》目《め》笠《かさ》の内《うち》 ことわざ
意味 暗《くら》がりで見《み》た女性《じょせい》や、遠《とお》くから見《み》た女性《じょせい》、笠《かさ》をかぶった女性《じょせい》の顔《かお》は、実際《じっさい》より美《うつく》しく見《み》えるものであるということ。
例 大《おお》きな帽子《ぼうし》をかぶって出《で》かけようとしたら、口《くち》の悪《わる》い兄《あに》に「夜目遠目笠の内でいいね。」と言《い》われた。
語源「夜目《よめ》」は、夜《よる》、暗《くら》い中《なか》で物《もの》を見《み》ること。「遠目《とおめ》」は、遠《とお》くから見《み》ること。「笠《かさ》」は、昔《むかし》、雨《あめ》や日光《にっこう》などを防《ふせ》ぐために頭《あたま》にかぶったもの。すべて、顔《かお》がはっきり見《み》えないということから。
参考 いろはがるた（京都《きょうと》）の一《ひと》つ。
英 Beauty from afar.（遠《とお》くからの美《び》）

夜《よ》も日《ひ》も明《あ》けない 慣用句
意味 それがないと、ほんの少《すこ》しの間《あいだ》も過《す》ごせない。例 読書家《どくしょか》で、本《ほん》がないと夜も日も明けない。

余《よ》裕《ゆう》綽《しゃく》々《しゃく》 四字熟語
意味 ゆったりとして、落《お》ち着《つ》きはらっているようす。例 何《なに》を聞《き》かれても、余裕綽々としている。
語源「綽々《しゃくしゃく》」は、落《お》ち着《つ》いてあせらないようす。

寄《よ》らば大樹《たいじゅ》の陰《かげ》 ことわざ ➡世界のことわざ（445ページ）
意味 どうせたよるなら、勢力《せいりょく》のある人《ひと》や大《おお》きな組織《そしき》のほうがよいということのたとえ。
例 寄らば大樹の陰で、大企業《だいきぎょう》に入社《にゅうしゃ》することにした。

語源 同《おな》じ雨宿《あまやど》りをするなら、大木《たいぼく》の下《した》に入《はい》った方《ほう》がぬれないですむということから。
類 犬《いぬ》になるとも大所《おおどこ》の犬《いぬ》になれ 対 鶏口《けいこう》となるも牛後《ぎゅうご》となるなかれ
英 A good tree is a good shelter.（立派《りっぱ》な木《き》はよい避難所《ひなんじょ》である）

よりを戻《もど》す 慣用句
意味 元《もと》のとおりにもどす。特《とく》に、別《わか》れていた恋人《こいびと》や夫婦《ふうふ》が関係《かんけい》を元《もと》どおりにする。例 昔《むかし》の恋人《こいびと》とよりを戻した。
語源 からんだ糸《いと》（＝より）を元《もと》どおりにするということから。

寄《よ》ると触《さわ》ると 慣用句
意味 いっしょに集《あつ》まるといつでも。
例 みんなは寄ると触るとこの間《あいだ》の試合《しあい》の話《はなし》で盛《も》り上《あ》がった。
語源「触《さわ》る」は、近《ちか》づいて関《かか》わりをもつこと。

夜《よる》の帳《とばり》 慣用句
意味 夜《よる》の闇《やみ》。例 夜の帳が下《お》りて、辺《あた》りは静《しず》まりかえった。
語源「帳《とばり》」は、室内《しつない》にたらして、しきりにする布《ぬの》。ものをおおいかくして見《み》えなくする。
参考「夜《よる》の帳《とばり》が下《お》りる」の形《かたち》で使《つか》われる

よ

ことが多《おお》い。

弱音《よわね》を吐《は》く 慣用句
意味 気《き》の弱《よわ》いことを言《い》う。例 勝《か》てるはずがないと弱音を吐く。

★★ **弱《よわ》り目《め》に祟《たた》り目《め》** ことわざ
意味 困《こま》っているときに、そのうえさらに困《こま》ったことが起《お》こること。例 ハイキングに行《い》って雨《あめ》に降《ふ》られたうえ、転《ころ》ぶなんて、弱り目に祟り目だ。
語源 「弱《よわ》り目《め》」は、困《こま》っているとき。「祟《たた》り目《め》」は、祟《たた》りにあうとき。
類 泣《な》き面《つら》に蜂《はち》／踏《ふ》んだり蹴《け》ったり 英 Misfortunes never come singly.（不幸《ふこう》は単独《たんどく》では決《けっ》してやってこない）

世《よ》を挙《あ》げて 慣用句
意味 世《よ》の中《なか》の人《ひと》が全員《ぜんいん》で。例 世を挙げて代表《だいひょう》チームを応援《おうえん》した。

世界《せかい》のことわざ 寄《よ》らば大樹《たいじゅ》の陰《かげ》

中国《ちゅうごく》
大樹《たいじゅ》のそばにいれば焚《た》く薪《まき》に困《こま》らない

大《おお》きな木《き》のそばには、小《ちい》さい木《き》のそばよりもたくさんの枝《えだ》や枯《か》れ葉《は》が落《お》ちているため、火《ひ》を燃《も》やす薪《まき》には困《こま》りません。

チリ
火《ひ》のそばでは寒《さむ》さ知《し》らず

「火《ひ》」は有力者《ゆうりょくしゃ》のたとえで、そばで暮《く》らすと安心《あんしん》ということです。南《みなみ》アメリカ南西部《なんせいぶ》の国《くに》、チリの先住民《せんじゅうみん》マプチェ族《ぞく》のことわざ。マプチェ族《ぞく》は、隣《となり》のアルゼンチンにも住《す》み、今《いま》も独自《どくじ》のマプチェ語《ご》を話《はな》しています。

インドネシア
港《みなと》は船《ふね》が鈴《すず》なりが習《なら》わし

インドネシアは1万《まん》3千《ぜん》以上《いじょう》の島《しま》があり、船《ふね》も港《みなと》もたくさんあります。むかしから台風《たいふう》がくると、大《おお》きな港《みなと》に多《おお》くの船《ふね》が避難《ひなん》する習《なら》わしでした。弱《よわ》い者《もの》が権力《けんりょく》のある人《ひと》に助《たす》けてもらうのは当然《とうぜん》だというたとえです。

よ

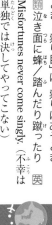

世《よ》を去《さ》る 慣用句

意味 この世《よ》を去《さ》る。死《し》ぬ。例 若《わか》くして世を去った画家《がか》の作品展《さくひんてん》が開《ひら》かれた。

語源「世《よ》」は、現世《げんせ》の意味《いみ》。

参考「死《し》ぬ」のていねいな言《い》い方《かた》。

世《よ》を忍《しの》ぶ 慣用句

意味 世間《せけん》の人《ひと》の目《め》をさけて、かくれる。

例 世を忍ぶ仮《かり》の姿《すがた》。

世《よ》を捨《す》てる 慣用句

意味 世間《せけん》との関係《かんけい》を絶《た》って、一人静《ひとりしず》かに暮《く》らす。また、出家《しゅっけ》する。例 世を捨てて僧《そう》になった。

夜《よ》を徹《てっ》して 慣用句

意味 一晩中《ひとばんじゅう》ねないで、あることをするようす。例 夜を徹して歩《ある》きとおす。

世《よ》をはばかる 慣用句

意味 世間《せけん》の人《ひと》に遠慮《えんりょ》しながら暮《く》らす。

例 わけあって世をはばかって生活《せいかつ》している。

夜《よ》を日《ひ》に継《つ》いで 故事成語

意味 夜《よる》も昼《ひる》も休《やす》まずに、あることをするようす。〈『孟子《もうし》』〉例 作業《さぎょう》は、夜を日に継いでおこなわれた。

語源 みんなが休《やす》む夜《よる》を休《やす》まず、そのまま昼《ひる》に続《つづ》けてという意味《いみ》から。

世《よ》を渡《わた》る 慣用句

意味 暮《く》らしていく。生活《せいかつ》する。例 まじめに働《はたら》いて世を渡る。

ら

来年《らいねん》のことを言《い》えば鬼《おに》が笑《わら》う ことわざ

意味 未来《みらい》のことは予知《よち》できないのだから、あれこれと言《い》ってもしかたないということ。例「来年《らいねん》こそは優勝《ゆうしょう》するぞ。」「今年《ことし》が始《はじ》まったばかりなのに来年のことを言えば鬼が笑うよ。」

参考 いろはがるた（京都《きょうと》）の一《ひと》つ。

英 Fools set far trysts.（おろか者《もの》は遠《とお》い先《さき》の会合《かいごう》の約束《やくそく》をする）

楽《らく》あれば苦《く》あり ことわざ

⬇苦《く》あれば楽《らく》あり（136ページ）

烙印《らくいん》を押《お》される 慣用句

意味 消《け》すことのできない汚名《おめい》を受《う》ける。

例 世間《せけん》から裏切《うらぎ》り者《もの》の烙印を押される。

語源「烙印《らくいん》」は、焼《や》いて物《もの》に押《お》す、鉄《てつ》などでつくった印《いん》。昔《むかし》、ばつとして罪人《ざいにん》に押《お》した。

楽《らく》は苦《く》の種《たね》、苦《く》は楽《らく》の種《たね》 ことわざ

意味 今《いま》、楽《らく》をすれば、後《あと》で苦労《くろう》をすることになり、逆《ぎゃく》に今《いま》、苦労《くろう》すれば、後《あと》で楽《らく》をすることになるということ。例 楽は苦の種、苦は楽の種と考《かんが》えれば、この苦《く》しみも乗《の》りこえられる。

同 苦《く》は楽《らく》の種《たね》 類 楽《らく》あれば苦《く》あり苦《く》あれば楽《らく》あり 英 Sweet is pleasure after pain.（苦《く》のあとの楽《たの》しみは甘美《かんび》なり）

洛陽《らくよう》の紙価《しか》を高《たか》からしむ 故事成語

意味 著書《ちょしょ》が世《よ》に受《う》け入《い》れられて、よく売《う》れることのたとえ。〈『晋書《しんじょ》』〉例 洛陽の紙価を高からしむ大《だい》ヒット作《さく》。

語源 中国《ちゅうごく》の晋《しん》の左思《さし》という人《ひと》が「三都《さんと》の賦《ふ》」をつくったとき、多《おお》くの人々《ひとびと》がこぞって書《か》き写《うつ》したため、洛陽《らくよう》という都《みやこ》では紙《かみ》が不足《ふそく》し、紙《かみ》の価格《かかく》が高《たか》くなったという話《はなし》から。

同 洛陽《らくよう》の紙価《しか》を高《たか》からしめる／洛陽《らくよう》の紙価《しか》を高《たか》める 英 to sell like hot cakes.（焼《や》きたてのケーキのように売《う》れる）

埒《らち》が明《あ》かない 慣用句

ら

意味 物事《ものごと》の決《き》まりがつかない。また、物《もの》事《ごと》が先《さき》に進《すす》まない。**例** いくら話《はな》し合《あ》っても**埒《らち》が明かない**。
語源「埒《らち》」は、馬場《ばば》の周囲《しゅうい》のさくのことで、物事《ものごと》の区切《くぎ》りをあらわす。

埒《らち》もない 慣用句
意味 とりとめない。ばかばかしい。
例 **埒もない**空想《くうそう》にふける。
語源「埒《らち》」は、物事《ものごと》の順序《じゅんじょ》のこと。

落花狼藉《らっかろうぜき》 四字熟語
意味 物《もの》が散《ち》り乱《みだ》れているようす。**例** 会《かい》場《じょう》は**落花狼藉**だった。
語源「落花《らっか》」は、花《はな》が散《ち》って、地面《じめん》が乱《みだ》れていること。「狼藉《ろうぜき》」は、オオカミがねて、草《くさ》が乱《みだ》れていること。

らっぱを吹《ふ》く 慣用句
意味 大《おお》げさに言《い》う。**例** いくら**らっぱを吹い**ても、だれも相手《あいて》にしてくれない。
類 ほらを吹《ふ》く

り

梨園《りえん》 故事成語
意味 歌舞伎役者《かぶきやくしゃ》の社会《しゃかい》。〈『新唐書《しんとうじょ》』〉
例 **梨園**出身《しゅっしん》の役者《やくしゃ》。
語源 中国《ちゅうごく》の唐《とう》の玄宗皇帝《げんそうこうてい》が、梨《なし》の木《き》を植《う》えた庭園《ていえん》で舞楽《ぶがく》を教《おし》えたことから。

★**利害得失《りがいとくしつ》** 四字熟語
意味 得《とく》になることと損《そん》になること。
例 **利害得失**を考《かんが》えて計画《けいかく》を立《た》てる。

理《り》が通《とお》らない 慣用句
意味 物事《ものごと》の道理《どうり》が通用《つうよう》しない。**例** **理が通らない**話《はなし》。

李下《りか》に冠《かんむり》を正《ただ》さず 故事成語 ➡世界のことわざ(449ページ)

意味 疑《うたが》いをかけられるようなおこないはしない方《ほう》がよい。〈『古楽府《こがふ》』〉**例** 試験《しけん》中《ちゅう》にきょろきょろするな。**李下に冠を正さず**、だよ。
語源 実をぬすんでいると疑《うたが》われないよう、スモモの木《き》の下《した》で冠《かんむり》を直《なお》さないということ。中国《ちゅうごく》の『古楽府《こがふ》』(=漢《かん》の時代《じだい》に集《あつ》めた民謡《みんよう》とそれをまねて作《つく》った詩《し》。)の中《なか》の「瓜田《かでん》に履《くつ》を納《い》れず、李下《りか》に冠《かんむり》を正《ただ》さず」から。
類 瓜田《かでん》に履《くつ》を納《い》れず

理屈《りくつ》と膏薬《こうやく》は何処《どこ》へでも付《つ》く ことわざ
意味 つけようと思《おも》えば、もっともらしい理屈《りくつ》は何《なに》にでもつけられる。**例** **理屈と膏薬は何処へでも付く**で、提案《ていあん》すべてにつまらない言《い》いがかりをつけられた。
語源「膏薬《こうやく》」は、布《ぬの》につけて体《からだ》にはる、ぬり薬《ぐすり》。体《からだ》のどこにでもつけられることから。
類 柄《え》のない所《ところ》に柄《え》をすげる/盗人《ぬすびと》にも三分《さんぶ》の理《り》 **英** It is an easy thing to find a staff to beat a dog.(犬《いぬ》を打《う》つ棒《ぼう》を見《み》つけるのは簡単《かんたん》だ)

★**離合集散《りごうしゅうさん》** 四字熟語
意味 離《はな》れたり集《あつ》まったりすること。

り

例 政党《せいとう》が離合集散をくり返《かえ》す。

律義者《りちぎもの》の子沢山《こだくさん》 ことわざ

意味 まじめな人《ひと》は夫婦《ふうふ》の仲《なか》もよいから、自然《しぜん》と子供《こども》が多《おお》く生《う》まれるということ。

例 まじめなかれは五人《ごにん》の子《こ》の父親《ちちおや》だ。律義者の子沢山だね。

参考 いろはがるた（江戸《えど》）の一《ひと》つ。

★**立身出世《りっしんしゅっせ》** 四字熟語

意味 世《よ》の中《なか》に出《で》て高《たか》い地位《ちい》につき有名《ゆうめい》になること。例 立身出世した人物《じんぶつ》。

立錐《りっすい》の余地《よち》もない 故事成語

意味 たくさんの人《ひと》が集《あつ》まって、身動《みうご》きもできないほど混雑《こんざつ》している。〈『史記《しき》』〉

例 会場《かいじょう》は立錐の余地もないほど混《こ》んでいた。

語源 錐《きり》の先《さき》を立《た》てるほどの場所《ばしょ》もないということ。中国《ちゅうごく》の秦《しん》の末期《まっき》、漢《かん》の劉邦《りゅうほう》の家臣《かしん》である酈食其《れきいき》が言《い》った、「始皇帝《しこうてい》の秦《しん》は残酷《ざんこく》で、周《まわ》りの国々《くにぐに》とその子孫《しそん》をほろぼし、錐《きり》の先《さき》が立《た》つほどの土地《とち》すら残《のこ》さなかった」という内容《ないよう》の言葉《ことば》から。

同 立錐《りっすい》の地《ち》なし

理《り》に落《お》ちる 慣用句

意味 話《はなし》が理屈《りくつ》っぽくなる。例 理に落ちる話《はなし》はつまらない。

理《り》に適《かな》う 慣用句

意味 物事《ものごと》の正《ただ》しい筋道《すじみち》に合《あ》っている。

例 理に適った説明《せつめい》。

溜飲《りゅういん》が下《さ》がる 慣用句

意味 たまっていた不平《ふへい》や不満《ふまん》が消《き》えて、気分《きぶん》がせいせいする。例 負《ま》け続《つづ》けていたチームに勝《か》つことができ、溜飲が下がる思《おも》いだった。

語源 「溜飲《りゅういん》」は、食《た》べた物《もの》がおなかにたまって口《くち》の中《なか》に出《で》てくる、すっぱい液《えき》。

同 溜飲《りゅういん》を下《さ》げる

流言飛語《りゅうげんひご》 四字熟語

意味 世《よ》の中《なか》で言《い》いふらされている、事実《じじつ》でないうわさ。例 流言飛語が飛《と》びかう。

竜虎《りゅうこ》相《あい》うつ 慣用句

意味 実力《じつりょく》のある者同士《ものどうし》が戦《たたか》う。例 竜虎相うつ名勝負《めいしょうぶ》。

英 Diamonds cut diamonds.（ダイヤモンドがダイヤモンドを切《き》る）

★**竜頭蛇尾《りゅうとうだび》** 四字熟語

意味 はじめは勢《いきお》いがよいが、終《お》わりの方《ほう》は勢《いきお》いがなくなることのたとえ。例 はりきって勉強《べんきょう》を始《はじ》めたが途中《とちゅう》であきてきて、竜頭蛇尾に終《お》わった。

語源 頭《あたま》は立派《りっぱ》な竜《りゅう》で、尾《お》は小《ちい》さなヘビということから。

類 頭《あたま》でっかち尻《しり》つぼみ

英 to go up like a rocket and come down like a stick（ロケットのように昇《のぼ》って棒《ぼう》のように落《お》ちてくる）

柳眉《りゅうび》を逆立《さかだ》てる 慣用句

意味 美《うつく》しい女《おんな》の人《ひと》がおこっているようす。例 かのじょは友人《ゆうじん》のために柳眉を逆立てて反論《はんろん》した。

語源 「柳眉《りゅうび》」は、ヤナギの葉《は》のように細《ほそ》くて美《うつく》しい眉毛《まゆげ》。

粒々辛苦《りゅうりゅうしんく》 四字熟語

意味 心《こころ》をこめて物事《ものごと》に取《と》り組《く》み、大変《たいへん》な苦労《くろう》をすること。例 粒々辛苦の末《すえ》に、新《あたら》しい会社《かいしゃ》を立《た》ち上《あ》げた。

語源 米《こめ》の一粒一粒《ひとつぶひとつぶ》も、農家《のうか》の人《ひと》たちの苦《く》

労《ろう》からできたものだということから。

良妻賢母《りょうさいけんぼ》 四字熟語

意味 夫《おっと》にとってはよい妻《つま》、子供《こども》にとっては賢《かしこ》い母《はは》。 例 祖母《そぼ》の通《かよ》った学校《がっこう》は良妻賢母の育成《いくせい》を目標《もくひょう》としていたという。

梁上《りょうじょう》の君子《くんし》 故事成語

意味 泥棒《どろぼう》。また、ネズミ。〈『後漢書《ごかんじょ》』〉

例 何《なに》か物音《ものおと》が聞《き》こえるけど、まさか、ここに梁上の君子はいないよね。

語源 中国《ちゅうごく》の後漢時代《ごかんじだい》、陳寔《ちんしょく》という人《ひと》が、あるとき、梁上《りょうじょう》（＝屋根《やね》を支《ささ》える横木《よこぎ》の上《うえ》）に泥棒《どろぼう》がかくれていることを知《し》った。そこで子弟《してい》（＝子供《こども》たち）に、「人《ひと》はもともと善良《ぜんりょう》だが、悪《わる》い習慣《しゅうかん》が身《み》につくと梁上《りょうじょう》の君子《くんし》のようになるのだ。」といましめたことから。泥棒《どろぼう》は姿《すがた》をあらわして謝《あやま》り、陳寔《ちんしょく》は物《もの》を持《も》たせて帰《かえ》してやったという。

両手《りょうて》に花《はな》 ことわざ

意味 二《ふた》つの美《うつく》しいものやすばらしいものを、同時《どうじ》に独《ひと》りじめにすることのたとえ。 例 右《みぎ》にも左《ひだり》にもすてきな人《ひと》が座《すわ》っていて、両手に花の気分《きぶん》だ。

両天秤《りょうてんびん》に掛《か》ける 慣用句

世界《せかい》のことわざ　李《り》下《か》に冠《かんむり》を正《ただ》さず

インド（南部《なんぶ》）

ヤシの下《した》で牛乳《ぎゅうにゅう》を飲《の》んでも、ヤシ汁《じる》を飲《の》んだと言《い》われる

ヤシの実《み》（ココナッツ）には果肉《かにく》とジュースが入《はい》っていて、ジュースはそのままおいしく飲《の》むことができます。まぎらわしいことはするな、というたとえです。

インド

梨《なし》の木《き》の下《した》では帽子《ぼうし》をかぶり直《なお》すな、メロン畑《ばたけ》では靴《くつ》ひもを結《むす》ぶな

インドには「疑《うたが》われるようなまぎらわしいことはするな」ということわざがいくつかありますが、これは中国《ちゅうごく》と同《おな》じ発想《はっそう》のものです。

フランス

高貴《こうき》は拘束《こうそく》する

高《たか》い身分《みぶん》の者《もの》は、いつも身分《みぶん》にふさわしい振《ふ》る舞《ま》いがもとめられます。みっともないことをしてはならないということです。

その他《た》 イギリス

り

↓天秤《てんびん》に掛《か》ける❷（290ページ）

遼東《りょうとう》の豕《いのこ》 故事成語

意味 経験《けいけん》や知識《ちしき》がとぼしく、つまらないことでうぬぼれること。また、そのような人《ひと》。〈『後漢書《ごかんじょ》』〉 例 今《いま》のままでは遼東の豕だ。もっと見聞《けんぶん》を広《ひろ》めなさい。

語源 「遼東《りょうとう》」は、中国《ちゅうごく》の遼河《りょうが》の東《ひがし》の地域《ちいき》（現在《げんざい》の遼寧省《りょうねいしょう》）。昔《むかし》、遼東《りょうとう》で白《しろ》い頭《あたま》の豕《いのこ》（＝ブタ）が生《う》まれたことを珍《めずら》しいと思《おも》いこみ、宮廷《きゅうてい》に献上《けんじょう》しようとした男《おとこ》がいた。都《みやこ》の近《ちか》くまで来《く》ると、その地《ち》のブタの頭《あたま》はみな白《しろ》く、ありふれたものであったということがわかり、恥《は》じて帰《かえ》ったという話《はなし》から。

両刃《りょうば》の剣《つるぎ》 慣用句

↓両刃《もろは》の剣《つるぎ》（430ページ）

良薬《りょうやく》は口《くち》に苦《にが》し 故事成語

意味 他人《たにん》から受《う》ける忠告《ちゅうこく》は、聞《き》いていてつらいが自分《じぶん》のためになるということのたとえ。〈『韓非子《かんぴし》』〉 例 良薬は口に苦しで、先生《せんせい》の教《おし》えは厳《きび》しいが正《ただ》しい。

語源 よくきく薬《くすり》は苦《にが》くて飲《の》みにくいが、飲《の》むと病気《びょうき》を治《なお》してくれるので、理解《りかい》している人《ひと》は進《すす》んで飲《の》む。忠言《ちゅうげん》（＝忠告《ちゅうこく》の言葉《ことば》）は、耳障《みみざわ》りだが、聞《き》けば効果《こうか》が上《あ》がるので、かしこい君主《くんしゅ》は聞《き》き入《い》れるのだという話《はなし》から。

参考 いろはがるた（江戸《えど》）の一《ひと》つ。

類 忠言耳《ちゅうげんみみ》に逆《さか》らう 英 Good medicine tastes bitter to the mouth.（良薬《りょうやく》は口《くち》に苦《にが》し）

両雄《りょうゆう》並《なら》び立《た》たず 故事成語 ↓世界のことわざ（451ページ）

意味 同《おな》じくらいの力《ちから》を持《も》つ英雄《えいゆう》は必《かなら》ず争《あらそ》ってどちらかがたおれる。〈『史記《しき》』〉 例 二人《ふたり》はいつかは争《あらそ》う運命《うんめい》だったのだ。両雄並び立たず、だよ。

語源 秦《しん》の始皇帝《しこうてい》の死後《しご》、漢《かん》の劉邦《りゅうほう》と楚《そ》の項羽《こうう》は、天下《てんか》を争《あらそ》っていたが、優劣《ゆうれつ》は定《さだ》まらず、そのため、人々《ひとびと》はどちらに味方《みかた》をすればいいかもわからないでいた。劉邦《りゅうほう》の家《か》臣《しん》で弁舌家《べんぜつか》の酈食其《れきいき》が、「いつまでも二人《ふたり》の英雄《えいゆう》が共《とも》に生《い》きることなどできない」と述《の》べ、防衛《ぼうえい》や交通《こうつう》、食糧貯蔵庫《しょくりょうちょぞうこ》といった重要拠点《じゅうようきょてん》をおさえ、漢《かん》が有利《ゆうり》であることを世《よ》の中《なか》に見《み》せつければ、みな漢《かん》に味方《みかた》するだろうと進言《しんげん》したという話《はなし》から。

英 Birds of prey do not flock together.（猛禽《もうきん》は群《むれ》をなさず）

★**理路整然《りろせいぜん》** 四字熟語

意味 話《はなし》や議論《ぎろん》の筋道《すじみち》がきちんと整《ととの》っているようす。 例 理路整然と話《はな》す。

★★**臨機応変《りんきおうへん》** 四字熟語

意味 思《おも》いもかけない変《か》わったできごとにあっても、その場《ば》その時《とき》にあったやり方《かた》をすること。 例 電車《でんしゃ》が動《うご》かないときには、バスを使《つか》うなど臨機応変に対応《たいおう》してほしい。

英 Circumstances alter cases.（情況《じょうきょう》で事情《じじょう》も変《か》わる）

綸言汗《りんげんあせ》の如《ごと》し 故事成語

意味 天子《てんし》が一度口《いちどくち》にした言葉《ことば》は、いった

ん出《で》た汗《あせ》を二度《にど》と体内《たいない》にもどせないように、決《けっ》して取《と》り消《け》すことができない。〈『漢書《かんじょ》』〉 例 綸言汗の如しで、皇帝《こうてい》の命令《めいれい》は絶対《ぜったい》であった。
語源 「綸言《りんげん》」は、天子《てんし》の言葉《ことば》。中国《ちゅうごく》の漢《かん》の時代《じだい》、政治家《せいじか》で学者《がくしゃ》の劉向《りゅうきょう》は、政争《せいそう》に巻《ま》きこまれて牢獄《ろうごく》に入《い》れられた。獄中《ごくちゅう》から皇帝《こうてい》に手紙《てがみ》を出《だ》し、「皇帝《こうてい》の命令《めいれい》は汗《あせ》と同《おな》じで、一度出《いちどで》た汗《あせ》はもどせないように、一度出《いちどだ》した命令《めいれい》は取《と》り消《け》せない」と、せっかく登用《とうよう》した忠臣《ちゅうしん》たちをやめさせるような心変《こころが》わりはしないように忠告《ちゅうこく》したという話《はなし》から。
参考 いろはがるた（京都《きょうと》）の一《ひと》つ。
英 A king's word is law.（王《おう》の言葉《ことば》は法《ほう》なり）

る

類《るい》がない 慣用句
意味 ほかに、比《くら》べるものがない。例 世界《せかい》にも**類がない**事件《じけん》が起《お》きた。
語源 「類《るい》」は、同《おな》じ種類《しゅるい》のもの。

涙腺《るいせん》が緩《ゆる》む 慣用句

世界《せかい》のことわざ　両雄並《りょうゆうなら》び立《た》たず

セネガル　二匹《にひき》の鰐《わに》は同《おな》じ沼《ぬま》にはすめない

生物《せいぶつ》にはそれぞれ自分《じぶん》の支配《しはい》しているなわばり（領域《りょういき》）があります。下《した》のヒョウと同《おな》じく、その国《くに》の身近《みぢか》な動物《どうぶつ》を取《と》り上《あ》げ、ほぼ同《おな》じ意味《いみ》のたとえといえます。

フランス　同《おな》じ穴《あな》に雄《おす》の蟹《かに》は二匹《にひき》いない

一《ひと》つの問題《もんだい》で、二人《ふたり》のリーダーがなかなか協力《きょうりょく》し合《あ》えないことをたとえています。フランスは、大西洋《たいせいよう》と地中海《ちちゅうかい》に面《めん》し、大《おお》きな川《かわ》もあって、カニに親《した》しみがあり、よく観察《かんさつ》していることがうかがえます。

コンゴ民主共和国《みんしゅきょうわこく》　二頭《にとう》の豹《ひょう》が同《おな》じ森《もり》を歩《ある》くことはない

ヒョウは夜行性《やこうせい》の動物《どうぶつ》。自分《じぶん》のなわばり（領域《りょういき》）を単独《たんどく》で行動《こうどう》しています。ひと晩《ばん》の移動《いどう》距離《きょり》は 25 〜 75 ㎞《キロメートル》といわれているため、一《ひと》つの森《もり》に 1 頭《とう》のヒョウしかいないというのは、大《おお》げさなたとえではないのかもしれません。

意味 涙《なみだ》をこぼす。また、涙《なみだ》もろくなる。例 年《とし》をとって涙腺が緩んできた。

類《るい》は友《とも》を呼《よ》ぶ ことわざ ⬇世界のことわざ（453ページ）

意味 気《き》の合《あ》った人《ひと》や、性格《せいかく》などが似《に》通《かよ》った人《ひと》は自然《しぜん》に寄《よ》り集《あつ》まるということ。

例 類は友を呼ぶで、仲《なか》のいい友達《ともだち》はみなそろって映画好《えいがず》きだ。

語源 「類《るい》」は、似《に》た者同士《ものどうし》。

類 同気相求《どうきあいもと》める／同類相求《どうるいあいもと》む 英 Birds of a feather flock together.（同《おな》じ羽《はね》を持《も》つ鳥《とり》は集《あつ》まるものだ）

累卵《るいらん》の危《あや》うき 故事成語

意味 卵《たまご》を積《つ》み重《かさ》ねたように、こわれやすくて、きわめて危険《きけん》な状態《じょうたい》。〈『韓非子《かんぴし》』〉

例 破産寸前《はさんすんぜん》の我《わ》が社《しゃ》は、まさに累卵の危うきにある。

語源 中国《ちゅうごく》の春秋時代《しゅんじゅうじだい》、晋《しん》と楚《そ》という大国《たいこく》にはさまれた曹《そう》という小《ちい》さな国《くに》があった。晋《しん》の公子重耳《こうしちょうじ》は、亡命中《ぼうめいちゅう》に曹《そう》に立《た》ち寄《よ》ったが、曹《そう》の君主《くんしゅ》にはずかしめられることになった。数年《すうねん》がたち重耳《ちょうじ》が晋《しん》にもどって君主《くんしゅ》の位《くらい》につくと、仕返《しかえ》しのために曹《そう》を攻《せ》めた。このように、礼儀《れいぎ》を守《まも》らない君主《くんしゅ》が治《おさ》める小国《しょうこく》は、卵《たまご》を積《つ》み重《かさ》ねたように危《あや》ういものであるという話《はなし》から。

同 危《あや》うきこと累卵《るいらん》の如《ごと》し／累卵《るいらん》の如《ごと》し

対 泰山《たいざん》の安《やす》きに置《お》く

累《るい》を及《およ》ぼす 慣用句

意味 悪《わる》い影響《えいきょう》をあたえたり、迷惑《めいわく》をかけたりする。また、まきぞえにする。例 自《じ》分《ぶん》の失敗《しっぱい》のせいで、仲間《なかま》にまで累を及ぼし、申《もう》し訳《わけ》ないと思《おも》う。

語源 「累《るい》」は、悪《わる》い影響《えいきょう》。

留守《るす》を預《あず》かる 慣用句

意味 家《いえ》から住人《じゅうにん》が外出《がいしゅつ》している間《あいだ》、責任《せきにん》をもって留守番《るすばん》をする。例 親《しん》せきの旅行中《りょこうちゅう》、留守を預かる。

坩堝《るつぼ》と化《か》す 慣用句

意味 そこにいる人々《ひとびと》の感情《かんじょう》が激《はげ》しく高《たか》まる。例 会場《かいじょう》は興奮《こうふん》の坩堝と化した。

語源 「坩堝《るつぼ》」は、金属《きんぞく》などをとかすのに使《つか》う、つぼ。この中《なか》のものがわき立《た》つということから。

瑠璃《るり》も玻璃《はり》も照《て》らせば光《ひか》る ことわざ

意味 よい素質《そしつ》や才能《さいのう》を持《も》っている人《ひと》は、みがけば立派《りっぱ》に大成《たいせい》するということ。また、どこにいても目立《めだ》つということ。

例 瑠璃も玻璃も照らせば光るというとおり、かのじょは中学《ちゅうがく》でも絵《え》のうまさで注目《ちゅうもく》されていた。

語源 「瑠璃《るり》」は、青《あお》い宝石《ほうせき》。「玻璃《はり》」は、水晶《すいしょう》。ともに光《ひかり》を当《あ》てると、美《うつく》しくかがやくことから。

参考 いろはがるた（江戸《えど》）の一《ひと》つ。

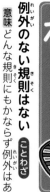

れ

例外《れいがい》のない規則《きそく》はない ことわざ

意味 どんな規則《きそく》にもかならず例外《れいがい》はあるものだということ。例 いつものやり方《かた》とはちがうが、しかたない。 例外のない規則はないからね。
参考 西洋《せいよう》のことわざ。
英 There is no general rule without some exceptions.（例外《れいがい》のない規則《きそく》はない）

冷汗三斗《れいかんさんと》 四字熟語
意味 はずかしさやおそろしさのため、ひどく冷《ひ》や汗《あせ》をかくようす。 例 冷汗三斗の思《おも》いだった。
語源 冷《ひ》や汗《あせ》を三斗《さんと》（＝約五十四《やくごじゅうよん》リットル）もかくということから。

例《れい》**にとる** 慣用句
意味 例《れい》としてあげる。 例 近《ちか》ごろ起《お》きたことを例にとる。

例《れい》**に漏**《も》**れず** 慣用句
意味 ほかの物事《ものごと》がそうであるように。例外《れいがい》ではなく。 例 例に漏れず、わたしの作品《さくひん》も不評《ふひょう》だった。

例《れい》**によって** 慣用句
意味 いつもと同《おな》じように。 例 例によって母《はは》のじまん話《ばなし》が始《はじ》まった。

例《れい》**によって例**《れい》**の如**《ごと》**し** 慣用句
意味 いつものとおりで変《か》わりばえがし

世界《せかい》のことわざ　類《るい》は友《とも》を呼《よ》ぶ

インドネシア
サイチョウはサイチョウとともに行《い》く

サイチョウは、くちばしの上《うえ》にサイの角《つの》に似《に》た突起《とっき》のある鳥《とり》で、カリマンタン島《とう》などに生息《せいそく》します。「サイチョウはサイチョウと、スズメはスズメと」ともいいます。

イギリス
同《おな》じ羽《はね》の鳥《とり》は群《む》れる

好《この》みや性格《せいかく》が同《おな》じような人《ひと》がおのずから集《あつ》まって、いっしょに行動《こうどう》するというたとえです。

中国《ちゅうごく》
鯉《こい》は鯉《こい》を呼《よ》び、スッポンはスッポンを呼《よ》ぶ

中国《ちゅうごく》ではコイもスッポンもよく食《た》べられます。ともにおいしい食材《しょくざい》ですが、コイはたいへん縁起《えんぎ》のよい魚《さかな》であるのに対《たい》し、スッポンは味《あじ》はよいものの、格《かく》としては下級《かきゅう》のものとされているようです。

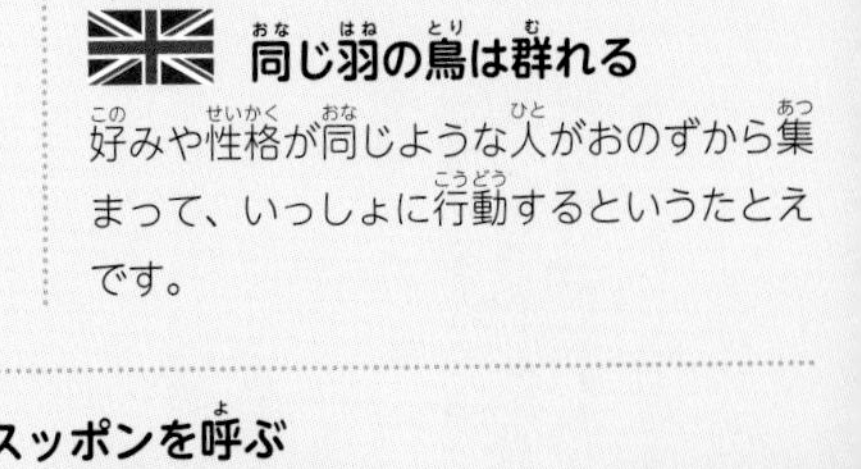

ない。例 例によって例の如しで、忘年会《ぼうねんかい》でビンゴゲームをすることになった。

レールを敷《し》く 慣用句

意味 物事《ものごと》を順調《じゅんちょう》に進《すす》めるための下準備《したじゅんび》をする。例 紛争解決《ふんそうかいけつ》のためのレールを敷く。

語源 電車《でんしゃ》などを走《はし》らせるためにレールを設置《せっち》するということから。

歴史《れきし》は繰《く》り返《かえ》す ことわざ

意味 人間《にんげん》は今《いま》も昔《むかし》も同《おな》じことを考《かんが》えていて、過去《かこ》に起《お》こったことはまたくり返《かえ》されるということ。例 どのような国《くに》も栄《さか》えるとやがて衰《おとろ》えていく。歴史は繰り返すということだね。

参考 西洋《せいよう》のことわざ。

類 二度《にど》あることは三度《さんど》ある 英 History repeats itself.（歴史《れきし》は繰《く》り返《かえ》す）

烈火《れっか》の如《ごと》く 慣用句

意味 激《はげ》しく燃《も》える火《ひ》のように。例 烈火の如くいかる。

参考 激《はげ》しくいかるようすをあらわすときに用《もち》いる。

歴《れっき》とした 慣用句

意味 出《で》どころがはっきりしていて確《たし》かなようす。例 歴とした証拠《しょうこ》がある。

参考「歴《れき》とした」から変化《へんか》した言葉《ことば》。「れっきとした」と平仮名《ひらがな》で書《か》かれることが多《おお》い。

レッテルを張《は》る 慣用句

意味 ある人《ひと》がどんな人間《にんげん》かを一方的《いっぽうてき》に評価《ひょうか》する。例 なまけ者《もの》のレッテルを張られる。

語源「レッテル」は、商品名《しょうひんめい》などを印刷《いんさつ》して、商品《しょうひん》に張《は》る紙《かみ》。

参考 よくない意味《いみ》で用《もち》いることが多《おお》い。

ろ

労多《ろうおお》くして功少《こうすく》なし ことわざ

意味 苦労《くろう》や骨折《ほねお》りの多《おお》いわりには、報《むく》われないということ。例 とても手間《てま》のかかる作業《さぎょう》だったが、あまり評価《ひょうか》されなかった。労多くして功少なし、だ。

英 You fish fair and catch a frog.（かなり釣《つ》りをしていて蛙一匹《かえるいっぴき》）

老骨《ろうこつ》に鞭打《むちう》つ 慣用句

意味 年《とし》をとったにもかかわらず、その体《からだ》をはげまして物事《ものごと》に取《と》り組《く》む。例 老骨に鞭打って働《はたら》いています。

参考「老骨《ろうこつ》」は、年《とし》とった体《からだ》のことで、自分《じぶん》をへりくだって用《もち》いる言葉《ことば》。

労《ろう》して功《こう》なし ことわざ

意味 どんなに努力《どりょく》をしても、苦労《くろう》ばかり多《おお》くて、その効果《こうか》があらわれない。〈『荘子《そうじ》』〉例 そうじをした先《さき》からよごされるのでは、労して功なしだ。

類 しんどが利《り》／骨折《ほねお》り損《ぞん》のくたびれ儲《もう》け

労《ろう》に報《むく》いる 慣用句

意味 苦労《くろう》や骨折《ほねお》りにふさわしいお返《かえ》しをする。例 これまでの労に報いて、盛大《せいだい》な会《かい》を開《ひら》いた。

★★老若男女《ろうにゃくなんにょ》 四字熟語

意味 年寄《としよ》りも若者《わかもの》も男《おとこ》も女《おんな》も。すべての人《ひと》。例 老若男女が集《あつ》まった。

老婆心《ろうばしん》 慣用句

意味 必要以上《ひつよういじょう》と思《おも》われるほどの親切《しんせつ》な気《き》づかい。例 老婆心ながら、このことはぜひ言《い》っておきたい。

参考 相手《あいて》に忠告《ちゅうこく》するときなどに、自分《じぶん》の気持《きも》ちをへりくだって用《もち》いることが多《おお》い。

隴を得て蜀を望む 故事成語

意味 一つの望みがかなうと、次の望みが出てくる。欲をいえばきりがないことのたとえ。《後漢書》 例 隴を得て蜀を望むというが、時計のコレクションは増える一方だ。

語源 中国の後漢時代、隴（現在の甘粛省）の地を手に入れた光武帝が、その先にある蜀（現在の四川省）の地も手に入れたくなったという話から。

英 The more you have, the more you want.（多く持てば持つほど、もっと多くのものを欲する）

労を惜しむ 慣用句

意味 苦労や骨折りをいやがる。例 労を惜しんでいては成功できない。

労を多とする 慣用句

意味 相手の苦労や骨折りを認めて、感謝する。例 労を多として感謝状をおくった。

労を執る 慣用句

意味 ほかの人のために一生懸命におこなう。例 兄の就職のため、おじが仲介の労を執ってくれた。

労をねぎらう 慣用句

同 労を取る

意味 あれこれとしてくれたことに対して、なぐさめ、いたわる。例 この会は、みなさんの日ごろの労をねぎらうために開いたものです。

ローマは一日にしてならず ことわざ

意味 どんなことも、長い期間と多くの努力がなければ、なしとげることはできないということのたとえ。例 ローマは一日にしてならずというとおり、研究の成果があらわれるまでには大変な苦労があった。

語源 昔栄えたローマ帝国は、長い年月をかけて大きくなったということから。

参考 西洋のことわざ。

英 Rome was not built in a day.（ローマは一日にしてならず）

六十の手習い 慣用句

意味 年をとってから勉強やけいこ事を始めることのたとえ。例 六十の手習いで、油絵を始めた。

語源 六十歳になってから字を習い始め

今田一先生のことわざコラム

「大器晩成」

一般的に、人より優れた才能のある人は、本領を発揮するまでに時間がかかる、という意味で使われますが、近年違う説が発見されています。

一九七二年、中国で『馬王堆漢墓（紀元前二六八年頃）』が発掘されました。その中の、故人と一緒に葬られた『老子』の古い写本には、「大器晩成」ではなく「大器免成」とあったのです。「大器免成」は、大きな器は完成されることがない、という意味です。人は最後まで進歩の余地を残す、優れた人であればあるほど、未完成で終わるということです。

「晩成」か「免成」か、どちらが正しいのかまだはっきりわかりませんが、これからもいろいろな発見があって、今まで使われていた言葉が、本当は違っていたということがわかってしまうかもしれません。

るということから。

英 It is never too late to learn.（学《まな》ぶのに遅《おそ》すぎるということはない）

盧生《ろせい》の夢《ゆめ》 故事成語

➡邯鄲《かんたん》の夢《ゆめ》（112ページ）

六根清浄《ろっこんしょうじょう》 四字熟語

意味 目《め》・耳《みみ》・鼻《はな》・舌《した》・身《み》（体《からだ》）・意《い》（心《こころ》）の六《むっ》つの器官《きかん》（＝六根《ろっこん》）からくる迷《まよ》いを断《た》ち切《き》って、清《きよ》らかな身《み》となること。

例「六根清浄、お山《やま》は晴天《せいてん》」と唱《とな》えながら富士山《ふじさん》を登《のぼ》る。

参考 修行《しゅぎょう》やお参《まい》りをする人《ひと》が、心身《しんしん》が清《きよ》らかになることを願《ねが》ってとなえる言葉《ことば》。

路頭《ろとう》に迷《まよ》う 慣用句

意味 生活《せいかつ》をするための方法《ほうほう》を失《うしな》って暮《く》らしに困《こま》る。例 まさかの時《とき》に路頭に迷うことのないように貯金《ちょきん》をしておく。

語源「路頭《ろとう》」は、道《みち》ばたのこと。住《す》む家《いえ》も食《た》べる物《もの》もなく、道《みち》ばたでうろうろするということから。

露命《ろめい》をつなぐ 慣用句

意味 どうにか細々《ほそぼそ》と生活《せいかつ》を続《つづ》ける。

例 アルバイトをして露命をつなぐ。

語源「露命《ろめい》」は、露《つゆ》のように、はかない命《いのち》。

呂律《ろれつ》が回《まわ》らない 慣用句

意味 よっぱらったり、言葉《ことば》に慣《な》れていなかったりして、舌《した》がよく動《うご》かず、調子《ちょうし》よくものが言《い》えない。例 酒《さけ》によって、呂律が回らない。

語源「呂律《ろれつ》」は、発音《はつおん》するときの、舌《した》を動《うご》かす調子《ちょうし》。

論功行賞《ろんこうこうしょう》 四字熟語

意味 功績《こうせき》について話《はな》し合《あ》って、見合《みあ》った賞《しょう》をあたえること。例 論功行賞をおこなう。

論語読《ろんごよ》みの論語知《ろんごし》らず ことわざ

意味 書物《しょもつ》を読《よ》んで、その内容《ないよう》はよく知《し》っていても、それを正《ただ》しく理解《りかい》して行動《こうどう》に生《い》かすことができないことのたとえ。

例 かれは論語読みの論語知らずで、知《ち》識《しき》をひけらかす以外《いがい》に何《なに》もできない。

語源「論語《ろんご》」は、昔《むかし》の中国《ちゅうごく》の思想家《しそうか》の孔《こう》子《し》と、弟子《でし》たちの考《かんが》えをまとめた本《ほん》。論《ろん》語《ご》をうわべだけ読《よ》んでいる人《ひと》は、書《か》かれている精神《せいしん》を深《ふか》く理解《りかい》できず、実行《じっこう》に移《うつ》せないという意味《いみ》から。

イギリス

プディングの味《あじ》は食《た》べて初《はじ》めてわかる

見《み》た目《め》にはどんなにおいしそうに見《み》えるデザートでも、食《た》べてみないと本当《ほんとう》のことはわかりません。プディングは、カスタードばかりでなく、ライスプディング、パンプディングなどもあります。

その他《た》 オランダ

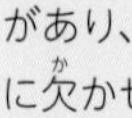

スリランカ

胡椒《こしょう》の辛《から》さは粒《つぶ》をかみくだいて初《はじ》めてわかる

胡椒《こしょう》はインド原産《げんさん》の5～6mm《ミリメートル》の球形《きゅうけい》の果実《かじつ》で、特有《とくゆう》の辛味《からみ》とよい香《かお》りがあり、肉料理《にくりょうり》に欠《か》かせない香《こう》辛料《しんりょう》です。その産地《さんち》ならではのことわざです。

参考 いろはがるた（京都《きょうと》）の一《ひと》つ。
英 A mere scholar, a mere ass.（ただの学者《がくしゃ》はただのロバ）

論陣《ろんじん》を張《は》る 慣用句
意味 考《かんが》えを組《く》み立《た》てて議論《ぎろん》を展開《てんかい》する。
例 反対派《はんたいは》に対《たい》し**論陣を張る**。

論《ろん》より証拠《しょうこ》 ことわざ ⬇世界のことわざ（457ページ）
意味 いろいろと議論《ぎろん》するよりも実際《じっさい》の証拠《しょうこ》を出《だ》す方《ほう》が、物事《ものごと》をはっきりさせるということ。
例 **論より証拠**、これを見《み》てください。
参考 いろはがるた（江戸《えど》）の一《ひと》つ。
英 The proof of the pudding is in the eating.（プディングの味《あじ》は食《た》べてみなければわからない）

論《ろん》を俟《ま》たない 慣用句
意味 議論《ぎろん》するまでもなく明《あき》らかである。議論《ぎろん》する必要《ひつよう》がない。いけないということは論を俟たない。
例 不正《ふせい》をしては**論を俟たない**。

わ

若《わか》いときの苦労《くろう》は買《か》ってもせよ ことわざ
意味 若《わか》いときの苦労《くろう》は後《あと》で必《かなら》ず役《やく》に立《た》つから、自分《じぶん》から進《すす》んでしなさいという教《おし》え。
例 **若いときの苦労は買ってもせよ**というから、どんなに苦《くる》しくてもがんばろう。
同 若《わか》いときの苦労《くろう》は買《か》ってでもせよ／若《わか》いときの辛労《しんろう》は買《こ》うてもせよ
類 艱《かん》難汝《なんなんじ》を玉《たま》にす
英 Heavy work in youth is quiet rest in old age.（若《わか》いときの重労《じゅうろう》働《どう》は老《お》いての安息《あんそく》である）

我《わ》が意《い》を得《え》る 慣用句
意味 自分《じぶん》の考《かんが》えとぴったり合《あ》う。自分《じぶん》の思《おも》うとおりになる。
例 かれの話《はなし》を聞《き》いて、**我が意を得**た思《おも》いだった。

若気《わかげ》の至《いた》り 慣用句
意味 若《わか》さに任《まか》せて、無分別《むふんべつ》なおこないをしてしまうこと。
例 **若気の至り**で、無茶《むちゃ》

世界《せかい》のことわざ　論《ろん》より証拠《しょうこ》

インド（南部《なんぶ》）

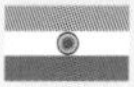

食《た》べ物《もの》は食《た》べなければ味《あじ》がわからないし、水《みず》は入《はい》ってみなければ深《ふか》さがわからない

食《た》べ物《もの》の味《あじ》も水《みず》の深《ふか》さも見《み》ただけではわかりません。理屈《りくつ》より実際《じっさい》にためすことが大事《だいじ》です。

をする。

我《わ》が田《た》へ水《みず》を引《ひ》く ことわざ
⬇我田引水《がでんいんすい》（97ページ）

我《わ》が道《みち》を行《ゆ》く 慣用句
意味 周囲《しゅうい》の意見《いけん》に流《なが》されず、自分《じぶん》の信《しん》じるやり方《かた》や生《い》き方《かた》に従《したが》って、強《つよ》い意志《いし》で行動《こうどう》する。例 今《いま》はうまくいかなくとも、自分《じぶん》を信《しん》じて、我が道を行こう。

我《わ》が身《み》をつねって人《ひと》の痛《いた》さを知《し》れ ことわざ
意味 同《おな》じことが自分《じぶん》の身《み》に起《お》こったことを想像《そうぞう》して他人《たにん》の苦《くる》しみを思《おも》いやれという教《おし》え。例 そんな意地《いじ》の悪《わる》いことを、自分《じぶん》が言《い》われたらいやだろう。我が身をつねって人の痛さを知れ、だよ。
語源 自分《じぶん》の体《からだ》をつねると痛《いた》いように、他《た》人《にん》もつねられれば痛《いた》いものだということに気《き》が付《つ》けということから。
英 Judge of other's feelings by your own.（自分自身《じぶんじしん》の思《おも》いで他人《たにん》の思《おも》いを判《はん》断《だん》せよ）

我《わ》が物《もと》と思《おも》えば軽《かろ》し笠《かさ》の雪《ゆき》 ことわざ
意味 自分《じぶん》の得《とく》になることならば苦労《くろう》も平気《へいき》だということ。例 片《かた》づけは苦手《にがて》だが、この本《ほん》の山《やま》を片《かた》づけたら、どれでも好《す》きな本《ほん》を持《も》って行《い》っていいと言《い》われた。我が物と思えば軽し笠の雪で、とたんに片《かた》づけが楽《たの》しくなってきた。
語源 宝井其角《たからいきかく》の句《く》「我《わ》が雪《ゆき》と思《おも》えば軽《かろ》し笠《かさ》の上《うえ》」から。頭《あたま》にかぶった笠《かさ》に降《ふ》り積《つ》もった雪《ゆき》も、自分《じぶん》の物《もの》だと思《おも》えば軽《かる》く感《かん》じられるということ。
英 The bird feels not its wings heavy.（鳥《とり》はその翼《つばさ》を重《おも》いと思《おも》わない）

我《わ》が世《よ》の春《はる》 慣用句
意味 すべての事《こと》が自分《じぶん》の思《おも》いどおりになる、満足《まんぞく》な時期《じき》。例 我が世の春と存《ぞん》分《ぶん》に楽《たの》しむ。

和気藹々《わきあいあい》 四字熟語
意味 人々《ひとびと》の間《あいだ》になごやかで楽《たの》しい気持《きも》ちが満《み》ちあふれているようす。例 和気藹々とした光景《こうけい》。
語源「藹々《あいあい》」は、おだやかなようす。「靄々《あいあい》」とも書《か》く。

脇《わき》が甘《あま》い 慣用句
意味 守《まも》りの態勢《たいせい》が十分《じゅうぶん》でない。相手《あいて》につけこまれやすい。例 今《いま》の警備《けいび》では、まだ脇が甘い。

脇道《わきみち》にそれる 慣用句
意味 本筋《ほんすじ》からそれる。例 話《はなし》が脇道にそれる。

脇目《わきめ》も振《ふ》らず 慣用句
意味 ほかのことに気《き》を取《と》られないで、一《ひと》つのことに集中《しゅうちゅう》して取《と》り組《く》んでいるようす。例 脇目も振らず勉強《べんきょう》する。

和魂洋才《わこんようさい》 四字熟語
意味 日本《にほん》の精神《せいしん》と、西洋《せいよう》から取《と》り入《い》れた学問《がくもん》や知識《ちしき》をかねそなえていること。
例 和魂洋才の絵画《かいが》。
参考 中国《ちゅうごく》の学問《がくもん》をかねそなえる「和魂《わこん》漢才《かんさい》」を元《もと》にして、明治時代《めいじじだい》にできた言《こと》葉《ば》。

わさびが利《き》く 慣用句
意味 言動《げんどう》などが、人《ひと》にするどく強《つよ》い印象《いんしょう》をあたえる。例 わさびが利いた文章《ぶんしょう》。

災《わざわ》いは口《くち》から ことわざ
意味 うっかり言《い》ったことが、よくない結《けっ》果《か》を招《まね》く。よく考《かんが》えないでものを言《い》ってはいけないという教《おし》え。例 よけいなことを言《い》って、友人《ゆうじん》をおこらせてしまった。災いは口から、だ。

参考「災《わざわ》い」は、「禍《わざわい》」とも書《か》く。

類 口《くち》は災《わざわ》いの元《もと》／病《やまい》は口《くち》より入《い》り、禍《わざわい》は口《くち》より出《い》ず

災《わざわ》いも三年《さんねん》たてば用《よう》に立《た》つ ことわざ

意味 災《わざわ》いと思《おも》ったことでも、年月《ねんげつ》が過《す》ぎれば幸《しあわ》せのもとになることがある。時《じ》間《かん》がたてば事情《じじょう》がかわるということ。

例 災いも三年たてば用に立つで、あのとき苦労《くろう》したおかげで、今《いま》はどんな困難《こんなん》にも立《た》ち向《む》かえる。

参考「災《わざわ》い」は「禍《わざわい》」とも書《か》く。

英 Misfortune is good for something.（不運《ふうん》もなにかの役《やく》に立《た》つ）

災《わざわ》いを転《てん》じて福《ふく》となす 故事成語

意味 悪《わる》いできごとにあってもくじけないで、それをうまく利用《りよう》・活用《かつよう》して、かえって自分《じぶん》の都合《つごう》のよいようにする。〈『戦国策《せんごくさく》』〉例 材料《ざいりょう》が足《た》りずあわてたが、別《べつ》の材料《ざいりょう》で新《あたら》しいメニューができた。まさに災いを転じて福となす、だ。

語源 中国《ちゅうごく》の戦国時代《せんごくじだい》、弁舌家《べんぜつか》の蘇秦《そしん》の言葉《ことば》から。斉《せい》の宣王《せんおう》は燕《えん》の十城《じゅうじょう》をうばいとった。ところが、燕王《えんおう》の夫人《ふじん》は、強《きょう》国秦王《こくしんおう》の娘《むすめ》であったため、秦《しん》まで敵《てき》に回《まわ》すことになった。そこで、「もし、この城《しろ》を燕《えん》に返《かえ》せば、燕《えん》は喜《よろこ》び、娘《むすめ》を嫁《とつ》がせた秦《しん》も喜《よろこ》ぶだろう。それはまさくし、災《わざわ》いを転《てん》じて福《ふく》となすことにほかならない。」と蘇秦《そしん》が助言《じょげん》したことによる。

参考「災《わざわ》い」は「禍《わざわい》」とも書《か》く。

類 失敗《しっぱい》は成功《せいこう》の基《もと》 英 Make the best of a bad bargain.（損《そん》な取《と》り引《ひ》きもできるだけ利用《りよう》せよ）

和《わ》して同《どう》ぜず 故事成語

意味 仲《なか》よく交際《こうさい》はするが、道理《どうり》に合《あ》わないことにまで同調《どうちょう》はしない。〈『論語《ろんご》』〉

例 ぼくたちは、和して同ぜずの間《あいだ》がらだ。

語源 孔子《こうし》の言葉《ことば》「君子《くんし》は和《わ》して同《どう》ぜず小人《しょうじん》は同《どう》じて和《わ》せず」から。徳《とく》の高《たか》い人《ひと》は、人《ひと》と争《あらそ》わず調和《ちょうわ》を大切《たいせつ》にするが、他《た》人《にん》の意見《いけん》にむやみに同調《どうちょう》しない。つまらない人間《にんげん》は、他人《たにん》にひきずられてたやすく同調《どうちょう》するが、調和《ちょうわ》を大切《たいせつ》にしようとしない。

英 One must draw the line somewhere.（他人《たにん》とはどこかに一線《いっせん》を引《ひ》かなければならない）

綿《わた》のように疲《つか》れる 慣用句

意味 ひどく疲《つか》れるようすのたとえ。

例 働《はたら》きづめで、綿のように疲れる。

渡《わた》りに船《ふね》 ことわざ

意味 こうあってほしいと思《おも》っているときに、都合《つごう》のよいことが起《お》こること。

例 退屈《たいくつ》しているときに、友達《ともだち》からさそわれたので、渡りに船とばかりに遊《あそ》びに出《で》かけた。

語源 船《ふね》に乗《の》りたいときに、渡《わた》し場《ば》にちょうど船《ふね》がついていて、待《ま》たずに乗《の》れるということから。

英 Never refuse a good offer.（せっかくの申《もう》し出《で》は断《ことわ》るな）

渡《わた》りを付《つ》ける 慣用句

意味 話《はな》し合《あ》いのきっかけをつくる。

例 渡りを付けて、仕事《しごと》をたのむ。

★**渡《わた》る世《せ》間《けん》に鬼《おに》はない** ことわざ

意味 世《よ》の中《なか》には、心《こころ》の冷《つめ》たい人《ひと》ばかりいるわけではなく、困《こま》ったとき助《たす》けてくれる優《やさ》しい人《ひと》もいるものだということ。

例 見《み》ず知《し》らずの人《ひと》に親切《しんせつ》にしてもらい、渡る世間に鬼はないと実感《じっかん》した。

わ

類 捨《す》てる神《かみ》あれば拾《ひろ》う神《かみ》あり 英 Man is man everywhere.（人《ひと》はどこでも人《ひと》だ）

割《わ》って入《はい》る 慣用句
意味 対立《たいりつ》している者《もの》の間《あいだ》に入《はい》って、仲直《なかなお》りをさせようとする。例 二人《ふたり》のけんかに割って入る。

わなに掛《か》かる 慣用句
意味 相手《あいて》の計略《けいりゃく》にだまされる。例 まんまと敵《てき》のわなに掛かってしまった。

わびを入《い》れる 慣用句
意味 相手《あいて》にあやまる。例 ていねいにわびを入れる。

和洋折衷《わようせっちゅう》 四字熟語
意味 日本《にほん》らしさと西洋《せいよう》らしさの両方《りょうほう》をうまくとり入《い》れること。例 ぼくの家《いえ》のつくりは、和洋折衷になっている。

笑《わら》う門《かど》には福来《ふくき》たる ことわざ
意味 いつもほがらかで楽《たの》しく生活《せいかつ》している人《ひと》の家《いえ》には、幸《しあわ》せがやってくるものだということ。例 いつも笑顔《えがお》でいなさい。笑う門には福来たる、だよ。
参考 いろはがるた（京都《きょうと》）の一《ひと》つ。
英 Laugh and grow fat.（笑《わら》って太《ふと》れ）

わらにもすがる ことわざ
➡ 溺《おぼ》れる者《もの》はわらをもつかむ（80ページ）

わらをもつかむ ことわざ
➡ 溺《おぼ》れる者《もの》はわらをもつかむ（80ページ）

割《わり》がいい 慣用句
意味 ほかと比《くら》べて得《とく》である。例 このアルバイトは時給《じきゅう》が高《たか》くて、割がいい。
対 割《わり》が悪《わる》い

割《わり》が悪《わる》い 慣用句
意味 ほかと比《くら》べて損《そん》である。例 交通費《こうつうひ》がつかないなら、この仕事《しごと》は割が悪い。
対 割《わり》がいい

割《わり》に合《あ》う 慣用句
意味 労力《ろうりょく》と利益《りえき》がつり合《あ》う。例 それだけもらえるなら割に合うから引《ひ》き受《う》けるよ。

割《わり》を食《く》う 慣用句
意味 損《そん》をする。不利《ふり》になる。例 正直《しょうじき》すぎて、割を食ってばかりいる。

我思《われおも》う、故《ゆえ》に我《われ》あり ことわざ
意味 わたしは物事《ものごと》を考《かんが》えたり、疑《うたが》ったりする。だからわたしは存在《そんざい》する。〈『方法《ほうほう》序説《じょせつ》』〉例 我思う、故に我ありだから、自分《じぶん》の存在《そんざい》や自我《じが》は否定《ひてい》することができ

金田一先生のことわざコラム

「笑《わら》う門《かど》には福来《ふくき》たる」

どんなに今《いま》は苦《くる》しくても、笑《わら》っていれば、きっと幸《しあわ》せがやってくるという教《おし》えです。本当《ほんとう》にそうでしょうか。私《わたし》は順番《じゅんばん》が逆《ぎゃく》ではないかと思《おも》うのです。笑ったから幸《しあわ》せになるのではなく、幸《しあわ》せになったから笑《わら》うことが増《ふ》えるのではないでしょうか。

福《ふく》が来《き》た、というのは目《め》にはっきりわかりにくいです。それはなかなか実感《じっかん》しにくいことです。でも、皆《みな》で笑《わら》うことは、はっきりとわかることです。

家族《かぞく》の中《なか》でつらいことがあったけれど、いつの間《ま》にか暮《く》らしの中《なか》で笑顔《えがお》を見《み》ることができるようになった。その時《とき》、人《ひと》は福《ふく》が戻《もど》ってきたことを実感《じっかん》できるのではないかと思《おも》います。

でも、福《ふく》を呼《よ》ぶには、無理《むり》にでもみんなで笑《わら》ってみることが、いいことなのかもしれません。よく笑《わら》う家族《かぞく》は、いかにも幸《しあわ》せそうです。

ない大切《たいせつ》なものなのだ。
語源 フランスの哲学者《てつがくしゃ》、デカルトの言《こと》葉《ば》。あらゆる存在《そんざい》を疑《うたが》ってみても、すべてを疑《うたが》っている自分自身《じぶんじしん》の存在《そんざい》を疑《うたが》うことはできないと考《かんが》えた。
英 I think, therefore I am.（我思《われおも》う、故《ゆえ》に我《われ》あり）

割《わ》れ鐘《がね》のような声《こえ》 慣用句
意味 割《わ》れたつり鐘《がね》のような、にごった大《おお》声《ごえ》。例 割れ鐘のような声がひびきわたる。
語源「割《わ》れ鐘《がね》」は、ひびの入《はい》った鐘《かね》。

我関《われかん》せず 慣用句
意味 自分《じぶん》は関係《かんけい》ないと、知《し》らん顔《かお》をしているようす。例 兄《あに》は、我関せずとそっぽを向《む》いている。

割《わ》れ鍋《なべ》に綴《と》じ蓋《ぶた》 ことわざ
意味 どんな人《ひと》にでもふさわしい結婚相《けっこんあい》手《て》がいるということ。例 わたしたちは割れ鍋に綴じ蓋で、仲《なか》よくやっている。
語源「割《わ》れ鍋《なべ》」は、ひびの入《はい》った鍋《なべ》。「綴《と》じ蓋《ぶた》」は、ばらばらになったのをつなぎ合《あ》わせた蓋《ふた》。割《わ》れ鍋《なべ》には綴《と》じ蓋《ぶた》が合《あ》っているということから。
参考 ⑴自分《じぶん》たちをへりくだるときに用《もち》いる。⑵いろはがるた（江戸《えど》）の一《ひと》つ。
英 Every Jack has his Jill.（どのジャックにもジルがいる…似合《にあ》いの者《もの》がいる）

我《われ》に返《かえ》る 慣用句
意味 ある物事《ものごと》に夢中《むちゅう》になっていた人《ひと》が、いつもの状態《じょうたい》にもどる。例 思《おも》い出《で》にふけっていたら、急《きゅう》に名前《なまえ》を呼《よ》ばれて我に返った。

我《われ》も我《われ》もと 慣用句
意味 ほかの人《ひと》におくれないように、大勢《おおぜい》の人《ひと》がおしかけるようす。例 大売《おおう》り出《だ》しが始《はじ》まると、我も我もと客《きゃく》が集《あつ》まってきた。

割《わ》れるような 慣用句
意味 声《こえ》や音《おと》がとても大《おお》きいようす。
例 割れるような拍手《はくしゅ》が起《お》こった。
同 割《わ》れんばかりの

我《われ》を忘《わす》れる 慣用句
意味 ❶夢中《むちゅう》になって自分《じぶん》のことを忘《わす》れる。例 妹《いもうと》は、我を忘れたようにピアノをひいている。
❷心《こころ》をうばわれて、ぼうっとする。例 舞《ぶ》台《たい》の美《うつく》しさに、我を忘れて見《み》とれていた。

輪《わ》を掛《か》ける 慣用句
意味 物事《ものごと》の程度《ていど》を、さらに激《はげ》しくする。
例 妹《いもうと》は、姉《あね》に輪を掛けた目立《めだ》ちたがり屋《や》だ。
語源 そのものに輪《わ》を掛《か》けて、ひとまわり大《おお》きくするということから。

和《わ》をもって貴《とうと》しとなす ことわざ
意味 人々《ひとびと》が仲《なか》よくすることが一番大切《いちばんたいせつ》であるということ。例 仲《なか》よくしなさい。和をもって貴しとなす、だよ。
参考 聖徳太子《しょうとくたいし》が制定《せいてい》した「十七条《じゅうしちじょう》の憲《けん》法《ぽう》」にある言葉《ことば》。

最重要語《さいじゅうようご》・重要語《じゅうようご》さくいん

●このさくいんは、本書《ほんしょ》に収録《しゅうろく》した最重要語《さいじゅうようご》と重要語《じゅうようご》をまとめたものです。

★★ 最重要語《さいじゅうようご》150

あ行《ぎょう》

か行《ぎょう》

重要語《じゅうようご》270

最重要語《さいじゅうようご》・重要語《じゅうようご》さくいん

英語表現《えいごひょうげん》が収録《しゅうろく》されている言葉《ことば》

- このさくいんは、本書《ほんしょ》に英語《えいご》の表現《ひょうげん》や言《い》い回《まわ》しが収録《しゅうろく》されている、ことわざ、四字熟語《よじじゅくご》、慣用句《かんようく》、故事成語《こじせいご》を集《あつ》めたものです。
- それぞれの言葉《ことば》は五十音順《ごじゅうおんじゅん》に配列《はいれつ》されています。

英語表現《えいごひょうげん》が収録《しゅうろく》されている言葉《ことば》

英語表現《えいごひょうげん》が収録《しゅうろく》されている言葉《ことば》

英語表現《えいごひょうげん》が収録《しゅうろく》されている言葉《ことば》

そ

た

ち

つ

て

英語《えいご》表現《ひょうげん》が収録《しゅうろく》されている言葉《ことば》

テーマ別《べつ》さくいん

●このさくいんは、本書《ほんしょ》に収録《しゅうろく》されている言葉《ことば》をテーマから調《しら》べることができます。各《かく》テーマの中《なか》は、五十音順《ごじゅうおんじゅん》に配列《はいれつ》されています。

犬《いぬ》や馬《うま》などの動物《どうぶつ》に関《かん》する言葉《ことば》

鳥《とり》に関《かん》する言葉《ことば》

魚介類《ぎょかいるい》に関《かん》する言葉《ことば》

虫《むし》などに関《かん》する言葉《ことば》

植物《しょくぶつ》に関《かん》する言葉《ことば》

神仏《しんぶつ》に関《かん》する言葉《ことば》

人名《じんめい》に関《かん》する言葉《ことば》

さくいん

テーマ別《べつ》さくいん

地名《ちめい》に関《かん》する言葉《ことば》

職業《しょくぎょう》に関《かん》する言葉《ことば》

人《ひと》づきあいに関《かん》する言葉《ことば》

● 仲《なか》が良《よ》い

機会《きかい》に関《かん》する言葉《ことば》

しんちょうさに関《かん》する言葉《ことば》

油断《ゆだん》

心《こころ》の清《きよ》らかさに関《かん》する言葉《ことば》

正直《しょうじき》・素直《すなお》・無欲《むよく》

嘘《うそ》・だます

欲張《よくば》る

がまん・忍耐《にんたい》に関《かん》する言葉《ことば》

勤勉《きんべん》さに関《かん》する言葉《ことば》

●がんばる・努力《どりょく》する

●なまける・横着《おうちゃく》をする

●因果《いんが》・むくい

主《しゅ》要《よう》書《しょ》名《めい》解《かい》説《せつ》

- この辞典《じてん》にのっている言葉《ことば》の主《おも》な出典《しゅってん》を解説《かいせつ》しています。
- 書名《しょめい》は五十音順《ごじゅうおんじゅん》に配列《はいれつ》されています。

易経《えききょう》

中国《ちゅうごく》の占《うらな》いの書《しょ》。春秋時代《しゅんじゅうじだい》にまとめられた。儒教《じゅきょう》の経典《けいてん》のひとつ。陰《いん》と陽《よう》の記号《きごう》を三《みっ》つ組《く》み合《あ》わせた八卦《はっけ》（☰☱☲☳☴☵☶☷）を二《ふた》つずつ組《く》み合《あ》わせた六十四卦《ろくじゅうしけ》によって、自然《しぜん》と人生《じんせい》の変化《へんか》が理解《りかい》できると書《か》いてある。「周易《しゅうえき》」「易《えき》」ともいう。ことわざが多《おお》い。

淮南子《えなんじ》

中国《ちゅうごく》の百科全書《ひゃっかぜんしょ》。前漢時代《ぜんかんじだい》の初期《しょき》に皇族《こうぞく》の劉安《りゅうあん》が編《へん》さん。道家《どうか》思想《しそう》をもとに、当時《とうじ》の思想《しそう》、政治《せいじ》、軍事《ぐんじ》、地理《ちり》風俗《ふうぞく》、天文《てんもん》、生活《せいかつ》技術《ぎじゅつ》など、さまざまなことが書《か》いてある。神話《しんわ》や伝説《でんせつ》が豊富《ほうふ》。

韓詩外伝《かんしがいでん》

中国《ちゅうごく》の書《しょ》。前漢時代《ぜんかんじだい》に韓嬰《かんえい》が編《へん》さん。故事《こじ》や古語《こご》について書《か》いてある。

漢書《かんじょ》

中国《ちゅうごく》の歴史書《れきししょ》。後漢時代《ごかんじだい》に班彪《はんぴょう》、子《こ》の班固《はんこ》・班昭《はんしょう》（固《こ》の妹《いもうと》）の父子《ふし》三人《さんにん》で完成《かんせい》。前漢《ぜんかん》と新《しん》の歴史《れきし》が書《か》いてある。司馬遷《しばせん》の『史記《しき》』とともに、のちの歴史書《れきししょ》の模範《もはん》とされた。「地理志《ちりし》」には、日本《にほん》（倭《わ》）に関《かん》する世界最古《せかいさいこ》の記録《きろく》があり、小国分立《しょうこくぶんりつ》の状態《じょうたい》を伝《つた》えている。

韓非子《かんぴし》

中国《ちゅうごく》の思想書《しそうしょ》。戦国時代《せんごくじだい》の末期《まっき》に思想家《しそうか》の韓非《かんぴ》が書《か》いた。鋭《するど》い人間観察《にんげんかんさつ》をもとに、法令《ほうれい》を正《ただ》し、国家《こっか》を強化《きょうか》するための政策《せいさく》を述《の》べている。とくに、公正《こうせい》な賞罰《しょうばつ》の必要性《ひつようせい》を説《と》き、のちの法律《ほうりつ》の考《かんが》え方《かた》に大《おお》きな影響《えいきょう》をあたえた。「守株《しゅしゅ》」「逆鱗《げきりん》に触《ふ》れる」など、故事《こじ》成語《せいご》にもなった寓話《ぐうわ》をたくみに使《つか》った文章《ぶんしょう》は説得力《せっとくりょく》がある。

後漢書《ごかんじょ》

中国《ちゅうごく》の歴史書《れきししょ》。南北朝時代《なんぼくちょうじだい》に宋《そう》の范曄《はんよう》が編《へん》さん。「志《し》」の部分《ぶぶん》は西晋《せいしん》の司馬彪《しばひょう》が書《か》いた。光武帝《こうぶてい》の時代《じだい》から黄巾《こうきん》の乱《らん》で滅亡《めつぼう》するまでの後漢《ごかん》の歴史《れきし》が書《か》いてある。東夷列伝《とういれつでん》の中《なか》に日本《にほん》（倭《わ》）についての記録《きろく》があり、光武帝《こうぶてい》が倭《わ》の奴国《なこく》に印《いん》をあたえたと伝《つた》えている。

三国志《さんごくし》

中国《ちゅうごく》の歴史書《れきししょ》。西晋時代《せいしんじだい》に陳寿《ちんじゅ》が書《か》いた。後漢《ごかん》の滅亡《めつぼう》による三国時代《さんごくじだい》から晋《しん》の統一《とういつ》までが書《か》いてある。「魏志《ぎし》」「蜀志《しょくし》」「呉志《ごし》」に分《わ》かれている。格調高《かくちょうたか》い簡潔《かんけつ》な文章《ぶんしょう》は評価《ひょうか》が高《たか》い。一般《いっぱん》に広《ひろ》く読《よ》まれる、諸葛亮《しょかつりょう》（孔明《こうめい》）や曹操《そうそう》たちの活躍物語《かつやくものがたり》は、この書《しょ》をもとに、明時代《みんじだい》に羅貫中《らかんちゅう》が書《か》いた『三国志演義《さんごくしえんぎ》』によるもの。

史記《しき》

中国《ちゅうごく》の歴史書《れきししょ》。前漢時代《ぜんかんじだい》に司馬遷《しばせん》が書《か》いた。伝説時代《でんせつじだい》から前漢《ぜんかん》が成立《せいりつ》する治乱興亡《ちらんこうぼう》をへて武帝《ぶてい》の時代《じだい》までが書《か》いてある。帝王《ていおう》の記録《きろく》である「本紀《ほんぎ》」や活躍《かつやく》した人物《じんぶつ》の「列伝《れつでん》」などに分《わ》け、歴史《れきし》の姿《すがた》を立体的《りったいてき》に浮《う》かび上《あ》がらせた構成《こうせい》と、壮大《そうだい》な人間《にんげん》ドラマをえがいた内容《ないよう》は、のちの歴史書《れきししょ》の模範《もはん》とされた。もと「太史公書《たいしこうしょ》」という。ことわざや故事成語《こじせいご》、四字熟語《よじじゅくご》の宝庫《ほうこ》。

詩経《しきょう》

中国最古《ちゅうごくさいこ》の詩歌集《しいかしゅう》。春秋時代《しゅんじゅうじだい》に孔子《こうし》が整理《せいり》、編集《へんしゅう》してできたといわれる。儒教《じゅきょう》の経典《けいてん》のひとつ。西周時代《せいしゅうじだい》から東周時代《とうしゅうじだい》まで（紀元前九世紀《きげんぜんきゅうせいき》～前七世紀《ぜんななせいき》）にうたわれた庶民《しょみん》の生活《せいかつ》歌《か》を中心《ちゅうしん》に収《おさ》めてある。中国文学《ちゅうごくぶんがく》の源流《げんりゅう》であり、日本《にほん》の『万葉集《まんようしゅう》』をはじめ古代《こだい》歌謡《かよう》にも大《おお》きな影響《えいきょう》をあたえた。

拾遺記《しゅういき》

中国《ちゅうごく》の書《しょ》。五胡十六国《ごこじゅうろっこく》時代《じだい》に後《こう》秦《しん》の王嘉《おうか》が書《か》いた。伝説上《でんせつじょう》の三《さん》皇《こう》（伏羲《ふくぎ》・神農《しんのう》・女媧《じょか》）から、五《ご》胡《こ》十六国《じゅうろっこく》時代《じだい》までの伝説《でんせつ》を集《あつ》めている。

十八史略《じゅうはっしりゃく》

中国《ちゅうごく》の歴史書《れきししょ》。南宋《なんそう》時代《じだい》に曾先《そうせん》之《し》が編《へん》さん。『史記《しき》』『漢書《かんじょ》』『三《さん》国志《ごくし》』などの一八《じゅうはち》の歴史書《れきししょ》を初学《しょがく》者《しゃ》のために簡単《かんたん》にまとめたもの。太古《たいこ》の昔《むかし》から南宋《なんそう》時代《じだい》までを舞《ぶ》台《たい》に、王朝《おうちょう》の栄枯盛衰《えいこせいすい》が、人間《にんげん》の行動《こうどう》を通《とお》して生《い》き生《い》きとえがかれる。日本《にほん》では、江戸《えど》時代《じだい》以降《いこう》、歴史《れきし》教養書《きょうようしょ》として広《ひろ》く親《した》しまれてきた。「臥薪嘗胆《がしんしょうたん》」「鼓腹撃壌《こふくげきじょう》」など、故事成語《こじせいご》が多《おお》い。

荀子《じゅんし》

中国《ちゅうごく》の思想書《しそうしょ》。戦国《せんごく》時代《じだい》に思想《しそう》家《か》の荀子《じゅんし》（名《な》は況《きょう》）が書《か》いた。孟《もう》子《し》の性善説《せいぜんせつ》に対《たい》して性悪説《せいあくせつ》を主《しゅ》張《ちょう》。個人《こじん》は生涯学習《しょうがいがくしゅう》をすべきで、国家《こっか》は礼《れい》によって統治《とうち》されるべきと説《と》く。諸子百家《しょしひゃっか》の思想《しそう》を集《しゅう》大成《たいせい》したもので、のちの秦《しん》の天下《てんか》統一《とういつ》に大《おお》きな影響《えいきょう》をあたえた。弟《で》子《し》に法家《ほうか》を立《た》てた韓非《かんぴ》がいる。

春秋左氏伝《しゅんじゅうさしでん》

中国《ちゅうごく》の歴史書《れきししょ》。春秋《しゅんじゅう》時代《じだい》に、孔《こう》子《し》と同時代《どうじだい》の魯《ろ》の歴史官《れきしかん》であった左丘明《さきゅうめい》の編《へん》さんといわれる。孔子《こうし》が編《へん》さんしたという歴史書《れきししょ》『春秋《しゅんじゅう》』を、さらにくわしくしたもの。儒教《じゅきょう》の経典《けいてん》のひとつ。春秋《しゅんじゅう》時代《じだい》の国々《くにぐに》の興亡《こうぼう》、覇権《はけん》の行方《ゆくえ》、人間関係《にんげんかんけい》がエピソードをまじえてえがかれる。「病膏肓《やまいこうこう》に入《い》る」「鼎《かなえ》の軽重《けいちょう》を問《と》う」などの故事成《こじせい》語《ご》がのっている。「左伝《さでん》」「左氏春《さししゅん》秋《じゅう》」ともいう。

書経《しょきょう》

中国《ちゅうごく》最古《さいこ》の歴史書《れきししょ》。儒教《じゅきょう》の経典《けいてん》のひとつ。伝説《でんせつ》の聖王《せいおう》堯《ぎょう》・舜《しゅん》から春秋《しゅんじゅう》時代《じだい》の秦《しん》の穆王《ぼくおう》までの、天《てん》下《か》を治《おさ》めた王《おう》の言行《げんこう》が集《あつ》められている。「尚書《しょうしょ》」「書《しょ》」ともいう。

晋書《しんじょ》

中国《ちゅうごく》の歴史書《れきししょ》。唐《とう》時代《じだい》の初期《しょき》に、房玄齢《ぼうげんれい》・李延寿《りえんじゅ》らにより編《へん》さん。三国《さんごく》時代《じだい》を統一《とういつ》した西晋《せいしん》と東晋《とうしん》の一〇二年間《ねんかん》の歴史《れきし》が書《か》かれている。

聖書《せいしょ》

キリスト教《きょう》の聖典《せいてん》。ヘブライ語《ご》で書《か》かれた『旧約聖書《きゅうやくせいしょ》』と、ギリシャ語《ご》で書《か》かれた『新約聖書《しんやくせいしょ》』に分《わ》かれる。『旧約聖書《きゅうやくせいしょ》』は、紀《き》元前《げんぜん》一二世紀《じゅうにせいき》ごろから前《ぜん》二世紀《にせいき》中《なか》ごろまでの古代《こだい》イスラエルの記《き》録《ろく》、モーゼの律法《りっぽう》、預言者《よげんしゃ》の言葉《ことば》などが集《あつ》められている。『新約聖《しんやくせい》書《しょ》』は、イエス＝キリストの言《げん》行《こう》を中心《ちゅうしん》に、キリスト教《きょう》の教史《きょうし》、書簡《しょかん》、黙示録《もくしろく》で構成《こうせい》されている。古来《こらい》、永遠《えいえん》のベストセラーとして多《おお》くの人々《ひとびと》に親《した》しまれている。

世説新語《せせつしんご》

中国《ちゅうごく》の逸話集《いつわしゅう》。南朝《なんちょう》時代《じだい》に宋《そう》の劉義慶《りゅうぎけい》が編《へん》さん。後漢《ごかん》から東晋《とうしん》までの時代《じだい》に活躍《かつやく》した代表的《だいひょうてき》な知識人《ちしきじん》のエピソードが集《あつ》められている。とくに、竹林《ちくりん》の七賢《しちけん》の話《はなし》は有名《ゆうめい》。日本《にほん》でも、江戸《えど》時代《じだい》以《い》降《こう》、広《ひろ》く親《した》しまれてきた。

戦国策《せんごくさく》

中国《ちゅうごく》の歴史書《れきししょ》。前漢《ぜんかん》時代《じだい》に劉向《りゅうきょう》が編《へん》さんし、のち北宋《ほくそう》時代《じだい》に集《しゅう》成《せい》された。国別《くにべつ》の構成《こうせい》で、諸国《しょこく》を渡《わた》り歩《ある》いた遊説家《ゆうぜいか》の弁説《べんぜつ》や策《さく》略《りゃく》をまとめた歴史物語《れきしものがたり》。「戦国時《せんごくじ》代《だい》」という名前《なまえ》は、この本《ほん》の題名《だいめい》から取《と》られた。「漁夫《ぎょふ》の利《り》」「百里《ひゃくり》を行《い》く者《もの》は九十《きゅうじゅう》を半《なか》ばとす」など、故事成語《こじせいご》の宝庫《ほうこ》。

荘子《そうじ》

中国《ちゅうごく》の思想書《しそうしょ》。戦国《せんごく》時代《じだい》に思想《しそう》家《か》の荘子《そうじ》（名《な》は周《しゅう》）が書《か》いた。何《なに》物《もの》にもとらわれない自由《じゆう》な生《い》き方《かた》をよしとし、無為自然《むいしぜん》の生《い》き方《かた》を説《と》く『老子《ろうし》』と一体化《いったいか》されていき、老荘思想《ろうそうしそう》となっていった。「蝸牛角上《かぎゅうかくじょう》の争《あらそ》い」などファンタジックな寓話《ぐうわ》が多《おお》い。

孫《そん》子《し》

中国《ちゅうごく》の兵法書《へいほうしょ》。春秋時代《しゅんじゅうじだい》の末期《まっき》に兵法家《へいほうか》の孫武《そんぶ》が書《か》いた。人間《にんげん》の本性《ほんしょう》に対《たい》する鋭《するど》い洞察《どうさつ》をもとに、合理的《ごうりてき》な戦法《せんぽう》が説《と》かれ、『呉子《ごし》』とともに孫呉《そんご》の兵法《へいほう》として広《ひろ》く読《よ》まれている。日本《にほん》でも大《おお》いに尊重《そんちょう》され、実戦《じっせん》で活用《かつよう》されてきた。「呉越同舟《ごえつどうしゅう》」「始《はじ》めは処《しょ》女《じょ》の如《ごと》く後《のち》は脱兎《だっと》の如《ごと》し」など、名句《めいく》が多《おお》い。

大学《だいがく》

中国《ちゅうごく》の思想書《しそうしょ》。南宋時代《なんそうじだい》に朱子《しゅし》によって『礼記《らいき》』の中《なか》から『大《だい》学《がく》』『中庸《ちゅうよう》』が抜《ぬ》き出《だ》されて独立《どくりつ》し、『論語《ろんご》』『孟子《もうし》』とともに儒教《じゅきょう》の「四書《ししょ》」となった。何《なん》のために学問《がくもん》をするかという大目標《だいもくひょう》を述《の》べた書《しょ》で、道徳《どうとく》と政治《せいじ》の理想《りそう》が体系的《たいけいてき》に書《か》かれている。日本《にほん》でも、儒学《じゅがく》の本質《ほんしつ》を伝《つた》える書《しょ》として、広《ひろ》く親《した》しまれてきた。

唐《とう》詩《し》紀《き》事《じ》

中国《ちゅうごく》の詩論集《しろんしゅう》。北宋時代《ほくそうじだい》に計有《けいゆう》功《こう》が編《へん》さん。唐《とう》の詩人《しじん》一一五〇人《にん》について、その詩《し》や作者《さくしゃ》の伝記《でんき》、詩《し》の背景《はいけい》となる事柄《ことがら》などを集《あつ》めている。

孟子《もうし》

中国《ちゅうごく》の思想《しそう》家《か》の孟子《もうし》（名《な》は軻《か》）の言行《げんこう》を記録《きろく》したもの。儒教《じゅきょう》の経典《けいてん》のひとつ。また、四書《ししょ》（『論語《ろんご》』『大学《だいがく》』『中《ちゅう》庸《よう》』『孟子《もうし》』）のひとつ。仁義《じんぎ》の道《どう》徳《とく》を主張《しゅちょう》する思想《しそう》で、人間《にんげん》の本《ほん》性《しょう》は本来善《ほんらいぜん》であるとする、性善《せいぜん》説《せつ》を唱《とな》えていることは有名《ゆうめい》。

文選《もんぜん》

中国最初《ちゅうごくさいしょ》の詩文選集《しぶんせんしゅう》。南北朝《なんぼくちょう》時代《じだい》に梁《りょう》の昭明太子蕭統《しょうめいたいししょうとう》が編《へん》さん。周《しゅう》の時代《じだい》から梁《りょう》の時代《じだい》までの約千年間《やくせんねんかん》に出《で》た代表的《だいひょうてき》な文人《ぶんじん》一三〇人《にん》の作品《さくひん》、七六〇篇《へん》を集《あつ》め、詩《し》・賦《ふ》・辞《じ》・論《ろん》などの文体《ぶんたい》に分《わ》けて収《おさ》めてある。のち、科挙《かきょ》（官《かん》吏《り》の採用試験《さいようしけん》）受験《じゅけん》の参考書《さんこうしょ》としても広《ひろ》く読《よ》まれた。日本《にほん》への伝《でん》来《らい》は古《ふる》く、『枕草子《まくらのそうし》』の「ふみは文集《もんじゅう》・文選《もんぜん》」という言葉《ことば》は有名《ゆうめい》。

礼記《らいき》

中国《ちゅうごく》の書《しょ》。前漢時代《ぜんかんじだい》に戴徳《たいとく》・戴《たい》聖《せい》が編《へん》さん。儒教《じゅきょう》の経典《けいてん》のひとつ。儒教《じゅきょう》にもとづく日常《にちじょう》の礼儀《れいぎ》作《さ》法《ほう》、冠婚葬祭《かんこんそうさい》の作法《さほう》、学問《がくもん》の方法《ほうほう》などについて、孔子《こうし》の弟子《でし》たちの説《せつ》がまとめられている。

呂《りょ》氏《し》春秋《しゅんじゅう》

中国《ちゅうごく》の百科全書《ひゃっかぜんしょ》。戦国時代《せんごくじだい》の末《まっ》期《き》に秦《しん》の宰相《さいしょう》である呂不韋《りょふい》の命《めい》により学者《がくしゃ》たちが編《へん》さん。当時《とうじ》の儒教《じゅきょう》をはじめとするさまざまな学説《がくせつ》や伝説《でんせつ》などを収《おさ》める。呂《りょ》不韋《ふい》は、「天地万物古今《てんちばんぶつここん》のすべてがのっている」と自慢《じまん》し、書《しょ》を咸《かん》陽《よう》の城門《じょうもん》にかかげ、「一字《いちじ》でも訂《てい》正《せい》した者《もの》があれば千金《せんきん》をあたえる」と言《い》った逸話《いつわ》は有名《ゆうめい》。

列子《れっし》

中国《ちゅうごく》の思想書《しそうしょ》。戦国時代《せんごくじだい》に思想《しそう》家《か》の列子《れっし》（名《な》は禦寇《ぎょこう》）が書《か》いたといわれる寓話集《ぐうわしゅう》。古代中国人《こだいちゅうごくじん》の生活《せいかつ》の知恵《ちえ》もよくわかる。『老《ろう》子《し》』『荘子《そうじ》』とともに道家思想《どうかしそう》に大《おお》きな影響《えいきょう》をあたえた。「杞憂《きゆう》」「愚公山《ぐこうやま》を移《うつ》す」「朝三暮四《ちょうさんぼし》」など、故事成語《こじせいご》の宝庫《ほうこ》。

老子《ろうし》

中国《ちゅうごく》の思想書《しそうしょ》。戦国時代《せんごくじだい》に思想《しそう》家《か》の老聃《ろうたん》が旅《たび》の途中《とちゅう》、関所《せきしょ》の役《やく》人《にん》に書《か》き残《のこ》したものとされる。自《じ》我《が》を捨《す》てた無為自然《むいしぜん》の「道《みち》」を説《と》く。『荘子《そうじ》』とともに、道教《どうきょう》の聖典《せいてん》になった。

論語《ろんご》

中国《ちゅうごく》の思想書《しそうしょ》。春秋時代末期《しゅんじゅうじだいまっき》の孔子《こうし》と門人《もんじん》、また門人《もんじん》同士《どうし》の対話《たいわ》をまとめたもの。儒《じゅ》教《きょう》の経典《けいてん》のひとつ。孔子《こうし》の思想《しそう》の中心《ちゅうしん》をなす「仁《じん》」の道《みち》が説《と》かれている。人間《にんげん》の生《い》き方《かた》、政治《せいじ》・教《きょう》育《いく》など後世《こうせい》に大《おお》きな影響《えいきょう》をあたえた。日本《にほん》への伝来《でんらい》は古《ふる》く、「和《わ》をもって貴《とうと》しとなす」が聖徳太子《しょうとくたいし》の十七条《じゅうしちじょう》の憲法《けんぽう》に取《と》り入《い》れられている。

新レインボー
小学ことわざ・四字熟語辞典 改訂第2版
（オールカラー）

2014年10月2日 初版第1刷発行
2021年10月5日 改訂第2版第1刷発行
2022年 2 月11日 改訂第2版第2刷発行

発行人 代田雪絵
編集人 松田こずえ

発行所 株式会社 学研プラス
〒141-8415 東京都品川区西五反田 2-11-8
印刷所 凸版印刷株式会社／図書印刷株式会社
製本所 株式会社難波製本
製函所 森紙販売株式会社

●この本に関する各種お問い合わせ先
本の内容については、下記サイトのお問い合わせフォームよりお願いします。
https://gakken-plus.co.jp/contact/
在庫については Tel 03-6431-1199（販売部）
不良品（落丁、乱丁）については Tel 0570-000577
学研業務センター 〒354-0045 埼玉県入間郡三芳町上富 279-1
上記以外のお問い合わせは Tel 0570-056-710（学研グループ総合案内）

学研の書籍・雑誌についての新刊情報・詳細情報は、下記をご覧ください。
学研出版サイト https://hon.gakken.jp/

マンガ de ことわざ もくじ

世《せ》界《かい》のことわざコラム もくじ